科学出版社“十三五”普通高等教育本科规划教材

有机化学

（第二版）

张凤秀　主编

科学出版社

北　京

内 容 简 介

本书共 15 章。第 1 章为绪论。第 2～15 章包含以下三个部分：一是基础部分，包括有机化学的基本原理，有机化合物的类型、结构、性质、基本反应、立体化学等基础知识；二是天然有机化合物部分，包括油脂、碳水化合物、氨基酸、蛋白质、核酸、杂环化合物和生物碱等的结构、性质及其在不同领域中的应用；三是有机化合物的波谱知识，简要介绍紫外-可见吸收光谱、红外吸收光谱、核磁共振谱、质谱与有机化合物结构的关系、图谱解析等。

本书在讨论各类化合物性质之前，首先从化合物的结构、化学键的形成和断裂的角度来分析该类化合物可能发生的化学反应，以掌握有机化学的基本理论和基础知识。在各类有机化合物性质和重要的有机化合物部分，引入了编者和他人新的教学、科研成果。在章节中间插入一定难度的思考题，每章后附有小结和习题，便于学生复习、巩固、提高。

本书可作为高等学校农、林、水、牧、渔、制药及其他生物类各专业本科生的教材，也可作为农、林、水、生物科技工作者自修的参考用书。

图书在版编目(CIP)数据

有机化学 / 张凤秀主编. —2 版. —北京：科学出版社，2020.6
科学出版社“十三五”普通高等教育本科规划教材
ISBN 978-7-03-064786-3

Ⅰ. ①有… Ⅱ. ①张… Ⅲ. ①有机化学-高等学校-教材 Ⅳ. ①O62

中国版本图书馆 CIP 数据核字（2020）第 057342 号

责任编辑：赵晓霞 / 责任校对：何艳萍
责任印制：吴兆东 / 封面设计：迷底书装

科学出版社 出版
北京东黄城根北街 16 号
邮政编码：100717
http://www.sciencep.com

涿州市般润文化传播有限公司 印刷
科学出版社发行 各地新华书店经销
*
2013 年 1 月第 一 版 开本：787 × 1092 1/16
2020 年 6 月第 二 版 印张：22
2024 年 1 月第九次印刷 字数：560 000

定价：69.00 元
(如有印装质量问题，我社负责调换)

《有机化学》(第二版)编写委员会

主　编　张凤秀

副主编　李宗澧　孟江平　郑　静　郑士远

编　委(以姓名汉语拼音为序)

李宗澧(西南大学)

刘希东(重庆文理学院)

孟江平(重庆文理学院)

苏学素(西南大学)

王广途(四川农业大学)

王晗光(四川农业大学)

张凤秀(西南大学)

张志扬(西南大学)

郑　静(西南大学)

郑士远(重庆文理学院)

主　审　周成合(西南大学)

第二版前言

有机化学是高等学校农、林、医、理、工与化学相关专业本科学生的必修课。本书针对新时代背景下，以培养本科学生分析问题、解决问题和构建创新、创业思维能力为目标，重点介绍与农、林、医、生命科学、纺织等各专业密切相关的有机化学基本理论、基础知识，展现本学科研究的新成果和新技术，突出高等学校农、林、医、生命科学、纺织等相关专业特色。本书基于有机化学学科的系统性、规律性和科学性，在第一版的基础上，尽可能结合不同专业的特色，引导学生系统学习有机化学的相关知识，为学生学习后续专业课程构建知识框架起到很好的桥梁作用。

在本书的编写、修订过程中，得到了西南大学教务处、西南大学化学化工学院领导的大力支持。感谢参与本书修订的老师们的大力支持与帮助。

由于编者水平有限，书中不妥之处在所难免，恳请读者批评指正。

张凤秀
2019 年 8 月于重庆西南大学

第一版前言

有机化学是高等学校农、医、理、工与化学相关专业本科生非常重要的基础课。本书以培养本科学生分析问题、解决问题和构建创新思维能力为目标，着重介绍与农、林、医、生命科学、纺织等各专业密切相关的有机化学的基本理论、基本知识，反映本学科发展的新成果和新技术，突出高等学校农、林、医、生命科学、纺织等专业特点。

本书既考虑学科的系统性、规律性，又考虑各专业学生对有机化学知识侧重点的不同要求。因此，在内容选择和编排体系上有较大改革，主要有以下几个方面：

(1)在介绍有机化学的基本理论和基本知识的同时，尽可能地与实际应用结合，使不同专业的学生从有机化学中找到与他们专业相关的知识点，为其后续专业课程构建知识框架起到很好的桥梁作用。

(2)注重内容的更新，在编写时尽可能地将编者和他人新的教学、研究成果引入本书的相关章节中。例如，在“氨基酸、蛋白质和核酸”一章中，编入氨基酸、蛋白质和核酸的带电荷数和等电点随 pH 变化的理论计算公式。在“杂环化合物和生物碱”一章中，引入了较多的编者研究成果。在其他章节中也增加了新的成果。尽可能地反映了现代有机化学发展的新成果和新技术，符合我国高校教育发展的趋势。

(3)全书以现代价键理论和电子效应为主线，着重强化各类有机化合物的结构与化学活性的相关性，从官能团和分子的结构、化学键的断裂和形成的角度分析得到各类化合物的化学性质，分析其可能发生的有机反应，以此引导读者用理解、分析和逻辑推理的方法来学习，掌握各类化合物的基础知识和基本理论。

(4)从教学的角度，将部分跨章节的知识点进行了整合，便于教师教学和读者学习。例如，将酰胺从含氮化合物整合到“羧酸、取代酸及羧酸衍生物”一章中；将环烷烃的立体结构知识整合到“旋光异构”一章中；将旋光异构章中卤代烃的亲核取代反应机理的立体化学部分内容整合到“卤代烃”一章中。

(5)本书在章节中插有一定难度的思考题，每章后附有小结和习题，便于学生复习、巩固、提高。

本书由西南大学、四川农业大学和重庆文理学院 3 所院校共 10 位教师编写，分别是：张凤秀[第 1，3，6，12(部分)，13 章]；张志扬(第 2 章)；苏学素(第 4 章)；李宗澧(第 5 章)；郑静(第 7 章)；郑士远(第 8，10 章)；王晗光(第 9 章)；孟江平[第 11，12(部分)章]；刘希东(第 14 章)；王广途(第 15 章)。全书由张凤秀统稿，并由周成合教授主审。

西南大学化学化工学院袁若教授对本书的编写工作给予了充分重视，并提供了资助。西南大学化学化工学院魏沙平副教授和马学兵教授对本书的编写给予了指导和关心。感谢西南大学化学化工学院公共化学系主任、教研室主任及老师们的关心和帮助；特别感谢四川农业大学和重庆文理学院同仁们的大力支持与帮助。

由于编者水平有限，书中不妥之处在所难免，恳请读者批评指正。

张凤秀

2012 年 11 月于重庆西南大学

目　　录

第 1 章 绪　　论

1.1　有机化合物与有机化学

1.1.1　有机化学概述

有机化学是研究含碳有机化合物的组成、结构、性质、应用及其变化规律的一门学科。

有机化合物一般是指含碳原子的化合物，但它不同于二氧化碳、氢氰酸、碳酸盐等无机含碳化合物。最早人们认为含碳有机化合物只能从动植物、微生物等有机体中产生，且都与生命活动有关，而不可能由无机物合成。因此，“有机”一词来源于“有机体”，即有生命的物质。直到 1828 年，德国化学家韦勒(Wöhler)首次用无机物氰酸铵(NH_4OCN)在实验室合成得到原来只能从人体排泄物尿中获取的有机化合物尿素(H_2NCONH_2)。以后，许多化学家纷纷开展了用无机化合物合成有机化合物的研究工作。这一新的思路大大地促进了有机化学学科的发展，使有机化合物的数量和种类迅速增加，至今已知的含碳有机化合物有 1000 万种以上，极大地满足了人们生产和生活的需要，也使“有机”这个名称的内涵发生了变化，因历史遗留，至今仍采用。

有机化合物的主要特征是它们都含有碳元素，除碳元素以外，一般都含有氢元素，而且许多有机物分子中还含有氧、氮、硫、磷和卤素等其他元素。因此，也常把有机化学称为碳氢化合物及其衍生物的化学。有机化学的研究对象就是研究碳氢化合物及其衍生物，这体现了有机化合物间结构上的相互联系。

1.1.2　有机化学与农业、生命、医药和环境的关系

有机化合物在自然界广泛存在。例如，粮、油、棉、麻、毛、丝、木材、糖、蛋白质、农药、塑料、香料、医药、石油等大多数都是有机化合物，与人们的衣、食、住、行息息相关。在农业生产中，农产品加工及农副产品的综合利用是有机化学为农业服务的重要方面。例如，利用米糠、玉米芯、棉秆皮、甘蔗渣和野生植物等，可制造糠醛、乙醇、丙酮、丁醇和人造纤维等有价值的工业产品。这既可提高农业经济效益，又可为有机化学工业发展提供原料。同时合成的肥料、塑料、农膜、农药及植物生长调节剂等有机化合物也为农林生产不断提供新型的生产资料。

现代生命科学和生物技术的崛起给化学注入了新的活力。从 20 世纪初化学家开始对生物小分子(糖、叶绿素、维生素和血红素等)的化学结构与合成进行研究，到 1953 年沃森(Watson)和克里克(Crick)提出 DNA 分子双螺旋结构模型，1955 年维尼奥(Vigneaud)首次合成堕胎催产激素和加压素，1958 年桑格(Sanger)对牛胰岛素分子结构测定而获得诺贝尔化学奖。这些杰出成就为有机化学和生物化学在分子水平上打开了一个又一个通向生命奥秘的大门，也为分子生物学和生物工程的快速发展奠定了坚实基础。

在研究生命现象的领域里，有机化学无论是理论知识还是技术和方法对于人类生活都不可缺少。利用药物治病是人类文明、进步的重要标志。化学家通过全合成、半合成或从动植

物及微生物中提取而得到的化学药物为医学的发展和解决人类因疾病而带来的痛苦做出了巨大的贡献。特别是西药(如一些抗生素)的合成更是功不可没。

有机化合物与环境具有双向效应。一方面，种类繁多的有机物为人类生活的美丽环境提供了充足的物质基础，如合成的新型高分子材料、各类装饰有机产品等。另一方面，当有害的有机物(如卤代物、甲醛、苯、甲苯、二甲苯、苯并芘等)排放到环境达到一定浓度时，将会直接或间接地影响甚至威胁到人们的身体健康，导致环境污染而破坏了环境生态平衡。因此，天然有机化合物和可生物降解的有机化合物是最受人们欢迎的环保型有机物。

有机化学既是农业科学、生命科学、医药科学、环境科学、材料科学、纺织科学的基础，又是这些学科开展科学研究的工具。因此，只有掌握有机化学的基本理论、基本知识和基本操作技能，才能更好地学习农业科学、生命科学、医药科学、环境科学、材料科学、纺织科学技术和从事相关领域的研究。

1.1.3 有机化合物的特点

有机化学发展至今已成为一门独立的学科，其研究对象是有机化合物，与无机化合物在结构和性质上存在一定差异，具有以下特点：

1. 易燃性

有机化合物含有碳、氢等可燃元素，容易燃烧生成二氧化碳和水，并放出大量的热量。而大多数无机化合物如酸、碱、盐和金属氧化物等不能燃烧。因此，在一定程度上可采用灼烧实验来区别有机化合物和无机化合物。

2. 沸点、熔点低

离子型的无机化合物靠正、负离子间的静电引力形成强烈的相互作用力，要破坏这种引力需要较高的能量。而有机化合物主要以共价键形成分子，分子间的作用力以范德华力为主，少数还有氢键，分子间的相互作用力较小，要把有机分子分开需要的能量较小。因此，有机化合物的沸点(b. p.)、熔点(m. p.)比无机化合物要低，熔点一般不超过 400℃。随着有机化合物相对分子质量增加，沸点、熔点也相应增加。

3. 难溶于水、易溶于有机溶剂

水是强极性的绿色无机溶剂，离子型无机化合物容易在水中溶解，并电离成阴、阳离子。而有机化合物一般都是共价键型的化合物，极性很小或无极性，所以大多数有机化合物在水中的溶解度很小，易溶于极性小的或非极性的有机溶剂(如苯、四氯化碳、烃类、乙醚等)。这符合“相似相溶”的经验规律。但醇、酚、酸等能与水形成氢键的有机化合物例外。

4. 反应速率慢、副反应多

无机反应是离子型反应，反应速率一般很快。例如，Ag^+与 Cl^-反应瞬间能完成。而有机化合物反应是有机分子中共价键的旧键断裂与新键形成的过程。这个过程需要几个小时到几十个小时才能完成。为了加速反应，常采用常规加热、微波辐射、搅拌、加催化剂等措施。在反应过程中，由于旧键的断裂和新键的形成不是唯一的途径，因此通常伴随着较多副反应，生成副产物。要想提高主反应的转化率，必须控制好反应条件。待反应完成后，采用适当的

分离、提纯步骤，得到主反应的纯净产物。

5. 有机化合物结构复杂，同分异构现象普遍

同分异构现象是有机化学中普遍存在而又很重要的问题，也是造成有机物数目繁多(至今已有 1000 万种以上)的主要原因之一。同分异构体是分子式相同，而结构和性质不同的化合物，如乙酸与甲酸甲酯、丙酮与丙醛等。天然有机化合物的组成和结构通常比较复杂，其原子个数多，相对分子质量大，分子中含多种官能团。例如，叶绿素 a 的分子式为 $C_{55}H_{72}O_5N_4Mg$，分子中含有吡咯环、酯基、双键、酮基；叶绿素 b 的分子式为 $C_{55}H_{70}O_6N_4Mg$，分子中含有吡咯环、酯基、双键、酮基和醛基。

1.1.4 研究有机化合物的方法

对天然有机化合物和合成有机化合物的研究通常采用以下程序和方法。

1. 分离提纯

含有多种组分的天然的或合成的有机化合物必须通过分离提纯才能达到一定纯度。分离提纯的方法较多，固体混合物常用重结晶法或升华法；液体混合物可用蒸馏法、萃取法、色谱分离法；带电性的混合物用电泳法或离子交换法。高效液相色谱法是分离效果好、速率快的现代技术，但成本高，不适合大量混合物的分离。

2. 纯度的鉴定

纯有机化合物都有固定的物理常数，如熔点、沸点、相对密度、折光率和比旋光度等。测定有机化合物的物理常数可以鉴定其纯度。纯化合物的熔程、沸程范围很短，一般在 0.5～1.0℃。不纯化合物的熔程、沸程范围都较宽，它的熔点、沸点均低于纯化合物。

3. 实验式和分子式的确定

提纯后有机化合物采用元素定性分析，以确定化合物的元素组成。然后再进行元素定量分析，计算出各元素的质量比，确定化合物的实验式(元素组成比的最简式)。最后，进一步用质谱仪分析测定化合物的相对分子质量，便可确定其分子式。

4. 结构式的确定

因有机化合物的同分异构现象普遍存在，只确定分子式远远不够，还必须通过现代物理分析方法测定其结构式，如 X 射线分析、电子衍射法、紫外-可见(UV-Vis)吸收光谱、红外吸收光谱(IR)、核磁共振谱(NMR)和质谱(MS)等。

1.2 有机化合物分子中的化学键

化学键是分子中原子间产生强烈的相互作用力。有机化合物分子中的化学键主要是共价键。共价键是两个原子各提供一个单电子，在一定方向上进行有效重叠而形成的化学键。

1.2.1 共价键理论

1916 年美国化学家路易斯(Lewis)提出“共用电子对”的概念，认为共用电子满足“八隅

体”可使分子结构稳定。1927 年海特勒(Heitler)和伦敦(London)提出了价键(VB)理论。1928～1934 年鲍林(Pauling)提出“杂化轨道”概念，进一步发展了价键理论。1932 年美国化学家马利肯(Mulliken)和德国化学家洪德(Hund)从不同于价键理论的角度提出了分子轨道(MO)理论。价键理论、杂化轨道理论和分子轨道理论是当今说明化学结构和化学键本质的最有影响的量子力学理论。

1. 价键理论

价键理论认为，共价键的形成是成键原子外层原子轨道的重叠或电子配对的结果。当两个原子靠近时，含有未成键的自旋方向相反的单电子原子轨道重叠，两个原子核间的电子云密度增大，降低了两核间的正电排斥，增加了两核对负电的吸引，使整个体系的能量降低，从而形成稳定的共价键。成键电子的原子轨道重叠越大，形成的共价键越牢固，遵循最大重叠原理，如图 1-1 为两个氢原子的 1s 轨道互相重叠形成氢分子的过程。

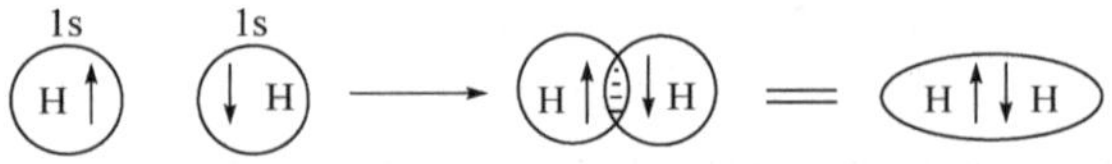

氢原子　　　氢原子轨道重叠　　　氢分子

图 1-1　氢分子形成示意图

在形成共价键时，共价键的数目通常与原子外层单电子的数目相同。由一对电子形成的共价键称为单键。如果两个原子各有两个或三个未成对电子，则形成共价双键或三键，如甲烷、乙烯和乙炔。

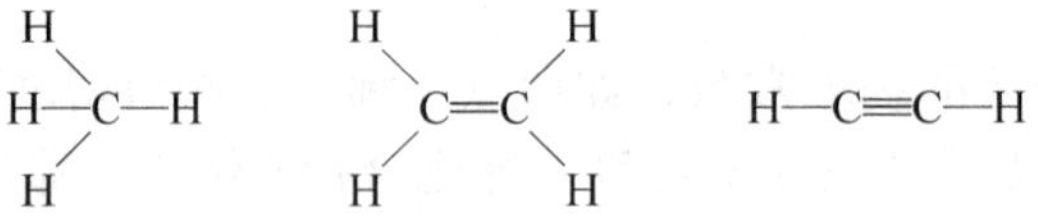

甲烷　　　乙烯　　　乙炔

由于一个原子轨道最多能容纳两个自旋方向相反的单电子，且原子轨道本身具有方向性，因此共价键也具有饱和性和方向性。

2. 杂化轨道理论与共价键的类型

价键理论比较清楚地阐述了共价键的形成和本质，成功地解释了共价键的饱和性和方向性。但对许多分子的空间构型却不能很好地解释，如采用现代实验技术测定出甲烷的空间构型是正四面体形。为此，提出了杂化轨道理论，它补充和发展了价键理论。

杂化是指原子轨道成键时，能级相近的不同类型的多个原子轨道相互混合，重新组合形成一组新的轨道。这一过程称为原子轨道的“杂化”，通过杂化形成的轨道称为杂化轨道。

1)杂化轨道理论要点

只有能量相近的原子轨道才能进行杂化。在杂化过程中，首先是基态原子通过电子跃迁变成激发态，然后杂化、轨道重叠，形成稳定的共价键。杂化轨道在杂化过程中，轨道数目保持不变，但在空间的伸展和分布情况发生了较大的变化。杂化后轨道的电子云比原原子轨道更集中。杂化轨道间的夹角增大，空间分布更宽，使轨道间的排斥作用力最小，体系能量最低。与其他原子轨道成键时，杂化轨道更容易成键，重叠程度更高，形成的分子更加稳定。

2)杂化轨道的类型

有机分子中基态碳原子的最外层电子构型为 $2s^22p^2$。在杂化过程中，2s 上的一个电子激发到 2p 的空轨道上，形成 $2s^1 2p_x^1 2p_y^1 2p_z^1$ 激发态，然后能量相近的 2s 与 2p 轨道杂化。根据参与杂化的 2p 轨道个数，碳原子的杂化方式分为 sp^3、sp^2、sp 三种杂化类型，如图 1-2 所示。

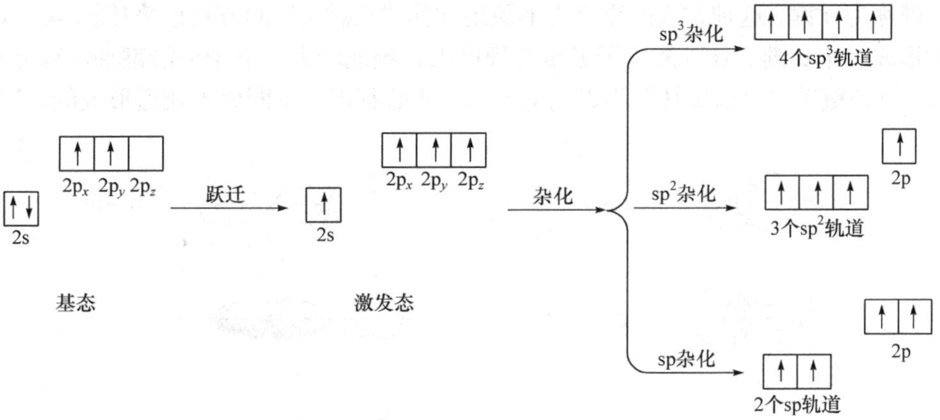

图 1-2 杂化轨道形成过程示意图

当能量相近的 2s 和三个 2p 轨道重新组合时，形成四个能量相同的 sp^3 杂化轨道。每个 sp^3 杂化轨道有 1/4 的 s 轨道和 3/4 的 p 轨道成分，其形状是一头大一头小。四个 sp^3 杂化轨道间的夹角为 109.5°，形成正四面体形。当能量相近的 2s 和两个 2p 轨道重新组合时，形成三个能量相同的 sp^2 杂化轨道。这三个 sp^2 杂化轨道的对称轴在同一平面上，夹角为 120°，构成平面三角形。碳原子上未参与杂化的 p 轨道垂直于三个 sp^2 杂化轨道所组成的平面。当能量相近的 2s 和一个 2p 轨道重新组合时，形成两个能量相同的 sp 杂化轨道。这两个 sp 杂化轨道呈直线形，夹角为 180°。余下两个未参与杂化的 2p 轨道与 sp 杂化轨道互相垂直。碳原子 sp^3、sp^2、sp 杂化轨道示意图如图 1-3 所示。

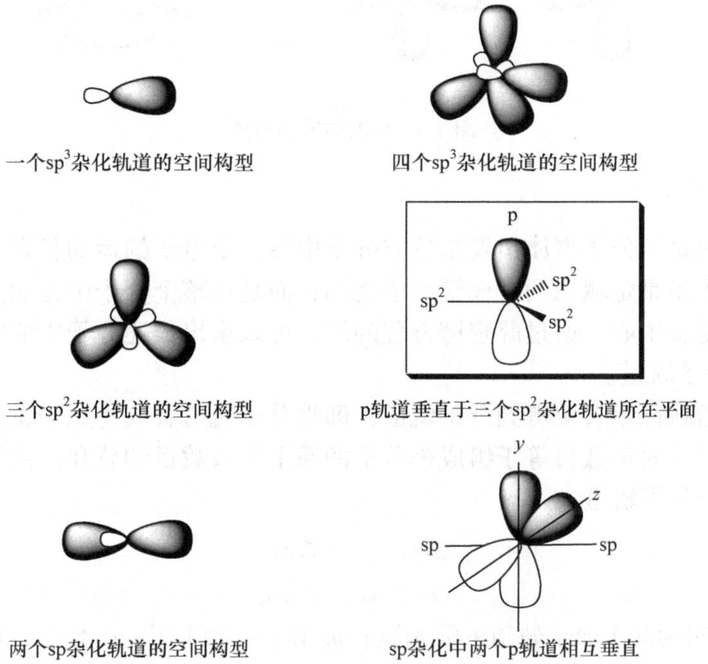

图 1-3 碳原子 sp^3、sp^2、sp 杂化轨道示意图

3）共价键的类型

根据原子轨道成键的方式不同，共价键分为σ键和π键。沿着原子轨道对称轴方向重叠形成的共价键称为σ键。这种方式的重叠也形象地比作“头碰头”的方式重叠（图 1-4）。两个原子之间只能形成一个σ键。σ键的电子云重叠程度大，键能较大。电子云沿键轴对称分布呈圆柱形，所以σ键绕键轴“自由旋转”不影响电子云的重叠程度。不同原子轨道形成的σ键如图 1-4 所示。

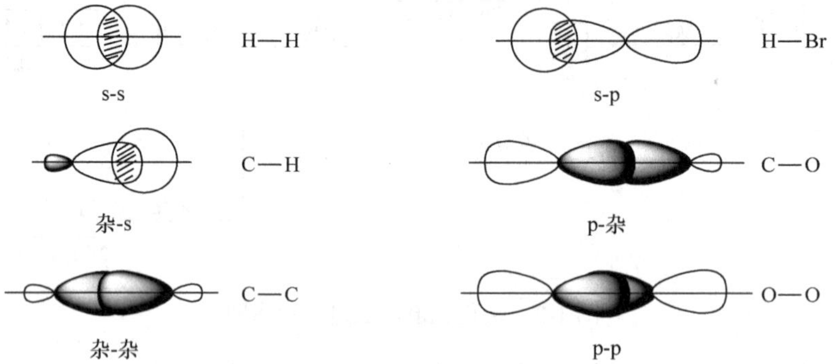

图 1-4 不同原子轨道形成的σ键示意图

两个 p 轨道的对称轴互相平行，且从侧面“肩并肩”地重叠形成的共价键称为π键（图 1-5）。π键不能单独存在，必须与σ键共存。p 轨道从侧面重叠形成π键后，就限制了σ键的自由旋转。π键的电子云重叠程度较小，键能较小，发生化学反应时，π键易断裂。故π键反应活性比σ键高。

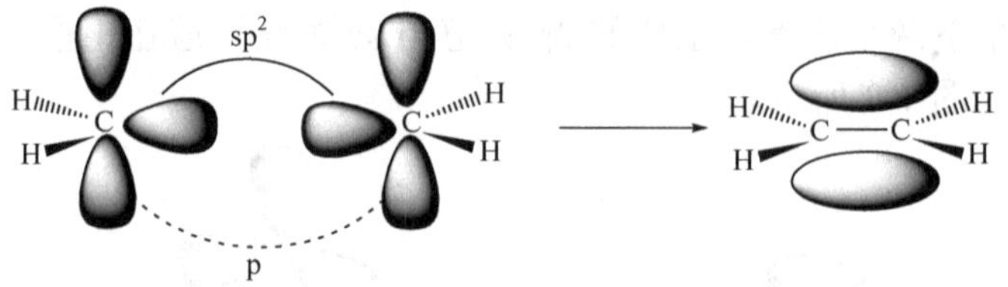

图 1-5 π键形成示意图

3. 分子轨道理论

分子轨道理论是从分子整体出发来研究分子中每一个电子的运动状态。根据这一理论，分子中的成键电子不是定域在两个成键原子之间，而是在整个分子中运动。原子轨道是单中心，而分子轨道是多中心。通过薛定谔方程的解，可以求出描述分子中的电子运动状态的波函数 ψ，ψ 称为分子轨道。

常用原子轨道线性组合法得到分子轨道，即将分子轨道看成是原子轨道函数的相加或相减。一个分子的分子轨道数目等于组成该分子的原子轨道数目的总和。例如，两个原子轨道可以线性组成两个分子轨道。

$$\psi_1 = C_1\psi_A + C_2\psi_B \tag{1}$$

$$\psi_2 = C_1\psi_A - C_2\psi_B \tag{2}$$

式中，ψ_1 和 ψ_2 分别为两个分子轨道的波函数；ψ_A 和 ψ_B 分别为原子 A 和 B 的原子轨道的波函数；C_1 和 C_2 为两个原子轨道的特定函数。在式（1）中，ψ_A 和 ψ_B 的符号相同，即两个函数的位相相同。它们叠加的结果使两个波函数值增大，电子概率密度增大（图 1-6），从而形成稳定的共价键。这样的分子轨道(ψ_1)能量低于原来的原子轨道，称为成键轨道。

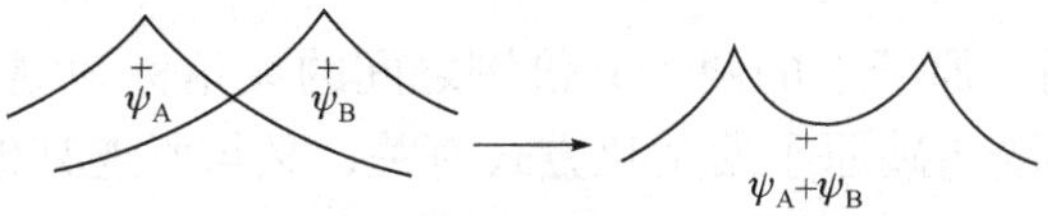

图 1-6　两个位相相同的波函数之间的相互叠加

在式(2)中，ψ_A 和 ψ_B 的符号相反，即两个函数的位相不同。它们叠加的结果使两个波函数值减小(或抵消)，电子概率密度减小(或出现节点)(图 1-7)，两核之间产生斥力，因而不能形成共价键。这样的分子轨道(ψ_2)能量高于原来的原子轨道，称为反键轨道。

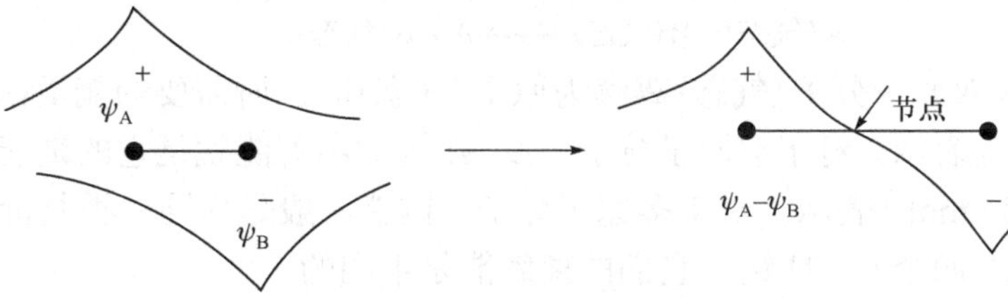

图 1-7　两个位相不同的波函数之间的相互叠加

与价键理论相似，每一个分子轨道最多只能容纳两个自旋方向相反的电子，从最低能级的分子轨道开始，逐个地填充电子。

分子轨道是由原子轨道线性组合而成的，并不是任何原子轨道都可以构成分子轨道。原子轨道组成分子轨道必须具备轨道对称性匹配、原子轨道最大重叠以及能量相近三个条件，否则不能组合成稳定的分子轨道。

分子轨道理论是对整个分子中离域的价电子更确切的描述，而价键理论则是对定域的价电子直观的描述，这两种理论互为补充。

1.2.2　共价键的特性

1. 键长

键长是成键的两个原子核间的平均距离，即同一种键，在不同的化合物中，其键长的差别较小。例如，C—C 键在丙烷分子中为 0.154 nm，而在环己烷中为 0.153 nm。键长越长，越容易受到外界电场影响发生极化，在一定程度上可以根据键长的长短来估计键的稳定性。一些常见共价键的平均键长见表 1-1。

表 1-1　常见共价键的键长与键能

共价键	键长/nm	键能/(kJ · mol^{-1})	共价键	键长/nm	键能/(kJ · mol^{-1})
C—H	0.109	413.8	C═C	0.134	610.0
C—N	0.147	304.6	C≡C	0.120	836.8
C—O	0.143	357.7	C═O(醛)	0.123	736.0
C—S	0.181	272.0	C═O(酮)	0.123	748.0
C—F	0.141	484.9	C═N	0.127	748.9
C—Cl	0.177	338.6	C≡N	0.115	880.2
C—Br	0.194	284.5	O—H	0.096	462.8
C—I	0.213	217.6	N—H	0.104	390.8
C—C	0.154	345.6	S—H	0.135	347.3

2. 键角

共价键有方向性，同一原子上的两个共价键之间的夹角称为键角。键长和键角决定分子的空间结构。键角的大小既与碳原子的杂化方式有关，又与所连其他原子或基团的大小有关。例如，丙烷分子中∠C—CH_2—C 不是 109.5°，而是 112°。

3. 键能

键能表示共价键的牢固程度。当 A 和 B 两个原子(气态)结合生成 A—B 分子(气态)时，放出的能量称为键能。

$$\text{A(气态)} + \text{B(气态)} \longrightarrow \text{A—B(气态)}$$

要使 1 mol A—B 双原子分子(气态)离解为原子(气态)时，所需要的能量称为 A—B 键的离解能，以符号 $D_{(A—B)}$表示。对于双原子分子，A—B 键的离解能就是它的键能。键的离解能和键能单位通常用 kJ · mol^{-1} 表示。对于多原子分子，键能一般是指同一类共价键的离解能的平均值。例如，甲烷有四个 C—H 键，它们的离解能是不同的。

$$CH_4 \longrightarrow \cdot CH_3 + H\cdot \quad D=434.7\ kJ \cdot mol^{-1}$$

$$\cdot CH_3 \longrightarrow \cdot \underset{\cdot}{C}H_2 + H\cdot \quad D=443.1\ kJ \cdot mol^{-1}$$

$$\cdot \underset{\cdot}{C}H_2 \longrightarrow \cdot \overset{\cdot}{\underset{\cdot}{C}}H + H\cdot \quad D=443.1\ kJ \cdot mol^{-1}$$

$$\cdot \overset{\cdot}{\underset{\cdot}{C}}H \longrightarrow \cdot \overset{\cdot}{\underset{\cdot}{C}} \cdot + H\cdot \quad D=338.6\ kJ \cdot mol^{-1}$$

甲烷的C—H键的离解能总数是1659.5 kJ · mol^{-1},故平均键能为1659.5/4=414.9(kJ · mol^{-1})。键能越大，说明两个原子结合得越牢固。一些常见共价键的键能见表 1-1。

4. 键的极性、分子的极性和分子间力

1)键的极性

键的极性是由成键两个原子之间的电负性差异而引起的。当两个相同的原子形成共价键时，电子云在两个原子核之间均匀地分布，电子在键的中心位置出现的概率最大，两个原子核正、负电荷中心恰好重合，这种键是没有极性的，称为非极性共价键。例如，氧分子中的 O—O 键，乙烷分子中的 C—C 键。当两个不相同的原子形成共价键时，由于电负性的差异，电子云偏向电负性较大的原子，使正、负电荷中心不能重合，电负性较大的原子带有微弱的负电荷(用 δ^-表示)，电负性较小的原子带有微弱的正电荷(用 δ^+表示)。这种键称为极性共价键。例如，一溴甲烷中的 C—Br 键，电子云偏向溴原子，使之带有微弱的负电荷，电负性较小的碳原子带有微弱的正电荷。

$$\overset{\delta^+}{CH_3} \text{—} \overset{\delta^-}{Br}$$

共价键的极性大小可用偶极矩(键矩)μ 来表示。

$$\mu=q \cdot R$$

式中，q 为正、负电荷中心所带的电荷值(单位为库仑，C)；R 为正、负电荷间的距离(单位为米，m)。偶极矩是向量，有方向性，通常规定其方向由正到负，用+→表示，箭头指向的是负电中心。过去偶极矩(μ)用德拜(D)为单位，现在 μ 的法定单位为库仑 · 米(C · m)，1 D=3.33564×10^{-30} C · m。

一些常见共价键的偶极矩见表 1-2。

表 1-2　一些常见共价键的偶极矩

共价键	偶极矩/(3.33564×10^{-30} C · m)	共价键	偶极矩/(3.33564×10^{-30} C · m)
C—H	0.40	C—Cl	1.56
N—H	1.31	C—Br	1.48
O—H	1.53	C—I	1.29
S—H	0.68	C—O	0.86
Cl—H	1.03	C=O	2.30
Br—H	0.78	C—S	0.90
I—H	0.38	C—N	0.40

2) 分子的极性

在双原子分子中，共价键的极性就是分子的极性。但对多原子的分子来说，分子的极性取决于分子的组成和结构。多原子分子的偶极矩是各键的偶极矩的向量和。例如，甲烷和四氯化碳是对称分子，各键偶极矩的向量和为零，故为非极性分子。三氯甲烷分子中，各个键的偶极矩未被完全抵消，为极性分子。

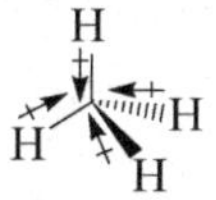

μ=0
甲烷

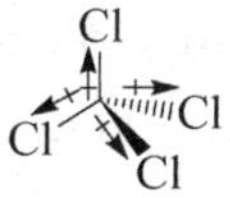

μ=0
四氯化碳

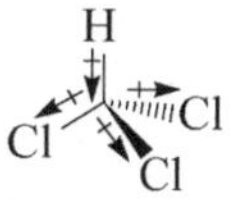

$\mu=3.63\times10^{-30}$C·m
三氯甲烷

键的极性和分子的极性对物质的熔点、沸点和溶解度都有很大的影响，键的极性也能决定发生在这个键上的反应类型，甚至还能影响到附近键的反应活性。

> **思考题 1-1**　下列化合物哪些是极性分子？哪些是非极性分子？
> (1) CH_3OH　(2) CCl_4　(3) CH_3CH_3　(4) HI　(5) CO_2
> (6) $C_2H_5OC_2H_5$　(7) HCOOH　(8) H—C≡C—H

3) 分子间的作用力

因分子间存在各种偶极-偶极相互作用而产生一种弱的吸引力，这种作用力称为分子间力，也称范德华(van der Waals)力。分子间的作用力较弱，一般比键能小一两个数量级，但它对有机化合物的物理性质(如沸点、熔点、溶解度等)影响较大。对生物体来说，分子间力与细胞功能有着密切的联系。

分子间力主要有取向力、诱导力和色散力三种。

(1) 取向力。

极性分子具有永久偶极矩，两极性分子之间永久偶极产生的分子间力称为取向力。例如，CH_3Cl 分子中氯原子电负性大，带有部分负电荷；而碳原子电负性小，带有部分正电荷，分别以δ^-、δ^+表示。这样，一个 CH_3Cl 偶极分子的负端就可以吸引另一个偶极分子的正端，使分子定向排列，从而产生分子间较强的取向力。

$$\overset{\delta^+}{CH_3}-\overset{\delta^-}{Cl}\cdots\cdots\overset{\delta^+}{CH_3}-\overset{\delta^-}{Cl}\cdots\cdots\overset{\delta^+}{CH_3}-\overset{\delta^-}{Cl}\cdots\cdots\overset{\delta^+}{CH_3}-\overset{\delta^-}{Cl}$$

(2) 诱导力。

非极性分子在极性分子的极化下发生形变，产生诱导偶极，诱导偶极与永久偶极分子之间的作用力称为诱导力。诱导力存在于极性分子与非极性分子以及极性分子之间。诱导力随极性分子偶极矩的增加、被诱导分子变形性的增大而增大。

(3) 色散力。

非极性分子虽然没有极性，但在分子中电荷的分配并不总是均匀的，在运动中可以产生瞬间偶极，由这种瞬间偶极所产生的相互作用力称为色散力。这种作用力作用范围很小，只有在分子靠得很近时才起作用，其作用力大小与分子的可极化性及分子的接触面积有关。色散力不仅存在于非极性分子中，也可存在于极性分子中。

分子间力的本质是分子中出现的各种偶极之间的静电引力，既没有饱和性，也没有方向性。分子间力比共价键作用力弱得多，一般只有几到几十千焦每摩。共价键能通常是几十到几百千焦每摩。

(4) 氢键。

当氢原子与电负性很大、原子半径很小的氟、氧、氮原子相连时，由于这些原子吸电子能力很强，氢原子带部分正电荷，因而氢原子可以与另一分子的氟、氧、氮原子中的未共用电子对以静电引力相结合，这种分子间的作用力称为氢键。氢键以虚线表示，如

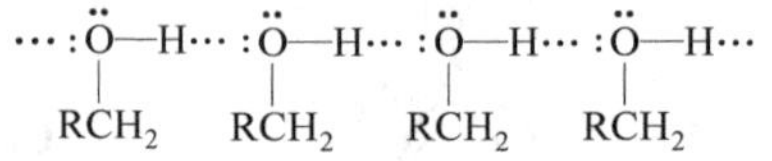

氢键有方向性和饱和性，其强度介于范德华力和共价键能之间，是 10～30 $kJ \cdot mol^{-1}$。氢键存在于许多分子中，分子间以氢键结合在一起成为缔合体。氢键不仅对物质的物理性质有很大的影响，而且对蛋白质、糖等许多生物大分子化合物的分子形状、生理功能等都有极为重要的作用。

1.2.3 共价键的断裂方式和有机反应类型

有机化学反应，其本质就是有机分子中旧键的断裂和新键的形成过程。

1. 共价键的断裂

共价键的断裂有两种方式。一种方式是共价键断裂时，成键的一对电子平均分给两个原子或原子团。

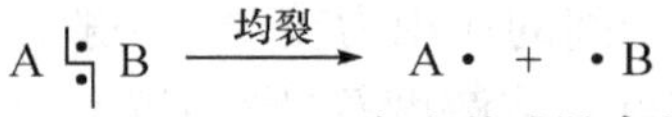

自由基或游离基

这种断裂方式称为均裂。均裂生成的带单电子的原子或原子团称为自由基或游离基。例如，$\cdot CH_3$ 称为甲基自由基。自由基通常用R·表示。均裂反应一般要在光照或高温加热条件下进行。

共价键断裂的另一种方式是异裂。共价键异裂时，成键的一对电子保留在一个原子上。异裂有两种情况：

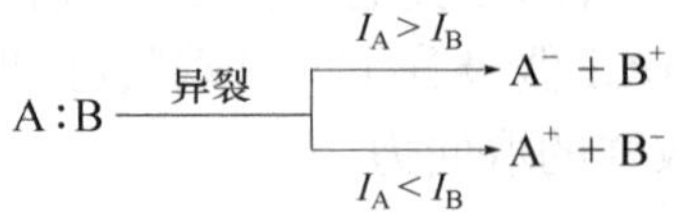

正、负离子

当 A 原子的电负性(I_A)大于 B 原子的电负性(I_B)时，异裂生成 A^-和 B^+。当 A 原子的电负性(I_A)小于 B 原子的电负性(I_B)时，异裂生成 A^+和 B^-。共价键异裂产生离子。异裂一般需要酸、碱催化或在极性物质存在下进行。

共价键断裂所产生的游离基、正、负离子活性都很高，不能稳定存在，往往在生成的一瞬间就参加化学反应，所以无法将它们分离出来。这些寿命很短的游离基或离子称为活性中间体。

2. 有机反应类型

根据共价键的断裂方式，有机反应基本分为三大类：游离基反应、离子型反应和协同反应。共价键均裂生成游离基而引发的反应称为游离基反应；共价键异裂生成离子而引发的反应称为离子型反应；在反应过程中没有明显分布的共价键均裂和异裂，共价键的断裂和生成同时进行，这种反应称为协同反应。协同反应没有中间体生成，只有一个过渡态，如 D-A 反应。

离子型反应根据反应实际类型的不同，又可分为亲电反应和亲核反应。在反应过程中能够提供缺少电子的或带正电荷的基团或原子的试剂称为亲电试剂，缺少电子的或带正电荷的原子或基团称为亲电基团。亲电基团容易进攻反应物中带负电荷或有孤对电子的原子或基团而发生的反应称为亲电反应。能够提供孤对电子或带负电荷的试剂称为亲核试剂，提供孤对电子或带负电荷的原子或基团称为亲核基团。亲核基团进攻反应物中带部分正电荷的原子或基团而发生的反应称为亲核反应。

亲电反应又可再分为亲电加成反应和亲电取代反应；亲核反应也可再分为亲核加成反应和亲核取代反应。这将在以后的章节中详加讨论。

思考题 1-2　下列化合物或离子哪些是亲电试剂？哪些是亲核试剂？

$H\ddot{O}H$　　Cl^-　　$C_2H_5\ddot{O}Na$　　$R\ddot{N}H_2$　　Br^+　　CH_3^+　　$CH_3CH_2CH_2^-$

1.3　有机化学中的酸碱理论

1.3.1　酸碱质子理论

1923 年布朗斯台德(Brönsted)和洛里(Lowry)提出，凡在一定条件下能给出质子的分子或离子都是酸；凡在一定条件下能接受质子的分子或离子都是碱。按照酸碱质子理论，酸失去质子，剩余的基团就是它的共轭碱；碱得到质子，生成的物质就是它的共轭酸。酸碱是成对出现的。例如，盐酸溶于水的反应可表示如下：

$$\underset{\text{酸}}{HCl} + \underset{\text{碱}}{H_2O} \rightleftharpoons \underset{\text{共轭碱}}{Cl^-} + \underset{\text{共轭酸}}{H_3O^+}$$

在共轭酸碱中，一种酸的酸性越强，其共轭碱的碱性就越弱，因此，酸碱的概念是相对的。某一物质在一个反应中是酸，而在另一反应中可以是碱。例如，H_2O 在 CH_3COOH 的电离反应中是碱，而在 CH_3COO^-的水解反应中是酸；H_2O 对 NH_4^+ 则是碱。

$$\underset{\text{(酸)}}{CH_3COOH} + \underset{\text{(碱)}}{H_2O} \rightleftharpoons \underset{\text{(共轭碱)}}{CH_3COO^-} + \underset{\text{(共轭酸)}}{H_3O^+}$$

$$\underset{\text{(碱)}}{CH_3COO^-} + \underset{\text{(酸)}}{H_2O} \rightleftharpoons \underset{\text{(共轭酸)}}{CH_3COOH} + \underset{\text{(共轭碱)}}{OH^-}$$

$$\underset{(\text{酸})}{NH_4^+} + \underset{(\text{碱})}{H_2O} \rightleftharpoons \underset{(\text{共轭碱})}{NH_3} + \underset{(\text{共轭酸})}{H_3O^+}$$

在酸碱反应中，总是较强的酸把质子传递给较强的碱。例如

$$\underset{(\text{较强碱})}{RONa} + \underset{(\text{较强酸})}{H_2O} \rightleftharpoons \underset{(\text{较弱酸})}{ROH} + \underset{(\text{较弱碱})}{NaOH}$$

质子酸碱反应的实质是质子的传递过程。

1.3.2　路易斯酸碱电子理论

1924 年路易斯根据价键理论提出了以电子对亲和的酸碱理论，认为酸是接受电子对的物质；碱是能给出电子对的物质。因此，酸和碱的反应可用下式表示：

$$\underset{(\text{酸})}{A} + \underset{(\text{碱})}{:B} \rightleftharpoons A:B$$

式中，A 为路易斯酸，它至少有一个原子有空轨道，具有接受电子对的能力，在有机反应中常称为亲电试剂；B 为路易斯碱，它至少含有一对未共用电子对，具有给予电子对的能力，在有机反应中常称为亲核试剂。酸和碱反应生成的 AB 称为酸碱加合物。在路易斯酸碱电子理论中没有盐的概念。

常见的路易斯酸有下列几种类型：可以接受电子对的分子如 BF_3、$AlCl_3$、$SnCl_2$、$ZnCl_2$、$FeCl_3$ 等；金属离子如 Li^+、Ag^+、Cu^{2+}等；正离子如 R^+、$R\overset{+}{C}=O$、Br^+、NO_2^+、H^+等。常见的路易斯碱有几种类型：负离子如 X^-、OH^-、RO^-、SH^-、R^-等；有未共用电子对的化合物如 $H\ddot{O}H$ 、$C_2H_5\ddot{O}H$ 、$R\ddot{N}H_2$ 、$R_1\ddot{O}R_2$ 、$CH_3\ddot{S}H$ 等。

路易斯碱与布朗斯台德碱两者没有多大区别，但路易斯酸要比布朗斯台德酸概念广泛得多。例如，在 $AlCl_3$ 分子中，Al 的外层电子只有六个，它可以接受另一对电子。

$$AlCl_3 + Cl^- \rightleftharpoons AlCl_4^-$$

$AlCl_3$ 是路易斯酸，Cl^-是路易斯碱，而 $AlCl_4^-$是酸碱加合物。根据路易斯酸碱理论，所有的金属离子都是路易斯酸，而与金属离子结合的负离子或中性分子则都是路易斯碱。因此，无机物的酸、碱、盐都是酸碱加合物。有机物也可以看成是酸碱加合物。例如，甲烷 CH_4 可以看成酸 H^+和碱 CH_3^-的加合物；乙醇 CH_3CH_2OH 可以看成酸 H^+和碱 $CH_3CH_2O^-$的加合物。大部分无机反应和有机反应，都可以作为路易斯酸碱反应。

> **思考题 1-3**　试写出 CH_3Cl 和 $AlCl_3$ 结合的反应方程式。指出哪一个是路易斯酸，哪一个是路易斯碱，哪一个是酸碱加合物。

1.4　有机化合物的分类

有机化合物的分类主要采用两种方法，一种是按碳架不同分类，另一种是按官能团分类。

1.4.1　根据碳架不同分类

1. 开链化合物

在开链化合物中，碳原子互相结合形成链状。因为这类化合物最初是从脂肪中得到的，

所以又称脂肪族化合物。例如

$CH_3CH_2CH_3$	$CH_3CH{=}CH_2$	$CH_2{=}CH{-}CH{=}CH_2$
丙烷	丙烯	1,3-丁二烯
CH_3CH_2OH	$CH_3CH_2OCH_2CH_3$	$CH_3CH_2CH_2COOH$
乙醇	乙醚	丁酸

2. 环状化合物

由碳原子或其他原子组成的环状化合物可分为三类：

1)脂环化合物

它们的化学性质与脂肪族化合物相似，因此称脂环族化合物。例如

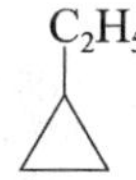

乙基环丙烷

环丁烷

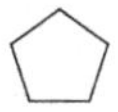
环戊烷

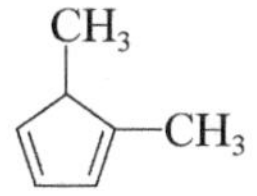

1,5-二甲基-1,3-环戊二烯

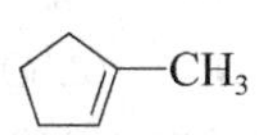

1-甲基环戊烯

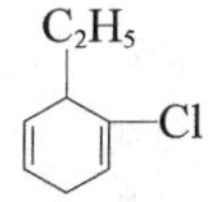

6-乙基-1-氯-1,4-环己二烯

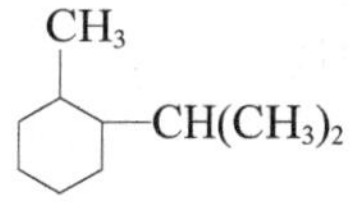

1-甲基-2-异丙基环己烷

2)芳香族化合物

这类化合物大多数都含有芳环，它们具有与开链化合物和脂环化合物不同的化学特性。例如

苯

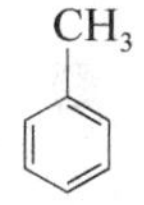

甲苯

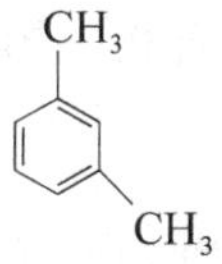

1,3-二甲苯

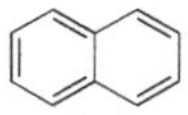
萘

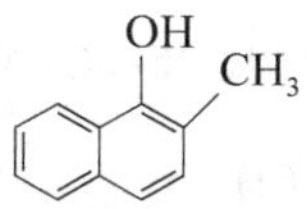

2-甲基-1-萘酚

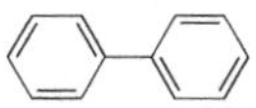
联苯

3)杂环化合物

在这类化合物分子中，组成环的元素除碳原子以外还含有其他元素的原子(如氧、硫、氮)，这些原子通常称为杂原子。例如

呋喃

噻吩

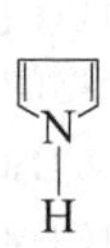

吡咯

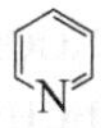

吡啶

1.4.2　根据官能团不同分类

官能团是分子中比较活泼而又易起化学反应的原子或基团，它决定化合物的主要化学性质。含有相同官能团的化合物在化学性质上基本是相同的。因此，只要研究该类化合物中的一个或几个化合物的性质后，即可了解该类其他化合物的性质。常见的官能团及其代表化合物见表 1-3。

表 1-3　常见的官能团及其代表化合物

化合物类别	官能团结构	官能团名称	实例
烯烃	$\rangle C=C \langle$	双键	$CH_2=CH_2$　（乙烯）
炔烃	$-C\equiv C-$	三键	$HC\equiv CH$　（乙炔）
卤代烃	$-X$	卤素	CH_3CH_2-X　（卤乙烷）
醇	$-OH$	羟基	CH_3CH_2OH　（乙醇）
酚	$-OH$	羟基	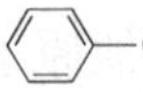$-OH$（苯酚）
醚	$-O-$	醚键	$C_2H_5-O-C_2H_5$（乙醚）
醛	$-\overset{O}{\overset{\|}{C}}-H$	醛基	$CH_3-CH=O$　（乙醛）
酮	$-\overset{O}{\overset{\|}{C}}-$	酮基	CH_3COCH_3　（丙酮）
羧酸	$-COOH$	羧基	$HCOOH$　（甲酸）
胺	$-NH_2$	氨基	$CH_3CH_2-NH_2$（乙胺）
硝基化合物	$-NO_2$	硝基	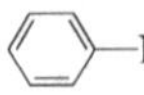$-NO_2$（硝基苯）
腈	$-C\equiv N$	氰基	CH_3CN　（乙腈）
硫醇	$-SH$	巯基	CH_3CH_2-SH（乙硫醇）
硫酚	$-SH$	巯基	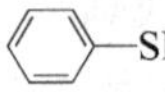$-SH$（苯硫酚）
磺酸	$-SO_3H$	磺酸基	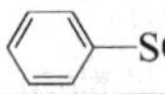$-SO_3H$（苯磺酸）

按碳架或官能团分类，各有其优缺点。本书是将这两种分类方式结合起来使用，先按碳架分类讨论各类烃的化合物，再按碳架与官能团分类结合起来讨论烃的衍生物。

习　题

1. 指出下列化合物中每个碳原子的杂化轨道类型。

(1) $CH_3CH_2CH_2CH_3$　(2) $CH_2=CH-C\equiv C-CH_3$　(3) $CH_2=CH-CH_2-\overset{O}{\overset{\|}{C}}-CH_3$

(4) CH_3O-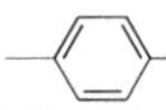$-COOH$　(5) 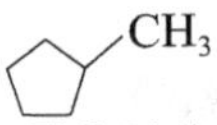　(6) $CH_3CH_2\overset{O}{\overset{\|}{C}}Cl$

2. 指出下列分子或离子哪些是路易斯酸，哪些是路易斯碱。

(1) H_2O　(2) $AlCl_3$　(3) CN^-　(4) SO_3
(5) CH_3OCH_3　(6) $HCOOH$　(7) C_2H_5ONa　(8) $SnCl_2$
(9) H^+　(10) Ag^+　(11) $(CH_3CH_2)_2NH$　(12) CH_3^+

3. 指出下列化合物中官能团的名称及所属化合物的类别。

(1) CH_3CH_2Cl　(2) CH_3OCH_3　(3) CH_3CH_2OH　(4) CH_3CHO
(5) $CH_3CH=CH_2$　(6) $CH_3CH_2NH_2$　(7) CH_3COOH　(8) CH_3COOCH_3
(9) $(\overset{O}{\overset{\|}{H C}})_2O$　(10) $CH_3CH_2\overset{O}{\overset{\|}{C}}NH_2$　(11) $CH_3CH_2C\equiv CH$　(12) H_3C-$-OH$

4. 下列化合物哪些易溶于水？哪些易溶于有机溶剂？

(1) CH_3CH_2OH　(2) CCl_4　(3) $CH_3CH_2NH_2$　(4) $CH_3\overset{O}{\overset{\|}{C}}CH_3$　(5) $HCOOH$　(6) $NaCl$

5. 某化合物 3.26 mg，燃烧分析得 4.74 mg CO_2 和 1.92 mg H_2O，相对分子质量为 60，求该化合物的实验式和分子式。

第 2 章 饱 和 烃

分子中只含有碳和氢两种元素的有机化合物称为碳氢化合物，简称烃。其他有机化合物可以看成是烃的衍生物。所以一般认为烃是有机化合物的母体。

烃的种类很多，根据烃分子中碳原子的连接方式，可分为脂肪烃和芳香烃，脂肪烃又可分为饱和烃和不饱和烃。饱和烃分子中只含有 C—C σ 键和 C—H σ 键，由于碳和氢的电负性相近，C—H 键极性很小。σ 键轨道重叠程度大，键比较牢固，键能较大，一般不易断裂。因此，除个别化合物外，饱和烃的化学性质都比较稳定。

2.1 烷 烃

饱和烃分子中的碳都是以单键相连接，碳原子的其余键完全被氢原子所饱和。

饱和烃分子中的碳原子以开链连接成直链或分叉链的称为烷烃，碳原子相互连接成环结构的称为环烷烃。

2.1.1 烷烃的通式、同系列和同分异构现象

烷烃的通式为 C_nH_{2n+2}，其中 n 为碳原子数目。从理论上讲，n 可以很大，目前已知的烷烃中，n 已大于 100。最简单的烷烃是甲烷，分子式是 CH_4。然后依次是乙烷 C_2H_6、丙烷 C_3H_8、丁烷 C_4H_{10}、戊烷 C_5H_{12} 等。这些烷烃分子中任意两个烷烃的分子间都相差一个或几个 CH_2。人们把具有同一通式、结构和性质相似、相互间相差一个或几个 CH_2 的一系列化合物称为同系列。同系列中的各个化合物互为同系物。相邻同系物之间的差 CH_2 称为系差。

同系列是有机化学中的普遍现象，同系物(特别是高级同系物)具有许多相似的性质，除了一些有突出个性的化合物(如同系列中第一或前几个化合物)，在每一同系列里只要研究几个代表物就可以推知其他同系物的性质，可以从特殊性找出普遍性规律，为我们学习研究有机物提供方便。

在烷烃的同系列中，甲烷分子中的四个氢原子是等同的，所以用一个甲基取代任何一个氢原子，都得到唯一的产物乙烷；乙烷分子中的六个氢原子也是等同的，所以用甲基取代任何一个氢原子也得到唯一的产物丙烷。丙烷分子中有两类氢原子，一类是连在两端碳原子上的六个氢原子，其中任意一个氢原子用甲基取代时，都得到四个碳原子成一直链的正丁烷；另一类是连接在中间碳原子上的两个氢原子，其中任一氢原子用甲基取代时，得到含有支链的异丁烷。

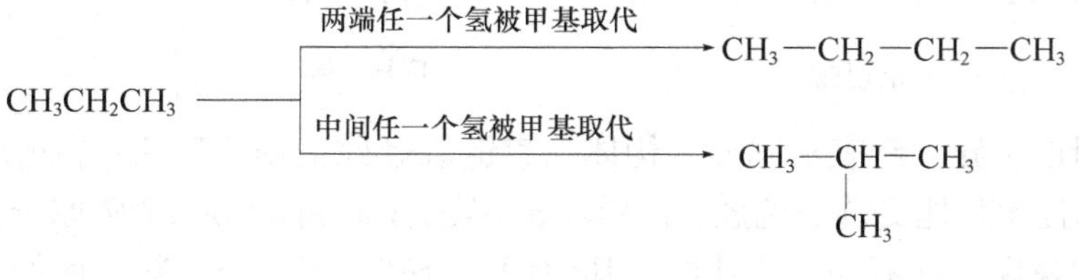

正丁烷(b.p. −0.5℃)

异丁烷(b.p. −10.2℃)

很明显，这两种丁烷结构上的差异是由于分子中碳原子连接方式不同而产生的，分子中各原子的连接方式和顺序称为构造。我们把分子式相同而构造式不同所产生的同分异构现象称为构造异构；这种由于碳链的构造不同而产生的同分异构现象又称为碳链异构。

同理，由丁烷的两种同分异构体可以衍生出 3 种戊烷：

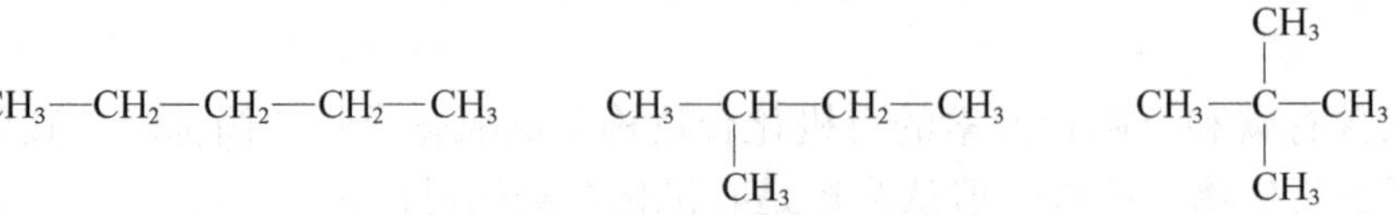

正戊烷(b.p. 36.1℃)　　异戊烷(b.p. 28℃)　　新戊烷(b.p. 9.5℃)

随着分子中碳原子数的增加，碳原子间就有更多的连接方式，异构体的数目明显增加，已烷有 5 个同分异构体，庚烷有 9 个，辛烷有 18 个，而癸烷有 75 个，二十烷有 366319 个。

其中有的碳只与一个碳原子相连，我们称为一级碳原子或第一(伯)碳原子，可用 1°表示；直接与两个碳原子相连的碳，称为二级碳原子或第二(仲)碳原子，可用 2°表示；直接与三个碳原子相连的碳，称为三级碳原子或第三碳(叔)原子，可用 3°表示；直接与四个碳原子相连的碳，称为第四(季)碳原子，用 4°表示。

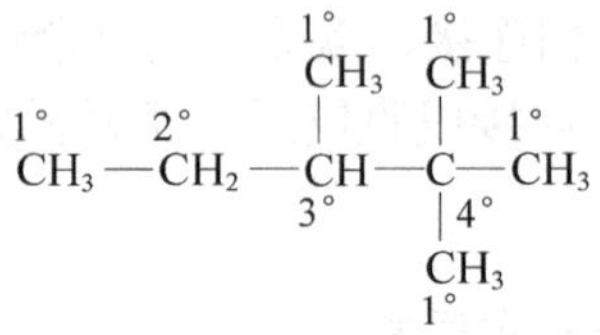

与之对应的，与一级、二级或三级碳原子相连的氢原子分别称为第一、第二、第三氢原子或伯(1°)、仲(2°)、叔(3°)氢原子。不同类型的氢原子的活泼性不同。

2.1.2 烷烃的命名

有机化合物种类繁多，数目庞大，结构复杂，为了识别它们，需要有合理统一的命名法命名。根据命名法，让我们看到化合物名称即可以写出它的结构式，反之亦然。因此学习、认识每一类化合物的命名法是有机化学的一项重要内容。烷烃的命名法是有机化合物命名法的基础，所以应当熟练地掌握。

烷烃常用的命名法有普通命名法(习惯命名法)和系统命名法两种。

1. 普通命名法

普通命名法一般只适用于简单、含碳较少的烷烃，基本原则是：

根据分子中碳原子的数目称“某烷”。碳原子数在十个以内，用天干字甲、乙、丙、丁、戊、己、庚、辛、壬、癸表示；碳原子数在十个以上，则以中文数字十一、十二、十三、……表示。例如

$CH_3—CH_2—CH_2—CH_2—CH_2—CH_3$　　$CH_3(CH_2)_9CH_3$

正己烷　　正十一烷

为了区别异构体，用正、异、新表示同分异构体。直链烷烃称正(*n*-)某烷；在链端第二个碳原子上连有一个甲基且无其他支链的烷烃，称异(*iso*-)某烷；在链端第二个碳原子上连有两个甲基且无其他支链的烷烃，称新(*neo*-)某烷。其中词头分别为正、异、新。例如，己烷

的 3 种异构体，分别称为正己烷、异己烷、新己烷。

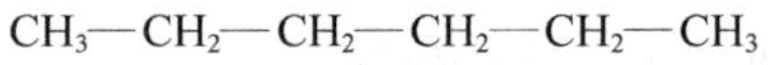

正己烷(*n*-)

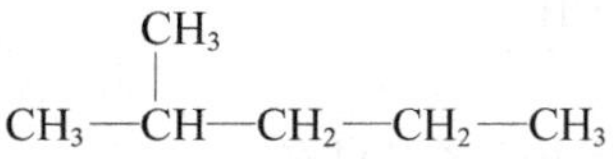

异己烷(*iso*-)

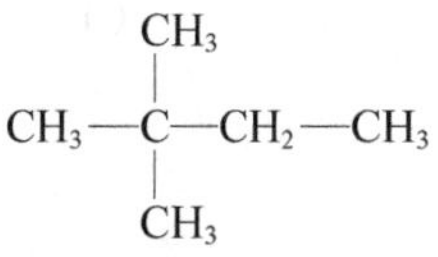

新己烷(*neo*-)

烷烃分子中去掉一个氢原子形成的一价基团称为烷基，通式为 C_nH_{2n+1}，常用 R—表示，因此烷烃也可用 RH 表示。烷基的名称由相应的烷烃命名。常见烷基如表 2-1 所示。

表 2-1　常见烷基的结构式、名称及英文符号

烷基	名称	符号	英文
CH_3—	甲基	Me	methyl
CH_3CH_2—	乙基	Et	ethyl
$CH_3CH_2CH_2$—	正丙基	*n*–Pr	*n*–propyl
$(CH_3)_2CH$—	异丙基	*iso*–Pr	*iso*–propyl
$CH_3CH_2CH_2CH_2$—	正丁基	*n*–Bu	*n*–butyl
$(CH_3)_2CHCH_2$—	异丁基	*iso*–Bu	*iso*–butyl
$CH_3CH_2CH(CH_3)$—	仲丁基	*sec*–Bu	*sec*–butyl
$(CH_3)_3C$—	叔丁基	*tert*-Bu	*tert*–butyl

在学习中，特别要注意异丁基和仲丁基结构上的不同。异丁基是位于链端的第二个碳原子上连有一个甲基，而仲丁基则是丁烷分子中第二个碳原子(仲碳原子)去掉一个氢形成的烷基，结构式如下：

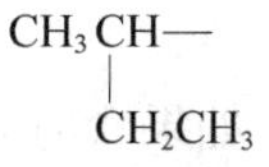

仲丁基

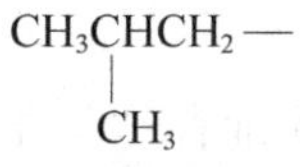

异丁基

对于结构比较复杂的烷烃，应使用系统命名法。

2. *系统命名法*

我国现在使用的有机化学命名法是参考国际纯粹与应用化学联合会(International Union of Pure and Applied Chemistry，简称 IUPAC)命名原则，并结合我国的文字特点于 1960 年制定，1980 年由中国化学会加以增减修订的“有机化学命名原则”。

直链烷烃的系统命名法与普通命名法相同，只是把“正”字取消。对于结构复杂的烷烃，则按以下原则命名。

1)选主链

在分子中选择一个最长的碳链作主链，根据主链上碳原子数目称为某烷。主链以外的其他烷基看做主链上的取代基，若同一分子中最长碳链不止一条，则应选取支链较多的碳链作主链。例如

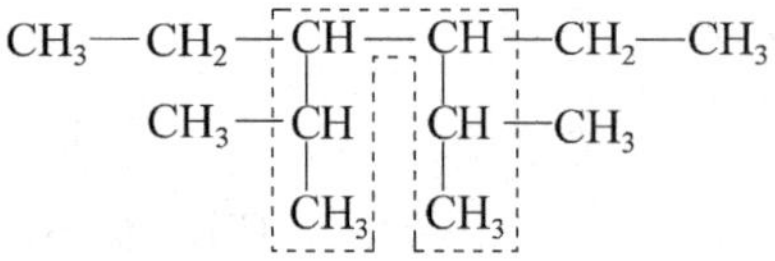

(Ⅰ)

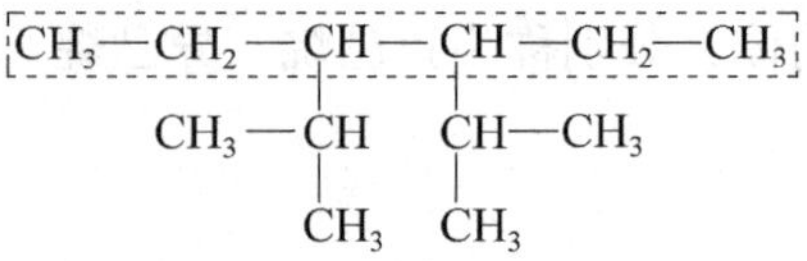

(Ⅱ)

(Ⅰ) 2,5-二甲基-3,4-二乙基己烷　　(Ⅱ) 3,4-二异丙基己烷

正确的选择是(Ⅰ)，不是(Ⅱ)。

2) 编号

从距离取代基或支链最近的一端开始将主链碳原子编号，用阿拉伯数字 1，2，3…表示。当主链上有几个取代基，且有几种可能的编号时，应遵循“最低系列”原则。所谓“最低系列”原则是：逐个比较几种编号法中表示取代基位置的数字，最先遇到取代基位置最小者，定为最低系列。例如

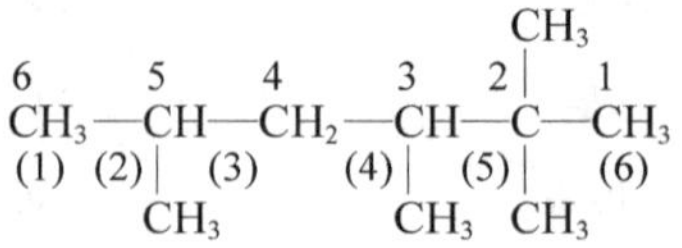

上述化合物有两种编号方法，从右向左编号，取代基的位次为 2，2，3，5；从左向右编号，取代基的位次为(2)，(4)，(5)，(5)。逐个比较每个取代基的位次，第一个均为 2，第二个取代基编号分别为 2 和(4)，因此应该从右向左为正确编号顺序，该化合物命名为 2,2,3,5-四甲基己烷。又如

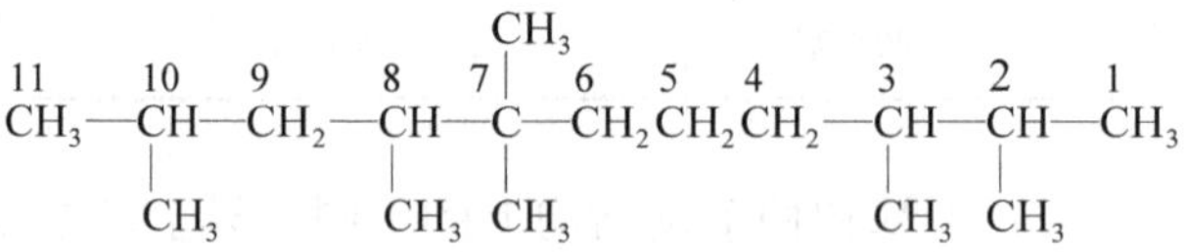

2,3,7,7,8,10-六甲基十一烷

正确编号为：2,3,7,7,8,10；而不是 2,4,5,5,9,10。

3) 书写表达

命名时，将取代基放在母体前称“某基某烷”。如果含有几个相同的取代基时，则把它们合并起来。在基团名称前用“二、三、四、……”中文数字表明取代基的数目。其位次必须用阿拉伯数字逐个注明，位次的数字之间要用逗号隔开。阿拉伯数字和汉字之间用短线“-”隔开。如果取代基不同，则按“次序规则”排列顺序，较优基团放在后面。一些常见烷基的优先次序为：甲基＜乙基＜丙基＜丁基＜戊基＜异戊基＜异丁基＜新戊基＜异丙基＜仲丁基＜叔丁基。排在后面为较优基团。例如

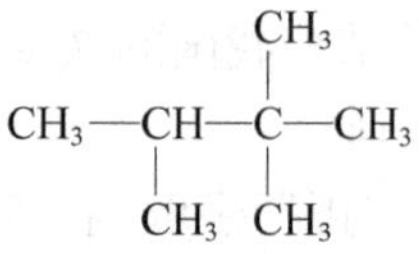

2,2,3-三甲基丁烷

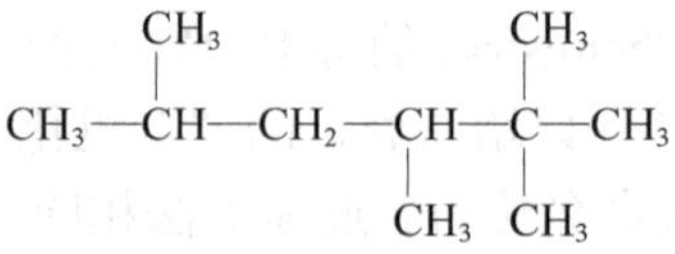

2,2,3,5-四甲基己烷

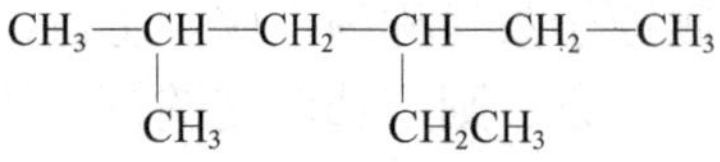

2-甲基-4-乙基己烷

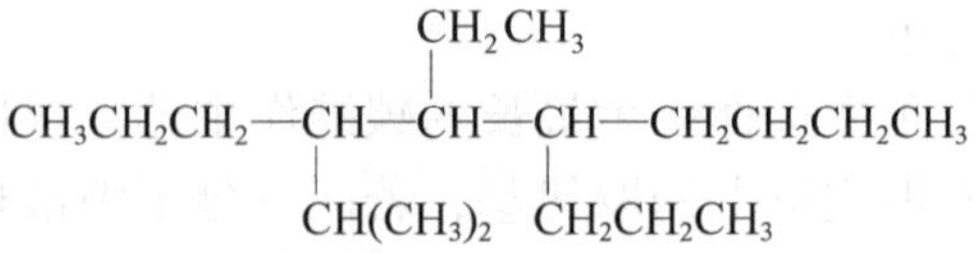

5-乙基-6-丙基-4-异丙基癸烷

为了确定有关原子或基团的排列次序，IUPAC 制定了次序规则(sequence rule)，主要内容如下：

(1)将各取代基中与主链碳原子相连的原子按原子序数大小排列，原子序数大者为“较优”基团；若为同位素，则质量数高者为“较优”基团。有机化合物中常见的元素其顺序由大到小排列为

$$I>Br>Cl>S>P>F>O>N>C>D>H$$

(2)如果与主链碳原子相连的原子的原子序数相同，则比较与它相连的其他原子，比较时，按原子序数排列，先比较最大的，若仍相同，再依次比较第二、第三个原子，直到比较出较优基团为止。

例如，$—CH_2CH_3$ 与$—CH(CH_3)_2$，第一个均为碳原子，再按顺序比较与碳相连的其他原子。在$—CH_2CH_3$中为—C(C、H、H)，在$—CH(CH_3)_2$中为—C(C、C、H)。其中 C>H，所以$—CH(CH_3)_2$优于$—CH_2CH_3$。命名时，把乙基放在前面。

(3)含有双键或三键的基团，可看做连有两个或三个相同的原子。例如，以下几种基团可以看成下面的书写形式。

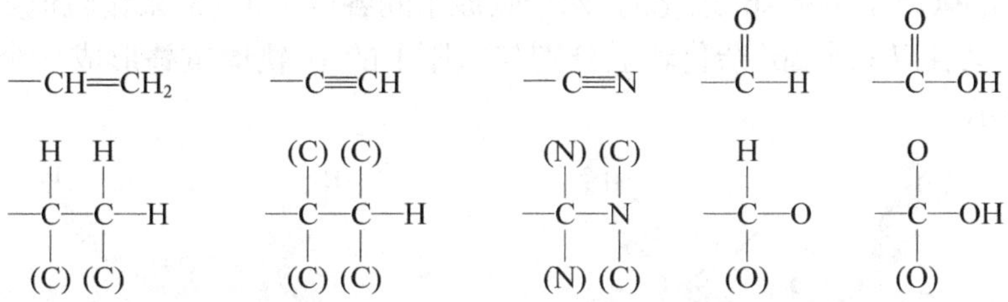

思考题 2-1 写出庚烷所有同分异构体的构造式，并标出各异构体的1°、2°、3°、4°碳原子。

思考题 2-2 用系统命名法命名下列化合物。

(1) $CH_3CH_2CH(CH_3)C(CH_3)_3$ (2) 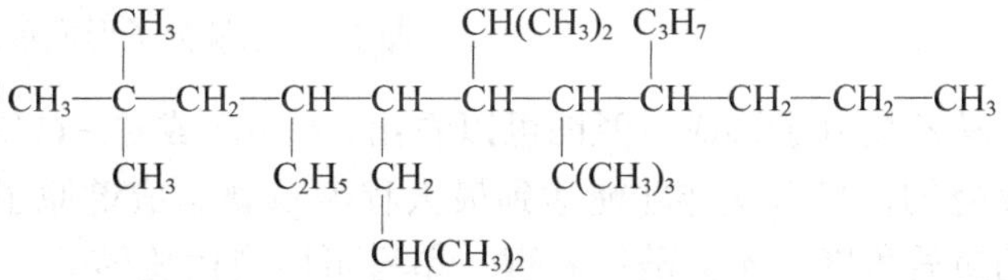

思考题 2-3 写出下列化合物的构造式。

(1) 3,3,5-三甲基-4-乙基庚烷 (2) 2,3-二甲基-4-异丙基辛烷

2.1.3 烷烃的分子结构

烷烃的结构特征：烷烃分子中的碳都是 sp^3 杂化。甲烷具有正四面体的结构特征。当烷烃中的碳原子数大于 3 时，碳链就形成锯齿形状或其他可能的形式。烷烃中的碳氢键和碳碳键都是 σ 键。

1. 甲烷和乙烷的分子结构

甲烷的分子式一般写成 CH_4，这只能说明分子中有四个氢原子与碳原子相连，而没有表示出氢原子与碳原子在空间的相对位置，不能说明甲烷分子的立体形状。近代物理方法测定，甲烷分子为一正四面体结构，碳原子位于正四面体中心，四个氢原子位于正四面体的四个顶点。

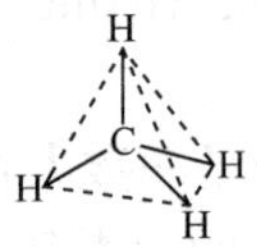

图 2-1　甲烷分子正四面体结构示意图

四个碳氢键的键长都为 0.109 nm，键能为 414.9 kJ · mol^{-1}，所有 H—C—H 的键角都是 109.5°。甲烷分子的正四面体结构如图 2-1 所示。

从杂化轨道理论也可以理解甲烷分子的正四面体结构。在形成甲烷分子时，四个氢原子的 s 轨道沿着碳原子的四个 sp^3 杂化轨道的对称轴方向接近，实现最大程度的重叠，形成四个等同的 C—H σ 键，如图 2-2 所示。

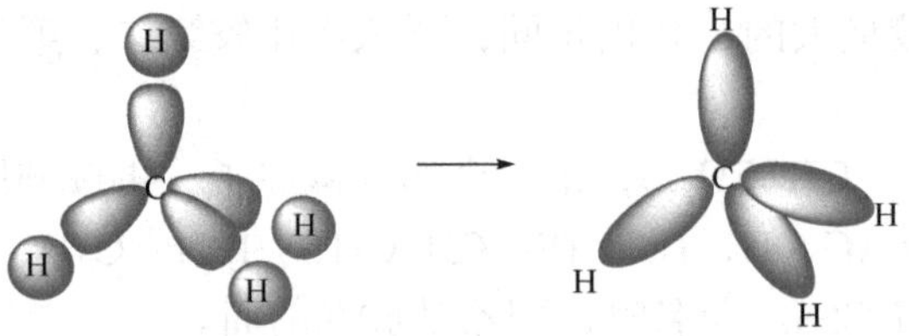

图 2-2　甲烷分子形成示意图

乙烷分子中的碳原子也是 sp^3 杂化的。两个碳原子间各以一个 sp^3 杂化轨道重叠形成 C—C σ 键，两个碳原子又各以三个 sp^3 杂化轨道分别与氢原子的 1s 轨道重叠形成六个等同的 C—H σ 键，如图 2-3 所示。

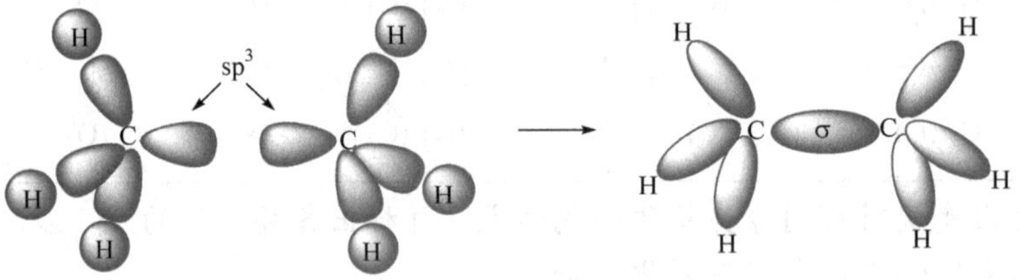

图 2-3　乙烷分子形成示意图

从乙烷分子形成示意图可以看出，C—H 或 C—C 键中成键原子的电子云是沿着它们的轴向重叠的，只有这样才能达到最大程度重叠。成键原子绕键轴做相对旋转时，并不影响电子云的重叠程度，不会破坏 σ 键，单键可以自由旋转。

由于碳的价键分布呈四面体形，而且碳碳单键可以自由旋转，所以三个碳原子以上烷烃分子中的碳链不像构造式那样表示的直线形，而是以锯齿形或其他可能的形式存在。

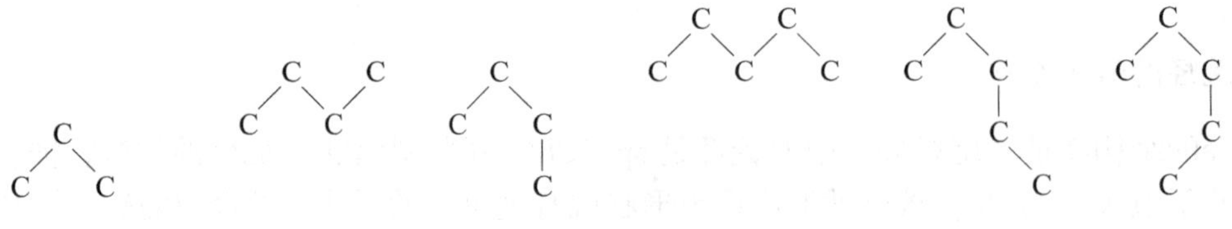

丙烷　　丁烷　　戊烷

所谓“直链”烷烃是指分子中无支链。碳碳单键的键长是 0.154 nm，键能为 345.6 kJ · mol^{-1}，键角为 109.5°左右。

2. 乙烷及其同系物的构象

在常温下，乙烷分子中的两个甲基并不是固定在一定位置上，而是可以绕 C—C σ 键自由旋转，在旋转中形成许多不同的空间排列形式。这种由于绕单键旋转而产生的分子中的原子或基团在空间的不同排列方式，称为构象，同一分子的不同构象称为构象异构体。

乙烷分子可以有无数种构象，但从能量的观点只有两种极限式构象：交叉式构象和重叠式构象。交叉式构象如图 2-4(a)所示，两个碳原子上的氢原子距离最远，相互间斥力最小，因而热力学能最低，稳定性也最大，这种构象称为优势构象。重叠式构象如图 2-4(b)所示，两个碳原子上的氢原子两两相对，相互间斥力最大，热力学能最高，也最不稳定。其他构象的热力学能介于二者之间。

表示构象可以用透视式或纽曼(Newman)投影式。透视式比较直观，所有的原子和键都能看见，但较难画好；纽曼投影式则是在 C—C 键的延长线上观察，圆心表示距观察者较近的一个碳原子，圆圈表示距观察者较远的另一个碳原子，每个碳原子上所连接的三个氢原子再分别表示出来(图 2-4)。

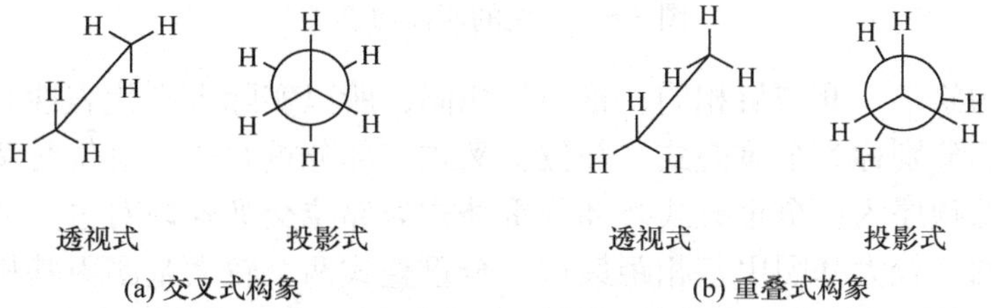

图 2-4　乙烷分子的交叉式和重叠式构象

交叉式与重叠式的构象虽然热力学能不同，但差别较小，约为 12.5 kJ · mol^{-1}。在接近绝对零度的低温时，分子主要以交叉式存在。而在室温时，分子间的碰撞能产生 83.7 kJ · mol^{-1} 的能量，足使两种构象之间以极快的速度转变。因此，在室温时可以把乙烷看做交叉式与重叠式以及介于二者之间的无数种构象异构体的平衡混合物，每种构象存在的时间虽不相同，但都很短暂，不过受能量制约而趋向处于能量极小值或其附近的构象。由于各种构象在室温下能迅速转化，因而不能分离出乙烷的某一构象异构体。

由于不同的构象热力学能不同，构象异构体之间的转化需要克服一定能垒才能完成。由此可见，所谓单键的自由旋转并不是完全自由的。乙烷分子中碳碳单键相对旋转时，分子热力学能的变化如图 2-5 所示。

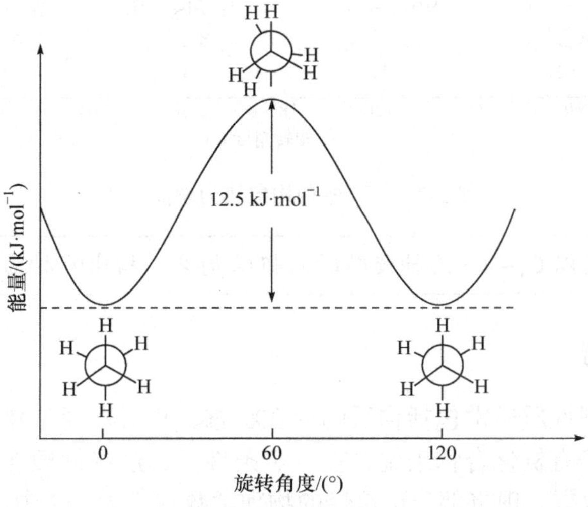

图 2-5　乙烷各种构象的热力学能变化

丁烷可以看做是乙烷分子中的两个碳原子各有一个氢原子被一个甲基取代后的产物，当绕 $C_2—C_3$ σ 键旋转 360°时，每旋转 60°可以得到一种有代表性的构象，如图 2-6 所示。

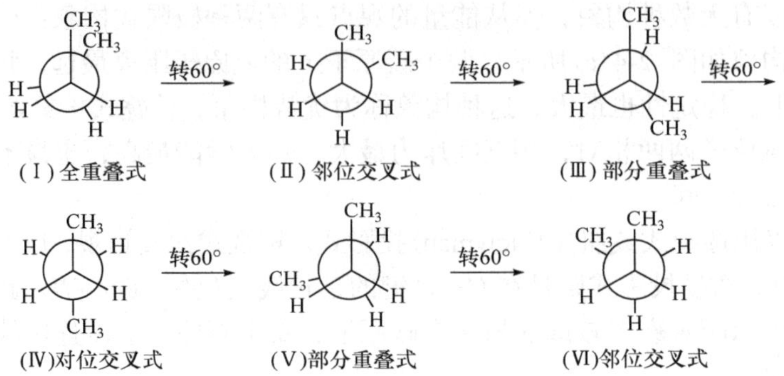

图 2-6　丁烷的四种构象式

在上述六种构象中，Ⅱ与Ⅵ相同，Ⅲ与Ⅴ相同，所以实际上有代表性的构象为Ⅰ、Ⅱ、Ⅲ、Ⅳ四种。它们分别称为全重叠式、邻位交叉式、部分重叠式、对位交叉式。丁烷几种构象的热力学能高低顺序为：全重叠式＞部分重叠式＞邻位交叉式＞对位交叉式。对位交叉式是优势构象式，两个较大基团甲基相距最远。全重叠式两个较大基团甲基相距最近，相互排斥作用最强，是最不稳定构象。丁烷的各种构象之间的能量差别也不大，在室温下仍可通过 σ 键的旋转相互转变，形成以优势构象为主的各构象平衡混合物，因而室温下不能分离出各构象异构体。丁烷各异构体热力学能变化的曲线如图 2-7 所示。

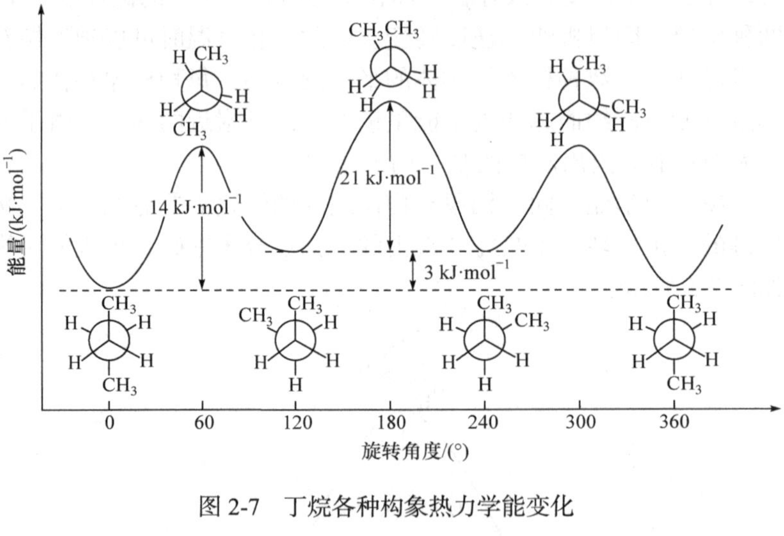

图 2-7　丁烷各种构象热力学能变化

思考题 2-4　画出丁烷以 $C_1—C_2$ 为轴旋转时的极限构象，指出哪种为优势构象。

2.1.4　烷烃的物理性质

有机化合物的物理性质通常包括物质的存在状态、相对密度、沸点、熔点、折光率和溶解度等。对于一种纯净有机化合物来说，在一定条件下，这些物理常数是固定的，因此是鉴定未知化合物的常用数据。现将部分正烷烃的物理常数列于表 2-2 中。

表 2-2　部分正烷烃的物理常数

名称	结构式	熔点/℃	沸点/℃	相对密度 d_4^{20}
甲烷	CH_4	−182.4	−164	0.424
乙烷	CH_3CH_3	−183.3	−88.6	0.546
丙烷	$CH_3CH_2CH_3$	−189.7	−42	0.501
丁烷	$CH_3CH_2CH_2CH_3$	−138	0.5	0.579
戊烷	$CH_3(CH_2)_3CH_3$	−129.7	36	0.626
己烷	$CH_3(CH_2)_4CH$	−95	69	0.660
庚烷	$CH_3(CH_2)_5CH_3$	−90.5	98	0.684
辛烷	$CH_3(CH_2)_6CH_3$	−57	126	0.703
壬烷	$CH_3(CH_2)_7CH_3$	−54	151	0.718
癸烷	$CH_3(CH_2)_8CH_3$	−30	174	0.730
十一烷	$CH_3(CH_2)_9CH_3$	−26	196	0.740
十二烷	$CH_3(CH_2)_{10}CH_3$	−10	216	0.749
十三烷	$CH_3(CH_2)_{11}CH_3$	−6	234	0.757
十四烷	$CH_3(CH_2)_{12}CH_3$	5.5	252	0.764
十五烷	$CH_3(CH_2)_{13}CH_3$	10	266	0.769
十六烷	$CH_3(CH_2)_{14}CH_3$	18	280	0.775
十七烷	$CH_3(CH_2)_{15}CH_3$	22	292	0.773
十八烷	$CH_3(CH_2)_{16}CH_3$	28	308	0.776
十九烷	$CH_3(CH_2)_{17}CH_3$	32	320	0.777
二十烷	$CH_3(CH_2)_{18}CH_3$	36	343	0.778

从表列出的烷烃的物理常数看出，直链烷烃的物理性质随相对分子质量的增加而呈规律性的变化。

1. 物质状态

在室温和一个大气压下，C_1～C_4 的直链烷烃是气体，C_5～C_{16} 的直链烷烃是液体，C_{17} 以上的直链烷烃是固体。

2. 沸点

直链烷烃的沸点随相对分子质量的增加而有规律地升高(表 2-2)。碳链的分支对沸点有显著影响。在同数碳原子的烷烃异构体中，直链异构体的沸点最高，支链越多，沸点越低。例如，正戊烷的沸点为 36℃，而异戊烷的沸点为 28℃，新戊烷的沸点为 9.5℃。

烷烃分子中只有 C—C 键和 C—H 键，由于碳和氢的电负性相近，C—H 键的极性很小，而且碳的四价在空间对称分布，所以烷烃可视为非极性分子。在非极性分子中，分子之间的吸引力主要是由范德华力产生的。范德华力的大小又与分子中原子的数目和大小成正比，相对分子质量大者分子间的接触面积也大。所以，烷烃分子中碳原子数越多，范德华力也越大。直链烷烃的沸点随相对分子质量的增加而有规律地升高，但范德华力只有在近距离内才能有效地作用，随距离的增加范德华力很快地减弱。在支链烷烃中，由于支链的阻碍，分子间不能像直链烷烃那样靠得很近，因此它们之间的范德华力较直链烷烃弱，沸点也较其直链烷烃低。

3. 熔点

烷烃的熔点基本上也是随相对分子质量增加而升高。不过含奇数碳原子的烷烃和含偶数碳原子的烷烃分别构成两条熔点曲线，一般对称性大的烷烃熔点要高些。随着相对分子质量的增加，两条曲线逐渐趋于一致，如图 2-8 所示。

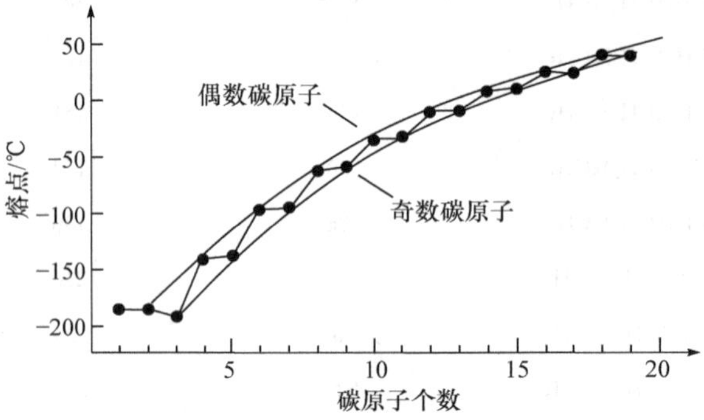

图 2-8　烷烃的熔点曲线

烷烃的熔点也是由于范德华力所决定的。相对分子质量越大，分子排列越紧密，范德华力作用越强。偶数碳原子的烷烃分子对称性好，因此它们在晶格中排列越紧密，分子间的范德华力作用也越强，故熔点要高一些。

4. 溶解度

烷烃是非极性分子，根据“相似相溶”经验规律，烷烃不溶于水，而易溶于有机溶剂(如四氯化碳、乙醚等)。

5. 相对密度

烷烃相对密度的大小也与分子间的作用力有关，相对分子质量越大，作用力也越大，因此相对密度随相对分子质量增加而逐渐增大，但都小于 1。

思考题 2-5　己烷的所有异构体中，哪一个异构体的沸点最低？哪一个异构体的沸点最高？

2.1.5　烷烃的化学性质

烷烃的化学性质比较稳定。在常温下，烷烃与强酸、强碱、强氧化剂、强还原剂等都不易起反应，所以烷烃在有机反应中常用来作溶剂。烷烃的稳定性是由于分子中 C—C 和 C—H σ 键比较牢固。首先烷烃分子中碳原子以 sp^3 杂化轨道成键，已经达到饱和难以发生加成反应。其次，碳原子和氢原子电负性差别很小，因而烷烃 σ 键的电子不易偏向某一原子，在整个分子中，电子分布是均匀的，键不易极化。所以在一般条件不易被试剂进攻，烷烃化学性质稳定。但烷烃的稳定性也是相对的。在一定条件下，如适当温度、压力或催化剂的存在下，烷烃也可以和一些试剂发生反应。

1. 氧化与燃烧

烷烃在空气中完全燃烧时，生成二氧化碳和水，并放出大量的热，烷烃主要用做燃料。由反应式可以看出，烷烃燃烧时需要大量的氧气，在氧气不足时，将产生一氧化碳。汽油在气缸中不能充分燃烧，产生的一氧化碳连同未完全燃烧的汽油排出，产生汽车尾气。

$$CH_4 + 2O_2 \longrightarrow CO_2 + 2H_2O + 890\ kJ\cdot mol^{-1}$$

$$C_nH_{2n+2} + \frac{3n+1}{2}O_2 \longrightarrow nCO_2 + (n+1)H_2O + 热量$$

如果控制反应条件，在金属氧化物或金属盐催化下进行氧化，则可得到部分氧化产物，如醇、醛、酸等。高级烷烃氧化得高级脂肪酸，高级脂肪酸可代替动物油脂制造肥皂。

$$RCH_2CH_2R' + O_2 \xrightarrow[120\sim150℃]{锰盐} RCOOH + R'COOH$$

氧化还原反应在无机反应中是以电子得失而体现的，而有机化合物多为共价键，在有机反应中无明显的电子得失，故在有机化学中的氧化反应一般是指分子中得到氧或失去氢的反应；还原反应一般是指分子中得到氢或失去氧的反应。

2. 热裂反应

烷烃在隔绝空气的条件下进行的分解称为热裂反应。

烷烃的热裂是一个复杂的反应。烷烃热裂可生成小分子烃，也可脱氢转变为烯烃和氢。

$$CH_3CH_2CH_2CH_3 \xrightarrow{热裂} \begin{cases} CH_2{=}CHCH_2CH_3 + CH_3CH{=}CHCH_3 + H_2 \\ CH_2{=}CHCH_3 + CH_4 \\ CH_2{=}CH_2 + CH_3CH_3 \end{cases}$$

热裂反应主要用于生产燃料，近年来热裂已为催化裂化所代替。工业上利用催化裂化把高沸点的重油转变为低沸点的汽油，从而提高石油的利用率，增加汽油的产量，提高汽油的质量。

3. 卤代反应及游离基取代反应机理

1) 卤代反应

烷烃中的氢原子被其他元素的原子或基团所替代的反应称取代反应。被卤素取代的反应称为卤代反应。

烷烃与氯气在光照或加热条件下，可剧烈反应，生成氯代烷烃及氯化氢。

$$CH_4 + Cl_2 \xrightarrow[或\triangle]{h\nu} CH_3Cl + HCl$$

甲烷氯代反应较难停留在一取代阶段。一氯甲烷可继续氯代生成二氯甲烷、三氯甲烷、四氯化碳。因此所得产物是氯代烷的混合物。

$$CH_4 \xrightarrow[h\nu或\triangle]{Cl_2} CH_3Cl \xrightarrow[h\nu或\triangle]{Cl_2} CH_2Cl_2 \xrightarrow[h\nu或\triangle]{Cl_2} CHCl_3 \xrightarrow[h\nu或\triangle]{Cl_2} CCl_4$$

但反应条件对反应产物的组成影响很大，控制反应条件可以使主要产物为某一种氯代烷。若反应温度控制在400～500℃，甲烷与氯气之比为10：1时，则主要产物为一氯甲烷；若控制甲烷与氯气之比为0.263：1时，则主要产物为四氯化碳。

甲烷的氯代在强光直射下极为剧烈，以致发生爆炸产生碳和氯化氢。

2）游离基取代反应机理

反应机理是研究反应所经历的过程，反应机理又称反应历程，它是有机化学理论的主要组成部分。

反应机理是在综合大量实验事实的基础上提出的一种理论假设。如果这种假设能圆满地解释实验事实和所观察到的现象，并且根据这种假设所做的推论又能被新的实验事实所证实，那么这种理论假设就是该反应的反应机理。

氯气与甲烷反应有以下实验事实：

(1)甲烷和氯气混合物在室温下及黑暗处长期放置并不发生化学反应。

(2)将氯气用光照射后，在黑暗处放置一段时间再与甲烷混合，反应不能进行；若将氯气用光照射，迅速在黑暗处与甲烷混合，反应立即发生，且放出大量的热量。

(3)若将甲烷用光照射后，在黑暗处迅速与氯气混合，也不发生化学反应。

从上述实验事实可以看出，甲烷氯代反应的进行与光对氯气的影响有关。首先，在光照射下氯气分子吸收能量，使其共价键发生均裂，产生两个活泼氯原子(氯游离基)。

$$Cl:Cl \xrightarrow{h\nu} 2Cl\cdot \quad \text{链引发}$$

氯游离基非常活泼，它夺取甲烷分子中的一个氢原子，生成甲基游离基和氯化氢。

$$CH_4 + Cl\cdot \longrightarrow CH_3\cdot + HCl$$

甲基游离基与氯游离基一样活泼，它与氯气分子作用，生成一氯甲烷，同时产生新的氯游离基。

$$CH_3\cdot + Cl:Cl \longrightarrow CH_3Cl + Cl\cdot$$

新的氯游离基不但可以夺取甲烷分子中的氢，也可以夺取氯甲烷分子中的氢，生成氯甲基游离基。如此循环，可以使反应连续进行，生成一氯甲烷、二氯甲烷、三氯甲烷、四氯化碳等。这种由游离基引起的、连续循环进行的反应称游离基取代反应，又称连锁反应。

$$\left.\begin{array}{r} CH_3Cl + Cl\cdot \longrightarrow \cdot CH_2Cl + HCl \\ \cdot CH_2Cl + Cl:Cl \longrightarrow CH_2Cl_2 + Cl\cdot \\ CH_2Cl_2 + Cl\cdot \longrightarrow \cdot CHCl_2 + HCl \\ \cdot CHCl_2 + Cl:Cl \longrightarrow CHCl_3 + Cl\cdot \\ CHCl_3 + Cl\cdot \longrightarrow \cdot CCl_3 + HCl \\ \cdot CCl_3 + Cl:Cl \longrightarrow CCl_4 + Cl\cdot \end{array}\right\} \text{链增长}$$

在游离基反应中，虽然只有少数游离基就可以引起一系列反应，但反应不能无限制地进行下去。因为随着反应的进行，氯气和甲烷的含量不断降低，游离基的含量相对增加，游离基之间的碰撞机会也增加，产生了游离基之间的结合，导致反应终止。

$$\left.\begin{array}{r} Cl\cdot + Cl\cdot \longrightarrow Cl:Cl \\ CH_3\cdot + CH_3\cdot \longrightarrow CH_3CH_3 \\ CH_3\cdot + Cl\cdot \longrightarrow CH_3Cl \end{array}\right\} \text{链终止}$$

由此可见，反应的最终产物是多种卤代烃的混合物。

从上述反应的全过程可以看出，游离基反应通常包括三个阶段：链的引发即吸收能量开始产生游离基的过程；链的增长即反应连续进行的阶段，其特点是产生取代物和新的游离基；链的终止即游离基相互结合，使反应终止。

甲烷的氯代反应还可以从能量变化上加以说明。从键的离解能数值，我们可以计算出它的能量变化：

$$CH_3—H + Cl—Cl \longrightarrow CH_3—Cl + H—Cl$$

$\Delta H/(kJ\cdot mol^{-1})$ 434.7 242.4 351.1 430.5

等压反应热(焓变值) ΔH=434.7+242.4–(351.1+430.5)=–104.5 kJ · mol^{-1}。式中负号(–)表示反应是放热的，正号(+)表示反应是吸热的。各步反应的 ΔH 可计算如下：

(1) $Cl—Cl \longrightarrow 2Cl\cdot$ $\Delta H_1 = +242.4\ kJ\cdot mol^{-1}$

(2) $Cl\cdot + CH_3—H \longrightarrow CH_3\cdot + HCl$ $\Delta H_1 = 434.7 - 430.5 = +4.2\ kJ\cdot mol^{-1}$

(3) $CH_3\cdot + Cl—Cl \longrightarrow CH_3—Cl + Cl\cdot$ $\Delta H_1 = 242.4 - 351.1 = -108.7\ kJ\cdot mol^{-1}$

从上述数据可以算出，反应的第一、二步是吸热反应，所以链的引发需要光照或高温加热来提供能量。但总的反应是放热反应，因此连锁反应一旦引发，反应即可迅速进行。甲烷和游离基反应生成一氯甲烷的能量变化如图 2-9 所示。

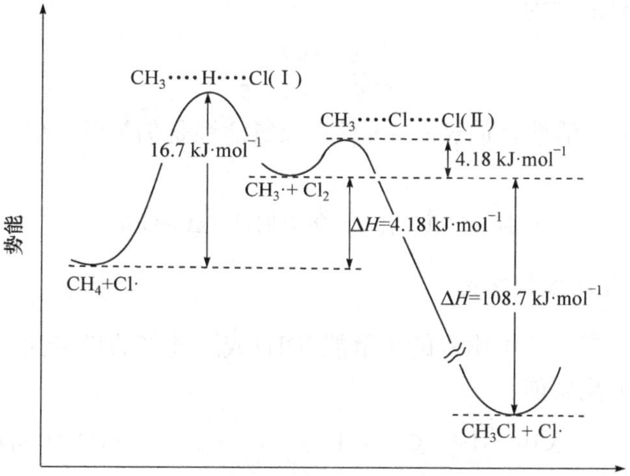

图 2-9 甲烷与氯游离基生成一氯甲烷的能量变化曲线图

根据分子运动论，要使两种分子(或离子)之间发生反应，分子间一定要发生碰撞，只有足够能量和适当取向的分子碰撞才能有效地发生反应，这种分子称为活化分子。活化分子所具有的能量与反应物分子平均能量的差值称为活化能。如图 2-9 所示，$E_{(I)}$=16.7 kJ · mol^{-1}，为过渡态 I (反应物过渡到产物的中间状态)与反应物的能量差。

从图中可以看出，氯游离基和甲烷作用只需较小的活化能(16.7 kJ · mol^{-1})即可形成过渡态(I)，由过渡态(I)产生甲基游离基。甲基游离基与氯作用只需 4.18 kJ · mol^{-1} 的能量即可形成过渡态(II)，生成一氯甲烷,释放出 108.7 kJ · mol^{-1} 的热量。逆反应不能自发进行。尽管此反应是放热反应，但链引发需要较高的活化能，因此反应只有在光照或高温加热时才能进行。

其他烷烃的氯代反应与甲烷的氯代反应一样，均为游离基反应机理。但对不同的烷烃，由于结构的差异，产物较甲烷复杂。例如，氯气与丙烷的反应，由于丙烷分子中存在伯氢和仲氢，因此得到两种不同的氯代产物 1-氯丙烷和 2-氯丙烷，其产物比例为

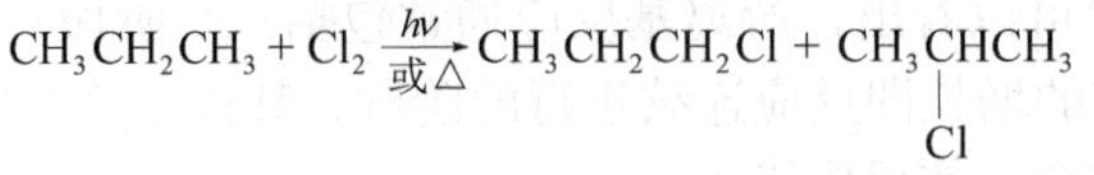

1-氯丙烷(45%)　2-氯丙烷(55%)

丙烷分子中有 6 个伯氢和 2 个仲氢，氯游离基与伯氢相遇的机会为仲氢的 3 倍，但一氯产物中 2-氯丙烷反而比 1-氯丙烷多，说明仲氢比伯氢活性大，更容易被取代。伯氢与仲氢的相对活性为

$$\frac{\text{伯氢}}{\text{仲氢}}=\frac{45/6}{55/2}=\frac{1}{3.8}$$

氯与异丁烷的反应也生成两种产物，产物比例如下：

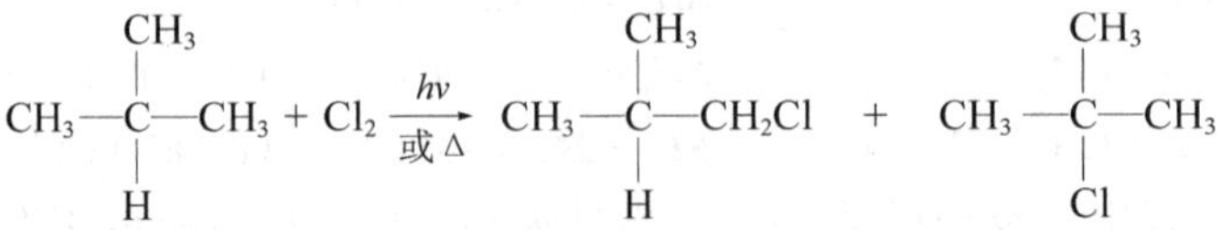

2-甲基-1-氯丙烷 (63%)　　2-甲基-2-氯丙烷 (37%)

伯氢与叔氢的相对活性为

$$\frac{\text{伯氢}}{\text{叔氢}}=\frac{63/9}{37/1}=\frac{1}{5}$$

实验结果表明，仲氢活性是伯氢的 3.8 倍，叔氢活性是伯氢的 5 倍。烷烃中各种氢的活性顺序为

叔(3°)氢＞仲(2°)氢＞伯(1°)氢＞CH_4

4. 烷基游离基的稳定性和结构

上述各种氢的活性顺序，可由键的离解能(DH)或游离基的稳定性加以解释。例如，下列式子给出不同类型氢的离解能：

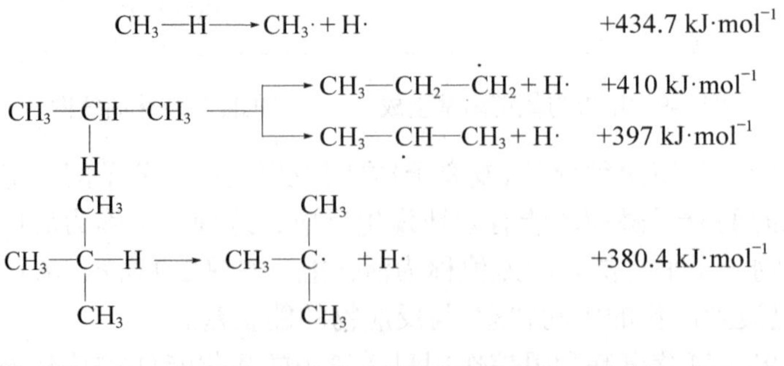

可以看出 3°H 的离解能最小，故反应时这个键最容易断裂。所以三级氢在反应中活性最高。游离基的稳定性次序为：3°R·＞2°R·＞1°R·＞CH_3·。一般来讲，游离基越稳定，越容易生成，其反应速率越快，与其相应的氢越活泼。但大多数游离基只在反应的瞬间存在，寿命很短，

所以稳定性是相对的。

甲烷中的一个 C—H 发生均裂生成甲基游离基和氢游离基。理论研究和实验证明：甲基游离基中的碳原子为 sp^2 杂化，其三个 sp^2 杂化轨道分别与氢的 s 轨道进行重叠形成 σ 键，三个键的夹角为 120°，在同一平面中，剩余的一个电子在垂直于这个平面的 p 轨道中，如图 2-10 所示。其他的烷基游离基中碳原子的杂化方式与甲基游离基中的碳原子的杂化方式相似。

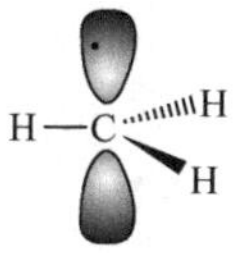

图 2-10 甲基游离基

思考题 2-6 丁烷氯代可得 1-氯丁烷和 2-氯丁烷，根据产率计算伯氢和仲氢的相对反应活性。

$$CH_3—CH_2—CH_2—CH_3 + Cl_2 \xrightarrow{h\nu} CH_3—CH_2—CH_2—\underset{\displaystyle Cl}{\underset{|}{CH_2}} + CH_3—\underset{\displaystyle Cl}{\underset{|}{CH}}—CH_2—CH_3$$

1-氯丁烷(28%) 2-氯丁烷(72%)

2.1.6 重要的饱和烃

1. 烷烃的来源和用途

烷烃广泛存在于自然界中，它的主要来源是天然气和石油。天然气和沼气的主要成分是甲烷，近来研究发现草食动物如牛、羊的消化道也能产生少量甲烷。

石油的成分很复杂，是各种烷烃的混合物，还有一些环烷烃及芳香烃。生产上经过分馏初步加工，得到各种馏分比例的产品，如表 2-3 所示。

表 2-3 石油分馏产品及主要用途

产品	组分	沸程/℃	主要用途
石油气	C_1～C_4	<40	化工原料、燃料
石油醚	C_4～C_6	40～70	溶剂、化工原料
汽油	C_5～C_9	40～150	内燃机燃料、溶剂
煤油	C_9～C_{17}	150～300	燃料、溶剂
柴油	C_{12}～C_{18}	180～350	柴油机燃料
润滑油	C_{18}～C_{22}	>350	润滑剂
凡士林	—	—	防锈、药用

2. 生物体中的烷烃

某些动植物体中也有少量烷烃存在，如在烟草叶上的蜡中含有二十七烷和三十一烷，白菜叶上的蜡含有二十九烷，苹果皮上的蜡含二十七烷和二十九烷。此外，某些昆虫的外激素就是烷烃。所谓“昆虫外激素”，是同种昆虫之间借以传递信息而分泌的化学物质。例如，有一种蚁，它们通过分泌一种有气味的物质来传递警戒信息，经分析，这种物质含有正十一烷和正十三烷。又如，雌虎蛾引诱雄虎蛾的性外激素是 2-甲基十七烷，这样人们就可合成这种昆虫性外激素并利用它将雄虎蛾引至捕集器中将它们杀死。昆虫激素的作用往往是专一的，所以可利用它只杀死某一种昆虫而不伤害其他昆虫，这便是近年来发展起来的第三代农药。

2.2　环　烷　烃

分子中具有碳环结构的烷烃称为环烷烃，单环烷烃的通式为 C_nH_{2n}，与单烯烃互为同分异构体。本节主要讨论的是单环和双环的环烷烃。

2.2.1　环烷烃的分类、异构和命名

环烷烃可按分子中碳环的数目大致分为单环烷烃和多环烷烃两大类型。

1. 单环烷烃

只有一个碳环的烷烃属于单环烷烃。在单环烷烃体系中，又可按环的大小分为：小环（C_3～C_4 元环），普通环（C_5～C_7 元环），中环（C_8～C_{12} 元环），大环（C_{12} 元环以上）。已知最大的环是三十环，自然界普遍存在的是五元环和六元环。

最简单的环烷烃是环丙烷，从含四个碳的环烷烃开始，除具有相应的烯烃同分异构体外，还有因环的大小及侧链的长短和位置不同而产生碳环异构体，即构造异构体。例如，分子式为 C_4H_8 的环烷烃具有两种碳环异构体，分子式为 C_5H_{10} 具有五种异构体。

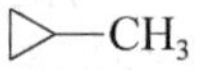

环丙烷　环丁烷　甲基环丙烷

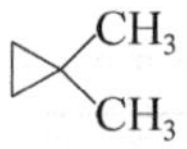

环戊烷　甲基环丁烷　乙基环丙烷　1,1-二甲基环丙烷　1,2-二甲基环丙烷

环烷烃中由于环的存在限制了 C—C σ 键的自由旋转，如果环上两个或两个以上的碳原子连有取代基时，脂环烃就可产生顺反异构体。例如，1,2-二甲基环丙烷就有两种异构体。两个取代基在环的同侧称为顺式构型（*cis-*），在环的异侧称为反式构型（*trans-*）。

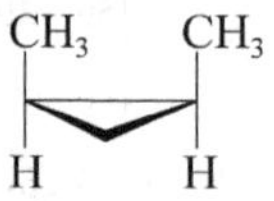

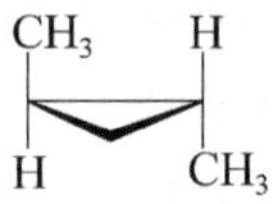

顺-1,2-二甲基环丙烷　反-1,2-二甲基环丙烷

单环烷烃的命名与烷烃基本相同，只是在“某烷”前加一个“环”字，环烷烃若有取代基时，它所在位置的编号仍遵循最低系列原则。只有一个取代基时“1”字可省略；有两个或两个以上取代基时，编号由较小的取代基所在的碳原子开始。

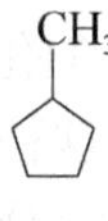

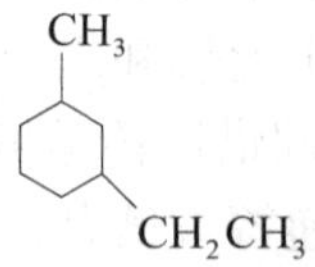

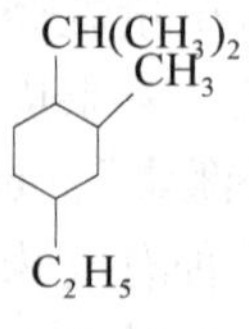

甲基环戊烷　1-甲基-3-乙基环己烷　1-甲基-5-乙基-2-异丙基环己烷

当简单的环上连有较长的碳链时，可将环当做取代基。例如

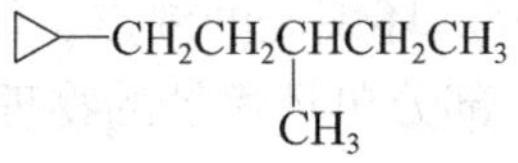

3-甲基-1-环丙基戊烷

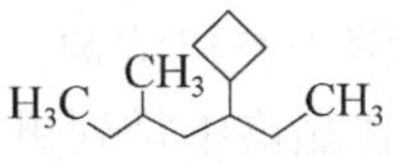

3-甲基-5-环丁基庚烷

2. 多环烷烃

含有两个或多个碳环的环烷烃属于多环烷烃。多环烷烃按环的结构和位置又分为桥环、螺环等。

1) 桥环

分子中有两个或两个以上的碳原子被碳环共用的多环烷烃称为桥环烃。共用的碳原子称为“桥头碳原子”，从一个桥头到另一个桥头的碳链，即桥头碳原子之间的碳链或单键称为“桥”。

桥环烷烃命名时，根据环的数目和成环碳原子的总数目称为“几环[ ]某烷”。在“[ ]”中标出除桥头碳原子以外的桥碳原子数，大数排前，小数排后，数字之间用下角圆点隔开。编号是从桥的一端桥头碳开始，沿最长的桥到另一桥头碳原子，再沿次长的桥回到第一个桥头碳原子，最短的桥最后编号；有取代基时，应使取代基编号较小。环的数目可以根据把桥环烃变成开链烷烃需要断开键的次数来决定，如断开两次，为二环；断开三次，为三环。

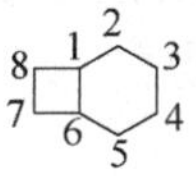

二环[4.2.0]辛烷

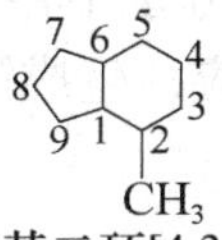

2-甲基二环[4.3.0]壬烷

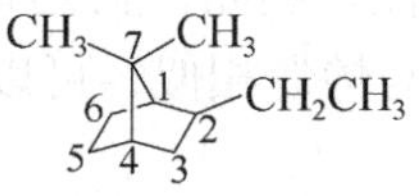

7,7-二甲基-2-乙基二环[2.2.1]庚烷

2) 螺环

脂环烃分子中两个碳环共用一个碳原子的化合物称为螺环烃，共用的碳原子称为螺原子。

螺环烷烃命名时，根据成环碳原子的总数称为“螺[ ]某烷”。在“[ ]”中标出各碳环中除螺碳原子以外的碳原子数目，小数在前，大数在后，数字间用下角圆点隔开。编号时从较小环中与螺原子相邻的一个碳原子开始，经小环到螺原子，再至大环；有取代基的要使其编号较小。

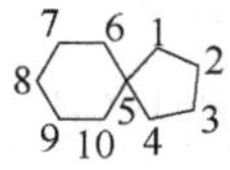

螺[4.5]癸烷

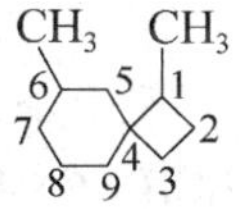

1,6-二甲基螺[3.5]壬烷

思考题 2-7 写出含六个碳原子的环烷烃的所有异构体，并命名。

思考题 2-8 写出下列化合物的构型式。

(1) 顺-1-甲基-2-溴环戊烷　　(2) 反-1-甲基-3-叔丁基环己烷

思考题 2-9 命名下列化合物。

(1) 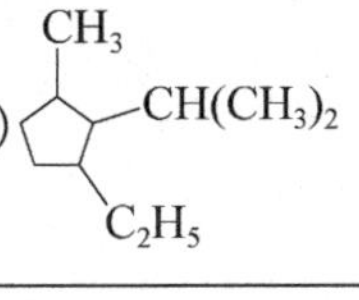

(2) 

(3) 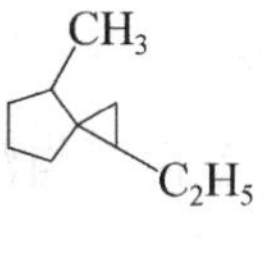

2.2.2 环烷烃的物理性质

在常温常压下，环丙烷与环丁烷为气体，环戊烷、环己烷为液体，高级的同系物为固体。

环烷烃不溶于水，易溶于有机溶剂，比水轻。环烷烃的沸点、熔点、相对密度都比同碳数的烷烃高，因为环烷烃在晶格中排列更紧密，部分单环烷烃的物理性质见表 2-4。

表 2-4　部分单环烷烃的物理性质

名称	结构式	熔点/℃	沸点/℃	相对密度 d_4^{20}	折光率 n_D^{20}
环丙烷	$(CH_2)_3$	−127.6	−32.7	0.720（−70℃）	1.3799
环丁烷	$(CH_2)_4$	−90	−12.5	0.689	1.4260
环戊烷	$(CH_2)_5$	−93.9	49.2	0.746	1.4065
环己烷	$(CH_2)_6$	6.5	80.7	0.778	1.4266
环庚烷	$(CH_2)_7$	8	118.5	0.8098	1.4436
环辛烷	$(CH_2)_8$	14.3	148.5	0.8349	1.4586

2.2.3　环烷烃的化学性质

环烷烃的化学性质与烷烃类似，可发生取代和氧化反应，但由于碳环的存在还具有一些与烷烃不同的特性。例如，三元和四元环烷烃因为分子中存在张力，所以表现在化学性质上比较活泼，它们与烯烃相似，可以发生开环加成反应，生成链状化合物。

1. 开环反应

环烷烃中环丙烷和环丁烷能与氢气、溴、卤化氢等试剂发生开环反应，而环戊烷和环己烷却不易发生或不能发生类似的开环反应。

1）催化加氢

小环烷烃的性质与烯烃类似，在催化剂存在下能发生加氢反应，生成烷烃。

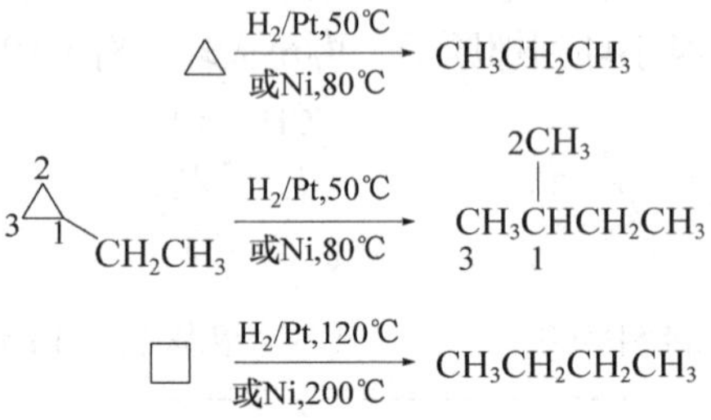

环戊烷需要用活性高的铂为催化剂在 300℃以上才能加成。环己烷、环庚烷在此条件下不发生加氢反应。

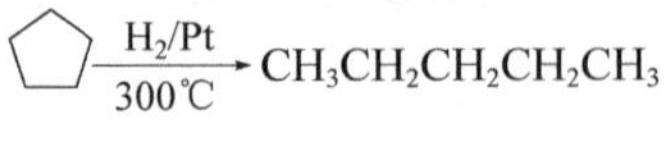

2）加溴

环丙烷在室温下与溴发生加成反应生成 1,3-二溴丙烷。

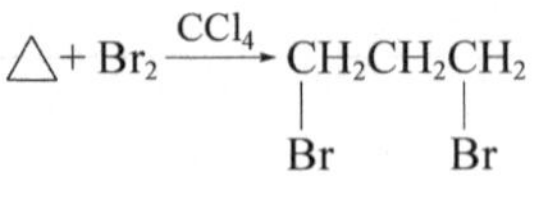

在加热条件下环丁烷与溴发生加成反应，生成 1,4-二溴丁烷。

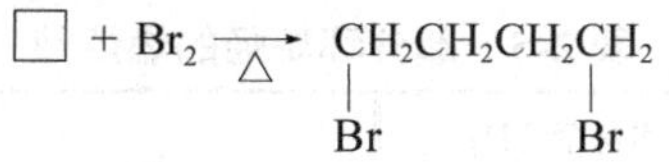

3)加卤化氢

环丙烷、环丁烷与卤化氢发生加成反应生成卤代烷。环戊烷、环己烷不易发生反应。

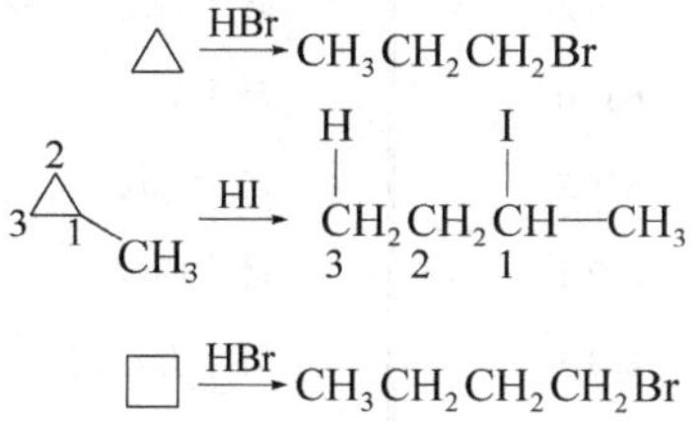

2. 取代反应

环戊烷、环己烷等在光或加热的条件下可发生取代反应。

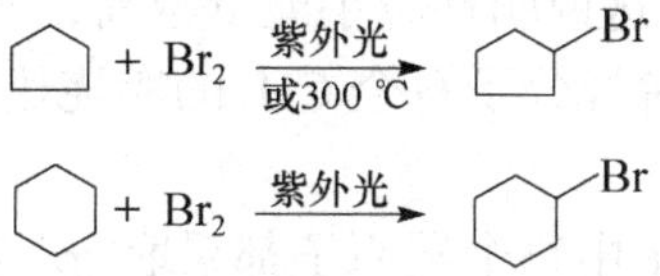

环丙烷与溴在光照下反应，除生成少量取代产物外，主要得到的却是加成产物。

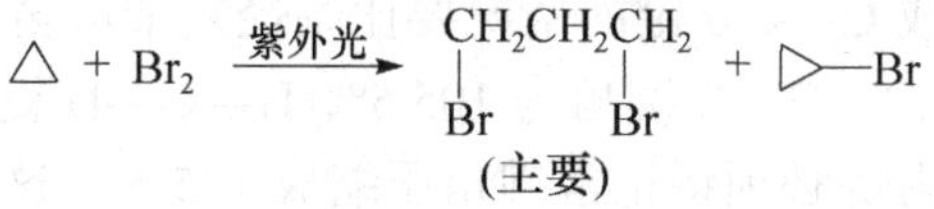

3. 氧化反应

常温下环烷烃与一般氧化剂不起作用，即使环丙烷也不起反应，因此可用高锰酸钾鉴别环烷烃和烯烃。当加热或在催化剂作用下，用空气中的氧气或硝酸等强氧化剂氧化环己烷等，则发生环的破裂生成二元酸。

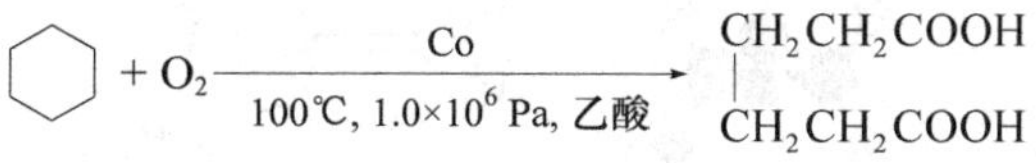

己二酸是合成尼龙的单体。

思考题 2-10　用简单化学方法区别下列化合物：丙烷、环丙烷、丙烯。

2.2.4　环烷烃的分子结构

1. 环烷烃的结构与稳定性

从环烷烃的化学性质可以看出，环的稳定性与组成环的碳原子数密切相关，环的稳定性的大小反映了分子热力学能的不同，热力学能越大，环越不稳定。

根据热力学实验得知，各种环烷烃在燃烧时由于环的大小不同，燃烧热（$\Delta_c H_m^\ominus$）不同，表 2-5 列出了部分环烷烃的燃烧热数值。

表 2-5　部分环烷烃的燃烧热

名称	分子 $\Delta_c H_m^\ominus$ /(kJ · mol^{-1})	平均每个 CH_2 $\Delta_c H_m^\ominus$ /(kJ · mol^{-1})	名称	分子 $\Delta_c H_m^\ominus$ /(kJ · mol^{-1})	平均每个 CH_2 $\Delta_c H_m^\ominus$ /(kJ · mol^{-1})
环丙烷	2091	697.0	环癸烷	6635.0	663.5
环丁烷	2744.8	686.2	环十一烷	7289.7	662.7
环戊烷	3320.0	664.0	环十二烷	7912.8	659.4
环己烷	3951.0	658.5	环十三烷	8582.6	660.2
环庚烷	4636.1	662.3	环十四烷	9219.0	658.5
环辛烷	5308.0	663.5	环十五烷	8883.5	658.9
环壬烷	5979.6	664.4	环十六烷	11180.9	657.7

从环烷烃的燃烧热数值可以看出，由环丙烷到环戊烷，随着环增大，各个化合物中的平均每个 CH_2 的燃烧热依次减小，这说明环越小能量越高，所以不稳定。由环己烷开始，每个 CH_2 的燃烧热趋于恒定，而且和烷烃分子每个 CH_2 的燃烧热(658.6 kJ · mol^{-1})相当接近，所以较稳定。

近代电子理论认为，烷烃分子中每个碳原子都采取 sp^3 杂化，且它们都沿着轨道对称轴相互重叠，形成稳定的 C—C σ 键，两个 C—C σ 键间的夹角约为 109.5°。而在环烷烃中，每个碳原子也采取 sp^3 杂化，形成 C—C σ 键的情况要比烷烃复杂得多。

据测定，环丙烷分子中 C—C—C 键角为 105.5°，H—C—H 键角为 114°。可见，相邻碳原子的 sp^3 杂化轨道为形成环丙烷必须将正常键角压缩成 105.5°，这就使分子本身产生一种恢复正常键角(109.5°)的角张力，键角偏离正常键角越多，角张力就越大。由环丙烷的球棒模型及纽曼投影式看出，环丙烷分子中氢原子都是重叠式构象(图 2-11)。由前面讲述的分子构象可知，相对于重叠式构象，交叉式更稳定。所以就存在从重叠式构象向交叉式构象转变的趋向，这种张力称为扭转张力。角张力和扭转张力的存在是环丙烷不稳定的重要原因。

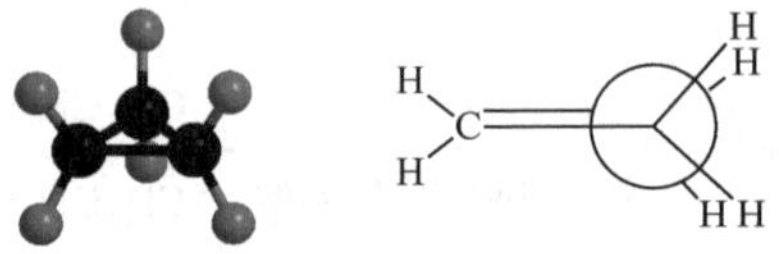

图 2-11　环丙烷的球棒模型及纽曼投影式

此外，轨道重叠程度越大，形成的键越牢固。显然在形成 105.5°键角时，其轨道重叠不及正常的 109.5°大，实际上呈弯曲状，所以人们常把这种键称为弯曲键或香蕉键，成键时，成键轨道没有沿键轴方向进行重叠，键的重叠程度小，稳定性下降。并且 C—C σ 键的电子云分布在两核连线的外侧，增加了试剂进攻的可能性，如图 2-12 所示。

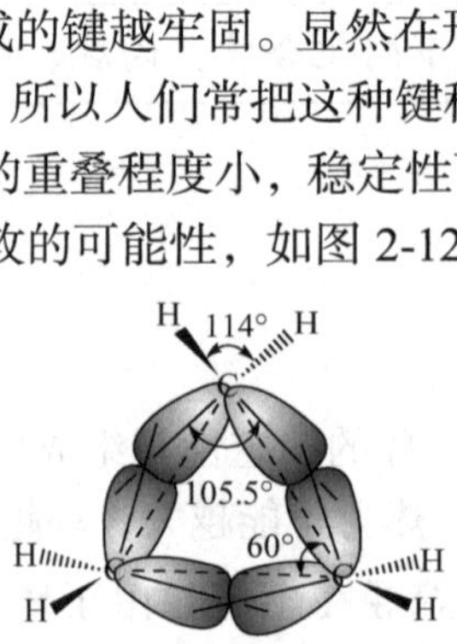

图 2-12　环丙烷中轨道形成示意图

环丁烷与环丙烷类似，分子内也存在角张力和扭转张力，但比环丙烷小些。为降低扭转张力，四元环非平面结构，而是呈蝴蝶式构象。这种非平面结构可减少 C—H 键的重叠，其稳定性比环丙烷大一些。

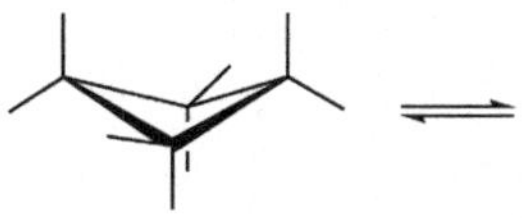

环丁烷蝶式构象

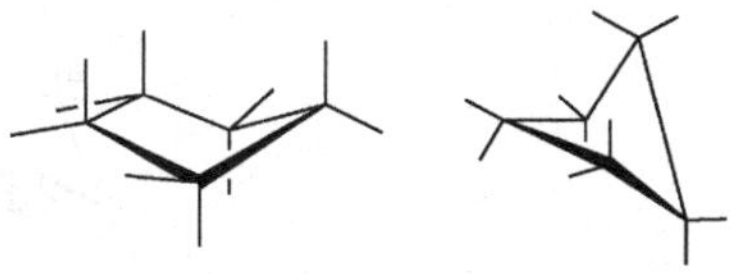

环戊烷信封式和半椅式构象

环戊烷、环己烷分子中的碳原子不在一个平面上，碳碳 σ 键的夹角接近或保持 109.5°，分子中既无角张力，又无扭转张力，所以都比较稳定。

2. 环己烷及其衍生物的构象

1) 船式构象和椅式构象

在环己烷分子中，碳原子以 sp^3 杂化，六个碳原子不在同一个平面上，可以有以下两种典型的构象：

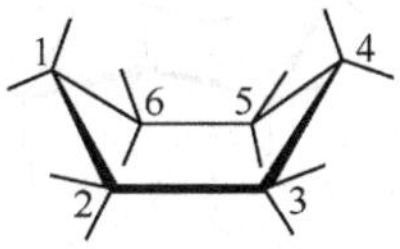

（Ⅰ）船式

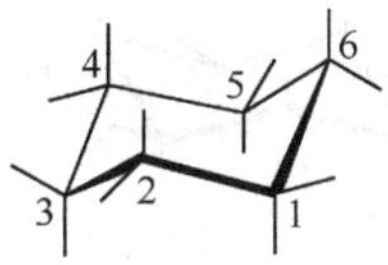

（Ⅱ）椅式

在构象（Ⅰ）中，C_2、C_3、C_5、C_6 在同一个平面上，C_1、C_4 在平面的同侧，整个分子像一条小船，C_1、C_4 为船头，所以称为船式构象。在构象（Ⅱ）中，C_1、C_3、C_5 在一个平面上，C_2、C_4、C_6 在另一个平面上，这两个平面相互平行，相距 0.05 nm，整个分子像一把椅子，所以称为椅式构象。

比较环己烷的船式构象和椅式构象可以看出，船式构象中两个船头碳原子 C_1 和 C_4 上的氢原子相距很近，只间隔 0.183 nm，比它们的范德华半径之和 0.25 nm 小得多，因此相互之间斥力较大，且 C_2—C_3 和 C_5—C_6 上的 C—H 是全重叠式，因而具有扭转张力。而椅式构象中，相邻的两个碳原子上的氢都处于邻位交叉式。所以船式构象不如椅式构象稳定。环己烷及其衍生物在一般情况下都以椅式构象存在，椅式构象为环己烷的优势构象（图 2-13）。

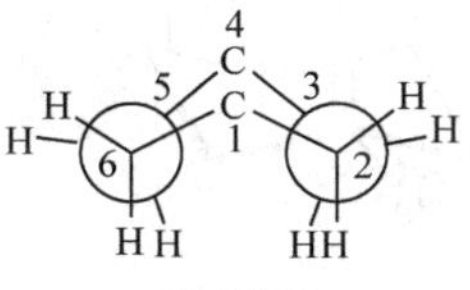

船式构象

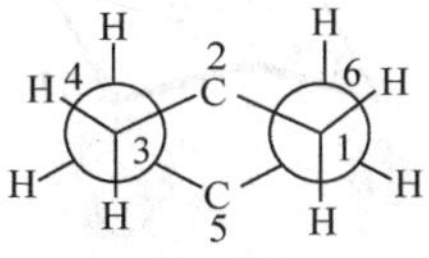

椅式构象

图 2-13　环己烷的船式和椅式构象的纽曼投影式

环己烷的船式构象和椅式构象之间能相互转换，通常环己烷就处于这两种构象的转换平衡中。由于船式构象远没有椅式构象稳定，环己烷几乎都是以椅式构象存在，因此在讨论环己烷结构时通常只考虑椅式构象。

2) 平伏键和直立键

环己烷椅式构象中的十二个 C—H 键可分为两类：与分子对称轴平行的六个 C—H 键称为

直立键或 a 键(axial)，其中三个朝上三个朝下；另外六个 C—H 键与对称轴成 109.5°的角度称为平伏键或 e 键(equatorial)，如图 2-14 所示。

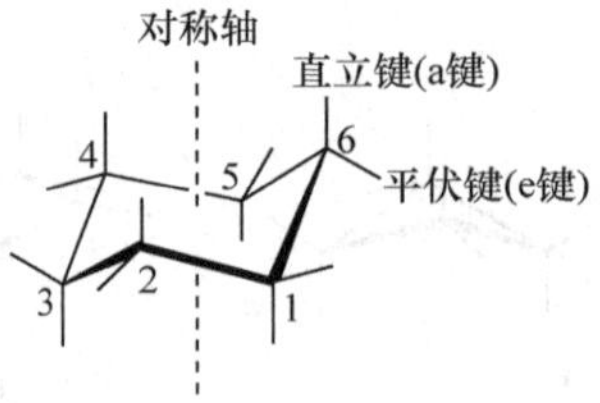

图 2-14　环己烷椅式构象中的直立键和平伏键

3) 椅式构象环的翻转

椅式构象也有两种。由于分子的热运动，在常温下通过 C—C 键的不断扭动，环己烷的一种椅式构象可以转变到另一种椅式构象，而且这种翻转进行得非常快。翻转以后原来的 e 键转变为 a 键，a 键转变为 e 键，但方向不会改变，如原来 a 键是向上的，翻转后变成 e 键还是向上。例如

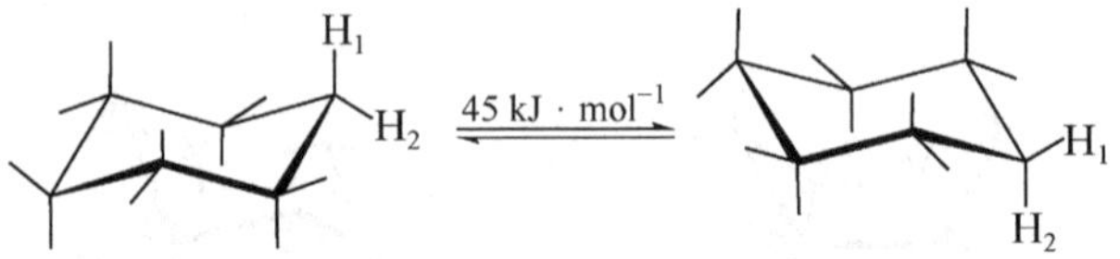

1 号氢(H_1)在翻转之前位于竖直向上的 a 键上，翻转后位于斜向上的 e 键上；2 号氢(H_2)位于斜向下的 e 键上，翻转后位于竖直向下的 a 键上。常温下，分子的热运动就可以提供这一能量，两种椅式构象可以迅速转换；温度降低，翻转速率降低。

4) 取代环己烷的构象

由于所有以 a 键相连的氢原子之间的距离要比以 e 键相连的氢原子之间的距离近得多，因此取代环己烷分子中取代基处于 e 键上的椅式构象为优势构象。一元取代环己烷中，取代基处于 e 键上的构象较稳定。例如，含有一个取代基 X 的环己烷中，当基团 X 处于直立键上时，基团 X 与 C_3、C_5 的 a 键氢距离很近，相互排斥，使体系能量升高；基团 X 体积越大，排斥力越强。经构象翻转转换后，基团 X 处于 e 键，伸向外边，解除了各原子间的排斥力，因此该构象稳定，为优势构象。

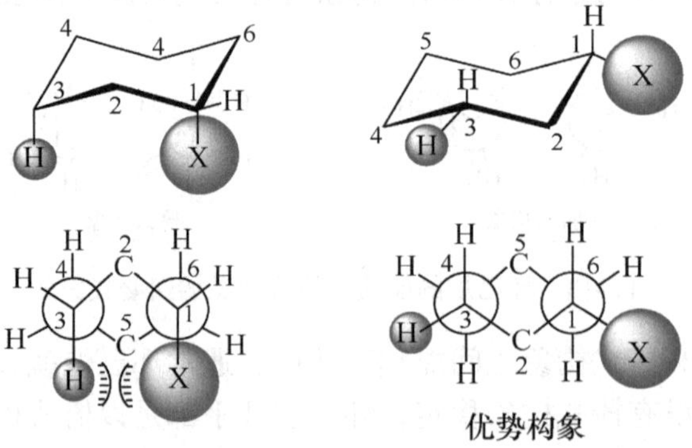

甲基环己烷的甲基应以 e 键与环相连比较稳定。由于环的翻转，a 键与 e 键可以互换，甲基环己烷为两种椅式构象的平衡体系。所以在室温下，以 e 键相连的椅式构象占多数。

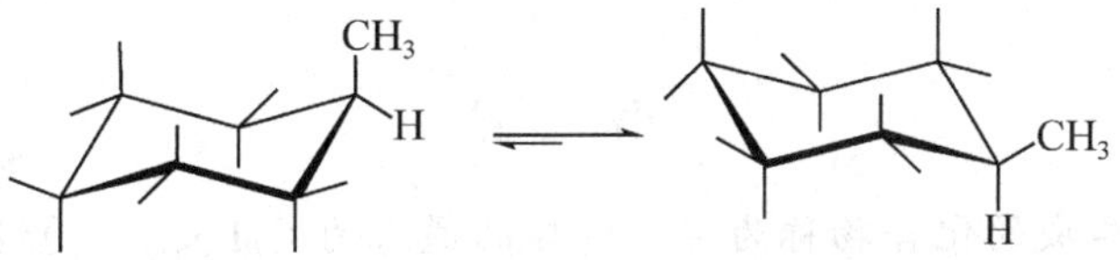

5%　　95%(优势构象)

对于多元取代环己烷，一般来说最稳定的构象应是取代基在 e 键上最多的椅式构象，尤其是大的取代基处于 e 键上更为稳定。例如，1,2-二甲基环己烷有顺反两种异构体(两个取代基同处于向上的键上，如向上的直立键、向上的平伏键，或同处于向下的键上，如向下的直立键、向下的平伏键，为顺式；两个取代基一个处于向上的键上、一个处于向下的键上为反式)，顺式异构体中，两个甲基一个在 a 键上，另一个在 e 键上，这种构象称为 ae 型构象，构象翻转后仍是 ae 型构象；而在反式异构体中，两个甲基都可以处在 a 键上，也可以都处在 e 键上，分别称为 aa 型构象或 ee 型构象，而 ee 型构象为优势构象。所以，1,2-二甲基环己烷的反式异构体比顺式异构体稳定。同样的原因，1,3-二甲基环己烷的顺式异构体比反式异构体稳定。1,4-二甲基环己烷的反式异构体比顺式异构体稳定。

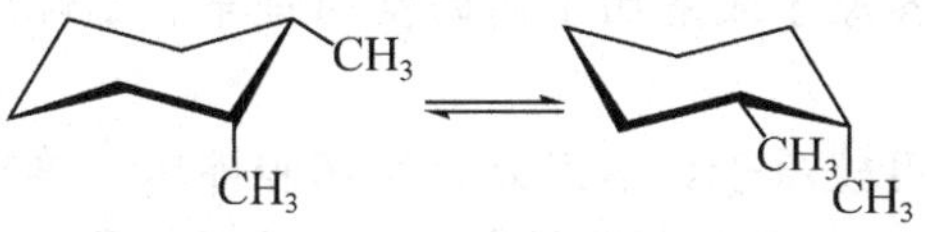

(ae)50%　　(ae)50%

1,2-顺式

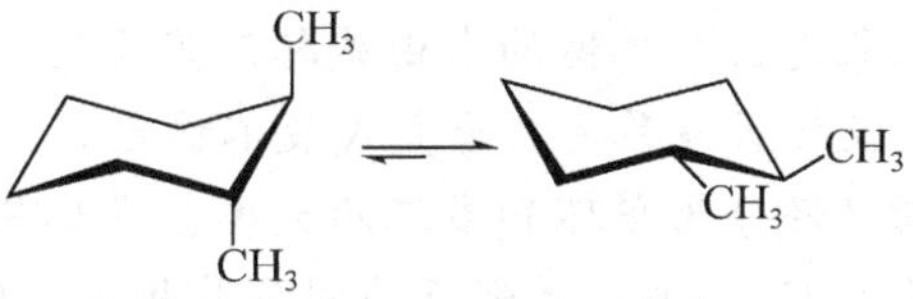

(aa)　　(ee)

1,2-反式

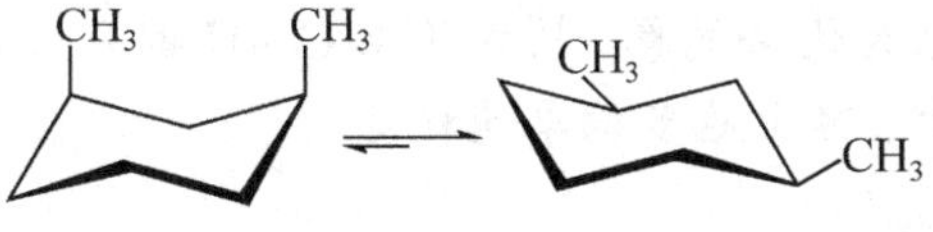

(aa)　　(ee)

1,3-顺式

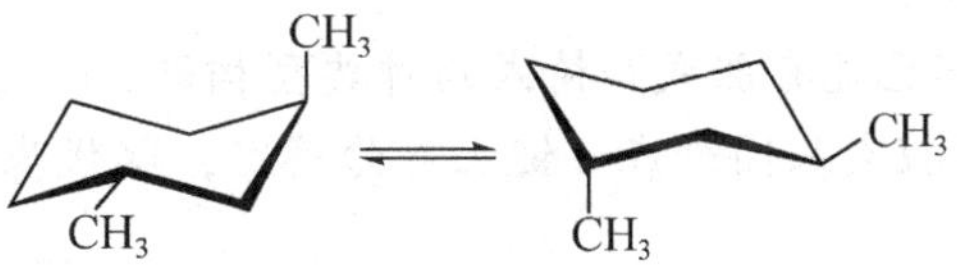

(ae)50%　　(ae)50%

1,3-反式

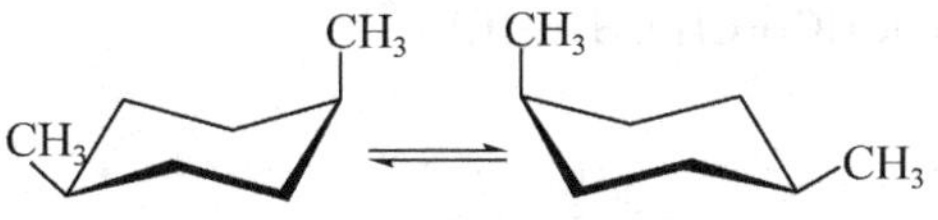

(ae)50%　　(ae)50%

1,4-顺式

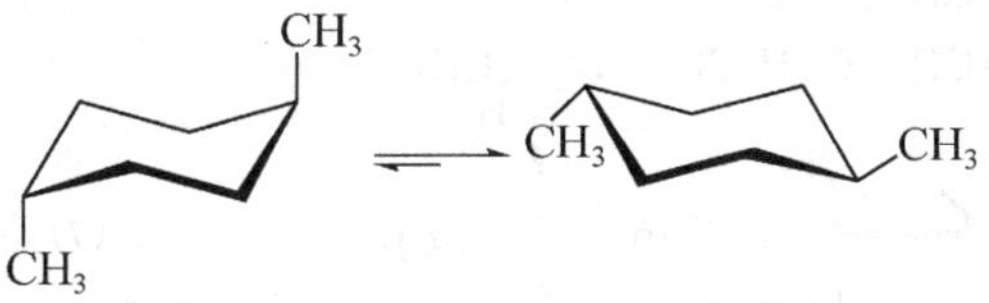

(aa)　　(ee)

1,4-反式

对于其他的二取代基及多取代基环己烷，用上述同样的方法可推知，e 键取代基越多越稳定，而且大基团在 e 键上稳定。例如，顺-1-甲基-4-叔丁基环己烷的两种椅式构象中，叔丁基处在 e 键的构象要比处在 a 键上的构象稳定得多。

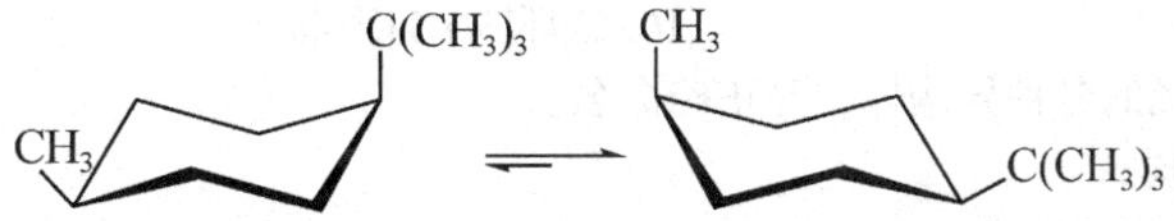

思考题 2-11　写出叔丁基环己烷和反-1-甲基-3-异丙基环己烷的优势构象式。

小　　结

由碳氢两种元素组成的化合物称为烃。烷烃的通式为 C_nH_{2n+2}，通过烷烃了解同系列、同系物、同系差的含义。烷烃分子中去掉一个氢原子，剩余的基团称为烷基(R—)。烷烃通常用普通命名法和系统命名法来命名。烷烃的命名原则是学习有机化合物命名的基础。

同分异构现象是有机化合物中普遍存在的现象，从丁烷起，烷烃有碳链异构，碳原子数越多，异构体的数目越多。在烷烃分子中，根据碳原子直接连接的碳原子个数，可将碳原子分为一级、二级、三级、四级碳原子，与相应碳原子相连的氢原子分别称为一级、二级、三级氢原子。

烷烃的物理性质(如沸点、熔点、溶解度和密度等)是随着相对分子质量的增加而呈现规律性变化。

烷烃的化学性质比较稳定。但在一定条件下可以发生卤代反应等。烷烃的卤代反应是游离基取代反应。游离基反应多属于连锁反应，通常包括链的引发、链的增长和链的终止三个阶段。

构象是由于单键的自由旋转而产生的分子中各原子或基团不同的空间排布。乙烷的构象式中，交叉式最稳定，重叠式最不稳定。

脂环烃分为单环和多环两大类，多环又按共用碳原子数不同分为螺环和桥环。单环烷烃通式为 C_nH_{2n}，与单烯烃互为同分异构体。环烷烃中小环存在很大张力，不稳定，易发生开环加成反应，性质与烯烃相似。常温下环烷烃不与高锰酸钾等氧化剂反应，常用来区别烯烃与环烷烃。

环已烷有船式和椅式两种典型构象，椅式构象为优势构象，椅式构象 C—H 键分为 a 键和 e 键，较大基团处在 e 键上更为稳定，取代基处于 e 键上越多构象越稳定。

习　　题

1. 用系统命名法命名下列化合物。

(1) $(CH_3)_2CHCH_2CH_2CH_3$　　(2) $(CH_3)_2CHCH(C_2H_5)C(CH_3)_3$

(3) $(CH_3)_3CCH_2CH_2CH_2CH_2CH_3$　　(4) $(CH_3)_2CHCH_2CH_2CH(C_2H_5)_2$

(5) 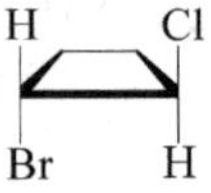

(6) 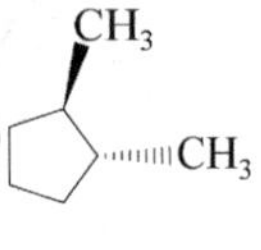

(7) 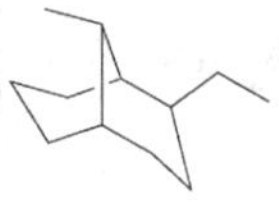

(8) 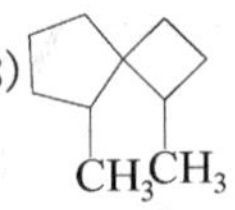

2. 写出下列化合物的结构式。

(1) 异己烷　　(2) 3-甲基-4-乙基壬烷

(3) 2,3,4-三甲基-3-乙基戊烷　　(4) 异丙基环戊烷

(5) 顺-1-甲基-4-叔丁基环己烷　　(6) 反-1-甲基-2-溴环戊烷

(7) 3,3-二甲基-4-仲丁基辛烷　　(8) 2,2-二甲基-3-乙基-4-异丙基壬烷

(9) 反-1,2-环丙基二甲酸　　(10) 二环[3.1.1]庚烷

3. 写出分子式为 C_6H_{14} 烷烃的各种异构体，并正确命名。

4. 写出下列烷烃的可能结构式。

(1) 由一个乙基和一个仲丁基组成

(2) 由一个异丙基和一个叔丁基组成

(3) 含有四个甲基且相对分子质量为 86 的烷烃

(4) 相对分子质量为 100，且同时含有 1°、3°、4°碳原子的烷烃

5. 不查手册，将下列各组化合物沸点按从高到低排列。

(1) 3,3-二甲基戊烷、2-甲基庚烷、正庚烷、正戊烷、2-甲基己烷

(2) 辛烷、己烷、2,2,3,3-四甲基丁烷、3-甲基庚烷、2,3-二甲基戊烷、2-甲基己烷

6. 将下列游离基稳定性由大到小排列。

(1) $CH_3CH(CH_3)CH_2\dot{C}H_2$　　(2) $CH_3\dot{C}(CH_3)CH_2CH_3$　　(3) $CH_3CH(CH_3)\dot{C}HCH_3$　　(4) $\dot{C}H_3$

7. 用纽曼投影式画出 2,3-二甲基丁烷的几个极端构象式，并指出哪个是优势构象式。

8. 画出顺-1-甲基-2-叔丁基环己烷和反-1-甲基-2-异丙基环己烷的优势构象式。

9. 完成下列反应方程式。

(1) 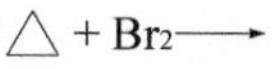

(2) 

(3) 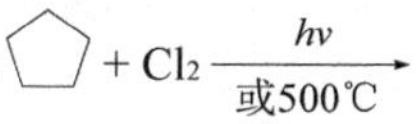

(4) 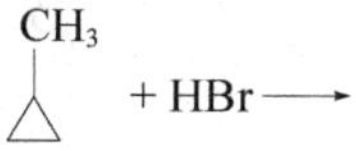

第3章　不 饱 和 烃

分子中含有碳碳双键(C═C)和碳碳三键(C≡C)的烃类化合物称为不饱和烃。含有碳碳双键的烃是烯烃。根据分子结构不同，烯烃又可分为单烯烃、二烯烃、多烯烃和环烯。分子中含有碳碳三键的烃是炔烃。碳碳双键和碳碳三键分别是烯烃和炔烃的官能团。

3.1　烯　　烃

单烯烃是指分子中含有一个碳碳双键的不饱和烃，通式为 C_nH_{2n}。相同碳原子数的单烯烃与单环烷烃是同分异构体。

3.1.1　烯烃的系统命名法

1. 烯烃的命名

烯烃的命名原则与烷烃基本相同，也有普通命名法和系统命名法。通常以系统命名法为主。系统命名法要点：首先选择含双键在内的最长碳链为主链；其次，从靠近双键的一端开始给主链编号；若两端双键的编号相同时，应从靠近取代基的一端开始编号。书写时，双键的位置必须注明，其位置以双键所在碳原子号数中较小的一个表示；取代基的名称及所在碳链上的编号写在母体名称之前。例如

$CH_2{=}CH{-}CH_3$　　1-丙烯

$CH_3{-}CH{=}CH{-}CH{=}CH_2$　　1,3-戊二烯

$CH_3{-}CH{=}CH{-}CH_2{-}CH_3$　　2-戊烯

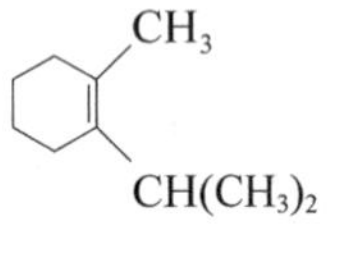

1-甲基-2-异丙基环己烯

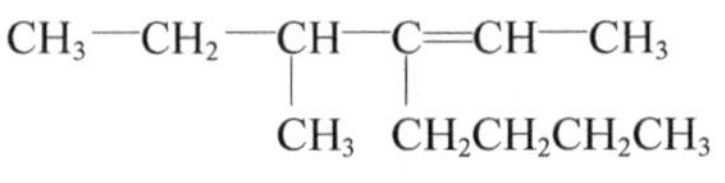

3-仲丁基-2-庚烯

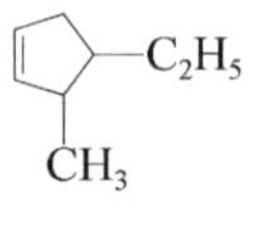

3-甲基-4-乙基环戊烯

烯烃去掉一个氢原子后称为某烯基。其编号从含有自由键的碳原子开始。要注意烯丙基和丙烯基两个常见烯基结构的差异。

$CH_2{=}CH{-}$　　乙烯基

$CH_3{-}CH{=}CH{-}$　　丙烯基

$CH_2{=}CH{-}CH_2{-}$　　烯丙基

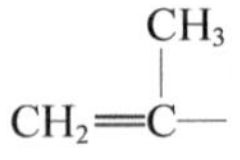

异丙烯基(1-甲基乙烯基)

2. 烯烃的几何异构现象和命名

由于以双键相连的两个碳原子不能绕σ键轴作相对自由旋转，所以当两个双键碳原子上各连有两个不同的原子或基团时，双键上的四种基团可能产生两种不同的空间排列方式，称为构型异构。例如，2-丁烯：

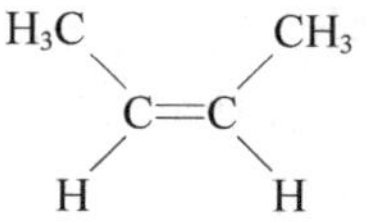

(Ⅰ)顺-2-丁烯(b.p. 3.7℃)

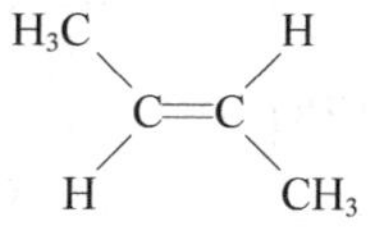

(Ⅱ)反-2-丁烯(b.p. 0.88℃)

显然，(Ⅰ)和(Ⅱ)虽然分子式相同，构造也相同，但它们的沸点等性质不同，因此是两种不同的化合物。这种由于分子中的原子或基团在空间的排布方式不同而产生的同分异构现象，称为构型异构，也称为几何异构。它是立体异构中的一种。

分子产生几何异构现象，必须在结构上具备以下两个条件：首先，在分子结构中必须有限制旋转的因素，如碳碳双键(C═C)和环；其次，对于烯烃来说要求两个双键碳原子上分别连接有不同的原子或基团。只有同时满足这两个条件，烯烃才会有几何异构体，如下列结构式：

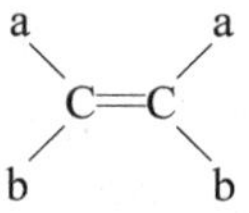

(Ⅰ)

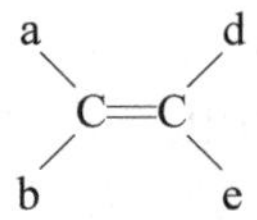

(Ⅱ)

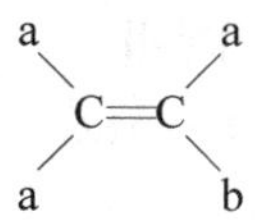

(Ⅲ)

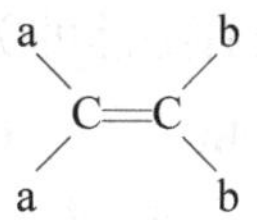

(Ⅳ)

(Ⅰ)和(Ⅱ)式有几何异构。而(Ⅲ)和(Ⅳ)式虽然有限制旋转的因数，但因同一个双键碳原子上连两个相同的原子或基团，因而没有几何异构。

几何异构体的构型有两种标记方法，即顺反标记法和 *Z*/*E* 标记法

1)顺反标记法

顺反标记法就是用“顺”或“反”来表示顺反异构体的构型。它的原则是：双键两个碳原子中的两个相同基团或原子在双键的同侧称为顺式构型，命名时，在名称前冠以“顺”字；在异侧的为反式构型，在名称前冠以“反”字。例如

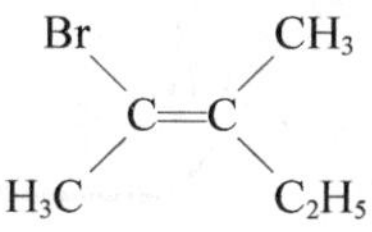

反-3-甲基-2-溴-2-戊烯

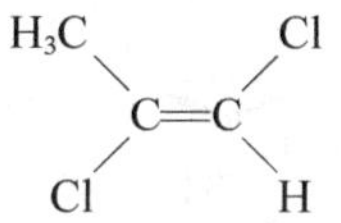

反-1,2-二氯-1-丙烯

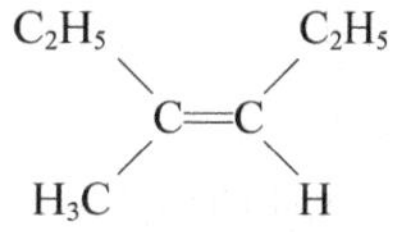

顺-3-甲基-3-己烯

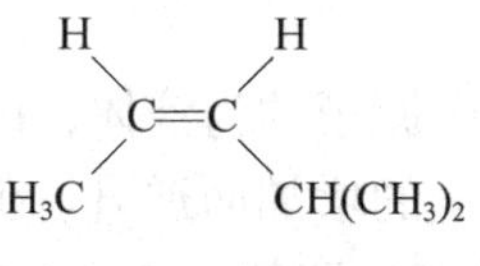

顺-4-甲基-2-戊烯

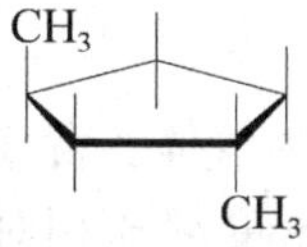

反-1,3-二甲基环戊烷

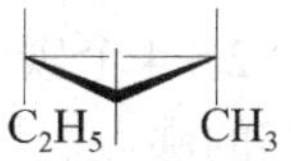

顺-1-甲基-2-乙基环丙烷

用顺反标记法能够很好地标记结构比较简单的化合物构型。但当双键两个碳原子上连有 4 个互不相同的原子或基团时，无法用顺反标记法判断原子或基团是否同侧或异侧。为此，采用以下的 *Z*/*E* 标记法标记其构型。

2) *Z*/*E* 标记法

Z/*E* 标记法是 IUPAC 命名法为了解决顺反法所遇到的问题而提出以“次序规则”为基础的另一种构型标记法。其要点是：先将每个双键碳原子上所连的原子或基团按照“次序规则”(详细内容见第 2 章)排列，若两个较优基团或原子在双键的同侧为 *Z* 构型；在异侧为 *E* 构型。命名时，在名称前冠以“*Z*”或“*E*”字。例如

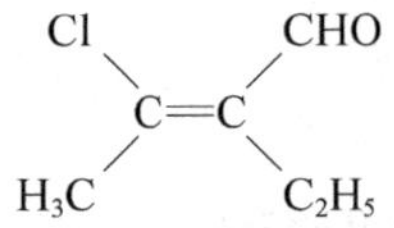

(*Z*)-2-乙基-3-氯-2-丁烯醛

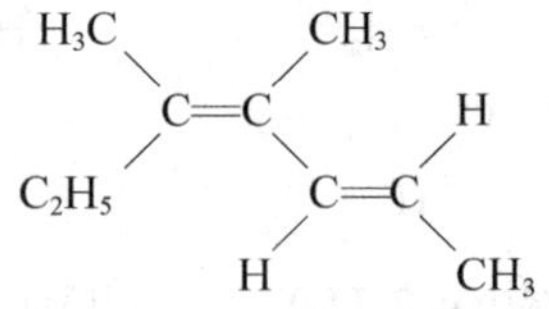

(2*E*,4*Z*)-4,5-二甲基-2,4-庚二烯

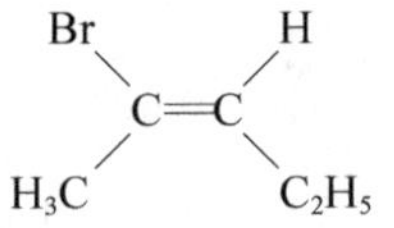

(*E*)-2-溴-2-戊烯

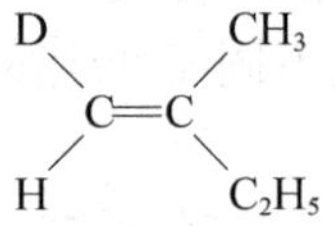

(*E*)-1-氘-2-甲基-1-丁烯

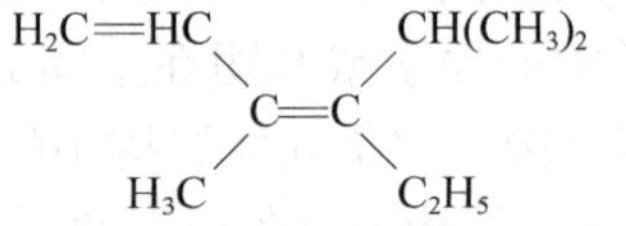

(*Z*)-3,5-二甲基-4-乙基-1,3-己二烯

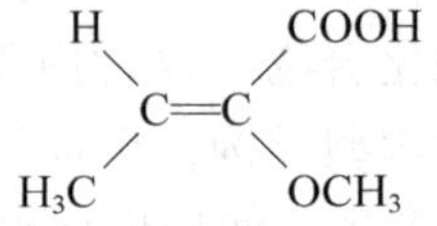

(*Z*)-2-甲氧基-2-丁烯酸

顺反标记法与 *Z*/*E* 标记法的依据是不同的。有些顺式构型相当于 *Z* 构型，有些则相当于 *E* 构型。它们之间没有必然的关联。例如

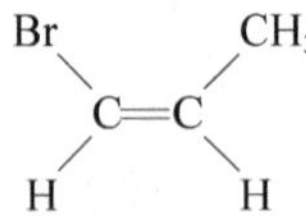

顺或*Z*-构型

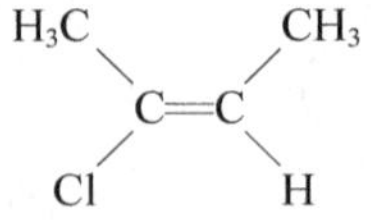

顺或*E*-构型

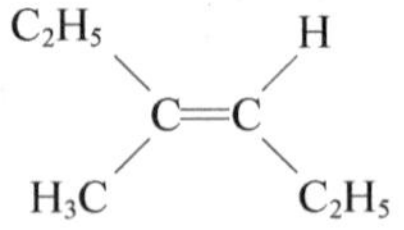

反或*E*-构型

思考题 3-1　试判断下列化合物有无几何异构，如果有则标出其构型。

(1)异丁烯　(2)4-甲基-3-庚烯　(3)2-己烯　(4)3-甲基-2-氯-2-戊烯

思考题 3-2　命名下列化合物，几何构型异构需标出其构型。

(1) 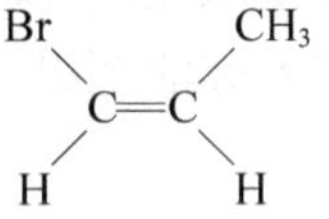

(2) 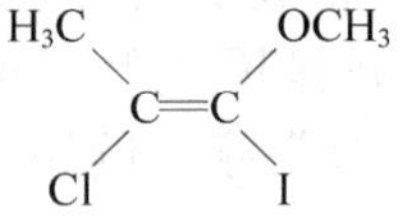

(3) 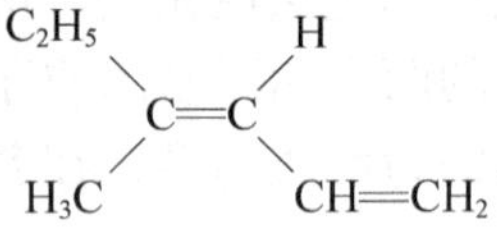

(4) 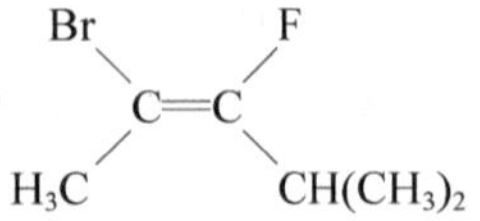

(5) 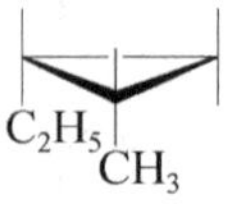

(6) 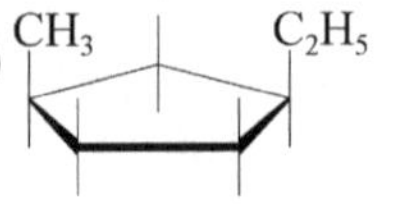

3.1.2　烯烃的物理性质

在常温下，含 2～4 个碳原子的烯烃为气体，含 5～18 个碳原子的为液体，19 个碳原子以上的为固体。它们的沸点、熔点和相对密度都随相对分子质量的增加而递升。但相对密度都小于 1，都是无色物质，不溶于水，易溶于非极性和弱极性的有机溶剂，如石油醚、乙醚、四氯化碳等。含相同碳原子数目的直链烯烃的沸点比支链的高。顺式异构体的沸点比反式的高，熔点比反式的低。部分烯烃的物理常数见表 3-1。

表 3-1　部分烯烃的物理常数

名称	熔点/℃	沸点/℃	相对密度 d_4^{20}	折光率 n_D^{20}
乙烯	−169.4	−103.7	$0.3840^{-103.8}$	1.363
丙烯	−185.2	−47.4	0.5193	1.3567^{-70}
1-丁烯	−185.4	−6.3	0.5951	1.3962
顺-2-丁烯	−138.9	3.7	0.6213	1.3931^{-25}

续表

名称	熔点/℃	沸点/℃	相对密度 d_4^{20}	折光率 n_D^{20}
反-2-丁烯	−105.6	0.88	0.6042	1.3848^{-25}
异丁烯	−140.4	−6.9	0.5902	1.3926^{-25}
1-戊烯	−165.2	30.0	0.6405	1.3715
1-己烯	−139.8	63.4	0.6731	1.3837
1-庚烯	−119.0	93.6	0.6970	1.3998
1-辛烯	−101.7	121.3	0.7149	1.4087
1-壬烯	−81.7	146.9	0.7292	1.4157
1-癸烯	−66.3	170.5	0.7408	1.4220
1-十八烯	18.0	179(2 kPa)	0.7891	1.4448
环戊烯	−135.1	44.2	0.7720	1.4225
环己烯	−104	83.1	0.8098	1.4465

3.1.3　烯烃的结构与化学活性

1. 乙烯的结构

乙烯是最简单的单烯烃，分子式为 C_2H_4，构造式为 $H_2C{=}CH_2$。下面以乙烯为例分析烯烃的结构。

乙烯分子中的两个碳原子是 sp^2 杂化。这两个碳原子各用一个 sp^2 杂化轨道彼此间互相重叠，形成一个 sp^2-sp^2 碳碳(C—C)σ 键；每个碳原子的其余两个 sp^2 轨道分别与两个氢原子的 1s 轨道重叠形成四个 sp^2-s 碳氢(C—H)σ 键，这 5 个 σ 键分布在同一个平面上。每个碳原子上未参与杂化的 2p 轨道垂直于五个 σ 键构成的平面，两个相互平行的 2p 轨道彼此“肩并肩”重叠形成 π 键，π 键电子云对称分布在分子平面的上方和下方，如图 3-1 所示。

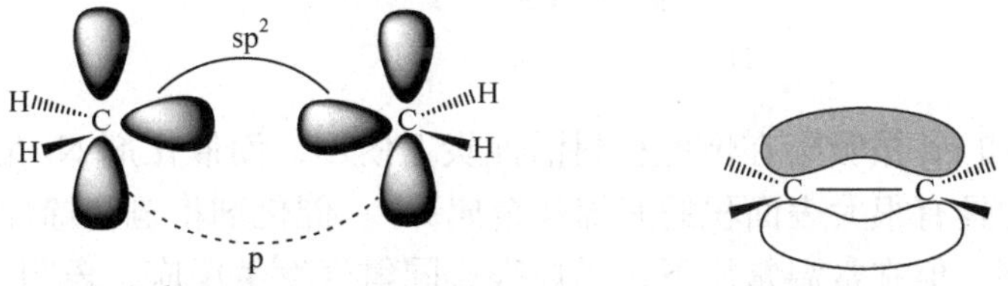

(a) 两个 sp^2 杂化轨道形成一个碳碳(C—C)σ键　　(b) π键以两瓣分布于分子平面的两侧

图 3-1　乙烯分子的 σ 键及 π 键形成示意图

其他烯烃的双键，也都是由一个 σ 键和一个 π 键组成的。为了书写方便，双键一般用两条短线表示。但是必须理解这两条短线的含义不同，一条代表 σ 键，另一条代表 π 键。乙烯的立体模型如图 3-2 所示。

(a) 凯库勒(Kekule)模型　　(b) 斯陶特(Stuart)模型

图 3-2　乙烯的立体模型示意图

由于 π 键的形成，双键中的碳碳(C—C)单键不能以 σ 键轴为中心“自由旋转”，否则 π 键将被破坏。两个碳原子之间增加了一个 π 键，所以两个碳原子核比只以一个 σ 键相连的更为靠近，其键长比乙烷中的 C—C σ 键的键长(0.154 nm)要短，为 0.134 nm。碳碳双键的键能为 610 kJ · mol^{-1}，不是碳碳单键键能 345.6 kJ · mol^{-1} 的两倍。π 键的键能为 610–345.6 = 264.4(kJ · mol^{-1})，低于 σ 键的键能，且原子核对 π 电子的束缚较弱，易受外界影响发生极化，所以 π 键不如碳碳(C—C)σ 键稳定。

2. 双键的化学活性

结构决定性质，性质反映结构。双键是反映烯烃化学性质的官能团。上述分析π键的稳定性不如 σ 键，因此，发生化学反应时 π 键容易断裂，有极好的化学活性，易于发生加成、氧化、聚合等反应。另外，受碳碳双键的影响，与双键碳相邻的碳原子上的氢(称为α-氢原子)也表现出一定的活泼性。从结构分析，单烯烃的主要化学反应归纳如下：

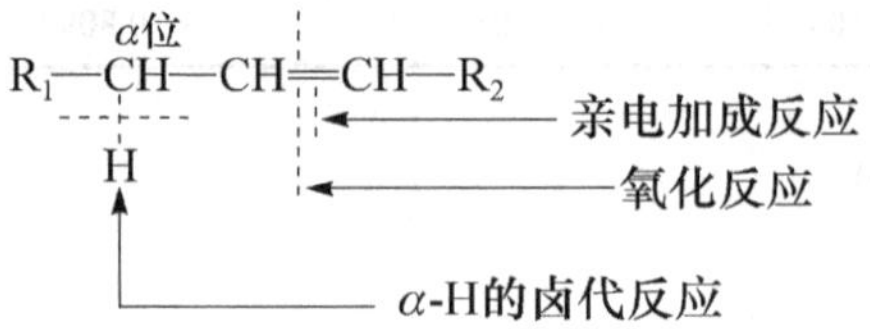

3.1.4 烯烃的化学性质

1. 催化加氢

烯烃中的碳碳双键在镍、钯、铂等催化剂的催化下，可以和氢发生加成反应，生成烷烃。例如

$$CH_3CH{=}CHCH_3 + H_2 \xrightarrow{Pt/C} CH_3CH_2CH_2CH_3$$

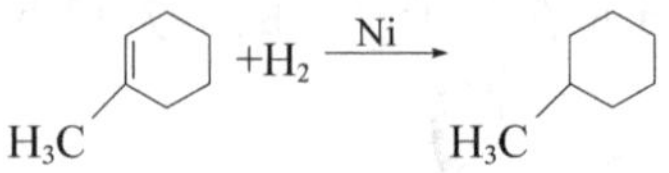

通常催化剂 Pt 和 Pd 被吸附在惰性材料活性炭上使用，而催化剂 Ni 是经处理过的 Reney Ni(骨架 Ni，是一种具有很大表面积的海绵状金属镍)。催化剂将氢和烯烃都吸附在其表面，降低了反应的活化能。但在常温常压下，烯烃很难同氢气发生反应，表明反应的活化能很高。

烯烃的催化加氢反应是定量进行的，因此可以通过测量氢气体积变化，来确定烯烃中双键的数目。

氢化反应是放热反应，1 mol 不饱和化合物氢化时放出的热量称为氢化热。每个双键的氢化热大约为 125 kJ · mol^{-1}，可以通过测定不同烯烃的氢化热，比较烯烃的相对稳定性。氢化热越小的烯烃越稳定。例如

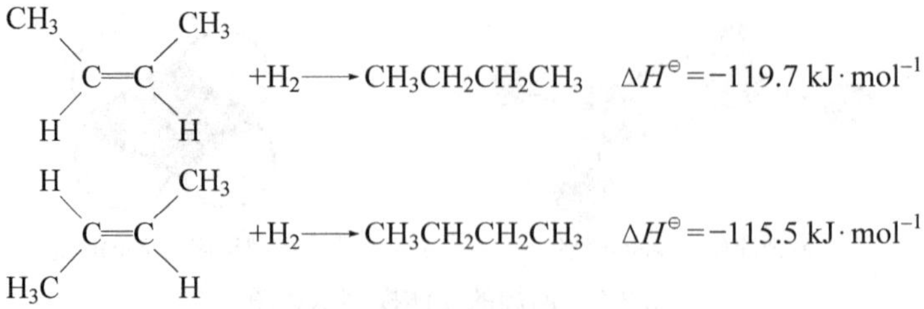

顺-2-丁烯和反-2-丁烯氢化的产物都是丁烷，反式比顺式少放出4.2 $kJ \cdot mol^{-1}$的热量，意味着反式的热力学能比顺式少4.2 $kJ \cdot mol^{-1}$，所以反-2-丁烯更稳定。

在有机化学反应中，加氧或去氢的反应称为氧化反应，加氢或去氢的反应称为还原反应。因此，烯烃的氢化反应也是还原反应。

烯烃的催化加氢在工业上和研究工作中都具有重要意义。例如，油脂氢化制硬化油、人造奶油等；为除去粗汽油中的少量烯烃杂质，可进行催化氢化反应，将少量烯烃还原为烷烃，从而提高油品的质量。

2. 亲电加成反应

亲电加成反应是烯烃双键官能团的主要反应之一。双键中π键在亲电试剂的作用下给出电子，断键形成两个新的σ键，生成饱和的化合物。其加成规律和通式如下：

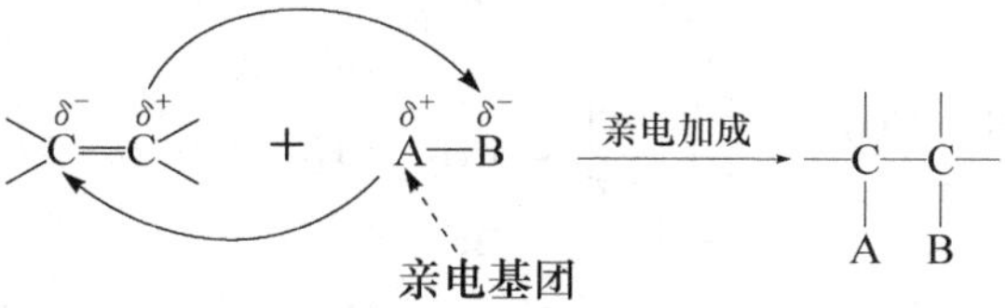

能够提供正电荷或部分带正电荷的缺电子试剂称为亲电试剂。带正电荷或部分带正电荷的原子或基团称为亲电基团。这种由亲电基团的进攻而引起的加成反应称为亲电加成反应。亲电加成规律是亲电基团加到双键中带部分负性的碳原子上，而亲电试剂中带部分负性基团或负离子加到双键中带部分正性的碳原子上，从而形成两个σ键。

与单烯烃发生亲电加成的试剂主要有卤素(Br_2、Cl_2)、卤化氢、硫酸、次卤酸及水等。

1)与卤素加成

单烯烃很容易与卤素发生加成反应，生成邻二卤化物。例如，将乙烯或丙烯气体通入溴的四氯化碳溶液后，溴的红棕色马上消失，表明发生了加成反应。在实验室中，常用溴水或溴的四氯化碳溶液来鉴别烯烃或其他不饱和键。

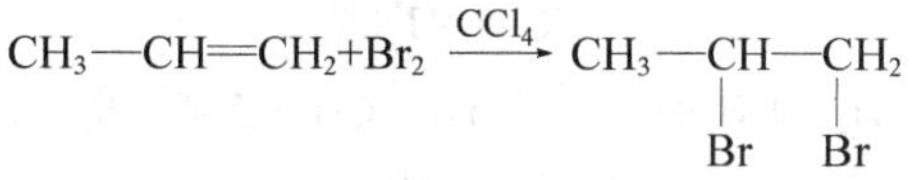

相同的烯烃和不同的卤素进行加成时，卤素的活性顺序为：氟＞氯＞溴＞碘。氟与烯烃的反应太剧烈，往往使碳链断裂；碘与烯烃难于发生加成反应，因此烯烃与卤素的加成，常指与溴或氯的加成。

当在氯化钠的水溶液中乙烯和溴加成时，产物中除生成1,2-二溴乙烷外，还生成1-氯-2-溴乙烷和2-溴乙醇。

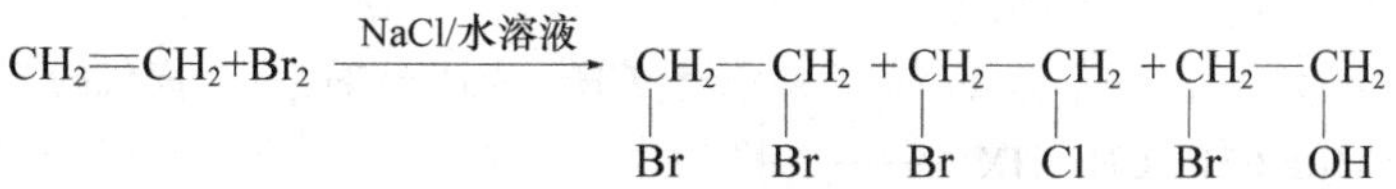

水和氯化钠本身在该反应条件下不与烯烃进行加成反应。这个事实说明，溴分子不是简单地分成两个溴原子同时加到双键碳上的，而是分步进行的，并且首先形成的中间体是正离子，加之其他许多实验事实说明其机理是两步完成的。

第一步，当溴与烯烃接近时，Br—Br间的电子云受烯烃π电子的作用而极化，$Br^{\delta+}$—$Br^{\delta-}$

键异裂，生成一个 Br^+与以双键相连的两个碳原子结合成的溴鎓离子三元环中间体和溴负离子。由于 π 键的断裂和溴分子中 σ 键的断裂都需要一定的能量，因此反应速率较慢，是决定加成反应速率的一步。

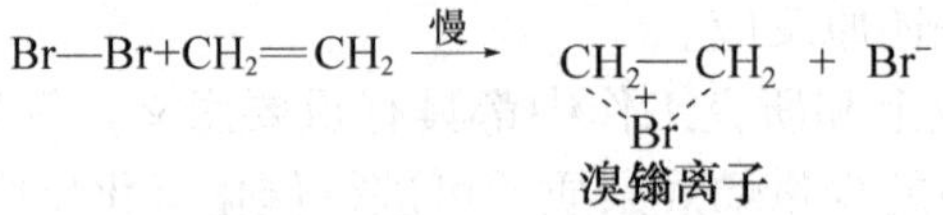

第二步，溴负离子或氯负离子、水分子进攻溴鎓离子生成 1,2-二溴乙烷，1-氯-2-溴乙烷和 2-溴乙醇产物。这一步反应是离子之间的反应，反应速率较快。

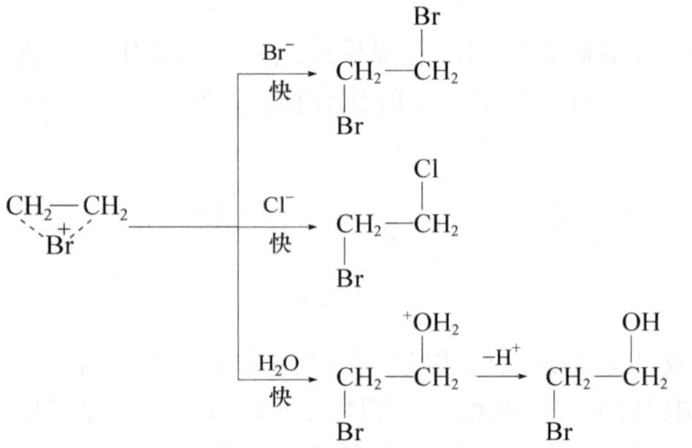

实验证明，Br^+与 Br^-是由碳碳双键两侧分别加到碳原子上的，称为反式加成。因上述的加成反应是由 Br^+，即亲电基团对π键的进攻引起的，所以称为亲电加成反应。由于加成是由溴分子发生异裂后生成的离子进行的，故这类加成又称为离子型亲电加成反应。

2) 与卤化氢加成

卤化氢气体或浓的氢卤酸溶液与烯烃的加成也是亲电加成。H^+首先进攻双建中的π键，生成碳正离子中间体，然后 X^-再与碳正离子结合生成卤代烃。

$$HX \rightleftharpoons H^+ + X^-$$

第一步　$CH_2{=}CH_2 + H^+ \xrightarrow{\text{慢}} CH_3{-}\overset{+}{C}H_2$（乙基正离子）

第二步　$CH_3{-}\overset{+}{C}H_2 + X^- \xrightarrow{\text{快}} CH_3CH_2X$

相同烯烃与不同卤化氢进行加成时，卤化氢的反应活性顺序为：HI＞HBr＞HCl，HF 一般不与烯烃加成。

乙烯是对称分子，双建碳原子的电子云分布均匀，不论氢离子加到哪一个碳原子上，得到相同产物。但是对于结构不对称的烯烃如丙烯等与卤化氢加成时，就有可能得到两种不同的产物，例如

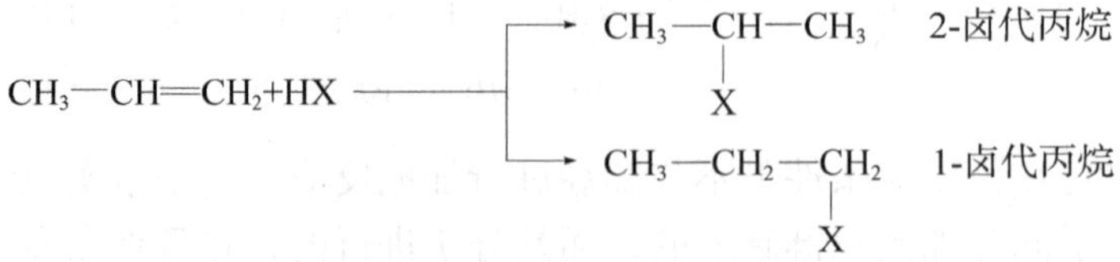

实验证明，丙烯与卤化氢加成的主要产物是 2-卤代丙烷。1868 年俄国化学家马尔科夫尼科夫（Markovnikov）在总结了大量实验事实的基础上，提出了一条重要的经验规则：不对称烯

烃与不对称试剂发生加成反应时，氢原子总是加到含氢较多的双键碳原子上，卤原子或其他原子或基团加在含氢较少的双键碳原子上。这个规则称为 Markovnikov 规则，简称马氏规则。应用马氏规则可以预测不对称烯烃与不对称试剂加成时的主要产物。例如

$$CH_3CH_2CH{=}CH_2 + HBr \xrightarrow{\text{乙酸}} CH_3CH_2\underset{\displaystyle Br}{\underset{|}{C}}HCH_3$$

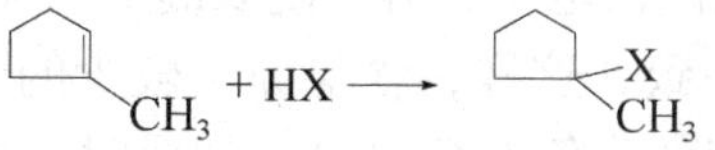

马氏规则可以用电子效应和碳正离子的稳定性两个方面来解释。

第一种解释是诱导效应。

在多原子分子中，由于成键原子或基团之间的电负性不同，不仅成键原子间电子云分布不对称，键产生极性，而且会引起分子中其他原子之间的电子云沿着碳链在分子内传递。分子中成键电子云向电负性大的原子一方偏移，使共价键的极性也发生变化，把这种因电负性差异而引起的不直接相连原子之间的相互影响称为诱导效应，用符号 I 表示。例如，在氯丙烷分子中：

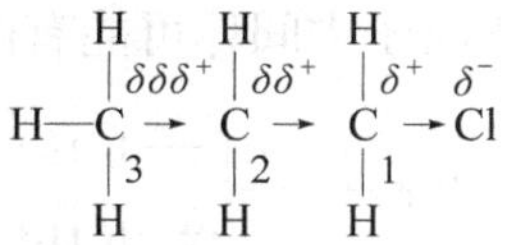

式中，直线箭头所指方向是 σ 电子云的偏移方向，由电负性小的原子指向电负性大的原子。由于氯的电负性比碳大，因此 C—Cl 键的共用电子对向氯原子偏移，使氯原子带部分负电荷 (δ^-)，碳原子带部分正电荷 (δ^+)。在静电引力作用下，相邻键 (如 C_1—C_2) 共用电子对也向氯原子方向偏移，使得 C_2 上也带有很少的正电荷，同样依次影响的结果，C_3 上也多少带有部分正电荷。

诱导效应是一种静电诱导作用，其影响随距离的增加而迅速减弱或消失。诱导效应在一个 σ 体系传递时，一般认为每经过一个原子，即降低为原来的三分之一，经过三个原子以后，影响就极弱了，超过五个原子后便没有影响了。诱导效应具有叠加性，当几个基团或原子同时对某一键产生诱导效应时，方向相同，效应相加；方向相反，效应相减。此外，诱导效应沿单键传递时，只涉及电子云密度分布的改变，共用电子对并不完全转移到另一原子上。

诱导效应的强度由原子或基团的电负性决定，一般以 C—H 键中的氢原子作为比较标准。比氢原子电负性大的原子或基团 (X) 表现出吸电子性，X 称为吸电子基。由它引起的诱导效应称为吸电子诱导效应，一般用–I 表示；比氢原子电负性小的原子或基团 (Y) 表现出供电性，Y 称为给电子基。由它引起的诱导效应称为给电子诱导效应，一般用+I 表示。

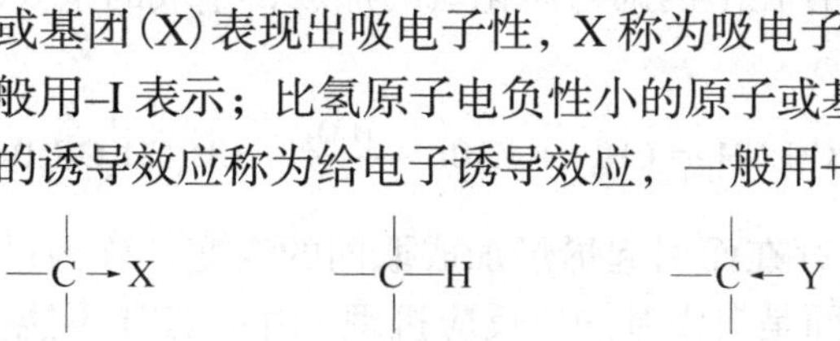

–I 效应　　　　**比较标准**　　　　+I 效应

常见原子或基团的吸电子诱导效应 (–I) 强弱次序为

$$—NO_2 > —COOH > —F > —Cl > —Br > —I > —OH > RC{\equiv}C— > C_6H_5— > R'CH{=}CR—$$

常见原子或基团的给电子诱导效应 (+I) 强弱次序为

$$(CH_3)_3C— > (CH_3)_2CH— > CH_3CH_2— > CH_3—$$

上面所讲的是在静态分子中所表现出来的诱导效应，称为静态诱导效应。它是分子在静止状态的固有性质，没有外界电场影响时也存在。在化学反应中，分子受外电场的影响或在反应时受极性试剂进攻的影响而引起的电子云分布的改变，称为动态诱导效应。

根据诱导效应就不难理解马氏规则。例如，当丙烯与 HBr 加成时，丙烯分子中的甲基是一个给电子基，甲基表现出向双键供电子，结果使双键上的 π 电子云发生极化，π 电子云发生极化的方向与甲基给电子方向一致，这样，含氢原子较少的双键碳原子带部分正电荷(δ^+)，含氢原子较多的双键碳原子则带部分负电荷(δ^-)。加成时，进攻试剂 HBr 分子中带正电荷的 H^+首先加到带负电荷(含氢较多的)的双键碳原子上，然后，Br^-才加到另一个双键碳上，产物符合马氏规则。

$$CH_3 \rightarrow \overset{\delta^+}{C}H = \overset{\delta^-}{C}H_2 + \overset{\delta^+}{H}—\overset{\delta^-}{Br} \longrightarrow [CH_3—\overset{+}{C}H—CH_3] \xrightarrow{Br^-} \underset{\displaystyle Br}{CH_3\overset{}{C}HCH_3}$$

第二种解释是碳正离子的稳定性。

马氏规则也可以由反应过程中生成的活性中间体碳正离子的稳定性来解释。例如，丙烯和 HBr 加成，第一步反应生成的碳正离子中间体可能有两种：

$$CH_3—CH=CH_2 + HBr \longrightarrow \begin{cases} [CH_3—\overset{+}{C}H—CH_3] & (\text{I}) \\ [CH_3—CH_2—\overset{+}{C}H_2] & (\text{II}) \end{cases}$$

究竟生成哪一种碳正离子，这取决于碳正离子的相对稳定性。根据物理学上的规律，一个带电体系的稳定性取决于所带电荷的分散程度，电荷越分散，体系越稳定。丙烯分子中的甲基是一个给电子基，表现出给电子诱导效应。甲基的成键电子云向缺电子的碳正离子方向移动，使碳正离子的正电荷减少一部分，因而使其正电荷得到分散，体系趋于稳定。因此，带正电荷的碳上连接的烷基越多，给电子诱导效应越大，碳正离子的稳定性越高。一般烷基碳正离子的稳定性次序为叔＞仲＞伯＞甲基正离子，即 $3°C^+ > 2°C^+ > 1°C^+ > CH_3^+$。

例如，$(CH_3)_3C^+ > (CH_3)_2CH^+ > CH_3CH_2^+ > CH_3^+$。根据碳正离子的稳定性次序，上述反应中的碳正离子(Ⅰ)比(Ⅱ)稳定，所以碳正离子(Ⅰ)为该加成反应的主要中间体。(Ⅰ)一旦生成，很快与 Br^-结合，生成 2-溴丙烷，符合马氏规则。

但在过氧化物(如 H_2O_2、C_6H_5COOOH 等)存在下，溴化氢与不对称烯烃的加成是反马氏规则。例如，在过氧化氢存在下丙烯与溴化氢的加成，生成的主要产物是 1-溴丙烷，而不是 2-溴丙烷。

$$CH_3CH = CH_2 + HBr \xrightarrow{H_2O_2} CH_3CH_2CH_2Br$$

这种由于过氧化物的存在而引起烯烃加成取向的改变，称为过氧化物效应。其反应机理不是亲电加成反应机理，而是自由基加成反应机理。由于 HCl 不能被过氧化物氧化为游离基，HI 被氧化产生的碘游离基又极不稳定，所以过氧化物的存在不能使 HCl 和 HI 与不对称烯烃发生反马氏加成反应。

3) 与含氧无机酸(H_2SO_4、HOX)加成

烯烃与冷的浓硫酸混合，反应生成硫酸氢酯，硫酸氢酯水解生成相应的醇。不对称烯烃与硫酸的加成反应，遵守马氏规则。例如

$$CH_3CH{=}CH_2 + HOSO_3H \longrightarrow \underset{\text{硫酸氢异丙酯}}{CH_3-\underset{\displaystyle OSO_3H}{\underset{|}{CH}}-CH_3} \xrightarrow[\triangle]{H_2O} \underset{\text{异丙醇}}{CH_3\underset{\displaystyle OH}{\underset{|}{C}}HCH_3} + H_2SO_4$$

这是工业上制备醇的方法之一，其优点是对烯烃的原料纯度要求不高，技术成熟，转化率高。但反应需使用大量的酸，易腐蚀设备，且后处理困难。由于硫酸氢酯能溶于浓硫酸，因此可用来提纯某些化合物。例如，烷烃一般不与浓硫酸反应，也不溶于硫酸。用冷的浓硫酸洗涤烷烃和烯烃的混合物，可以除去烷烃中的烯烃。

此外，烯烃能与次卤酸加成，生成 *α*-卤代醇。反应通常是通过烯烃与溴或氯的水溶液来实现。例如

$$CH_2{=}CH_2 + \overset{\delta^+\,\delta^-}{ClOH} \longrightarrow \underset{\text{2-氯乙醇}}{ClCH_2CH_2OH}$$

$$CH_3\overset{\delta^+}{CH}{=}\overset{\delta^-}{CH_2} + \overset{\delta^+\,\delta^-}{BrOH} \longrightarrow \underset{\text{1-溴-2-丙醇}}{CH_3\underset{\displaystyle OH}{\underset{|}{C}}HCH_2Br}$$

4) 与水加成

烯烃不能与水或有机酸直接加成。但在强酸性(常用硫酸或磷酸)作用下，能直接与水加成生成醇。不对称烯烃与水的加成反应也遵从马氏规则。例如

$$CH_2{=}CH_2 + HOH \xrightarrow[300℃,7MPa]{H_3PO_4/\text{硅藻土}} \underset{\text{乙醇}}{CH_3CH_2OH}$$

$$CH_3CH{=}CH_2 + HOH \xrightarrow[200℃,2MPa]{H_3PO_4/\text{硅藻土}} \underset{\text{异丙醇}}{CH_3\underset{\displaystyle OH}{\underset{|}{C}}HCH_3}$$

这也是醇的工业制法之一，称为直接水合法。此法简单、便宜，但设备要求较高。

3. 烯烃的硼化氢反应

烯烃与硼化氢发生反应生成三烃基硼，三烃基硼在过氧化氢存在下碱性水解得到对应的醇，整个反应称为硼氢化-氧化反应，是由美国科学家布朗(Brown)于1959年首先报道，他由此获得1979年度诺贝尔化学奖。

$$CH_2{=}CH_2 \xrightarrow{BH_3} (C_2H_5)_3B \xrightarrow[H_2O/OH^-]{H_2O_2} \underset{\text{乙醇}}{CH_3CH_2OH}$$

$$CH_3CH{=}CH_2 \xrightarrow{BH_3} (CH_3CH_2CH_2)_3B \xrightarrow[H_2O/OH^-]{H_2O_2} \underset{\text{丙醇}}{CH_3CH_2CH_2OH}$$

硼元素的电负性比氢元素的电负性小，当与不对称烯烃反应时，硼原子加到含氢较多的双键碳原子上，相当于反马氏加成产物。在有机合成中，可以用不对称烯烃合成反马氏加成的醇。

思考题 3-3　完成下列反应式。

(1) $CH_3-\underset{\displaystyle C_2H_5}{\underset{|}{C}}=CH-CH_3 \xrightarrow[CH_3COOOH]{HBr}$

(2) 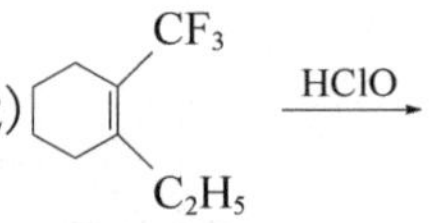

(3) $CH_3-CH=CHCOOH+H_2O \xrightarrow{H^+}$

(4) $CH_3CH_2CH=CH_2 \xrightarrow[2)\ H_2O_2/OH^-]{1)\ BH_3}$

思考题 3-4　由 1-丁烯合成 1-丁醇，2-丁醇。

4. 聚合反应

聚合是烯烃的重要化学反应，这种反应是在催化剂或引发剂的作用下，使烯烃双键打开，并按一定方式把相当数量的烯烃分子连接成长链形大分子，生成的产物称为聚合物，也称为高分子化合物，反应中的烯烃分子称为单体。现代有机合成工业中，常用的重要烯烃单体有乙烯、丙烯、异丁烯、氯乙烯、苯乙烯等。例如，在 Ziegler-Natta 催化剂 [$TiCl_4$-$Al(C_2H_5)_3$] 等的作用下，乙烯、丙烯可以聚合为聚乙烯、聚丙烯。

$$n\,CH_2=CH_2 \xrightarrow{TiCl_4\text{-}Al(C_2H_5)_3} \underset{\text{聚乙烯}}{\left[CH_2-CH_2\right]_n}$$

$$n\,CH_3CH=CH_2 \xrightarrow{TiCl_4\text{-}Al(C_2H_5)_3} \underset{\text{聚丙烯}}{\left[\underset{\displaystyle CH_3}{\underset{|}{CH}}-CH_2\right]_n}$$

很多高分子聚合物均有广泛的用途。例如，聚乙烯是一种电绝缘性能好、用途广泛的塑料；聚氯乙烯用作管材、板材等；聚 1-丁烯用作工程塑料；聚四氟乙烯称为塑料王，广泛用于电绝缘材料、耐腐蚀材料和耐高温材料等。

5. 氧化反应

烯烃可以被 $KMnO_4$、O_3 和 O_2 氧化，氧化产物视烯烃结构和反应条件的差异而不同。

1) 高锰酸钾氧化

在碱性或中性条件下，用稀、冷的高锰酸钾溶液氧化烯烃中的双键得到邻二醇产物。反应过程中，高锰酸钾溶液的紫色褪去，并且有黑色的二氧化锰沉淀生成。利用这个反应可以用来鉴定烯烃。

$$R_1CH_2CH=CHR_2+2KMnO_4 \xrightarrow[\text{稀、冷}]{\text{稀}OH^-\text{或中性}} R_1CH_2\underset{\displaystyle OH}{\underset{|}{CH}}-\underset{\displaystyle OH}{\underset{|}{CH}}R_2+2KOH+2MnO_2\downarrow$$

如果在酸性条件下用高锰酸钾溶液氧化烯烃，碳碳双键完全断裂后生成羧酸、酮或二氧化碳。例如

$$RCH=CH_2 \xrightarrow[H_2SO_4]{KMnO_4} \underset{\text{羧酸}}{RCOOH}+H_2O+CO_2\uparrow$$

$$R_1CH_2CH{=}CHR_2 \xrightarrow[H_2SO_4]{KMnO_4} \underset{\text{羧酸}}{R_1CH_2COOH} + \underset{\text{羧酸}}{R_2COOH}$$

$$R_1{-}\underset{\underset{R}{|}}{C}{=}CHR_2 \xrightarrow[H_2SO_4]{KMnO_4} \underset{\text{酮}}{R_1{-}\overset{\overset{O}{\|}}{C}{-}R} + \underset{\text{羧酸}}{R_2COOH}$$

当双键相连的碳原子上连有两个烷基时，氧化断裂的产物为酮；当双键相连的碳原子上只连一个烷基，氧化断裂产物为羧酸；当双键相连的碳原子上连两个氢原子时，则氧化断裂产物为CO_2。因此可以通过分析氧化得到的产物，推测原来烯烃的结构。

2）臭氧氧化

将含有6%～8%臭氧的氧气通入烯烃的非水溶液中，能迅速生成糊状臭氧化合物，后者不稳定易爆炸，因此反应过程中不必把它从溶液中分离出来，可以直接在溶液中水解生成醛、酮和过氧化氢。为防止产物醛被过氧化氢氧化，水解时通常加入还原剂（如H_2/Pt，锌粉）。

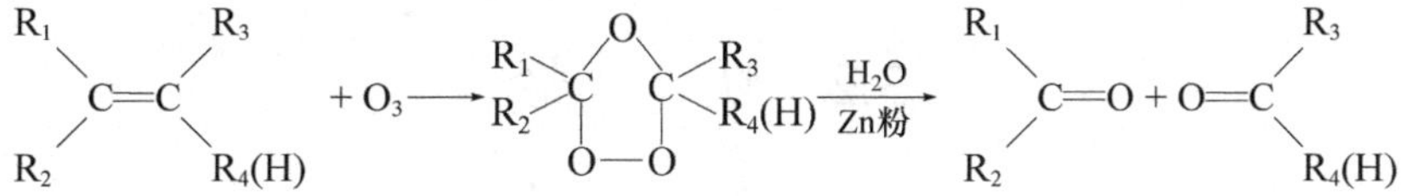

上式中如果R是H，产物则是醛。不同的烯烃结构，与臭氧氧化可以得到产物酮和醛。因此根据烯烃臭氧氧化所得到的产物，也可以推测原来烯烃的结构。

3）催化氧化

将乙烯与空气或氧气混合，在银催化下，乙烯被氧化生成环氧乙烷，这是工业上生产环氧乙烷的主要方法。

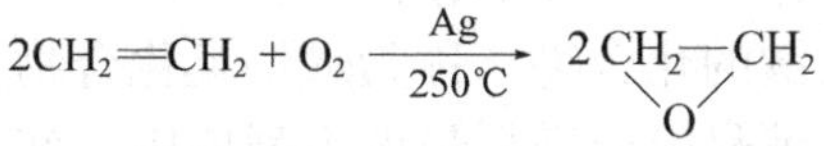

环氧乙烷是重要的有机合成中间体，用它可以制造乙二醇、合成洗涤剂、乳化剂、抗冻剂、塑料等。

乙烯用氯化铜和氯化钯催化氧化，可以得到乙醛。

$$CH_2{=}CH_2 + \frac{1}{2}O_2 \xrightarrow[130℃]{PdCl_2\text{-}CuCl_2} CH_3CHO$$

6. *α*-氢原子的卤代反应

碳碳双键是烯烃的官能团，凡与官能团直接相连的碳原子成为*α*-碳，*α*-碳上的氢原子称为*α*-氢。烯烃中的双键在室温下可与卤素发生亲电加成反应。但在高温（500～600℃）条件下，*α*-氢受双键的影响，容易被卤原子取代。例如，丙烯与氯气在约500℃主要发生取代反应，生成3-氯-1-丙烯。

$$CH_3{-}CH{=}CH_2 + Cl_2 \xrightarrow{500℃} ClCH_2{-}CH{=}CH_2 + HCl$$

这是工业上生产3-氯-1-丙烯的方法。它主要用于制备甘油、环氧氯丙烷和树脂等。与烷烃的卤代反应相似，烯烃的*α*-氢原子的卤代反应也是受光、高温、过氧化物（如过氧化苯甲酸）引发，进行自由基型取代反应。如果用*N*-溴代丁二酰亚胺（*N*-bromo succinimide，简称NBS）

为溴化剂，在光或过氧化物作用下，则 α-溴代可以在较低温度下进行。

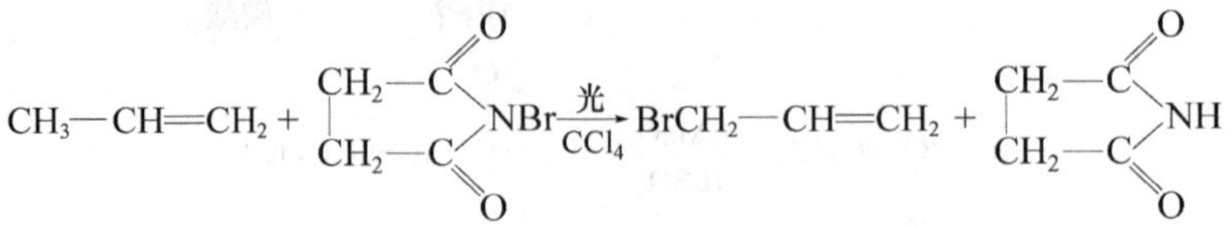

思考题 3-5　完成下列反应式。

(1) 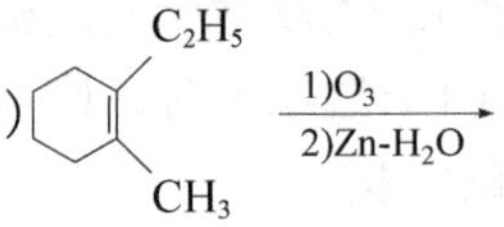

(2) $C_2H_5-CH=CH_2 \xrightarrow[H^+]{KMnO_4}$

(3) 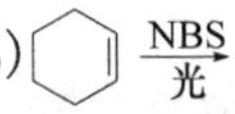

(4) $(CH_3)_2C=CH_2 \xrightarrow[\text{高温}]{Cl_2}$

思考题 3-6　某化合物 A，经臭氧氧化、锌还原水解或用酸性 $KMnO_4$ 溶液氧化都得到相同的产物，A 的分子式为 C_7H_{14}，推测其结构式。

3.2　炔　　烃

炔烃是分子中含有碳碳三键的烃，炔烃比相应的烯烃少两个氢原子，通式为 C_nH_{2n-2}。

3.2.1　炔烃的命名

炔烃的系统命名法与烯烃相同，只是将“烯”字改为“炔”字。例如

$CH_3C\equiv CH$	$CH_3C\equiv CCH_3$	$(CH_3)_2CHC\equiv CH$	$(CH_3CH_2)_2CHC\equiv CCH_2CH_2CH_3$
1-丙炔	2-丁炔	3-甲基-1-丁炔	3-乙基-4-辛炔

分子中同时含有双键和三键的化合物，称为烯炔类化合物。命名时，选择包括双键和三键均在内的最长碳链为主链，编号时应遵循最低系列原则，使不饱和键的编号最小；书写时先烯后炔。

$CH_3-CH=CH-C\equiv CH$	$CH_2=CH-CH=CH-C\equiv CH$
3-戊烯-1-炔	1,3-己二烯-5-炔

当双键和三键处在相同的位次时，应使双键的编号最小。

$$CH\equiv C-CH_2-CH=CH_2$$

1-戊烯-4-炔(不是 4-戊烯-1-炔)

思考题 3-7　试写出戊炔的所有异构体，并命名。

3.2.2　炔烃的物理性质

简单炔烃的沸点、熔点以及相对密度，一般比碳原子数相同的烷烃和烯烃高一些。这是由于炔烃分子较短小、细长，在液态和固态中，分子可以彼此靠得很近，分子间的范德华作用力很强。炔烃分子极性略比烯烃强，不易溶于水，而易溶于石油醚、乙醚、苯和四氯化碳等有机溶剂中。常见炔烃的物理常数见表 3-2。

表 3-2　常见炔烃的物理常数

名称	熔点/℃	沸点/℃	相对密度 d_4^{20}	折光率 n_D^{20}
乙炔	−81.8/119 kPa	−84.0	0.6208^{-82}	1.0005^{0}
丙炔	−101.5	−23.2	0.7062^{-50}	1.3863^{-40}
1-丁炔	−125.7	8.1	0.6784^{0}	1.3962
2-丁炔	−32.3	27.0	0.6910	1.3921
1-戊炔	−90.0	40.2	0.6901	1.3852
2-戊炔	−101	56.1	0.7107	1.4039
3-甲基-1-丁炔	−89.7	29.4	0.6660	1.3723
1-己炔	−131.9	71.3	0.7155	1.3989
1-庚炔	−81.0	99.7	0.7328	1.4087

3.2.3　炔烃的结构与化学活性

1. 乙炔的结构

乙炔是最简单的炔烃，分子式为 C_2H_2，构造式为 HC≡CH。根据杂化轨道理论，乙炔分子中的碳原子以 sp 杂化方式参与成键，两个碳原子各以一条 sp 杂化轨道互相重叠形成一个碳碳 σ 键，每个碳原子又各以一个 sp 轨道分别与一个氢原子的 1s 轨道重叠，各形成一个碳氢 σ 键。此外，两个碳原子还各有两个相互垂直的未杂化的 2p 轨道，其对称轴彼此平行，相互“肩并肩”重叠形成两个相互垂直的π键，从而构成了碳碳三键，几何形状为直线形，键角为 180°。两个π键电子云对称地分布在碳碳 σ 键周围，如图 3-3 所示。

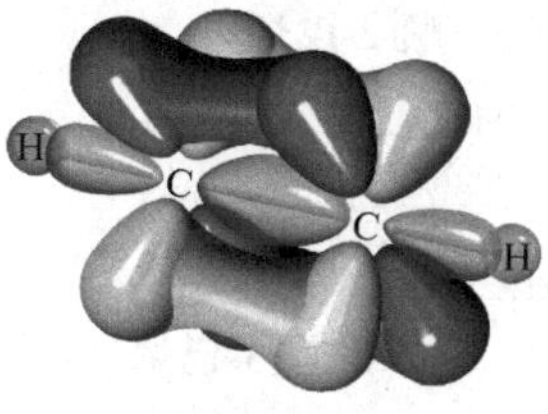

碳碳三键(C≡C)

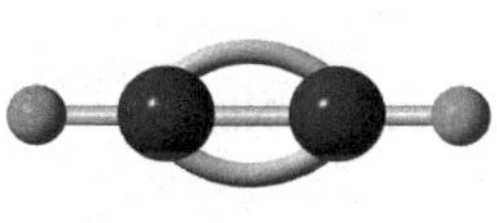

凯库勒模型

斯陶特模型

图 3-3　碳碳三键和乙炔的立体结构示意图

其他炔烃中的三键，也都是由一个 σ 键和两个 π 键组成的。

现代物理方法证明，乙炔分子中所有原子都在一条直线上，碳碳三键的键长为 0.12 nm，比碳碳双键的键长短，这是由于两个碳原子之间的电子云密度较大，使两个碳原子较之乙烯更为靠近。但三键的键能只有 836.8 kJ · mol^{-1}，比三个 σ 键的键能和(345.6 kJ · mol^{-1}×3)要小，这主要是因为 p 轨道是侧面重叠，重叠程度较小所致。

由于三键的几何形状为直线形，三键碳上只可能连有一个取代基，因此炔烃不存在顺反异构现象，炔烃异构体的数目比含相同碳原子数目的烯烃少。

2. 三键的化学活性

由三键的结构分析可知，π 键的稳定性不如 σ 键，与双键有相似的化学性质。例如，易于发生加成、氧化等反应，有极好的化学活性。但因三键中碳原子是 sp 杂化，杂化轨道中 s 成分所占的比例比双键碳的 sp^2 杂化轨道大，因此三键碳原子的电负性比双键碳原子要大。三键碳原子上形成的碳氢键的极性强于双键上的碳氢键。所以在一定条件下，三键碳氢键表现出弱的酸性，能与金属离子结合形成金属炔化合物。炔烃的主要化学反应归纳如下：

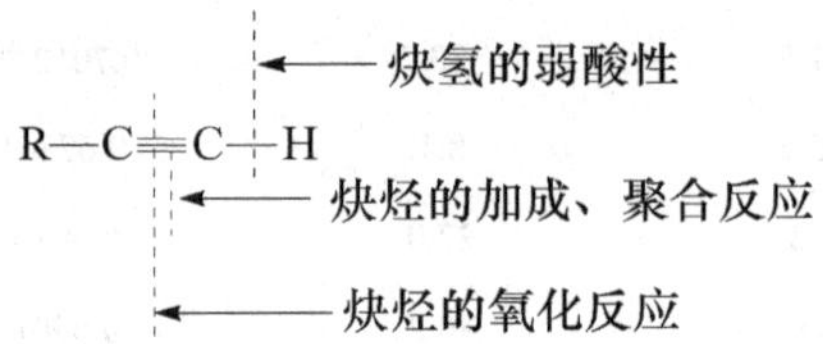

3.2.4　炔烃的化学性质

1. 催化加氢

炔基中有两个 π 键，因催化剂的不同，可以加成 1 mol H_2 或 2 mol H_2。在金属 Ni、Pt、Pd 等催化剂的存在下，炔烃加氢直接被还原为烷烃。例如

$$R_1—C{\equiv}C—R_2 \xrightarrow[Pd]{H_2} R_1—CH{=}CH—R_2 \xrightarrow[Pd]{H_2} R_1—CH_2—CH_2—R_2$$

如果想要得到烯烃还原产物，必须选择经过特殊处理、活性较低的催化剂。例如，林德拉(Lindlar)催化剂(钯附着于碳酸钙上，加少量乙酸铅和喹啉使之部分毒化，从而降低催化剂的活性)和在液氨中用活泼金属 Na、K 还原，可以将炔烃的氢化停留在烯烃阶段。林德拉催化剂还原炔烃得到顺式烯烃。液氨 Na、K 还原则得到反式烯烃。例如

顺-2-戊烯

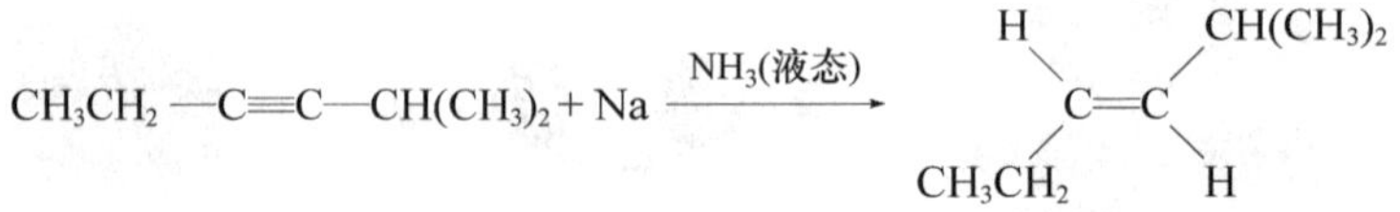

反-2-甲基-3-己烯

2. 亲电加成反应

1) 与卤素的加成

炔烃与烯烃一样能进行亲电加成反应。但对亲电试剂的反应活性比烯烃低。因此，如分子中同时存在碳碳三键和双键，则亲电加成反应首先在双键上进行。炔烃与卤素加成，同样能使溴水褪色。例如

$$HC{\equiv}CH + Br_2 \longrightarrow \underset{1,2\text{-二溴乙烯}}{BrCH{=}CHBr} \xrightarrow{Br_2} \underset{1,1,2,2\text{-四溴乙烷}}{Br_2CHCHBr_2}$$

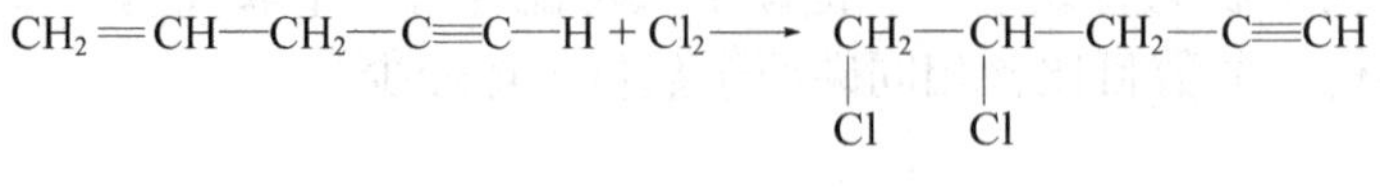

2) 与卤化氢加成

炔烃可以与 1 mol 或 2 mol 卤化氢加成，分别得到卤代烯烃或卤代烃。不对称炔烃与卤化氢加成，服从马氏规则。

$$CH{\equiv}C{-}C_2H_5 + HBr \longrightarrow \underset{\text{2-溴-1-丁烯}}{CH_2{=}\underset{\substack{|\\Br}}{C}{-}C_2H_5} \xrightarrow{HBr} \underset{\text{2,2-二溴丁烷}}{CH_3{-}\overset{\substack{Br\\|}}{\underset{\substack{|\\Br}}{C}}{-}C_2H_5}$$

3) 与水加成

炔烃在酸性和汞盐的催化下水化，首先形成结构不稳定的烯醇式，然后重排生成结构稳定的醛或酮。除乙炔得到乙醛外，其他炔烃与水加成均得到酮。例如

$$HC{\equiv}CH + H_2O \xrightarrow[H_2SO_4]{HgSO_4} \underset{\text{乙烯醇}}{[CH_2{=}CH{-}OH]} \xrightarrow{\text{重排}} \underset{\text{乙醛}}{CH_3{-}CHO}$$

$$CH_3{-}C{\equiv}CH + H_2O \xrightarrow[H_2SO_4]{HgSO_4} \underset{\text{2-丙烯醇}}{\left[CH_3\overset{\substack{OH\\|}}{C}{=}CH_2\right]} \xrightarrow{\text{重排}} \underset{\text{丙酮}}{CH_3{-}\overset{\substack{O\\\|}}{C}{-}CH_3}$$

过去工业上常采用乙炔在 10%硫酸和 5%硫酸汞水溶液中发生加成反应的方法，来生产乙醛。但由于汞盐有剧毒，因此已开始非汞催化剂的研究工作，并取得了很大的进展。

3. 与弱酸的加成

与烯烃不同，炔烃可以和 HCN、CH_3COOH 等弱酸发生加成反应。反应产物可以看作是这些试剂的氢原子被乙烯基($CH_2{=}CH{-}$)所取代，因此这类反应通称为乙烯基化反应。例如

$$HC{\equiv}CH + HCN \xrightarrow[CuCl]{NH_4Cl} \underset{\text{丙烯腈}}{CH_2{=}CH{-}CN}$$

$$HC{\equiv}CH + CH_3COOH \xrightarrow{H_2SO_4} \underset{\text{乙酸乙烯酯}}{CH_3{-}\overset{\substack{O\\\|}}{C}OCH{=}CH_2}$$

丙烯腈是用途广泛的有机合成中间体和合成高分子化合物的原料。乙酸乙烯酯是合成水溶性树脂聚乙烯醇的原料。

4. 聚合反应

炔烃发生聚合反应一般不形成高聚物，在不同的催化剂和温度条件下，生成链状或环状的二聚体或三聚体产物。

$$2HC{\equiv}CH \xrightarrow[CuCl]{NH_4Cl} CH_2{=}CH{-}C{\equiv}CH$$

$$3HC{\equiv}CH \xrightarrow{500℃}$$ 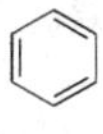

5. 氧化反应

炔烃可被高锰酸钾等氧化剂氧化，生成羧酸或二氧化碳。

$$R{-}C{\equiv}CH \xrightarrow{KMnO_4/H^+} RCOOH + CO_2 + H_2O$$

$$R_1{-}C{\equiv}C{-}R_2 \xrightarrow{KMnO_4/H^+} R_1COOH + R_2COOH$$

反应后高锰酸钾溶液的紫色消失，因此，这个反应可用来检验分子中是否存在三键。根

据所得氧化产物的结构，还可推知原炔烃的结构。

6. 金属炔化合物的生成

炔烃中三键碳原子上的氢原子具有微弱酸性，可以与 Na 等活泼金属反应，生成金属炔化物和氢气。

$$R—C\equiv CH + Na \longrightarrow RC\equiv C—Na + H_2\uparrow$$

将乙炔和端基炔(RC ≡C—H)通入银氨溶液或亚铜氨溶液中，则分别析出白色和砖红色的金属炔化物沉淀。

$$HC\equiv CH + [Ag(NH_3)_2]^+ \longrightarrow \underset{\text{乙炔银}}{Ag—C\equiv C—Ag}\downarrow (白色)$$

$$HC\equiv CH + [Cu(NH_3)_2]^+ \longrightarrow \underset{\text{乙炔亚铜}}{Cu—C\equiv C—Cu}\downarrow (砖红色)$$

上述反应非常灵敏，现象明显，可用来鉴别乙炔和端基炔烃。烷烃、烯烃和 $R_1—C\equiv C—R_2$ 类型的炔烃均无此反应。

干燥的炔化银和炔化亚铜不稳定，受热或撞击易发生爆炸。所以，实验完毕后应立即加入稀硝酸使其分解。

思考题 3-8　完成下列反应式。

(1) $CH_3—C\equiv C—CH_3 \xrightarrow[\text{Lindlar催化剂}]{H_2}$　　(2) $HC\equiv C—CH_2CH_3 + H_2O \xrightarrow{HgSO_4/H^+}$

(3) $CH_3C\equiv C—CH_2CH_3 \xrightarrow{KMnO_4/H^+}$　　(4) $CH_3CH_2C\equiv CH \xrightarrow{[Ag(NH_3)_2]^+}$

思考题 3-9　鉴别下列化合物。

(1) 乙炔，乙烯，乙烷　　(2) 1-丁炔，2-丁炔，环丙烷

3.3　二　烯　烃

3.3.1　二烯烃的分类和命名

1. 分类

分子中含有两个或两个以上双键的碳氢化合物称为多烯烃。其中含有两个双键的称为二烯烃或双烯烃，通式为 C_nH_{2n-2}，与碳原子数相同的炔烃是同分异构体。根据分子中两个双键的相对位置不同，可将二烯烃分为三种类型。

1) 聚集二烯

两个双键连在同一个碳原子上，即具有—C=C=C—结构的二烯烃称为聚集二烯烃。例如，丙二烯：

$$CH_2=C=CH_2$$

2) 隔离二烯烃

两个双键被两个或两个以上单键隔开，即具有—C=CH(CH₂)ₙCH=C—($n\geq 1$)结构的二烯烃称为隔离二烯烃，它们的性质与单烯烃相似。例如，1,4-戊二烯：

$$CH_2{=}CH{-}CH_2{-}CH{=}CH_2$$

3) 共轭二烯烃

两个双键被一个单键隔开，即具有—C═CH—CH═C—结构的二烯烃称为共轭二烯烃。由于两个双键的相互影响，它们有一些独特的物理性质和化学性质，在理论研究和生产上都具有重要价值。例如，1,3-丁二烯：

$$CH_2{=}CH{-}CH{=}CH_2$$

2. 命名

多烯烃的系统命名法与单烯烃相似。命名时，以含双键最多的最长碳链为主链，称为某几烯，主链碳原子的编号从距离双键最近的一端开始。

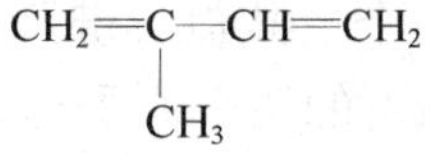

2-甲基-1,3-丁二烯
(俗名：异戊二烯)

$$CH_2{=}CH{-}CH{=}CH{-}CH{=}CH_2$$

1,3,5-己三烯

与单烯烃一样，多烯烃的双键两端连接的原子或基团各不相同时，也存在几何异构现象。命名时要逐个标明其构型。例如，3-甲基-2,4-庚二烯有四种构型式：

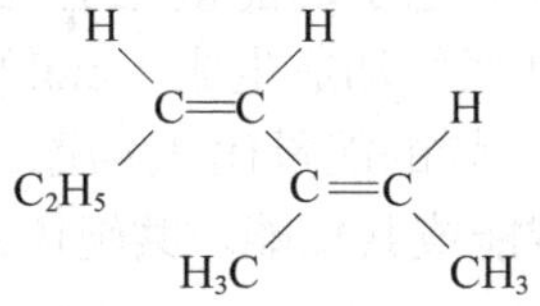

顺,顺-3-甲基-2,4-庚二烯
(2*E*,4*Z*)-3-甲基-2,4-庚二烯

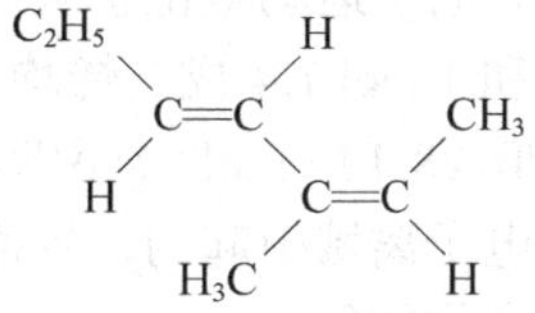

反,反-3-甲基-2,4-庚二烯
(2*Z*,4*E*)-3-甲基-2,4-庚二烯

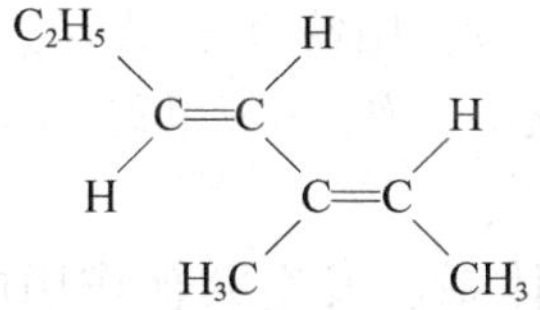

顺,反-3-甲基-2,4-庚二烯
(2*E*,4*E*)-3-甲基-2,4-庚二烯

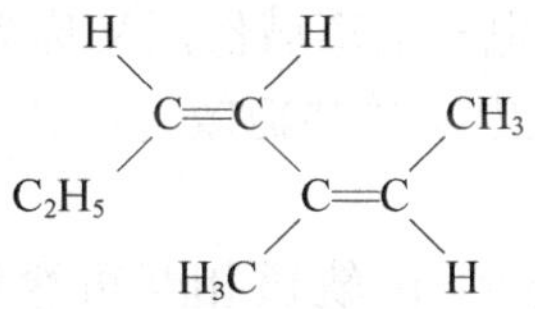

反,顺-3-甲基-2,4-庚二烯
(2*Z*,4*Z*)-3-甲基-2,4-庚二烯

3.3.2　共轭二烯烃的结构和共轭效应

1. 1,3-丁二烯的结构

结构最简单的共轭二烯是1,3-丁二烯。它有顺式和反式两种构型异构体，即

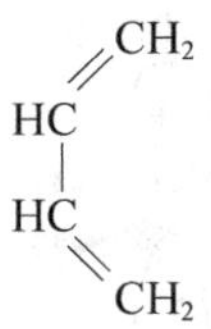

顺-1,3-丁二烯

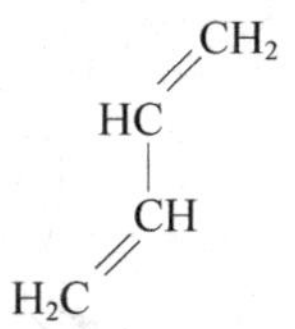

反-1,3-丁二烯

无论是顺式还是反式构型，分子中的四个碳原子都是 sp^2 杂化，且这四个碳原子和六个

C—H 共处一个平面。每个碳原子中未参与杂化的 p 轨道不仅在 C_1—C_2、C_3—C_4之间重叠，而且在 C_2—C_3之间也有一定程度的重叠，有一定的 π 键性质，如图 3-4 中的(a)和(b)所示。

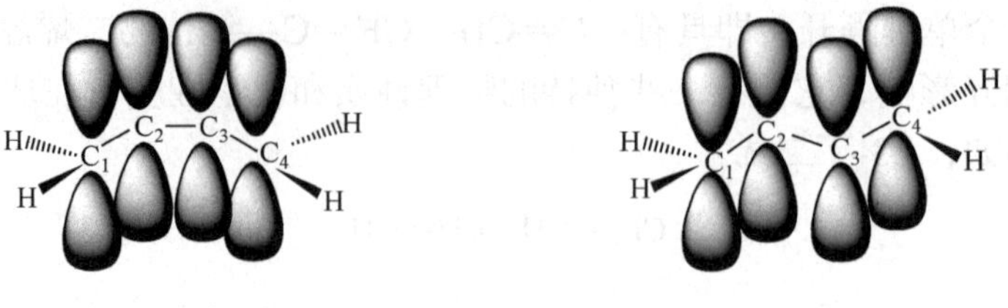

(a) 顺式　　　　(b) 反式

图 3-4　1,3-丁二烯分子中四个 p 轨道的重叠

C_2—C_3 之间的 p 轨道重叠的结果使共轭双烯中四个 p 电子的运动范围不再局限于 C_1—C_2 或 C_3—C_4 之间，而是运动于四个碳原子核的外围，形成一个"共轭 π 键"（或大 π 键），这种现象称为电子的离域。相对于单烯烃中 p 电子只围绕形成π键的两个原子运动，称为电子的定域。

由于 π 电子的离域，共轭分子中单、双键的键长趋于平均化。例如，1,3-丁二烯分子中 C_1—C_2、C_3—C_4 的键长为 0.1337 nm，与乙烯的双键键长 0.134 nm 相近；而 C_2—C_3 的键长为 0.147 nm，比乙烷分子中的 C—C 键键长 0.154 nm 短，显示了 C_2—C_3 键具有某些"双键"的性质。离域 π 键的作用，使 C_2—C_3 不能自由旋转，1,3-丁二烯才出现顺反构型异构。

在离域 π 键中，π 电子运动范围扩大了，离域 π 电子的能量比定域 π 电子的能量低。例如，1 mol 1,3-戊二烯和 1 mol 1,4-戊二烯均与 2 mol 氢气加成生成 1 mol 戊烷，1,3-戊二烯的氢化热比 1,4-戊二烯的低 28 $kJ \cdot mol^{-1}$，说明 1,3-戊二烯的能量比 1,4-戊二烯的低。这种能量差值是由于共轭体系内电子离域引起的，故称为离域能或共轭能。共轭体系越长，离域能越大，体系的能量越低，化合物越稳定。

2. 共轭效应和共轭体系

分子中原子的价电子的离域作用又称为共轭效应，用符号 C 表示。共轭效应分为给电子的共轭效应(+C)和吸电子的共轭效应(–C)。包括 π-π 共轭、p-π 共轭、σ-π 和 σ-p 超共轭几类。

1) π-π共轭体系

由两个以上 π 键的 p 轨道相互重叠而成的体系。发生共轭作用的 π 键必须平行，如 $H_2C{=}CH{-}CH{=}CH_2$、$H_2C{=}CH{-}C{\equiv}CH$、$H_2C{=}CH{-}C{\equiv}N$ 和 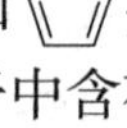 分子中都有 π 键彼此平行。但丙二烯分子中的两个 π 键互相垂直，没有共轭作用。分子中含有单键与双键交替链接的结构都属于 π-π 共轭类型。

2) p-π 共轭体系。

由 p 轨道和π键的 p 轨道相互平行而重叠构成的体系。根据 p 轨道上容纳的电子数不同，又分为缺电子、等电子和多电子 p-π 共轭体系。例如

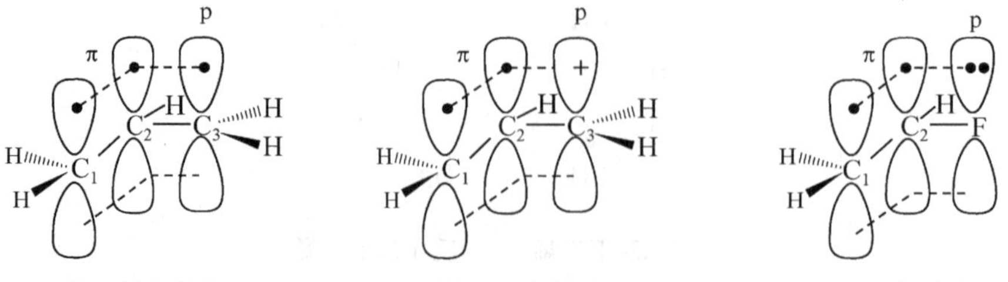

(a) 烯丙基游离基　　　　(b) 烯丙基正离子　　　　(c) 氟乙烯

如果1个π键的2个p轨道与含1个电子的p轨道发生侧面重叠，则形成3个p轨道包含有3个电子的等电子p-π共轭体系，如(a)烯丙基游离基结构。若与无电子的空p轨道发生侧面重叠，则形成3个p轨道包含有2个电子的缺电子p-π共轭体系，如(b)烯丙基正离子结构。若与含2电子的p轨道发生侧面重叠，则形成3个p轨道包含有4个电子的多电子p-π共轭体系，如(c)氟乙烯结构。

由于p–π共轭作用，烯丙基碳正离子C_3上的正电荷平均化，分散在三个碳原子上，所以烯丙基正离子是很稳定的碳正离子。同样，烯丙基游离基形成离域的三电子π键，也是稳定的游离基。而氟乙烯分子中氟原子的电负性很强，+C作用很弱，–I作用很强，所以氟原子表现为吸电子作用。

3)超共轭体系

针对C—H σ键，由于碳碳(C—C)σ键绕键轴旋转，σ键旋转到一定角度可以与相邻的p轨道或π键的 p 轨道部分重叠产生类似离域现象，这样形成的体系称为σ-p或σ-π超共轭体系。例如，在丙烯分子中，CH_3—的C—H σ键与—CH═CH_2中的π键形成σ-π超共轭；$CH_3CH_2^+$或$CH_3CH_2\cdot$中，CH_3—的C—H σ键与碳正离子或碳游离基的p轨道都能发生σ-p超共轭。

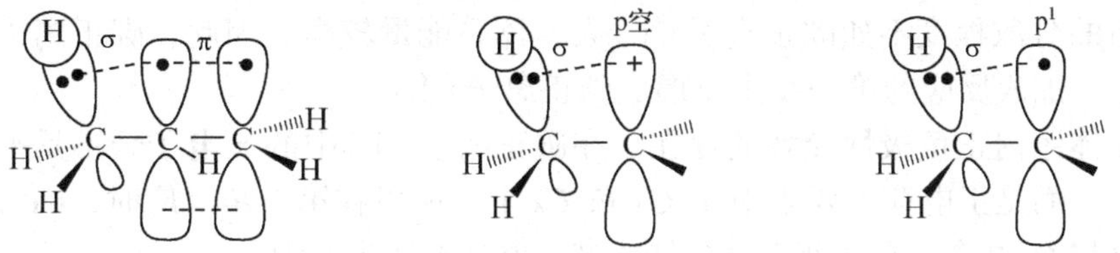

(a) 丙烯分子σ-π超共轭　(b) 碳正离子σ-p超共轭　(c) 碳自由基σ-p超共轭

超共轭效应比p-π或π-π共轭效应弱得多。原因是σ-p或σ-π部分重叠程度较少，离域的区域不如p-π共轭或π-π共轭大。对于碳正离子，如果能起超共轭效应的C—H键越多，越有利于碳正离子上的正电荷分散，使碳正离子更趋于稳定。所以碳正离子的稳定性次序为：3°＞2°＞1°＞CH_3^+。同样对于碳自由基，σ-p超共轭效应使碳自由基的单电子有一定程度配对，增加了碳自由基的稳定性。超共轭效应的C—H键越多，碳自由基越稳定。因此碳自由基的稳定性为：3°＞2°＞1°＞$CH_3\cdot$。

3.3.3 共轭二烯烃的化学性质

由于共轭效应，共轭二烯烃除具有单烯烃的性质外，还表现出一些特殊的化学性质。

1. 共轭二烯烃的1,2-加成和1,4-加成

共轭二烯烃容易与卤素、卤化氢等亲电试剂进行亲电加成反应，也可催化加氢，加成产物一般可得1,2-加成和1,4-加成两种产物。

$$CH_2{=}CH{-}CH{=}CH_2 + Br_2 \longrightarrow \underset{1,2\text{-加成}}{CH_2{=}CH{-}CH(Br){-}CH_2Br} + \underset{1,4\text{-加成}}{CH_2Br{-}CH{=}CH{-}CH_2Br}$$

$$CH_2{=}CH{-}CH{=}CH_2 + HCl \longrightarrow \underset{1,2\text{-加成}}{CH_2{=}CH{-}CH(Cl){-}CH_3} + \underset{1,4\text{-加成}}{CH_2Cl{-}CH{=}CH{-}CH_3}$$

共轭二烯烃与 1 mol 亲电试剂加成时，有两种加成方式：一种是断开一个 π 键，亲电试剂的两部分加到双键的两端，另一双键不变，这称为 1,2-加成；另一种是试剂加在共轭双烯两端的碳原子上，同时在 C_2—C_3 原子之间形成一个新的 π 键，这称为 1,4-加成。

共轭二烯烃的亲电加成反应也是分两步进行的。例如，1,3-丁二烯与氯化氢的加成，第一步是亲电试剂 H^+的进攻，加成可能发生在 C_1 或 C_2 上，生成两种碳正离子（Ⅰ）或（Ⅱ）：

$$CH_2{=}CH{-}CH{=}CH_2 + H^+Cl^- \longrightarrow CH_2{=}CH{-}\overset{+}{C}H{-}CH_3 + Cl^- \qquad (\text{Ⅰ})$$

$$CH_2{=}CH{-}CH{=}CH_2 + H^+Cl^- \longrightarrow CH_2{=}CH{-}CH_2{-}\overset{+}{C}H_2 + Cl^- \qquad (\text{Ⅱ})$$

在碳正离子（Ⅰ）中，带正电荷的碳原子为 sp^2 杂化，它的空 p 轨道可以和相邻 π 键的 p 轨道发生重叠，形成包含三个碳原子的缺电子 p-π 共轭体系。2 个 π 电子离域到 p 轨道，使碳正离子的正电荷得到分散，体系能量降低。

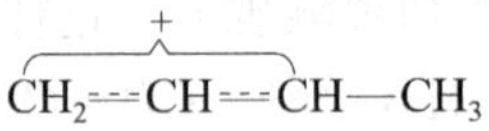

而在碳正离子（Ⅱ）中，带正电荷碳原子的 p 空轨道与相邻的 2 个 C—H 键形成 σ-p 超共轭效应，正电荷的分散程度不如碳正离子（Ⅰ）大，体系能量较高。因此，碳正离子（Ⅰ）比碳正离子（Ⅱ）稳定，加成反应的第一步主要形成碳正离子（Ⅰ）。

由于共轭体系内正负极性交替的存在，在碳正离子（Ⅰ）中的 π 电子云不是平均分布在这三个碳原子上，而是正电荷主要集中在 C_2 和 C_4 上，所以在第二步反应时，Cl^- 既可以与 C_2 结合，也可以与 C_4 结合，分别得到 1,2-加成产物和 1,4-加成产物。

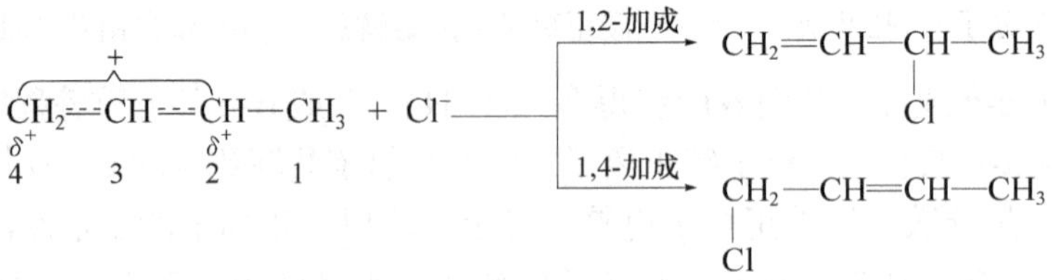

共轭二烯烃的 1,2-加成和 1,4-加成是同时发生的，产物的比例与反应物的结构、反应温度等有关，一般随反应温度的升高和溶剂极性的增加，1,4-加成产物的比例增加。

2. 双烯合成反应

1928 年，德国化学家狄尔斯（Diels）和阿尔德（Alder）发现，共轭二烯烃与含有双键或三键的化合物能发生 1,4-加成反应，生成六元环状化合物，这类反应称为 Diels-Alder 反应，又称双烯合成。

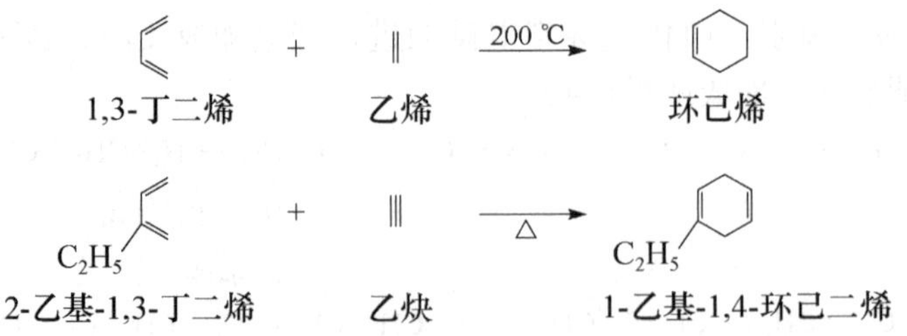

在这类反应中，旧键的断裂与新键的生成同时进行，反应是一步完成的，没有活性中间体（碳正离子或自由基等）生成，属于协同反应。

双烯合成反应中，通常将共轭二烯烃称为双烯体，与双烯体反应的不饱和化合物称为亲双烯体。实践证明，亲双烯体上连有吸电子取代基(如硝基、羧基、羰基等)和双烯体上连有给电子取代基时，反应容易进行。例如

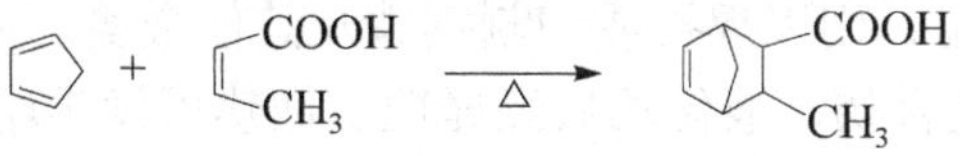

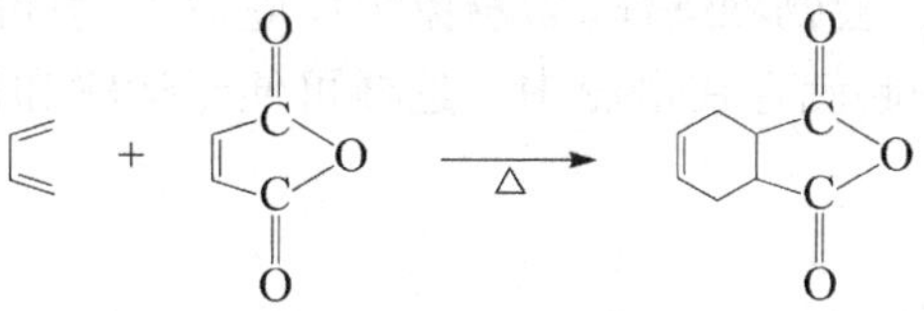

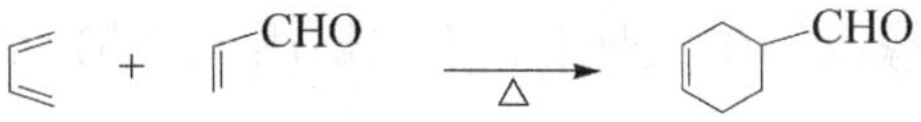

双烯合成反应是由直链化合物合成环状化合物的方法之一，应用范围广泛，在理论上和生产上都占有重要的地位。

思考题 3-10 指出下列分子或基团中共轭体系的类型。

(1) $CH_2{=}CH{-}Cl$ (2) $CH_3{-}CH{=}CH{-}C{\equiv}CH$

(3) $CH_3{-}O{-}CH{=}CH{-}\overset{+}{C}H_2$ (4) $(CH_3)_3C\cdot$

思考题 3-11 完成下列反应式。

(1) 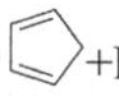 $+Br_2 \longrightarrow$

(2) $CH_2{=}\underset{\displaystyle CH_3}{\underset{|}{C}}{-}CH{=}CH_2+HBr \longrightarrow$

(3) $CH_2{=}\underset{\displaystyle C_2H_5}{\underset{|}{C}}{-}CH{=}CH_2 + CH_2{=}CH{-}CN \xrightarrow{\triangle}$

3.3.4 重要的烯烃和炔烃

1. 乙烯

乙烯是一种稍带臭味的无色气体，沸点-103.8℃(0.1 MPa)，临界温度 9.9℃，临界压力 5.065×10^6 Pa。微溶于水，与空气能形成爆炸性混合物，其爆炸范围是 3%～29%。乙烯是一种重要的化工原料，可以生产出环氧乙烷、乙醛、乙醇、聚乙烯塑料等化工产品。乙烯主要来源于石油化工，通过高温裂解原油可以得到以乙烯为主的烯烃混合物。

乙烯是植物的内源激素之一，许多植物器官中都含有微量的乙烯，它能抑制细胞的生长，促进果实成熟和促进叶片、花瓣、果实等器官脱落，所以乙烯可用作水果的催熟剂。最新研究发现：乙烯能双向调节离体酶(如淀粉酶、脂肪酶、胰蛋白酶等)的催化活力。低浓度的乙烯使酶的活力增高，高浓度的乙烯能够抑制酶的活力。乙烯在较高浓度范围对人体身体健康有影响。

2. 乙炔

乙炔是最重要的炔烃。纯乙炔是无色无味的气体，有麻醉作用，并带有乙醚气味。乙炔

在水中具有一定的溶解度，易溶于丙酮。实验室常用电石制备得到。工业上可用煤、石油或天然气作为原料生产乙炔。

它不仅是重要的有机合成原料，而且又大量地用作高温氧炔焰的燃料。乙炔和氧气混合燃烧，可产生 2800℃的高温，用以焊接或切割钢铁及其他金属。

乙炔是一种不稳定的化合物，液化乙炔经碰撞、加热可发生剧烈爆炸。乙炔与空气混合，当它的含量达到 3%～80%时，会剧烈爆炸。为避免爆炸危险，一般可用浸有丙酮的多孔物质(如石棉、活性炭)吸收乙炔后一起储存在钢瓶中，这样可便于运输和使用。

3. 丁二烯

丁二烯是无色的气体，熔点−108.9℃，沸点−4.4℃。用金属钠引发聚合合成丁钠橡胶，与苯乙烯共聚可以合成丁苯橡胶。在工业上，丁二烯用 1-丁烯、2-丁烯脱氢法和正丁烷脱氢法生产。

4. 环戊二烯

环戊二烯是无色液体。熔点−85℃，沸点 41.5℃，相对密度 0.8021(20/4℃)。环戊二烯在室温下聚合，生成二聚环戊二烯，工业品也是二聚体；在 100℃以上聚合，生成三聚体、四聚体。

小　结

1. 烯烃

1) 烯烃的结构

双键碳原子是 sp^2 杂化，为平面三角形，烯基具有平面结构。由于 π 键不能自由旋转，烯烃出现顺反或 *Z*/*E* 几何异构体。

2) 烯烃的化学性质

不对称烯烃的亲电加成反应遵循马氏规则。但 HBr 在过氧化物的存在下发生自由基加成反应，得到反马氏加成产物。亲电加成反应机理分两步进行，活性中间体为碳正离子，碳正离子的稳定性次序为：3°＞2°＞1°＞CH_3^+。烯烃的化学反应归纳如下：

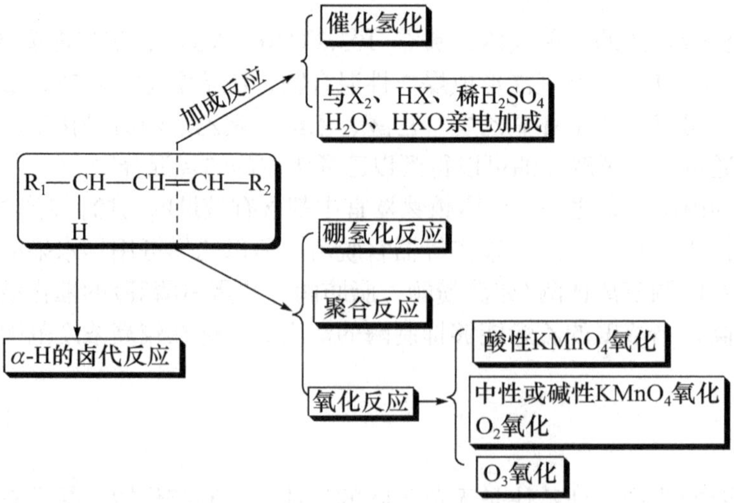

2. 炔烃

1) 炔烃的结构

三键碳原子是sp杂化，为直线形。三键碳上只可能连有一个取代基，因此炔烃不存在顺反异构现象。

2) 炔烃的化学性质

由于炔基对亲电试剂的反应活性比烯烃低，当分子中同时存在碳碳三键和双键，则亲电加成反应发生在双键上。在铂、钯的催化下，炔烃和足够量的氢气反应生成烷烃。Lindlar催化剂还原炔烃得到顺式烯烃。液氨、Na、K还原则得到反式烯烃。炔烃的化学反应归纳如下：

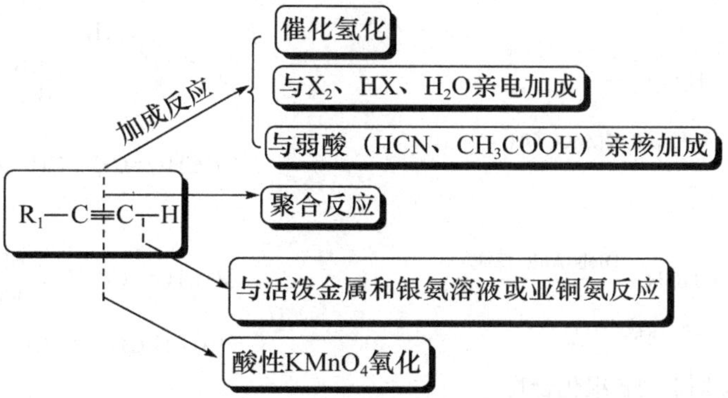

3. 共轭二烯烃

共轭二烯烃中单双键交替排列的体系称为π-π共轭体系。由于共轭体系内原子间的相互影响，引起键长和电子云分布的平均化，体系能量降低，分子更稳定的现象称为共轭效应。有π-π，p-π共轭和σ-π、σ-p的超共轭体系。

共轭二烯烃除具有烯烃的一般性质外，由于共轭效应的影响还表现出一些特殊的化学性质，如双烯合成反应，与亲电试剂发生1,2-加成和1,4-加成反应。

习　题

1. 命名下列化合物。

(1) $HC{\equiv}C{-}CH{=}CH{-}CH{=}CH_2$　(2) $HC{\equiv}C{-}CH_2CH{=}CHCH_3$　(3) $(CH_3)_3CC{\equiv}CCH_2CH_2CH_3$

(4) $CH_3CH_2C{\equiv}C{-}Ag$　(5) 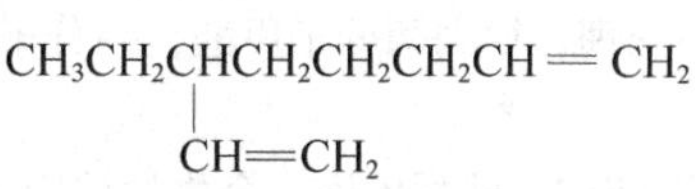　(6) 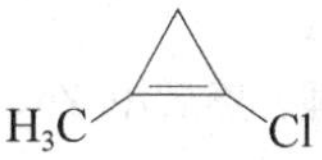

(7) 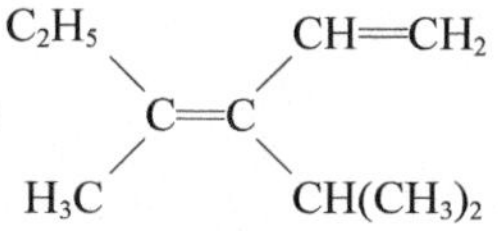　(8) 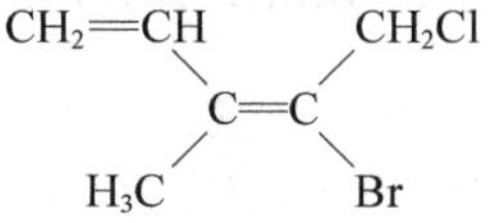　(9) 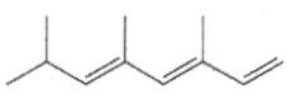

(10) 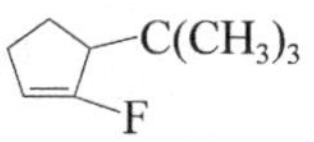　(11) 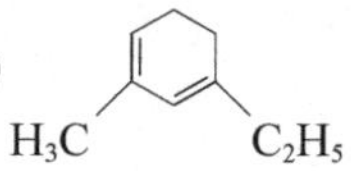　(12) 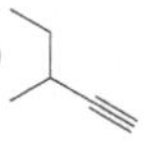

2. 写出下列化合物的结构式。

(1) 1-甲基环戊烯　(2) (*E*)-3-甲基-2-戊烯　(3) (1*Z*, 3*E*)-1-氯-1,3-戊二烯

(4) (*Z*)-2-戊烯　(5) 顺，反-2,4-己二烯　(6) 顺-3-正丙基-4-己烯-1-炔

3. 下列化合物哪些有几何异构体？写出其全部异构体的构型式，并指出共轭体系的类型。

(1) $CH_3CH{=}CHCH_3$　　(2) $CH_3CH_2CH{=}C(CH_3)_2$　　(3) $CH_2{=}CH{-}CH{=}CHCH_3$

(4) $CH_3CH{=}CCl_2$　　(5) $CH_3CH{=}CH{-}C{\equiv}CH$　　(6) $CH_3CH{=}CH{-}CH{=}CHCH_3$

4. 写出异丁烯与 1 mol 下列试剂的反应产物。

(1) H_2/Ni　　(2) Br_2　　(3) HBr　　(4) HBr, 过氧化物

(5) H_2SO_4　　(6) H_2O, H^+　　(7) Br_2/H_2O　　(8) 冷、稀的 $KMnO_4/OH^-$

5. 下列化合物与 HBr 发生亲电加成反应生成的活性中间体是什么？排出各活性中间体的稳定次序。

(1) $CH_2{=}CH_2$　　(2) $CH_2{=}CHCH_3$　　(3) $CH_2{=}C(CH_3)_2$　　(4) $CH_2{=}CHCl$

6. 完成下列反应式。

(1) $CH_3\underset{\displaystyle CH_3}{\underset{|}{C}}{=}CHCH_3 + HCl \longrightarrow$

(2) $CH_3CH{=}CH_2 + Br_2 \longrightarrow$

(3) $CH_2{=}CHCH_2CH_3 + H_2O \longrightarrow$

(4) 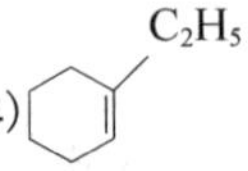 $\xrightarrow[H_2O_2]{HBr}$

(5) $CH_3{-}\underset{\displaystyle C_2H_5}{\underset{|}{C}}{=}CHCH_3 \xrightarrow{稀、冷KMnO_4/OH^-}$

(6) $CH_2{=}CH{-}CH{=}C(CH_3)_2 \xrightarrow[2)Zn/H_2O]{1)O_3}$

(7) 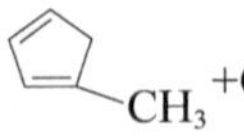 $+ CH_2{=}CHCN \xrightarrow[\triangle]{Diels\text{-}Alder反应}$

(8) $CH_2{=}C(CH_3)_2 \xrightarrow[光照]{NBS}$

(9) $CH_3C{\equiv}CC_2H_5 \xrightarrow{Na/NH_3(液态)}$

(10) $CH_3CH_2C{\equiv}CH + [Cu(NH_3)_2]^+ \longrightarrow$

7. 用简单的化学方法鉴别下列各组化合物。

(1) 丙烷，丙烯，丙炔，环丙烷　　(2) 环戊烯，环己烷，甲基环丙烷，1-丁炔

8. 由丙烯合成下列化合物。

(1) 2-溴丙烷　　(2) 1-溴丙烷　　(3) 2-丙醇　　(4) 3-氯丙烯

9. 以乙炔和顺-1,3-丁二烯为原料合成 4-氰基环己烯。

10. 某化合物 A，其分子式为 C_8H_{16}，它可以使溴水褪色，也可溶于浓硫酸，经臭氧氧化并水解只得到 2-丁酮一种产物，写出 A 其可能的结构式。

11. 有四种化合物 A、B、C、D，分子式均为 C_5H_8，它们都能使溴的四氯化碳溶液褪色。A 能与硝酸银的氨溶液作用生成沉淀，B、C、D 则不能。当用热的酸性 $KMnO_4$ 溶液氧化时，A 得到 CO_2 和 $CH_3CH_2CH_2COOH$；B 得到乙酸和丙酸；C 得到戊二酸；D 得到丙二酸和 CO_2。指出 A、B、C、D 的结构式。

12. 某化合物 A，分子式为 C_5H_{10}，能吸收 1 分子 H_2，与酸性 $KMnO_4$ 作用生成 1 分子 C_4 的酸，但经臭氧氧化还原水解后得到两个不同的醛，试推测 A 可能的结构式，该烯烃有无顺反异构？

13. 某化合物分子式为 $C_{15}H_{24}$，催化氢化可吸收 4 mol 氢气，得到 $(CH_3)_2CH(CH_2)_3CH(CH_3)(CH_2)_3CH(CH_3)CH_2CH_3$。用臭氧处理，然后用 Zn、$H_2O$ 处理，得到两分子甲醛，一分子丙酮，一分子 $H\overset{O}{\overset{\|}{C}}CH_2CH_2\overset{O}{\overset{\|}{C}}CHO$，一分子 $CH_3\overset{O}{\overset{\|}{C}}CH_2CH_2CHO$，不考虑顺反结构，试写出该化合物的结构式。

第 4 章　芳　香　烃

芳香族化合物中碳氢化合物总称为芳香烃，简称芳烃。最初人们从植物胶等天然物质中提取得到有芳香味的化合物，芳香烃名称由此得名。由于历史原因，沿用至今。现在许多研究发现一些化合物无芳香味、也没有苯环母体，可它们的化学性质类似于苯的性质。因此，芳香烃是指苯及化学性质类似于苯的化合物。

根据分子中是否含有苯环将芳烃分为含苯芳烃和非苯芳烃两大类。非苯芳烃是指分子中不含苯环，但结构和性质与苯环相似的环状烃。例如

环丙烯正离子

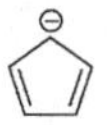
环戊二烯负离子

环庚三烯正离子

含苯芳烃根据分子中所含苯环的数目和结合方式分为三类。

(1) 单环芳烃：指分子中仅含一个苯环的芳烃，包括苯、苯的同系物和苯基取代的不饱和烃。

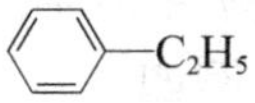

乙基苯

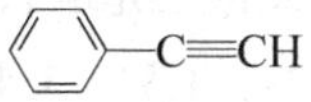

苯乙炔

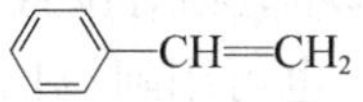

苯乙烯

(2) 稠环芳烃：指分子中含两个或两个以上苯环，且苯环之间共用两个相邻的碳原子结合而成的芳烃。

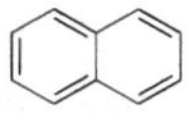
萘

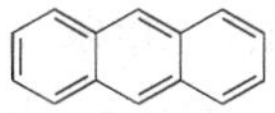
蒽

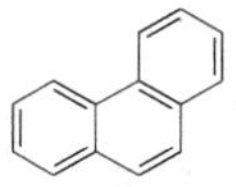
菲

(3) 多环芳烃：指分子中含两个或两个以上苯环，苯环之间通过单键或碳链连接的芳烃。

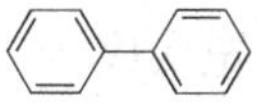
联苯

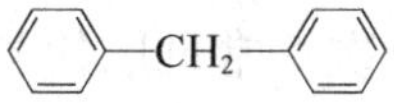

二苯甲烷

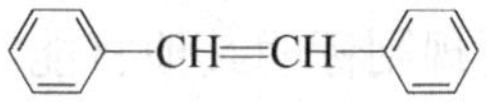

二苯乙烯

4.1　单 环 芳 烃

4.1.1　单环芳烃的异构和命名

当苯环上的氢原子被各种烃基取代后，形成了苯的同系物。它们的通式为 C_nH_{2n-6}。苯的同系物因苯环上侧链骨架不同或取代基位置不同产生同分异构体。苯环上的氢被一个或多个取代基取代，得到一元、二元或多元取代的苯衍生物。

1. 一元取代苯

一元取代苯的命名因环上取代基的不同，分为两种情况。

(1) 如苯环上连有结构简单的烃基、卤素和硝基，则以苯作为母体，称为某基苯，如甲苯、卤苯、硝基苯。

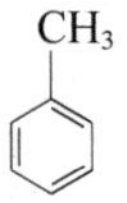
甲(基)苯

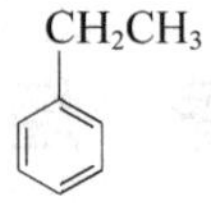
乙(基)苯

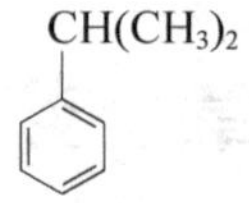
异丙(基)苯

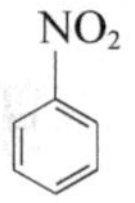
硝基苯

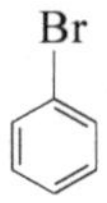
溴苯

(2) 若苯环上连有结构较复杂的烃基或烯基、炔基、氨基、羧基、醛基、酰胺基、羟基等官能团，则将苯环看作取代基，以结构较复杂的烃基或官能团所连的最长碳链为母链，按照最低系列法编号、命名。例如

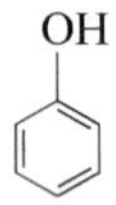
苯酚

苯甲酸

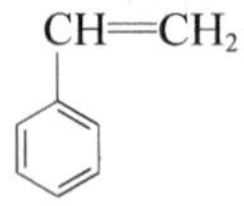
苯乙烯

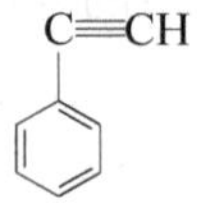
苯乙炔

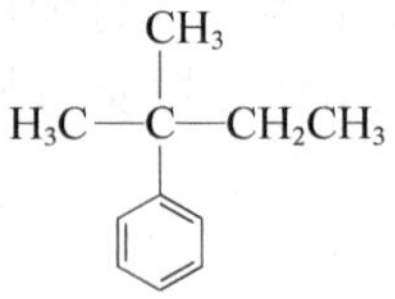
2-甲基-2-苯基丁烷

2. 二元、多元取代苯

由于取代基在苯环上相对位置不同，苯的二元取代物有三种异构体。命名时可用邻(*o*)、间(*m*)和对(*p*)表示，也可用阿拉伯数字 1,2-、1,3-、1,4-表示。例如

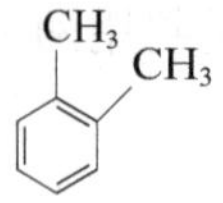
1,2-二甲苯
邻二甲苯或*o*-二甲苯

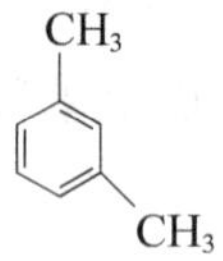
1,3-二甲苯
间二甲苯或*m*-二甲苯

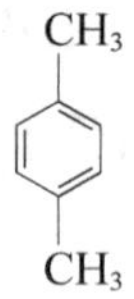
1,4-二甲苯
对二甲苯或*p*-二甲苯

若环上连有不同烷基，命名时从结构简单的烷基所连接苯环碳原子开始编号；若芳环上连有官能团，则以较优官能团为母体，把其他官能团看作取代基。将较优官能团的位次编为 1 号，并按最低系列规则标明其他官能团的位次。常见取代基的优先次序为

离子＞—COOH，$—SO_3H$＞—COOR＞—COX＞$—CONH_2$＞—CN＞—CHO＞—COR＞—OH(醇或酚)＞$—NH_2$(—NHR，$—NR_2$)＞—OR＞—X＞$—NO_2$＞—NO

排在前面者为较优官能团，排在后面者为取代基。一个分子中有多个官能团时，选择含有较优官能团在内的最长碳链为母链来命名。例如

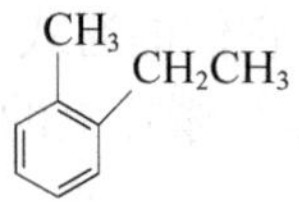
邻乙基甲苯
2-乙基甲苯

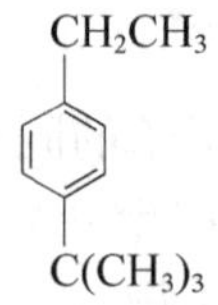
对叔丁基乙苯
4-叔丁基乙苯

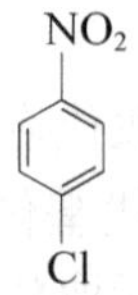
对硝基氯苯
4-硝基氯苯

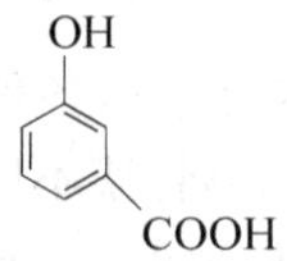
间羟基苯甲酸
3-羟基苯甲酸

当苯环上有三个或更多的取代基时，以最优先的官能团和苯环一起作为母体，其所在的位置编号为 1，按最低系列规则标明其他取代基的位次。

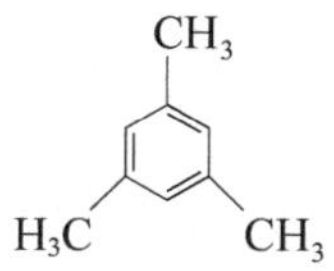

1,3,5-三甲苯
(均三甲苯)

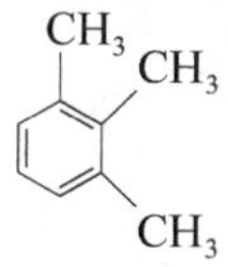

1,2,3-三甲苯
(连三甲苯)

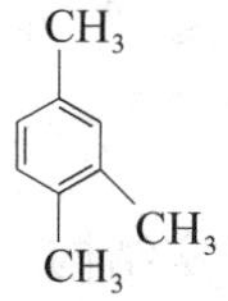

1,2,4-三甲苯
(偏三甲苯)

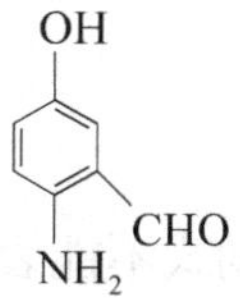

2-氨基-5-羟基苯甲醛

芳烃分子中去掉一个氢原子后剩余的基团称为芳基，以 Ar—表示。苯分子失去一个氢原子后剩余的基团称为苯基，以 C_6H_5—、Ph—或 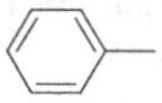 表示。甲苯分子中甲基去掉一个氢原子后剩余的基团称为苄基或苯甲基，以 $C_6H_5CH_2$—、$PhCH_2$—或 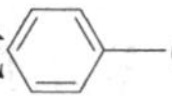 —CH_2—表示。

思考题 4-1　写出分子式为 C_9H_{12} 的单环芳烃异构体并命名。
思考题 4-2　命名下列化合物。

(1) 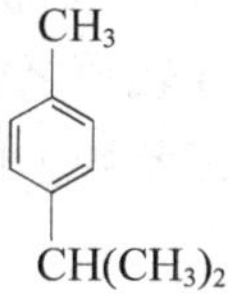

(2) 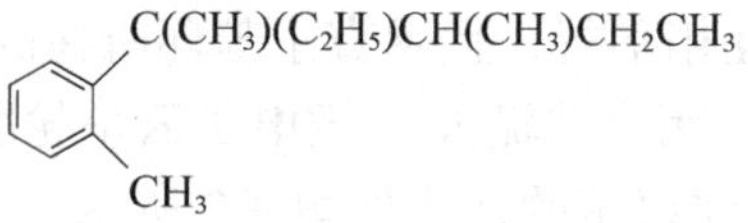

(3) 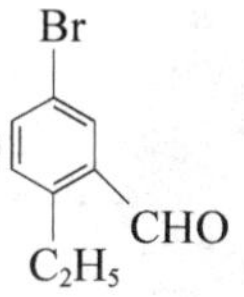

(4) 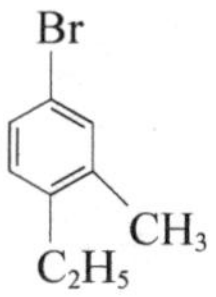

(5) 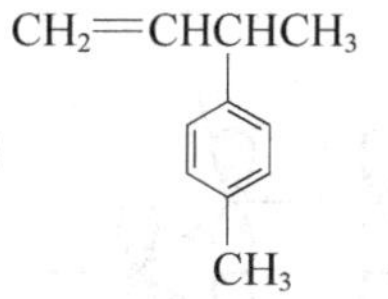

4.1.2　苯的结构

1825 年英国化学家法拉第(Faraday)从照明气的液体凝聚物中分离出苯。测定苯的分子组成为 CH，分子式为 C_6H_6。关于苯分子中六个碳和六个氢如何连接的问题，提出了各种假设。1865 年德国化学家凯库勒以惊人的洞察力和想象力提出了苯是由单、双键交替组成的六元环状化合物。

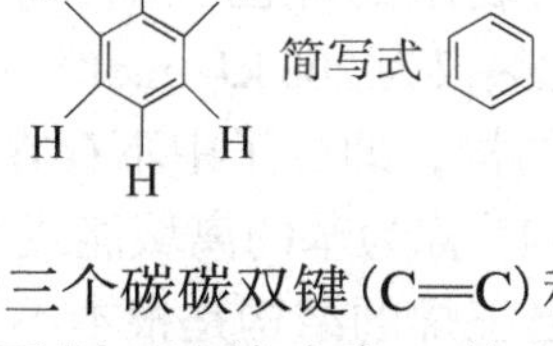

此式称为苯的凯库勒式。碳环是由三个碳碳双键(C═C)和三个碳碳单键(C—C)交替排列而成。它可以说明苯分子的组成及原子相互连接次序，并表明碳原子是四价，六个氢原子的位置等同，因而可以解释苯的一元取代产物只有一种的实验事实。

虽然苯分子的碳氢数比为 1∶1，不饱和度为 4，具有高度不饱和性。但在一般条件下，苯不能被高锰酸钾等氧化剂氧化，也不能与卤素、卤化氢等进行加成反应，容易发生取代反应。并且苯环具有较高的热稳定性，加热到 900℃也不分解。凯库勒式不能解释苯环在一般条件下不能发生类似烯烃的加成、氧化反应和热稳定性；也不能解释苯的邻位二元取代产物只有一种的实验事实。按凯库勒式推测苯的邻位二元取代产物，应有以下两种：

显然，凯库勒式不能表明苯的真实结构。

近代物理方法测定证明，苯分子中的六个碳原子和六个氢原子都在同一平面上，碳碳键长均相等(0.1396 nm)，六个碳原子组成一个正六边形，所有键角均为120°。

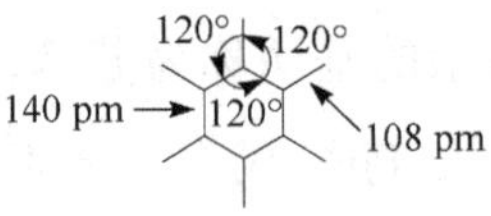

现代价键理论认为，苯分子中的碳原子均为 sp^2 杂化，每个碳原子的三个 sp^2 杂化轨道分别与相邻的两个碳原子的 sp^2 杂化轨道和氢原子的 s 轨道重叠形成三个 σ 键。由于三个 sp^2 杂化轨道都处在同一平面内，所以苯分子中的所有碳原子和氢原子必然都在同一平面内。六个碳原子形成一个正六边形，所有键角均为120°。另外，每个碳原子上还有一个未参加杂化的 p 轨道，这些 p 轨道的对称轴互相平行，且垂直于苯环所在的平面(图 4-1)。p 轨道之间彼此重叠形成一个闭合共轭大 π 键。闭合共轭大 π 键电子云呈轮胎状，对称分布在苯环平面的上方和下方(图 4-2)。因此 Thiele 建议苯的结构如图 4-2 所示。

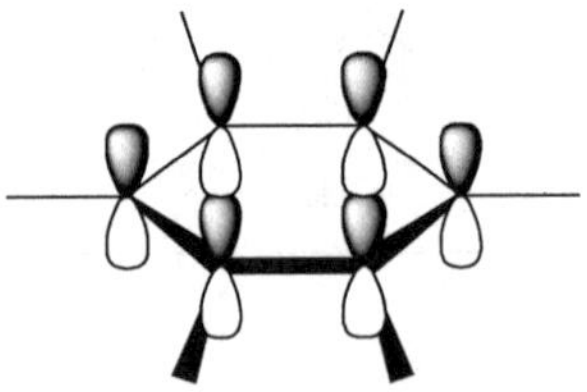

图 4-1 苯分子中 p 轨道示意图

图 4-2 苯共轭大π键电子云图

由于六个碳原子完全等同，所以大 π 键电子云在六个碳原子之间均匀分布，即电子云分布完全平均化，因此碳碳键长完全相等，不存在单双键之分。由于苯环共轭大 π 键的高度离域，分子能量大大降低，因此苯环具有高度的稳定性。

苯分子的稳定性可用热化学常数——氢化热来证明。例如，环己烯的氢化热为 119.5 $kJ \cdot mol^{-1}$，如果把苯的结构看成是凯库勒式所表示的环己三烯，它的氢化热应是环己烯的三倍，即 358.5 $kJ \cdot mol^{-1}$，而实际测得苯的氢化热仅为 208 $kJ \cdot mol^{-1}$，比 358.5 $kJ \cdot mol^{-1}$ 低 150.5 $kJ \cdot mol^{-1}$。这充分说明苯分子不是环己三烯的结构，即分子中不存在三个典型的碳碳双键。我们把苯和环己三烯氢化热的差值 150.5 $kJ \cdot mol^{-1}$ 称为苯的离域能或共轭能。正是由于苯具有离域能，苯比环己三烯稳定得多。事实上，环己三烯的结构是根本不可能稳定存在的。

$\Delta_r H_m^\ominus = 119.5\ kJ \cdot mol^{-1}$

4.1.3 物理性质

单环芳烃大多为无色液体，具有特殊气味，相对密度在 0.86～0.93，不溶于水，易溶于乙醚、石油醚、乙醇等多种有机溶剂。同时它们本身也是良好的有机溶剂。单环芳烃具有一定的毒性，长期吸入其蒸气，能损坏造血器官及神经系统，大量使用时应注意防毒。

一些常见单环芳烃的物理性质列于表4-1。

表4-1 常见单环芳烃的物理常数

名称	沸点/℃	熔点/℃	相对密度 d_4^{20}	折光率 n_D^{20}
苯	80.1	5.5	0.879	1.501
甲苯	110.6	−95	0.867	1.496
乙苯	136.2	−95	0.867	1.496
正丙苯	159.2	−99.5	0.862	1.492
异丙苯	152.4	−96.0	0.864	1.492
邻二甲苯	144.4	−25.2	0.8802	1.506

4.1.4 化学性质

由于苯环上闭合大 π 键电子云的高度离域，苯环非常稳定，在一般条件下大 π 键难于断裂进行加成和氧化反应；苯环上大 π 键电子云分布在苯环平面的上下两侧，流动性大，易于受亲电试剂的进攻发生取代反应。芳烃这种难于发生加成和氧化反应，易于发生亲电取代反应的特性，称为芳香性。

苯环虽难于被氧化，但苯环上的烃基侧链由于受苯环上大 π 键的影响，α-氢原子变得很活泼，易发生氧化反应。同时，α-氢原子也易发生卤代反应。

苯环上的闭合共轭大 π 键虽然很稳定，但它仍然具有一定的不饱和性。因此，在强烈的条件下，也可发生某些加成反应。

1. 亲电取代反应

苯环上的氢原子可以被多种基团取代，其中以卤代、磺化、硝化和傅-克反应较为重要。

1) 卤代反应

苯与氯、溴在铁或三卤化铁等催化剂存在下，苯环上的氢原子被氯、溴取代，分别生成氯苯和溴苯。

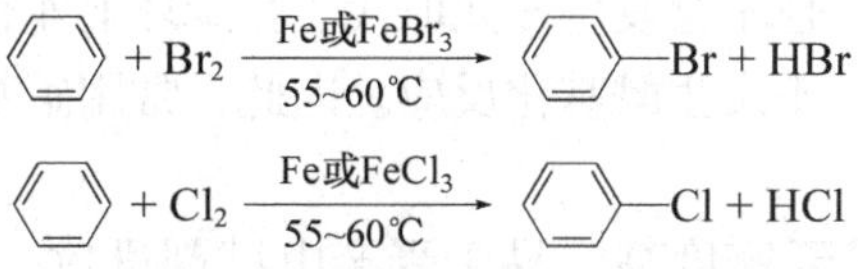

卤代反应仅限于氯代和溴代。卤素的反应活性为：$Cl_2 > Br_2$。

2) 磺化反应

苯与98%的浓硫酸共热，或与发烟硫酸在室温下作用，苯环上的氢原子被磺酸基($—SO_3H$)取代生成苯磺酸。

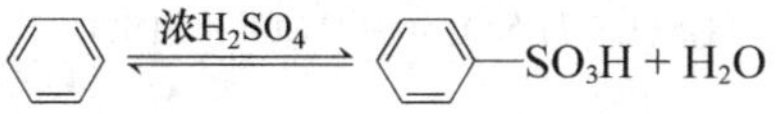

苯磺酸是一种强酸，易溶于水难溶于有机溶剂。有机化合物分子中引入磺酸基后可增加其水溶性，此性质在合成染料、药物或洗涤剂时经常应用。

磺化反应是可逆反应，苯磺酸通过热的水蒸气，可以水解脱去磺酸基。

3）硝化反应

苯与浓硝酸和浓硫酸的混合物共热，苯环上的氢原子被硝基（$—NO_2$）取代生成硝基苯。

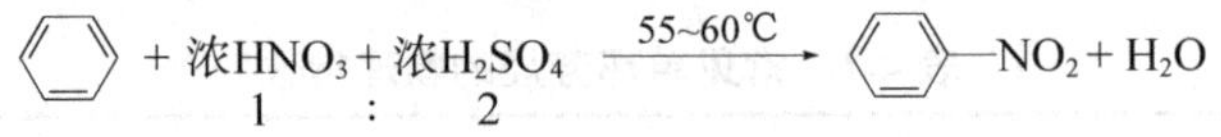

硝基苯为浅黄色油状液体，有苦杏仁味，其蒸气有毒。

4）傅-克反应

在无水三氯化铝催化下，苯环上的氢原子被烷基或酰基（$R—\overset{O}{\overset{\|}{C}}—$）取代的反应，称为傅瑞德尔-克瑞夫茨（Friedel-Crafts）反应，简称傅-克反应。傅-克反应包括烷基化和酰基化反应。

傅-克烷基化反应中，常用的烷基化试剂为卤代烷，有时也用醇、烯等。常用的催化剂是无水三氯化铝，此外有时还用三氯化铁、三氟化硼等。

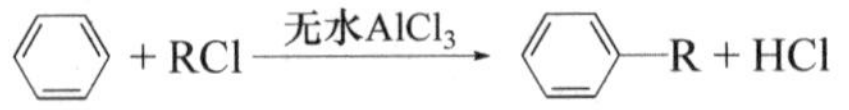

三个碳以上的卤代烷进行烷基化反应时，常伴有异构化（重排）现象发生，如苯与 1-氯丙烷的反应：

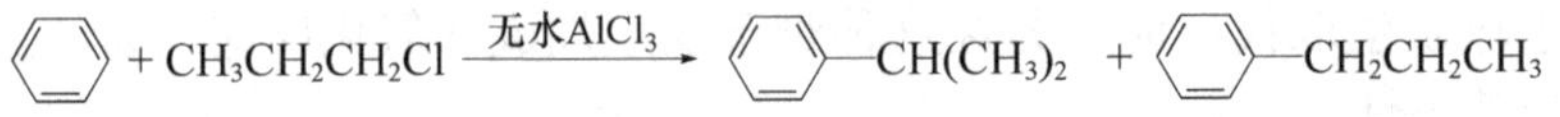

65%~69%　　31%~35%

这是由于生成的一级烷基碳正离子易重排为更稳定的二级烷基碳正离子。因此，发生取代反应时，异构化产物多于非异构化产物。碳链较长的卤代烷在苯环上进行烷基化反应时，将会存在更为复杂的异构化现象。傅-克烷基化反应通常难以停留在一元取代阶段。要想得到一元烷基苯，必须使用过量的芳烃。

傅-克酰基化反应常用的酰基化试剂为酰卤（RCOX）或酸酐$\left[(R—\overset{O}{\overset{\|}{C}})_2O\right]$。

酰基化反应不发生异构化，也不会发生多元取代。当苯环上连有强吸电子基如硝基、羰基时，苯环上的电子云密度大大降低，不发生酰基化反应。因此，常用硝基苯作为傅-克反应的有机溶剂。

5）亲电取代反应的机理

苯环富含有 π 电子，电子云密度高，易于受亲电试剂进攻。芳烃的亲电取代反应第一步，是在催化剂的作用下，亲电试剂异裂产生亲电基团（路易斯酸）E^+。卤代、磺化、硝化与傅-克反应中的亲电试剂不同，因而产生了以下不同的亲电基团。

卤代反应　　$X_2 + FeX_3 \longrightarrow [FeX_4]^- + \underset{(亲电基团)}{X^+}$

磺化反应　　$H_2SO_4 + H_2SO_4 \rightleftharpoons H_3O^+ + HSO_4^- + \underset{(亲电基团)}{SO_3}$

硝化反应　　$HNO_3 + 2H_2SO_4 \rightleftharpoons 2HSO_4^- + H_3O^+ + \underset{(亲电基团)}{NO_2^+}$

傅-克反应　　$R—X + AlCl_3(无水) \rightleftharpoons [AlCl_4]^- + \underset{(亲电基团)}{R^+}$

第二步，亲电基团 E^+向苯环上电子云密度高的位置进攻，与离域的π电子相互作用，形成一个带正电荷的环状活性中间体，即中间体碳正离子(因该中间体碳正离子形成了一个新的 σ 键，又称之为 σ 络合物或 σ 正离子)。

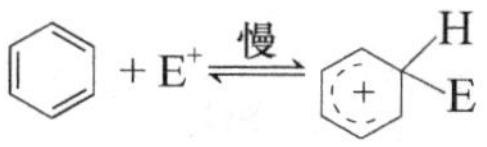

σ络合物

在 σ 络合物中，苯环上的一个碳原子由原来的 sp^2 杂化转变为 sp^3 杂化，并与亲电基团以 σ 键相结合，形成中间体碳正离子的正电荷分散在五个碳原子上。显然，这比正电荷定域在一个碳原子上更为稳定，但与苯相比，因碳正离子中出现了一个 sp^3 杂化的碳原子，破坏了苯环原有封闭的环状共轭体系，使它失去了芳香性，热力学能升高，不稳定。这步反应很慢，是决定整个取代反应速率的步骤。

σ 络合物的不稳定，使碳正离子中 sp^3 杂化碳原子上的一个质子很容易被体系中的碱(负离子)夺取，从而恢复苯环的闭合共轭体系，降低能量，生成取代苯。

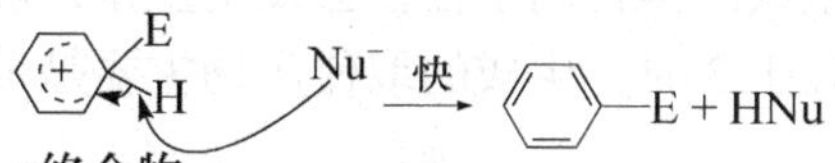

σ络合物

上述反应是由亲电试剂(E^+)进攻富电子的苯环发生的，因此苯环上的取代反应属于亲电取代反应。

(1) 溴代反应机理。

首先溴分子和三溴化铁作用，生成溴正离子和四溴化铁配离子。

$$Br—Br + FeBr_3 \rightleftharpoons Br^+ + [FeBr_4]^-$$

溴正离子是一个亲电基团，进攻富电子的苯环，生成一个不稳定的芳基正离子中间体(也称为 σ 络合物)。

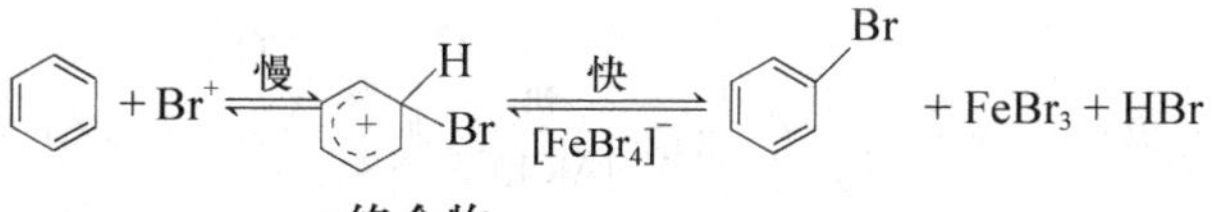

σ络合物

芳基正离子非常不稳定，在四溴化铁配离子的作用下，迅速脱去一个质子生成溴苯，恢复到稳定的苯环结构。

(2) 硝化反应机理。

在硝化反应中，浓硫酸不仅是脱水剂，而且它与硝酸作用产生硝基正离子(NO_2^+)。硝基正离子是一个亲电基团，进攻苯环发生亲电取代反应，反应机理如下：

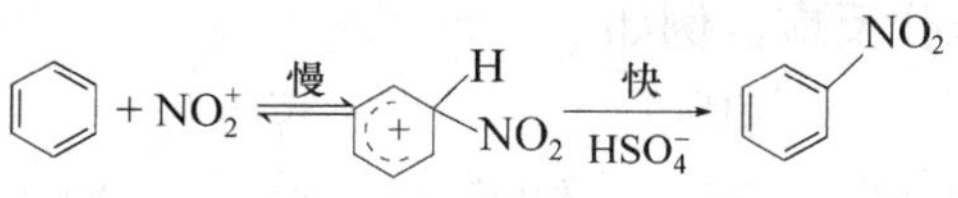

(3) 磺化反应机理。

磺化反应机理一般认为是由三氧化硫中带部分正电荷的硫原子进攻苯环而发生的亲电取代反应，反应机理如下：

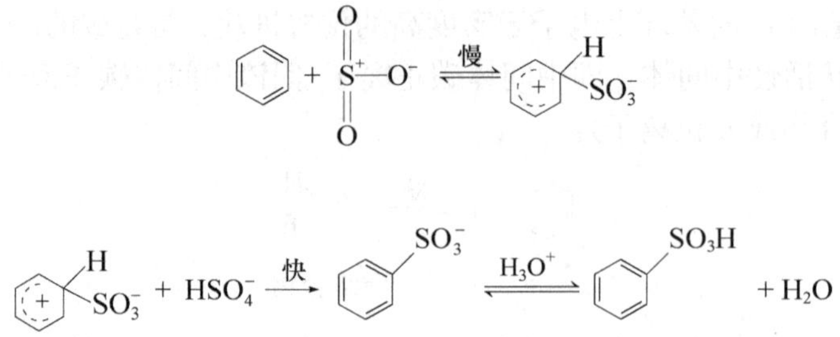

(4)傅-克反应机理。

傅-克烷基化反应的机理，是无水三氯化铝等路易斯酸与卤代烷作用生成烷基正离子，然后烷基正离子作为亲电基团进攻苯环发生亲电取代反应。

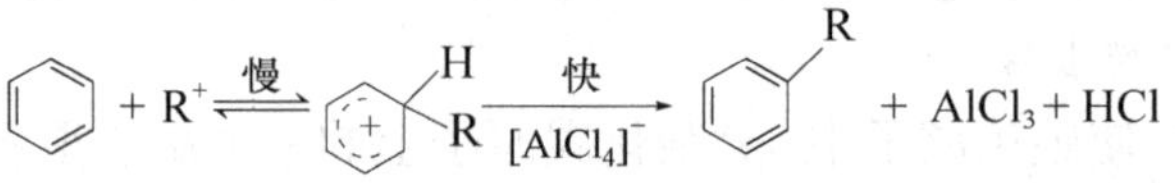

对于碳链较长的卤代烃，生成的碳正离子往往会发生重排，形成更稳定的碳正离子。因此，当卤代烷中的碳原子数大于或等于 3 时，生成的取代产物主要是带支链的异构化烷基苯。例如

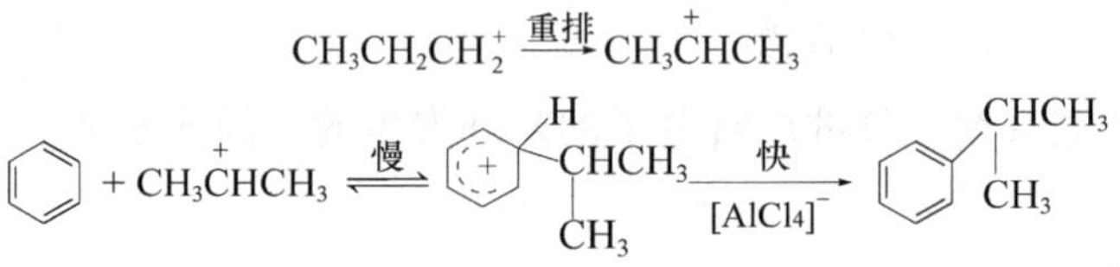

主要产物

傅-克酰基化反应的机理，是无水三氯化铝与酰卤作用生成酰基正离子，酰基正离子作为亲电基团进攻苯环发生亲电取代反应。

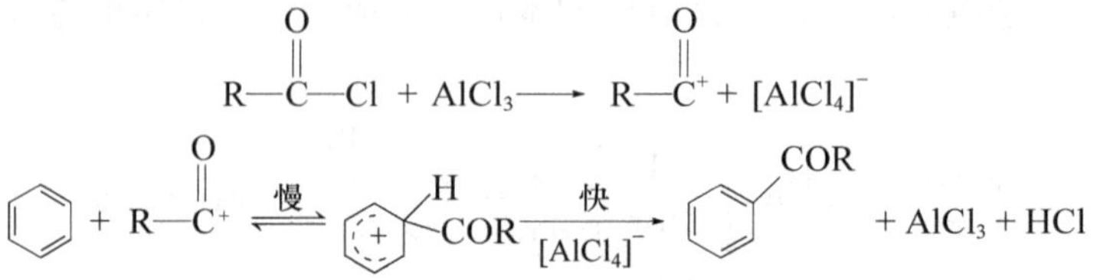

由于在形成酰基正离子的过程中没有重排现象，因此无论酰基链有多长，也无异构化的产物产生。为此，可以用来合成苯环上带直链的烷基苯类化合物。

2. 苯同系物侧链的卤代反应

在紫外光照射或高温条件下，苯环侧链上的氢易被卤素(氯或溴)取代。若侧链是两个或两个碳以上的烷基时，卤代反应主要发生在 α-碳原子上。苯环侧链的卤代反应与烷烃的卤代反应一样，属于游离基型取代反应。例如

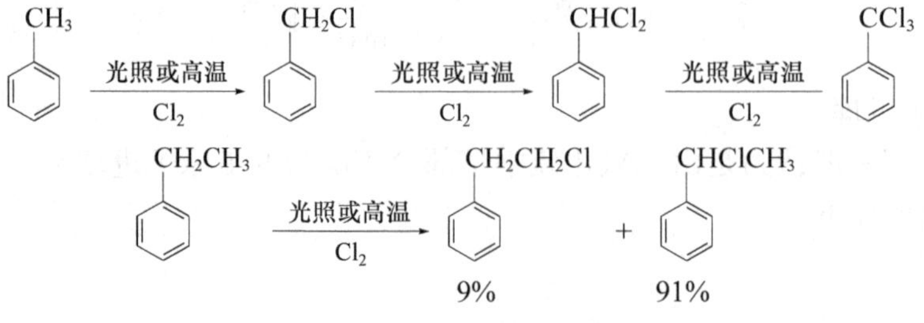

3. 氧化反应

苯环不易被氧化，而苯环上的侧链却易被氧化。常用的氧化剂有高锰酸钾、重铬酸钾、稀硝酸等。不论侧链长短，氧化反应总是发生在 α-碳原子上，α-碳原子被氧化成羧基。但是，若侧链的 α-碳原子上无氢原子，侧链不能被氧化。

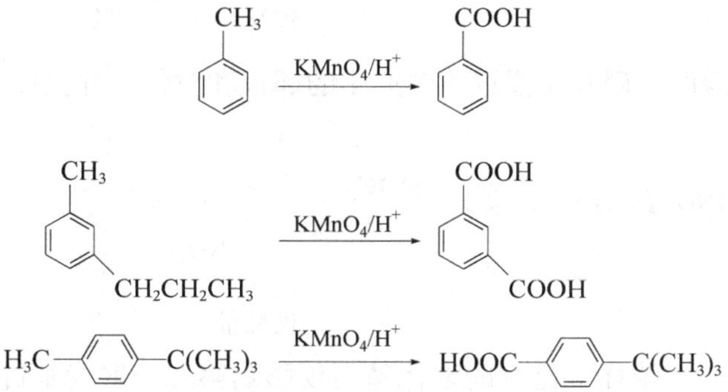

在五氧化二钒的催化下，苯才能在高温被氧化成顺丁烯二酸酐。

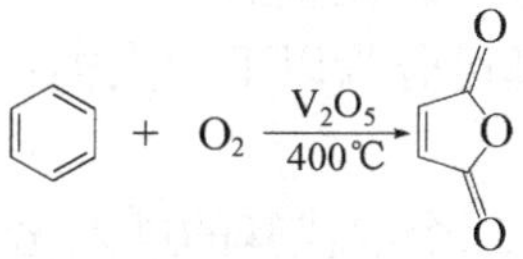

思考题 4-3 完成下列反应式。

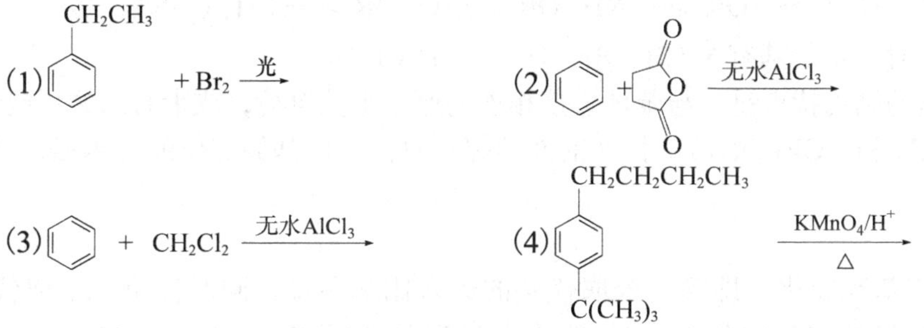

4.1.5 苯环上亲电取代反应的定位规律

1. 定位基团和定位效应

当苯环上有一取代基时，再进行取代反应，如果不考虑取代基的影响，仅从统计规律的角度分析，邻、间、对三种二元取代物的比例应为 2 : 2 : 1(因为有两个邻位、两个间位、一个对位)。然而实验事实并非如此，得到的二元取代物往往仅有一种或两种的比例较高，为主要产物。例如，甲苯进行硝化反应时，硝基主要进入甲基的邻位和对位，并且该硝化反应比苯容易。

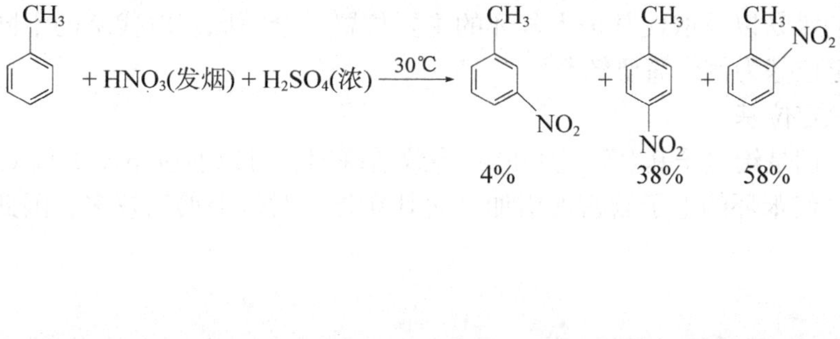

而硝基苯再进行硝化反应时，硝基主要进入原硝基的间位，并且该硝化反应比苯困难。

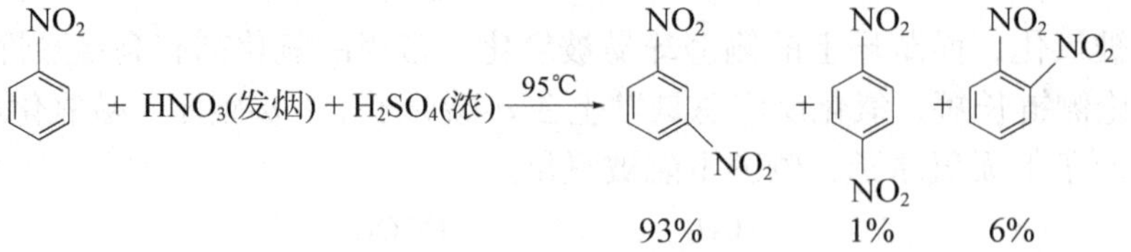

氯苯进行硝化反应时，硝基主要进入氯原子的邻位和对位，并且该硝化反应比苯困难。

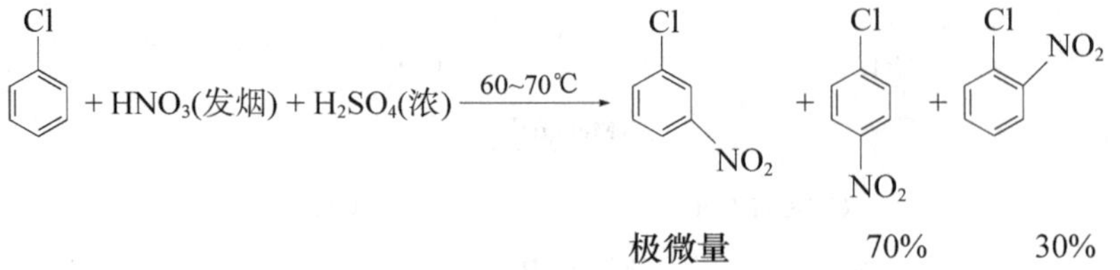

上述实验事实说明，苯环上已有的取代基不仅影响第二个取代基进入苯环的难易，而且还影响其进入苯环的位置。我们把苯环上原有取代基的这种作用，称为苯环上亲电取代反应的定位效应，苯环上原有的取代基称为定位基。

通过归纳统计，苯环上的取代基可分为以下两大类：

1)邻、对位定位基

这类定位基能使苯环活化，即第二个取代基的进入比苯容易(卤素除外)，第二个取代基主要进入它的邻位和对位。常见的致活邻、对位定位基(定位能力由强到弱排列)有—O^->—$\ddot{N}R_2$>—NHR>—$\ddot{N}H_2$>—$\ddot{O}H$>—$\ddot{O}R$>—$\ddot{N}HCOR$>—$\ddot{O}COR$>—CH_3 (—R)。

常见的致钝邻、对位定位基有 $\ddot{X}$ (Cl、Br、I)、—CH_2Cl 等。

邻、对位定位基的结构特点是，与苯环直接相连的原子带负电荷，或带有未共用电子对，或是饱和原子(—CCl_3 和—CF_3 除外)。排在前面的邻、对位定位基的定位能力越强，其亲电取代反应越容易进行。

2)间位定位基

这类定位基能使苯环钝化，即第二个取代基的进入比苯困难，同时使第二个取代基主要进入它的间位。常见的间位定位基(定位能力由强到弱排列)有—NR_3^+>—NO_2>—C≡N>—SO_3H>—CHO>—COR>—COOH>—COOR>—$CONH_2$ 等。

间位定位基的结构特点是，与苯环直接相连的原子带正电荷，或以重键与电负性较强的原子相连接。排在前面的间位定位基的定位能力越强，其亲电取代反应越难于进行。

2. 定位规律的解释

在苯分子中，苯环闭合大 π 键电子云是均匀分布的，即六个碳原子上电子云密度等同。当苯环上有一取代基后，取代基可以通过诱导效应或共轭效应使苯环上电子云密度升高或降低，同时影响到苯环上电子云密度的分布，使各碳原子上电子云密度发生变化。因此，进行亲电取代反应的难易以及取代基进入苯环的主要位置，会随原有取代基的不同而不同。下面以几个典型的定位基为例作简要解释。

1)邻、对位定位基

一般来说它们是给电子基(卤素除外)，为致活基团，可以通过 p-π 共轭效应或+I 效应向苯环提供电子，使苯环的电子云密度增加，尤其在邻、对位上增加较多，因此取代基主要进入邻、对位。

(1)甲基。甲苯中的甲基碳原子为 sp^3 杂化，苯环中碳原子为 sp^2 杂化，sp^3 杂化的碳原子电负性弱于 sp^2 杂化的碳原子，因此甲基可通过+I 效应向苯环提供电子。同时甲基的三个 C—H σ 键与苯环的 π 键有很小程度的重叠，形成 σ-π 共轭体系(也称超共轭体系)，σ-π 共轭体系产生的超共轭效应使 C—H 键 σ 电子云向苯环转移。显然，甲基的+I 效应和 σ-π 超共轭效应均使苯环上电子云密度增加。由于电子共轭传递的结果，甲基的邻、对位上增加的较多。所以，甲苯的亲电取代反应不仅比苯容易，而且主要发生在甲基的邻位和对位。

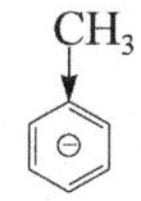

诱导效应(+I)

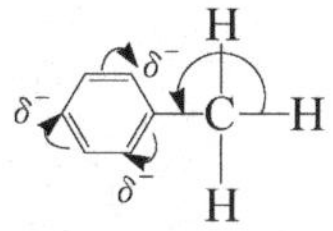

超共轭效应(+C)

(2)羟基。羟基是一个较强的邻、对位定位基。由于羟基中氧的电负性比碳的电负性强，对苯环表现出吸电子诱导效应(−I)，使苯环电子云密度降低。但又由于羟基氧原子上 p 轨道上的未共用电子对可以与苯环上的 π 电子云形成 p-π 共轭体系，氧原子上的电子云向苯环转移。由于给电子的共轭效应(+C)大于吸电子的诱导效应(−I)，所以总的结果羟基使苯环电子云密度增加，尤其是邻、对位增加较多，所以亲电取代反应时，苯酚比苯更为容易，而且取代基主要进入羟基的邻位和对位。

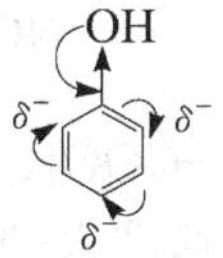

其他与苯环相连的带有未共用电子对的基团，如—$\ddot{N}H_2$、—$\ddot{N}(CH_3)_2$、—$\ddot{O}CH_3$ 等对苯环的电子效应与羟基类似。

(3)卤素。卤素对苯环具有吸电子诱导效应(−I)和给电子 p-π 共轭效应(+C)，由于−I 强于+C，总的结果使苯环电子云密度降低，所以卤素对苯环上亲电取代反应有致钝作用，为致钝基团，亲电取代比苯困难。但当亲电试剂进攻苯环时，动态共轭效应起主导作用，给电子的共轭效应(+C)又使卤素的邻位和对位电子云密度高于间位，因此邻、对位产物为主要产物。

2)间位定位基

间位定位基均是吸电子基，为致钝基团，它们通过吸电子诱导效应和吸电子共轭效应使苯环电子云密度降低，尤其是邻、对位降低的更多，所以亲电取代主要发生在电子云密度相对较高的间位，而且取代比苯困难。

硝基是一个间位定位基，它与苯环相连时，因氮原子的电负性比碳大，所以对苯环具有吸电子诱导效应(−I)；同时硝基中的氮氧双键与苯环的大 π 键形成 π-π 共轭体系，使苯环上的电子云向着电负性大的氮原子和氧原子方向流动(−C)。两种电子效应作用方向一致，均使苯环上电子云密度降低，尤其是硝基的邻、对位降低的更多。因此，硝基不仅使苯环钝化，亲电取代反应比苯困难，而且主要得到间位产物。

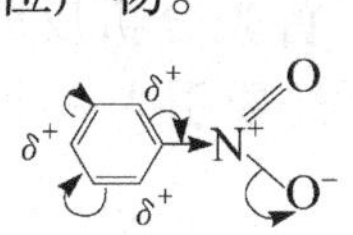

其他间位定位基，如氰基、羧基、羰基、磺酸基等对苯环也具有类似硝基的电子效应。

3. 二元取代苯的定位效应及其应用

1)预测反应的主要产物

如果苯环上已有两个取代基，再进行亲电取代反应时，第三个取代基进入的主要位置服从以下定位规则：

如果原有的两个取代基定位位置一致，取代基便可按照定位规则进入指定的位置。例如

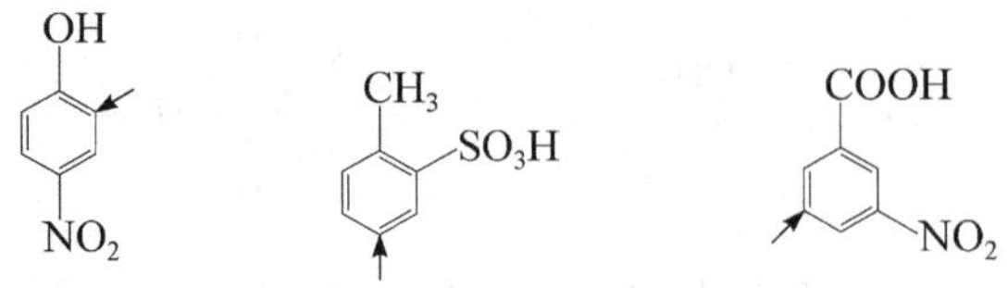

当原有的两个取代基的定位位置发生矛盾时，若原有的两个取代基为同一类(同是邻、对位定位基，或同是间位定位基)，第三个取代基进入的主要位置由定位能力强的来决定(前面列出的两类定位基，次序排在前的定位能力强)。若原有的两个取代基为不同类，第三个取代基进入的主要位置由邻、对位定位基来决定。例如

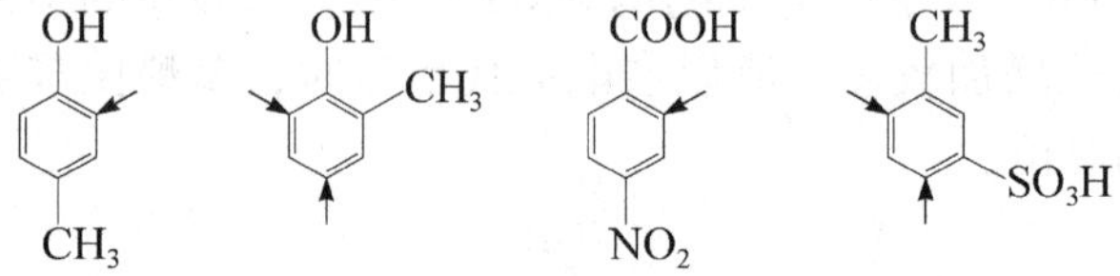

定位能力：—OH＞—CH_3，—NO_2＞—COOH。

需要指出的是，用定位规则预测取代基进入的主要位置时，有时还要考虑到空间位阻的作用。例如，上述间甲基苯磺酸进行亲电取代反应时，由于空间位阻作用，因此与甲基和磺酸基同处于邻位的碳原子上发生亲电取代的概率大大降低。

2)选择合理的合成路线

在合成具有两个或两个以上取代基的苯衍生物时，需要应用定位规律，合理设计合成方案。例如，在合成间氯硝基苯时，应该考虑硝基是间位定位基，氯是邻对位定位基，因此正确考虑取代基引入苯环的顺序是重要的。如果氯化先于硝化，则硝化时主要得邻硝基氯苯和对硝基氯苯，得不到所希望的间氯硝基苯；如果先硝化，后氯化，则可得到希望的间位产物。

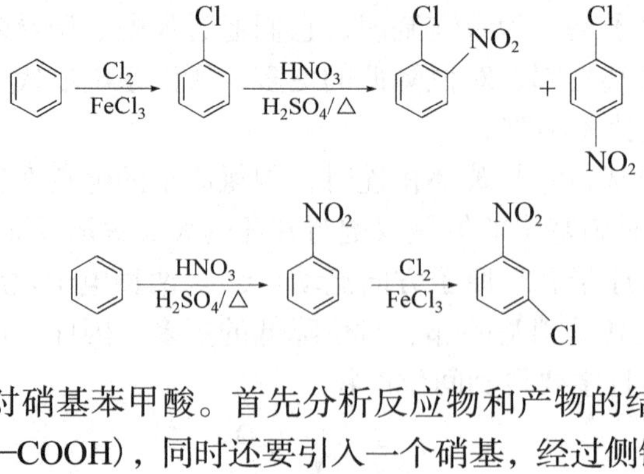

又如，以甲苯合成对硝基苯甲酸。首先分析反应物和产物的结构上的差异，需要侧链(—CH_3)被氧化为羧基(—COOH)，同时还要引入一个硝基，经过侧链氧化和硝化两步反应才能完成，但哪一步反应先进行呢?

若是先氧化，后硝化，根据定位基的定位效应，只能得到间硝基苯甲酸；若是先硝化，后氧化，正好能够得到对硝基苯甲酸。因此，选择后面一种合成路线，完成该化合物的合成。

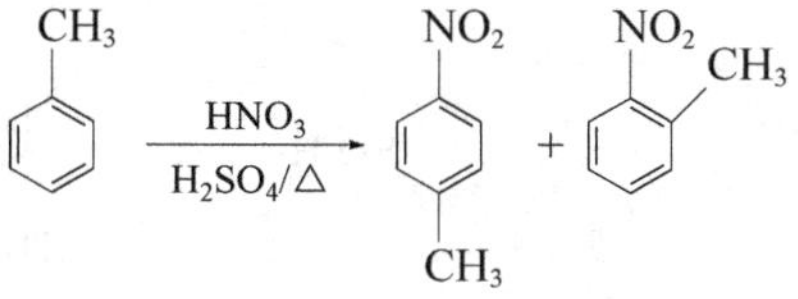

分离混合物

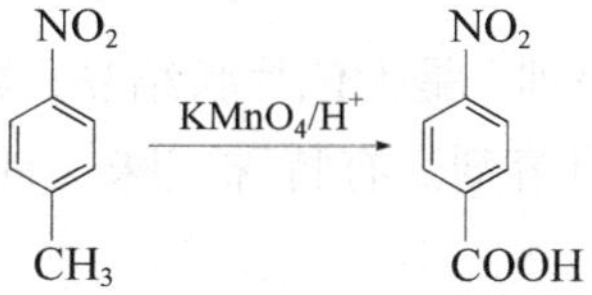

所以，通过定位基团的定位规律，设计出最佳合成路线，获得预期的产物。

思考题 4-4　将下列化合物按溴化反应的活性由强到弱次序排列。

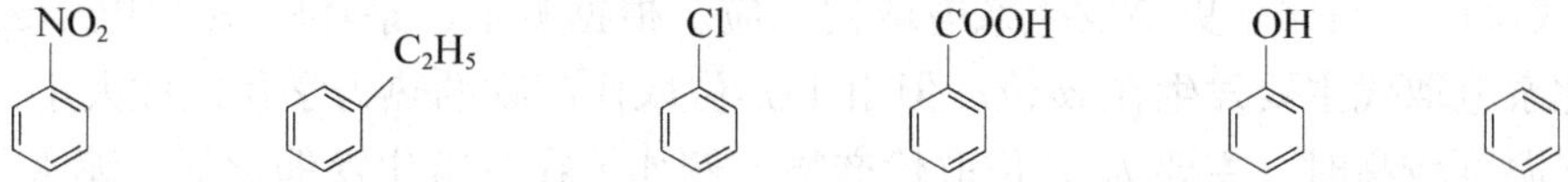

思考题 4-5　用箭头标出下列化合物进行硝化反应时，硝基进入苯环的主要位置。

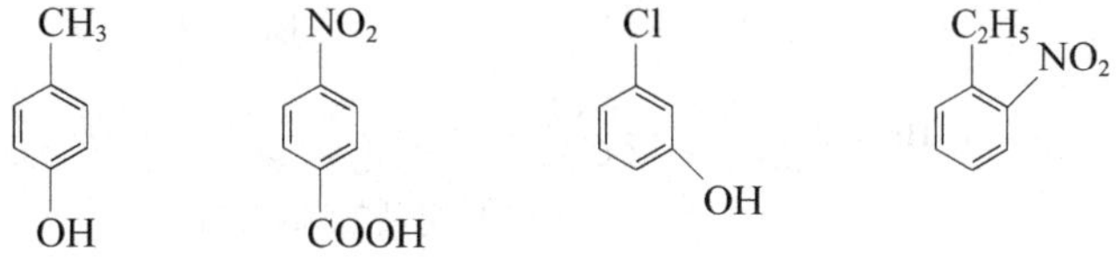

4.2　稠 环 芳 烃

4.2.1　萘

1. 萘的结构和衍生物的命名

萘是由两个苯环稠合而成的芳烃分子，是平面结构，所有的碳原子都是 sp^2 杂化，是大 π 键体系。分子中十个碳原子不是等同的，为了区别，对其编号如下：

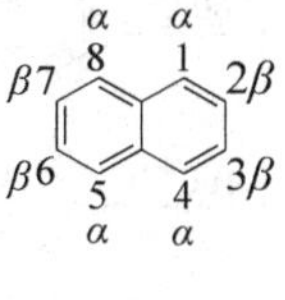

萘的一元取代物只有两种，二元取代物两取代基相同时有 10 种，不同时有 14 种。

由于萘环上各碳原子的位置并不完全等同，因此萘的衍生物命名时，无论萘环上有几个取代基，取代基的位置都要注明。其中 1、4、5、8 位置等同，称为 α-位；2、3、6、7 位置相同，称为 β-位。

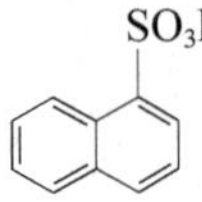

α-萘磺酸

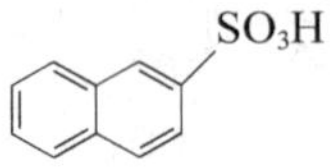

β-萘磺酸

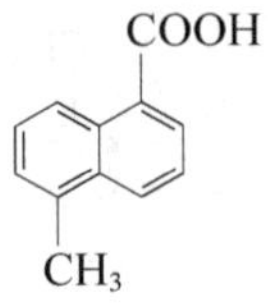

5-甲基-1-萘甲酸

2. 物理性质

萘可大量地从煤焦油中分离得到，是无色片状结晶；熔点 80.6℃，沸点 218.0℃，易升华，不溶于水，易溶于热的乙醇等有机溶剂。有特殊气味，具有驱虫防蛀作用，可制成防蛀的卫生球。

3. 化学性质

1）亲电取代反应

（1）卤代反应。萘比苯更易发生亲电取代反应。根据测定，萘环的 α-位电子云密度比 β-位高，因此亲电取代主要发生在 α-位。但由于 β-位取代产物的热力学稳定性大于 α-位取代产物，所以当温度较高时，主要为 β-位取代产物。例如，在三氯化铁催化下，溴水与萘反应，主要生成 α-溴萘（1-溴萘）。

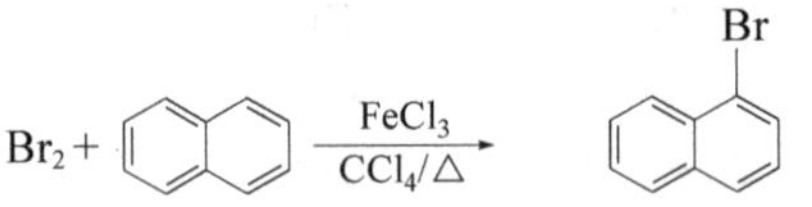

1-溴萘72%~75%

（2）硝化反应。萘与混酸在常温下就可以反应，产物几乎全是 α-硝基萘。

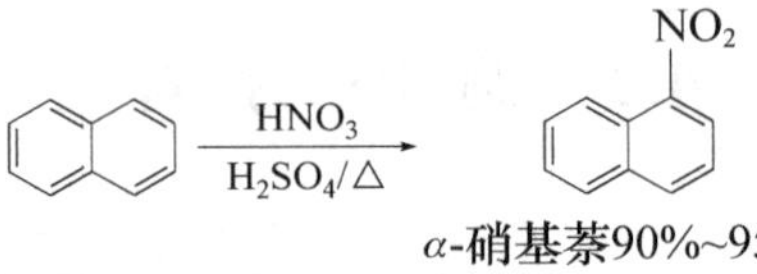

α-硝基萘90%~95%

（3）磺化反应。磺化反应的产物与反应温度有关。低温时主要产物为 α-萘磺酸，较高温度时则主要是 β-萘磺酸。由于磺化反应是可逆的，α-萘磺酸在硫酸里加热到 160～165℃时转化为对热更为稳定的 β-萘磺酸。其反应式如下：

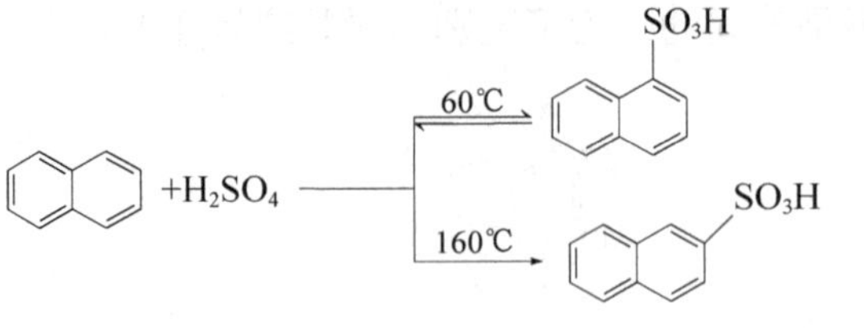

α-萘磺酸

β-萘磺酸

2）氧化反应

萘比苯容易被氧化，在不同的条件下，可分别被氧化生成邻苯二甲酸酐和 1,4-萘醌。萘氧化的产物通常为苯的衍生物，仍保留一个苯环，表明苯比萘稳定。

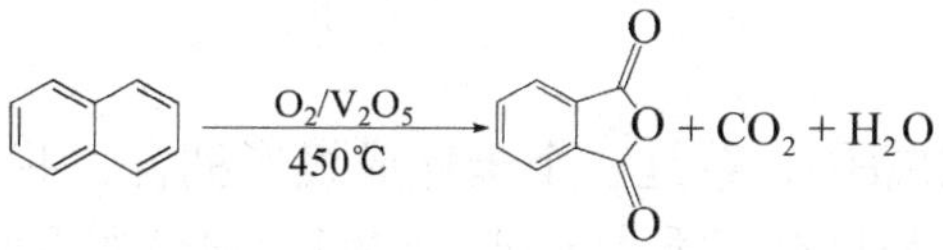

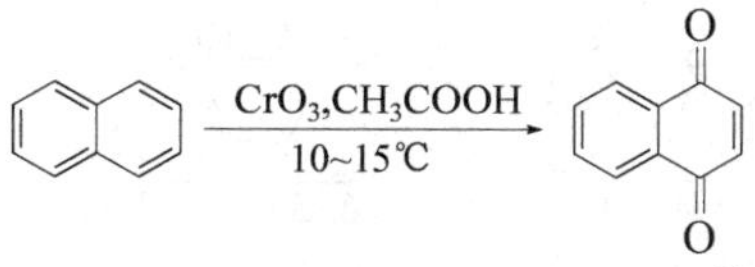

1,4-萘醌

3）加成反应

萘的芳香性比苯差，不使用催化剂，用还原剂 Na/C_2H_5OH 就可使萘发生加氢反应，生成1,4-二氢萘或四氢化萘。

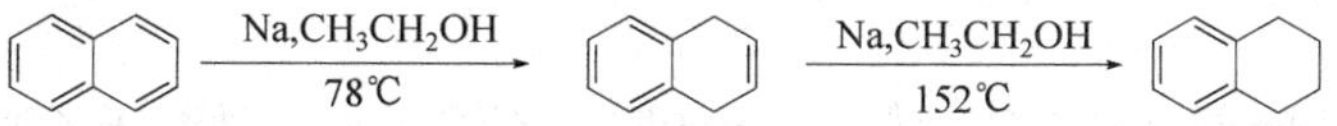

1,4-二氢化萘　　四氢化萘

在 H_2/Ni 还原条件下萘生成十氢化萘。

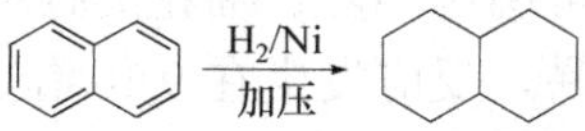

十氢化萘

4）取代萘的定位规则

(1)萘环上原取代基为邻、对位定位基(除卤素以外)，它使苯环活化，因此亲电取代反应主要在同环上进行。例如

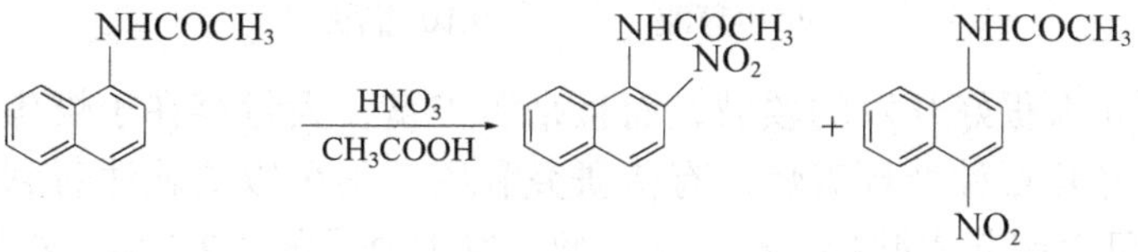

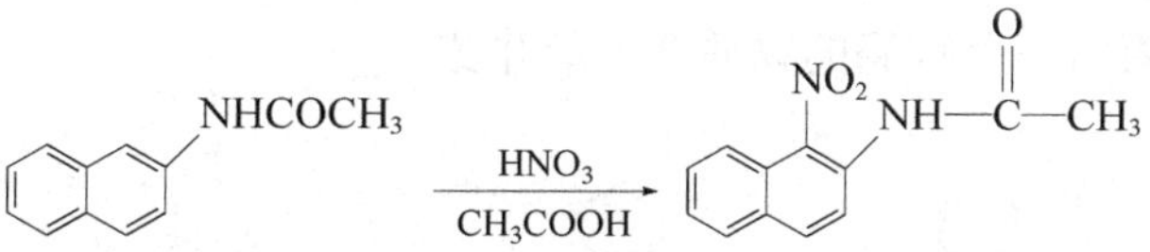

(2)萘环上原取代基为间位定位基，无论原取代基在萘环的 α-位还是 β-位，新基团一般进入异环的 α-位(5 位或 8 位)。原因是间位定位基使所在环的电子云密度降低，不利于亲电试剂进攻，而异环的 α-位电子云密度较高，有利于亲电取代反应的发生。

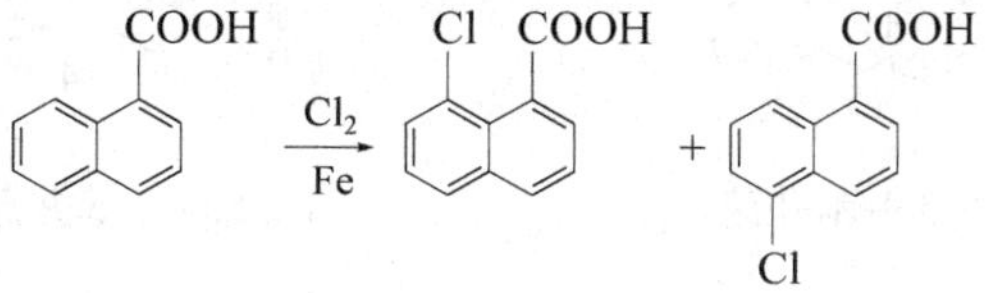

思考题 4-6　命名下列化合物。

(1) 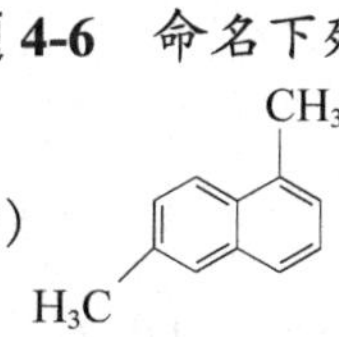

(2) 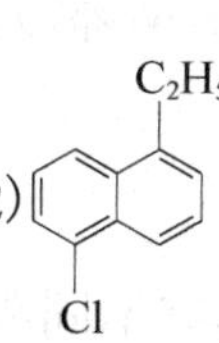

(3) 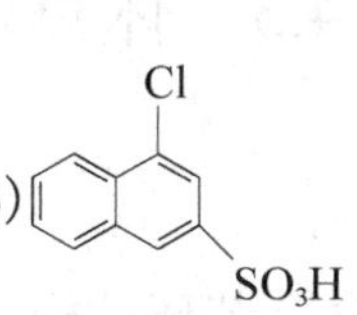

4.2.2 其他稠环芳烃

蒽与菲的分子式都是 $C_{14}H_{10}$，蒽是三个苯环成线形稠合，菲是三个苯环成角形稠合。所有原子都处在同一平面上，都具有芳香大 π 键，它们的编号如下所示：

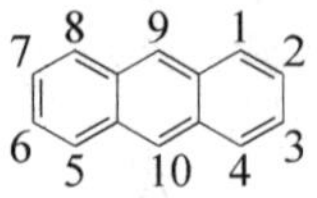

蒽

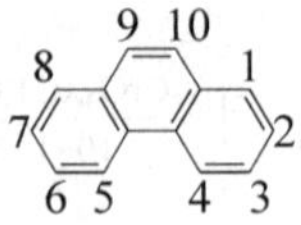

菲

蒽是无色片状结晶，具有蓝色荧光。熔点 216.2℃，沸点 340.0℃，不溶于水，也难溶于乙醚和乙醇，但能溶于苯。蒽的化学性质比萘更加活泼，容易发生氧化、加成及亲电取代反应。化学性质在 9，10-位较活泼。用氧化剂氧化蒽，生成 9,10-蒽醌。9,10-蒽醌是生产阴丹士蓝系列染料的原料。

菲是白色结晶，熔点 101.0℃，沸点 340.0℃，不溶于水，易溶于乙醚和苯。可用于制造农药和塑料，也可用作高效低毒农药和无烟火药的稳定剂。菲的氧化产物 9,10-菲醌，是治疗小麦锈病和甘薯黑斑病的农药，并可用作小麦、棉花的拌种剂。

蒽和菲的氧化和还原都比萘容易。反应发生在 9,10-位，所得产物仍保持两个完整苯环。

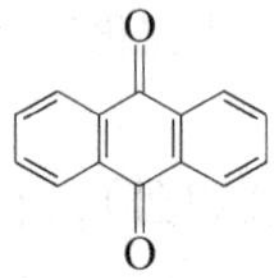

9,10-蒽醌

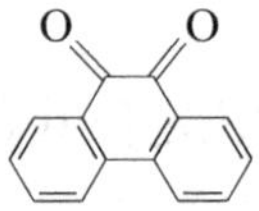

9,10-菲醌

多环芳烃是个尚未很好开发的领域，而且来源丰富，大量存在于煤焦油和石油中。现在已从焦油中分离出好几百种稠环芳烃，有待研究利用。很久以前就注意到，如果在动物体上长期涂抹煤焦油，可以引起皮肤癌，经长期实验，发现合成的 1,2,5,6-二苯并蒽具有致癌作用，后来又从煤焦油中分离出一个致癌的物质 3,4-苯并芘。

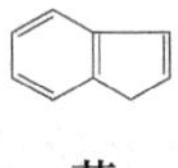

茚

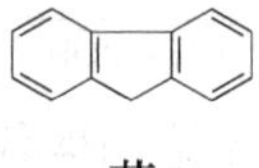

芴

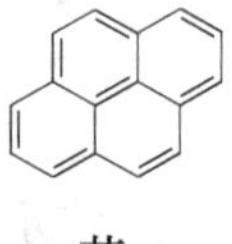

芘

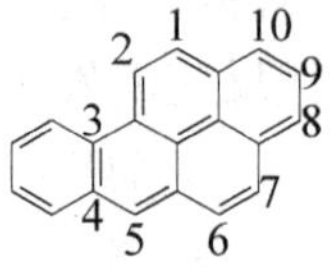

3,4-苯并芘

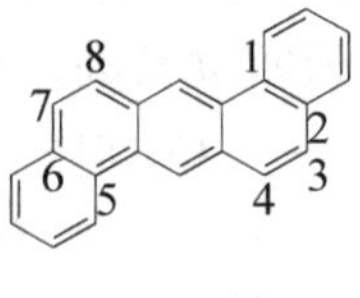

1,2,5,6-二苯并蒽

4.3 休克尔规则与非苯芳烃

4.3.1 休克尔规则

以上讨论的芳香烃都含有苯环结构，它们都具有不同程度的芳香性，但也有一些非苯类的化合物，它们具有与苯类似的特征稳定性和化学性质。如何判断一个化合物是否具有芳香性？

100多年前，凯库勒就预见到，除了苯外，可能存在其他具有芳香性的环状共轭多烯烃。为了解决这个问题，化学家作了许多努力，但用共价键理论没有很好地解决这个问题。1931年，休克尔(Hückel)用简单的分子轨道理论计算了单环多烯烃的π电子能级，从而提出了一个判断芳香性体系的规则，称为休克尔规则。

休克尔提出，单环多烯烃要有芳香性，必须满足三个条件：①成环的原子共平面或接近于平面，平面扭转不大于0.1 nm；②环状闭合共轭体系；③环上π电子数为$4n+2$(n=0，1，2，3，…)。只有同时符合上述三个条件的环状化合物，才有芳香性，这就是休克尔规则。例如

苯　　萘　　环辛四烯　　环丁二烯

苯分子和萘分子是闭合共轭体系，环上的碳原子共平面，π电子数分别为6(n=1，为整数)和10(n=2)，符合休克尔规则，所以具有芳香性。环辛四烯分子中的8个碳原子虽然形成了闭合的π-π共轭体系，但不是平面形的共轭体系，而是含有交替单、双键的“马鞍形”，且π电子数为8(n=3/2，为分数)，不符合休克尔规则，无芳香性。环丁二烯分子中的4个碳原子虽然形成了共平面的闭合π-π共轭体系，可环上的π电子数为4，不符合$4n+2$规则(n=1/2)，因此，也无芳香性。

4.3.2 非苯芳烃

不具有苯环结构，而具有类似苯的芳香性的烃类化合物，称为非苯系芳烃。非苯芳烃种类较多，有环多烯、环烯碳正离子、环烯碳负离子等。

1. 环烯正(负)离子

一些化学反应中，常有环烯正(负)离子中间体存在，如

环丙烯正离子

环丙烯正离子为平面结构，带正电荷的碳原子由原来的sp^3杂化变为sp^2杂化，它的一个空的p轨道和两个含单电子的p轨道彼此重叠形成一个闭合大π键，两个π电子均匀地分布在三个碳原子上，且π电子数为2，符合休克尔规则(n=0)，具有芳香性。因此环丙烯正离子是稳定的。

环丙烯正离子是最小的芳香环系，环上可以发生取代反应。现在已合成了许多含取代基的环丙烯正离子的化合物。例如

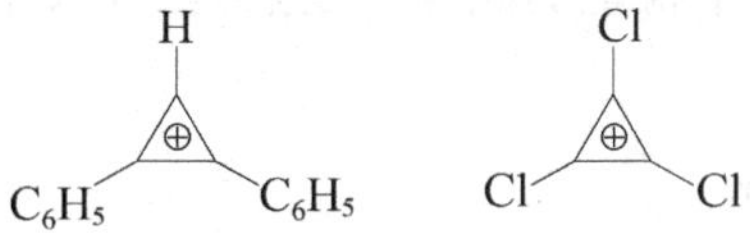

环戊二烯负离子是最早认识的一个芳香负离子。在苯中用钾处理环戊二烯，可以很方便地制得环戊二烯负离子的钾盐。环戊二烯负离子为平面结构，存在一个闭合大π键，π电子数为6，符合休克尔规则(n=1)，所以具有芳香性。它的6个π电子平均分布在5个碳原子上，

是最稳定的一个负离子，能同许多亲电试剂发生取代反应。

环戊二烯正离子

环戊二烯负离子

环戊二烯正离子也能形成闭合大π键，且成环的原子共平面，但它的π电子数为4（n=1/2），不符合休克尔规则，无芳香性，因此不稳定存在。

环庚三烯负离子π电子数为8，无芳香性。环庚三烯正离子的结构，符合休克尔规则，具有芳香性。说明环庚三烯正离子是稳定的。环辛四烯的负二价离子，π 电子数为 10，同样也有芳香性，能够在反应体系中相对稳定存在。

环庚三烯

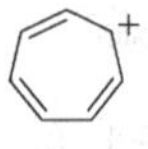
环庚三烯正离子

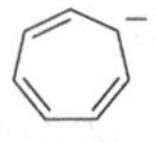
环庚三烯负离子

环辛四烯双负离子

思考题 4-7　根据休克尔规则，判断下列化合物有无芳香性。

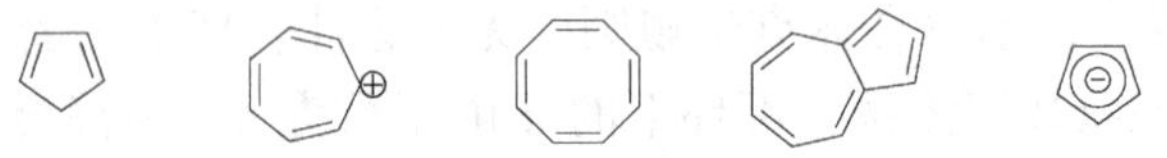

2. 轮烯

具有交替单双键的多烯烃，通称为轮烯。轮烯的分子式为$(CH)_x$，x≥10，命名是将碳原子数放在方括号中，称为某轮烯。例如，x=10 的轮烯称为[10]轮烯。

轮烯芳香性的判断除休克尔规则外，还需要考虑环内氢原子间的斥力对分子共平面性的影响以及大环所存在的扭转力等因素。

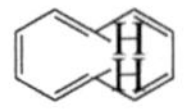
[10]轮烯

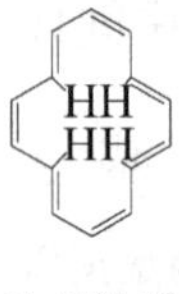
[14]轮烯

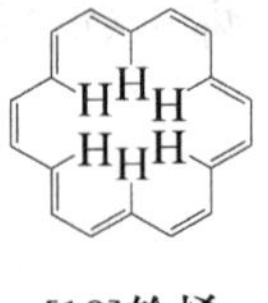
[18]轮烯

[10]轮烯和[14]轮烯的π电子数符合 4n+2 规则，但因[10]轮烯环上 1,6 两个碳原子上“内氢”的重叠，使环碳原子不能共处在一个平面上，因此[10]轮烯很不稳定，没有芳香性。[14]轮烯由于环内 4 个氢原子之间的非键相互作用破坏了环平面的稳定性，也无芳香性。[18]轮烯是环闭共轭体系，环碳原子共处一个平面，π 电子数为 18，符合 4n+2 规则，因此，它有芳香性。事实证明[18]轮烯确实是一个稳定的晶体，受热至 230℃仍然稳定，可发生溴代、硝化等反应，足可见其芳香性。

4.3.3　富勒烯、二茂铁、石墨烯

1. 富勒烯

富勒烯是一类碳原子足球体化合物，分子中只含有碳原子。富勒烯的代表性化合物之一

是 C_{60}，由于其形状似足球，又称足球分子、足球烯、碳笼等。C_{60} 由 60 个碳原子组成，整个分子呈笼网状球体，每个碳原子处于笼网的结点，构成了一个 32 个面的中空球体，其中 12 个面为五边形，20 个面为六边形，如图 4-3 所示。每个碳原子都是 sp^2 杂化，每个 sp^2 杂化碳原子的三个 σ 键分别参与构成一个五边形和两个六边形，碳原子的 3 个 σ 键不完全共平面。每个碳原子未杂化的 p 轨道不是完全相互平行，它们彼此重叠在 C_{60} 球壳的内腔和外围形成球面大 π 键。C_{60} 在几何上属于紧密的笼形结构，具有高度完美的对称性。这种奇特的“足球分子”，被科学家恰如其分地命名为足球烯。

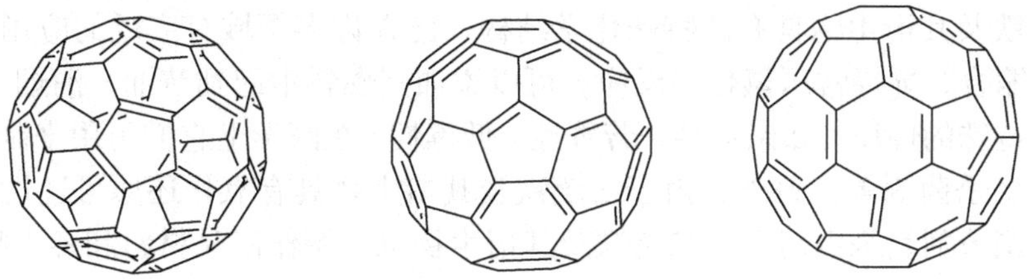

图 4-3　C_{60} 的立体结构图

实验已经证明，C_{60} 的奇特结构决定了它与普通形态的碳的同素异形体金刚石、石墨有着大不相同的物理化学特性。它不导电、有高度的弹性和刚性及高温高压的稳定性，因而可用做火箭的壳体和弹头等耐高温材料。C_{60} 的分子有一种奇特的本能，每秒自转 10 亿次以上。它能大量吸收和释放电子，可以用来做治癌物质和微型高能电池。它的笼形结构如同分子筛一样，可做新型高效催化剂。据报道，对 C_{60} 分子进行掺杂，使 C_{60} 分子在其笼内或笼外俘获其他原子或基团，形成类 C_{60} 的衍生物。例如，$C_{60}F_{60}$ 就是超级耐高温的润滑剂，被视为“分子滚珠”。把 K、Cs 等金属原子掺进 C_{60} 的分子笼内，就能使其具有超导性能。北京大学研制出的用掺锡方法代替碱金属的新型金属掺杂 C_{60} 的超导体，是性能超过陶瓷材料的超导新秀。此外，材料领域备受关注的纳米材料也有了 C_{60} 的纳米产品，用于纳米药物传送、能源储运等方面。在发现 C_{60} 的过程中，还有 C_{70}、C_{78}、C_{84} 等许多类似 C_{60} 分子也被相继发现，这对人们研究探索 C_{60} 化学这个崭新的化学分支的同时，又对碳的同素异形体家族成员的组成提出了新的研究课题。

2. 二茂铁

环戊二烯负离子可以与过渡金属形成一类非常重要的化合物，在理论及结构上都具有很大的意义。最简单的就是二环戊二烯铁，也称二茂铁。分子式为 $(C_5H_5)_2Fe$，相对分子质量为 186，外观为橙黄色针状或粉末状晶体。具有类似樟脑的气味，熔点 173℃，沸点 249℃。不溶于水，溶于甲醇、乙醇、乙醚、石油醚、汽油、煤油、二氯甲烷等有机溶剂。由于在其结构中，亚铁离子夹在配体环戊二烯基之间，形似夹心面包，因此二茂铁也被形象地称为“三明治”化合物。二茂铁环平面间距为 340 pm，碳碳键长为 144 pm，Fe—C 键的键长均相等。从电子结构来看，两个环都有 6 个 π 电子，符合 $4n+2$ 规则，具有芳香性。两个环的 π 电子和中心铁原子结合，铁本身有 6 个 π 电子，又共享两个环戊二烯负离子的 12 个 π 电子，形成一个稀有气体氪的电子结构。由于铁和环戊二烯都具有闭壳结构，因此二茂铁非常稳定，具有芳香性。它可以发生磺化、烷基化、酰基化等亲电取代反应。

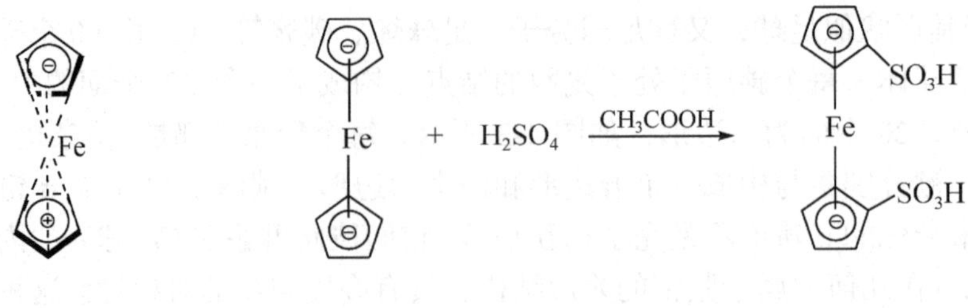

二茂铁的闭壳结构　　二茂铁　　α-二茂铁磺酸

由于二茂铁及其衍生物具有的特殊化学结构，已在许多领域有广泛的应用。例如，不对称催化、羟醛缩合、烯烃常压氢化等反应；可以添加到燃料中起到节油、消烟、抗爆等作用。它们具有许多特殊的性质，如亲油性、芳香性、低毒性，在医学上它们可用来制造新型抗贫血剂、抗癌药物、杀菌剂等。另外，由于二茂铁及其衍生物具有氧化还原可逆性，它们可用来制造植物生长调节剂、杀虫剂等。二茂铁及其衍生物也可用作液晶材料和感光材料等。

3. *石墨烯*

石墨烯的碳原子排列与石墨的单原子层类同，完美的石墨烯是二维的。石墨烯具有二维蜂窝状网络结构，它能分解成零维富勒烯，也能卷曲产生一维碳纳米管，也能堆积产生三维石墨。独特的二维晶体结构使石墨烯具有优异的力、热、电学性能：第一，石墨烯是迄今为止世界上强度最大的材料，据测算如果用石墨烯制成厚度相当于普通食品塑料包装袋厚度的薄膜(厚度约 100 nm)，那么它将能承受大约 2t 物品的压力，而不至于断裂；第二，石墨烯是世界上导电性最好的材料，电子在其中的运动速率达到了光速的 1/300，远远超过了电子在一般导体中的运动速率。石墨烯的应用范围广阔。根据石墨烯超薄、强度超大的特性，石墨烯可被广泛应用于各领域，如超轻防弹衣，超薄超轻型飞机材料等。根据其优异的导电性，使它在微电子领域也具有巨大的应用潜力。石墨烯有可能会成为硅的替代品，制造超微型晶体管，用来生产未来的超级计算机，碳元素更高的电子迁移率可以使未来的计算机获得更高的速度。另外，石墨烯材料还是一种优良的改性剂，在新能源领域如超级电容器、锂离子电池方面，由于其高传导性、高比表面积，可用于电极材料助剂。

石墨烯的理论研究已有 60 多年的历史，但直至 2004 年，英国曼彻斯特大学物理学家安德烈 · 海姆和康斯坦丁 · 诺沃肖洛夫利用胶带剥离高定向石墨的方法获得真正能够独立存在的二维石墨烯晶体，而证实它可以单独存在。两人也因“在二维石墨烯材料的开创性实验”，共同获得 2010 年诺贝尔物理学奖。

小　结

1. 芳香烃的结构

芳香烃的结构一般含有苯环。苯环具有正六边形平面结构，环上的每个碳原子均是 sp^2 杂化轨道形成 C—C σ 键，与一个氢原子形成 C—H σ 键。苯环中碳碳键长相等，键角均为 120°。每个碳原子上一个未参加杂化的 p 轨道垂直于 6 个碳原子所在的平面，侧面相互交叠形成完全离域的大π键。苯环具有很高的离域能，体现了苯的热力学稳定性。

2. 单环芳烃的化学性质

1)亲电取代反应

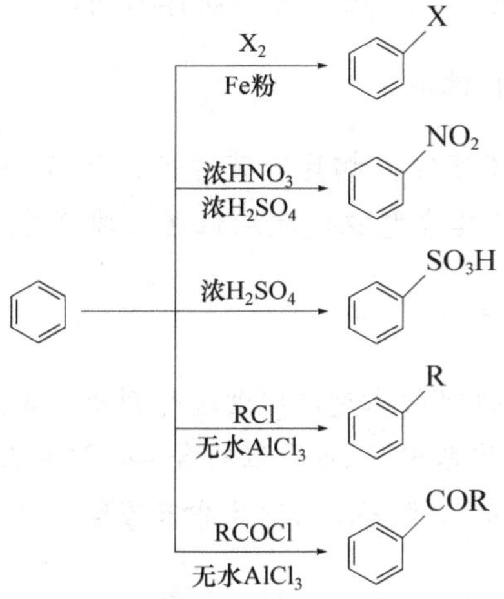

2)侧链的反应

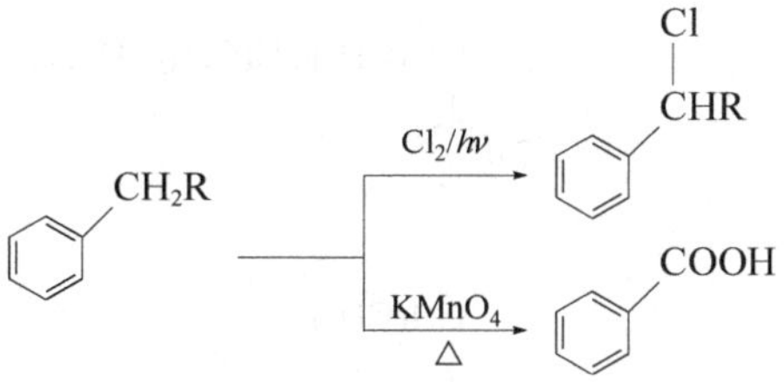

3)加成反应

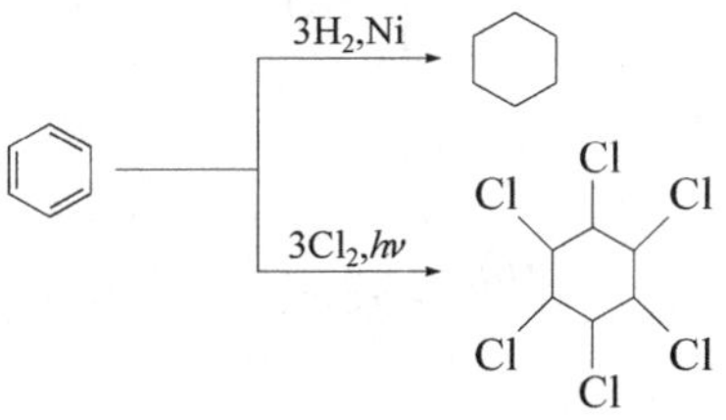

4)氧化反应

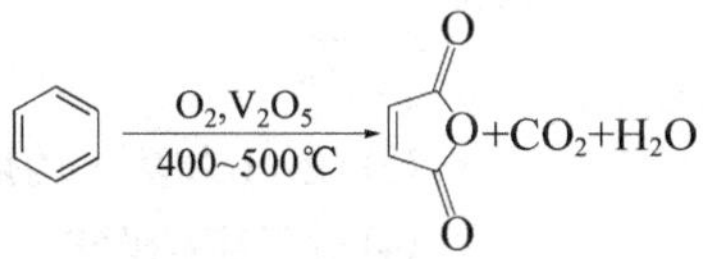

3. 定位规律及其应用

根据定位基的结构和作用不同，分为邻、对位定位基和间位定位基两大类。邻、对位定位基一般为给电子基(卤素除外)，使苯环上电子云密度增加，尤其使邻、对位增加较多。因此它们不仅对苯环有致活作用，而且使取代基主要进入其邻位和对位。间位定位基是吸电子基，为致钝基团，使苯环上电子云密度降低，尤其是邻、对位降低得较多，所以亲电取代反应主要发生在间位，且取代反应比苯难。

二元取代苯进行亲电取代反应时，若原有的两个取代基为同一类，第三个取代基进入苯环的位置由定位能力强的定位基决定；若原有的两个取代基为不同类，第三个取代基进入苯环的位置由邻、对位定位基决定；在应用定位规律的同时，还应考虑空间位阻的影响。

4. 常见稠环芳烃的结构和性质

萘、蒽、菲是常见的稠环芳烃，都具有芳香性，但芳香性比苯差。萘的加成、氧化及亲电取代反应均比苯容易，并且其亲电取代反应位置主要发生在电子云密度高的 $\alpha(\gamma)$ 位。

5. 休克尔规则和非苯芳烃

一个化合物是否具有芳香性可按休克尔规则进行判断。休克尔规则是指均由 sp^2 杂化碳原子组成的平面单环多烯闭合共轭体系中，π电子数符合 $4n+2\,(n=0,1,2,3,\cdots)$，就有芳香性。符合休克尔规则，不含苯环而有芳香性的烃类化合物称为非苯芳烃。主要包括轮烯、环烯正(负)离子等。

习　题

1. 命名下列化合物。

(1) 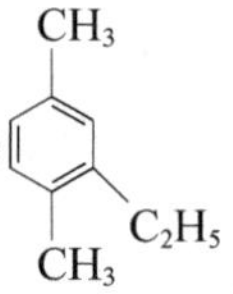

(2) 

(3) 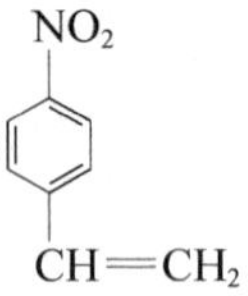

(4) 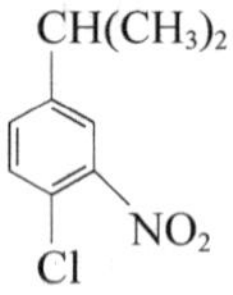

(5) 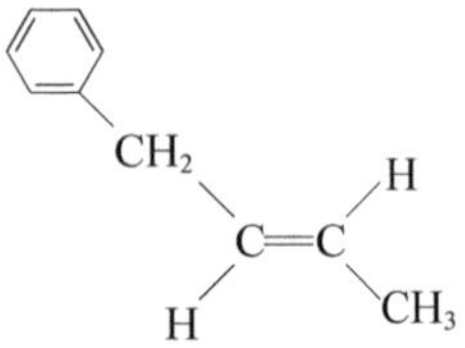

(6) 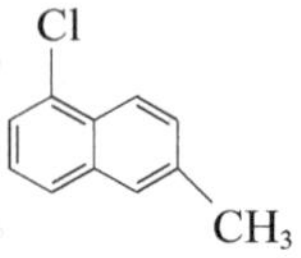

(7) 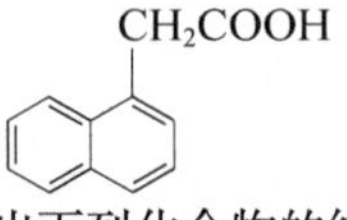

(8) 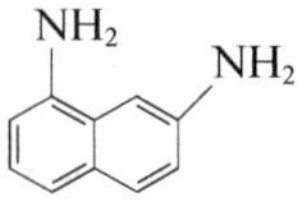

2. 写出下列化合物的结构式。

(1) 间硝基苯乙炔　　(2) (Z)-1-苯基-1-丙烯

(3) 2,3-二硝基-4-溴苯乙酸　　(4) 对氨基苯磺酸

(5) 2-溴-4-硝基异丙苯　　(6) 2-甲基-6-氯萘

(7) 1,5-二硝基萘　　(8) β-萘磺酸

(9) 5-溴-2-萘酚　　(10) 均三甲苯

3. 用化学方法鉴定化合物。

(1) 苯、苯乙炔、苯乙烯、乙苯

(2) 环丙烷、环戊烯、甲苯、叔丁基苯

4. 将下列各组化合物按亲电取代反应的活性由强到弱次序排列。

(1) 苯、乙苯、氯苯、苯酚

(2)苯甲酸、硝基苯、*N*-乙基苯胺、苯胺

(3)对二甲苯、对苯二甲酸、苯甲酸、对甲基苯甲酸

5. 用箭头标出下列化合物进行亲电取代反应时，取代基进入苯环的主要位置。

(1)
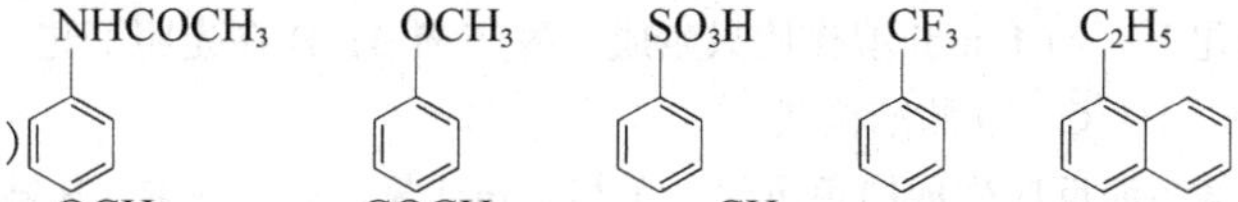

(2)
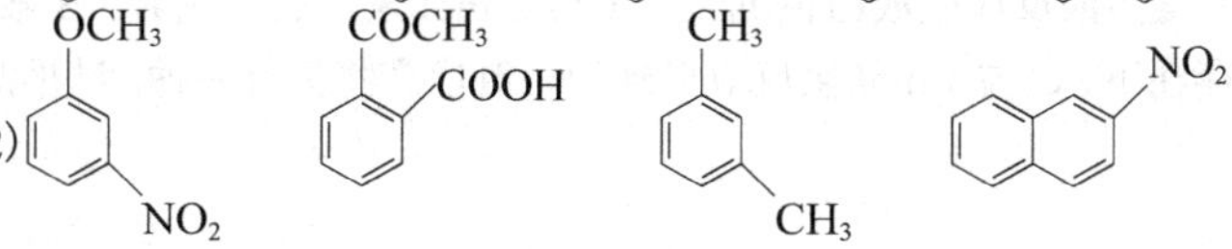

6. 完成下列反应式。

(1)
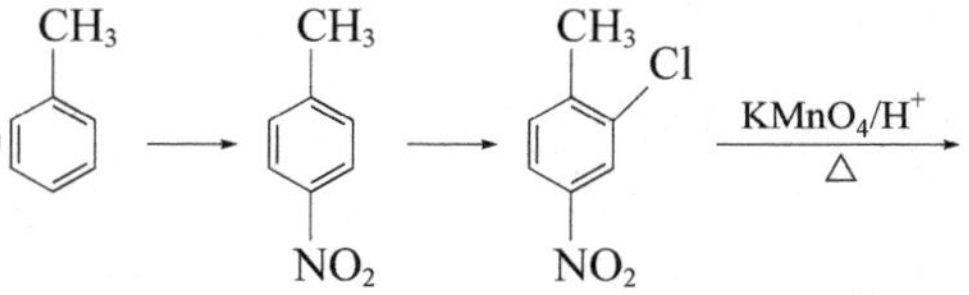

(2)
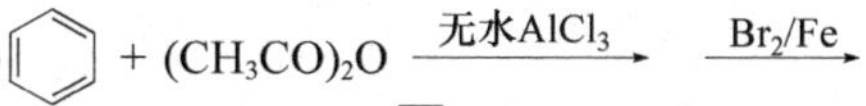

(3)
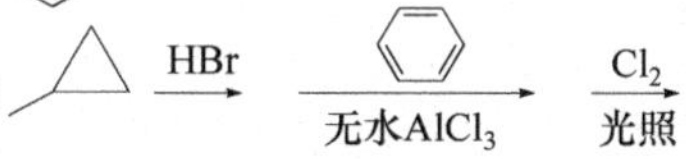

(4)
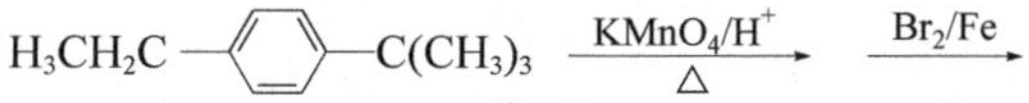

(5)
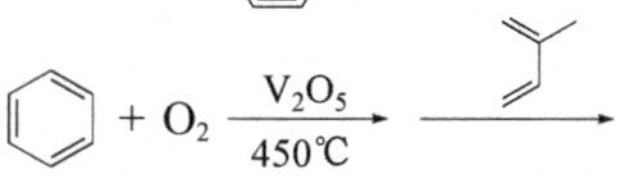

(6)
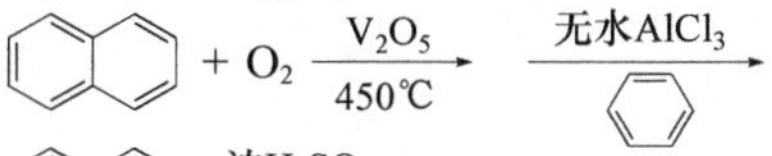

(7)
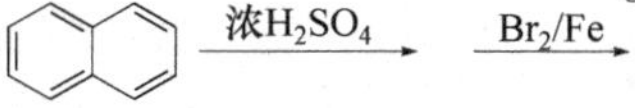

(8)
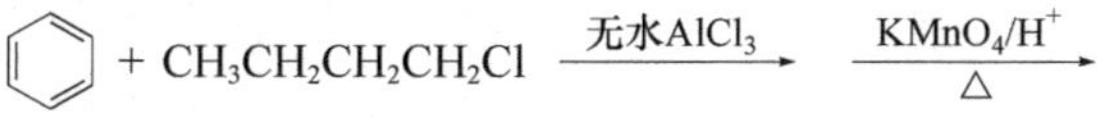

7. 用指定原料合成下列化合物。

(1)
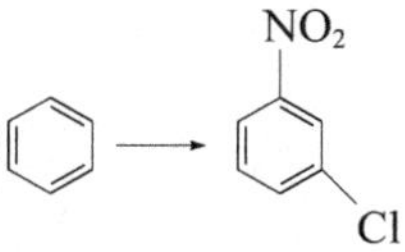

(2)
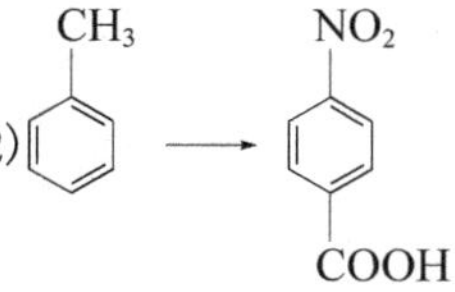

(3)
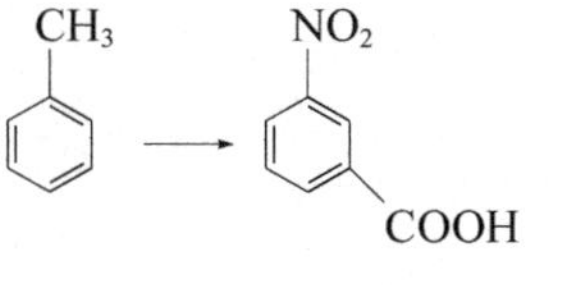

(4)
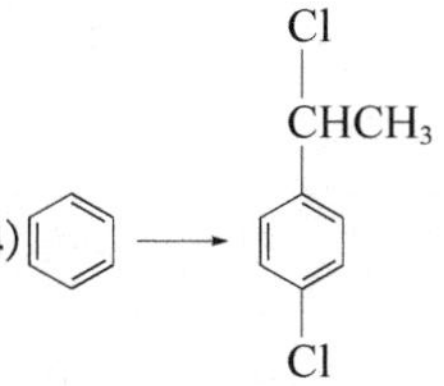

(5)
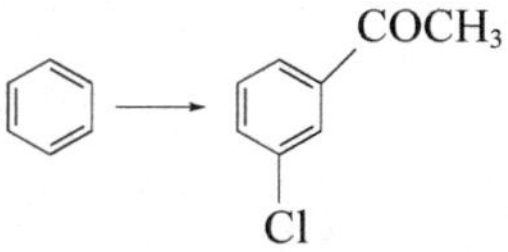

(6)
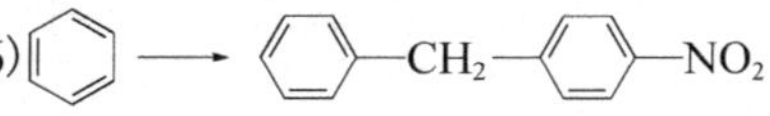

8. 根据休克尔规则判断下列各化合物是否具有芳香性。

(1)

(2)
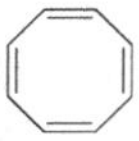
(3)
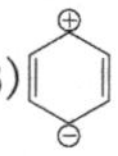
(4)
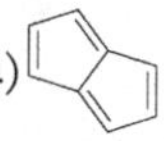
(5)[18]轮烯
(6)
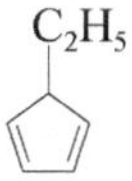

9. 化合物 A 分子式为 $C_{16}H_{16}$，能使 Br_2/CCl_4 及稀冷 $KMnO_4$ 溶液褪色，化合物 A 能与等物质的量的氢加成，用热的 $KMnO_4$ 氧化时，化合物 A 仅能生成一种二元酸 $C_6H_4(COOH)_2$，此二元酸经溴化只能生成一种一溴化产物，试写出化合物 A 可能的结构式。
10. 化合物 A 分子式为 C_8H_{10}，在三溴化铁催化下，与 1 mol 溴作用只生成一种产物 B；B 在光照下与 1 mol 氯反应，生成两种产物 C 和 D。试推测 A、B、C、D 的结构式。
11. 某化合物分子式为 C_9H_8，能与 $AgNO_3$ 的氨溶液反应生成白色沉淀。A 与 2 mol 氢加成生成 B，B 被酸性高锰酸钾氧化生成 C（$C_8H_6O_4$）。在铁粉存在下，C 与 1 mol 氯反应得到的一氯代产物只有一种。试推测 A、B、C 的结构式。

第5章　旋 光 异 构

- 构造异构
  - 碳链异构
  - 官能团异构
  - 官能团位置异构
  - 互变异构

  分子中原子或官能团的连接顺序或方式不同。

- 立体异构
  - 构象异构
  - 构型异构
    - 几何异构
    - 旋光异构

  分子中原子或官能团的连接顺序或方式相同，但在空间的排列不同。

  构象异构体间可通过旋转碳碳单键转化；构型异构体间转化须断裂价键。

本章介绍旋光异构现象，学习手性分子的判断、构型的表示和标记方法，并概要阐述外消旋体拆分、不对称合成以及旋光异构体的生物活性。

5.1　分子的手性与旋光性

5.1.1　偏振光与旋光性物质

1. 偏振光

光是一种电磁波，在普通光传播方向的垂直平面中，含有在各个方向上振动的不同波长的光。只在一个平面上振动的光称为平面偏振光，简称偏振光(图 5-1)。

图 5-1　普通光和偏振光

让普通光照射尼科尔(Nicol)棱镜，只有振动平面与尼科尔棱镜晶轴平行的光才能完全通过，可获得振动平面与尼科尔棱镜晶轴平行的偏振光(图 5-2)。

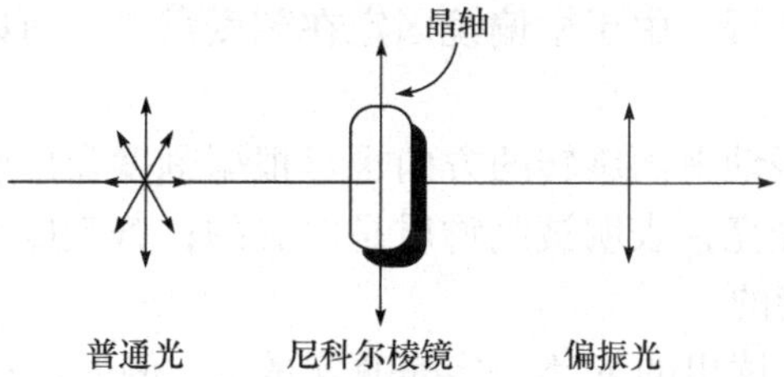

图 5-2　偏振光的产生

2. 旋光性物质

偏振光在不同物质中传播时所受到的影响是不同的。有些物质，如水、乙醇等，对偏振光的振动平面不产生影响；有些物质，如乳酸、葡萄糖溶液等，能使偏振光的振动平面旋转一定角度。物质这种能使偏振光振动平面旋转的性质称为物质的旋光性，具有这种性质的物质称为旋光性物质(图 5-3)。

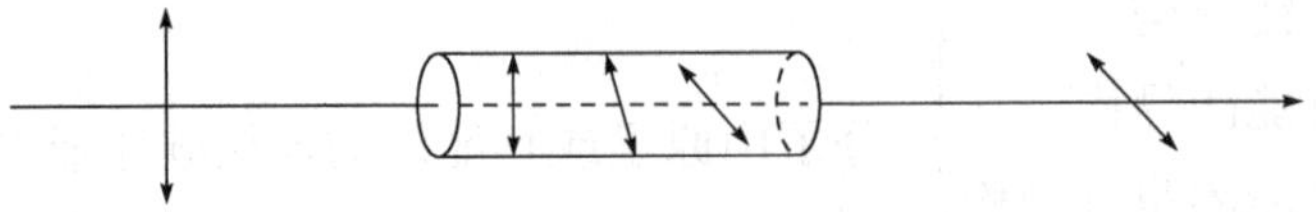

图 5-3　偏振光的旋转

不同的旋光性物质使偏振光振动平面旋转的方向不一定相同。当面向偏振光的传播方向观察时，有些旋光性物质使偏振光的振动平面向左旋转(逆时针旋转)，有些旋光性物质使偏振光的振动平面向右旋转(顺时针旋转)(图 5-4)。

图 5-4　偏振光的旋转方向

使偏振光振动平面向左旋转的旋光性物质称为左旋体，用“−”或“*l*”表示；使偏振光振动平面向右旋转的旋光性物质称为右旋体，用“+”或“*d*”表示(IUPAC 于 1979 年建议取消用“*l*”和“*d*”表示旋光方向)。例如，从肌肉组织中提取的是右旋乳酸，表示为(+)-乳酸或 *d*-乳酸；从淀粉发酵副产物杂醇油中提取的是左旋 2-甲基-1-丁醇，表示为(−)-2-甲基-1-丁醇或 *l*-2-甲基-1-丁醇。

5.1.2　旋光度与比旋光度

1. 旋光度

旋光性物质使偏振光振动平面旋转的角度称为旋光度，用“α”表示。旋光度可用旋光仪测定，其构造及工作原理见图 5-5。从光源发出的光经过起偏镜获得偏振光，其通过装有旋光性物质溶液的盛液管时，旋光性物质使偏振光的振动平面向左或向右旋转一定角度。如果偏振光的振动平面与检偏镜的晶轴不平行，则偏振光不能完全通过检偏镜，此时由目镜看不到最大光亮；为使偏振光能完全通过检偏镜，即由目镜能看到最大光亮，必须旋转检偏镜使其晶轴与偏振光的振动平面平行。由于检偏镜固定在刻度盘上，所以偏振光振动平面旋转的角度可从刻度盘上读出。

旋光性物质使偏振光振动平面旋转的方向也可根据刻度盘旋转的方向来确定。若刻度盘逆时针旋转才能看到最大光亮，表明被测物质是左旋的；若刻度盘顺时针旋转才能看到最大光亮，表明被测物质是右旋的。

要注意的是，旋光仪上读出的 α 不一定是真实的 α。例如，+30°既可能是+30°或+210°，也可能是−150°或−330°，即可能是偏振光旋转了 $30\pm n\times180°$ 的结果。为确定准确的旋光度，一

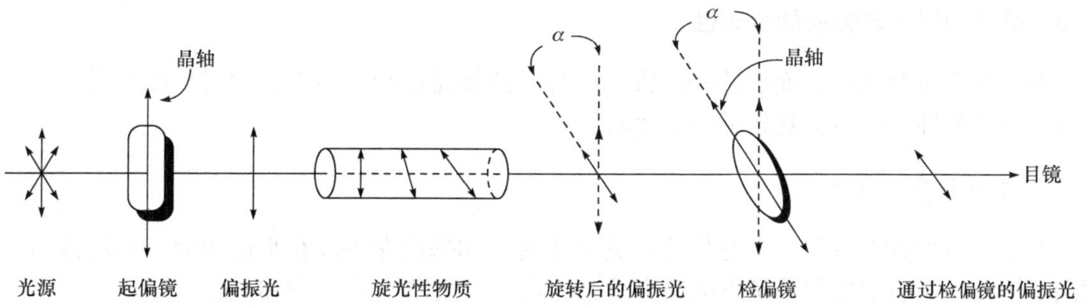

图 5-5　旋光仪的构造及工作原理

般用两支长度不同的盛液管分别测定。例如，用 1 dm 和 2.2 dm 的两支盛液管分别测定，长管测得的 α 一定为短管测得的 2.2 倍，按照 2.2 倍的比例就可找出真实的 α。

思考题 5-1　用旋光仪测得某纯物质液体的旋光度为+45°，怎样才能确证是+45°，而不是−315°？

2. 比旋光度

旋光性物质的旋光度大小除取决于物质本身的特性外，还与溶液的浓度、盛液管的长度、测定时的温度、所用光源的波长以及溶剂的性质等因素有关。所以，比较不同旋光性物质的旋光度时，必须限定在相同条件，只有修正了各种因素的影响后，旋光度才是每个旋光性物质的特性。当溶液浓度为 1 g/mL，盛液管长度为 1 dm 时，测得的旋光度称为比旋光度，用$[\alpha]_\lambda^t$表示，其与旋光度之间有如下关系：

$$[\alpha]_\lambda^t = \frac{\alpha}{\rho_B \times L}$$

式中，t 为测定时的温度(一般为 20℃)；λ 为所用光源的波长(常用钠光，波长 589 nm，标记为 D)；α 为测得的旋光度(°)；ρ_B为被测溶液的浓度(g/mL)；L 为盛液管的长度(dm)。若被测物质是纯液体，可用该液体的密度替换式中的浓度。

因溶剂对溶质的影响，如缔合和离子化等，比旋光度与溶剂的关系密切，在表示比旋光度时要注明所用的溶剂。例如，用钠光灯作光源，在 20℃时测得葡萄糖水溶液的比旋光度为+52.5°，应记为

$$[\alpha]_D^{20} = +52.5°(水)$$

比旋光度是旋光性物质的物理常数。测定比旋光度，可推测未知物为何种物质(但不能确定，因为比旋光度相同的物质可能有若干种)；可计算已知物的光学纯度(旋光纯度)；可计算已知纯物质溶液的浓度。制糖工业中，常用测定糖溶液旋光度的方法来计算溶液中蔗糖的含量；药物分析中，常用测定旋光度的方法来进行药物鉴别、杂质检查和含量测定。

思考题 5-2　5.654 g 蔗糖溶解在 20 mL 水中，在 20℃时用 10 cm 长的盛液管测得其旋光度为+18.8°。

(1) 计算蔗糖的比旋光度。

(2) 用 5 cm 长的盛液管测定同样的溶液，其旋光度是多少？

(3) 把 10 mL 此溶液稀释到 20 mL，再用 10 cm 长的盛液管测定，其旋光度是多少？

5.1.3　分子的手性与物质的旋光性

有些物质有旋光性，而有些物质没有，分子的旋光性与其结构究竟有什么关系？下面可看到，有旋光性的物质，其分子是手性的。

1. 手性和手性分子

左右手看似没有区别，但它们不能完全重合。如果把左手放在平面镜前，其镜像与右手相同。因此，左右手的关系是不能完全重合的实物与镜像的关系(图 5-6)。

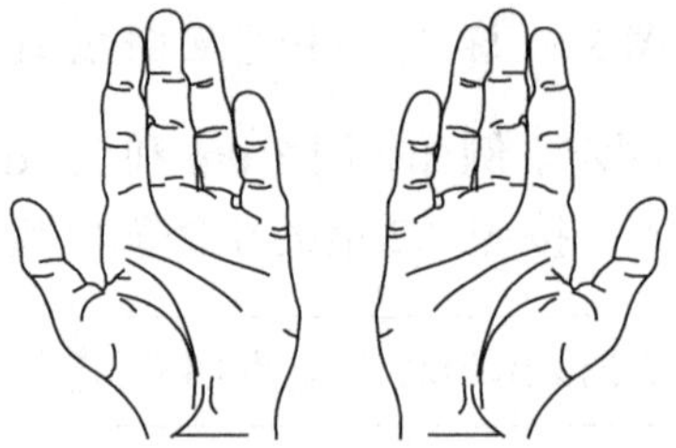

图 5-6　左手与右手不能完全重合

有些化合物的分子也不能与其镜像完全重合，这种实物与镜像不能完全重合的特性称为手性。具有这种特性的分子称为手性分子，手性分子都有旋光性(图 5-7)。

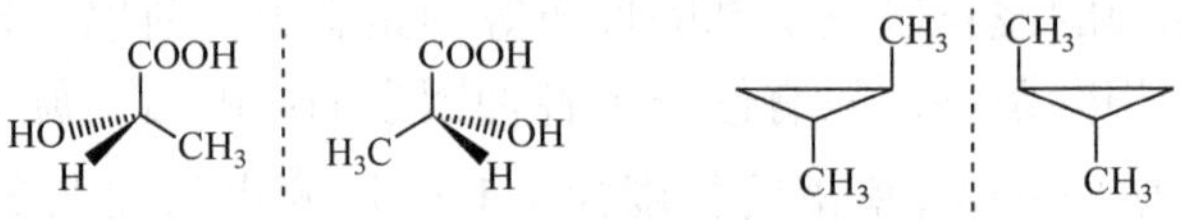

图 5-7　实物与镜像不能完全重合的分子

思考题 5-3　什么是手性？什么是手性分子？
思考题 5-4　下列物体中，哪些具有手性？

(1) 螺丝钉	(2) 试管	(3) 螺旋弹簧	(4) 量筒	(5) 脚
(6) 烧杯	(7) 耳朵	(8) 烧瓶	(9) 手套	(10) 足球

2. 对称性与分子的手性

手性分子的实物与其镜像不能完全重合。所以，判断分子是否有手性，最直观也最可靠的方法是制作该分子的实物和镜像两个模型，看它们能否完全重合。但这样的方法不方便，特别对于很大很复杂的分子更不容易。一个简易而实用的方法，是根据分子的对称性来判断其是否有手性。

有机化学中，一般用对称面和对称中心两个对称因素来判断分子是否有手性。如果分子中存在这两个对称因素之一，这个分子就没有手性；如果分子中不存在这两个对称因素，这个分子就有手性。

1) 对称面和对称中心

所谓对称面，指能将分子切分成互为实物与镜像两部分的一个平面(图 5-8)。例如，1, 1-二溴乙烷，通过 H—C_1—C_2 三个原子的平面能将它切分成互为实物与镜像的两部分，因此该平面是这个分子的对称面。又如，*E*-1,2-二氯乙烯，该分子所在的平面也能将它切分成互为实物与镜像的两“片”，因此该平面是这个分子的对称面。由于分子中存在对称面，所以这两个分子都没有手性。

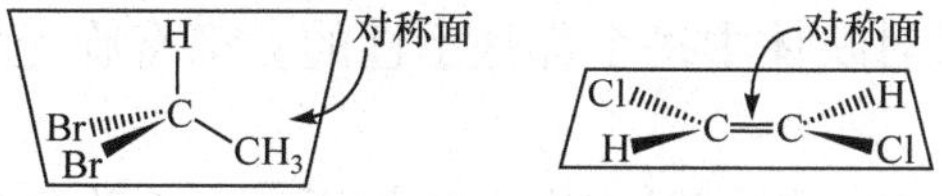

图5-8 对称面

所谓对称中心，指分子中存在一个点，过该点作任一直线。若在此直线上距该点等距离的两端有相同的原子或基团，该点就是这个分子的对称中心(图5-9)。例如，*r*-1,反-2,顺-4-二甲基,反-3-环丁二甲酸，分子中存在对称中心，所以这个分子没有手性。

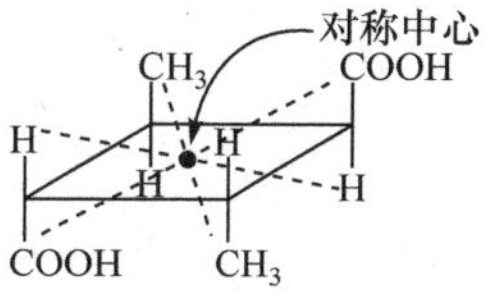

图5-9 对称中心

没有手性的分子中，可能同时存在对称面和对称中心，也可能只存在其中一种。

思考题5-5 下例哪些是手性分子？描述非手性分子中的对称面或对称中心。

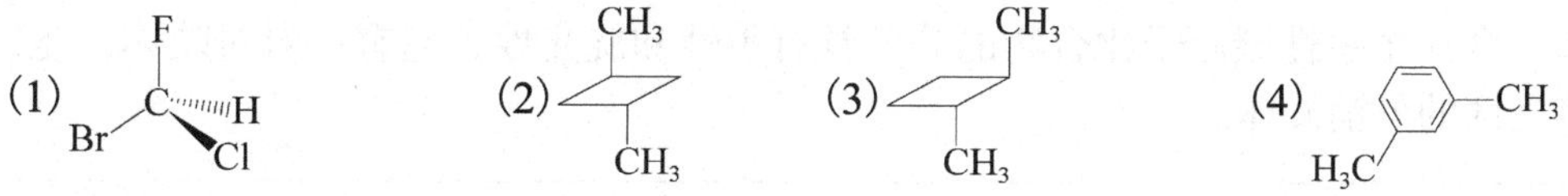

2)手性碳原子

与四个不同原子或基团连接的碳原子，称为手性碳原子。需要时，可用“*”号予以标注。例如

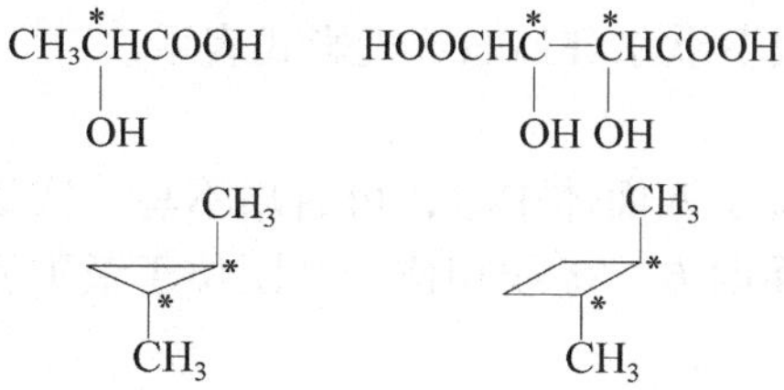

大多数手性分子中有手性碳原子，非手性分子中一般没有手性碳原子。要注意的是，有手性碳原子的分子不一定有手性，没有手性碳原子的分子不一定没有手性。分子是否有手性的必要和充分条件，是实物与其镜像不能完全重合。

思考题5-6 用“*”号标出下列分子中的手性碳原子。

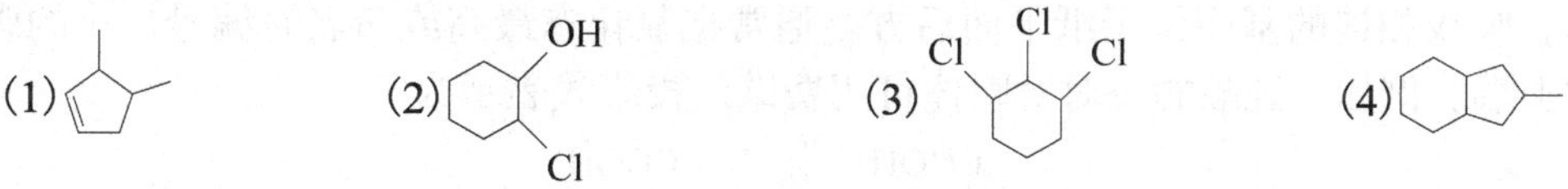

5.2 含手性碳原子化合物的旋光异构

5.2.1 含一个手性碳原子的化合物

1. 对映体和外消旋体

含一个手性碳原子的化合物分子内不存在对称面或对称中心，分子是手性的，其实物与镜像不能完全重合，有两个异构体。这种实物与其镜像不能完全重合的异构体称为对映异构

体，简称对映体。由于一对对映体中每个都是手性的，都有旋光性，所以对映异构又称为旋光异构。

一对对映体的比旋光度大小相等但旋光方向相反，一个为左旋体，另一个为右旋体。例如，2-氯丁烷有一对对映体，一个为(–)-2-氯丁烷，另一个为(+)-2-氯丁烷。

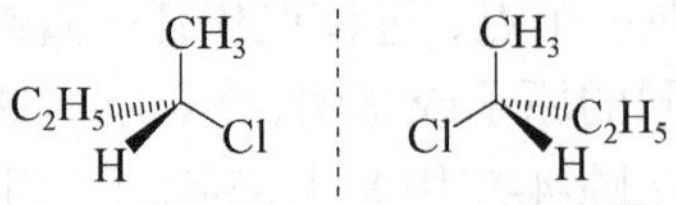

(–)-2-氯丁烷　(+)-2-氯丁烷

把等量左旋体和右旋体混合，左旋体和右旋体使偏振光的旋转完全抵消，混合物不显示旋光性。这种由等量对映体组成的混合物称为外消旋体，用“±”或“*dl*”表示。例如，把等量(–)-2-氯丁烷和(+)-2-氯丁烷混合，即得到外消旋体 2-氯丁烷，表示为(±)-2-氯丁烷或 *dl*-2-氯丁烷。

所以，含一个手性碳原子化合物的分子具有手性和旋光性，它有一对对映体，能组成一个没有旋光性的外消旋体。

思考题 5-7　某 2-丁醇样品的比旋光度为+6.76°，已知纯品(+)-2-丁醇的比旋光度为+13.52°，该样品中左旋体和右旋体各占多少？

2. 构型的表示方法

分子的构型常用透视式或费歇尔(Fischer)投影式表示。

1)透视式

透视式中，手性碳原子位于四面体中心，可省略不写。实线相连的基团位于纸平面上，楔形线相连的基团位于纸平面前方，虚线相连的基团位于纸平面后方。例如，乳酸的一对对映体可用透视式表示为

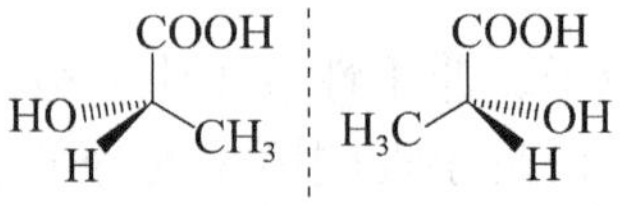

2)费歇尔投影式

费歇尔投影式中，手性碳原子位于“十”字交点，可省略不写。横线相连的基团位于纸平面前方，竖线相连的基团位于纸平面后方。通常把氧化态最高或命名时编号最小的碳原子放在竖线上端。例如，乳酸的一对对映体可用费歇尔投影式表示为

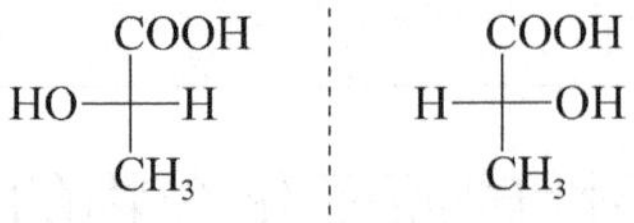

费歇尔投影式能在纸平面上平移，不能离开纸平面翻转；能在纸平面上旋转 90°的偶数倍，不能旋转 90°的奇数倍。否则，得到的费歇尔投影式就代表其对映体。

思考题 5-8　写出 2-甲基-1-丁醇一对对映体的透视式和相应的费歇尔投影式。将某个 2-甲基-1-丁醇的费歇尔投影式离开纸平面翻转过来，按照费歇尔投影式的投影规则，

它与翻转前的投影式是什么关系？若在纸平面上旋转 90°，它与旋转前的投影式又是什么关系？

3. 构型的标记方法

手性碳原子的构型常用 D/L 或 *R*/*S* 两种方法标记。

1) D/L 标记法

早期无法测定分子的绝对构型，为了研究需要，人为选用甘油醛作为参照物。规定在其费歇尔投影式中，手性碳原子上的羟基在碳链右侧的为右旋甘油醛，定为 D-构型，在碳链左侧的为左旋甘油醛，定为 L-构型。

D-(+)-甘油醛　　L-(−)-甘油醛

规定了甘油醛的构型后，其他旋光性化合物分子的构型就可通过一定的化学转化与甘油醛联系起来。例如，右旋甘油醛通过下列步骤可转化为左旋甘油酸和左旋乳酸，因为反应中未涉及手性碳原子上价键的断裂，所以生成的左旋甘油酸和左旋乳酸应该都是 D-构型的。

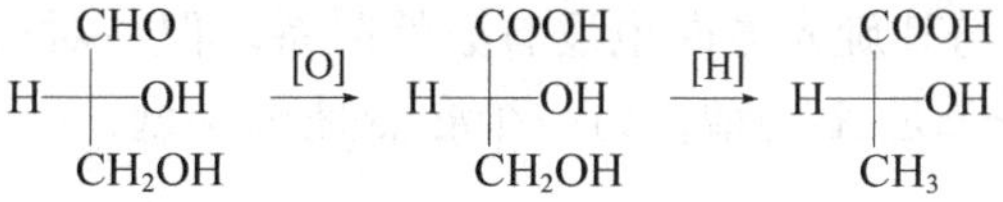

D-(+)-甘油醛　　D-(−)-甘油酸　　D-(−)-乳酸

由于 D/L 标记法是相对于人为指定的参照物建立的，所以用此法标记的构型称为相对构型。1951 年毕育特德（Bijvoet）用一种特殊的 X 射线衍射法测定了右旋酒石酸钠铷的真实构型，发现与其相对构型完全相同。这意味着，人为假定的甘油醛的构型就是其绝对构型，用甘油醛作为参照物所确定的其他化合物分子的相对构型也是其绝对构型。

D/L 标记法一般适用于含一个手性碳原子的化合物。对于含多个手性碳原子的化合物，因选择的手性碳原子不同得到的结果可能不同。有时一个化合物可以从两个不同构型的化合物转化而来，此时只能任意指定其构型。主链的正确选择也十分重要，当以不同方式选择主链时，同一化合物可能有不同的构型。所以 D/L 标记法有很大局限性（IUPAC 于 1970 年建议采用 *R*/*S* 标记法）。但因能对许多天然化合物的立体化学做出系统表述，在标记氨基酸和糖类化合物的构型时，D/L 标记法仍被普遍采用。

2) *R*/*S* 标记法

R/*S* 标记法是根据手性碳原子上四个原子或基团在空间的真实排列来标记的，因此用这种方法标记的构型是真实构型，称为绝对构型。其规则如下：

(1) 将手性碳原子上的四个原子或基团按优先次序排序。

(2) 将排在最后的原子或基团放在远离眼睛的位置。

(3) 从其他三个原子或基团中排在最前的开始按优先次序观察，顺时针排列为 *R*-构型，逆时针排列为 *S*-构型。

例如，用 *R*/*S* 标记法标记 2-氯丁烷分子中手性碳原子的构型，其步骤如下：

眼睛远离氢原子，观察—Cl → —C_2H_5 → —CH_3的排列

顺时针为*R*-构型　　逆时针为*S*-构型

R/*S* 标记法用于费歇尔投影式时，要注意“横前竖后”；与手性碳原子相连的横键伸向纸前方，与手性碳原子相连的竖键伸向纸后方。例如

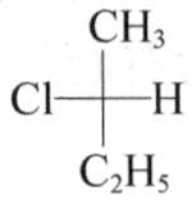

(*R*)-(−)-2-氯丁烷

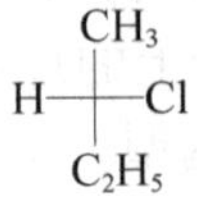

(*S*)-(+)-2氯丁烷

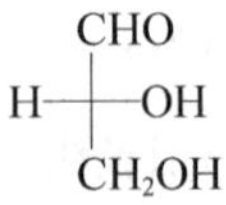

(*R*)-(+)-甘油醛

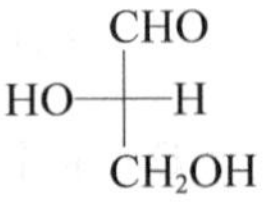

(*S*)-(−)-甘油醛

D/L 和 *R*/*S* 是两种不同的构型标记法，它们之间没有必然联系。D-构型或 L-构型的化合物若用 *R*/*S* 标记法标记，可能是 *R*-构型，也可能是 *S*-构型。

旋光性化合物的构型与其旋光方向也没有必然联系。但一对对映体中，一个是 D-构型，另一个必然是 L-构型；一个是 *R*-构型，另一个必然是 *S*-构型；一个是左旋体，另一个必然是右旋体。

思考题 5-9　用 *R*/*S* 标记法确定下列化合物的构型。

(1) 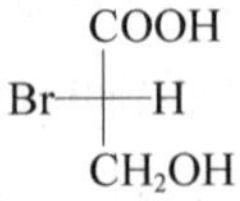　(2) 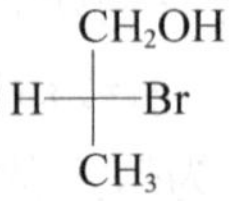　(3) 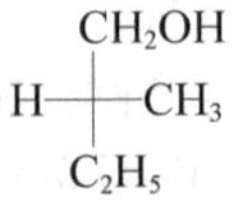

思考题 5-10　指出下列化合物之间的关系。

(1) 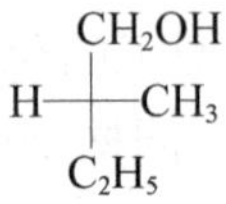　(2) 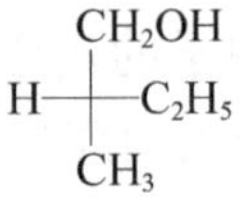　(3) 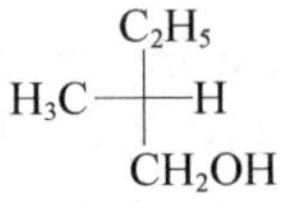

5.2.2　含两个手性碳原子的化合物

1. 含两个不同手性碳原子的化合物

含两个不同手性碳原子的化合物分子内不存在对称面或对称中心，分子是手性的。两个不同手性碳原子有四种不同的构型组合，可有四个旋光异构体，组成两对对映体，如 2-氯-3-溴丁烷：

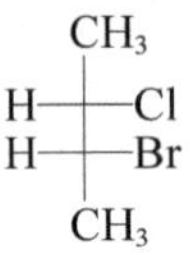

2*S*,3*R*　Ⅰ

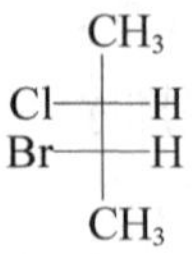

2*R*,3*S*　Ⅱ

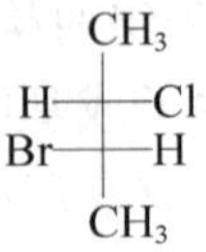

2*S*,3*S*　Ⅲ

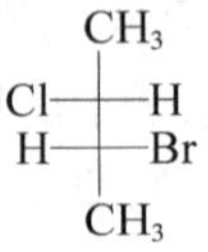

2*R*,3*R*　Ⅳ

Ⅰ和Ⅱ是一对对映体，Ⅲ和Ⅳ是另一对对映体，每对对映体可组成一个外消旋体。另外，Ⅰ(或Ⅱ)与Ⅲ(或Ⅳ)虽是异构体，但不是实物与镜像的关系。这种不为实物与镜像关系的异构体称为非对映异构体，简称非对映体。

用 *R*/*S* 标记法确定含两个手性碳原子化合物的构型,其过程与确定含一个手性碳原子化合物的构型一样，只是需要分别标出每个手性碳原子的位置和构型。只有当两个手性碳原子在碳链中占有相等位置时，它们的位置才可省略。

随着分子中手性碳原子数目增多，旋光异构体数目也增多。其规律是，含 n 个不同手性碳原子的化合物有 2^n 个旋光异构体，可组成 2^{n-1} 对对映体和 2^{n-1} 个外消旋体。

思考题 5-11 麻黄碱的分子式为

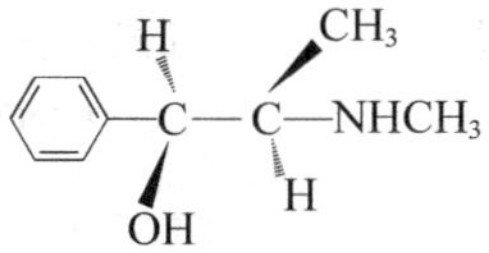

(1)标出分子中的手性碳原子。

(2)画出所有旋光异构体的费歇尔投影式，指出这些异构体之间的关系。

(3)用 *R*/*S* 标记法标出各异构体中手性碳原子的构型。

2. 含两个相同手性碳原子的化合物

含两个相同手性碳原子的化合物，有的异构体分子内不存在对称面或对称中心，有的存在对称面或对称中心，所以有的分子有手性，有的没有手性。两个相同手性碳原子可有三种不同的构型组合，可有三个旋光异构体，如酒石酸(2,3-二羟基丁二酸)。

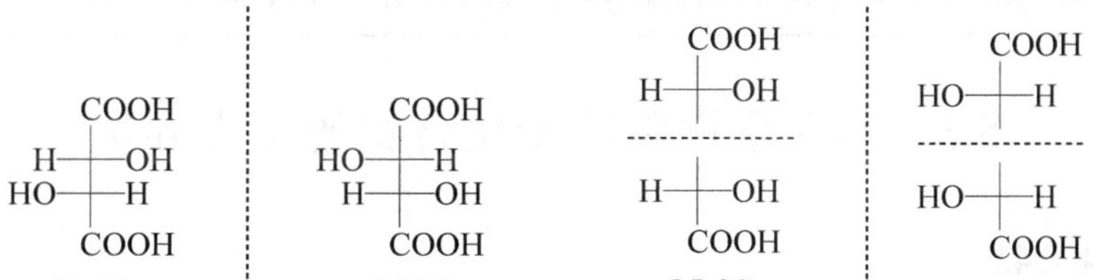

2*R*,3*R* Ⅰ　　2*S*,3*S* Ⅱ　　2*R*,3*S* Ⅲ　　2*S*,3*R* Ⅳ

Ⅰ和Ⅱ是一对对映体，可组成一个外消旋体。Ⅲ(或Ⅳ)在纸平面上旋转 180°，即与Ⅳ(或Ⅲ)完全重叠，所以Ⅲ和Ⅳ是同一分子。事实上，Ⅲ(或Ⅳ)分子中存在对称面，所以分子没有手性，也没有旋光性。这种分子中虽含有手性碳原子但存在对称因素，所以分子没有手性也没有旋光性的化合物称为内消旋体，用“*meso*”表示。

由上可见，含两个相同手性碳原子的化合物有三个旋光异构体，即一对对映体和一个内消旋体。显然，含两个相同手性碳原子的化合物，其旋光异构体数目小于 2^n，对映体和外消旋体数目也小于 2^{n-1}。

5.2.3 环状化合物

环状化合物除顺反异构外，可能还有对映异构。且随着环扩大和取代增多，异构将变得越来越复杂。

1,2-环丙烷二甲酸顺式异构体分子中存在对称面，分子没有手性，为内消旋体。反式异构体分子中不存在对称面或对称中心，分子是手性的，有一对对映体。

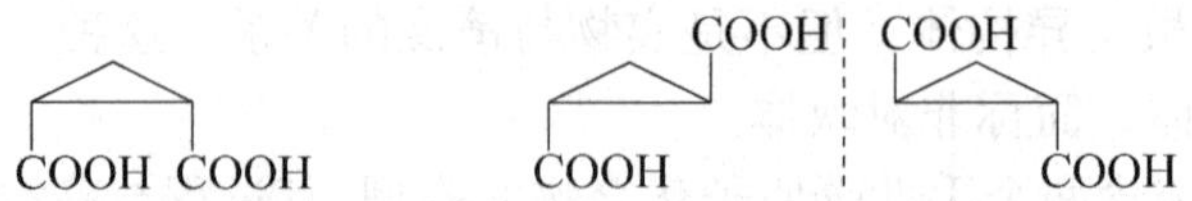

顺式——内消旋体　　反式——有一对对映体

1,2-环己烷二甲酸和 1,3-环己烷二甲酸顺式异构体分子中存在对称面，分子没有手性，为内消旋体。反式异构体分子中不存在对称面或对称中心，分子是手性的，各有一对对映体。

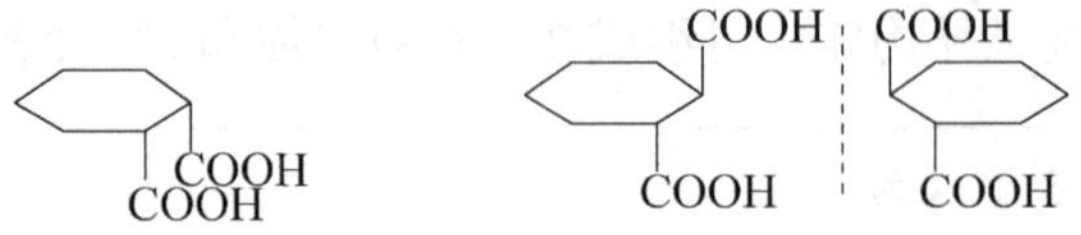

顺式——内消旋体　　反式——有一对对映体

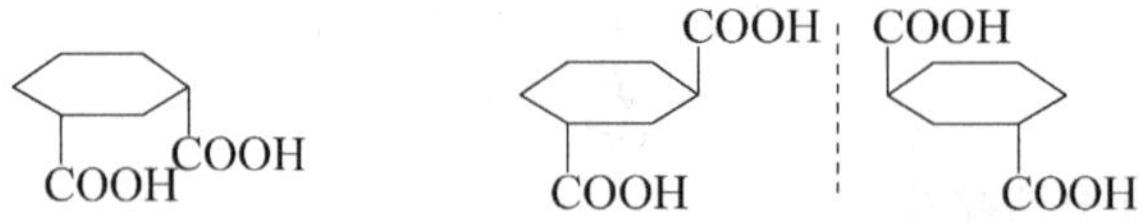

顺式——内消旋体　　反式——有一对对映体

1,4-环己烷二甲酸顺式异构体分子中存在对称面，反式异构体分子中存在对称面和对称中心，分子都没有手性。

顺式　　反式

思考题 5-12　写出环丁烷二甲酸和环戊烷二甲酸的所有立体异构体。

5.3　不含手性碳原子化合物的旋光异构

5.3.1　联苯型化合物

联苯型化合物分子中，两个苯环邻位都连有体积较大的基团时，苯环绕碳碳单键的旋转受阻，两个苯环不能处于同一平面。如果每一苯环邻位连接的基团不同，则分子中既无对称面也无对称中心，分子是手性的。

例如，6,6′-二硝基联苯-2,2′-二甲酸，分子中不存在对称面或对称中心，分子是手性的，有一对对映体。

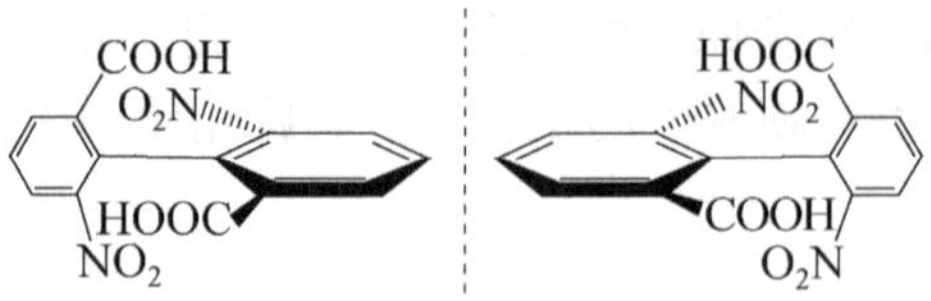

5.3.2　丙二烯型化合物

丙二烯型化合物分子中，中间的双键碳原子为 sp 杂化，两端的双键碳原子为 sp^2 杂化，两个 π 键相互垂直。如果每一末端双键碳原子上连接的原子或基团不同，则分子中既无对称面也无对称中心，分子是手性的。

例如，1,3-二溴丙二烯，分子中不存在对称面或对称中心，分子是手性的，有一对对映体。

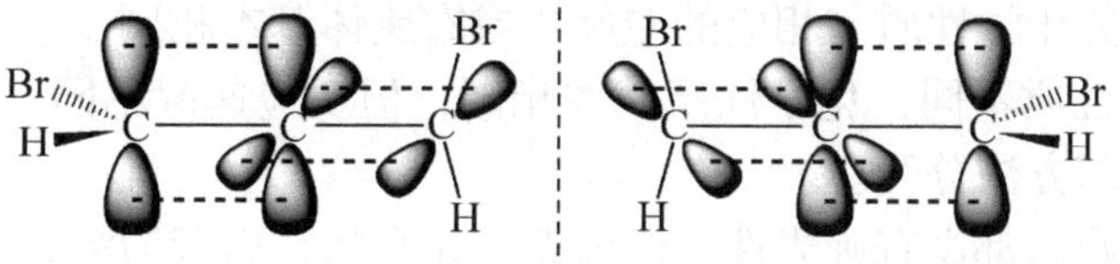

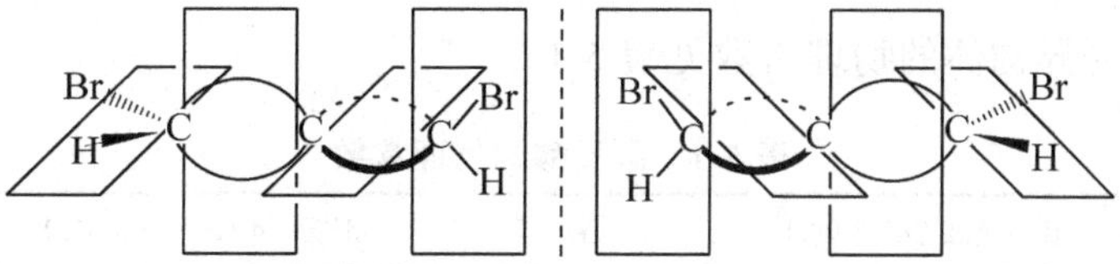

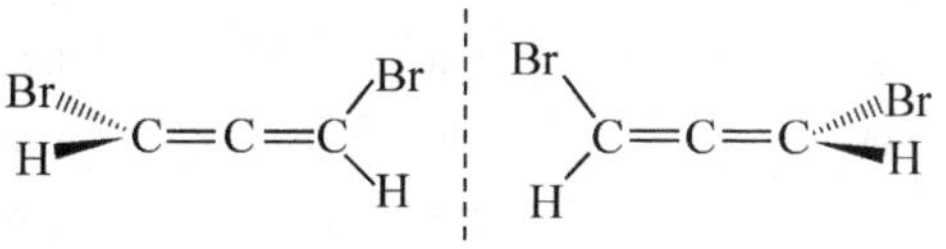

5.3.3 含其他不对称原子的化合物

S、P、N、As 等原子与四个不相同的原子或基团连接时，形成的四面体结构中既无对称面也无对称中心，分子是手性的。

例如，碘化甲基烯丙基苄基苯胺，分子中不存在对称面或对称中心，分子是手性的，有一对对映体。

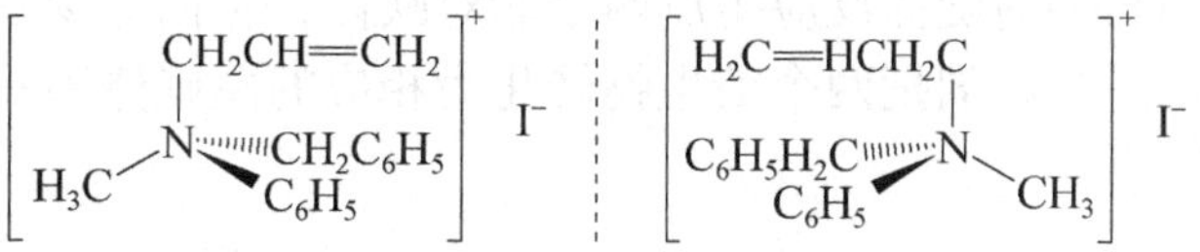

思考题 5-13 下列化合物有无手性？为什么？

(1) 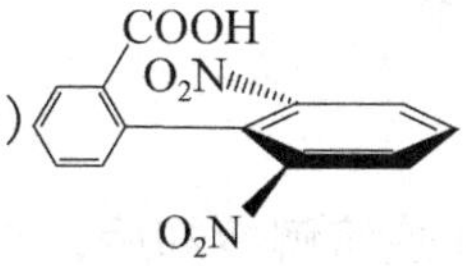

(2) 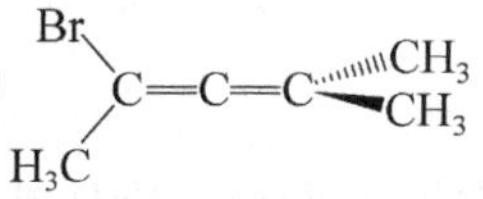

(3) 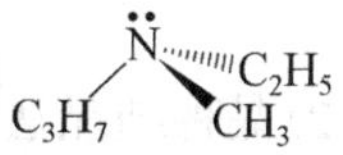

5.4 外消旋体拆分与不对称合成

现有许多方法可获得单一的对映体。例如，从天然产物提取、利用酶和微生物的生物转化、外消旋体拆分和不对称合成等。本节仅概要阐述外消旋体拆分和不对称合成。

5.4.1 外消旋体拆分

1. 旋光异构体的性质

对映体除旋光方向相反外，比旋光度、熔点、沸点、密度、折光率和溶解度(在非手性溶剂中)等相同。对映体与非手性试剂反应速率相同，与手性试剂反应速率不同。

外消旋体不仅无旋光性，物理性质也与单纯的左旋体或右旋体不同。它不同于一般意义上的混合物，有固定的物理常数。外消旋体可拆分为左旋体和右旋体，但不能用一般的物理方法分开。外消旋体的化学性质与相应的左旋体或右旋体基本相同。

非对映体的物理性质不同，化学性质基本相同，但反应速率不同。因为物理性质不同，理论上可用一般的物理方法分开。

内消旋体和外消旋体都没有旋光性，但前者为化合物，后者为混合物；前者是一个分子，后者可拆分成两个分子。

酒石酸各种旋光异构体的物理常数见表 5-1。

表 5-1　酒石酸的物理常数

酒石酸	比旋光度/$[\alpha]_D^{20}$（水）	熔点/℃	密度/($g \cdot mL^{-1}$)(20℃)	溶解度/(g/100 g 水)
内消旋体	0	140	1.666	120(15℃)
左旋体	−11.98	170	1.760	147(20℃)
右旋体	+11.98	170	1.760	147(20℃)
外消旋体	0	205	1.687	25(20℃)

2. 外消旋体拆分

制造一个不对称环境，将外消旋体拆分成左旋体和右旋体，是获得单一对映体的重要方法。主要的拆分方法有以下几种。

1) 化学法

用某种旋光性试剂与外消旋体反应生成两个非对映体，它们的物理性质不同，可用常规的物理方法分开。再用适当试剂把两个衍生物转化为相应的左旋体和右旋体，提纯后得到两个纯化合物。例如

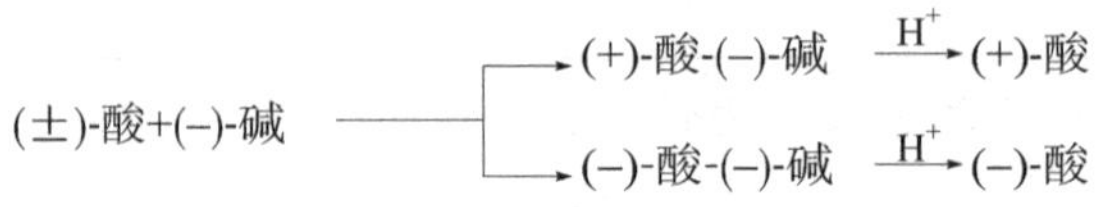

2) 晶种结晶法

在外消旋体的过饱和溶液中加入少量左旋体或右旋体晶种，加热溶解冷却后，与晶种相同的异构体优先析出。过滤分离后，此时溶液中另一种异构体过量。再向溶液中加入外消旋体结晶，加热溶解冷却后，另一种异构体优先析出。这样，在第一次加入少量某个异构体，反复操作就能实现拆分。工业上生产抗生素氯霉素时，中间体D-苏式-1-对硝基苯基-2-氨基-1,3-丙二醇就是用此法拆分的。

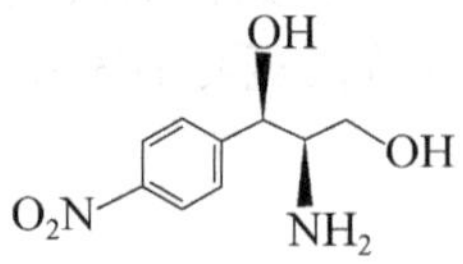

3) 选择性吸附法

用某种旋光性吸附剂与外消旋体形成两个非对映体吸附物，其稳定性不同，即被吸附的牢固程度不同，可用适当的洗脱剂分别把它们洗脱出来。特勒格(Tröger)碱的两个对映体就是

在(+)-乳糖柱上拆分的。

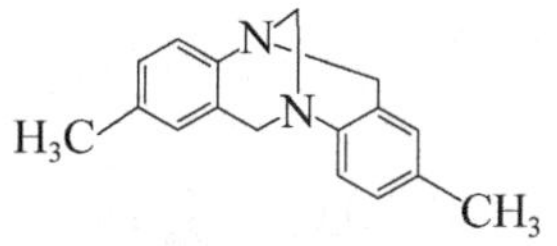

4) 生物化学法

酶和某些微生物有非常强的立体专一性，有时可用于拆分。例如，由猪肾提取的乙酰水解酶只水解(+)-乙酰丙氨酸。如果用乙酰水解酶处理(±)-乙酰丙氨酸，得到(+)-丙氨酸和(–)-乙酰丙氨酸，它们在乙醇中溶解度差别很大，很容易分开。

(±)-乙酰丙氨酸 $\xrightarrow{\text{乙酰水解酶}}$ (+)-丙氨酸 + (–)-乙酰丙氨酸

5.4.2 不对称合成

在分子中引入新的手性中心通常有两种方法，一种是对非手性化合物的取代反应，另一种是对双键的面选择性加成反应。此外，内消旋化合物的去对称化也是一种方法。

1. 手性中心的引入

丁烷在高温或光照下氯代，产物 2-氯丁烷有一个手性碳原子，分子是手性的。它有两个旋光异构体，即一对对映体。

$$CH_3CH_2CH_2CH_3 \xrightarrow[\text{热或光}]{Cl_2} CH_3CH_2\overset{*}{C}H(Cl)CH_3$$

反应是游离基机理，氯原子夺取氢生成氯化氢和仲碳游离基，平面结构的游离基与氯反应时，氯原子连接在平面两边的机会完全相等，一对对映体——左旋体和右旋体生成的量完全相等，所以产物为外消旋体，没有旋光性(图 5-10)。

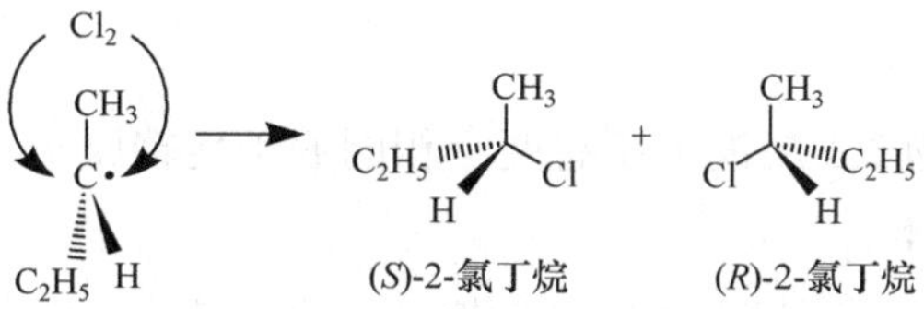

图 5-10 无手性的游离基使平面两边的进攻机会相等

事实上，由任何非手性化合物合成手性化合物时，只要无外界手性因素影响，产物总是等量的左旋体和右旋体，即外消旋体。

2. 立体选择反应

2-氯丁烷在高温或光照下氯代，产物 2,3-二氯丁烷有两个相同的手性碳原子。它有三个旋光异构体，即一对对映体和一个内消旋体。

$$CH_3CH_2\overset{*}{C}H(Cl)CH_3 \xrightarrow[\text{热或光}]{Cl_2} CH_3\overset{*}{C}H(Cl)-\overset{*}{C}H(Cl)CH_3$$

只用 2-氯丁烷两个异构体中的一个，如用(*S*)-2-氯丁烷制备 2,3-二氯丁烷，得到含不等量

(*S,S*)-2,3-二氯丁烷和(*R,S*)-2,3-二氯丁烷两个非对映体的旋光性产物。其中，内消旋体(*R,S*)-2,3-二氯丁烷占71%(图5-11)。

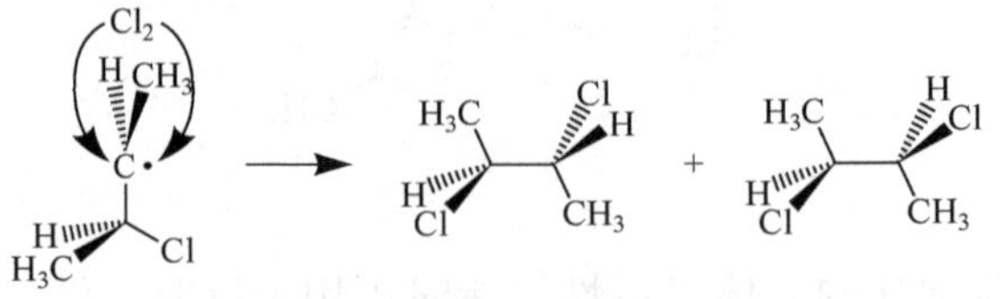

(*S,R*)-2,3-二氯丁烷　(*S,S*)-2,3-二氯丁烷

图5-11　有手性的游离基使平面两边的进攻机会不相等

从游离基的构象可以看出，游离基Ⅰ甲基间的拥挤较小，较稳定，丰度比游离基Ⅱ高。第二个氯原子从远离手性碳原子上氯原子的下方进攻游离基Ⅰ的机会比进攻游离基Ⅱ的机会多，所以内消旋体占大多数(图5-12)。

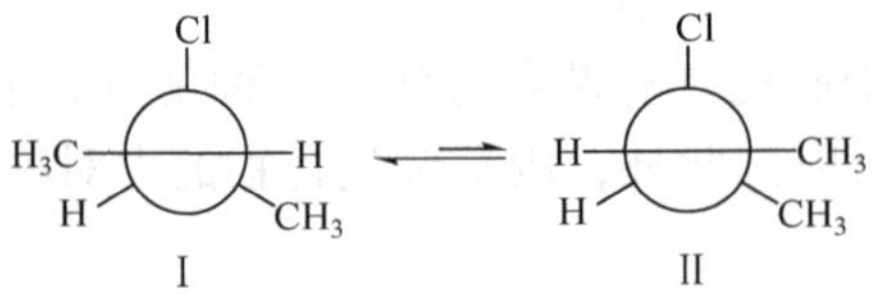

图5-12　构象Ⅰ甲基间的拥挤较小为优势构像

在有一个手性中心的分子中引入第二个手性中心时，第一个手性中心对第二个手性中心的构型有控制作用，使产物中某个立体异构体的量超过其他可能的立体异构体，这样的反应称为立体选择反应。利用立体选择反应合成过量的某个立体异构体，称为不对称合成。

思考题5-14　用(*R*-)-2-氯丁烷制备2,3-二氯丁烷，得到什么构型的产物？产物中含量高的是哪个异构体？

3. 立体专一反应

2-丁烯与溴加成，产物2,3-二溴丁烷有两个相同的手性碳原子。它有三个旋光异构体，即一对对映体和一个内消旋体。

$$CH_3CH{=}CHCH_3 \xrightarrow{Br_2} CH_3\overset{*}{C}H(Br)-\overset{*}{C}H(Br)CH_3$$

用顺-2-丁烯与溴加成，得到含等量(*R,R*)-2,3-二溴丁烷和(*S,S*)-2,3-二溴丁烷的外消旋体；用反-2-丁烯与溴加成，只得到内消旋体(*R,S*)-2,3-二溴丁烷。

反应是亲电加成机理，溴正离子从双键一侧进攻生成溴鎓离子，溴负离子从另一侧进攻溴鎓离子中两个碳原子的机会完全相等，所以顺-2-丁烯的产物是外消旋体，反-2-丁烯的产物是内消旋体(图5-13)。

由某一立体异构的反应物只得到某一特定立体异构的产物，这样的反应称为立体专一反应。要注意的是，所有立体专一反应都是立体选择的，但不是所有立体选择反应都是立体专一的。

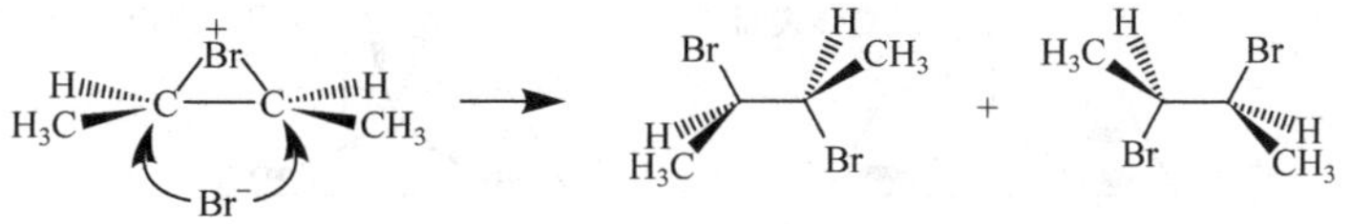

(R,R)-2-3-二溴丁烷　　(S,S)-2-3-二溴丁烷

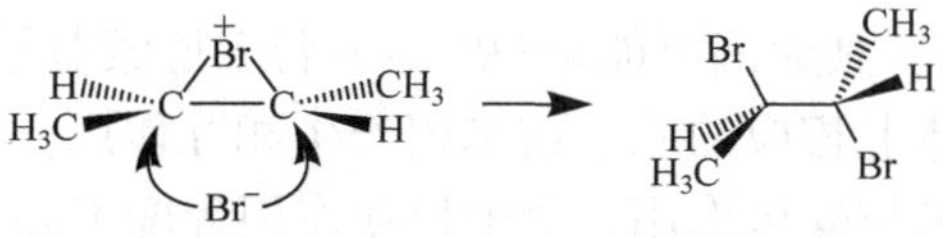

(R,S)-2-3-二溴丁烷

图 5-13　溴负离子从下方的进攻机会相等

4. 光学纯度与对映体过量

常用光学纯度或对映体过量两个术语来表征对映体的组成。

光学纯度又称为旋光纯度，常用%o.p.表示，指一个样品的比旋光度与纯品的比旋光度之比的百分数。

$$\%\text{o.p.}=\text{样品}[\alpha]/\text{纯品}[\alpha]\times 100\%$$

对映体过量，常用%e.e.表示，指对映体混合物中一个对映体超过另一个对映体的百分数。

$$\%\text{e.e.}=\%R-\%S$$

在特定条件下，通过比旋光度测得的光学纯度就是对映体过量的百分数。

思考题 5-15　某 2-丁醇样品的比旋光度为+6.76°，而纯品(+)-2-丁醇的比旋光度为+13.52°，该样品的旋光纯度是多少？该样品中(+)-2-丁醇的过量百分数是多少？

5.5　旋光异构体的生物活性

旋光异构体除理化性质有差异外，生物活性也有很大不同，生物体往往只选用某一特定构型的异构体。例如，人体所需的氨基酸是 L-构型的，所需的糖是 D-构型的。微生物生长过程中只利用 L-丙氨酸，青霉素在(±)-酒石酸的培养液中生长时仅消耗(+)-酒石酸。在兔子皮下注射(±)-苹果酸盐溶液后，仅(–)-苹果酸盐被利用。氯霉素的四个旋光异构体中，只有 D-(–)-苏式氯霉素有抗菌作用。麻黄碱有两个旋光异构体，有药效的是(–)-麻黄碱。

生物体只选用某一特定构型的旋光异构体，因为生化反应的催化剂——酶是手性的，它要求异构体必须符合一定的立体构型才能参与反应。19 世纪费歇尔提出将底物与酶比作锁与钥匙的关系，随后 Easson 和 Steman 提出三点作用模式来描述旋光异构体间的药理活性差异。假设一对对映体中，某个对映体的三个原子或基团与受体的三个原子或基团能很好地吻合而发生相互作用，则另一个对映体的三个原子或基团就不可能同时与受体的三个原子或基团吻合，最多只能有两个原子或基团吻合。这样，两个对映体与受体相互作用的差异导致了不同的药理活性(图 5-14)。

例如，麻黄宁是无旋光性的拟肾上腺素，在 β 位引入羟基后，得到肾上腺素的一对对映体。其中右旋体(S)-(+)-肾上腺素的升血压活性是麻黄宁的 1/3，左旋体(R)-(–)-肾上腺素的

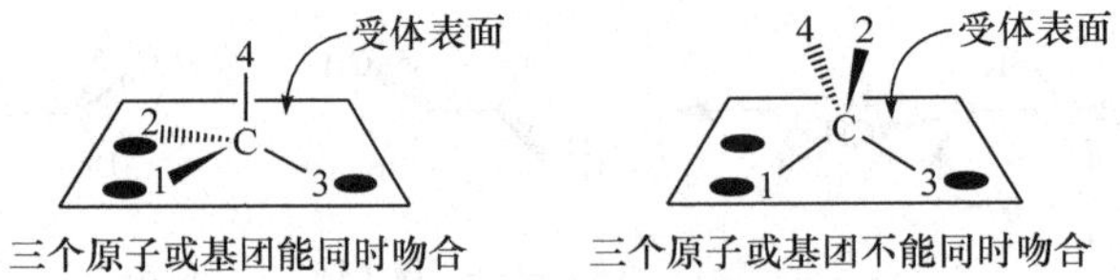

图 5-14　对映体与受体三点式作用示意图

升血压活性是麻黄宁的 12 倍。其原因可能是(*R*)-(–)-肾上腺素分子中的铵离子、侧链上的羟基和苯环上的羟基都可与受体上相应的原子或基团产生相互作用。但(*S*)-(+)-肾上腺素分子中只有铵离子和苯环上的羟基可与受体作用，由于相互作用程度不高，表现出弱活性(图 5-15)。

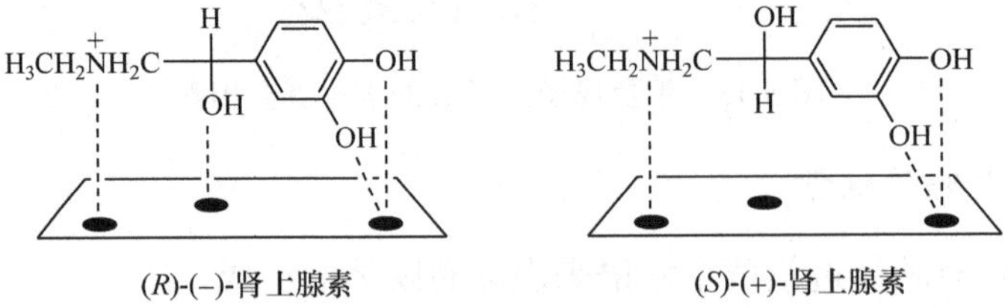

图 5-15　肾上腺素与受体作用示意图

旋光异构体的生物活性研究极大地推动了手性药物的研究，成为药物研究的一个新热点。许多情况下，一对对映体在生物体内的药理活性、代谢过程、代谢速率及毒性等存在显著差异，在吸收、分布和排泄方面也有差异。手性药物的生物活性基本上可分为：两种对映体的作用相同；两种对映体的作用相反；一种对映体有药理活性，另一种弱或没有活性；两种对映体有不同的药理活性；一种对映体有药理活性，另一种有毒性；两种对映体的作用互补；不同作用受体表现不同的特性。

小　　结

(1) 构象异构体间可通过碳碳单键旋转；构型异构体间转化须断裂价键。

(2) 旋光度用“α”表示，左旋体用“–”或“*l*”表示，右旋体用“+”或“*d*”表示。

(3) 溶液浓度为 1 g · mL^{-1}，旋光管长度为 1 dm 时测得的旋光度称为比旋光度，用 $[\alpha]_\lambda^t$ 表示，其与旋光度有如下关系：

$$[\alpha]_\lambda^t = \frac{\alpha}{\rho_B \times L}$$

(4) 实物与其镜像不能重合的分子是手性分子，手性分子有旋光性。手性分子没有对称面和对称中心；非手性分子有对称面或对称中心。

(5) 多数手性分子都有手性碳原子，但有手性碳原子的分子不一定有手性，而不含手性碳原子的分子不一定没有手性。

(6) D/L 标记法和 *R*/*S* 标记法是两种确定分子构型的方法，它们之间没有任何联系，它们与旋光方向也没有任何联系。标记费歇尔投影中手性碳原子的构型时，要注意“横前竖后”。

(7) 一对对映体中一个是左旋体，另一个必然是右旋体。等量左旋体和右旋体的混合物称为外消旋体，用“±”或“*dl*”表示，外消旋体没有旋光性。

(8) 不为实物和镜像关系的异构体称为非对映体。虽然含有手性碳原子，但分子中存在对称因素而不显示手性的化合物称为内消旋体，常用“*meso*”标记。

(9) 含 *n* 个不同手性碳原子的化合物有 2^n 个旋光异构体，可组成 2^{n-1} 个外消旋体；含 *n* 个相同手性碳原子的化合物的旋光异构体数目小于 2^n，外消旋体数目也小于 2^{n-1}。

(10) 环状化合物的异构更复杂，可能同时存在顺反异构和对映异构。

习　题

1. 指出下列各化合物旋光异构体的数目，并用“*”号标出手性碳原子。

(1) 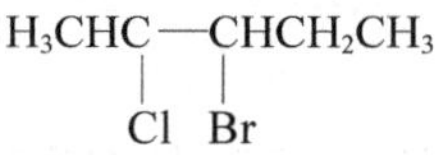

(2) $H_3CHC{=}CHCH_3$

(3) 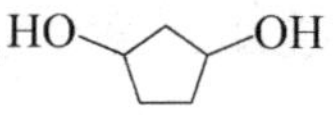

(4) 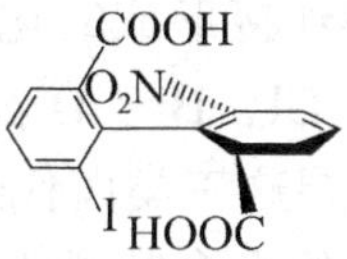

(5) 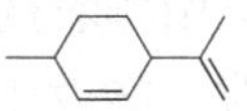

(6) 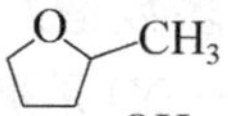

(7) 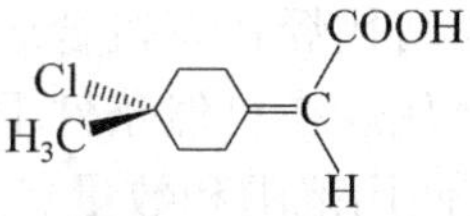

(8) 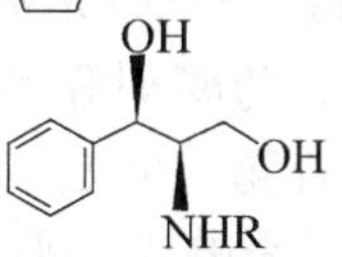

2. 写出下列各化合物所有旋光异构体的费歇尔投影式，并用 *R*/*S* 标记法确定手性碳原子的构型。

(1) 2-氯-1-丙醇　　(2) 2-甲基-3-戊醇

(3) 2,3-二氯戊烷　　(4) 2,3-二氯丁烷

(5) 3-苯基-3-氯丙烯　　(6) 2-氨基-3-羟基丙酸

(7) 2,3,4-三羟基丁醛　　(8) 2-甲基-3-苯基丁烷

3. 指出下列各组内化合物之间的关系。

(1) 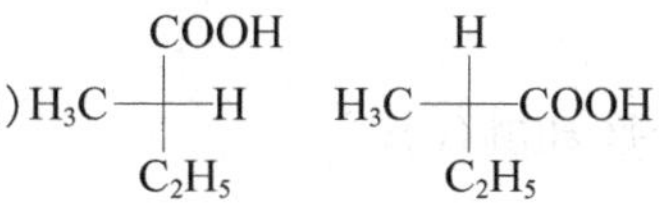

(2) 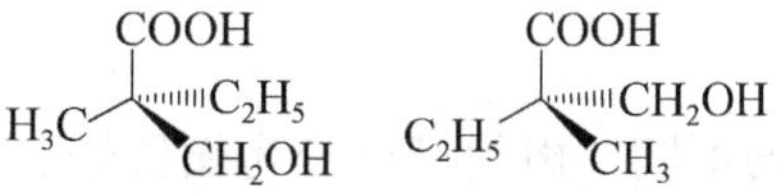

(3) 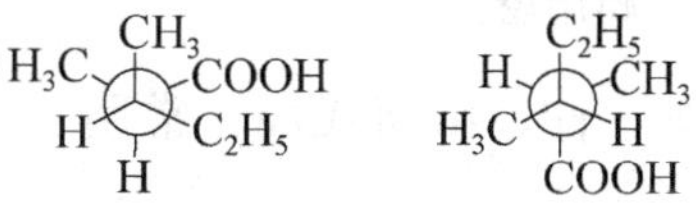

(4) 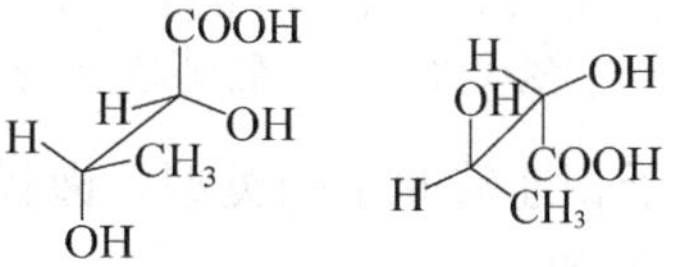

(5) 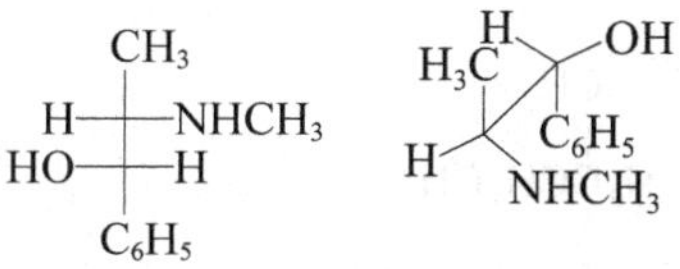

(6) 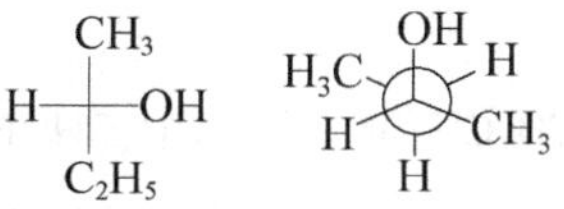

(7) 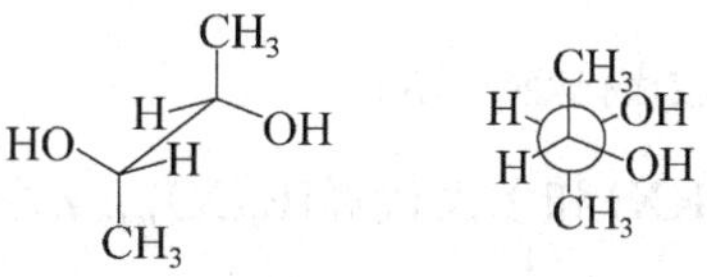

(8) 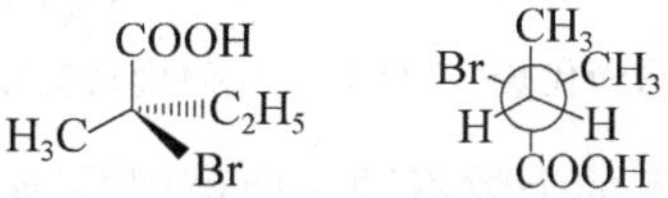

4. 某烯烃 A 分子式为 C_6H_{12}，有旋光性。A 催化加氢生成无旋光性的 B，分子式为 C_6H_{14}。A 与溴化氢反应生成有旋光性的 C，分子式为 $C_6H_{13}Br$。写出 A、B 和 C 的结构式和相关反应式。

5. 用丙烷进行氯代反应，生成四种二氯丙烷 A、B、C 和 D，其中 D 具有旋光性。当继续氯代生成三氯丙烷时，A 得到一种产物，B 得到两种产物，C 和 D 各得到三种产物。写出 A、B、C 和 D 的结构式。

6. 某烯烃 A、B 和 C 分子式均为 C_4H_8，都没有旋光性。如果与溴化氢加成，A 和 B 得到有一个手性碳原子的相同产物，C 得到没有手性碳原子的产物。如果与溴加成，A 的产物中有一个手性碳原子，B 的产物中有两个手性碳原子，C 的产物中没有手性碳原子。写出 A、B 和 C 的结构式和相关反应式。

7. 某旋光性物质 1.840 g 溶于 20 mL 水中，在 20℃时用 5 cm 长的盛液管测得其旋光度为+3.45°。

(1) 计算该物质的比旋光度。

(2) 另一该物质的溶液在 20℃时用 20 cm 长的盛液管测得其旋光度为+14.55°，计算该溶液的浓度。

第6章 卤 代 烃

卤代烃是卤原子与烃基以σ键连接形成的化合物，或是烃分子中的氢原子被卤原子取代后的化合物，可用通式 RX(X=F、Cl、Br、I)表示。卤原子是卤代烃的官能团，通常为氯原子、溴原子和碘原子。本章主要介绍这三类卤代烃。

卤代烃在自然界中存在极少，绝大多数是人工合成的。这些卤代烃被广泛用作农药、麻醉剂、灭火剂、溶剂等。由于碳卤键(C—X)是极性的，卤代烃的性质比较活泼，能发生多种化学反应，制备医药、农药、农膜、防腐剂等多种有机化合物，因而卤代烃在有机合成中起着桥梁作用，是一类重要的有机化合物。但是，有些作为杀虫剂的卤代烃在自然条件下难以降解或转化，对自然环境造成污染，影响生态平衡，因此必须限制其使用范围和数量。

6.1 卤 代 烷 烃

6.1.1 分类和命名

1. 分类

根据卤原子的不同，卤代烃可分为氟代烃、氯代烃、溴代烃和碘代烃。

RF	RCl	RBr	RI
氟代烃	氯代烃	溴代烃	碘代烃

根据分子中卤原子相连碳原子的类型，卤代烷可分为伯、仲、叔卤代烃，常用1° RX、2° RX、3° RX表示。例如

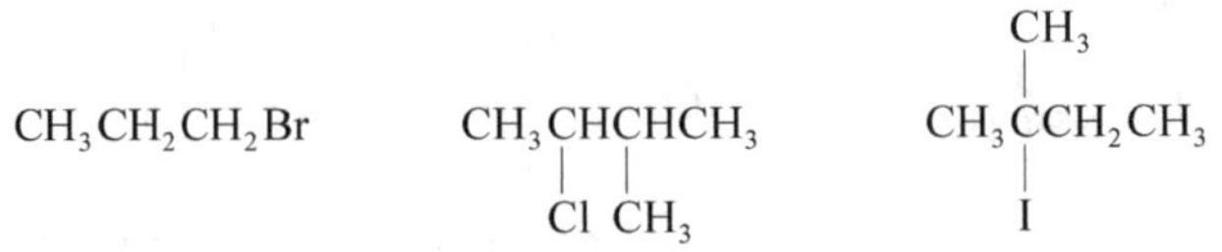

伯卤代烃(1°RX)　仲卤代烃(2°RX)　叔卤代烃(3°RX)

根据分子中卤原子的个数不同，也可以分为一卤代烃(RX)和多卤代烃[R(X)$_n$，$n>1$]。

2. 命名

简单的卤代烷可用普通命名法命名。根据卤原子连接的烷基，称为“某基卤”或“卤(代)某烷”。例如

CH_3CH_2Br	$CH_2{=}CHCl$	$CH_2{=}CH{-}CH_2Br$	$C_6H_5{-}CH_2Cl$
溴乙烷	氯乙烯	烯丙基溴	苄基氯

复杂的卤代烷可用系统命名法命名。命名饱和的卤代烃时，选择连有卤原子的最长碳链作为主链，称为“某烷”，由于卤素优于烷基，将较优基团列在烷烃后。命名时把烷基、卤素的位置、名称依次写在烷烃名称之前，命名不饱和的卤代烃时，则把卤原子看作取代基；不

饱和键是官能团，编号时应使不饱和键的编号最小。例如

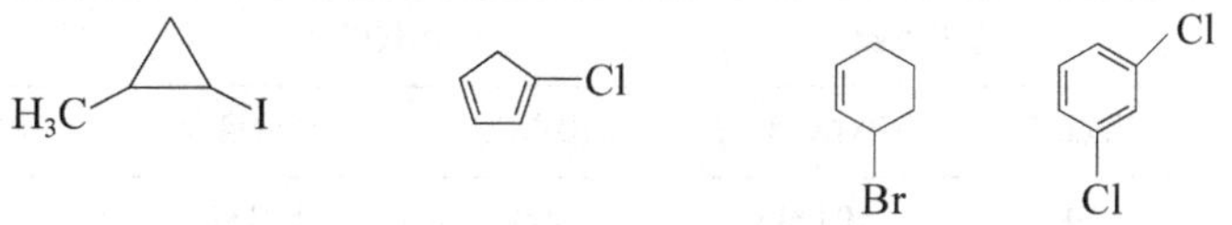

2-甲基-1-碘环丙烷　1-氯-1,3-环戊二烯　3-溴环己烯　1,3-二氯苯

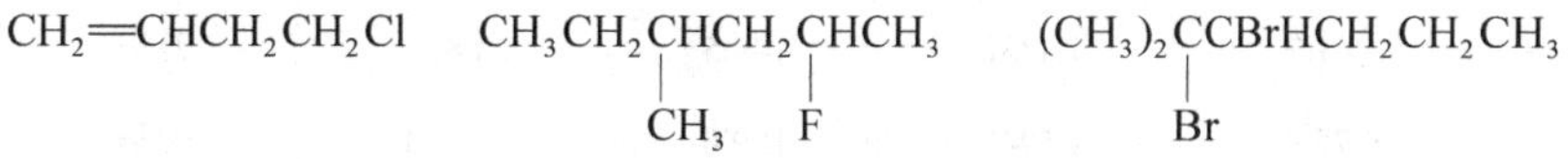

4-氯-1-丁烯　　4-甲基-2-氟己烷　　2-甲基-2,3-二溴己烷

思考题 6-1　命名下列化合物。

(1) 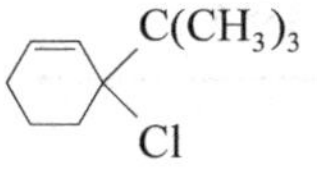　(2) 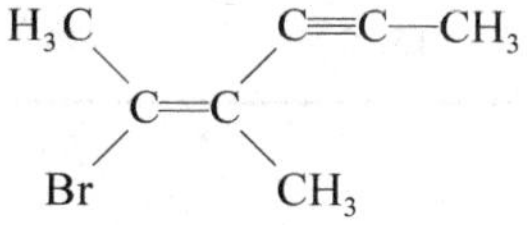　(3) 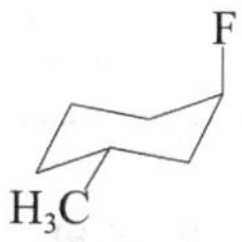　(4) $CHCl_3$

思考题 6-2　写出下列化合物的结构式。

(1) 对硝基溴苯　(2) 2-甲基-5-氯-4-碘辛烷　(3) 顺-1-甲基-2-溴环戊烷

6.1.2　卤代烷烃的物理性质

常温常压下，氯甲烷、氯乙烷和溴甲烷是气体，其他卤代烷为液体，C_{15} 以上的卤代烷为固体。一卤代烷的沸点随碳原子数的增加而升高。烷基相同而卤原子不同时，碘代烷沸点最高，其次是溴代烷与氯代烷。在卤代烷的同分异构体中，直链异构体的沸点最高，支链越多，沸点越低。

氟代烷和一氯代烷密度小于 1，一溴代烷、一碘代烷及多卤代烷相对密度均大于 1。在同系列中，相对密度随碳原子数的增加而降低，这是卤素在分子中所占的比例逐渐减少的缘故。

卤代烷不溶于水，易溶于乙醇、乙醚等有机溶剂。某些卤代烷如 $CHCl_3$、CCl_4 等本身就是良好的溶剂。纯净的卤代烷是无色的，碘代烷因易受光、热的作用而分解，产生游离碘而逐渐变为红棕色。卤代烷在铜丝上燃烧时能产生绿色火焰，可以作为鉴定有机化合物中是否含有卤素的定性分析方法(氟代烃例外)。部分卤代烃的一些物理常数见表 6-1。

表 6-1　部分卤代烃的物理常数

名称	氯代烷烃		溴代烷烃		碘代烷烃	
	沸点/℃	相对密度 d_4^{20}	沸点/℃	相对密度 d_4^{20}	沸点/℃	相对密度 d_4^{20}
CH_3X	−24.2	0.9159	3.6	1.6755	42.4	2.2790
CH_3CH_2X	12.3	0.8978	38.4	1.4604	72.3	1.9358
$CH_3CH_2CH_2X$	46.6	0.8909	71.0	1.3537	102.5	1.7489
$(CH_3)_2CHX$	35.7	0.8617	59.4	1.3140	89.5	1.7033
$CH_3CH_2CH_2CH_2X$	78.4	0.8862	101.6	1.2758	130.5	1.6154
$CH_3CH_2CHXCH_3$	68.3	0.8732	91.2	1.2585	120	1.5920
$(CH_3)_2CHCH_2X$	68.9	0.875	91.5	1.261	121	1.605
$(CH_3)_3CX$	52.0	0.8420	73.3	1.2209	100(分解)	1.5445

续表

名称	氯代烷烃		溴代烷烃		碘代烷烃	
	沸点/℃	相对密度 d_4^{20}	沸点/℃	相对密度 d_4^{20}	沸点/℃	相对密度 d_4^{20}
$CH_3(CH_2)_3CH_2X$	108	0.8813	130	1.2182	157	1.5160
CH_2X_2	40	1.3266	97	2.4970	182(分解)	3.3254
CHX_3	61.7	1.4832	149.5	2.8899	升华	4.0080
CX_4	76.8	1.5940	189.0	3.2730	升华	4.2300
$CH_2{=\!=}CHX$	−14.0	0.9106	15.8	1.517	—	—
$CH_2{=\!=}CHCH_2X$	45.7	0.938	—	—	—	—
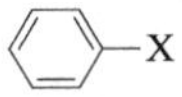	132.0	1.1066	155.5	1.495	188.5	1.832

6.1.3 卤代烷烃的结构与化学活性

在卤代烃分子中，由于卤原子的电负性和可极化性较大，碳卤键（$C^{\delta^+}—X^{\delta^-}$）成为极性键。在一定条件下，极易产生异裂，卤原子被其他亲核基团或原子取代，发生亲核取代反应。由于受卤原子吸电子诱导效应的影响，β-C—H 键的极性增大，β-H 原子的酸性增强，在碱性条件下发生消除反应，且还可与金属反应生成有机金属化合物。通过结构分析，得到卤代烃的化学反应归纳如下：

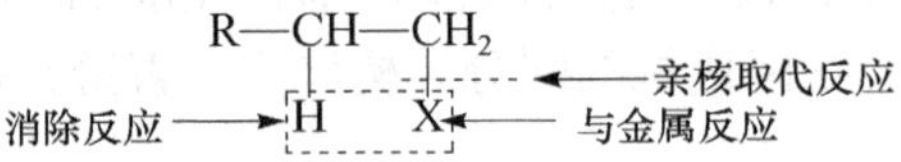

6.1.4 卤代烷烃的化学性质

1. 亲核取代反应及机理

含有负离子(HO^-、RO^-、CN^-、NO_3^-等)或带未共用电子对的分子(如 NH_3、NH_2R、NHR_2、NR_3 等)亲核试剂进攻卤代烃分子中 $C^{\delta^+}—X^{\delta^-}$ 键带部分正电荷的碳原子，而卤原子被取代的反应，称为亲核取代反应，用符号 S_N(nucleophilic substitution)表示。亲核取代反应通式如下：

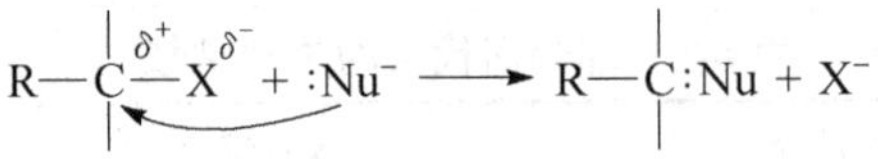

1)亲核取代反应

(1)被羟基取代。

卤代烷与氢氧化钠或氢氧化钾的水溶液共热，卤原子被羟基取代生成醇。此反应也称为卤代烷的水解，可用来制备醇类。

$$R—X + NaOH \xrightarrow[\triangle]{H_2O} R—OH + NaX$$

(2)被烷氧基取代。

卤代烷与醇钠的醇溶液作用，卤原子被烷氧基取代生成醚。此反应称为卤代烷的醇解。

$$R—X + NaOR' \xrightarrow{ROH} R—O—R' + NaX$$

卤代烷的醇解是合成混合醚的重要方法，称为 Williamson 合成法。

(3) 被氨基取代。

卤代烷与氨(胺)的水溶液或醇溶液作用，卤原子被氨基取代生成胺。此反应称为卤代烷的氨(胺)解。

$$R—X + NH_3 \xrightarrow{ROH} R—NH_2 + HX$$

由于产物具有亲核性，除非使用过量的氨(胺)，否则反应很难停留在一取代阶段。当卤代烷过量时，生成各种取代的胺以及季铵盐产物。

$$\underset{一级胺}{RNH_2} \xrightarrow[ROH]{RX} \underset{二级胺}{R_2NH} \xrightarrow[ROH]{RX} \underset{三级胺}{R_3N} \xrightarrow[ROH]{RX} \underset{季胺盐}{[R_4N]^+X^-}$$

(4) 被氰基取代。

卤代烷与氰化钠或氰化钾的醇溶液共热，卤原子被氰基取代生成腈。腈可发生水解反应生成羧酸。

$$R—X + NaCN \xrightarrow[\triangle]{ROH} R—CN + NaX$$

$$R—CN + H_2O \xrightarrow[\triangle]{H^+} RCOOH$$

由于产物比反应物多一个碳原子，因此该反应是有机合成中增长碳链的方法之一。

(5) 被硝酸根(—ONO_2)取代。

卤代烷与硝酸银的醇溶液作用，卤原子被硝酸根取代生成硝酸酯，同时伴随卤化银沉淀生成。根据卤化银沉淀的颜色不同，该反应常用于卤代烷的定性鉴定。

$$R—X + AgNO_3 \xrightarrow{ROH} R—ONO_2 + AgX\downarrow$$

思考题 6-3　完成下列反应。

(1) $CH_2=CHCH_2Cl + AgNO_3 \xrightarrow{C_2H_5OH}$

(2) $CH_3CH_2CH_2Br + NaI \longrightarrow$

(3) $(CH_3)_2CHCH_2Cl + NH_3 \xrightarrow{C_2H_5OH}$

(4) 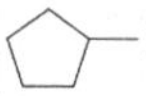—I $\xrightarrow[\triangle]{NaOH}$

2) 亲核取代反应机理

通过动力学和立体化学的研究发现，卤代烷的亲核取代反应可按两种反应机理进行，即单分子亲核取代(S_N1)和双分子亲核取代(S_N2)反应机理。

(1) 单分子亲核取代。

单分子亲核取代(S_N1)反应是分两步完成：第一步，卤代烃异裂为碳正离子(中间体)；第二步，碳正离子与亲核试剂结合生成产物。以叔丁基溴在氢氧化钠水溶液中的水解反应为例：

$$(CH_3)_3C—Br \xrightarrow{慢} (CH_3)_3C^+ + Br^- \qquad (Ⅰ)$$

$$(CH_3)_3C^+ + OH^- \xrightarrow{快} (CH_3)_3C—OH \qquad (Ⅱ)$$

在化学动力学中，对于多步反应，整个反应的速率取决于反应最慢的一步。上述反应第一步(Ⅰ)是 C—Br 键断裂生成碳正离子和溴负离子，第二步(Ⅱ)是碳正离子和 OH^-结合生成醇。在此反应机理中，亲核试剂(OH^-)没有参与决定反应速率的慢反应，慢反应的反应速率仅与叔丁基溴的浓度成正比，而与亲核试剂 OH^-的浓度无关。因此，在动力学上属于一级反应，其速率方程式如下：

$$v=k[(CH_3)_3CBr]$$

既然 S_N1 反应速率由第一步决定，因此在这步中生成的碳正离子中间体越稳定，反应越容易进行，反应速率越快。所以不同类型卤代烷按 S_N1 机理反应的活性次序为

$$R_3C—X>R_2CH—X>RCH_2—X>CH_3—X$$

从立体化学的研究发现，含有手性碳原子的化合物发生 S_N1 亲核取代反应时，生成的产物总是外消旋化的，即一部分产物的构型和反应物的相同，称为构型保持产物；另一部分产物的构型和反应物的相反，称为构型转化产物。例如，60℃时(*R*)-对甲苯基-苯基-溴甲烷在 80%丙酮水溶液中进行反应，得到外消旋化产物。

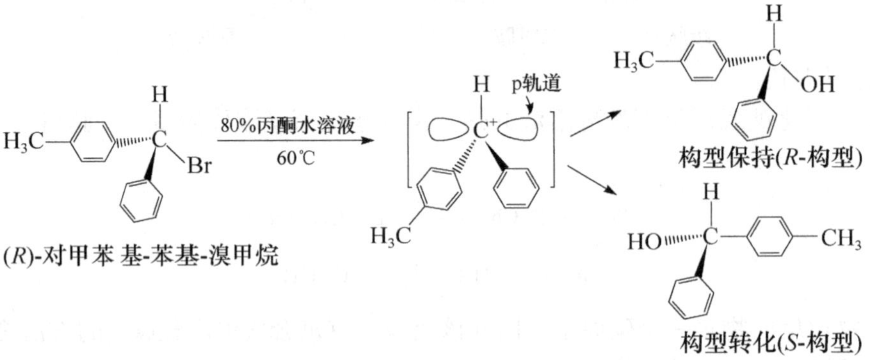

S_N1 反应发生外消旋化的原因是离去基团离去后，生成的碳正离子中间体是 sp^2 杂化，与碳正离子相连三个原子或基团共处一个平面。亲核试剂可以从平面的两侧进攻，如图 6-1 所示。因此产物既有构型保持产物，也有构型转化产物。

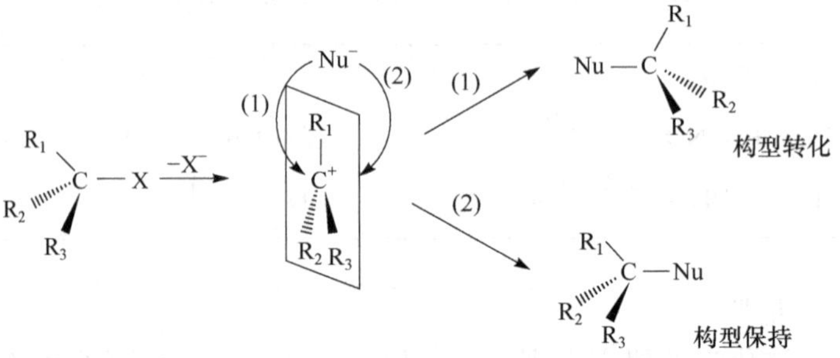

图 6-1　S_N1 反应发生外消旋化立体示意图

在某些情况下，构型转化产物和构型保持产物相等，产物是完全外消旋化的；但在某些情况下，二者不完全相等，往往构型转化产物多一些，产物只是部分外消旋化，如图 6-2 所示。

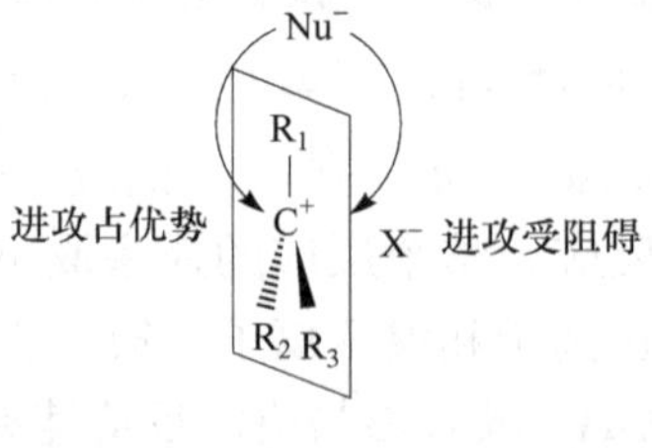

图 6-2　S_N1 反应发生外消旋化时受离去基团空间位阻

这是由于亲核试剂对碳正离子的进攻发生在离去基团尚未完全远离时，此时由于离去基

团的阻碍作用，亲核试剂从远离离去基团一侧的进攻机会增多，所以构型转化产物占多数。

外消旋化是 S_N1 反应的重要特征，但不是 S_N1 反应的标志，因为其他一些反应也会发生外消旋化。

(2) 双分子亲核取代。

双分子亲核取代(S_N2)反应是一种只有过渡态而无中间体的一步反应。以溴甲烷在氢氧化钠水溶液中的水解反应为例：

$$HO^- + CH_3Br \longrightarrow \underset{\text{过渡态}}{[\overset{\delta^-}{HO}\cdots CH_3 \cdots \overset{\delta^-}{Br}]} \longrightarrow HOCH_3 + Br^-$$

过渡态是亲核试剂与卤代烃分子相互碰撞而形成。该反应速率与亲核试剂和卤代烃两者的浓度都有关，在动力学上属于二级反应。

$$v=k\,[CH_3Br]\,[OH^-]$$

S_N2 反应是通过形成过渡态一步完成的。形成过渡态时，α-C 原子由 sp^3 杂化状态转变为 sp^2 杂化状态，与 3 个氢原子成键，3 个 C—H 处于同一个平面。亲核试剂 OH^- 由于受电负性大的溴原子排斥作用，只能从溴原子背后，且沿 C—Br 键的轴线进攻 α-C 原子。到达过渡态时，OH^- 与 α-C 原子之间部分成键，C—Br 键部分断裂，3 个氢原子与碳原子在一个平面上，进攻试剂和离去基团分别处在该平面的两侧。同时，当 OH^- 进一步接近 α-C 原子并最终形成 O—C 键时，3 个氢原子也向溴原子一方偏转，C—Br 键进一步拉长并彻底断裂，Br^- 负离子离去，C 原子又转变为 sp^3 杂化状态，整个过程是连续的，旧键的断裂和新键的形成是同时进行的。水解反应速率与卤代烷和亲核试剂的浓度都有关系，因此称为 S_N2 取代反应。

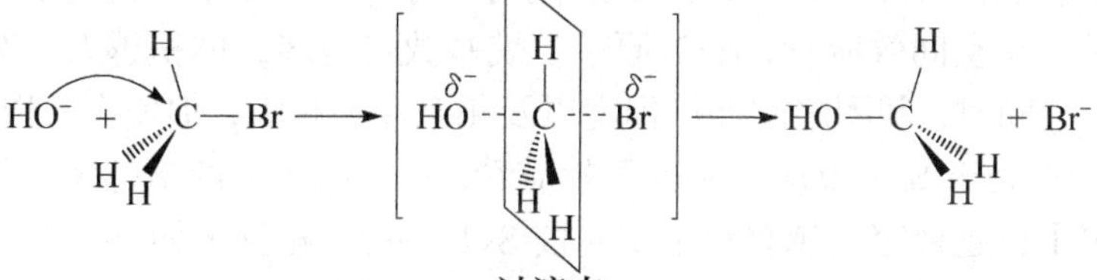

过渡态

在 S_N2 反应中，亲核试剂从卤原子的背面进攻 α-C 原子，若 α-C 原子上的烃基越多，进攻的空间阻碍越大，反应速率越慢。另外，烷基具有斥电子性，α-C 原子上的烷基越多，该碳原子上的电子云密度也越大，越不利于亲核试剂的进攻。所以不同类型卤代烷按 S_N2 反应的活性次序为

$$CH_3—X > RCH_2—X > R_2CH—X > R_3C—X$$

立体化学的研究发现：含手性碳原子的化合物发生亲核取代反应时，若按 S_N2 进行，手性碳原子的构型会发生转化，即产物的手性碳原子构型与反应物的构型相反。例如，(*S*)-2-溴丁烷用 KOH 溶液处理时，反应按 S_N2 进行，生成(*R*)-2-丁醇。

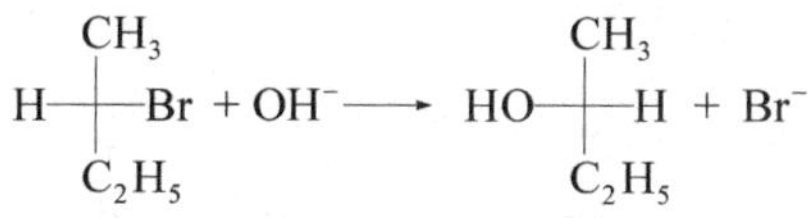

(*S*)-2-溴丁烷 (*R*)-2-丁醇

亲核试剂从离去基团的背面进攻，离去基团从远离亲核试剂的一方逐渐离开，*α*-碳原子上的其他三个基团逐渐朝着离去基团的方向偏移，翻转到离去基团的一方。整个过程就像大风将雨伞从里向外吹翻一样，这种构型的翻转称为瓦尔登转化(Walden inversion)。

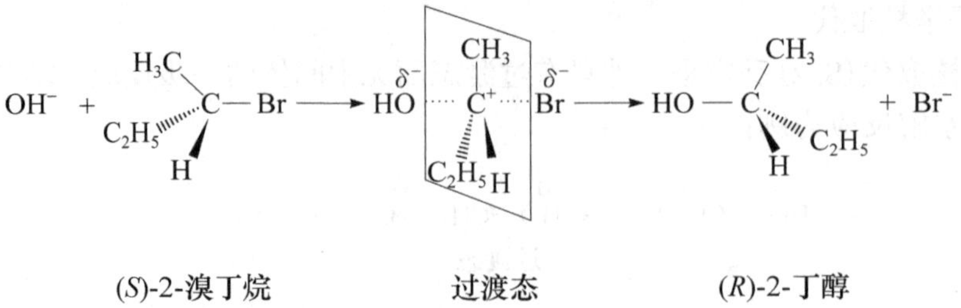

瓦尔登转化是 S_N2 反应的重要特征和标志，如果已知某化合物发生了 S_N2 反应，其产物的构型就可以根据反应物的构型预测出来。

需要指出的是，瓦尔登转化是指分子的构型像风吹雨伞一样进行了翻转，而不是指反应前后构型一定由 *R* 变为 *S* 或由 *S* 变为 *R*，产物的构型需要重新确定。例如，(*S*)-2-氯-2-碘庚烷和 CH_3ONa 按 S_N2 反应时，虽发生了瓦尔登转化，但产物仍为 *S*-构型。

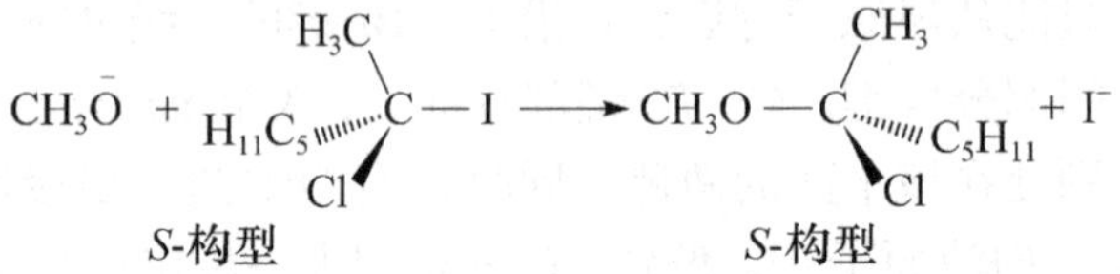

当然，若某一亲核取代反应前后构型发生了转化，即由 *R* 变为 *S* 或由 *S* 变为 *R*，就可推测该反应是按 S_N2 进行的。

卤代烷进行亲核取代反应时，S_N1 和 S_N2 同时并存，相互竞争，究竟以哪种机理为主，与卤代烷的结构有关。从空间效应看，*α*-C 原子上烷基数目越多，体积越大，对亲核试剂进攻的空间阻碍作用越大，同时，基团之间拥挤程度以及相互斥力越大，促使卤素以 X^-形式离去，反应易按 S_N1 进行，不利于 S_N2 反应。从电子效应看，*α*-C 原子上烷基越多，其上的电子密度越高，形成的碳正离子也越稳定，越有利于反应按 S_N1 进行。相反，如果 *α*-C 原子上烷基越少，其上的电子密度越低，有利于亲核试剂进攻 *α*-C 原子，因此有利于反应按 S_N2 进行。所以一般叔卤代烷主要按 S_N1 进行，伯卤代烷主要按 S_N2 进行，而仲卤代烷既可按 S_N1 又可按 S_N2 进行。

另外，卤原子对亲核取代反应速率也有影响。当卤代烷分子中的烷基相同而卤原子不同时，其反应活性次序为

$$R—I>R—Br>R—Cl$$

因为卤代烃分子在试剂电场的影响下，无论反应按 S_N1 还是 S_N2 进行，都必须断裂 C—X 键。从 C—X 键的键能和卤原子的可极化度看，卤原子半径大小次序为 I>Br>Cl，原子半径越大，可极化性越大，反应活性越高。而且离去基团的稳定性顺序为：$I^->Br^->Cl^-$。因此，C—I 键最容易断裂，C—Br 键其次，C—Cl 键较难断裂。

2. 消除反应及其机理

1) 消除反应

卤代烷与强碱(如 KOH 或 NaOH 等)的醇溶液共热，分子中脱去一分子卤化氢生成烯烃。这种由分子中脱去一个简单分子(如 H_2O、HX、NH_3 等)形成烯烃的反应称为消除反应。用符

号 E(elimination)表示。

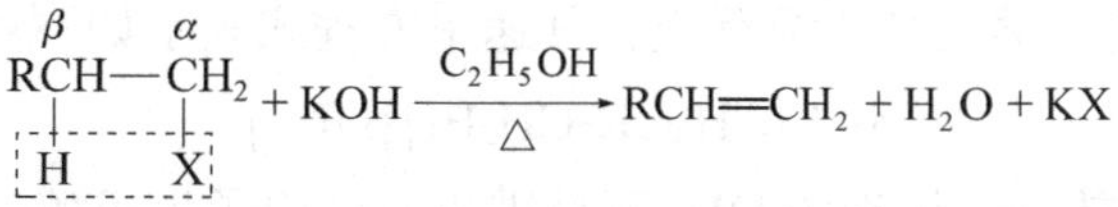

由反应式看出，只有卤代烃分子中有 β-H 时，才能进行消除反应。当含有两个以上 β-C 原子且均有 β-H 时，卤代烷发生消除反应将按不同方式脱去卤化氢，生成不同的产物。大量实验事实证明，其主要产物是脱去含氢较少的 β-C 原子上的氢，生成双键碳原子上连有最多烃基的烯烃。这个规律称为查依采夫(Saytzeff)规律。例如

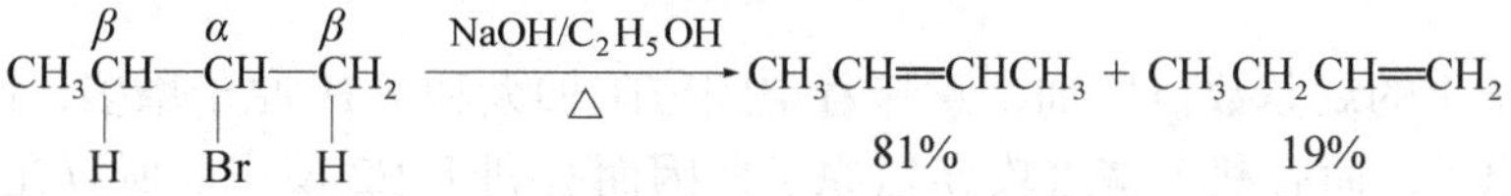

两种产物中，2-丁烯是含氢较少的 β-C 原子上消去氢得到产物，产率为 81%，是主要产物。而 1-丁烯是含氢较多的 β-C 原子上消去氢得到产物，产率仅有 19%，是次要产物。

2) 消除反应机理

卤原子和 β-C 原子上的氢形成 HX 脱去，这种形式的消除反应称为 β-消除反应。消除反应分为单分子消除(E1)和双分子消除(E2)两种反应机理。

(1) 单分子消除反应机理。

与 S_N1 反应一样，E1 反应也是分两步进行的。

$$(CH_3)_3C—Br \xrightarrow{慢} (CH_3)_3C^+ + Br^- \qquad (Ⅰ)$$

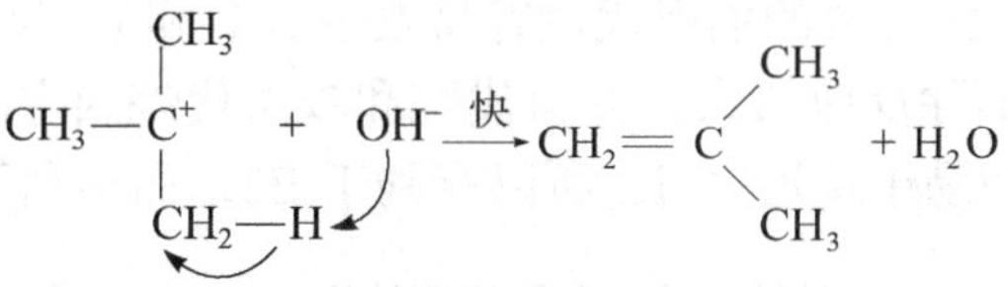

(Ⅱ)

整个反应的速率取决于第一步(Ⅰ)中叔丁基溴的浓度，与试剂 OH^- 的浓度无关，故称为单分子消除反应机理，用 E1 表示。在动力学上也是一级反应，其速率方程式表示如下：

$$v=k[(CH_3)_3C—Br]$$

与 S_N1 反应不同，E1 的第二步中 OH^- 不是进攻碳正离子生成醇，而是夺取碳正离子的 α-H 生成烯烃。显然，E1 和 S_N1 这两种反应机理是相互竞争、相互伴随发生的。例如，在 25℃时，叔丁基溴在乙醇溶液中反应得到 81%的取代产物和 19%的消除产物。

$$(CH_3)_3C—Br \xrightarrow[25℃]{C_2H_5OH} \underset{81\%}{(CH_3)_3C—O—C_2H_5} + \underset{19\%}{(CH_3)_2C=CH_2}$$

从 E1 反应可以看出，不同卤代烷的反应活性次序和 S_N1 相同，即

$$R_3C—X > R_2CH—X > RCH_2—X$$

(2) 双分子消除反应机理。

E2 和 S_N2 也很相似，旧键的断裂和新键的形成同时进行，整个反应经过一个过渡态。

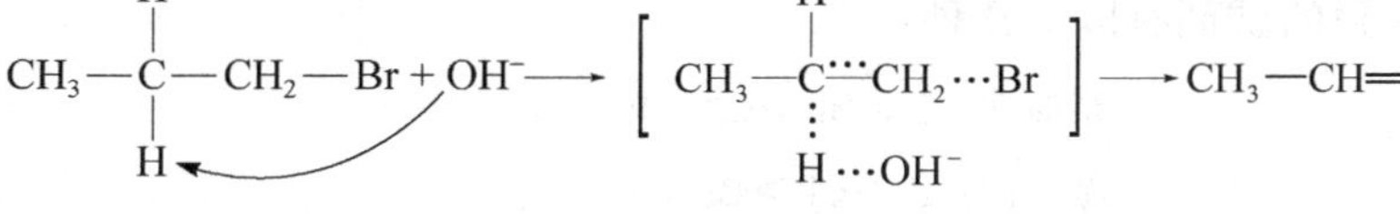

过渡态

整个反应速率既与卤代烷的浓度成正比，也与碱的浓度成正比，故称为双分子消除反应机理，用 E2 表示。在动力学上是二级反应，其速率方程式表示如下：

$$v=k\,[CH_3CH_2CH_2Br]\,[OH^-]$$

与 S_N2 反应机理不同，E2 机理中 OH^- 不是进攻 α-C 原子生成醇，而是夺取 β-H 原子生成烯烃。显然，E2 与 S_N2 这两种反应机理也是相互竞争、相互伴随发生的。例如

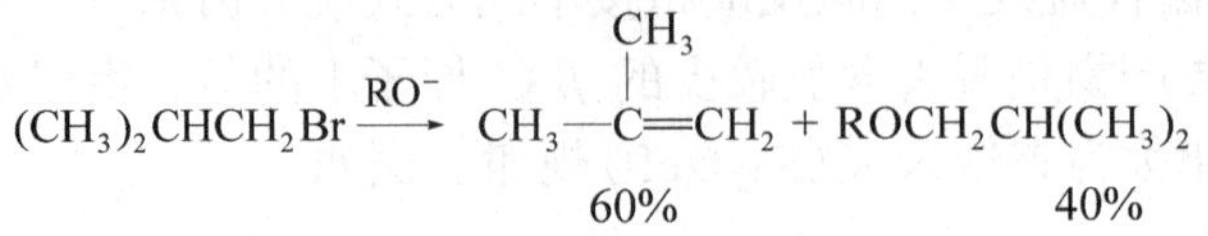

当 α-C 原子上的烷基数目增加，意味着空间位阻加大和 β-H 原子增多，因此不利于亲核试剂进攻 α-C 原子，而有利于碱进攻 β-氢原子，因而有利于 E2 反应。所以在 E2 反应中，不同卤代烷的反应活性次序和 E1 相同，即

$$R_3C—X > R_2CH—X > R—CH_2—X$$

(3) 亲核取代反应和消除反应的竞争。

卤代烷的亲核取代反应和消除反应往往同时发生，而且每种反应都可能按单分子机理和双分子机理进行。因此卤代烷与亲核试剂作用时可能有四种反应机理，即 S_N1、S_N2、E1、E2。究竟哪种机理占优势，主要由卤代烷烃的结构、亲核试剂的性质（亲核性、碱性）、溶剂的极性以及反应的温度等因素决定。

(i) 烃基结构的影响。

在强碱性条件下，无支链的伯卤代烃容易发生 S_N2 和 E2 反应，而且以 S_N2 为主。这是取代反应的活化能低于消除反应所致。仲卤代烷和叔卤代烷因空间位阻增加，亲核试剂难以从背面进攻 α-C 原子，而易于接近 β-H，所以有利于 E2，而不利于 S_N2，如表 6-2 所示。

表 6-2　强碱性条件下不同烃基结构 RX 的 S_N2 和 E2 产物比例

卤代烃	S_N2 产物/%	E2 产物/%
$CH_3CH_2—Br$	99	1
$(CH_3)_2CH—Br$	20	80
$(CH_3)_3C—Br$	3	97

无强碱性存在下，叔卤代烷主要为 S_N1 和 E1 反应，并以 S_N1 反应为主。对于 β-C 原子上有支链的仲卤代烃更容易发生消除反应。一般情况下，卤代烃消除反应的活性为：3°＞2°＞1°。

(ii) 亲核试剂性质。

由于亲核试剂（如 OH^-、RO^-、CN^- 等）都具有孤对电子，表现出碱性。亲核性是指试剂与碳原子的结合能力。在大多数情况下，试剂的亲核性和碱性是一致的。即碱性越强，亲核性越强。常见的亲核性与碱性一致的试剂如下：

$$RO^- > HO^- > C_6H_5O^- > RCOO^- > ROH > H_2O$$

亲核性与碱性不一致的试剂有以下几种：

亲核性：$I^- > Br^- > Cl^- > F^-$

碱　性：$F^- > Cl^- > Br^- > I^-$

亲核性强的试剂对 S_N2 反应有利，亲核性弱的试剂对消除反应有利；碱性弱的试剂对取代反应有利。

综上所述，伯卤代烃与强亲核试剂主要进行 S_N2 反应；叔卤代烃与强碱性试剂主要进行 E2 反应；仲卤代烃介于两者之间，但在强碱性条件下主要进行 E2 反应。各级卤代烃发生取代反应和消除反应的次序为

$$\text{RX}=1^\circ \quad 2^\circ \quad 3^\circ$$

$$\xrightarrow{\text{E2增加}} \qquad \xleftarrow[\text{S}_\text{N}\text{2增加}]{}$$

(iii) 温度的影响。

一般情况，升高温度会增加消除反应产物的比例。这是因为消除反应中形成过渡态需拉长 β-C—H 键，所需要的活化能比取代反应高，所以提高温度更有利于 E2 反应。

(iv) 溶剂的极性。

溶剂的极性对取代反应和消除反应都有影响。极性溶剂有利于 S_N1 和 E1 反应，而不利于 S_N2 和 E2 反应。极性较小的溶剂有利于 E2 反应。卤代烃在强碱的稀溶液中进行水解反应；在碱的醇溶液中则进行消除反应。

思考题 6-4 C_2H_5Cl 在含水乙醇中进行碱性水解反应时，如增加水的含量，则反应速率下降。而 $(CH_3)_3C—Cl$ 在含水乙醇中进行碱性水解反应时，增加水的含量反而使反应速率上升，为什么？

3. 与金属的反应

卤代烷能与多种金属(如 Li、Na、K、Mg、Al 等)反应，生成有机金属化合物。其中 Li 和 Mg 有机金属化合物既有较强的活泼性，又可发生多种化学反应，在有机合成中起重要作用。使用较多的是格利雅(Grignard)试剂，简称格氏试剂。格氏试剂可通过卤代烷在无水乙醚中与金属镁作用制得。

$$\text{R—X} + \text{Mg} \xrightarrow{\text{无水乙醚}} \text{RMgX}\text{(格氏试剂)}$$

格氏试剂中的 C—Mg 键极性很强，化学性质非常活泼，能和多种化合物作用生成烃、醇、醛、酮、羧酸等物质。例如，格氏试剂与 CO_2 作用，经水解后可制得羧酸。

$$\text{RMgX} + \text{CO}_2 \xrightarrow{\text{无水乙醚}} \text{RCOOMgX} \xrightarrow[\text{H}^+]{\text{H}_2\text{O}} \text{RCOOH} + \text{Mg(OH)X}$$

由于格氏试剂能与许多含活泼氢的物质作用，生成相应的烷烃而使格氏试剂遭到破坏，因此在制备格氏试剂时必须避免与水、醇、酸、氨、端基炔类等物质接触。

$$\text{RMgX} \xrightarrow{\text{无水乙醚}} \begin{cases} \xrightarrow{\text{H}_2\text{O}} \text{RH} + \text{Mg(OH)X} \\ \xrightarrow{\text{R}'\text{OH}} \text{RH} + \text{R}'\text{OMgX} \\ \xrightarrow{\text{NH}_3} \text{RH} + \text{MgNH}_2\text{X} \\ \xrightarrow{\text{HX}} \text{RH} + \text{MgX}_2 \\ \xrightarrow{\text{R}'—\text{C}\equiv\text{C}—\text{H}} \text{RH} + \text{R}'—\text{C}\equiv\text{C}—\text{MgX} \end{cases}$$

因此，在制备格氏试剂时必须防止这些物质的存在，并采用隔绝湿气的措施。格氏试剂与二氧化碳的反应可以用来制备比卤代烃的烃基增长一个碳原子的羧酸。

> **思考题 6-5**　(1) 比较卤代烃亲核取代反应 S_N1 和 S_N2 机理的特点。
> (2) 卤代烃的 β-消除反应与亲电取代反应的联系和不同点。

6.2　卤代烯烃和卤代芳烃

6.2.1　分类和命名

1. 分类

根据卤原子和不饱和碳原子的相对位置，卤代烯烃和卤代芳烃可分为三种类型。

1) 乙烯基型和芳基型卤代烃

卤原子和不饱和碳原子直接相连。例如

$CH_2{=}CH{-}X$

乙烯型

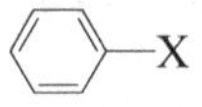

苯基型

2) 烯丙基型和苄基型卤代烃

卤原子和不饱和碳原子之间相隔一个饱和碳原子。例如

$CH_2{=}CHCH_2{-}X$

烯丙基型

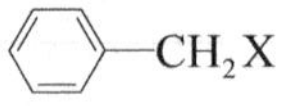

苄基型

3) 隔离型卤代烯烃和卤代芳烃

卤原子和不饱和碳原子之间相隔两个或两个以上饱和碳原子。例如

$CH_2{=}CH(CH_2)_n{-}X$

隔离型

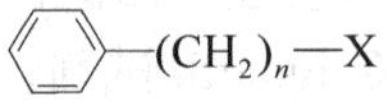

卤代芳基型

2. 命名

卤代烯烃通常采用系统命名法命名，即以烯烃为母体，编号时使双键位置最小。例如

$CH_2{=}CHCH_2Br$

3-溴丙烯(烯丙基溴)

$CH_3CH_2C(Cl){=}C(CH_3)CH_2CH_3$

3-甲基-4-氯-3-己烯

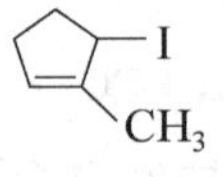

1-甲基-5-碘环戊烯

卤代芳烃的命名有两种方法。一是卤原子连在芳环上时，把芳环当作母体，卤原子作为取代基。二是卤原子连在侧链上时，把侧链当作母体，卤原子和芳环均作为取代基。例如

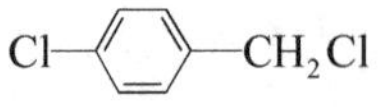

对氯苯基氯甲烷

1-溴萘(α-溴萘)

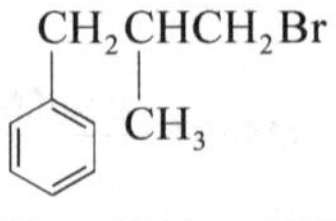

2-甲基-3-苯基-1-溴丙烷

6.2.2　结构与化学活性的关系

三种类型的卤代烯烃和卤代芳烃分子中都具有两个官能团，除具有烯烃或芳烃的通性外，由于卤原子对双键或芳环的影响及影响程度不同，又表现出各自的反应活性。

1. 乙烯型卤代烃和卤苯

这类卤代烃的结构特点是卤原子直接与不饱和碳原子相连，分子中存在 p-π 共轭体系，如氯乙烯和氯苯分子(图 6-3)。

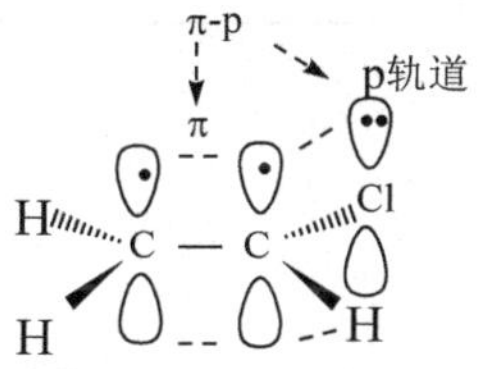

(a) 氯乙烯的p-π共轭体系

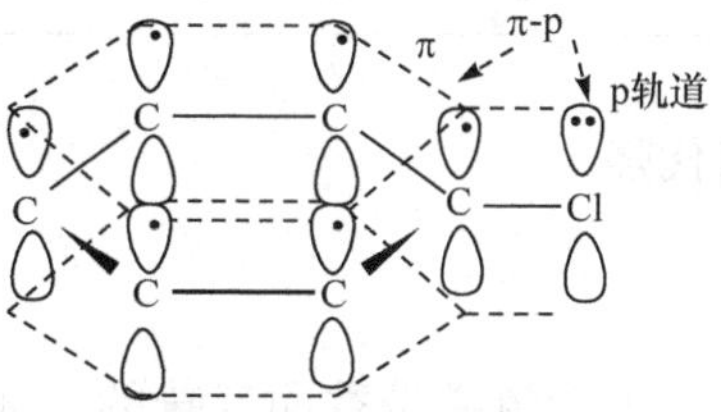

(b) 氯苯的p-π共轭体系

图 6-3　乙烯基型和芳基型卤代烃的 p-π共轭体系

因 p-π 共轭效应使 C—Cl 键的键长缩短，键能增大，C—Cl 键难以断裂，卤原子的反应活性显著降低。因此卤原子的活性比相应的卤代烷弱，在通常情况下不与 NaOH、C_2H_5ONa、NaCN 等亲核试剂发生取代反应，甚至与硝酸银的醇溶液共热也不生成卤化银沉淀。氯苯只有在高温高压下才能与 NaOH 水解反应，生成苯酚。

另外在乙烯基型卤代烃分子中，由于卤原子的诱导效应较强，C═C 键上的电子云密度有所下降，所以在进行亲电加成反应时速率较乙烯慢。

2. 烯丙基型和苄基型卤代烃

这类卤代烃的结构特点是卤原子与不饱和碳原子之间相隔一个饱和碳原子，无论是按 S_N1 还是按 S_N2 机理进行取代反应，由于 p-π 共轭效应使 S_N1 的碳正离子中间体或 S_N2 的过渡态势能降低而稳定，使反应易于进行，如图 6-4 所示。所以烯丙基型和苄基型卤代烃的卤原子反应活性比相应的卤代烷要高，室温下即能与硝酸银的醇溶液作用生成卤化银沉淀。

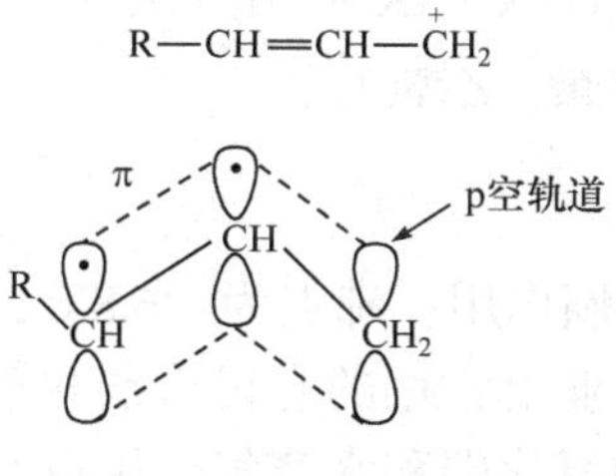

(a) 烯丙基型碳正离子的p-π共轭体系

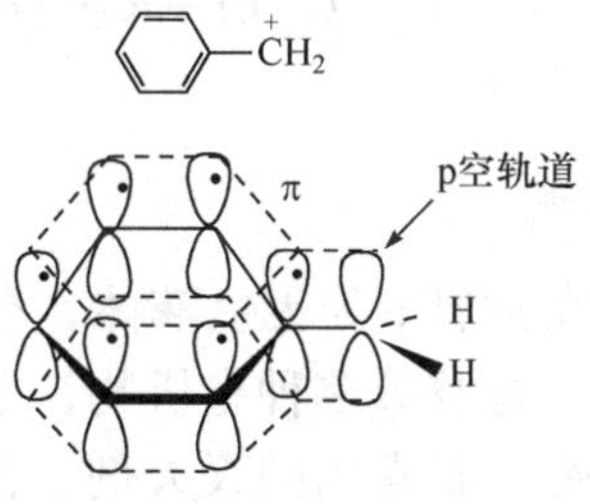

(b) 苄基碳正离子的p-π共轭体系

图 6-4　碳正离子电子离域示意图

3. 隔离型卤代烯烃和卤代芳烃

隔离型卤代烯烃和卤代芳烃分子中的卤原子与碳碳双键或芳环相隔较远，彼此相互影响很小，化学性质与相应的烯烃或卤代烷相似。加热条件下可与硝酸银的醇溶液作用产生卤化银沉淀。

综上所述，三类不饱和卤代烃的亲核取代反应活性次序可归纳如下：

烯丙基型卤代烃＞隔离型卤代烯烃＞乙烯基型卤代烃

苄基型卤代烃＞隔离型卤代芳烃＞芳基型卤代烃

思考题 6-6　用化学方法鉴别下列各组化合物。

(1) 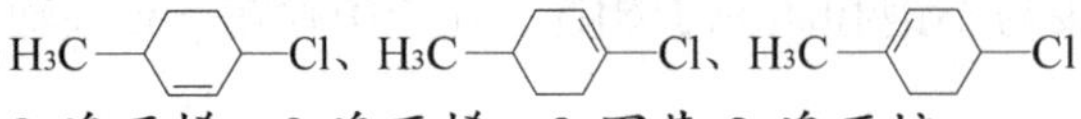

(2) 3-溴丙烯、2-溴丙烯、2-甲基-2-溴丙烷

6.2.3　重要的卤代烃

1. 溴甲烷

溴甲烷常温下为无色稍带香甜气味的气体，沸点 3.5 ℃，难溶于水，易溶于有机溶剂，加压后可储存在耐压容器中。溴甲烷具有强烈的神经毒性，是常用的熏蒸杀虫剂，特别能熏蒸棉籽消灭红铃虫，并能防治多种害虫(如豌豆象虫、蚕豆象虫、米象虫、马铃薯块茎蛾和介壳虫等)，可用于熏杀谷仓、种子、温室及土壤害虫，但对人、畜毒性很大，须谨慎使用。

2. 三氯甲烷

三氯甲烷又称氯仿，是无色透明稍有甜味的液体，沸点 61.2℃，不能燃烧，也不溶于水，是常用的有机溶剂，能溶解油脂、蜡、有机玻璃和橡胶等。纯净的氯仿可用作牲畜外科手术的麻醉剂。

氯仿在光照下能被空气缓慢氧化生成剧毒的光气，所以氯仿要保存在棕色瓶中。使用前可用硝酸银溶液检验是否有光气生成，如有可加入 1 %的乙醇破坏光气。

$$2CHCl_3 + O_2 \xrightarrow{\text{日光}} 2Cl-\overset{\overset{\displaystyle O}{\|}}{C}-Cl + 2HCl$$

光气

$$Cl-\overset{\overset{\displaystyle O}{\|}}{C}-Cl + 2C_2H_5OH \longrightarrow CH_3CH_2O-\overset{\overset{\displaystyle O}{\|}}{C}-OCH_2CH_3 + 2HCl$$

碳酸二乙酯(无毒)

3. 四氯化碳

四氯化碳在常温下为无色液体，有毒，具有致癌作用；沸点为 76.8℃，不溶于水，能溶解脂肪、树脂、橡胶等多种有机物，是实验室和工业上常用的有机溶剂和萃取剂。四氯化碳易挥发，不燃烧，是常用的灭火剂。在灭火时，四氯化碳和水蒸气作用可产生光气，所以要注意通风。四氯化碳在农业上可用作熏蒸杀虫剂。

$$CCl_4 + H_2O \xrightarrow{>500℃} Cl-\overset{\overset{\displaystyle O}{\|}}{C}-Cl + 2HCl$$

4. 林丹

有机氯杀虫剂，分子式为 $C_6H_6Cl_6$，构造式为

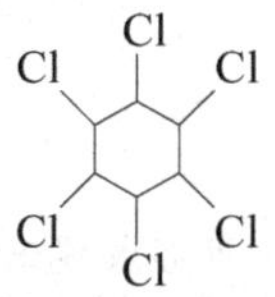

1,2,3,4,5,6-六氯环己烷(六六六)

六六六有多种异构体，根据被发现的顺序以α、β、γ来标记。商品名为林丹(Lindane)的是γ-异构体，其杀虫能力最强。一般使用的六六六含林丹 12%～14%。

纯净的林丹为白色晶体，熔点 111.8～112.8℃，不溶于水，易溶于苯、甲苯、乙醇、丙酮、氯代烃等有机溶剂；对光、热、空气以及酸都稳定，但在碱性条件下易发生消除氯化氢的反应。林丹是中等毒性的杀虫剂，具有胃毒、触杀、熏蒸等杀虫活性，对昆虫体内的胆碱酶有抑制作用，还可与昆虫的神经膜作用使其动作失调、产生痉挛、麻痹以致死亡。在触杀浓度下对作物无药害。

虽然林丹毒性不大，但在自然条件下难以降解，具有较高的残毒，并可通过生物链富集而对人、畜的健康造成危害，给生态环境和生态平衡带来一系列问题，现已禁止使用。

5. 氟利昂

二氟二氯甲烷 CCl_2F_2 的商品名为氟利昂-1,2，是无色、无臭、无毒、无腐蚀性、不燃烧、化学性质稳定的气体，沸点−26.8 ℃。易被压缩成液体，解除压力后迅速气化，同时吸收大量热使环境温度降低，可用作制冷剂。

氟利昂(freon)是 CCl_2F_2、CCl_3F、$CHClF_2$、$CHCl_2F$、$CClF_3$ 等化合物的总称。氟利昂用作制冷剂已有近百年历史。1985 年发现它们能破坏大气臭氧层，对地球生物造成极大的危害。1987 年在加拿大蒙特利尔召开的国际会议上，与会者呼吁各国控制生产和使用氟利昂。

小　结

1. 主要化学反应

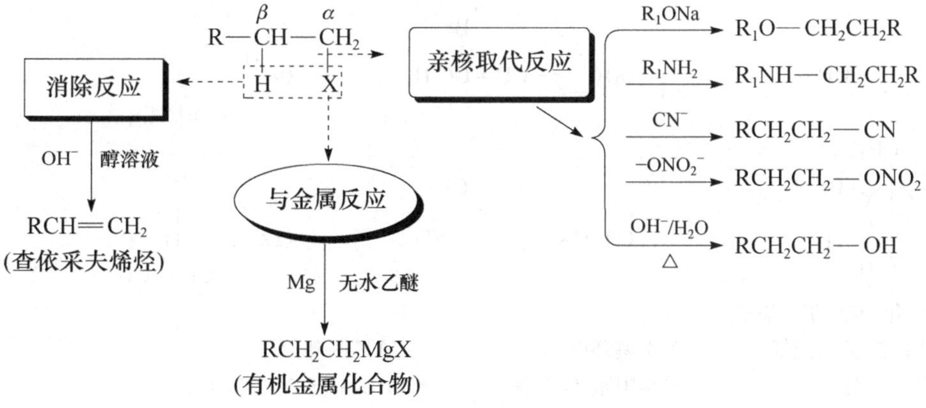

2. 反应机理

1) 亲核取代反应机理

- 单分子亲核取代(S_N1)　分两步完成，第一步形成碳正离子中间体。含有手性碳原子的卤代烃，发生S_N1取代反应，得外消旋体产物。
- 双分子亲核取代(S_N2)　一步完成，中间形成过渡态。含有手性碳原子的卤代烃，进行S_N2取代反应，产物构型发生瓦尔登转化，其构型一般情况下与反应物构型相反。

相同卤原子不同烃基结构的卤代烃发生 S_N1 或 S_N2 反应，烯丙基型卤代烃和苄基型卤代烃都是最活泼，而乙烯基型卤代烃和芳基型卤代烃都是最不活泼的，其活性次序如下：

烯丙基型卤代烃>S_N1增加>乙烯基型卤代烃

$$\xrightarrow{\qquad}$$

RX=1°　2°　3°

$$\xleftarrow{\qquad}$$

苄基型卤代烃>S_N2增加>芳基型卤代烃

2) 消除反应机理

消除反应也有两种机理，即 E1 和 E2。E1 是分两步完成的；E2 反应是一步完成的。无论是 E1 还是 E2，都是通过夺取 β-H 而得到查依采夫烯烃。不同卤代烷按 E1 或 E2 机理，反应的活性次序相同：

$$R_3C—X > R_2CH—X > RCH_2—X$$

习　题

1. 命名下列化合物，并指出卤代烃的类型。

(1) $CH_3CH(CH_2CH_3)\underset{}{\overset{Br}{C}}HCH_3$

(2) $CH_2{=}\overset{CH_3}{C}CHClCH_2CH_3$

(3) 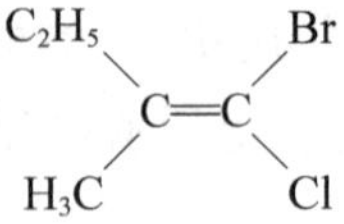

(4) 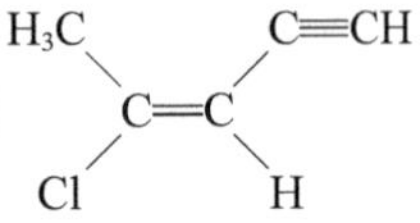

(5) 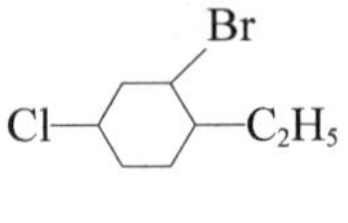

(6) 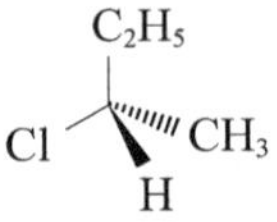

(7) 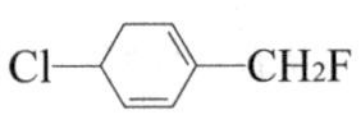

(8) 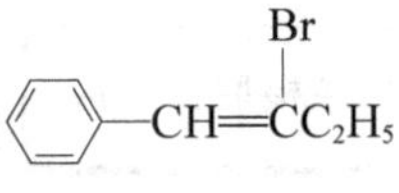

(9) 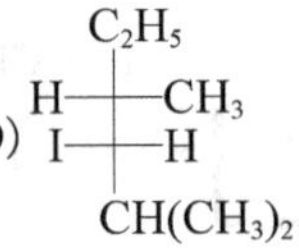

(10) 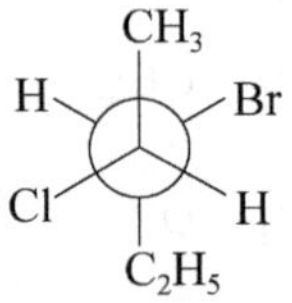

(11) 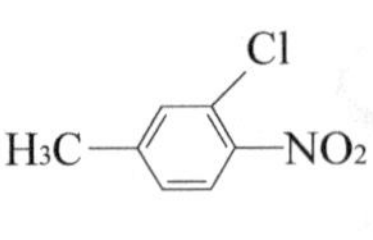

(12) 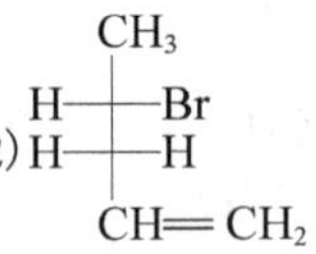

2. 写出下列化合物的结构式。

(1) 2-甲基-3-氯-1-戊烯　(2) 4-溴环己烯　(3) 烯丙基氯

(4) 对甲基苄溴　(5) 5-甲基-1-碘萘　(6) 2-甲基-3-氯-2-丁烯

3. 完成下列反应式。

(1) $CH_3CH_2CH{=}CH_2 \xrightarrow{HBr} ? \xrightarrow{NaCN} ? \xrightarrow{H_3O^+} ?$

(2) $(CH_3)_2CHCHClCH_2CH_3 \xrightarrow[ROH/\triangle]{KOH} ? \xrightarrow{Br_2} ? \xrightarrow[ROH/\triangle]{KOH} ?$

(3) $CH_2{=}CHCH{=}CH_2 \xrightarrow{1mol\ Cl_2} ? \xrightarrow[\triangle]{NaOH/H_2O} ?$

(4) 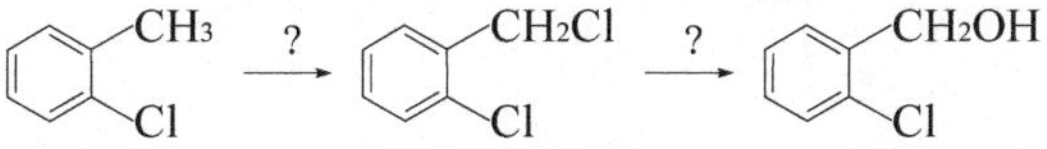

(5) $ClCH{=}CHCH_2Cl \xrightarrow[\triangle]{NaOH/H_2O} ?$

(6) 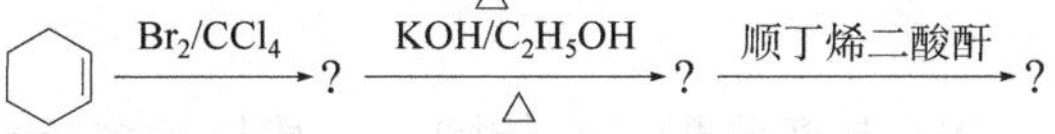

(7) 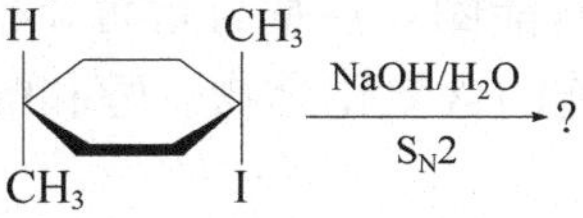

4. 由 2-甲基-1-溴丙烷及其他无机试剂制备下列化合物。

(1) 异丁烯　　(2) 2-甲基-2-丙醇　　(3) 2-甲基-2-溴丙烷

(4) 2-甲基-1, 2-二溴丙烷　　(5) 2-甲基-1-溴-2-丙醇　　(6) 3-甲基丁酸

5. 判断下列各反应的活性次序。

(1) 1-溴丁烷、1-氯丁烷、1-碘丁烷与 $AgNO_3$ 乙醇溶液反应

(2) 2-甲基-2-溴丁烷、2-甲基-3-溴丁烷、2-甲基-1-溴丁烷进行 S_N1 反应

(3) 5-氯-2-戊烯、4-氯-2-戊烯、3-氯-2-戊烯进行 E2 反应

6. 用化学方法鉴别下列各组化合物。

(1) 1-溴环戊烯、3-溴环戊烯、4-溴环戊烯

(2) 氯化苄、对氯甲苯、1-苯基-2-氯乙烷

(3) 对氯苯乙烯、氯苯、4-乙基-1-氯苯

7. 预测 1-溴丁烷与下列试剂反应的主要产物。

(1) NaOH 水溶液、加热　　(2) NaOH 乙醇溶液、加热

(3) Mg，无水乙醚　　(4) 苯，无水 $AlCl_3$

(5) $CH_3CH_2NH_2$　　(6) NaCN 乙醇溶液

(7) CH_3CH_2OK　　(8) $AgNO_3$ 乙醇溶液

8. 某烃 A 的分子式为 C_5H_{10}，不与高锰酸钾作用，在紫外光照射下与溴作用只得到一种一溴取代物 B (C_5H_9Br)。将化合物 B 与 KOH 的醇溶液作用得到 C (C_5H_8)，化合物 C 经臭氧氧化并在 Zn 粉存在下水解得到戊二醛 ($OCHCH_2CH_2CH_2CHO$)。写出化合物 A 的结构式及各步反应方程式。

9. 某化合物 A 与溴作用生成含有三个卤原子的化合物 B。A 能使碱性高锰酸钾水溶液褪色，并生成含有一个溴原子的邻位二元醇。A 很容易与氢氧化钾水溶液作用生成化合物 C 和 D，C 和 D 氢化后分别生成互为异构体的饱和一元醇 E 和 F，E 和 F 分子内脱水后生成同一种化合物，脱水产物能被还原成正丁烷。试推测 A、B、C、D、E 和 F 的结构式。

10. 已知(–)-2-溴辛烷的比旋光度为–34.6°，在碱性条件下发生水解反应生成(+)-2-辛醇，其比旋光度为+9.9°。

(1) 如果比旋光度为–28.7°的溴代烷按 S_N2 机理水解，产物的比旋光度是多少？

(2) 如果按 S_N1 机理水解，产物的旋光纯度与反应物相比将发生怎样的变化？

(3) 如果溴代烷为 *R*-构型，分别按 S_N2 和 S_N1 机理水解，产物将有何种构型？

第 7 章　醇、酚、醚

醇、酚、醚都是烃的含氧衍生物。羟基(—OH)是醇和酚的官能团。羟基与脂肪烃相连称为醇，与芳基直接相连称为酚。醇、酚、醚是碳与氧以单键相连的含氧化合物。醇和酚的通式可表示为

醇：R—OH　　酚：Ar—OH

醚通常是由醇或酚制得，可看作是醇或酚羟基上的氢原子被烃基(—R′或—Ar′)取代的化合物，通式为

醚：R—O—R′
(Ar)　(Ar′)

7.1 醇

7.1.1 分类和命名

1. 分类

根据醇中烃基所连碳原子的类型，可把醇分为伯醇(一级醇)、仲醇(二级醇)和叔醇(三级醇)。例如

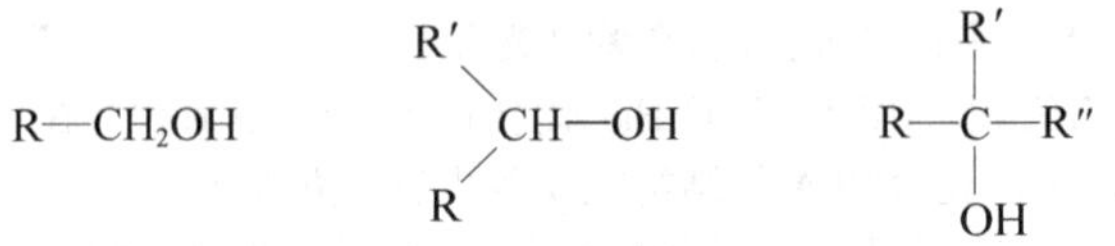

伯醇(1°)　　仲醇(2°)　　叔醇(3°)

根据醇分子中所含羟基数目的不同，可把醇分为一元醇、二元醇、三元醇等，二元以上的醇称为多元醇。例如

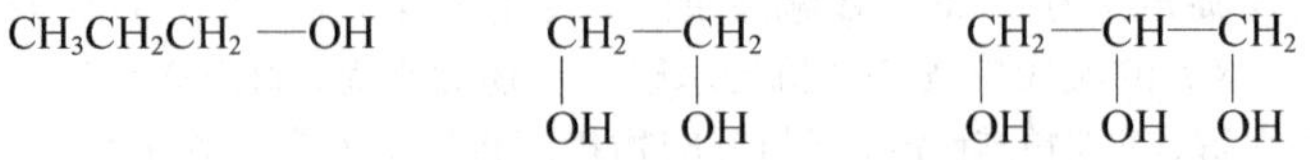

一元醇　　二元醇　　三元醇

根据醇分子中烃基结构的不同，可把醇分为脂肪醇、芳香醇、饱和醇、不饱和醇等。例如

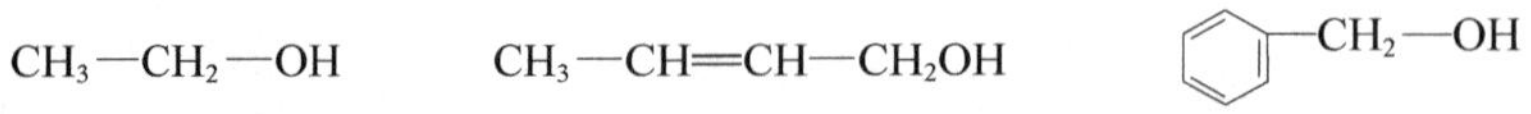

脂肪醇(饱和醇)　　不饱和醇　　芳香醇

2. 命名

结构简单的醇可用普通命名法命名，在烃基(可省去“基”字)名称后面加“醇”字即可。例如

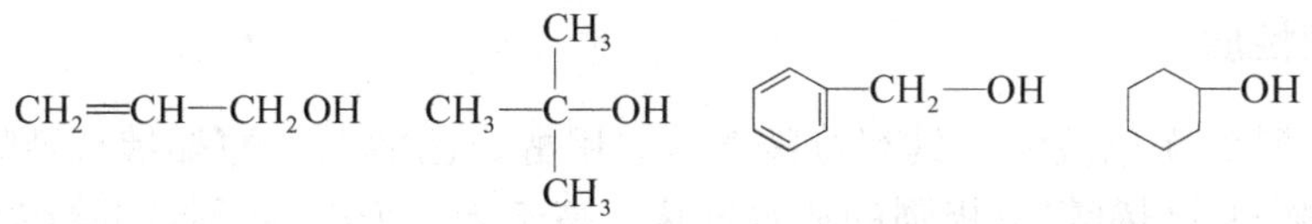

烯丙醇　　叔丁醇　　苄醇　　环己醇

结构复杂的醇则用系统命名法命名。原则是选择连有羟基的最长碳链作为主链，从靠近羟基的碳原子一端开始编号，按主链碳原子数称“某醇”，并将取代基的位次、数目、名称以及羟基的位次分别写在“某醇”的前面。例如

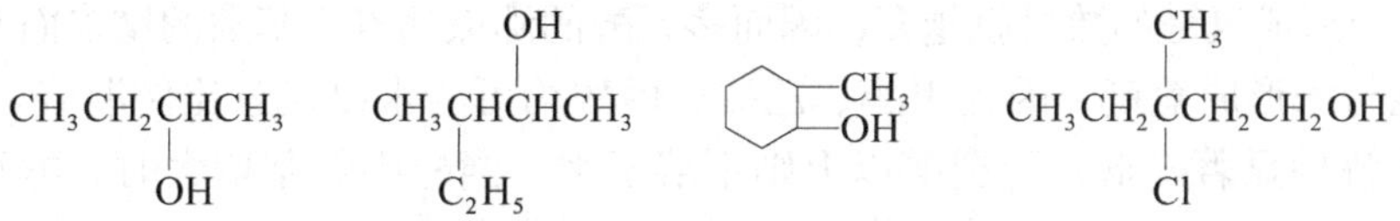

2-丁醇(仲丁醇)　　3-甲基-2-戊醇　　2-甲基环己醇　　3-甲基-3-氯-1-戊醇

不饱和醇命名时，选择包括羟基及重键的最长碳链为主链，从靠近羟基一端开始编号，按主链碳原子数称为“某烯醇”或“某炔醇”，并分别指出羟基及重键的位次。例如

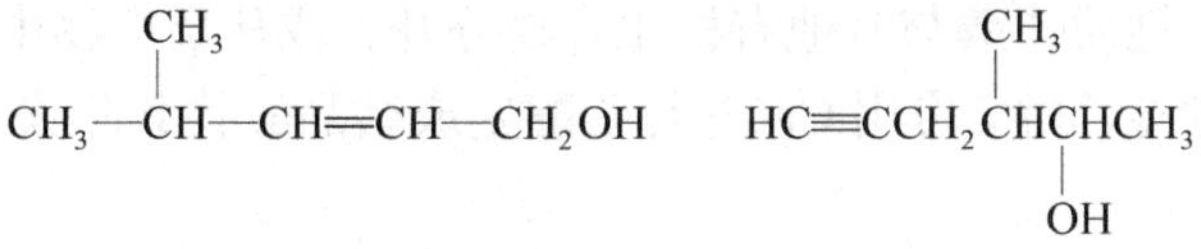

4-甲基-2-戊烯-1-醇　　3-甲基-5-己炔-2-醇

芳香醇命名时，通常把醇羟基所在的碳链作为母体，芳环作为取代基。例如

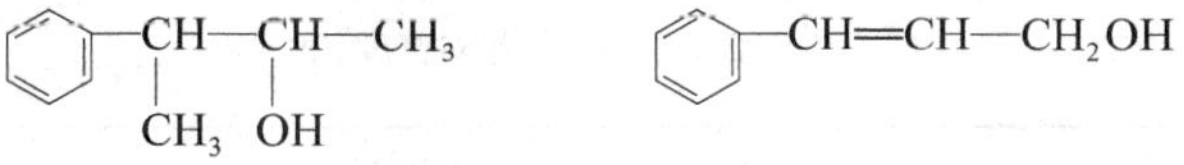

3-苯基-2-丁醇　　3-苯基-2-丙烯醇(肉桂醇)

多元醇命名时，尽可能选择含碳原子数多的碳链为主链，依主链所含碳原子数和羟基的数目称“某二醇”、“某三醇”等，并在名称前标明羟基的位次。当羟基数与主链碳原子数相同时，没有位置异构体则不必标明羟基的位次。例如

1,2-丙二醇　　丙三醇(甘油)

思考题 7-1　用系统命名法命名下列化合物，并指出 1°、2°、3°醇。

(1) $(CH_3)_3CCH_2OH$

(2) 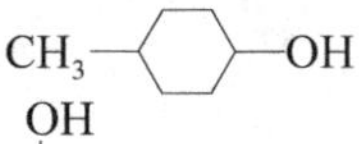

(3) 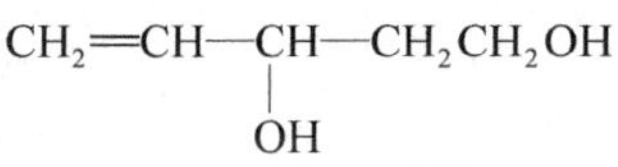

(4) 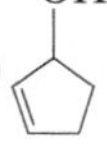

(5) 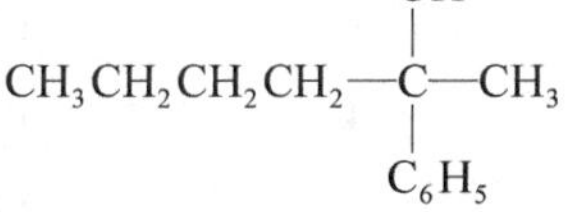

(6) 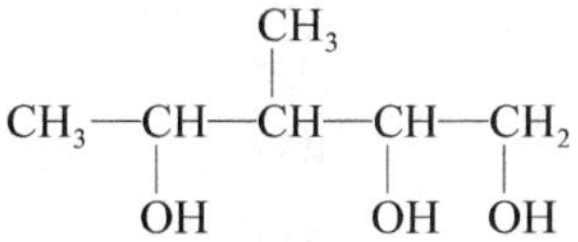

7.1.2　醇的物理性质

低级的一元醇为无色液体，具有特殊气味。甲醇、乙醇、丙醇都带有酒味，苯乙醇有玫瑰香气，叶醇(顺-3-己烯醇)有极强的清香气味。高于十一个碳原子数的醇在室温下为蜡状固体，多数无色、无嗅、无味。

与烷烃相似，直链饱和一元醇的沸点也是随着碳原子数的增加而有规律地上升，每增加一个 CH_2，沸点升高 18～20℃。碳原子数相同的醇，含支链越多沸点越低。由于羟基的存在，醇分子之间可形成氢键，故醇的沸点比相对分子质量相近的烷烃或卤代烃都要高。醇分子中羟基数越多，分子间形成氢键的数量就越多，因而多元醇的沸点随着羟基数的增多而升高。

低级醇能与水形成氢键，因此甲醇、乙醇、丙醇均可与水以任意比例混溶。从正丁醇起，醇在水中的溶解性显著降低，至癸醇以上则不溶于水。当醇中烃基增大时，醇羟基与水形成氢键的能力相应减小。醇的溶解度逐渐由取得支配地位的烃基所决定，因此高级醇与烷烃相似，不溶于水而溶于有机溶剂。多元醇在水中的溶解度随羟基数的增加而增加。

低级醇还能和一些无机盐类($MgCl_2$、$CaCl_2$、$CuSO_4$ 等)形成结晶状的分子化合物，称为结晶醇，如 $MgCl_2 \cdot 6CH_3OH$、$CaCl_2 \cdot 4C_2H_5OH$、$CaCl_2 \cdot 4CH_3OH$ 等。结晶醇溶于水而不溶于有机溶剂。常利用这一性质使醇与其他有机化合物分开，或从反应物中除去少量醇类。例如，工业用的乙醚常含有少量乙醇，可用 $CaCl_2$ 与乙醇生成结晶醇将其除去。而乙醇中微量水不可用 $CaCl_2$ 来除去。

一般脂肪醇的密度比水小，但芳香醇的相对密度大于 1，一些常见醇的物理常数见表 7-1。

表 7-1　常见醇的物理常数

名称	沸点/℃	熔点/℃	相对密度 d_4^{20}	溶解度(25℃)/(g/100g 水)	折光率 n_D^{20}
甲醇	65	−93.9	0.7924	∞	1.3288
乙醇	78.5	−117.3	0.7893	∞	1.3611
正丙醇	97.4	−126.5	0.8035	∞	1.3850
异丙醇	82.4	−88.5	0.7855	∞	1.3776
正丁醇	117.2	−89.5	0.8098	7.9	1.3993
异丁醇	108	−108.0	0.8018	8.5	1.3968
丁醇(*dl*)	99.5	−115.0	0.8063	12.5	1.3978
叔丁醇	82.3	25.5	0.7887	∞	1.3978
正戊醇	137.3	−79.0	0.8144	2.7	1.4101
正己醇	158	−52	0.8136	0.59	1.4641
环己醇	161.1	25.0	0.9624	3.6	1.4650
正庚醇	176	−34.1	0.8187	0.2	1.4238
十二醇	259	24.0	0.8310	—	1.4440
烯丙醇	97.1	−129	0.8540	∞	1.4135
苯甲醇	205.3	−15.3	1.0419	4	1.5396
乙二醇	198	−11.5	1.1088	∞	1.4318
丙三醇	290(分解)	17.8	1.2636	∞	1.4746

思考题 7-2 不查表比较下列各组化合物的沸点高低。

(1) $CH_2(OH)—CH(OH)—CH_2(OH)$　　$CH_3CH(OH)CH_3$　　$CH_2(OH)—CH(OH)—CH_3$

(2) 1-己醇、1-庚醇、3-甲基-1-戊醇、3,3-二甲基-1-戊醇

7.1.3 醇羟基的结构与化学活性

醇的官能团是羟基。醇的化学性质主要由羟基官能团来决定，同时也受到羟基的影响。醇羟基中的氧原子为不等性 sp^3 杂化，其中两个 sp^3 杂化轨道分别与碳原子和氢原子形成 C—O 键和 C—H 键，余下的两个 sp^3 杂化轨道被两对未共用电子对占据(图 7-1)。

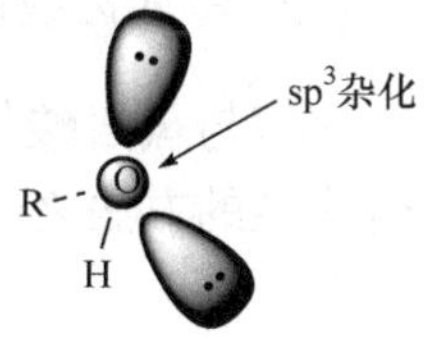

图 7-1 羟基结构示意图

从化学键来看，醇分子中存在着四种共价键，C—C 键、C—H 键、C—O 键和 O—H 键，其中，C—C 键为非极性共价键，其他三种共价键均为极性键。在一定条件下这些极性键易异裂而发生化学反应：C—O 键断裂能发生亲核取代反应或消除反应，O—H 键断裂能发生酯化反应。另外，由于羟基吸电子诱导效应的影响，增强了α-H 原子和β-H 原子的活性，易于发生α-H 的氧化和β-H 的消除反应。醇在不同条件下的反应可归纳如下：

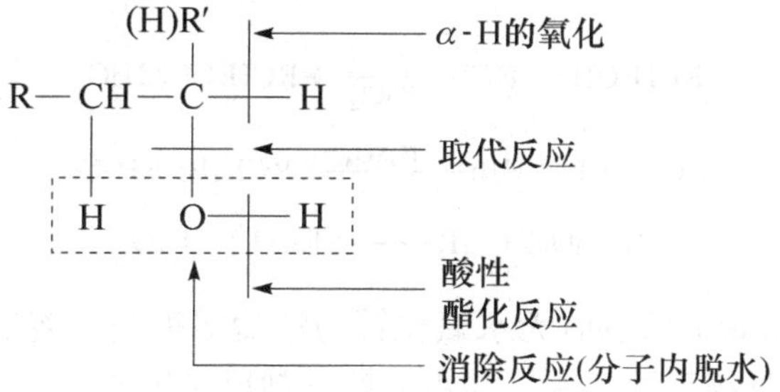

7.1.4 醇的化学性质

1. 与活泼金属的反应(醇的酸性)

醇与水具有相似的结构，醇分子中的羟基氢使其具有一定的弱酸性，能和 Na、K、Mg、Al 等反应，并放出氢气，但比水要缓和很多。

$$H_2O + Na \longrightarrow NaOH + H_2\uparrow \text{(反应剧烈)}$$

$$CH_3CH_2OH + Na \longrightarrow CH_3CH_2ONa + H_2\uparrow \text{(反应缓和)}$$

$$(CH_3)_2CHOH + Al \xrightarrow{\triangle} [(CH_3)_2CHO]_3Al + H_2\uparrow$$

$$CH_3CH_2CH_2OH + Mg \xrightarrow{\triangle} (CH_3CH_2CH_2O)_2Mg + H_2\uparrow$$

这是由于醇羟基与烃基相连，烃基的给电子诱导效应(+I)使氧原子上电子云密度增加，减弱了氧吸引氢氧间电子对的能力，使氢氧键的极性比水弱，故醇羟基中的氢活性比水中氢弱，反应也较为缓和，由此可见，烃基的给电子能力越强，醇羟基中氢的活性越低。所以不同结构的醇与活泼金属反应的活性次序为

$$H_2O > 1°醇 > 2°醇 > 3°醇$$

根据酸碱定义，醇可以看成是一个比水更弱的酸，其共轭碱烷氧基(RO—)的碱性比羟基(—OH)强。例如，醇钠的碱性比氢氧化钠的碱性强，遇水即水解为醇和氢氧化钠。

$$\underset{较强的碱}{RONa} + \underset{较强的酸}{H_2O} \rightleftharpoons \underset{较强的酸}{ROH} + \underset{较强的碱}{NaOH}$$

醇钠在有机合成中作碱性试剂，也常用作分子中引入烷氧基(RO—)的亲核试剂。

> **思考题 7-3**　比较下列化合物与金属钠反应的活性次序及产物的碱性强弱次序。
>
> (1) 水　　(2) 乙醇　　(3) 异丙醇　　(4) 叔丁醇

2. 与氢卤酸的反应

醇与氢卤酸作用，卤原子取代羟基生成卤代烃和水，这是卤代烃水解的逆反应，是制备卤代烃的方法之一。

$$R—OH + HX \rightleftharpoons R—X + H_2O\ (X=Cl, Br, I)$$

醇和氢卤酸的反应速率与氢卤酸的类型和醇的结构有关。不同氢卤酸与相同的醇反应活性次序是：HI＞HBr＞HCl。不同醇与相同氢卤酸反应活性次序是：苄醇和烯丙醇＞叔醇＞仲醇＞伯醇。

$$RCH_2OH + HCl \xrightarrow[ZnCl_2]{\triangle} RCH_2Cl + H_2O$$

$$RCH_2OH + HBr \xrightarrow[\triangle]{H_2SO_4} RCH_2Br + H_2O$$

$$RCH_2OH + HI \xrightarrow[\triangle]{} RCH_2I + H_2O$$

实验室常用卢卡斯(Lucas)试剂(无水氯化锌与浓盐酸配制的溶液)来鉴别低级醇(6 个碳以下的醇，苄醇)结构。低级醇溶于水，与卢卡斯试剂反应生成的卤代烃不溶于水，因此呈现浑浊或分层现象。根据出现浑浊或分层现象的快慢便可鉴别出 1°ROH，2°ROH，3°ROH 醇，苄醇的结构。烯丙型醇、叔醇或 3°ROH 立即出现浑浊，仲醇要数分钟后才出现浑浊，而伯醇需加热才出现浑浊。六个碳以上的一元醇由于不溶于卢卡斯试剂，因此无法进行鉴别。

$$R—\underset{R''}{\overset{R'}{C}}—OH + HCl(浓) \xrightarrow[20\ ℃]{无水ZnCl_2} R—\underset{R''}{\overset{R'}{C}}—Cl + H_2O \quad 立即出现浑浊$$

$$R—\underset{R'}{CH}—OH + HCl(浓) \xrightarrow[20\ ℃]{无水ZnCl_2} R—\underset{R'}{CH}—Cl + H_2O \quad 数分钟后出现浑浊$$

$$R—CH_2OH + HCl(浓) \xrightarrow[20\ ℃]{无水ZnCl_2} RCH_2Cl + H_2O \quad 室温不浑浊,需加热反应$$

醇与氢卤酸的反应是亲核取代反应。由于羟基不易离去，反应需用酸催化，使醇羟基质子化后，再以水分子的形式离去。

一般情况下，醇与氢卤酸的反应中，烯丙型(苄基型)醇、叔醇、仲醇可能按 S_N1 机理进行，因为其相应的碳正离子比较稳定。反应机理可表示如下：

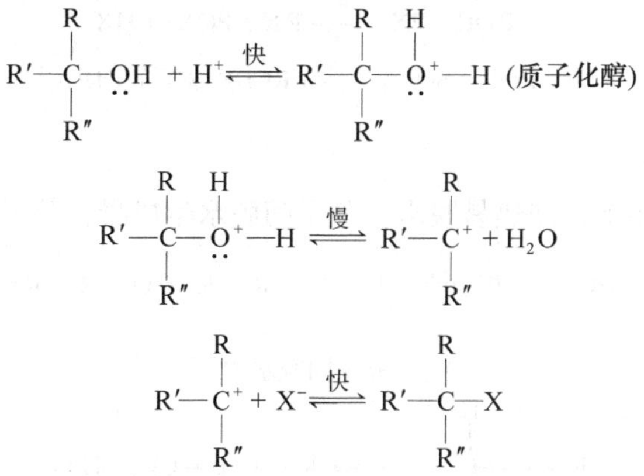

首先是醇羟基上的氧原子接受酸中的质子形成盐(质子化醇)，使 C—O 键极性增加，更易离解成碳正离子和水，然后碳正离子和卤离子结合生产卤代烃。

多数伯醇因较难形成碳正离子，与氢卤酸的反应按 S_N2 机理进行。其反应机理可表示如下：

$$RCH_2OH + HX \rightleftharpoons RCH_2\overset{+}{O}H_2 + X^-$$

$$X^- + RCH_2—\overset{+}{O}H_2 \longrightarrow RCH_2X + H_2O$$

若醇与氢卤酸以 S_N1 机理进行反应，反应的中间体碳正离子易重排生成更稳定的碳正离子，因此常有重排产物生成。例如

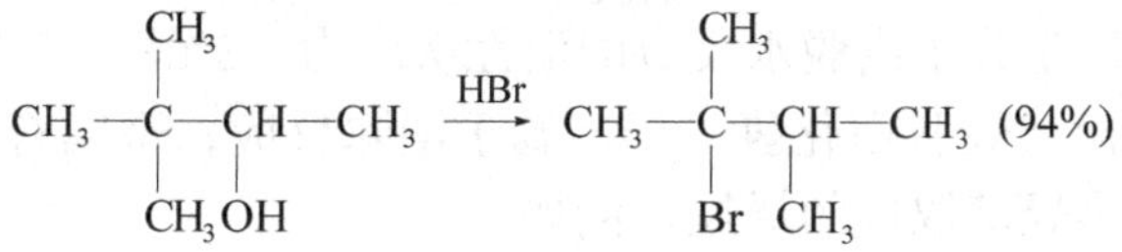

其反应机理是

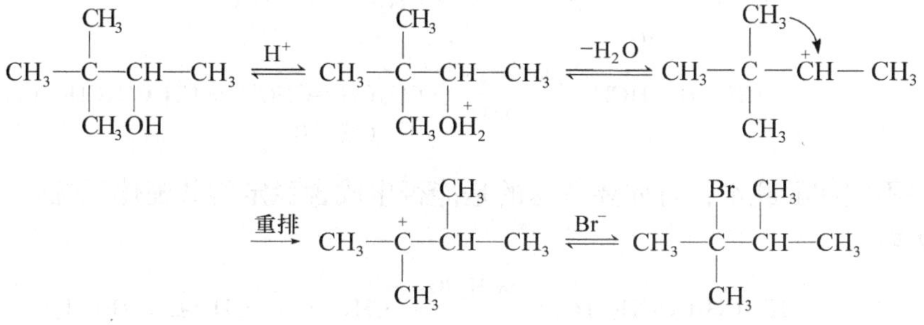

3. 与卤化磷、亚硫酰氯的反应

醇与三卤化磷、五卤化磷或亚硫酰氯(氯化亚砜)反应生成相应的卤代烃。与三卤化磷的反应常用于制备溴代烃或碘代烃，与五氯化磷或亚硫酰氯的反应常用于制备氯代烃。这些反应具有速率快，条件温和，产率高的优点。与亚硫酰氯的反应由于副产物均为气体，还具有易于纯化的优点。但由于亚硫酰氯自身不稳定，易分解，生成的副产物污染环境，所以该法主要用于实验室制备一些少量的氯代烃。

$$ROH + PX_3 \longrightarrow RX + H_3PO_3$$

$$ROH + PX_5 \longrightarrow RX + POX_3 + HX$$

$$ROH + SOCl_2 \xrightarrow{\triangle} RCl + SO_2\uparrow + HCl\uparrow$$

4. 脱水反应

醇在酸性催化剂作用下，加热易脱水。分子间脱水生成醚，分子内脱水则生成烯烃。

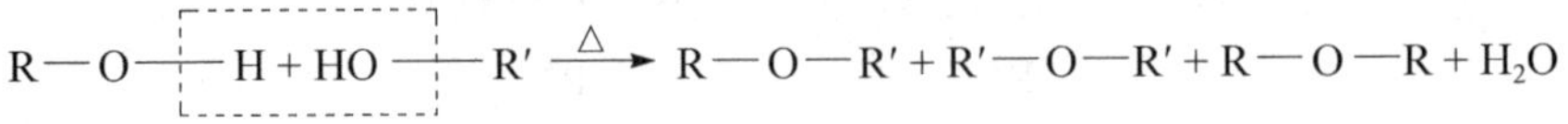

分子间脱水

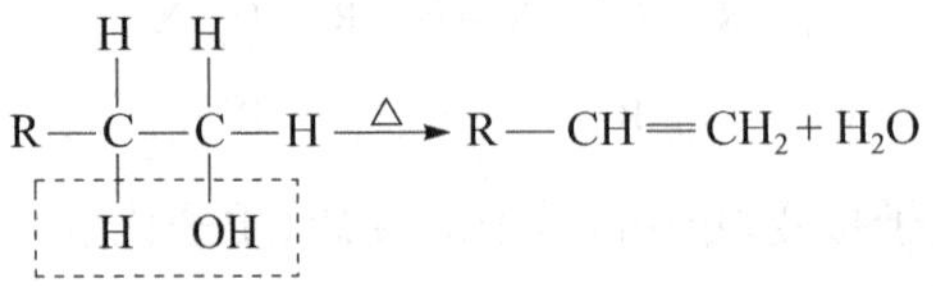

分子内脱水

1) 分子间脱水

醇在较低温度下，常发生分子间的脱水反应，产物为醚。例如

$$CH_3CH_2OH \xrightarrow[140℃]{浓H_2SO_4} CH_3CH_2OCH_2CH_3 + H_2O$$

2) 分子内脱水

醇在较高温度下，发生分子内的脱水反应，产物为烯烃。例如

$$CH_3CH_2OH \xrightarrow[170℃]{浓H_2SO_4} CH_2{=}CH_2 + H_2O$$

不同烃基结构的醇发生分子内脱水反应的活性次序为：3°醇＞2°醇＞1°醇。

醇的分子内脱水与卤代烃脱卤化氢一样，属于消除反应，遵循查依采夫规则，即主要生成双键碳原子上含有较多烃基取代的烯烃。例如

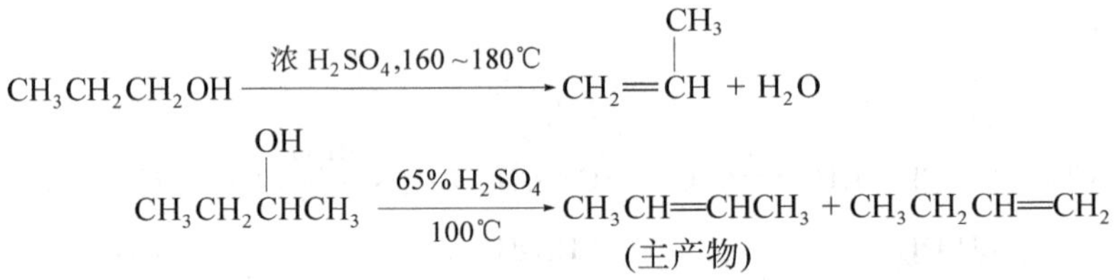

对于某些不饱和醇脱水，首先要考虑的是能否生成含稳定的共轭体系烯烃，而不是查依采夫规则。例如

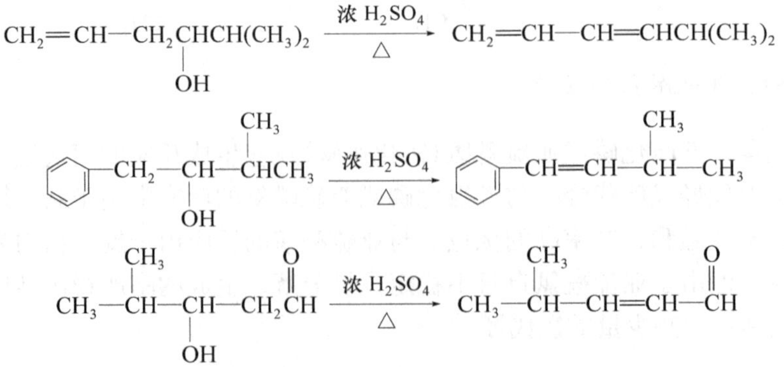

在质子酸催化作用下，大多数醇分子内脱水生成烯烃的反应，按 E1 机理进行，尤其是仲醇和叔醇。反应中由于有中间体碳正离子的生成，有可能重排形成更稳定的碳正离子，再脱去一个β-H 而生成重排后的烯烃。例如

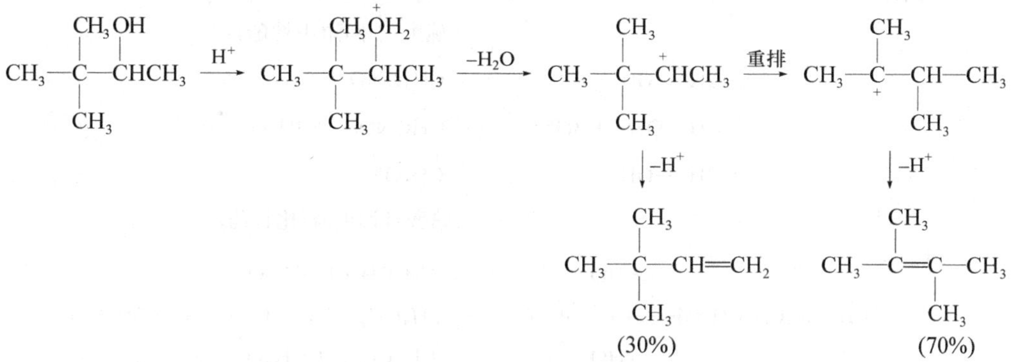

常用的脱水剂除质子酸外，还有 Al_2O_3。用 Al_2O_3 作脱水剂时反应温度要求较高，它的优点是脱水剂经再生后可重复使用，且反应过程中很少有重排现象发生。例如

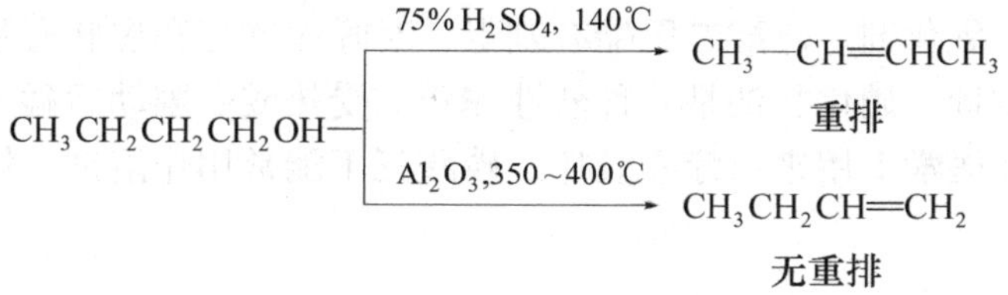

为避免醇脱水生成烯烃时发生重排，还可先将醇制成卤代烃，再消除卤化氢来制备烯烃。

思考题 7-4　选择适当的醇脱水生成下列烯烃。

(1) $(CH_3)_2C{=}C(CH_3)_2$　　(2) $CH_3CH_2CH_2CH{=}CH_2$

(3) 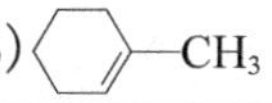　　(4) $CH_3—CH(CH_3)—CH{=}CH—CH{=}O$

5. 酯化反应

醇与酸(有机酸或含氧无机酸)失水生成酯的反应，称为酯化反应。

1) 与有机酸的酯化反应

在强酸催化下，有机酸可以与醇形成酯。

$$RCOOH + R'OH \underset{\triangle}{\overset{H^+}{\rightleftharpoons}} R—\overset{O}{\overset{\|}{C}}—O—R' + H_2O$$

由于此反应是可逆的，为提高酯的产率，可降低某一产物的浓度，或增加某一反应物的浓度，以促使平衡向右移动。

2) 与无机含氧酸的酯化反应

醇还可以与含氧无机酸(如硫酸、硝酸、磷酸)反应，生成无机酸酯。

$$HOSO_2\text{—}\boxed{OH + H}\text{—}OCH_3 \xrightleftharpoons{0℃} CH_3OSO_2OH + H_2O$$

硫酸氢甲酯(酸性酯)

$$CH_3OSO_2\text{—}\boxed{OH + HOSO_2}\text{—}OCH_3 \xrightleftharpoons{\text{减压蒸馏}} CH_3OSO_2OCH_3 + H_2SO_4$$

硫酸二甲酯(中性酯)

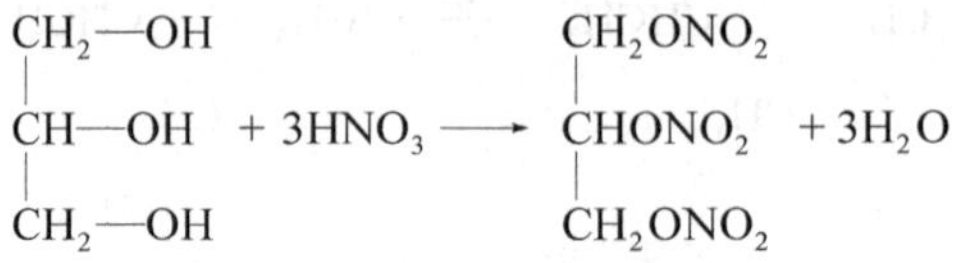

三硝酸甘油酯(硝化甘酯)

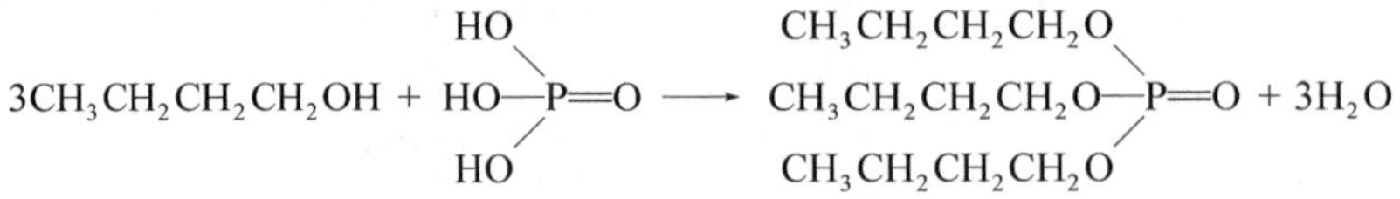

磷酸三丁酯

酯的存在和应用都非常广泛。上述反应中，产物硫酸氢甲酯经碱中和后，得到烷基硫酸钠，常用作洗涤剂，乳化剂。硫酸二甲酯有剧毒，对呼吸器官和皮肤有强烈的刺激作用，是广泛应用的甲基化试剂。硝化甘油是一种烈性炸药，受热或受震动后猛烈分解而爆炸，它有扩张动脉的作用，在医学上用来治疗心绞痛。磷酸三丁酯常用作溶剂、增塑剂、萃取剂及热交换介质。

6. 氧化反应

伯醇、伯醇分子中的α-H 受羟基影响而活性增大，易被氧化生成羰基化合物。根据醇的结构或氧化剂类型不同而生成不同类型的羰基类化合物。

1)氧化反应

在酸性条件下，伯醇和仲醇可被一些高氧化态的过渡金属化合物，如 $KMnO_4$、$K_2Cr_2O_7$ 等氧化生成醛或酮。生成的醛很容易被进一步氧化生成羧酸。

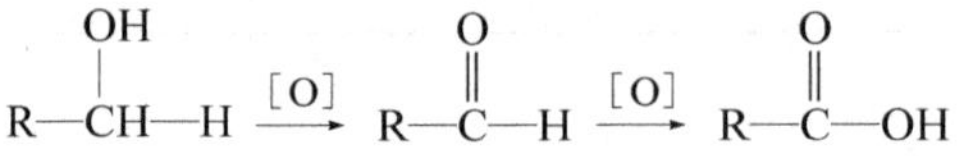

伯醇　　醛　　羧酸

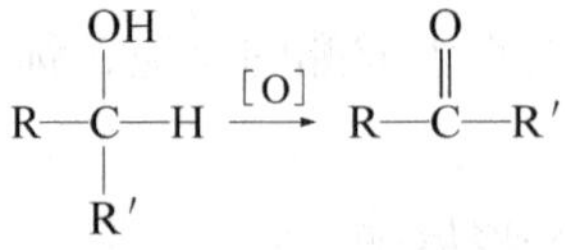

仲醇　　酮

如果要使用以上强氧化剂，从伯醇制备醛，必须将生成的醛立即从反应体系中蒸出来，使其脱离反应体系，不被继续氧化(这仅限于产物醛的沸点低于原料醇的沸点时，且产率较低)。例如

$$CH_3CH_2CH_2OH \xrightarrow[75℃]{Na_2Cr_2O_7,H_2SO_4,H_2O} CH_3CH_2CHO$$

b. p. 97℃　　b. p. 49℃(50%)

如使用新制 MnO_2 或 CrO_3/吡啶氧化体系(CrO_3-Py)则可将伯醇的氧化控制在生成醛的阶段，对分子中的重键也无影响。

$$CH_2{=}CHCH_2OH \xrightarrow{MnO_2} CH_2{=}CHCHO$$

$$CH_3(CH_2)_3CH_2OH \xrightarrow[CH_2Cl_2]{CrO_3\text{-Py}} CH_3(CH_2)_3CHO$$

叔醇没有α-H，因此在以上所有氧化条件下，叔醇不被氧化。

$$R{-}\underset{R'}{\overset{OH}{C}}{-}R'' \xrightarrow{\text{一般氧化剂}} \text{不能氧化}$$

但在强烈的氧化条件下，可导致叔醇碳碳键断裂，产生一系列混合物。例如

$$CH_3{-}\underset{CH_3}{\overset{CH_3}{C}}{-}OH \xrightarrow[-H_2O]{HNO_3} \left(CH_3\underset{CH_3}{C}{=}CH_2\right) \xrightarrow{HNO_3} CH_3\overset{O}{\overset{\|}{C}}CH_3 + CO_2 + H_2O$$

2)脱氢反应

伯醇和仲醇也可以通过脱氢分别生成醛和酮。将伯醇或仲醇的蒸气在高温下通过活性铜(或镍、银)等催化剂即可发生脱氢反应。

$$RCH_2OH \xrightleftharpoons{Cu,325\ ℃} RCHO + H_2\uparrow$$

$$R_2CHOH \xrightleftharpoons{Cu,325\ ℃} RCOR + H_2\uparrow$$

$$CH_3CH_2OH + O_2 \xrightarrow[550\ ℃]{Cu\text{ 或 }Ag} CH_3CHO + H_2O$$

7. 邻二醇的特殊反应

相邻两个碳原子上都连有羟基的醇称为邻二醇，如乙二醇、丙三醇、1,2-丁二醇等，而 1,3-丙二醇不属于邻二醇。邻二醇除了具有一元醇的一般化学性质以外，还具有特殊的性质。

1)与高碘酸的反应

高碘酸能使邻二醇分子中连有羟基的碳碳键(C—C)断裂，氧化得到羰基化合物或羧酸。而高碘酸被还原为碘酸，可以与硝酸银反应生成碘酸银白色沉淀。其他两个羟基相距更远的多元醇不与高碘酸发生反应，因此可以用此性质来鉴别邻二醇。

$$R_1{-}\underset{OH}{CH}{-}\underset{OH}{CH}{-}R_2 + HIO_4 \longrightarrow R_1CHO + R_2CHO + HIO_3 + H_2O$$

$$HIO_3 + AgNO_3 \longrightarrow \underset{(\text{白色})}{AgIO_3\downarrow}$$

此外，α-羟基醛或α-羟基酮也能被高碘酸氧化，反应物中的羰基($-\overset{O}{\overset{\|}{C}}-$)被氧化为羧基或 CO_2。

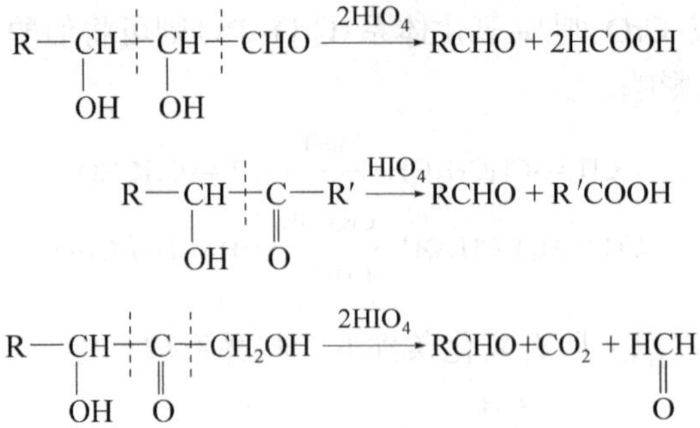

2) 与 $Cu(OH)_2$ 的反应

邻二醇的酸性比一元醇强，能和氢氧化铜形成配合物。

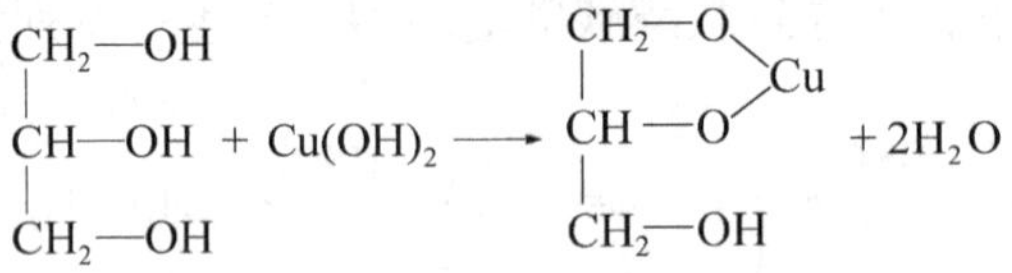

甘油铜(绛蓝色溶液)

思考题 7-5　用化学方法鉴别下列化合物。

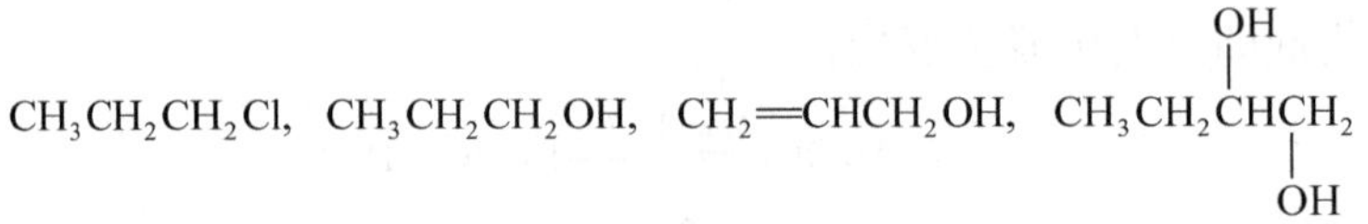

思考题 7-6　完成下列反应。

(1) 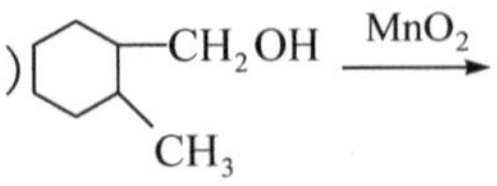

(2) $CH_3CH{=}CHCH_2CH_2OH \xrightarrow{KMnO_4/H^+}$

(3) 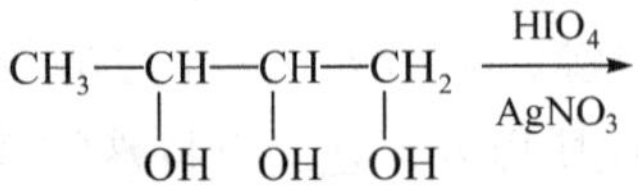

7.1.5　重要的醇

1. 甲醇

甲醇最早由木材或木质素干馏制得，故俗称木醇或木精。甲醇是一种透明、易燃、易挥发的有毒无色澄清液体，有刺激性气味。一般误饮 10 mL 可致眼睛失明，服入 30 mL 可致死。工业上用一氧化碳和氢气的混合气制取甲醇。

$$CO + H_2 \xrightarrow[CuO,ZnO,Cr_2O_3]{20\ MPa,\ 300℃} CH_3OH$$

2. 乙醇

乙醇是食用酒的主要成分，故俗称酒精，是一种无色、易燃、有酒香气味的液体，沸点为 78.5℃，能与水及多种有机溶剂互溶。主要用于化工合成的原料、燃料、防腐剂和消毒剂(70%～75%乙醇溶液)。工业酒精由乙烯水合制得，食用酒精以含淀粉的农产品为原料经过发酵制取。

$$\text{谷类} \longrightarrow \text{淀粉} \xrightarrow[H_2O]{\text{淀粉酶}} \text{麦芽糖} \xrightarrow[H_2O]{\text{麦芽糖酶}} \text{葡萄糖} \xrightarrow{\text{酒化酶}} CH_3CH_2OH + CO_2$$

3. 乙二醇

乙二醇又名甘醇，是最简单的二元醇。乙二醇是无色无臭，有甜味的黏稠液体，沸点 198℃。对动物有毒性，人类致死剂量为 1.6 g/kg。工业上通常由环氧乙烷与水在加压加热的条件下直接水合生成。乙二醇常用作发动机冷却液的抗冻剂，这是因为乙二醇与水以一定比例混合后能大大降低水的冰点。乙二醇的高聚物聚乙二醇(PEG)是一种相转移催化剂，也用于细胞融合，用作溶剂、防冻剂以及合成涤纶的原料。

4. 丙三醇

丙三醇俗名甘油。为无色有甜味黏稠液体，沸点 290℃(分解)，熔点 18℃，能与水混溶，不溶于有机溶剂，有强吸水性。甘油以酯的形式存在于油脂中，是肥皂工业的副产物。

甘油在纺织、医药、化妆品及日常生活中用途很广。例如，与硝酸成酯后得到硝化甘油，主要用做炸药。硝化甘油有扩张冠状动脉的作用，在医药上用来治疗心肌梗死和心绞痛。

5. 肌醇和植酸

肌醇即环己六醇，又称环己糖醇或肉肌糖，为白色结晶状粉末，熔点 225℃，相对密度 1.752。能溶于水，微溶于乙醇，几乎不溶于乙醚和其他一般有机溶剂。肌醇主要存在于动植物细胞中，是某些动物、微生物生长所必需的物质。可用于治疗肝病及胆固醇过高引起的疾病。动物膳食中缺乏肌醇时，会引起脱毛，影响生长发育。

肌醇的六磷酸酯称为植酸。植酸以钙镁钾盐的形式广泛存在于植物种子内，也存在于动物有核红细胞内。可促进含氧血红蛋白中氧的释放，改善血红细胞的功能，延长血红细胞的生存期。

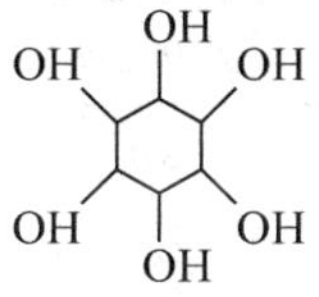

肌醇

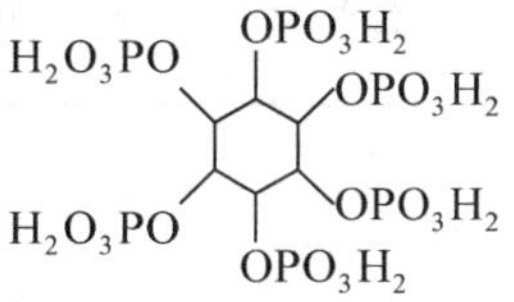

植酸

6. 三十烷醇

三十烷醇又名 1-三十醇，缩写符号 TA。由某些植物蜡(如米糠蜡)和动物蜡(如蜂蜡)制得。纯三十烷醇是白色磷片状晶体，熔点 87℃。不溶于水，难溶于冷乙醇和丙酮，易溶于氯仿和四氯化碳等有机溶剂。

三十烷醇能提高作物的代谢水平和光合作用强度，促进作物产量提高，改善作物品质。在生产上应用剂量低，对人畜无毒害，是一种适用性较广的新型植物生长调节剂。

7.2 酚

7.2.1 分类和命名

根据酚类化合物中所含羟基的数目，酚类可分为一元酚、二元酚及多元酚。根据羟基所连芳环的不同，又可分为苯酚、萘酚、蒽酚等。

酚的命名是在“酚”字前面加上芳环的名称，以此作为母体，而后加上取代基的位置和名称。若芳环上的羟基不是主官能团，则按照次序规则，以主官能团和芳环作为母体，羟基作为取代基。例如

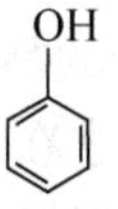
苯酚(石炭酸)

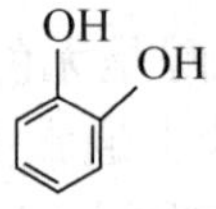
邻苯二酚(儿茶酚)

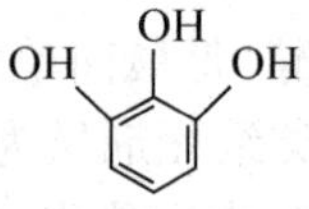
连苯三酚(1,2,3-苯三酚)

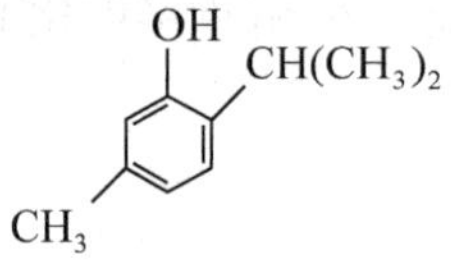
5-甲基-2-异丙基苯酚
(百里酚)

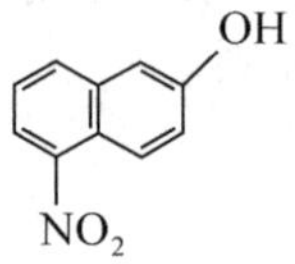
5-硝基-2-萘酚

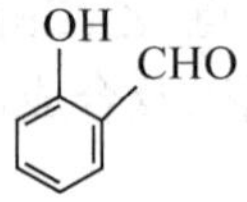
邻羟基苯甲醛

7.2.2　酚的物理性质

常温下，大多数酚为结晶固体，少数烷基酚为液体。由于酚含有羟基，分子间能形成氢键，因此酚有较高的熔点和沸点，其相对密度都大于 1。邻位有羟基、硝基、氟的酚，可以形成分子内氢键，而分子间不能缔合，其沸点比它们的间位和对位异构体低。

酚在常温下微溶于水，能溶于乙醇、乙醚等有机溶剂。随着温度升高或羟基数目增多，酚在水中的溶解度增大。酚有毒性，本身无色，但很容易被氧化成醌类物质而呈粉红色至褐色。一些常见酚的物理常数见表 7-2。

表 7-2　一些常见酚的物理常数

名称	沸点/℃	熔点/℃	溶解度(25℃)/(g/100 g 水)	pK_a
苯酚	181.8	40.8	8.0	9.95
邻甲苯酚	191.0	30.5	2.5	10.2
间甲苯酚	202.2	11.9	2.6	10.01
对甲苯酚	201.8	34.5	2.3	10.26
邻氯苯酚	113.0	9.0	2.8	8.11
间氯苯酚	214.0	33.0	2.6	8.80
对氯苯酚	220.0	43.0	2.7	9.43
邻硝基苯酚	214.5	44.5	0.2	7.33
间硝基苯酚	194.0(9.3×10^3 Pa)	96.0	2.2	8.40
对硝基苯酚	295.0(分解)	113	1.3	7.15
邻苯二酚	245	105	45	9.85
间苯二酚	281	110	123	9.81
对苯二酚	285.2	170	8	10.35

续表

名称	沸点/℃	熔点/℃	溶解度(25℃)/(g/100 g 水)	pK_a
1,2,3-苯三酚	309	113	62	9.01
α-萘酚	279	94	难	9.34
β-萘酚	286	123	0.1	9.51

7.2.3　酚羟基的结构与化学活性

虽然酚含有和醇一样的官能团，但在化学性质上与醇有显著地区别。这是由于在酚的结构中，羟基直接和苯环上 sp^2 杂化的碳原子相连。羟基上氧原子的一对孤对电子与苯环的 π 电子可以形成 p-π 共轭体系(图 7-2)，对苯环产生给电子的共轭效应(+C)，它的作用超过羟基对苯环的吸电子效应(−I)，从而导致氧原子上的电子云移向苯环，使得 C—O 极性降低而不易断裂，不易发生羟基的取代和消除反应；O—H 键极性增强，羟基 H 易离解为 H^+，使酚具有比醇更强的酸性。苯环电子云密度增大，更易进行芳环上的亲电取代反应。通过结构分析酚羟基的化学活性，将酚的化学性质总结如下：

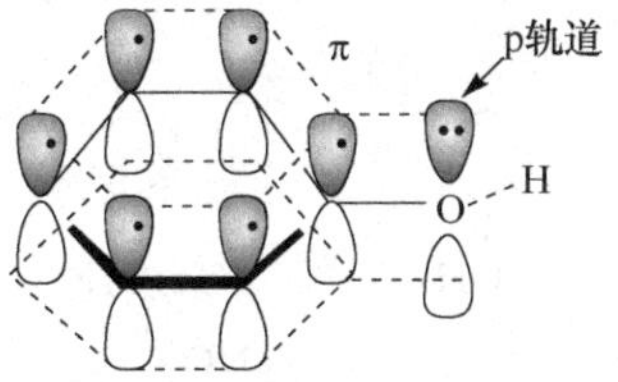

图 7-2　苯酚中 p-π共轭示意图

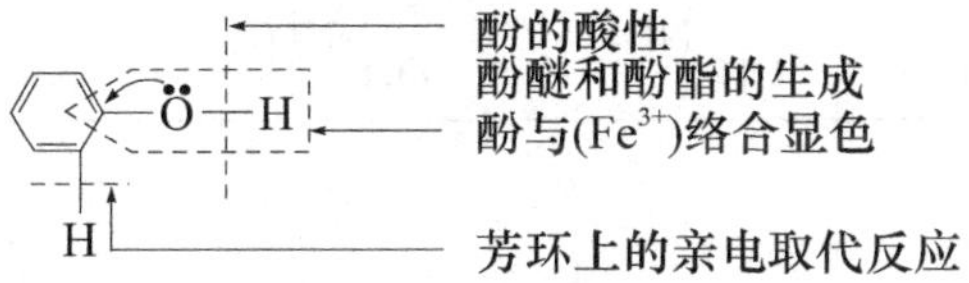

7.2.4　酚的化学性质

1. 弱酸性

酚具有弱酸性，俗称石炭酸(从石炭中分离出来的酸，旧时称煤为石炭)。大多数酚的 pK_a 都在 10 左右，酸性强于醇和水，能与氢氧化钠等强碱反应，生成酚盐。例如

$$C_6H_5\text{—OH} + NaOH \rightleftharpoons C_6H_5\text{—ONa} + H_2O$$

苯酚的酸性比碳酸弱，能溶于碳酸钠溶液，而不能溶于碳酸氢钠溶液。向苯酚钠的水溶液中通 CO_2 气体，可使苯酚游离出来。大多数酚类化合物能溶于氢氧化钠溶液，又能被酸从其碱溶液中析出来。利用此性质可进行酚的分离和提纯。

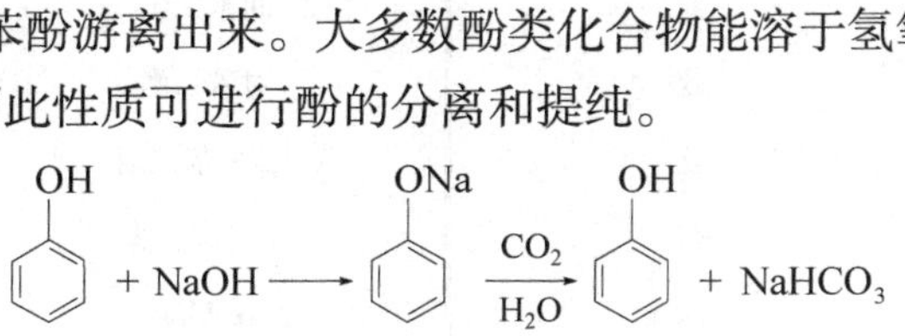

含有取代基的酚，其酸性的强弱与取代基的性质、数量及位置有关。当芳环上连有给电子基时，酚羟基的 O—H 键极性减弱，释放质子的能力减弱，因而酸性减弱；相反，若芳环上连有吸电子基，则酚的酸性增强。间位取代对酚类酸性的影响不及邻、对位影响大。取代基的电子效应越强，数量越多，对酚类化合物的酸性影响越大。例如

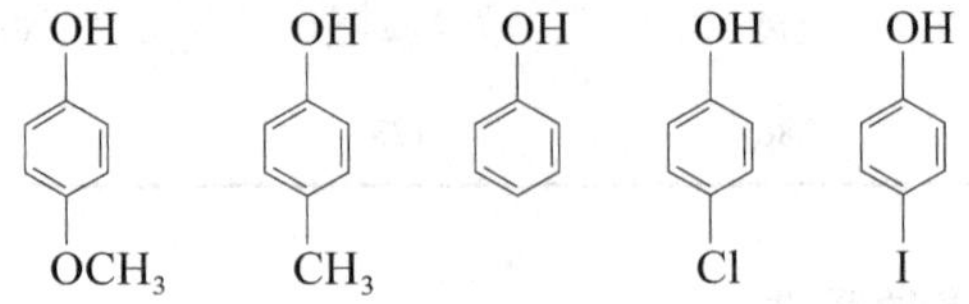

pK_a 20.21 10.26 9.95 9.43 9.20

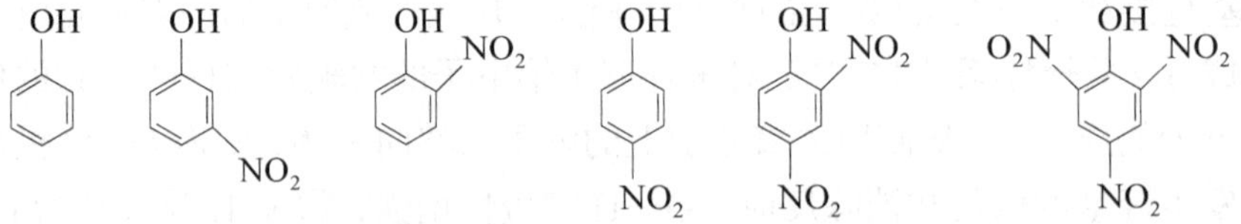

pK_a 9.95 8.40 7.23 7.15 4.00 0.71

思考题 7-7 比较下列每组各化合物的酸性强弱，并说明理由。

(1)

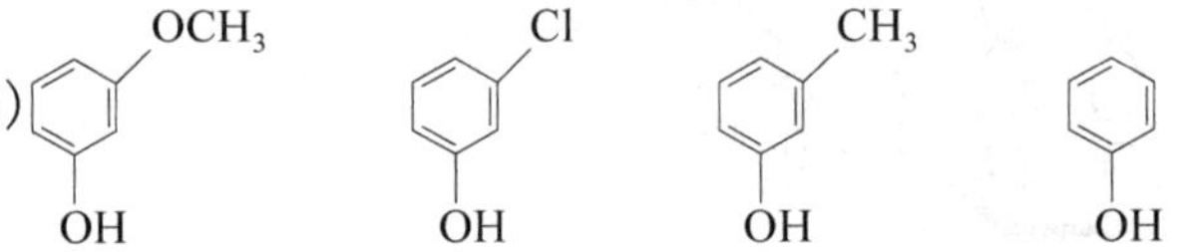

(2)

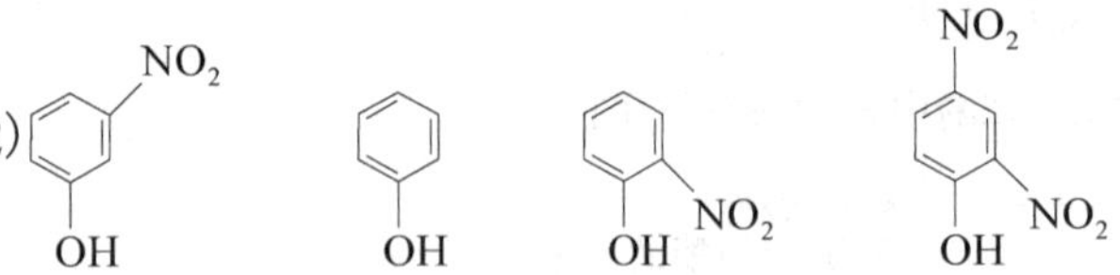

2. 与 $FeCl_3$ 的显色反应

酚能与 $FeCl_3$ 溶液发生反应，生成有色的配合物离子。

$$6ArOH + FeCl_3 \longrightarrow [Fe(OAr)_6]^{3-} + 6H^+ + 3Cl^-$$

除了苯酚可以有显色反应以外，其他的酚类也有显色反应，但结构不同，产生的颜色不同(表 7-3)。这种特殊的显色反应，可用来鉴别酚类物质以及具有稳定烯醇式结构的脂肪族化合物。

表 7-3 不同的酚与 $FeCl_3$ 作用产生的颜色

化合物	产生的颜色	化合物	产生的颜色
苯酚	紫	间苯二酚	紫
邻甲苯酚	蓝	对苯二酚	暗绿色结晶
间甲苯酚	蓝	1,2,3-苯三酚	淡棕红
对甲苯酚	蓝	1,3,5-苯三酚	紫色沉淀
邻苯二酚	绿	α-萘酚	紫色沉淀

3. 酚酯和酚醚的生成

酚与醇相似，也可以成酯，成醚。但由于酚羟基的 C—O 键比较牢固，酚不能直接通过分子间脱水生成醚，也不能直接与羧酸反应生成酯。通常用酚盐与卤代烃反应来制备酚醚，用酚与反应活性较高的酰卤和酸酐反应来制备酚酯。例如

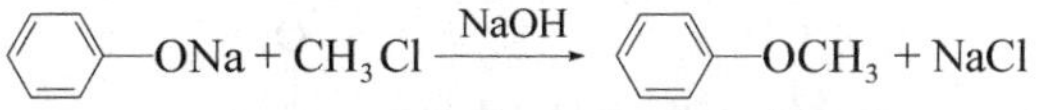

苯甲醚(茴香醚)

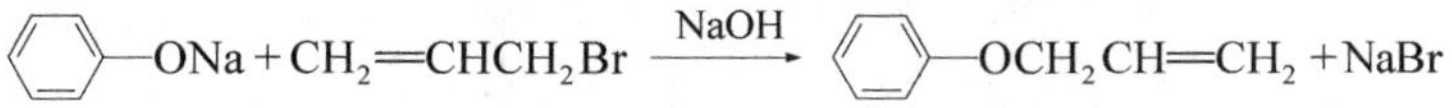

苯基烯丙基醚

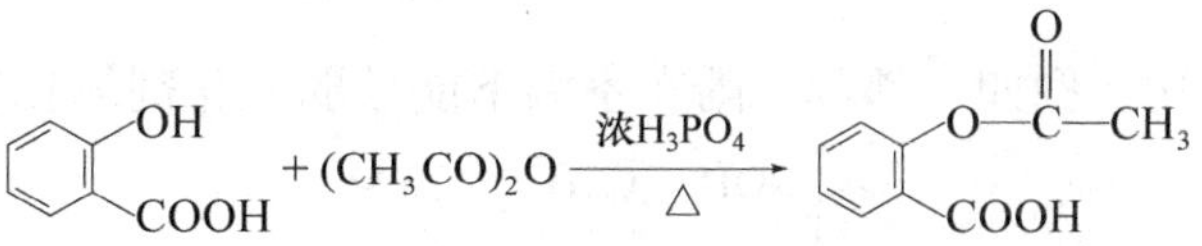

乙酰水杨酸(阿司匹林)

4. 芳环上亲电取代反应

由于酚羟基的活化作用，羟基的邻、对位活性增高，易受亲电试剂进攻而发生取代反应。苯酚卤代反应要比苯容易得多。室温下，苯酚与溴水可立即生成 2,4,6-三溴苯酚白色沉淀。

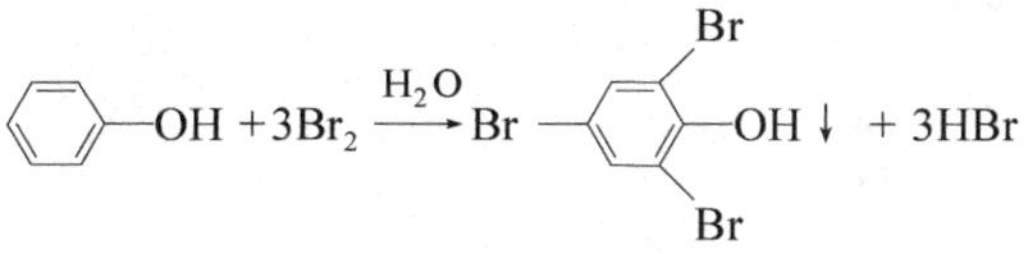

白色

此反应很灵敏，很稀的苯酚溶液（100 mg/kg）就能与溴水生成沉淀，且反应是定量的，故常用于苯酚的定性、定量测定。

苯酚的硝化和碘化反应一般在室温下进行。

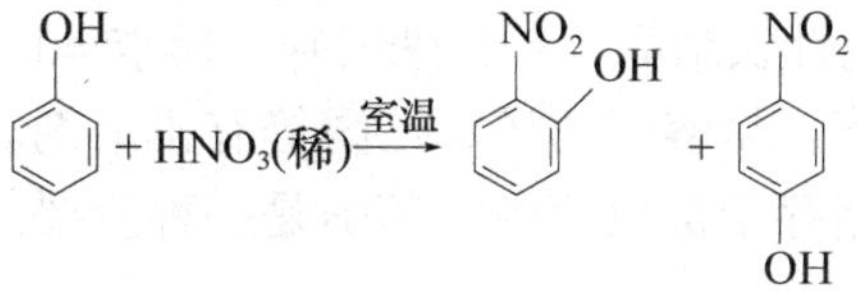

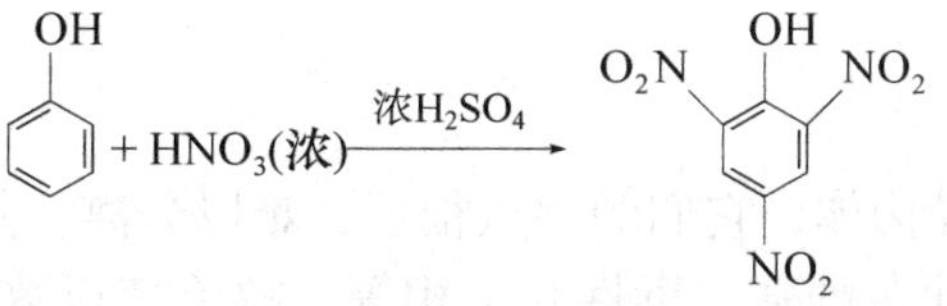

2,4,6-三硝基苯酚(苦味酸)

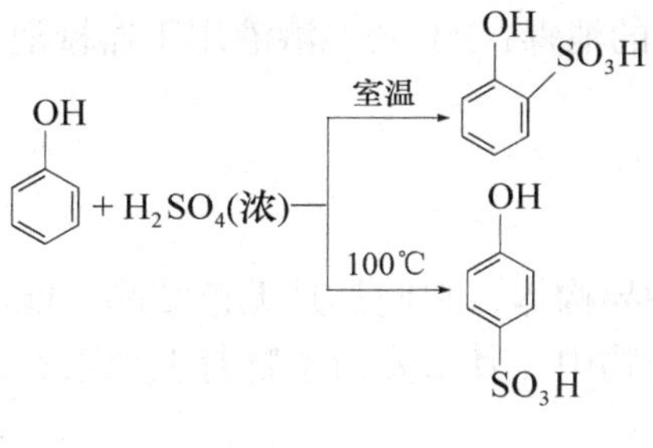

5. 氧化反应

酚很容易氧化。酚类在空气中放置被氧气缓慢氧化的过程称为酚的自氧化反应。利用该性质，某些酚类化合物在食品、橡胶、塑料等工业上用作抗氧化剂。

苯酚在强氧化剂作用下，羟基和对位氢原子均被氧化。

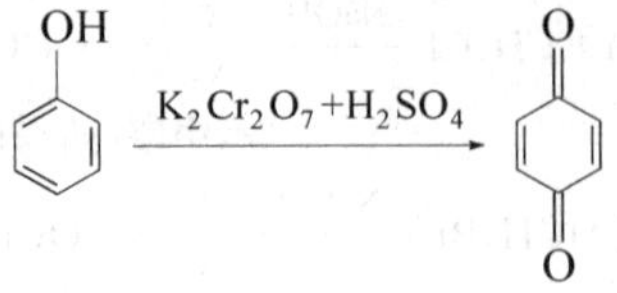

多元酚更容易被氧化。例如，邻苯二酚在室温下能被弱氧化剂氧化为邻苯醌。

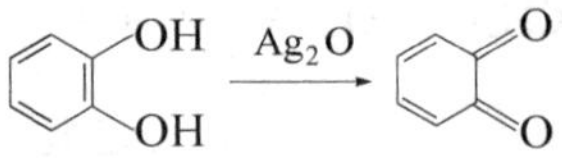

思考题 7-8　用化学方法鉴别下列化合物。

苯甲醇，甲苯，对甲基苯酚

思考题 7-9　完成下列转化。

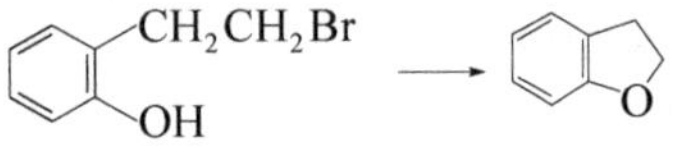

7.2.5　重要的酚

1. 苯酚

苯酚俗名石炭酸，为无色针状结晶，有特殊气味，熔点 40.8℃，沸点 181.8℃，室温下微溶于水，68℃以上能与水混溶，易溶于乙醇、乙醚等有机溶剂。苯酚暴露于光和空气中易被氧化而呈粉红色，故应避光储存于棕色瓶内。苯酚是一种重要的化工原料，用于制作酚醛树脂、药物、染料、炸药等。

2. 甲苯酚

甲苯酚有邻、间、对三种异构体，它们的沸点很近，难以分离，其混合物统称为甲苯酚，也称煤酚。甲苯酚的杀菌能力比苯酚强，毒性几乎相等，故治疗指数更高，常用作消毒防腐剂。由于在水中溶解度低，常配成 50%的肥皂水溶液，称为煤酚皂溶液，俗称来苏尔（lysol）。其 1%～2%溶液用于手和皮肤的消毒；3%～5%溶液用于器械消毒；5%～10%溶液用于排泄物消毒。

3. 苯二酚

苯二酚有邻、间、对三种异构体，它们都是无色结晶，能溶于水、乙醇、乙醚。邻苯二酚俗称儿茶酚，存在于许多植物中，其重要衍生物肾上腺素有升高血压和止喘的作用。间苯二酚又称树脂酚，主要用于感光胶片、医药、染料和化纤工业。间苯二酚与浓盐酸的混合液可用于鉴别醛糖和酮糖。对苯二酚又称鸡纳酚或氢醌，因具有很强的还原性，常用作抗氧剂、显影剂。

4. 苯三酚

苯三酚有三种异构体，常见的有连苯三酚和均苯三酚。

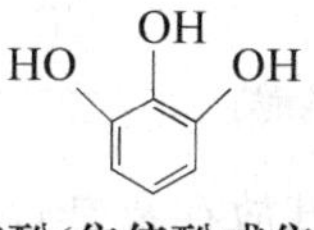

1,2,3-苯三酚(焦倍酚或焦性没食子酸)

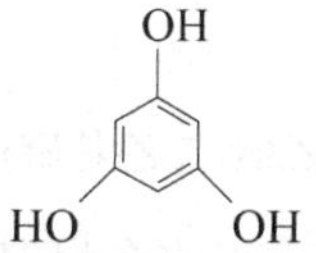

1,3,5-苯三酚(根皮酚)

均苯三酚俗称根皮酚。连苯三酚俗称焦倍酚或焦性没食子酸，是白色粉末状晶体，熔点133℃。易溶于水，具有很强的还原性，常被氧化为棕色化合物。可用作摄影的显影剂，是合成药物和染料的原料之一。它因易吸收空气中的氧，常用于混合气体中氧气的定量分析。

5. 维生素 E

维生素 E 又名生育酚或产妊酚，广泛存在于食油、水果、蔬菜、粮食中，包括生育酚和三烯生育酚两类共 8 种化合物，其差异仅在 R_1、R_2、R_3 三个基团的不同。其中 α-生育酚活性最高。

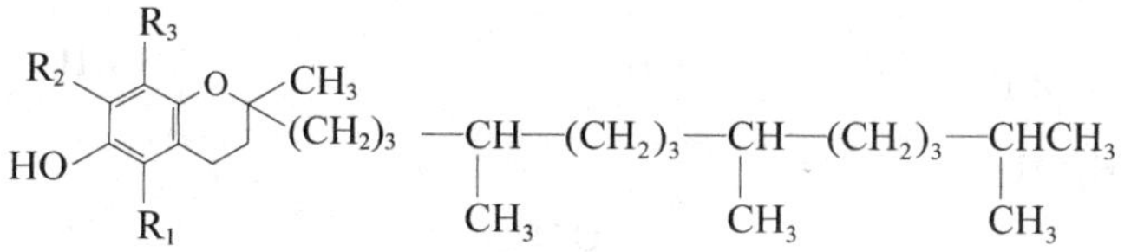

7.3 醚

醚是由一个氧原子连接两个烃基形成的化合物，可用通式表示为 R—O—R′。它可以看作氢被烃基取代的醇或酚。醚类化合物都有醚键(—O—)，是醚的官能团。

7.3.1 分类和命名

根据氧原子连接烃基的异同分为简单醚和混合醚。两个烃基相同为简单醚(对称醚)；两个烃基结构不相同为混合醚(不对称醚)。例如

$CH_3CH_2OCH_2CH_3$ 简单醚

$CH_3OCH_2CH_3$ 混合醚

根据分子中烃基的类别，醚可以分为脂肪醚和芳香醚。氧原子连接有芳基的醚称为芳香醚，氧原子仅连接有脂肪烃基的醚为脂肪醚。例如

$CH_3CH_2OCH_2CH_2CH_3$

脂肪醚

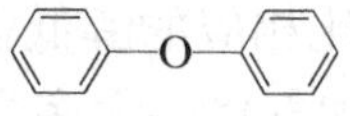

芳香醚

在脂肪醚中，分子中形成环的醚称为环醚。例如

结构简单的醚一般采用普通命名法，即在烃基的名称后面加上“醚”字，有时“基”可以省略。对于简单醚，习惯称“二某基醚”，通常“二”和“基”可以省略，但含有不饱和脂肪烃的除外。例如

$CH_3CH_2OCH_2CH_3$　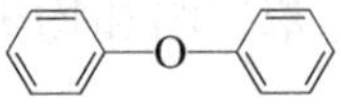　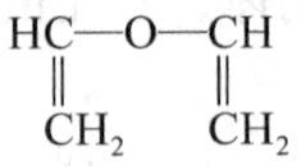

乙醚(二乙基醚)　二苯醚(二苯基醚)　二乙烯基醚

混合醚命名时，将芳基放在烃基之前，简单烃基放在复杂烃基之前。例如

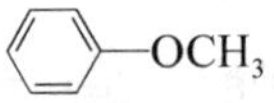　$CH_3CH_2OCH_3$　$CH_2{=}CH{-}OCH_2CH_3$

苯甲醚(苯基甲基醚)　甲乙醚(甲基乙基醚)　乙基乙烯基醚

结构复杂的醚可以采用系统命名法，选择较长碳链的烃基作为母体，简单的烃基与氧原子一起被看作含氧取代基。例如

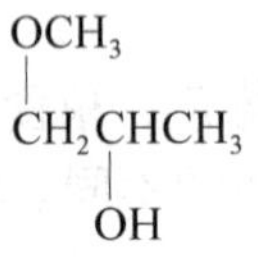　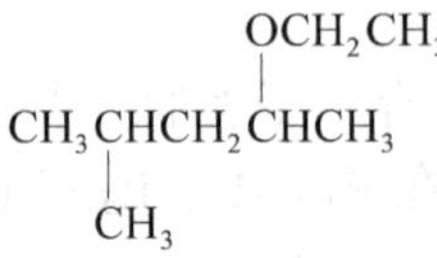　$CH_3CH{=}CHCH_2{-}OCH_2CH_3$

1-甲氧基-2-丙醇　2-甲基-4-乙氧基戊烷　1-乙氧基-2-丁烯

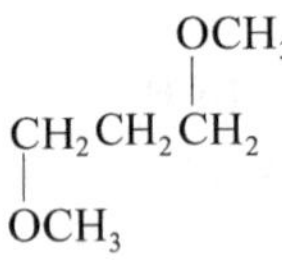　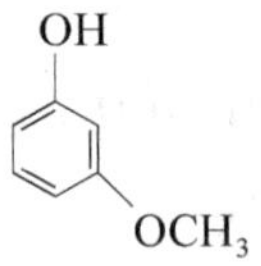　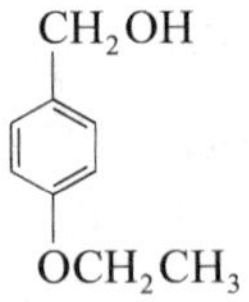

1,3-二甲氧基丙烷　3-甲氧基苯酚　对乙氧基苯甲醇

简单的环醚可以称为“环氧某烷”。对于三元、四元环，只需标出氧原子连接到母体的两个序号。例如

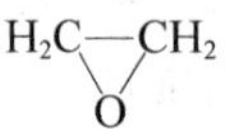　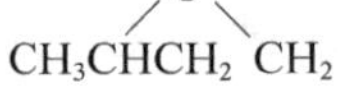　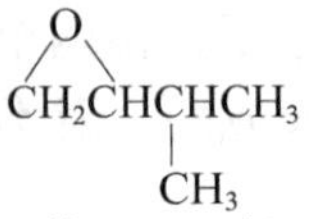

环氧乙烷　1,3-环氧丁烷　3-甲基-1,2-环氧丁烷

更大的环醚一般按杂环化合物来命名。例如

　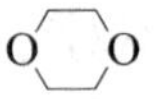

1,4-环氧丁烷(四氢呋喃)　1,4-二氧六环

7.3.2 醚的物理性质

常温下，大多数醚为易挥发、易燃烧、有香味的液体。醚分子中因无羟基而不能在分子间生成氢键，因此醚的沸点比相应的醇低得多，与相对分子质量相近的烷烃相当。常温下，甲醚、甲乙醚、环氧乙烷等为气体，大多数醚为液体。

醚分子中的碳氧键是极性键，氧原子采用 sp^3 杂化，其上有两对未共用电子对，两个碳氧键之间形成一定角度，故醚的偶极矩不为零。易于与水形成氢键，所以醚在水中的溶解度与

相应的醇相当。甲醚、1,4-二氧六环、四氢呋喃等都可与水互溶，乙醚在水中的溶解度为每 100 g 水溶解约 7 g。其他相对分子质量低的醚微溶于水，大多数醚不溶于水。

乙醚能溶于许多有机溶剂，本身也是一种良好的溶剂。乙醚有麻醉作用，极易着火，与空气混合到一定比例能爆炸，所以使用乙醚时要十分小心。部分醚的物理常数见表 7-4。

表 7-4　部分醚的物理常数

名称	沸点/℃	熔点/℃	相对密度 d_4^{20}
甲醚	−24.9	−138.5	0.661
甲乙醚	10.8	−139.2	0.691
乙醚	34.6	−116.3	0.7134
丙醚	90.5	−122	0.736
正丁醚	142	−95.3	0.7689
苯甲醚	155.5	−37.3	0.994
环氧乙烷	10.4	−112.2	0.8711
四氢呋喃	67	−108	0.8892
1,4-二氧六环	101	11.8	1.0337
甲氧基苯	154	−37	0.994
苯氧基苯	258	27	1.0728

7.3.3　醚的化学性质

除某些环醚外，醚是一类比较稳定的化合物，常温下一般不与氧化剂、还原剂、碱、活泼金属等起反应。但由于醚键的存在，在酸性条件下也可以发生以下反应。

1. 𨥙盐的生成

醚分子的氧原子在强酸的作用下可接受质子生成盐。例如

$$CH_3OCH_3 + HCl(浓) \longrightarrow \left[CH_3\overset{+}{\underset{\displaystyle H}{\underset{|}{O}}}CH_3\right]Cl^- \quad (𨥙盐)$$

醚的𨥙盐很不稳定，温度稍高或浓度降低便立即析出原来的醚。利用这一性质，可以从混合物中分离、提纯醚。

2. 醚键的断裂

在高温和浓氢碘酸或浓氢溴酸的作用下，醚的 C—O 键会发生断裂（二苯醚除外），生成卤代烃和醇（酚）。例如

$$CH_3CH_2OCH_2CH_3 + HBr \xrightarrow{\triangle} CH_3CH_2Br + CH_3CH_2OH$$
$$CH_3CH_2OH \xrightarrow{HBr} CH_3CH_2Br + H_2O$$

如果两个烃基都是芳香基，一般不易发生断裂。对于分子中同时含有脂肪烃基和芳基的醚，断键通常发生在与脂肪烃相连的碳氧键（C—O）之间，氧原子与苯环相连生成酚，而烷基与卤原子结合生成卤代烃。对于混合脂肪醚，一般都是较小的烃基生成卤代烷，当氧原子上

连有三级烷基时，则主要生成三级卤代烷。例如

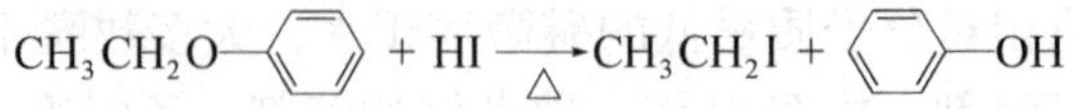

$$CH_3\underset{\underset{CH_3}{|}}{CH}CH_2OCH_3 + HI \xrightarrow{\triangle} CH_3\underset{\underset{CH_3}{|}}{CH}CH_2OH + CH_3I$$

$$CH_3-\underset{CH_3}{\overset{CH_3}{C}}-O-CH_2CH_3 + HI \xrightarrow{\triangle} CH_3-\underset{CH_3}{\overset{CH_3}{C}}-I + CH_3CH_2OH$$

环醚与氢卤酸作用，醚键断裂生成双官能团化合物。例如

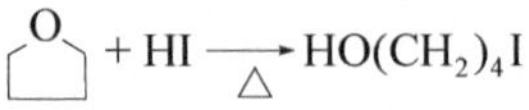

3. 过氧化物的生成

很多烷基醚如果长时间与空气接触或经光照，在醚键的α-碳氢上氧化，生成不挥发的过氧化物。例如

$$CH_3CH_2-OCH_2CH_3 + O_2 \longrightarrow CH_3CH_2-O\underset{\underset{O-OH}{|}}{CH}CH_3$$

过氧化物不稳定，有极强的爆炸性。蒸馏含有该化合物的醚时，过氧化醚残留在容器中，继续加热即会爆炸。因此在乙醚蒸馏或使用前必须先检验醚中是否含有过氧化物。常用的检验方法是用碘化钾的淀粉溶液，或硫酸亚铁与硫氰化钾溶液。若前者呈深蓝色，或后者呈血红色，则表示有过氧化物存在。除去过氧化物的方法是向醚中加入还原剂（如 $FeSO_4$ 或 Na_2SO_3），使过氧化物分解。为了防止过氧化物生成，醚常用棕色瓶避光储存，并可在醚中加入微量铁屑或对苯二酚阻止过氧化物的生成。

思考题 7-10　完成下列反应式。

(1) $CH_3O-CH_2-\overset{\overset{H_3C}{|}}{CH}-CH_2-CH_3 + HI(\text{过量}) \xrightarrow{\triangle}$

(2) 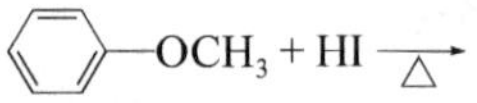

(3) 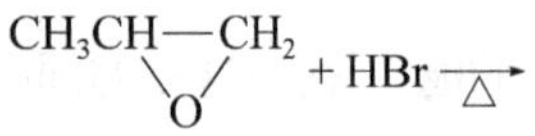

(4) $CH_3OC_2H_5 + HI \xrightarrow{\triangle}$

7.3.4　重要的醚

1. 乙醚

乙醚为无色透明液体，有特殊刺激气味，带甜味，极易挥发，易燃，低毒。乙醚相对密度为 0.7134，熔点-116.3℃，沸点 34.6℃。微溶于水，能溶于低碳醇、苯和油类。

乙醚的分子式为 $CH_3CH_2OCH_2CH_3$，化学性质相对稳定，很少与除酸之外的试剂反应。但是乙醚能在空气中缓慢氧化成过氧化物，过氧化物很不稳定，加热易爆。因此乙醚应避光储存。

乙醚用途广泛，是化工产业上很多有机产品的优良溶剂；是医药工业用作药物生产的萃取剂，是医疗上的麻醉剂；是毛纺、棉纺工业上的油污清洁剂；还是工业上制造无烟火药的原料。

2. 环氧乙烷

环氧乙烷又名氧化乙烯，为无色有毒气体，分子式为 C_2H_4O，沸点 13.5 ℃。可溶于水，与空气混合形成可爆炸气体。

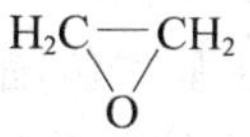

环氧乙烷是一种有毒的致癌物质，以前被用来制造杀菌剂。现在被广泛地应用于洗涤、制药、印染等行业。在化工相关产业可作为清洁剂的起始剂。环氧乙烷易燃、易爆，不易长途运输，因此有强烈的地域性。

环氧乙烷可以通过氯醇法制得：

$$CH_2{=\!=}CH_2 + Cl_2 + H_2O \longrightarrow CH_2ClCH_2OH + HCl$$

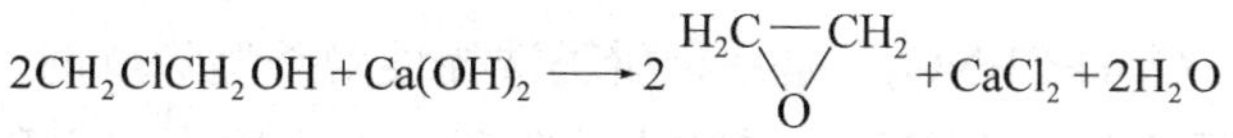

环氧乙烷也可以通过氧化法制得：

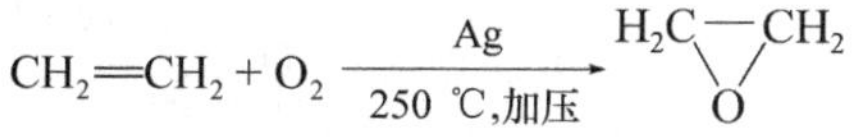

环氧乙烷是三元环醚，由于极性的碳氧键使环的角张力和扭转张力增大，所以与一般的醚不同。其化学性质非常活泼，易和含活泼氢的试剂发生开环反应，生成双官能团化合物。

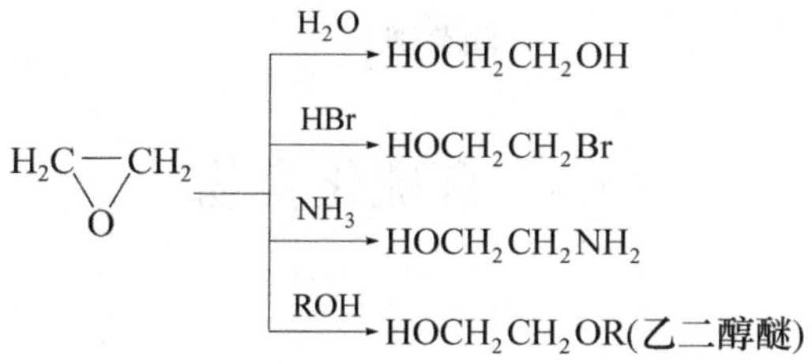

3. 冠醚

冠醚是一类大环多氧醚，因形状似皇冠故称为冠醚，其结构特征是分子中具有“—OCH_2CH_2—”的重复单位。命名以“*m*-冠-*n*”表示，*m* 代表环中所有原子数，*n* 为环中氧原子数。例如

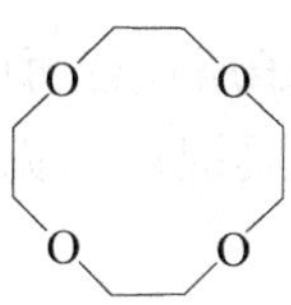

12-冠-4

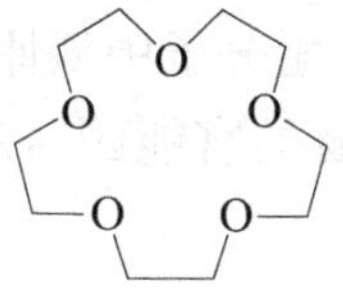

15-冠-5

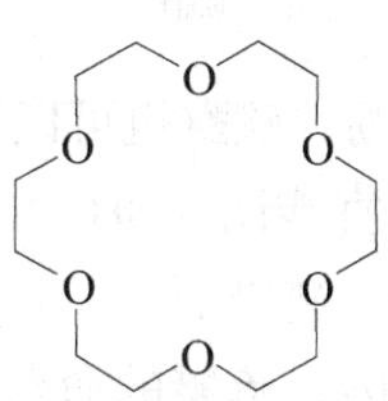

18-冠-6

冠醚分子中的氧原子含有未共用电子对，能和金属离子形成配合物。环的大小不同，氧原子的数目不同，氧原子间的空隙大小不同，因此可选择不同大小的金属离子进行配位。例如，12-冠-4 只能和离子半径小的 Li^+配位，18-冠-6 则可与离子半径大的 K^+配位。所以冠醚可用于金属离子的分离。

冠醚还可用作相转移催化剂。它能将某些非均相的反应体系转变在均相体系中进行，从而加速反应，有利于反应的顺利进行。例如，卤代烃与 KCN 水溶液互不相溶，反应体系形成有机相和水相，不利于化学反应的进行，产率很低。若向反应体系中加入 18-冠-6，则 K^+进入 18-冠-6 的氧原子间，形成了一个被非极性基团包围的正离子。这个正离子便可以带着负离子(CN^-)一起进入有机相中，与卤代烃进行亲核取代反应。在这个过程中，冠醚将 KCN 由水相转入有机相，从而加速化学反应的进行，产率提高。冠醚的这种作用称为相转移催化作用。

冠醚在有机合成中起着十分重要的作用，如元素有机化合物的制备、反应机理的研究、外消旋氨基酸的拆分，以及不对称合成等。

4. 除草醚

除草醚分子式为：$C_{12}H_7Cl_2NO_3$，是一种醚类选择性触杀型除草剂。纯品呈淡黄色针状结晶，难溶于水，易溶于乙醇、乙酸等。易被土壤吸附，在土壤中向下移动和向四周扩散的能力很小。在黑暗条件下无毒力，见阳光才产生毒力。温度高时效果大。

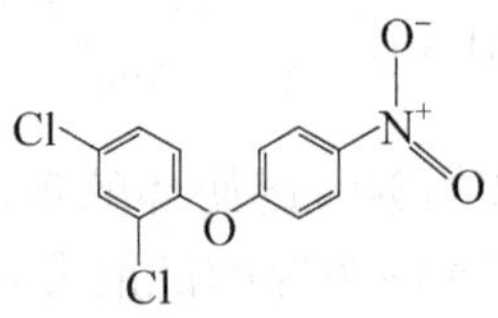

除草醚

7.4　含硫化合物

7.4.1　分类和命名

分子中含有碳硫键的有机物称为有机硫化合物，它在数量上仅次于含氧有机化合物。有机硫化物包括硫醇、硫酚、硫醚和二硫化物等。可用通式表示为

R—S—H	Ar—S—H	R—S—R'	R—S—S—R'
硫醇	硫酚	硫醚	二硫化物

硫醇、硫酚、硫醚也可以看作醇、酚、醚分子中氧原子被硫原子所代替而形成的化合物。硫醇和硫酚的官能团—SH 称为巯基；硫醚的官能团—S—称为硫醚键；二硫化物的官能团—S—S—称为二硫键。

硫醇、硫酚、硫醚的命名与醇、酚、醚相似，只是在相应的名称前加一个“硫”字。结构复杂时，则将巯基作为取代基。例如

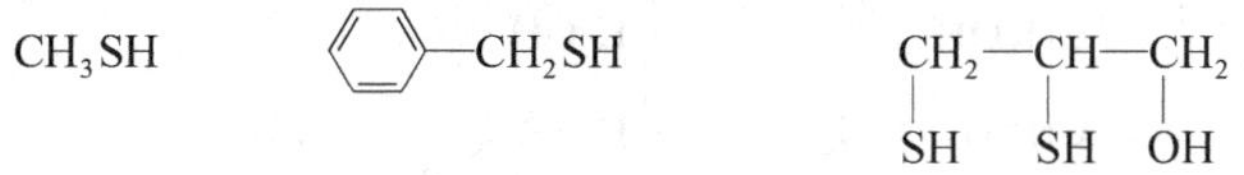

甲硫醇　　苯甲硫醇　　2,3-二巯基丙醇

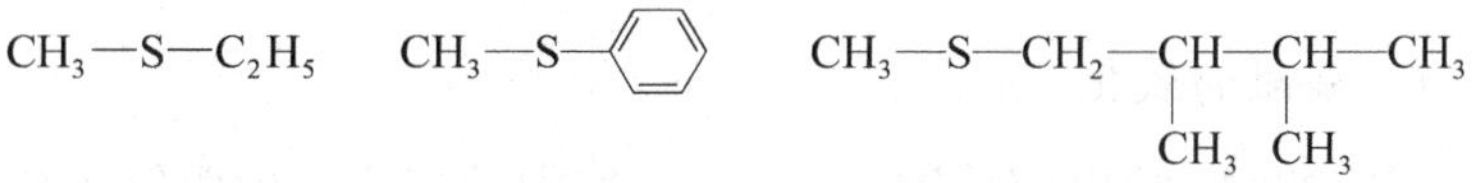

甲乙硫醚　　苯甲硫醚　　2,3-二甲基-1-甲硫基丁烷

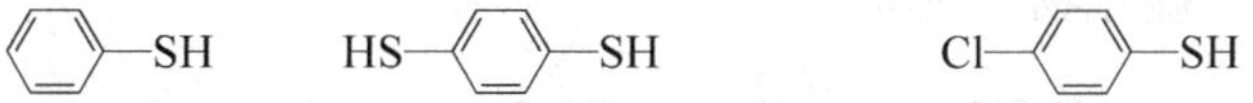

(苯)硫酚　　对苯二硫酚　　对氯(苯)硫酚

7.4.2　物理性质

硫的电负性比氧小，且原子半径较大。硫醇和硫酚不能像醇和酚那样能够形成氢键，因此低级硫醇和硫酚的沸点及在水中的溶解度都比相应醇、酚低得多。但高级硫醇和硫酚的沸点与相应的醇、酚很接近。低级硫醇具有特殊臭味，因此低级硫醇可作为臭味剂。例如，将痕量的乙硫醇加到天然气中，可以检测管道是否漏气。

思考题 7-11　命名下列化合物。

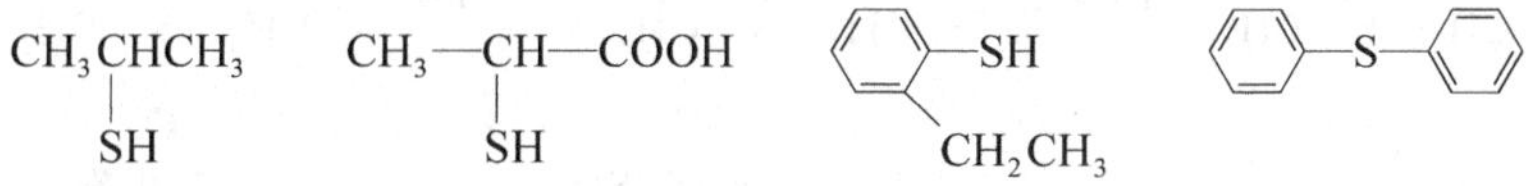

思考题 7-12　试解释为什么醚与相应醇的沸点相差很大，而硫醚与相应的硫醇沸点相近。

7.4.3　化学性质

1. 硫醇、硫酚的酸性

硫的原子半径比氧大，S—H 键比 O—H 键长，易被极化，使氢离子容易离解出来。因此硫醇、硫酚具有明显的酸性，且它们的酸性强于相应的醇、酚。例如

	乙硫醇	乙醇	苯硫酚	苯酚
pK_a	10.5	17	7.8	9.95

硫醇和硫酚能够溶于稀的氢氧化钠溶液中，生成较稳定的硫醇盐或硫酚盐。

$$R(Ar)SH + NaOH \longrightarrow R(Ar)S^-Na^+ + H_2O$$

硫醇的酸性比碳酸弱，只能溶于碳酸钠溶液而不能溶于碳酸氢钠溶液；苯硫酚的酸性比碳酸强，可溶于碳酸氢钠溶液生成苯硫酚钠。例如

$$CH_3SNa + CO_2 \xrightarrow{H_2O} CH_3SH + NaHCO_3$$

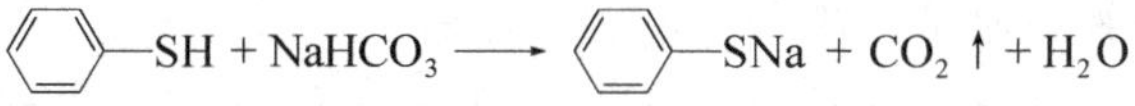

硫醇可与重金属离子如铅、铜、汞、银等生成不溶于水的硫醇盐。有些含有邻二巯基的药物，如二巯基丙醇(简称 BAL)，因能与重金属离子结合生成无毒而稳定的化合物从尿中排出，可作为重金属中毒的解毒剂。

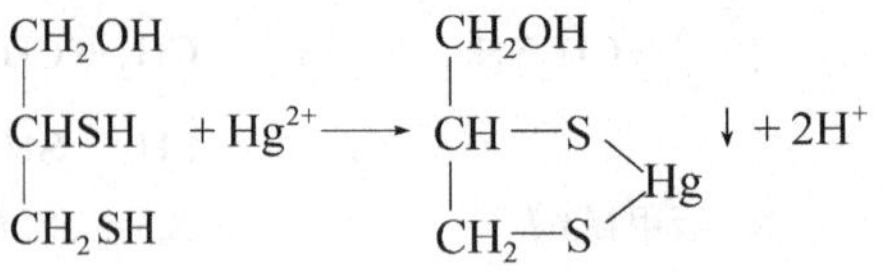

2. 硫醇、硫酚、硫醚的氧化

硫醇、硫酚比相应的醇、酚更容易被氧化。在空气中的氧或其他弱氧化剂(如 H_2O_2、NaIO、I_2)存在下即被氧化生成二硫化物。例如

$$2RSH \xrightarrow{空气(O_2)} R—S—S—R + H_2O$$

此反应可定量进行，用于测定巯基化合物的含量，也可用来除去体系中的硫醇杂质。

硫醇和硫酚在强氧化剂(如 HNO_3、$KMnO_4$)作用下，被氧化生成磺酸。例如

$$CH_3CH_2SH \xrightarrow{KMnO_4/H^+} CH_3CH_2SO_3H$$

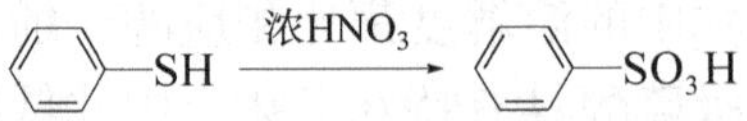

硫醚易进行氧化反应，在室温下可与过氧化氢等弱氧化剂作用，生成亚砜。若遇强氧化剂(如发烟硝酸、高锰酸钾、过氧羧酸等)则被氧化成砜。例如

$$CH_3—S—CH_3 \xrightarrow{H_2O_2,\ 25℃} CH_3—\overset{\overset{O}{\|}}{S}—CH_3 \xrightarrow{发烟HNO_3} CH_3—\underset{\underset{O}{\|}}{\overset{\overset{O}{\|}}{S}}—CH_3$$

二甲亚砜(DMSO)　　　　二甲砜

二甲亚砜为无色具有强极性的液体，沸点 188℃。作为一种非质子极性溶剂，常应用于石油和高分子工业上。二甲亚砜还具有很强的溶解和穿透能力，因此常用作某些药物的透入载体以加强组织的吸收。因为它的溶解力和穿透力都很强，会把各种化合物透过皮肤带入体内，在实验室中使用，有一定的潜在危险。

7.4.4 自然界中含硫化合物

含硫有机化合物多存在于石油和动植物体内。例如，在十字花科蔬菜(如西兰花、卷心菜、菜花、球茎甘蓝等)中含有异硫氰酸盐，能阻止动物肺、乳腺、食管、小肠、膀胱等癌症的发生。大蒜中含有一系列的含硫化合物，如二烯丙基硫代亚磺酸酯(大蒜辣素)、丙基烯丙基二硫、二烯丙基二硫等。

$$CH_2{=}CH—CH_2—\underset{\underset{O}{\downarrow}}{S}—S—CH_2—CH{=}CH_2$$

大蒜辣素

$$CH_2{=}CH—CH_2—S—S—CH_2—CH_2—CH_3$$

丙基烯丙基二硫

$$CH_2{=}CH—CH_2—S—S—CH_2—CH{=}CH_2$$

二烯丙基二硫

小　　结

1. 醇、酚、醚的分类和命名

2. 醇、酚、醚的物理性质，氢键对水溶性、沸点等物理性质的影响

3. 醇的结构特点和化学性质(图 7-3)

(1)酸性：醇羟基 O—H 键极性较强，故醇具酸性，可与活泼金属反应生成盐，反应活

性为

$$H_2O > CH_3OH > 1° > 2° > 3°$$

(2) 卤代烃的生成：醇中 C—O 键为极性键，在一定条件下能断裂发生亲核取代反应。例如，能与氢卤酸、卤化磷等反应生成卤代烃。不同烃基结构的醇与同一氢卤酸反应的活性次序为：烯丙基型 > 3° > 2° > 1°。

卢卡斯试剂可用于鉴别不同结构的六个碳原子以下的一元醇。

(3) 脱水反应：醇在较高温度下分子内脱水生成较稳定的烯烃；在较低温度下分子间脱水生成醚。常用质子酸(硫酸和磷酸)或 Al_2O_3 作为催化剂。

(4) 醇的氧化和脱氢：由于醇羟基的吸电子诱导效应使 α-H 活性增大，伯醇易被氧化成醛或羧酸，仲醇易被氧化成酮，叔醇因无 α-H 不易被氧化。

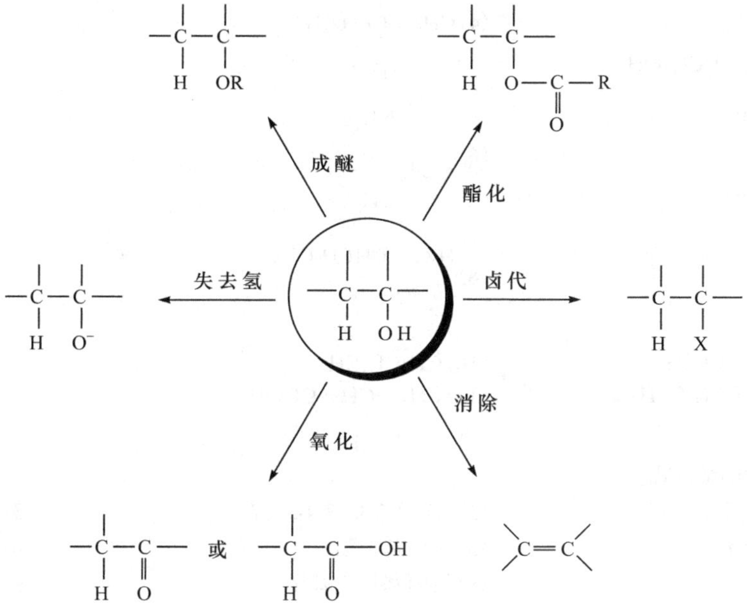

图 7-3　醇类反应小结

4. 酚的化学性质

(1) 弱酸性：酚羟基中 O—H 键极性较强，容易断裂释放出 H^+，故酚显酸性。酚能与氢氧化钠或碳酸钠溶液反应生成盐，但酚的酸性弱于碳酸，不能与碳酸氢钠反应。

(2) 与 $FeCl_3$ 显色反应：酚与 $FeCl_3$ 的显色反应可用来鉴别酚类或具有稳定烯醇式结构的化合物。

(3) 酚醚和酚酯的生成。

(4) 芳环上的亲电取代反应。

(5) 氧化反应。

5. 醚的化学性质

(1) 鉾盐的生成：醚与强酸生成盐，可溶于冷强酸，遇水稀释会析出原来的醚。

(2) 醚键的断裂：在较高温度下，浓 HI、浓 HBr 能使醚键断裂，生成卤代烃和醇或酚。

(3)过氧化物的生成：很多醚在空气中会被缓慢氧化生成过氧化物，其在加热时会发生剧烈爆炸，因此在使用醚之前应检验是否有过氧化物存在，如有，则加还原剂除去。

6. 简单的硫醇、硫酚、硫醚的命名和性质

习　题

1. 用系统命名法命名下列化合物。

(1) 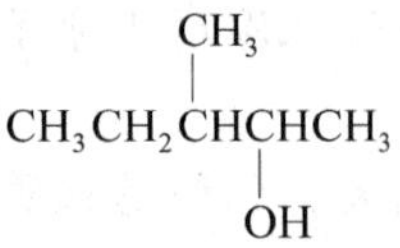

(2) 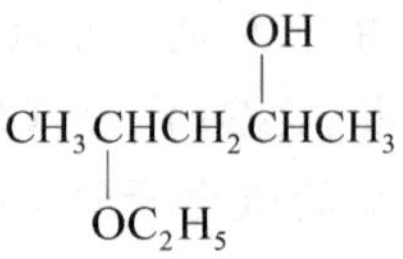

(3) 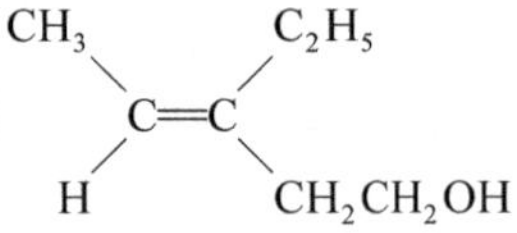

(4) 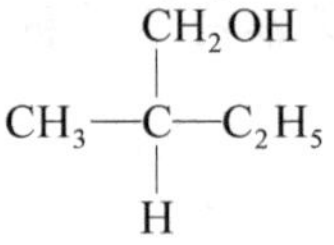

(5) 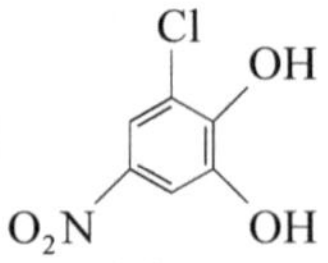

(6) 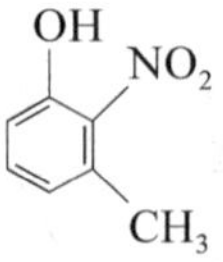

(7) 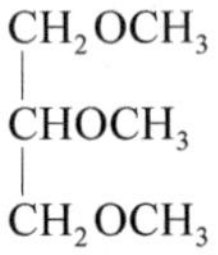

(8) 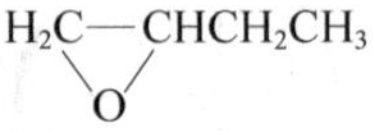

(9) $C_2H_5OCH_2CH(CH_3)_2$

(10) CH_3CH_2SH

(11) $CH_2{=}CHCH_2CH_2SCH_3$

(12) 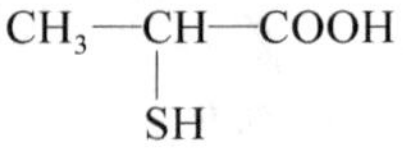

2. 写出下列化合物的结构式。

(1) (*Z*)-2-丁烯-1-醇　(2) 1,5-己二烯-3,4-二醇　(3) 甘油
(4) 邻甲氧基苯甲醇　(5) 对甲基苯酚　(6) 2,4-二溴-*α*-萘酚
(7) 对硝基苄甲醚　(8) 烯丙基正丁基醚　(9) 2,3-环氧戊烷
(10) 乙二醇二甲醚　(11) 二甲砜　(12) 2-巯基乙醇

3. 用化学方法鉴别下列化合物。

(1) 正丁醇、甲乙醚、烯丙醇　(2) 丙基烯丙基醚、甲乙醚、叔丁基溴
(3) 乙二醇、乙醇、苯酚　(4) 环己烷、环己醇、对甲基苯酚

4. 比较排序。

(1) 按沸点由高到低排列以下化合物。

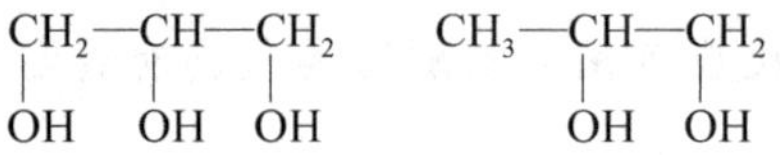　$CH_3CH_2CH_2OH$　$CH_3OCH_2CH_3$

(2) 按酸性强弱顺序排列以下化合物。

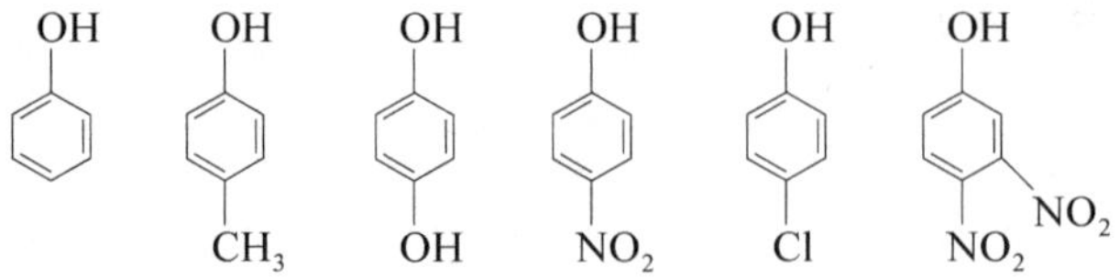

5. 完成下列各反应。

(1) 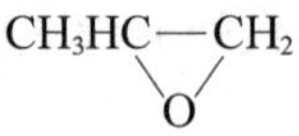 $+ HBr \longrightarrow ?$

(2) $(CH_3CH_2)_2CHOCH_3 + HI$(过量)$\xrightarrow{\triangle}$?

(3) 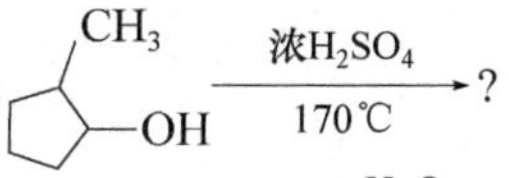

(4) 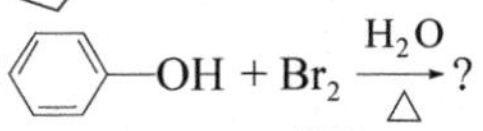

(5) 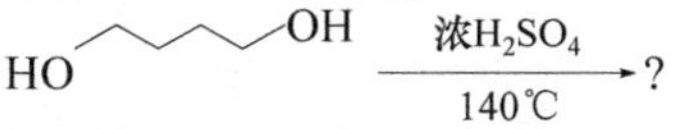

(6) 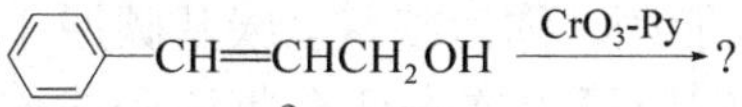

(7) 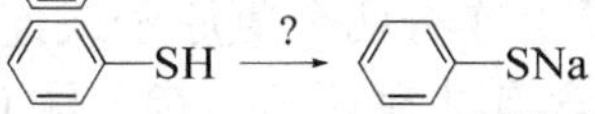

(8) $CH_3CH{=}CHCH_2OH \xrightarrow{KMnO_4/H^+}$?

(9) 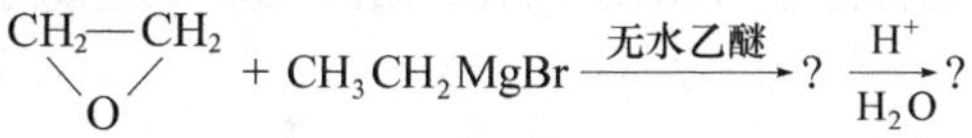

(10) $CH_3CH_2CH_2\underset{\displaystyle OH}{\underset{|}{C}}HCH_3 + SOCl_2 \longrightarrow$?

6. 用指定原料进行合成(无机试剂和 C_2 以下有机试剂可以任选)。

(1) 用正丁醇合成：正丁酸、1,2-二溴丁烷、1-氯-2-丁醇、1-丁炔

(2) 由丙烯合成异丙醚

(3) 由乙烯合成正丁醚

(4) 用甲苯合成 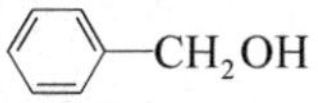

7. 某化合物 A 分子式为 $C_6H_{14}O$，能与 Na 作用。在酸催化下可脱水生成 B，用冷 $KMnO_4$ 溶液氧化 B 可得 C，其分子式为 $C_6H_{14}O_2$。C 与 HIO_4 作用只得丙酮，试推测 A、B、C 的结构式。

8. 某芳香族化合物 A，分子式为 $C_8H_{10}O$。不与钠反应，但能与浓氢碘酸作用，生成 B 和 C。B 能溶于氢氧化钠溶液，并与 $FeCl_3$ 溶液作用呈紫色。C 能与硝酸银作用生成黄色碘化银沉淀。写出 A、B、C 的结构式。

第 8 章　醛、酮、醌

由一个碳原子和一个氧原子以双键结合构成的有机官能团，称为羰基。羰基碳原子同时与两个烃基相连的化合物，称为酮，酮基即为羰基。羰基碳原子上连有两个氢原子或连有一个氢原子和一个烃基的化合物，称为醛，醛基缩写为—CHO。含有共轭环己二烯二酮(或环己二烯二亚甲基)结构单元的一类有机化合物，统称醌。本章所讨论的醛、酮和醌都属于羰基化合物。

羰基　　酮　　甲醛　　醛

8.1　醛、酮

8.1.1　分类和命名

1. 分类

根据醛、酮分子中的烃基类别，可分为脂肪族醛、酮和芳香族醛、酮。根据醛、酮分子中羰基的数目，可分为一元醛、酮，二元醛、酮等。根据烃基是否含有重键(碳碳双键或碳碳三键)，可分为饱和醛、酮，不饱和醛、酮。羰基嵌在碳环内，称为环内酮。一元酮中，根据羰基连接的两烃基是否相同，分为混酮(不同烃基)和单酮(相同烃基)。

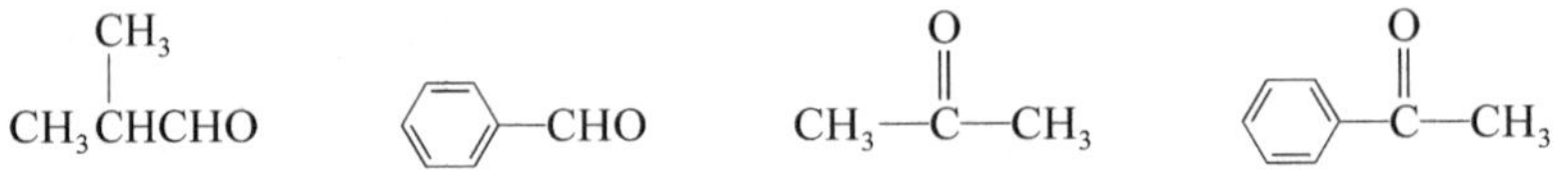

脂肪醛　　芳香醛　　脂肪酮　　芳香酮

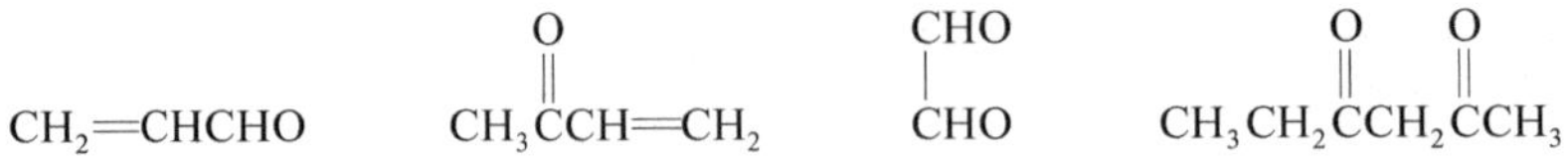

不饱和醛　　不饱和酮　　二元醛　　二元酮

2. 命名

结构简单的醛、酮可采用普通命名法，结构复杂的醛、酮则采用系统命名法命名。

1)普通命名法

结构简单醛的普通命名法与醇相似，以含羰基碳在内的碳链碳原子总数，称为某醛。结构简单酮的普通命名法，与醚的命名类似，须指明与羰基相连的两个烃基，称为某基某基甲酮。若两个烃基不同，书写时按次序规则，将较优烃基的名称写在后面；若两个相同烃基，称为二某基甲酮。例如

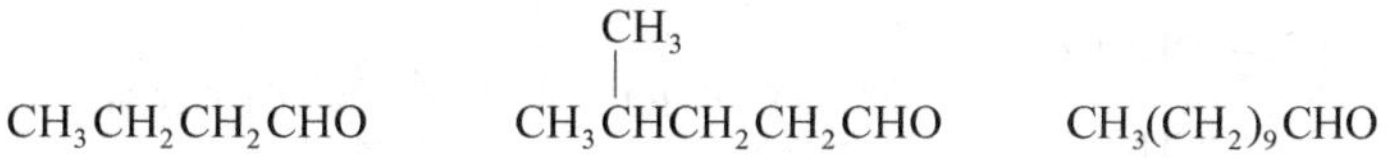

正丁醛　　异己醛　　正十一(烷)醛

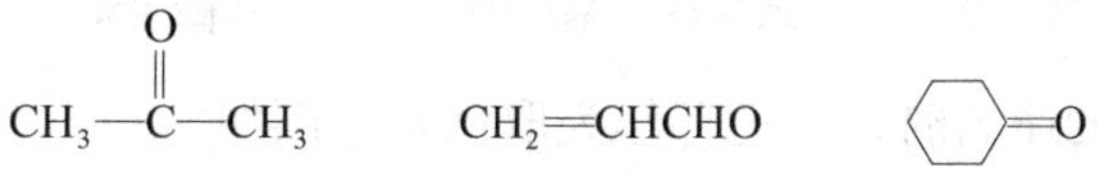

丙酮　　$CH_2{=}CHCHO$ 丙烯醛　　环己酮

与醚的命名不同之处，简单脂肪醚(如二乙醚)的“二”字可以省略，而命名酮时，“二”字不能省去。有时，烃基名称的“基”字和“甲酮”的“甲”字也可以省略。例如，甲基乙基甲酮、二乙基甲酮，可分别简称为甲乙酮、二乙酮等。苯乙酮按普通命名法称为甲基苯基甲酮，但不可简称甲苯酮。对于酮的普通命名法须注意词尾“甲酮”中的“甲”字代表一个碳原子。

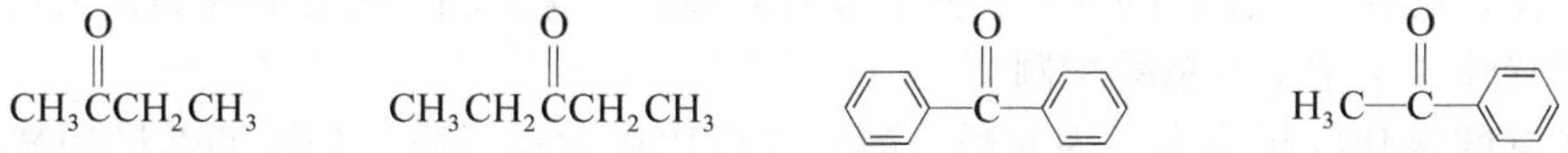

甲基乙基甲酮(甲乙酮)　　二乙基甲酮(二乙酮)　　二苯基甲酮(二苯酮)　　甲基苯基甲酮(不能省略为甲苯酮)

2) 系统命名法

脂肪族醛、酮系统命名法是选择含有醛基或酮基在内的最长碳链为主链，按照主链碳原子数称为“某醛”、“某酮”。从醛基或距离羰基最近的一端开始编号。因醛基处于链端，醛基碳原子总是第 1，故其位次在名称中省去，而酮羰基的位次必须注明。主链碳原子的位次也可以用希腊字母α、β、γ、δ等表示。对于不饱和的脂肪醛、酮，则选择含有不饱和键(双键，三键)和羰基在内的最长碳链为主链；应从距离羰基最近的一端开始编号；同时注明不饱和键和酮基的位次。例如

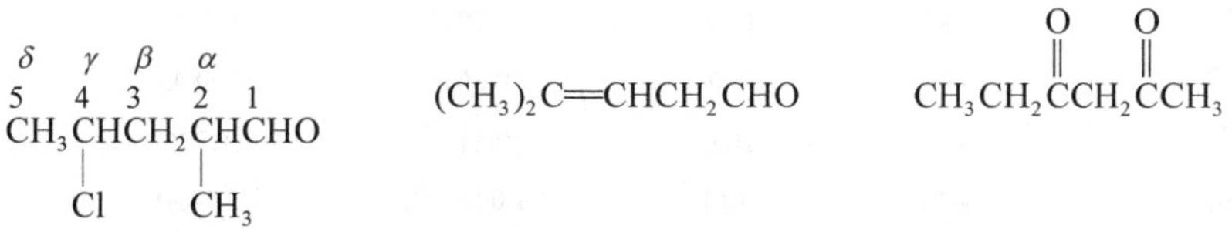

2-甲基-4-氯戊醛　　$(CH_3)_2C{=}CHCH_2CHO$ 4-甲基-3-戊烯醛　　2,4-己二酮

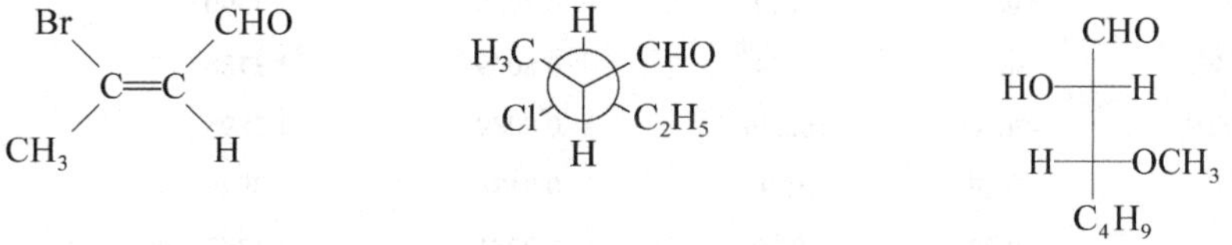

(*Z*)-3-溴-2-丁烯醛　　(2*S*,3*R*)-2-甲基-3-氯戊醛　　(2*S*,3*R*)-2-羟基-3-甲氧基庚醛

羰基在环内的脂环酮，称为“环某酮”。从羰基碳开始，按最低系列原则给环编号。羰基碳原子在环外时，将环作为取代基，例如

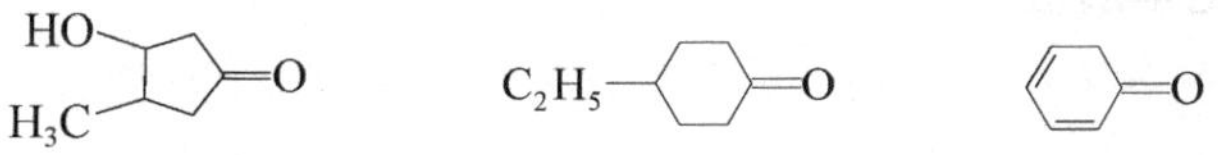

4-甲基3-羟基环戊酮　　4-乙基环己酮　　2,4-环己二烯酮

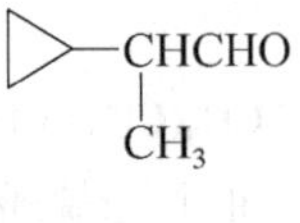

2-环丙基丙醛

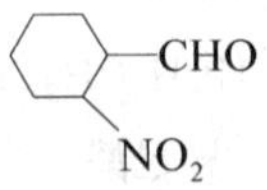

2-硝基环己基甲醛

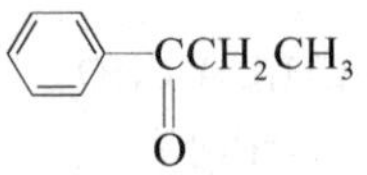

苯丙酮

含有芳香环的醛和酮的命名时，则把环作为取代基。例如

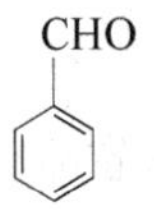

苯甲醛

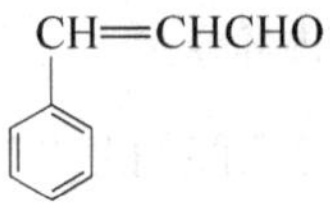

β-苯基丙烯醛(俗名肉桂醛)

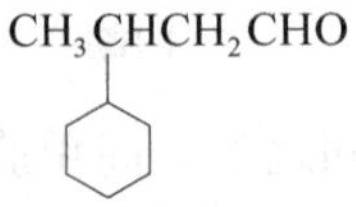

3-环己基丁醛

8.1.2　物理性质

常温下，除甲醛是气体外，十二碳原子以下的醛、酮都是液体，高级的醛、酮为固体。低级酮是液体，具有令人愉快的气味；低级醛有刺鼻的气味，C_{13}～C_{14}的醛类，尤其是芳香醛具有花果香气味，可用于香精的配制。

由于羰基的极化度相当大，因此醛、酮的沸点比相对分子质量相近的烷烃和醚高。但因为分子间无氢键存在，故沸点比相对分子质量相近的醇低。

醛、酮的羰基能与水中的氢之间形成氢键，故低级醛、酮在水中有一定的溶解度。四个碳原子以下的脂肪醛、酮易溶于水；随着醛、酮碳原子数的增加，大多数化合物微溶或不溶于水，但易溶于有机溶剂。部分醛、酮的物理常数见表 8-1。

表 8-1　部分醛、酮的物理常数*

名称	熔点/℃	沸点/℃	相对密度 d_4^{20}	折光率 n_D^{20}	溶解度 /(g/100 g 水)
甲醛	−92	−19.5	$0.815^{-20℃/4℃}$	$0.8153^{-20℃}$	55
乙醛	−123.5	20.16	$0.7834^{18℃/4℃}$	1.3316	溶
丙醛	−81	47.9	0.7970	1.3619	20
正丁醛	−99	75.7	0.8016	1.3843	4
戊醛	−92	103	$0.81^{25℃}$	1.394	微溶
苯甲醛	−26	179.1	$1.0458^{20℃}$	1.5450	0.33
水杨醛	−7	196～197	1.167	1.5735	微溶
二甲基酮(丙酮)	−94.7	56.12	0.7906	1.3590	溶
甲基乙基酮(丁酮)	−86.69	79.64	0.8049	1.3788	35.3
甲基丙基酮(2-戊酮)	−76.80	102.26	0.8089	1.3895	几乎不溶
二乙酮(3-戊酮)	−39.50	101.96	0.8138	1.3924	4.7
苯乙酮	19.62	202.0	1.0281	1.5342	微溶
环己酮	−45	155.65	0.9478	1.4507	2.3

*熔点、沸点、相对密度、折光率摘自文献：程能林. 溶剂手册. 4 版. 北京：化学工业出版社，2007. 11

8.1.3　羰基的结构与化学活性

1. 羰基的结构

羰基的碳原子是 sp^2 杂化，三个 sp^2 杂化轨道处于同一平面，杂化轨道间的夹角为 120° ，几何构型为平面正三角形。与氧原子成键时碳原子提供一个 sp^2 轨道与氧原子 2p 轨道，沿轨道对称轴的方向“头碰头”重叠，形成 C—O σ 键；碳原子上未参与杂化的 2p 轨道与氧原子另一个 2p 轨道以“肩并肩”的方式重叠，形成碳氧 π 键，这样羰基的碳氧双键(C═O)形成了。此外，碳原子的剩余两个 sp^2 杂化轨道分别与氢原子或碳原子形成 C—H 或 C—C 两个 σ 键，如图 8-1 所示。

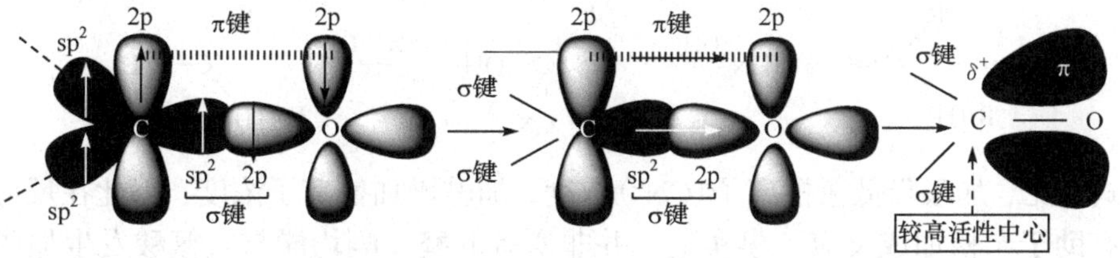

图 8-1　羰基的形成过程及其较高反应活性中心

2. 羰基的化学活性

在羰基中，由于氧原子的电负性大于碳原子，碳氧双键中的 σ 键和 π 键电子云均偏向氧原子一方，使氧带部分负电荷，碳带部分正电荷，羰基成为极性双键。碳原子是正电荷中心，而氧原子是负电荷中心。与氧原子比较，碳原子的原子半径较大、电负性较小，其变形性大，容易受到亲核试剂的进攻发生化学反应。因此羰基化学反应主要发生在较高反应活性的碳正中心上(图 8-1)，活性最高的 π 键既容易发生亲核加成反应，又易发生氧化还原反应。羰基是一个强的吸电子基团，使 α-H 的活性增加，α-H 质子化倾向增大，可发生取代反应。羰基的化学活性所表现出的化学性质归纳如下：

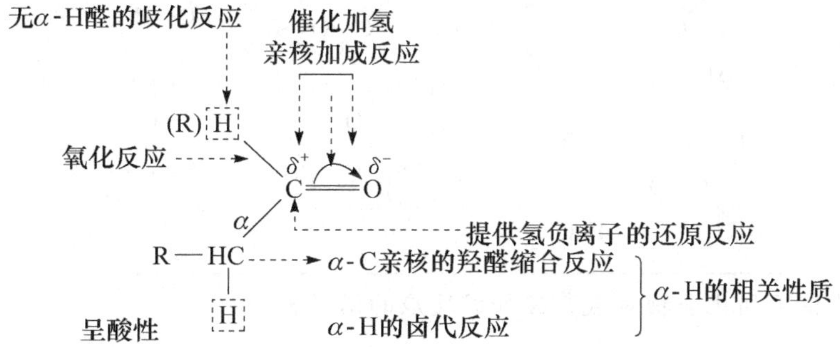

8.1.4　化学性质

1. 亲核加成反应

羰基的结构特征(碳正中心与 π 键的断裂)使其具有亲核加成的典型性质。亲核加成反应的通式(图 8-2)：

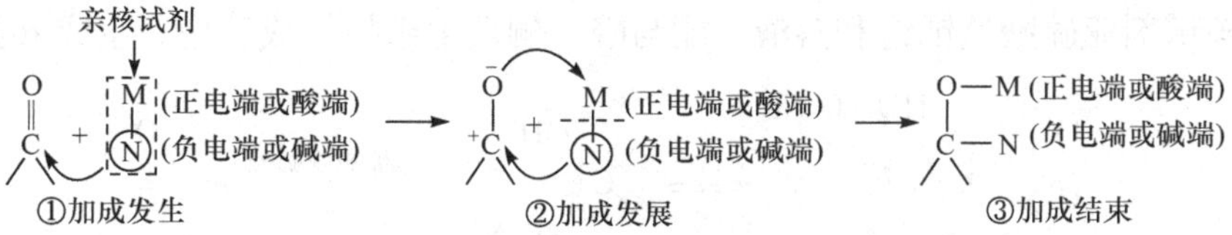

图 8-2　酸碱反应引导的亲核加成过程示意图

1) 与氢氰酸的加成

氢氰酸是含碳原子和氮原子的双原子亲核试剂，由于碳原子比氮原子的亲核性强，所以氢氰酸是碳原子为亲核试剂。氢氰酸与醛、酮加成生成α-羟基腈或称腈醇。

$$HCN \underset{H^+}{\overset{OH^-}{\rightleftharpoons}} H^+ + :\bar{C}{\equiv}N:$$（碳端亲核性比氮端亲核性强）

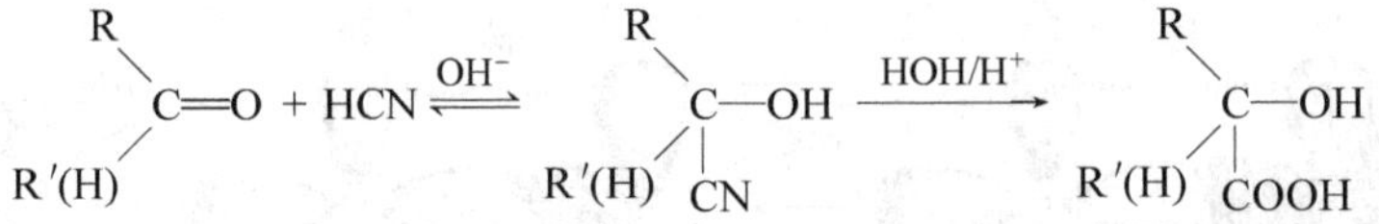

由上式可见，加酸降低氰根离子(CN^-)浓度，加碱增加氰离子浓度，因此在反应中加入氢氧化钠，有助于亲核加成反应。事实上，并非所有的醛、酮均能与氢氰酸发生加成反应，只有醛、脂肪族甲基酮和八个碳(C_8)以下的环酮才能反应。此外，α-羟基腈是很有用的中间体，它可水解得到α-羟基羧酸，所以，羰基与氢氰酸加成是增长一个碳原子的合成方法之一。

不同结构的醛、酮与氢氰酸加成反应的活性有明显差异。引起其亲核加成反应活性不同的主要因素有电子效应和空间效应。从电子效应考虑，羰基碳原子上的电子云密度越低，越有利于亲核试剂的进攻，所以羰基碳原子上连接的给电子基团（如烃基）越多，反应越慢。从空间效应考虑，羰基碳原子上的空间位阻越小，越有利于亲核试剂的进攻，所以羰基碳原子上连接的基团越多、体积越大，反应越慢。由此可见，电子效应和空间效应对醛、酮的反应活性影响是一致的。已被实验所证实，不同结构的醛、酮发生亲核加成反应活性大小，由强到弱的次序为

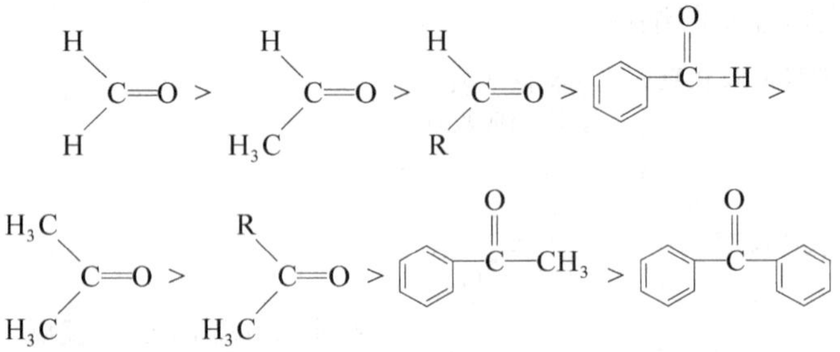

思考题 8-1　比较下列化合物对氢氰酸加成反应的活性大小。

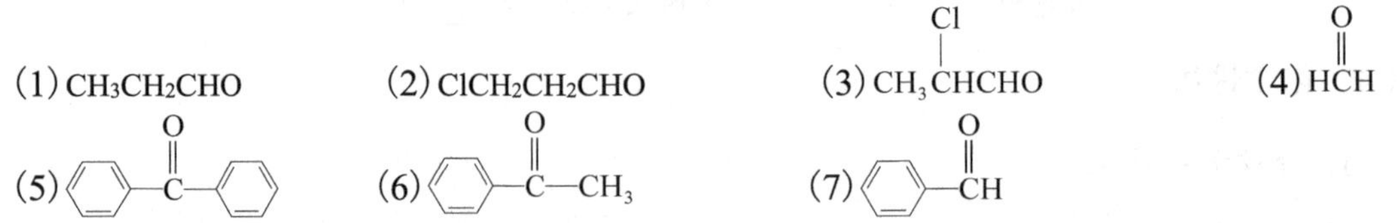

2) 与亚硫酸氢钠的加成

含硫亲核试剂亚硫酸氢钠饱和溶液，能与醛、酮发生亲核加成反应，生成α-羟基磺酸钠。

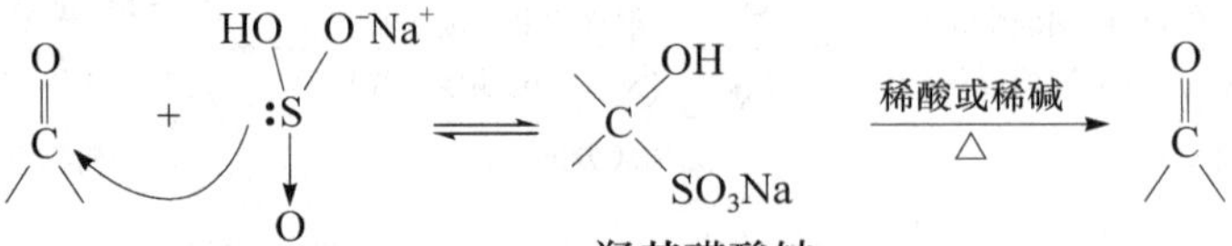

α-羟基磺酸钠

（硫原子的亲核活性比氧原子的亲核活性强）

醛、酮与亚硫酸氢钠的加成反应是可逆的，必须加入过量的饱和亚硫酸氢钠溶液，以促使平衡向右移动。由于 *α*-羟基磺酸钠在饱和亚硫酸氢钠溶液溶解度小，所以，在溶液中析出白色晶体，故以此反应来鉴别醛、酮。只有醛、脂肪族甲基酮和 C_8 以下的环酮才能发生该反应。

由于 *α*- 羟基磺酸钠在饱和亚硫酸氢钠溶液中是固体，容易被分离出来，且 *α*- 羟基磺酸钠溶于水而不溶于有机溶剂。与稀酸或稀碱共热均可分解析出原来的羰基化合物，所以此反应也可用于分离、提纯某些醛和酮。

3) 与格氏试剂的加成

格氏试剂是含碳(碳负离子)亲核试剂，有极强的亲核活性，非常容易与醛、酮进行加成反应。加成的产物不必分离便可直接水解生成相应的醇，这是制备结构复杂的醇的最重要的方法。

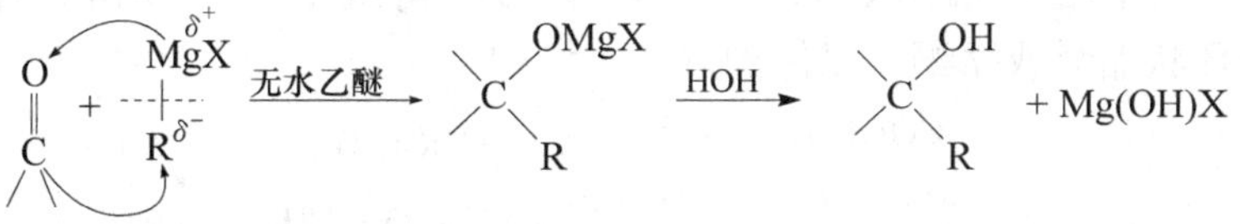

格氏试剂与甲醛反应，可得到比格氏试剂多一个碳原子的伯醇(1°醇)；与其他醛反应，可得到仲醇(2°醇)；与酮反应，可得到叔醇(3°醇)。由于产物比反应物增加了碳原子，所以该反应在有机合成中是增长碳链的重要方法。

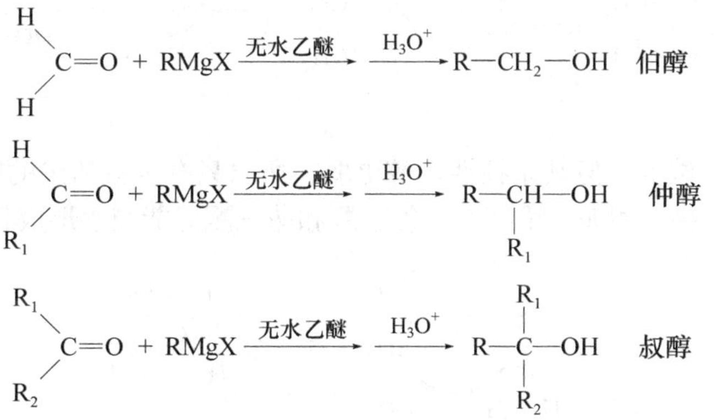

由于该反应中格氏试剂不宜与含有活泼氢的基团接触，如—COOH、H_2O、—OH、—NH_2 等，故反应必须在无水乙醚作溶剂并在氮气的保护条件下进行。

4) 与醇的加成

醇是含氧亲核试剂。在无水强酸(如无水 HCl)催化下，等物质的量的醇和醛(或酮)反应，生成半缩醛(或半缩酮)加成产物。半缩醛(或半缩酮)中的羟基活性较高，在同样的条件下，与过量的醇进一步反应(发生分子间脱水)生成缩醛(或缩酮)。酮在同样的条件下，也会生成半缩酮、缩酮，但有的酮反应较为困难。

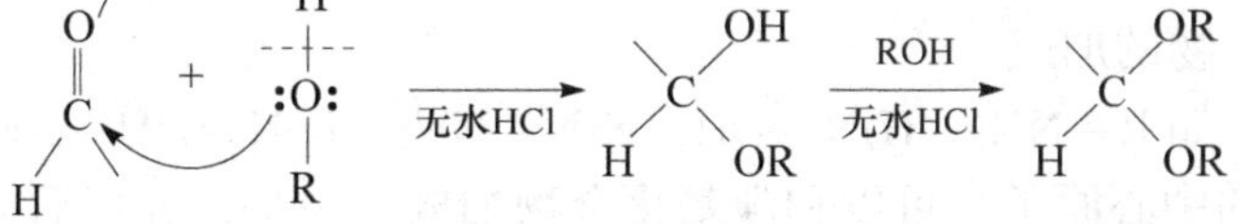

半缩醛　　缩醛

半缩醛很不稳定，一般不能分离出来，而缩醛则是较稳定的，可以分离出来。缩醛(或缩酮)的稳定性表现在：不与较高活性的试剂(如格氏试剂、金属氢化物等)反应；不与碱反应，对碱稳定；不与氧化剂反应，对氧化剂也稳定。但在稀酸、温热条件下，立刻水解为原来的醛或酮(缩酮的水解)。利用缩醛的稳定性质，该性质为醛、酮的羰基保护提供了一种好方法。例如

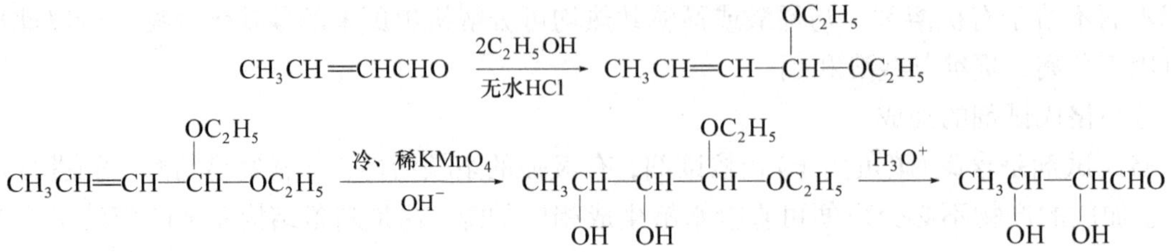

在实际工作中，常用二元醇(如 1，2-二醇、1，3-二醇或 1，2-二硫醇、1，3-二硫醇)能与醛、酮反应生成环状缩醛或缩酮，以保护羰基。例如

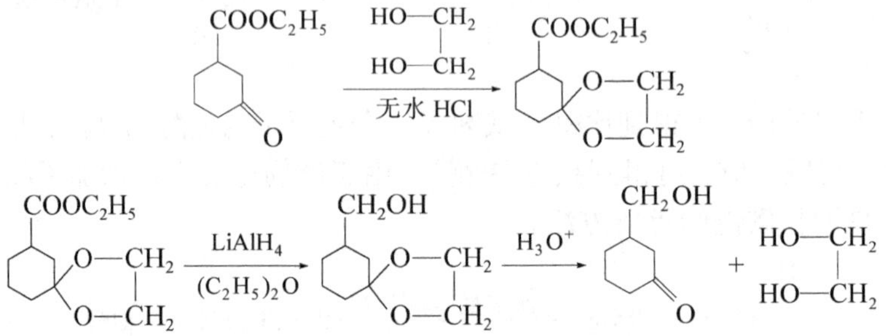

5) 与水的加成

水也是含氧亲核试剂，但其亲核性比醇更弱，所以只有少数活泼的羰基化合物才能与水加成生成相应的水合物。例如，甲醛、三氯乙醛和茚三酮等能与水形成相对稳定的水合物。

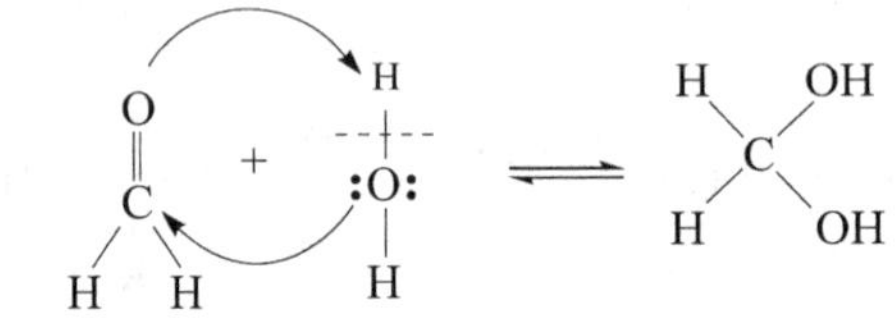

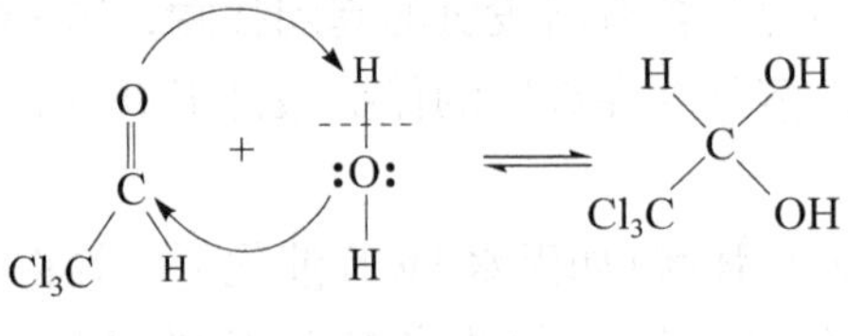

思考题 8-2 用化学方法分离环己醇和环己酮。

思考题 8-3 由 2-溴环己酮合成 2-环己烯酮。

6) 与氨及其衍生物的加成

氨及其衍生物，如 R—NH_2、H_2N—OH、H_2N—NH_2、H_2N—NH—Ar 等是含氮亲核试剂。氮原子是亲核试剂的中心原子，可以和羰基化合物加成。但是，加成后的产物不稳定，易进

一步发生分子内失水，形成碳氮双键(C═N)，得到加成-消去产物。故羰基化合物与氨衍生物的反应，一般得到的是加成-消去产物。反应通式如下：

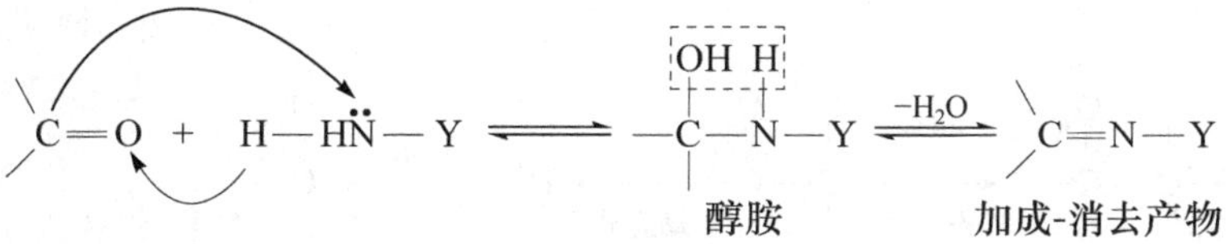

由反应原理可知，氨衍生物与羰基化合物发生加成-消去反应，氮原子上如果有两个氢原子(H_2N—Y)，则消去后形成碳氮双键(C═N)；氮原子上如果只有一个氢原子(HNRR′)，若羰基化合物 α-C 上还存在 α-H 的话，则分子内失水成为烯胺(在 α，β-碳间生成双键，而不是在 N 与 α-C 之间生成双键)。

不同氨衍生物(H_2N—Y)与羰基化合物加成-消去反应的产物结构及名称如下：

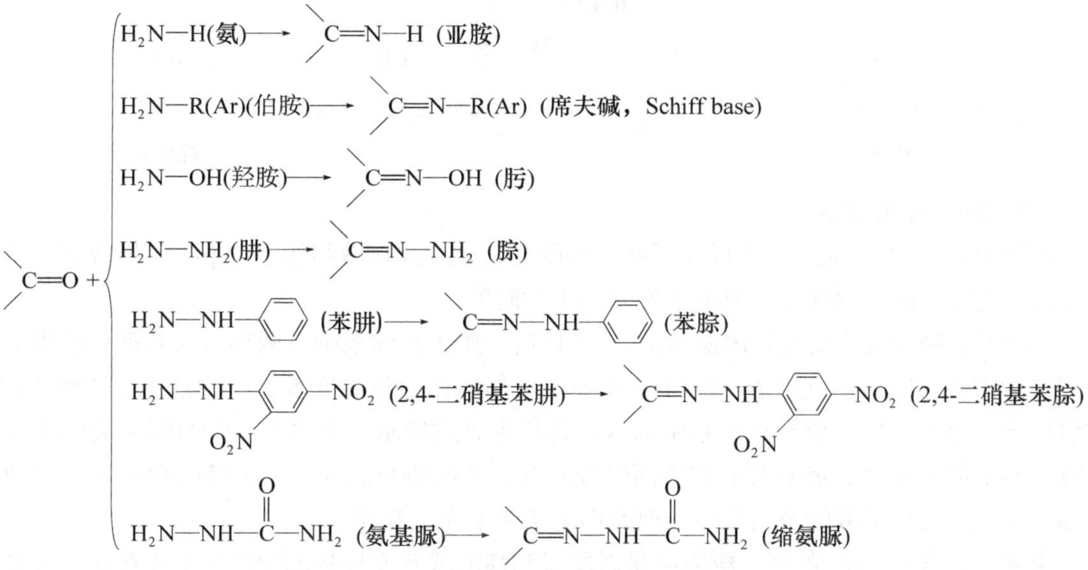

醛、酮与羟胺、氨基脲、苯肼等反应生成肟、缩氨脲和苯腙等产物，它们绝大多数是黄色固体，有固定的结晶形状和熔点。测定其熔点即可判断出是何种醛或酮生成的产物，因此常用来鉴别醛或酮。肟、缩氨脲、苯腙和腙在稀酸作用下，能够水解为原来的醛和酮，因而利用这种反应来分离和提纯醛、酮。

2. α-H 的反应

1) 酮式与烯醇式互变异构

(1) α-H 的酸性。

从羰基化合物的结构上看，由于羰基是吸电子基团，存在诱导效应，使 α-C 上的氢(α-H)质子化倾向增大，醛、酮分子中的 α-H 具有酸性。从羰基化合物 α-H 质子化的过程看，α-H 质子化后产生碳负离子的共轭碱。研究该共轭碱的稳定性，可见，羰基能使 α-H 质子化后的共轭碱的负电荷离域化(p-π 共轭效应)而稳定了碳负离子，共轭效应的结果仍然是使醛、酮

分子中的 α-H 具有酸性。鉴于诱导效应和共轭效应的一致性，因此，羰基化合物的 α-H 具有酸性。

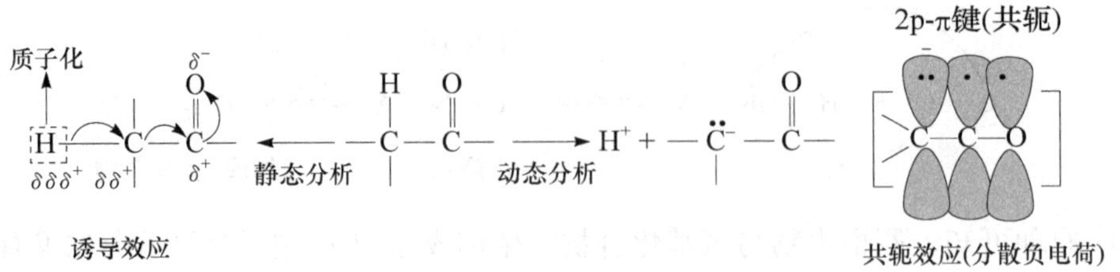

现以丙酮为例，阐释丙酮 α-H 酸性呈现以及次生变化。

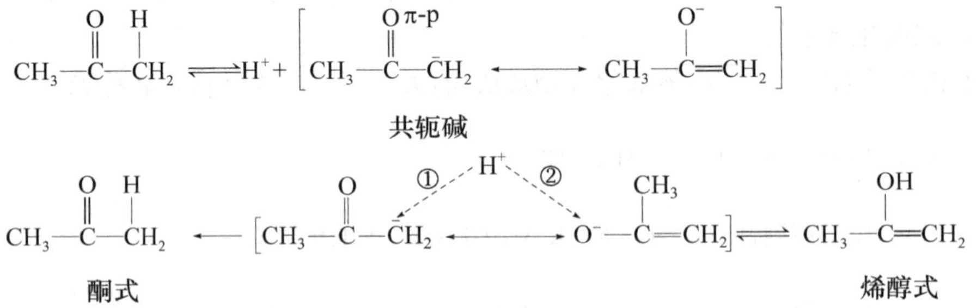

(2) 丙酮 α-H 的酸性。

丙酮的 $C_\alpha—H_\alpha$ 异裂后，生成质子和丙酮的共轭碱。共轭碱结构中的 p-π 共轭效应，使共轭碱得到稳定，因而丙酮 α-H 具有酸性是不难理解的。

丙酮共轭碱的次生情况：丙酮 α-H 质子化后，质子在体系中有两种行为共存：①质子可作用在丙酮共轭碱的 α-碳原子，得到酮；②质子可作用在烯醇式负离子（丙酮共轭碱的共振式）的氧原子，得到烯醇。质子在体系中的这两种行为方式揭示一个事实：①丙酮溶液中丙酮并非唯一存在的有机物，还有其异构体丙烯醇共存；②丙酮与其异构体丙烯醇存在着一个动态平衡；③丙酮与丙烯醇的平衡是以共轭碱作为桥梁来完成互变的。

事实上，含有 α-H 的醛、酮溶液是以酮式和烯醇式互变异构的平衡体系存在的。简单的一元醛、酮，在平衡混合物中烯醇的含量极少。丙酮和环己酮在 25℃水中的烯醇式约 10^{-6}，2，4-戊二酮（气相）的烯醇式约占 76%，纯液体 25℃时约占 80%。

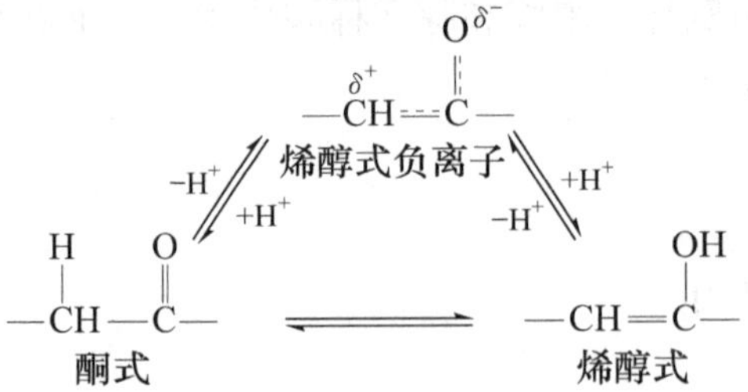

简单醛、酮中烯醇式含量虽然很少，但在很多情况下，醛、酮都是以烯醇式参与反应。当烯醇式与试剂作用时，平衡右移，酮式不断转变为烯醇式，直至酮式作用完为止。

在碱性条件下，碱能夺取 α-H 产生碳负离子，继而形成烯醇负离子，参与化学反应。在酸性条件下，酸能通过作用在羰基氧上，促进羰基的烯醇化，也介入相关化学反应。

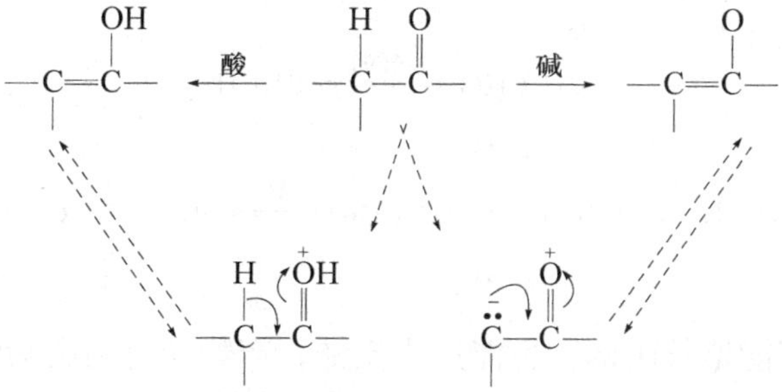

围绕含 α-H 的醛、酮的酮式与烯醇式的互变异构之纽带，羰基化合物以烯醇式中间物质参与化学反应，赋予了含 α-H 羰基化合物的化学特性，如卤代反应、羟醛缩合反应等。

2) 卤代及碘仿反应

在酸性或中性条件下，醛、酮分子中的 α-H 原子容易被卤素取代，生成一卤化物（α-卤代醛或 α-卤代酮）。例如

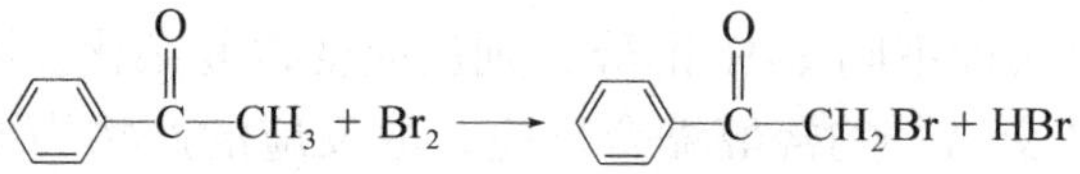

α-溴代苯乙酮

在碱性条件下，醛、酮分子中的 α-H 原子很容易被卤素取代，不同于酸性（或中性）条件在于卤代反应难于停留在一元取代阶段。此时，如果 α-C 为甲基，则三个氢原子均可被卤素取代而生成三卤衍生物，随后，这种三卤衍生物在碱溶液中分解为三卤甲烷（俗称卤仿）和少一个碳原子的羧酸，这种反应称为卤仿反应。若使用的卤素是碘，则称为碘仿反应。

碘仿反应的条件：①试剂为次碘酸钠（NaOI 或 $NaOH+I_2$）；②有机物为羰基化合物中的乙醛和甲基酮（CH_3CO—R），以及 α-甲基的醇[$CH_3CH(OH)$—R 和 C_2H_5OH]。例如

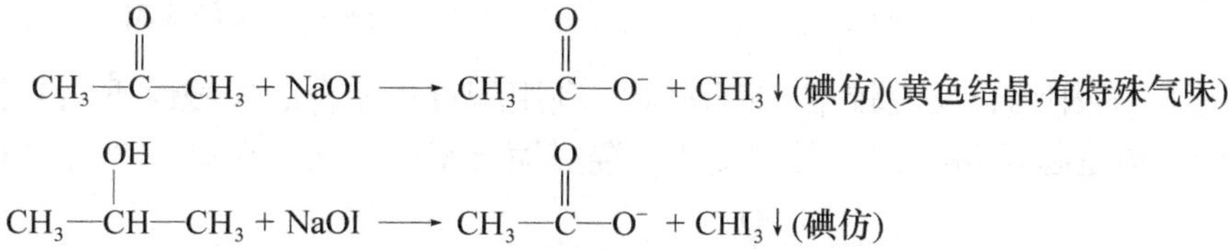

在碘仿反应过程中，α-甲基的醇首先与次碘酸钠（NaIO）氧化，生成 α-甲基的醛或酮，然后再进行 α-碘代反应，得到碘仿。因此，可用此性质鉴别含有 α-甲基的醇、醛和酮。卤仿反应，在有机合成上用于合成少一个碳原子的羧酸。

3) 羟醛缩合反应

在稀碱催化下，含有 α-H 的醛可以发生自身的加成反应。即一个分子醛中的 α-C—H 对另一分子醛的羰基的亲核加成，形成 β-羟基醛。β-羟基醛（或酮）在加热时，容易发生分子内失水，形成 α，β-不饱和醛（或酮）。例如

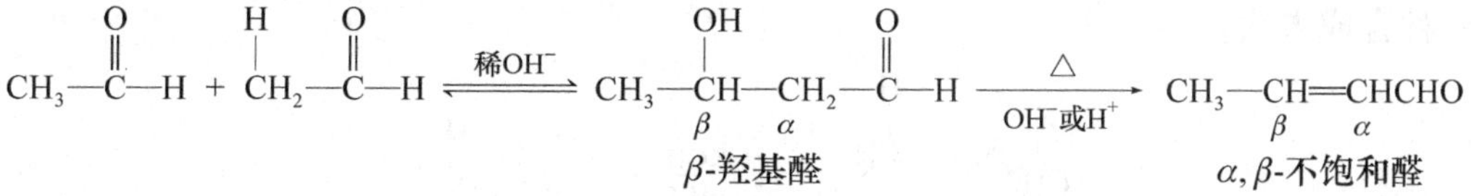

羟醛缩合反应的机理：①稀碱催化下，碱夺取了一分子醛中的 α-H，产生了碳负离子；②碳负离子作为亲核试剂，作用于另外一分子醛的羰基碳，引发亲核加成反应；③最终得到加成产物 β-羟基醛。

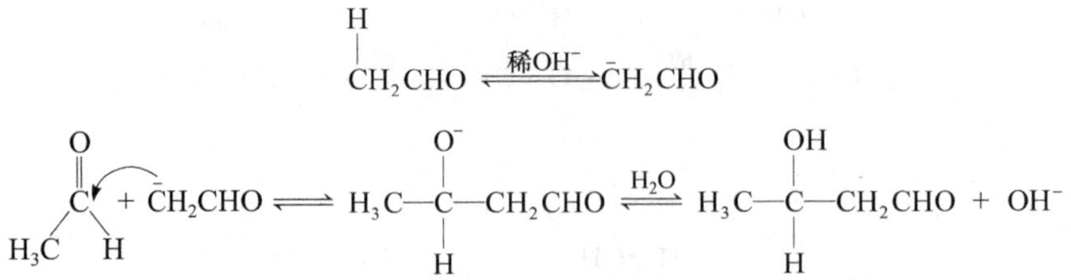

通过羟醛缩合反应能增长碳链，也能产生支链，产物含有两类活性官能团，还可以进行一系列的后续反应，生成各种化合物，因此，在有机合成上是一个重要的反应。

除了自身羟醛缩合反应外，含 α-H 的醛还能与不含 α-H 的醛(如甲醛、苯甲醛等)发生羟醛缩合反应，生成的产物是可预期的，这在有机合成上有价值。例如

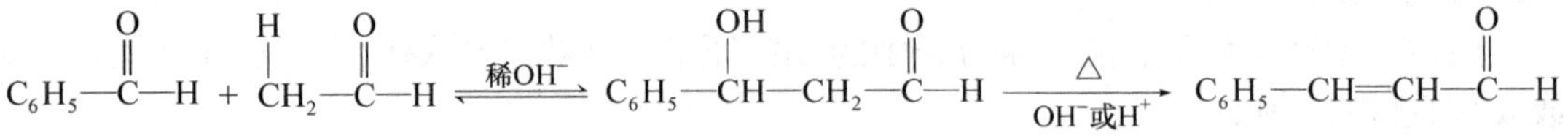

在同一体系中，若有两种不同 α-H 的醛，则反应变得复杂化。除了有各自的羟醛缩合反应外，还有两种醛之间“交错”的羟醛缩合反应，故反应的产物为至少四种羟醛缩合产物的混合物。这样的反应产物太复杂，在有机合成上价值不大。

事实上，含 α-H 的酮也可以发生类似反应的，但由于酮羰基碳的反应活性不如醛羰基碳的反应活性高，此可逆反应偏向反应物一方。但不断将产物移出平衡体系，仍可使酮大部分地转化为 β-羟基酮。例如

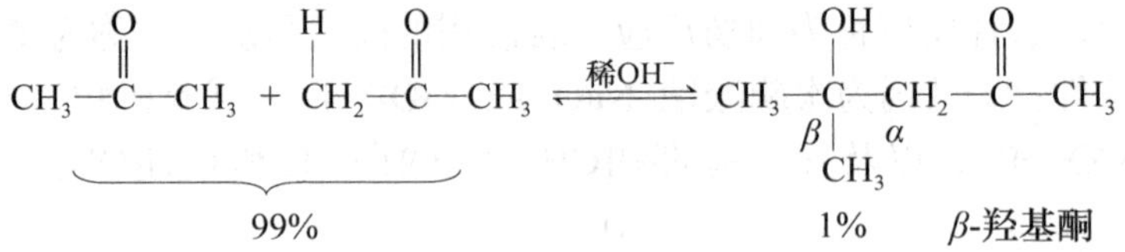

通常情况下，羟酮缩合反应较难，缩合较慢。利用酮自身缩合的较慢性质，将其与不含 α-H 的醛进行组合，构建起(酮-α-H 醛)的“交错”羟醛缩合组合方式，在有机合成中有应用前景。

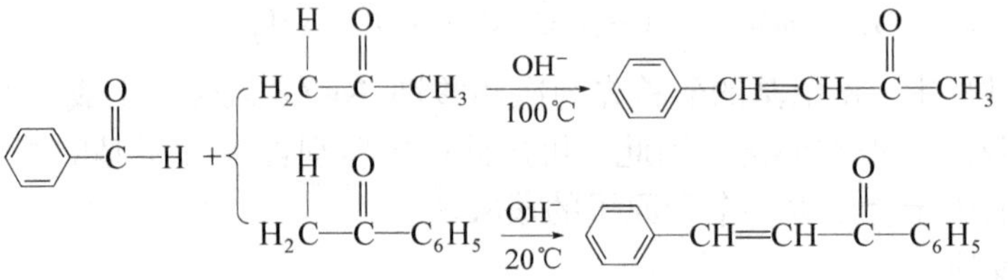

从理论上讲，混酮(含两个不同 α-H)自身之间或两种混酮(含两个不同 α-H)之间也能发生羟酮缩合反应，均由于反应较难、速率较慢、产物复杂等原因，使之失去了应用价值。

不过，仍可以利用二酮化合物分子内的羟酮缩合反应来合成环状化合物，这是环状化合物的一种合成方法。

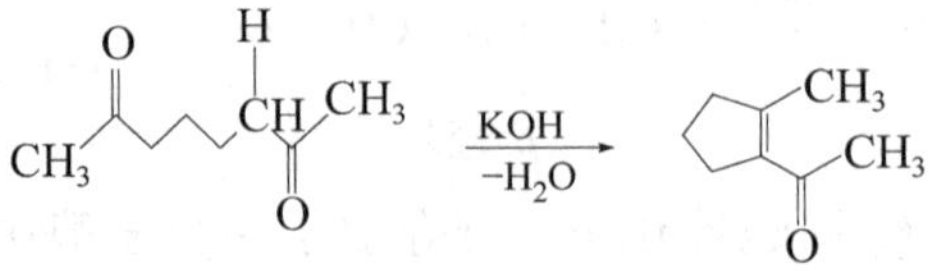

思考题 8-4　下列哪些化合物能发生碘仿反应？哪些能与亚硫酸氢钠加成？

(1) $CH_3COCH_2CH_3$　(2) CH_3CHO　(3) $CH_3CH_2COCH_2CH_3$

(4) $(CH_3CH_2)_2CHCHO$　(5) $(CH_3CH_2)_2CHCOCH(CH_2CH_3)_2$

(6) 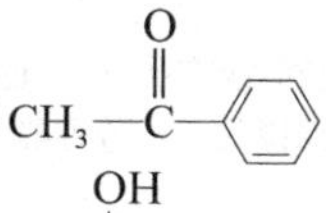　(7) 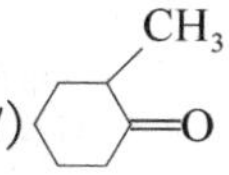　(8) 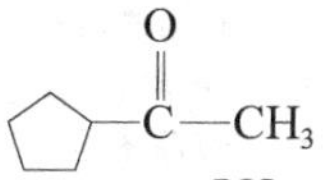

(9) 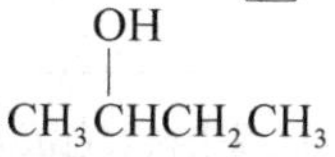　(10) CH_3CH_2OH　(11) 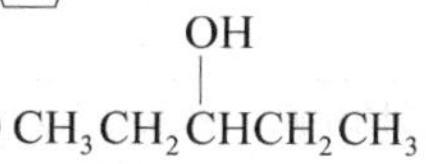

思考题 8-5　用简单的化学方法鉴别下列各组化合物。

(1) 2-戊酮，3-戊酮，3-戊醇，2-戊醇

(2) 环己酮，苯乙酮，1-苯基-2-丙醇

3. 氧化还原反应

1) 氧化反应

(1) 强氧化剂氧化。

由于醛的羰基碳原子上连有一个氢原子，对氧化剂敏感，在弱氧化剂或强氧化剂的作用下，可将醛氧化为相应的羧酸(—COOH)。酮的羰基连有两个烃基，羰基碳(C═O)与烃基碳间的碳碳单键(C—C)对弱氧化剂稳定，但在强氧化剂作用下，仍能将碳碳键断裂，氧化生成小分子羧酸。例如，硝酸、重铬酸钾和浓硫酸，酮被氧化生成羧酸；用过氧酸作氧化剂，则被氧化为酯，例如

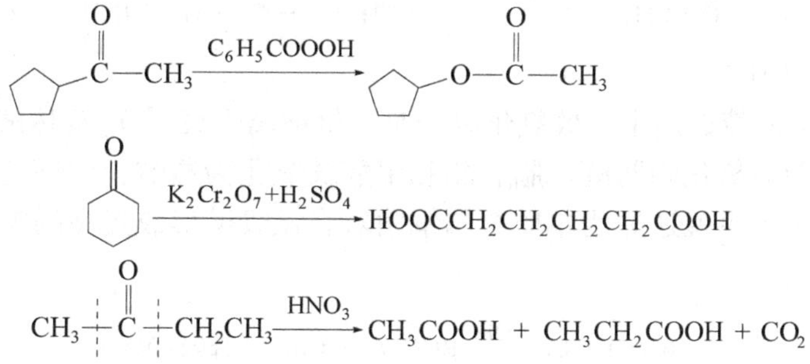

(2) 弱氧化剂的氧化。

醛非常容易被氧化，对氧化剂有敏感性；酮只被强氧化剂而不被弱氧化剂氧化，因此，常用弱氧化剂的氧化反应来区别醛和酮。

实验室常用的弱氧化剂有：土伦(Tollens)试剂、费林(Fehling)试剂、本尼迪特(Benedict)试剂和品红醛试剂(又称为 Schiff 试剂)。这些弱氧化剂对醛、酮以及含有醛基或酮基的衍生物有选择性氧化。试剂的组成，氧化范围以及实验现象归纳于表 8-2。

表 8-2　常用的弱氧化试剂组成和醛、酮及其衍生物的氧化*

试剂名称	试剂组成	醛	酮	醛、酮的衍生物	实验现象
土伦试剂	银氨溶液	所有醛(+)	酮(–)	乙醛酸(+) 甲酸(+) 单糖(+) 部分双糖(+) *α*-羟基羧酸(+) *α*-羟基酮(+)	有银镜反应

续表

试剂名称	试剂组成	醛	酮	醛、酮的衍生物	实验现象
费林试剂	A 液：硫酸铜溶液； B 液：酒石酸钾钠和氢氧化钠液使用时 A 与 B 等量混合	脂肪醛(+) 甲醛(+) 芳香醛(–)	酮(–)	单糖(+) 部分双糖(+)	脂肪醛有砖红色沉淀，甲醛有铜镜反应。芳香醛和酮不氧化
本尼迪特试剂	硫酸铜、柠檬酸钠和碳酸钠混合液 是改进的费林试剂	脂肪醛(+) 甲醛(–) 芳香醛(–)	酮(–)	单糖(+) 部分双糖(+)	脂肪醛有砖红色沉淀；甲醛、芳香醛和酮不氧化
品红醛试剂	二氧化硫通入品红溶液(盐酸、亚硫酸氢钠)	甲醛(+) 其他醛(+)	甲基酮(+) 其他酮(–)		醛显紫红，甲基酮(如丙酮)作用呈桃红，其他酮不氧化；甲醛所显色紫红加硫酸后不消失，其他醛的紫红色颜色会褪去

*表中(+)表示能发生氧化反应，(–)表示不能发生氧化反应。

土伦试剂氧化的有效离子是银离子(Ag^+)，与醛发生氧化反应后，被还原为黑色悬浮的金属银。如果容器干净，表面光洁，则有貌似“银镜”的光亮银沉积膜，所以这个反应称为银镜反应。酮不能与土伦试剂作用，但 α-羟基酮可与土伦试剂发生银镜反应。银镜反应式如下：

$$\text{(Ar)}\ R{-}\overset{\overset{\large O}{\|}}{C}{-}H + 2[Ag(NH_3)_2]^+ + 2OH^- \longrightarrow \text{(Ar)}R{-}\overset{\overset{\large O}{\|}}{C}{-}O^-\ NH_4^+ + Ag\downarrow + 3NH_3\uparrow + HOH$$

$$CH_3\underset{\underset{\large OH}{|}}{CH}{-}\overset{\overset{\large O}{\|}}{C}{-}CH_3 \xrightarrow{2[Ag(NH_3)_2]^+} CH_3{-}\overset{\overset{\large O}{\|}}{C}{-}\overset{\overset{\large O}{\|}}{C}{-}CH_3 + 4NH_3\uparrow + 2Ag\downarrow$$

费林试剂和本尼迪特试剂中有效氧化离子是二价铜离子(Cu^{2+})。费林试剂氧化脂肪醛和甲醛，而本尼迪特试剂只氧化脂肪醛。脂肪醛和甲醛被氧化为羧酸，而铜离子被还原为氧化亚铜或单质铜。铜离子被甲醛还原为单质金属铜附着在试管壁形成光亮的铜镜，该反应也称为铜镜反应。

$$RCHO + Cu^{2+} \xrightarrow{OH^-} RCOO^- + Cu_2O\downarrow\ \text{(砖红色)}$$

$$HCHO + Cu^{2+} \xrightarrow{OH^-} HCOO^- + Cu\downarrow\ \text{(铜镜反应)}$$

上述几种弱氧化剂不氧化碳碳双键和三键，因而不饱和醛可以被氧化为不饱和羧酸。例如

$$CH_3CH{=}CHCHO \xrightarrow{[Ag(NH_3)_2]^+} CH_3CH{=}CHCOO^- + Ag\downarrow$$

$$CH_3CH{=}CHCHO \xrightarrow{KMnO_4/H^+} CH_3COOH + 2CO_2\uparrow + H_2O$$

思考题 8-6 用简单的化学方法区别下列各组化合物。

(1) 甲醛，乙醛，2-戊酮

(2) 苯甲醛，苄氯，氯苯，苯乙酮

2) 还原反应

羰基还原的方法较多，有酸性条件下的克莱门森(Clemmenson)还原法，有碱性条件下的武尔夫-吉日聂尔-黄鸣龙还原法，有提供氢负离子的金属氢化物加氢还原等，当然，催化氢化

则是最熟知的方法之一。

(1)羰基被还原为羟基。

(i)催化氢化。在加压和加热下，用镍作催化剂，将醛还原为伯醇，酮还原为仲醇，产率一般很高(90%～100%)。值得注意的是，一般催化氢化对羧基没有选择性。

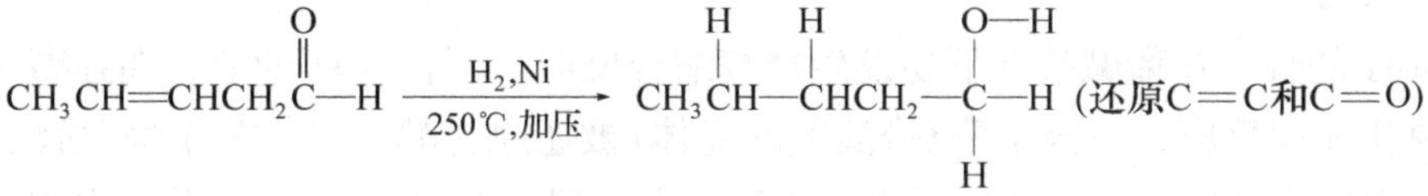

(ii)金属氢化物加氢。硼氢化钠($NaBH_4$)和四氢化铝锂($LiAlH_4$)是还原羰基的常用金属氢化物。它们通过提供氢负离子，有选择性地将羰基还原为羟基，而对碳碳双键不作用。它们是一类选择性极好的还原剂，硼氢化钠是中等强度的还原剂，通常还原的是醛、酮和酰氯，对共存的硝基、卤素、酯和氰基不敏感，可以在水溶液或醇中使用；四氢化铝锂是较强的还原剂，对醛、酮、羧酸、酯、酰卤和酸酐等都可以还原，遇水或醇剧烈分解，在无水醚或四氢呋喃(THF)中使用。

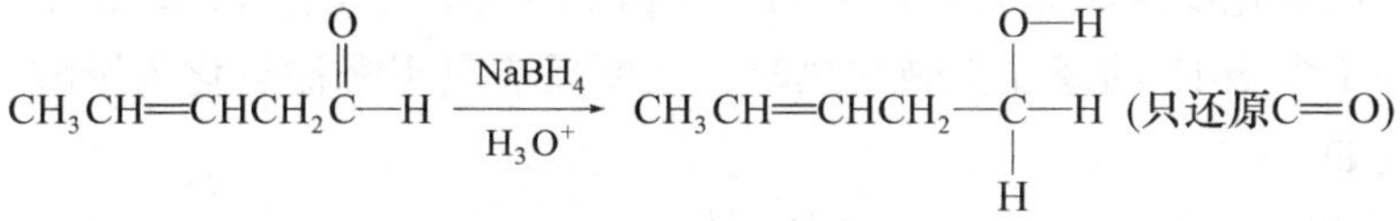

(iii)异丙醇的还原。异丙醇在有异丙醇铝存在的情况下，能将醛或酮还原为醇。该反应是可逆反应，异丙醇还原醛酮后，自身被氧化为丙酮，通过增加丙酮量或蒸馏减少丙酮量可以使平衡移动。反应原理如下：

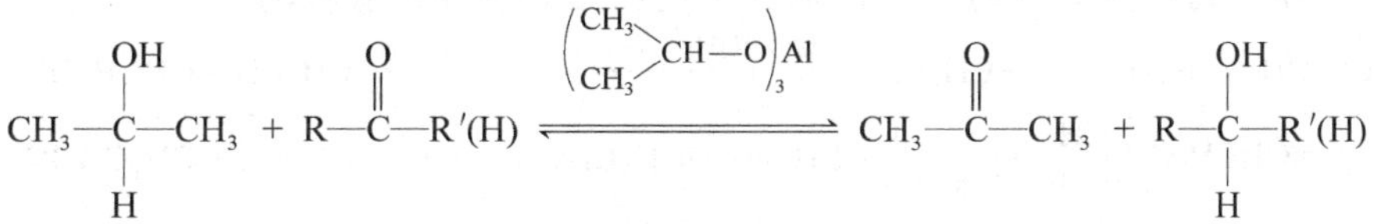

该反应专一性很高，一般只在羰基与醇羟基互变而不影响其他基团，是一级醇、二级醇与醛、酮间对应转变的重要方法。此平衡的正方向称为麦尔外因-庞多夫-维尔莱还原法。此反应的催化剂可用醇镁、醇钠等，但异丙醇铝最佳。

(2)羰基被还原为亚甲基。

醛、酮和锌汞齐、浓盐酸一起加热，羰基即可被还原为亚甲基，此反应称为克莱门森还原法。此法可以用于还原对碱敏感的醛、酮。

醛、酮和肼反应生成腙，腙在氢氧化钠或乙醇钠作用下，封管或高压釜中加热 180 ℃左右，分解释放出氮而成为烃，此反应称为武尔夫-吉日聂尔还原法。此法可以用于还原对酸敏感的醛、酮。

在武尔夫-吉日聂尔还原法的基础上，中国化学家黄鸣龙对其作改进，将醛或酮、氢氧化钠、肼的水溶液和高沸点水溶性溶剂(如二缩乙二醇或三缩乙二醇)一起回流，直接将醛或酮的羰基还原为亚甲基，此法称为武尔夫-吉日聂尔-黄鸣龙还原法。这种称为“一锅煮”的武尔夫-吉日聂尔-黄鸣龙还原法，可在常压下进行，反应时间大为缩短，还可使用更便宜的肼的水溶液，产率一般都很高，因此在有机合成方面有较大的价值。

克莱门森还原法与武尔夫-吉日聂尔-黄鸣龙还原法为醛、酮的还原提供了互补的两种方法，使羰基的还原更方便、方法可选度增加。

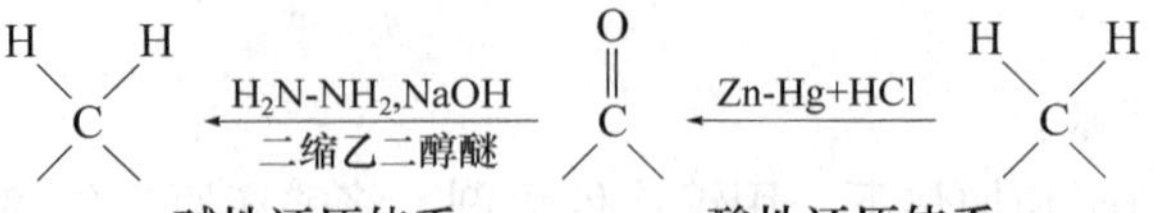

碱性还原体系　　　　酸性还原体系

3）歧化反应

含有 α-H 的醛，在稀碱条件下易发生羟醛缩合反应。不含 α-H 的醛，在强碱共热时，将发生自身氧化还原反应，一分子醛（扮演氢的受体）被还原为醇，另一分子醛（扮演氢的供体）被氧化为羧酸，这种反应称为歧化反应。这反应由坎尼扎罗（Cannizzaro）首先发现，故称为坎尼扎罗反应。此外，歧化反应既可以发生在同分子之间，也可以发生在不同分子之间，这类反应称为“交错”坎尼扎罗反应。

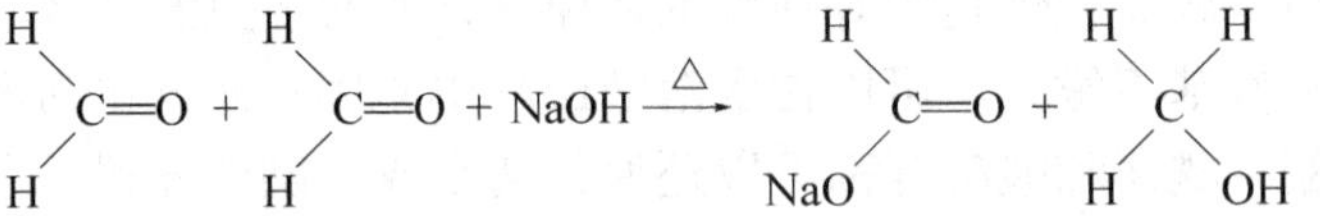

坎尼扎罗反应

常见可发生坎尼扎罗反应无 α-H 的醛有：甲醛、苯甲醛、乙醛酸和 2，2-二甲基丙醛等。当甲醛与另一种不含 α-H 的醛在强碱共热时，主要反应是甲醛被氧化为甲酸，而另一分子醛被还原为醇。例如

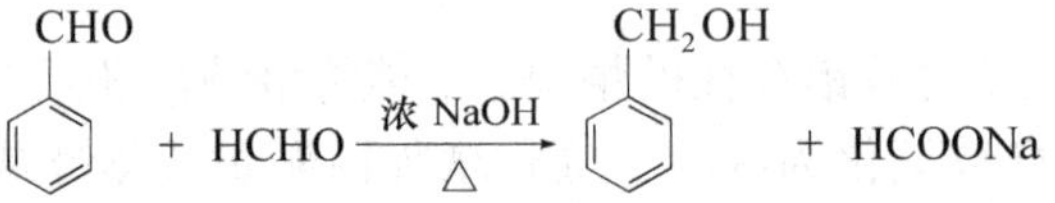

交错坎尼扎罗反应

思考题 8-7　在下列反应式中的括号内标注实现反应的条件或有机物。

（1）$HC{\equiv}CH + H_2O \xrightarrow{(\quad)} CH_3CHO \xrightarrow{\text{稀 NaOH}\ \triangle} (\quad) \xrightarrow{(\quad)} CH_3CH{=}CHCH_2OH$

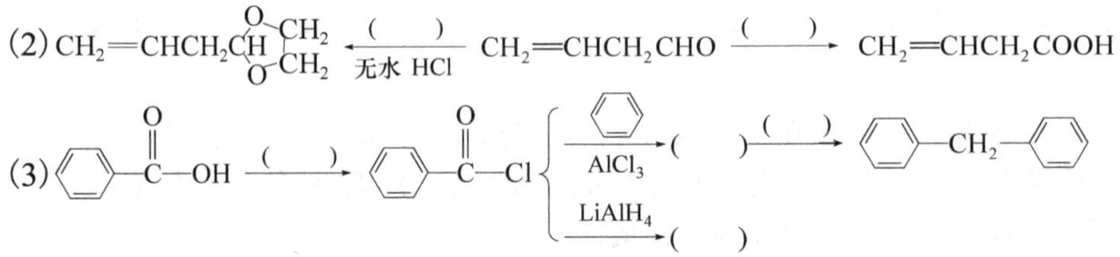

8.1.5　重要的醛和酮

1. 甲醛

甲醛在常温下为无色气体，对眼、鼻和喉的黏膜有强烈的刺激作用，沸点为-21℃，易溶于水，可由甲醇氧化制得。甲醛有凝固蛋白质的作用，从而具有杀菌和防腐的能力，所以常用含有 8%甲醇和 40%甲醛水溶液（俗称福尔马林）来保存动植物标本。

甲醛容易聚合，如长期放置的甲醛浓溶液便能出现多聚甲醛的白色沉淀。福尔马林中加入少量甲醇可以防止甲醛聚合。甲醛可以由三分子聚合成环状三聚甲醛。

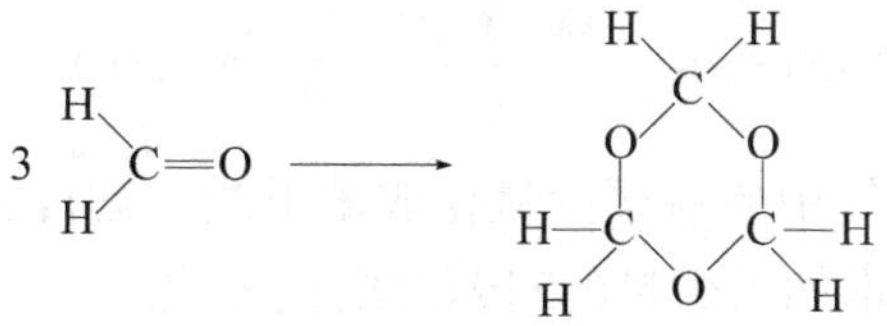
三聚甲醛

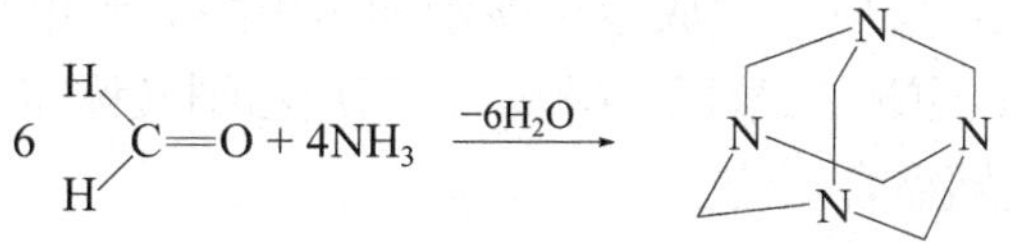
六亚甲基四胺

甲醛与氨作用，可得六亚甲基四胺，俗称乌洛托品。它可用作橡胶硫化的促进剂，纺织品的防缩剂，在医药上常用做利尿剂和尿道消毒剂，也可作为特殊燃料。此外，甲醛还是合成酚醛树脂和脲醛树脂必不可少的原料。

2. 乙醛

乙醛是有刺激性气味的液体，沸点 20.8℃，能溶于水、乙醇和乙醚等有机溶剂，可由乙醇氧化或乙炔水化制得。乙醛能聚合成环状的三聚体或四聚体，三聚乙醛在稀硫酸中加热可以解聚而释放乙醛。由于乙醛沸点低，有时常以三聚体的形式保存。乙醛是有机合成的重要原料。

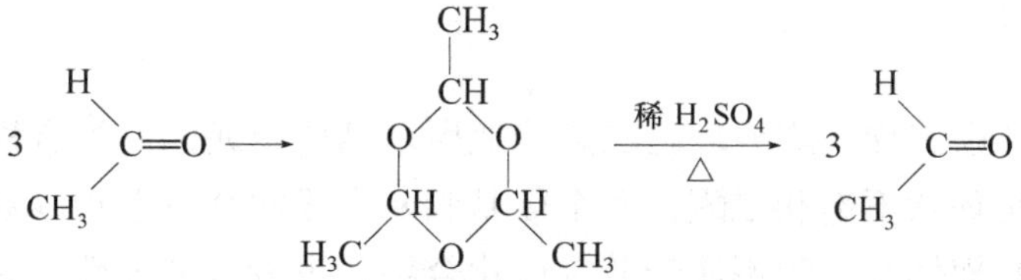
三聚乙醛

3. 丙酮

丙酮是最简单的酮，常温下是无色液体，具有令人愉快的气味。沸点 56.2℃，与水、乙醇、乙醚等混溶，并能溶解多种有机物，是一种优良的溶剂。可由糖类物质经丙酮-丁醇菌发酵制得。此外，还可以异丙苯氧化，可同时制得丙酮和苯酚两种重要的有机化工原料。丙酮与 HCN 加成后的腈醇，在浓硫酸作用下与甲醇一起加热，则脱水而制得甲基丙烯酸甲酯-有机玻璃的单体。还可以制取氯仿、碘仿、乙烯酮等。

4. 环己酮

环己酮是无色油状液体，沸点为 156℃，相对密度 0.942，可由环己醇氧化或脱氢制得。经济的方法是环己烷用空气氧化而制得。环己酮可氧化制备己二酸，环己酮的羰基与羟胺作用生成的环己酮肟，经分子重排后生成的己内酰胺是合成锦纶的单体。工业上，环己酮可用作溶剂。

5. 苯甲醛

苯甲醛是无色液体，沸点 179℃(0.1 MPa)，有苦杏仁气味，俗称苦杏仁油。工业上用作制造染料和香料的原料。苯甲醛可由甲苯控制氧化制得，或先卤代再水解，也可由苯直接羰基化制得。

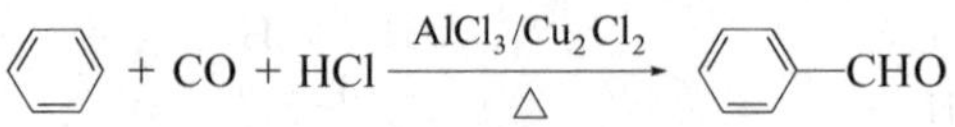

苯甲醛在室温下能自动被空气中的氧缓慢氧化成苯甲酸，其自动氧化的速率比脂肪醛快得多。因此，室温下保存苯甲醛常加入少量的对苯二酚抗氧化。

苯甲醛在浓碱作用下能发生歧化反应，生成苯甲酸钠和苯甲醇。苯甲醛在氰离子的催化下加热，发生双分子缩合，生成 α-羟酮(二苯羟乙酮)。二苯羟乙酮又称安息香，所以该反应称为安息香缩合反应，也称为苯偶姻缩合反应。

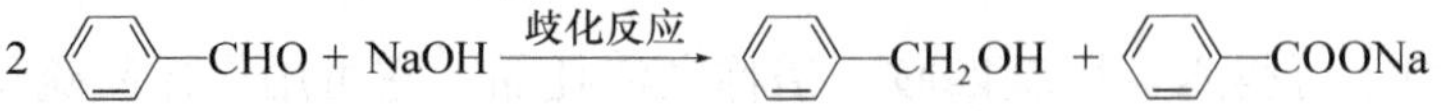

安息香

8.2　醌

8.2.1　结构和命名

醌是含有共轭环已二烯二酮或环已二烯二亚甲基结构单元的一类有机化合物的总称。醌的结构，可以看做是环状不饱和二酮，两个羰基和两个或两个以上碳碳双键共轭。它不同于芳香环的环状闭合共轭体系。醌不属于芳香族化合物，也没有芳香性。它们具有烯烃和羰基化合物的典型化学性质，可以进行多种形式的加成反应。

醌一般由芳香烃衍生物转变而来，命名时在“醌“字前加上芳基的名称，并用阿拉伯数字标出羰基的位置。例如

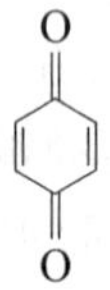

对苯醌 (1,4-苯醌)

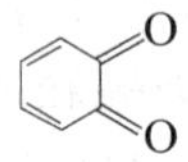

邻苯醌 (1,2-苯醌)

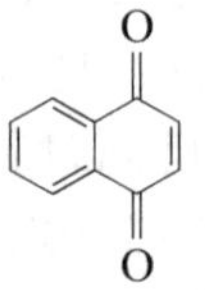

α-萘醌 (1,4-萘醌)

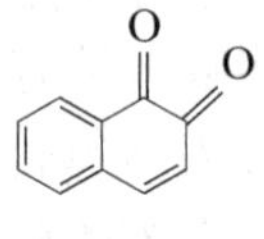

β-萘醌 (1,2-萘醌)

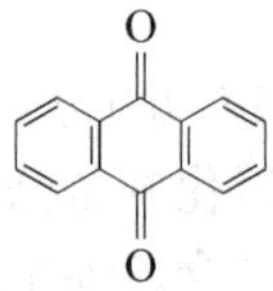

9,10-蒽醌

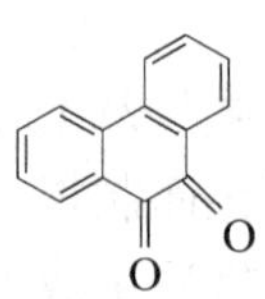

9,10-菲醌

8.2.2　物理性质

醌在常温下是晶体。由于醌均具有较大的共轭体系，故都带有颜色。通常邻位醌多呈现红色或橙色，对位醌多呈黄色。一些常见醌的物理常数见表 8-3。

表 8-3　常见醌的物理常数

名称	颜色	熔点/℃	名称	颜色	熔点/℃
1,2-苯醌	红色晶体	60～70	1,2-萘醌	橙黄色晶体	146
1,4-苯醌	黄色晶体	112.9	1,4-萘醌	黄色晶体	128.5
蒽醌	淡黄色晶体	286	菲醌	橙红色晶体	205

8.2.3　化学性质

1. 加成反应

醌类物质的结构中，既有碳碳双键，又有碳氧双键，且是 α，β-不饱和二酮，故既能与羰基试剂发生加成消去反应，也能发生亲电加成反应和亲核加成反应。

1) 羰基的加成

醌中的羰基，能与某些羰基试剂发生加成消去反应。例如

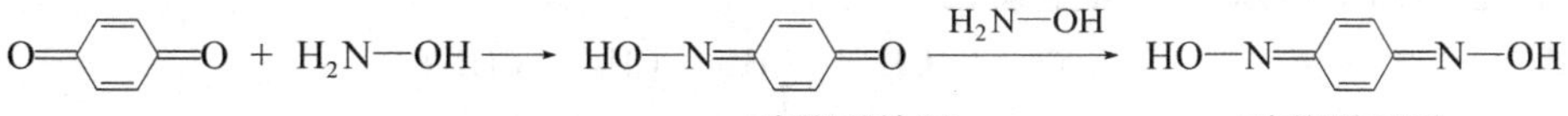

2) 双键的加成

醌中的碳碳双键可以和卤素、卤化氢等亲电试剂加成。例如

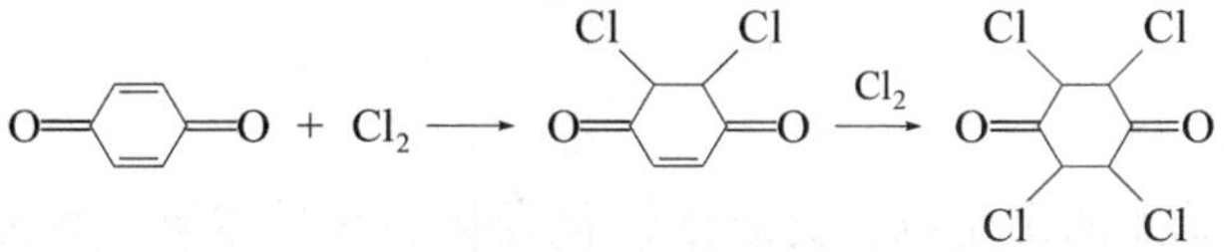

3) 双烯合成

醌作为亲双烯体可与共轭二烯发生 Diels-Alder 反应，即为双烯合成。例如

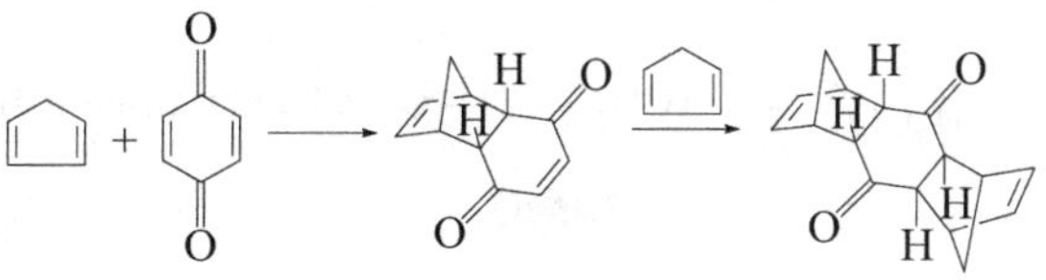

4) 1,4-加成反应

醌为环状 α，β-不饱和二酮，故可以发生 1,4-加成作用。它可与氢卤酸、氢氰酸等试剂加成。例如

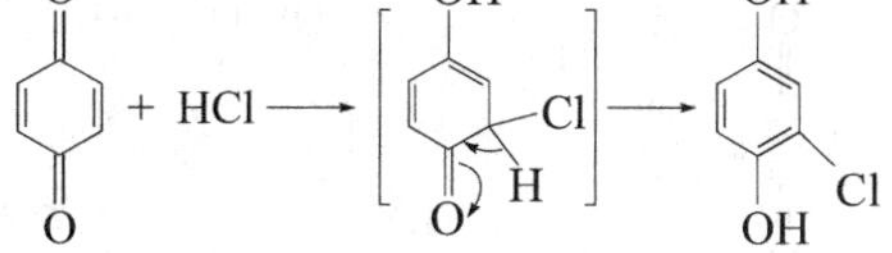

2. 还原反应

对苯醌易被对苯二酚(又称为氢醌)还原，这形成了苯醌-氢醌的氧化还原偶对。在电化学中，利用二者间的氧化还原性质可以制成氢醌电极，可用于测定氢离子浓度。

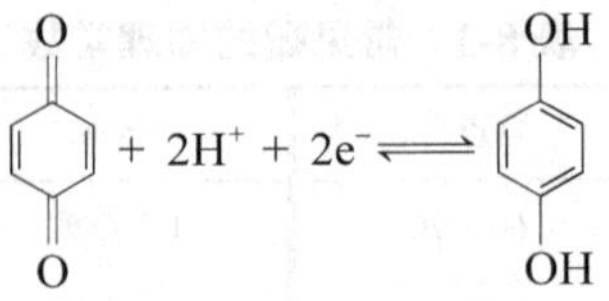

8.2.4 自然界的醌

具有醌式结构的物质都是有颜色的，许多醌的衍生物是重要的染料中间体。自然界存在有一些醌类色素，如茜素和大黄素等是蒽醌衍生物，具有生理活性的维生素 K_1 属于萘醌衍生物，生物体内的辅酶 Q 是苯醌的衍生物等。

1. 维生素 K_1

维生素 K_1 为黏稠的黄色油状物，熔点-20℃，不溶于水，微溶于甲醇，易溶于石油醚、苯、醚、丙酮等。维生素 K_1 存在于多种绿叶蔬菜中，是萘醌的衍生物，它有促进凝血酶原生成的作用，是动物不可缺少的维生素之一。

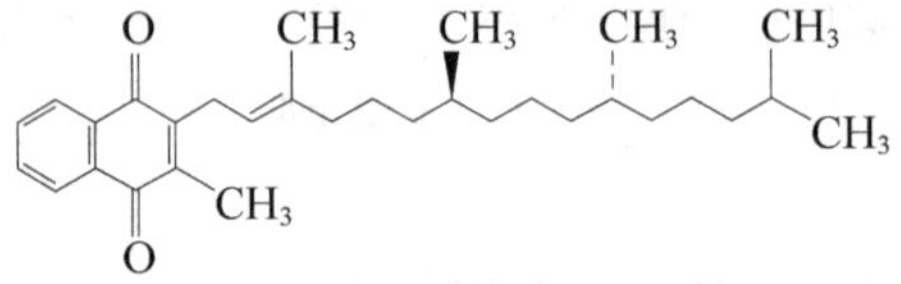

维生素K_1

2. 辅酶 Q

辅酶 Q(泛醌)是苯醌的衍生物，为脂溶性化合物。它是需氧生物体内氧化还原过程的重要物质。它通过与氢醌间的氧化还原过程在生物体内转移电子。

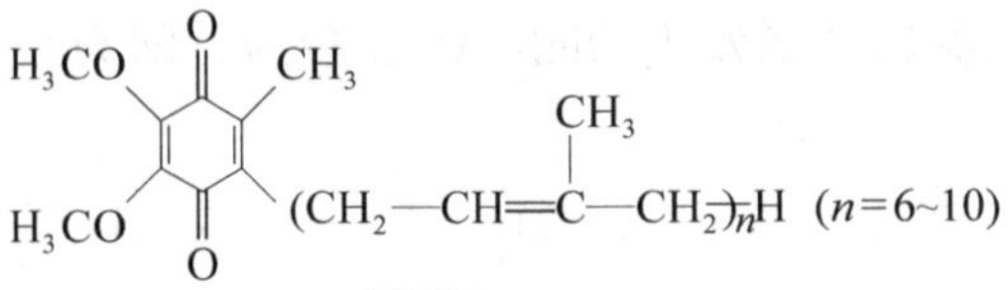

辅酶Q

3. 茜红和大黄素

茜红是最早被使用的天然染料之一，存在于茜草中。大黄素广泛分布在霉菌、真菌、地衣、昆虫及花中的色素。它们都是蒽醌的衍生物。

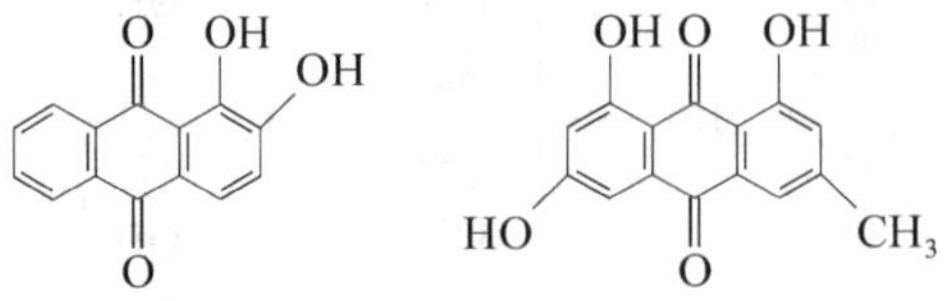

茜红　　大黄素

随着科技水平的提高，现在已经发展出一大类色泽鲜艳的染料——蒽醌染料。20 世纪中期，在我国获得广泛应用的阴丹士林蓝色染料则属蒽醌衍生物。

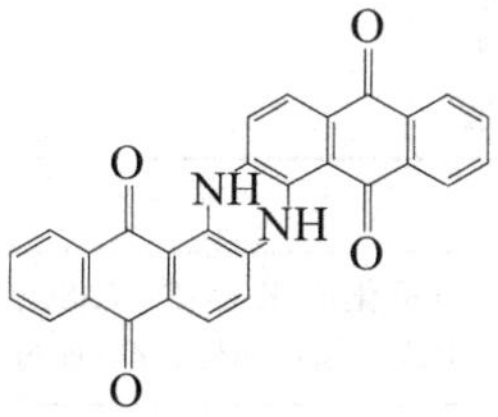

阴丹士林(棉布蓝色染料)

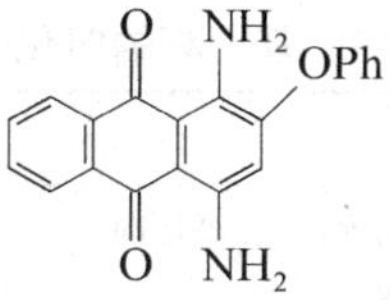

分散染料(的确良红染料)

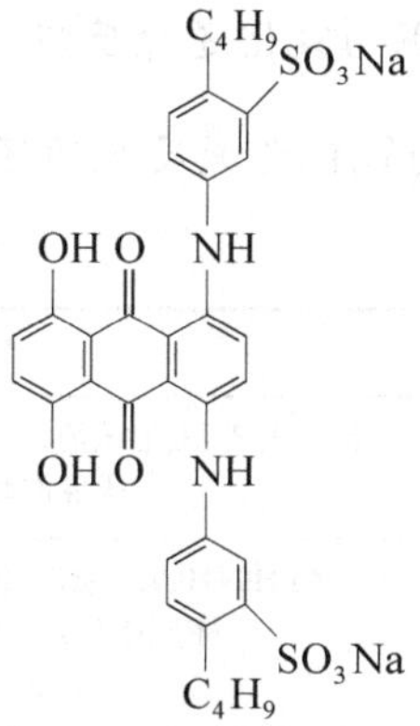

羊毛紫染料

在自然界存在的醛、酮中，人类研究的兴趣集中在结构复杂、生理活性重要的物质上，目的在于了解这些物质的生理作用，试图从中找到有效的药物和合成这些物质的更好方法。

小　　结

1. 醛、酮和醌的主要化学性质

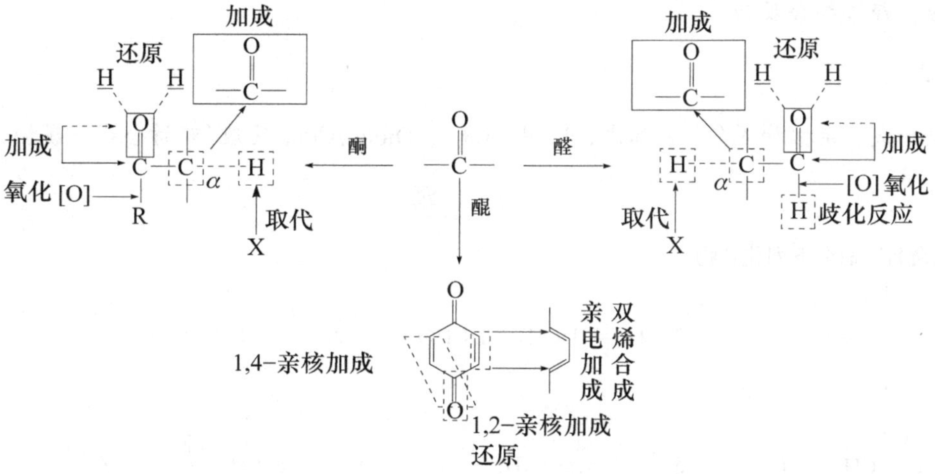

2. 醛、酮的亲核加成

醛、酮亲核加成反应的亲核试剂和醛酮结构要求等相关知识见表 8-4。

表 8-4　醛、酮的亲核加成反应

亲核原子	亲核试剂	羰基化合物的结构要求	加成产物
碳亲核原子	HCN(氢氰酸)	醛、脂肪族甲基酮和 C_8 以下环酮	α-羟基腈或称腈醇
碳亲核原子	RMgX(格氏试剂)	醛、酮	伯、仲、叔醇
氮亲核原子	氨及其衍生物	醛、酮	肟、腙(苯腙)、缩氨脲、席夫碱
氧亲核原子	ROH(或二元醇)	醛(一元醇、二元醇)，酮(二元醇)	半缩醛、缩醛，环状缩醛或环状缩酮
硫亲核原子	饱和 $NaHSO_3$	醛、脂肪族甲基酮和 C_8 以下环酮	α-羟基磺酸钠

3. 醛、酮的氧化还原反应

醛、酮的氧化还原反应的还原剂、氧化剂归类于表 8-5。

表 8-5　醛、酮的氧化还原反应

反应类型	醛	酮
氧化反应	弱氧化剂(土伦试剂、费林试剂等)、强氧化剂 生成产物：羧酸	强氧化剂($K_2Cr_2O_7$+H_2SO_4;HNO_3 等) 生成产物：羧酸、酯(如过氧酸氧化)
还原反应	Zn-Hg+HCl; H_2NNH_2+NaOH+高沸点溶剂 还原变化：羰基变为亚甲基 Ni 催化加氢 还原变化：羰基变为羟基(非专一性) $LiAlH_4$ 或 $NaBH_4$ 或异丙醇(异丙醇铝催化) 还原变化：羰基变为羟基(专一性强)	Zn-Hg+HCl; H_2NNH_2+NaOH+高沸点溶剂 还原变化：羰基变为亚甲基 Ni 催化加氢 还原变化：羰基变为羟基(非专一性) $LiAlH_4$ 或 $NaBH_4$ 或异丙醇(异丙醇铝催化) 还原变化：羰基变为羟基(专一性强)
歧化反应	在浓碱下无α-H 的醛生成产物：醇+羧酸	无此性质

4. 醛、酮(与 α-H 有关)的性质

酮式-烯醇式互变异构；α-H 被卤代生成卤代醛、酮；乙醛和甲基酮(或 α-甲基的醇)发生卤仿反应；羟醛缩合反应。

5. 醌

亲电加成；亲核加成(1，2-加成，1，4-加成)；Diels-Alder 反应(双烯合成，属协同反应)。

习　题

1. 用系统命名法命名下列化合物。

(1) 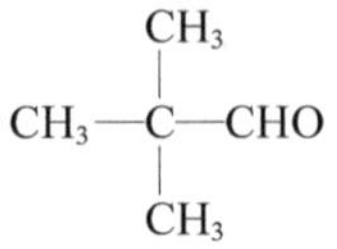

(2) CH_2=CHCH=CHCHO

(3) 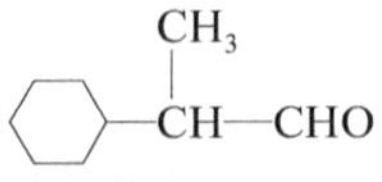

(4) 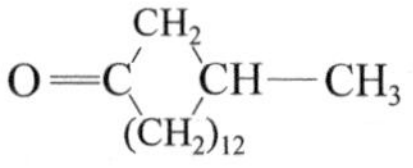

(5) 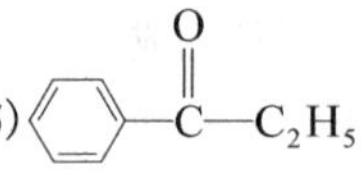

(6) 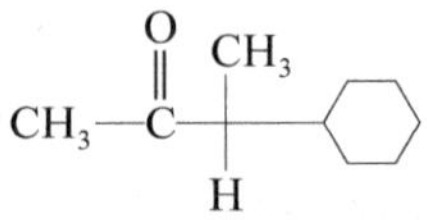

(7) 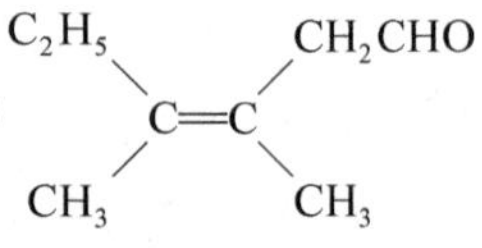

(8) 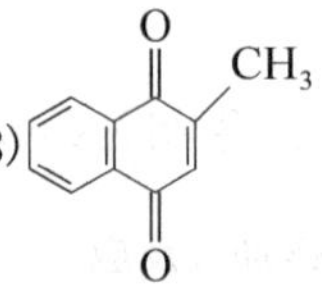

(9) 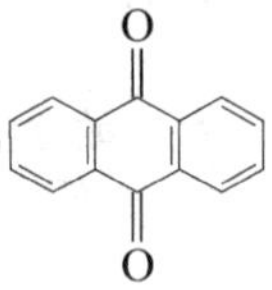

2. 写出下列化合物的结构式。
   (1) 丙烯醛　(2) (3*Z*)-4-甲基-3-己烯醛　(3) 3-乙基环己酮
   (4) (3*R*)-3-氯-4-苯基-2-丁酮　(5) 4-甲基-3-戊烯-2-酮　(6) 苄基苯基甲酮
   (7) (2*E*)-3,7-二甲基-2,6-辛二烯醛　(8) 1，2-苯醌　(9) 苯乙酮
3. 用化学方法鉴定下列各组化合物。
   (1) 甲醛、乙醛、2-丁酮、2-丁醇
   (2) 2-戊酮、3-戊酮、环己酮、苯乙酮
   (3) 苯甲醛、苯乙酮、1-苯基-2-丙醇

(4) 丙醛、丙酮、丙醇、异丙醇

4. 下列化合物与 HCN 亲核加成反应活性由大到小的次序。

(1) 三氟乙醛、乙醛、丙酮、一氯乙醛、3-戊烯-2-酮

(2) 2-戊酮、3-戊酮、苯甲醛、苯乙醛、丙醛、2-氯丙醛、3-氯丙醛

5. 下列化合物中，哪些有银镜反应？哪些有碘仿反应？哪些能与 2，4-二硝基苯肼反应？

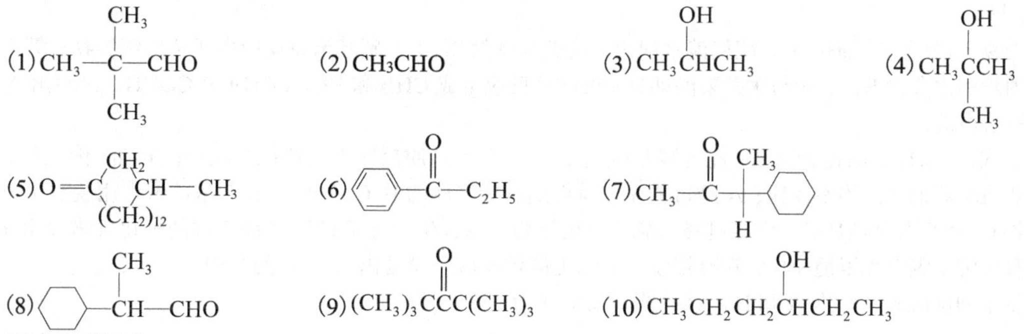

6. 完成下列反应。

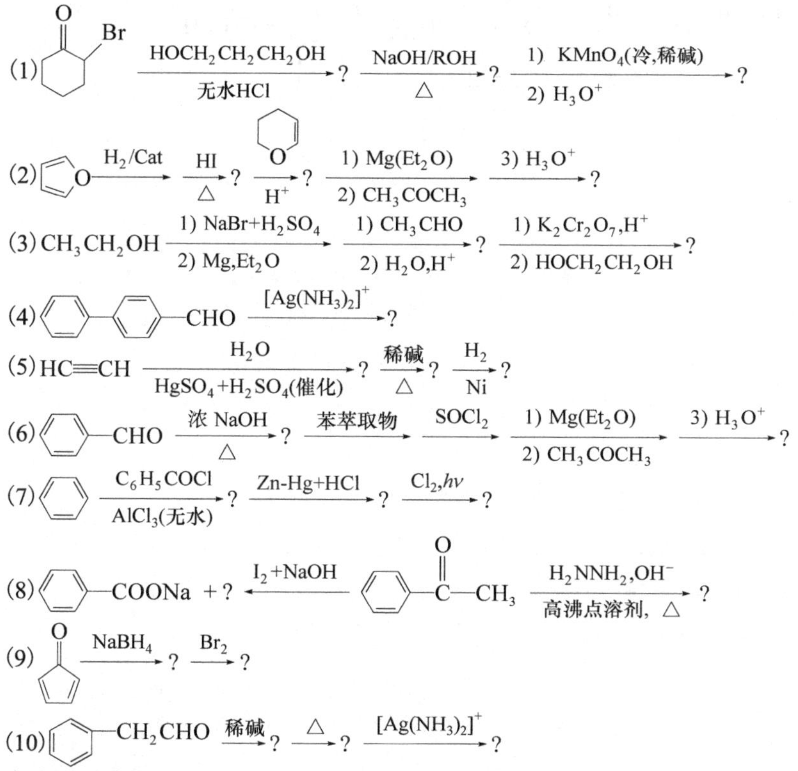

7. 完成下列转化。

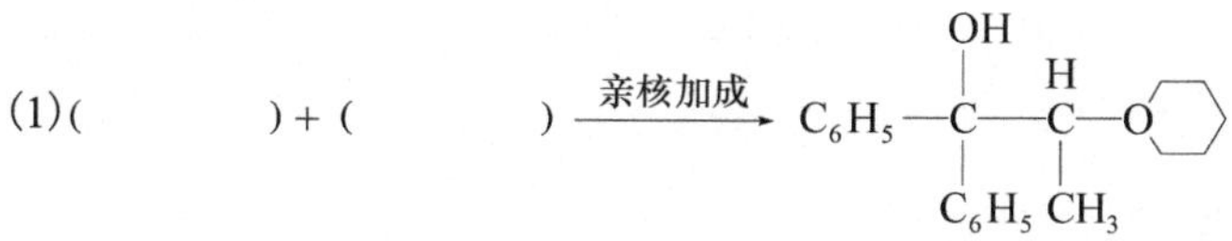

格氏试剂　　羰基化合物　　　　苯哌丙醇(镇咳药物)

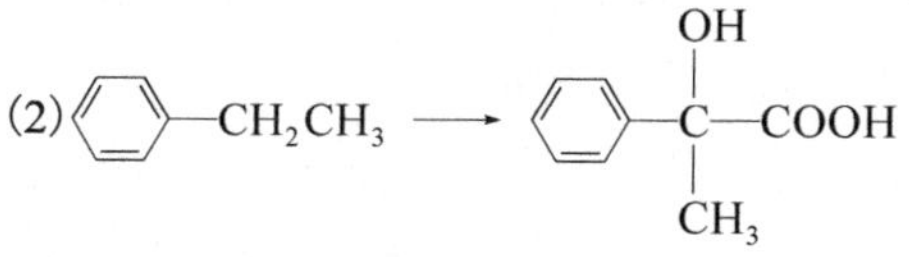

(3) 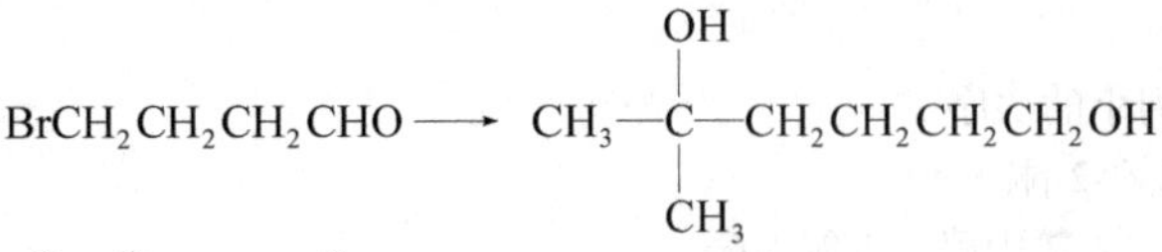

(4) 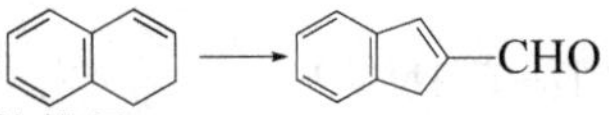

8. 结构推导。

(1) 化合物 A（分子式 $C_8H_{14}O$），能使溴水褪色；与羰基试剂 2，4-二硝基苯肼反应生成黄色沉淀物；氧化生成丙酮和化合物 B，B 能与次卤素酸钠（I_2+NaOH）反应生成 CHI_3 和 $HOOCCH_2CH_2COOH$。试写出 A 和 B 的结构式。

(2) 分子式为 $C_6H_{12}O$ 的化合物 A，能与羰基试剂 2，4-二硝基苯肼反应生成黄色沉淀物；A 与土伦试剂、饱和亚硫酸氢钠溶液均不反应；A 经过催化加氢得到有旋光性的 B（$C_6H_{14}O$）。B 与浓硫酸作用脱水生成化合物 C（分子式为 C_6H_{12}）。C 经过臭氧氧化再用锌粉还原，生成分子式为 C_3H_6O 的两种化合物 D 和 E；D 有碘仿反应而无银镜反应，E 有银镜反应而无碘仿反应。试写出 A 至 E 的结构式。

(3) 试从下列反应式，写出 A 和 B 的结构式。反应式为

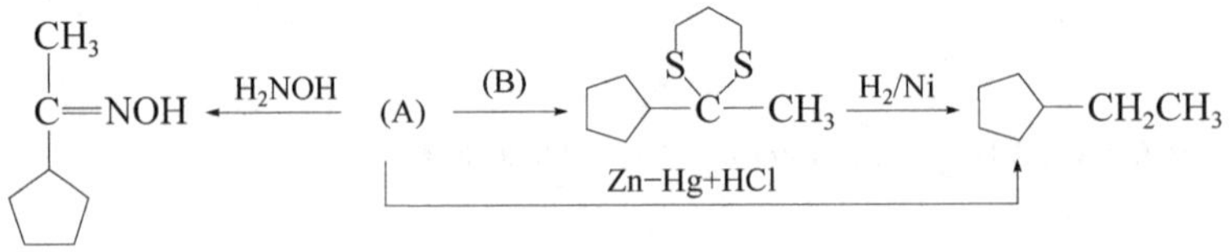

第 9 章　羰酸、取代酸及羧酸衍生物

羧酸是一类含有羧基官能团(—C(=O)—OH，简写为—COOH)的含氧有机化合物。羧基中的羟基被其他原子或基团取代的产物称为羧酸衍生物(如酰卤、酸酐、酯、酰胺等)；羧酸烃基上的氢原子被其他原子或基团取代的产物称为取代酸(如卤代酸、羟基酸、羰基酸、氨基酸等)。

羧酸及其衍生物广泛存在于自然界，与人类生活、工农业生产关系密切，是许多有机化合物氧化的最终产物，常以盐或酯的形式存在于中草药和动植物体内。许多羧酸是动植物代谢过程中的重要物质，也是重要的化工原料和有机合成中间体。

9.1　羧酸和取代酸

9.1.1　分类和命名

1. 分类

羧酸除甲酸外，都可以看做是烃分子中氢原子被羧基取代所生成的化合物。按羧基所连接的烃基种类不同，可分为脂肪酸、脂环酸和芳香酸；按烃基是否饱和，可分为饱和羧酸和不饱和羧酸；按分子中羧基的数目不同，又可分为一元羧酸、二元羧酸和多元羧酸等。

羧酸烃基上的氢原子被其他原子或基团取代的产物称为取代酸，常见的有羟基酸、羰基酸、卤代酸和氨基酸等。分子中含有羟基的羧酸称为羟基酸，可分为醇酸和酚酸。醇酸是羟基和脂肪烃基相连的酸，酚酸是羟基和芳环直接相连的酸。分子中含有羰基的羧酸称为羰基酸，可分为醛酸和酮酸。

2. 命名

羧酸的命名方法有俗名和系统命名两种。俗名是根据羧酸的最初来源命名。例如，蚁酸即甲酸，最初来自蚂蚁；醋酸即乙酸，来自食醋。以下例子中，括号内的名称即为俗名。

羧酸的系统命名基本上与醛的命名原则相同。脂肪族一元饱和羧酸系统命名时即选择含有羧基的最长碳链作为主链，根据主链的碳原子数称为“某酸”；从含有羧基的一端编号，用阿拉伯数字或用希腊字母(α、β、γ、…)表示取代基的位置，将取代基的位次及名称写在主链名称之前。不饱和脂肪羧酸的系统命名是选择含有重键和羧基的最长碳链作为主链，根据碳原子数称为“某烯酸”或“某炔酸”。例如

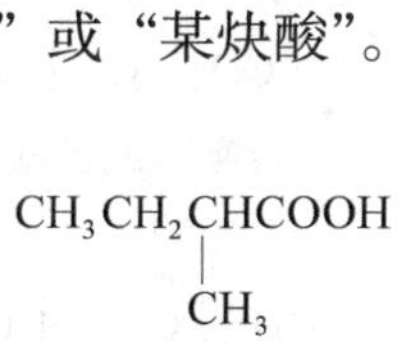

2-甲基丁酸或α-甲基丁酸

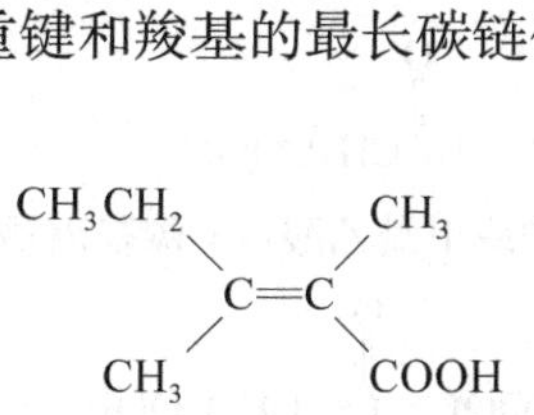

(*E*)-2,3-二甲基-2-戊烯酸

脂肪族二元羧酸的系统命名是选择包含两个羧基的最长碳链作为主链，根据碳原子数称为“某二酸”，把取代基的位置和名称写在“某二酸”之前。例如

HOOC—COOH
乙二酸(草酸)

$HOOCCH_2CH_2COOH$
丁二酸(琥珀酸)

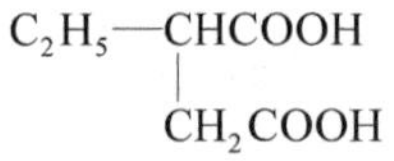
乙基丁二酸

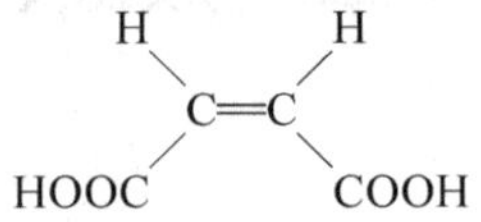
顺丁烯二酸(马来酸)

芳香羧酸和脂环羧酸的系统命名一般把环作为取代基。例如

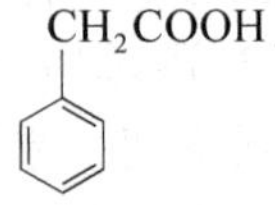
苯乙酸

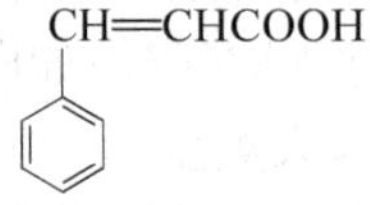
3-苯基丙烯酸(肉桂酸)

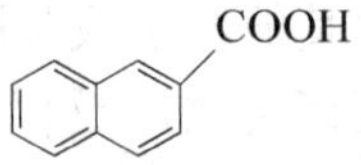
2-萘甲酸或 *β*-萘甲酸

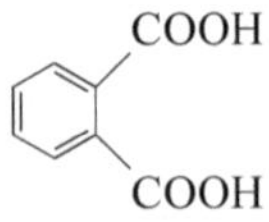
邻苯二甲酸

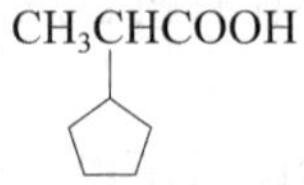
2-环戊基丙酸

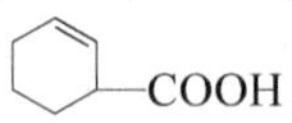
2-环己烯基甲酸

羟基酸广泛存在于植物体中，通常根据其来源而用俗名，它的系统命名是以羧酸为母体，羟基为取代基，选择含有羧基和羟基的最长碳链作主链，按照羧酸的命名原则来命名。醇酸可根据羟基与羧基的相对位置称为 *α*-、*β*-、*γ*-、*δ*-羟基酸，羟基连在碳链末端时，称为 *ω*-羟基酸。酚酸以芳香酸为母体，羟基作为取代基。例如

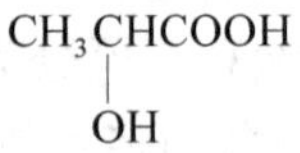
2-羟基丙酸
α-羟基丙酸(乳酸)

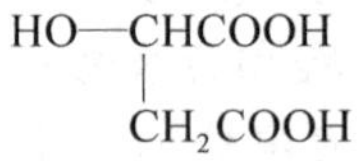
2-羟基丁二酸
α-羟基丁二酸(苹果酸)

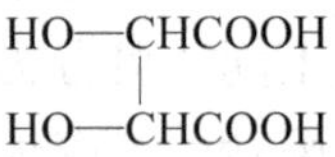
2,3-二羟基丁二酸
α, *β*-二羟基丁二酸(酒石酸)

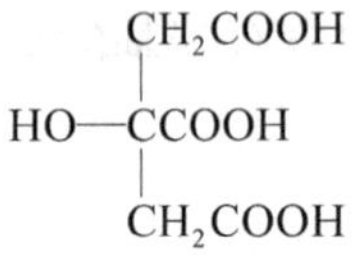
3-羟基-3-羧基戊二酸
β-羟基-*β*-羧基戊二酸
(柠檬酸)

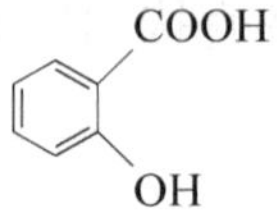
邻羟基苯甲酸
(水杨酸)

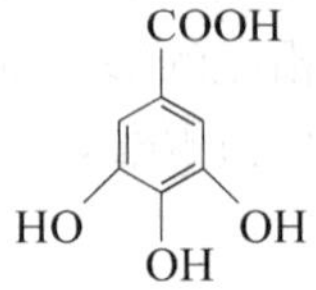
3,4,5-三羟基苯甲酸
(没食子酸)

羰基酸的系统命名，是选含羰基和羧基的最长碳链为主链，称为某醛酸或某酮酸。命名羰基酸时，需标明羰基的位置，用“氧代”或“羰基”表示酮基。也可用酰基来命名，称为某酰某酸。例如

丙醛酸或甲酰乙酸或3-羰基丙酸

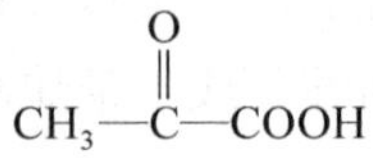
丙酮酸或乙酰甲酸

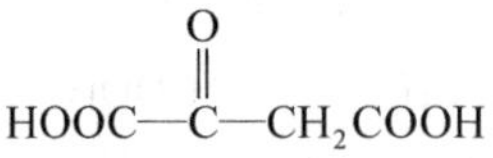
丁酮二酸或草酰乙酸或2-氧代丁二酸

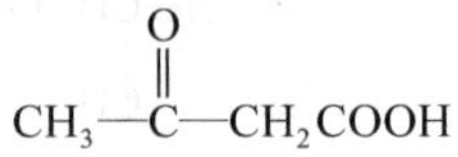
β-丁酮酸或乙酰乙酸或3-氧代丁酸

思考题 9-1　命名下列化合物或写出它们的结构式。

(1) $CH_2{=}CHCOOH$　　(2) 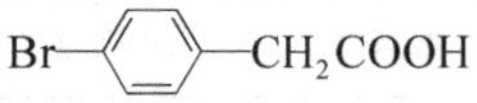

(3) 香草酸　　(4) β-萘乙酸

9.1.2　物理性质

室温下，十个碳原子以下的饱和一元脂肪羧酸是液体。甲酸、乙酸、丙酸是有刺激性酸味的液体，丁酸至壬酸是具有腐败气味的油状液体。癸酸以上是无气味的蜡状固体，饱和二元脂肪羧酸和芳香羧酸均为结晶固体。

羧酸由于与水分子形成氢键，因此 1～5 个碳的羧酸均能溶于水中。随着羧酸相对分子质量的增加，溶解度减小很快，高级脂肪酸通常不溶于水，而易溶于乙醇、乙醚等有机溶剂。芳香羧酸在水中溶解度都很小。

直链饱和一元羧酸的沸点随相对分子质量的增大而逐渐升高，并且比相对分子质量相近的烷烃、卤代烃、醇、醛、酮的沸点高。例如，正丙醇的沸点是 97℃，而乙酸的沸点是 118℃。这是由于羧基是强极性基团，羧酸分子间的氢键（键能约为 14 $kJ \cdot mol^{-1}$）比醇羟基间的氢键（键能为 5～7 $kJ \cdot mol^{-1}$）更强，一些低级脂肪酸，如甲酸、乙酸，即使在气态时也以双分子二缔体的形式存在。

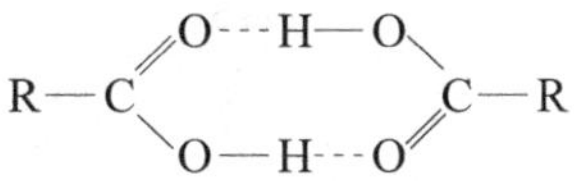

直链饱和一元羧酸的熔点随相对分子质量的增加而呈锯齿状变化，偶数碳原子羧酸比相邻两个奇数碳原子的羧酸熔点高。这是由于含偶数碳原子的羧酸碳链对称性比含奇数碳原子羧酸的碳链好，在晶格中排列较紧密，分子间作用力大，需要较高的温度才能将它们彼此分开，故熔点较高。

羟基酸多为结晶固体或黏稠液体。由于分子中含有两个或两个以上能形成氢键的官能团，羟基酸一般能溶于水，水溶性大于相应的羧酸，疏水支链或碳环的存在使水溶性降低。羟基酸的熔点一般高于相应的羧酸。许多羟基酸具有手性碳原子，也具有旋光活性。一些常见羧酸和取代酸物理常数见表 9-1 和表 9-2。

表 9-1　常见一元羧酸和取代酸的物理常数

名称	熔点/℃	沸点/℃	pK_a(25℃)	相对密度 d_4^{20}	溶解度/(g/100 g 水)
甲酸(蚁酸)	8.4	101	3.77	1.2200	∞
乙酸(醋酸)	16.6	117.9	4.76	1.0492	∞
丙酸(初油酸)	−20.8	141	4.88	0.9930	∞
丁酸(酪酸)	−4.26	163.5	4.82	0.9577	∞
戊酸(缬草酸)	−33.8	186.1	4.81	0.9391	3.7
己酸(羊油酸)	−2.0	205.0	4.85	0.9274	1.1
庚酸(毒水芹酸)	−7.5	223.0	4.89	0.9200	微溶
辛酸(羊脂酸)	16.5	239.3	4.89	0.9088	0.068

续表

名称	熔点/℃	沸点/℃	pK_a(25℃)	相对密度 d_4^{20}	溶解度/(g/100 g 水)
壬酸(天竺葵酸)	12.2	255.0	4.96	0.9057	难溶
癸酸(羊蜡酸)	31.5	270.0	4.26	—	难溶
苯甲酸(安息香酸)	122.4	249.0	4.19	—	0.34
2-甲基苯甲酸	106	259	3.91	—	0.12
苯乙酸	77.0	265.5	4.31	—	溶
α-萘乙酸	133.0	—	—	—	0.04
(+)-乳酸	53	—	3.79	—	∞
(−)-乳酸	53	—	3.79	—	∞
(±)-乳酸	18	—	3.79	—	∞

表 9-2　常见二元羧酸的物理常数

名称	熔点/℃	溶解度/(g/100 g 水)	电离常数(25℃)	
			pK_{a1}	pK_{a2}
乙二酸(草酸)	189	8.6	1.46	4.40
丙二酸(缩苹果酸)	136	73.5	2.80	5.85
丁二酸(琥珀酸)	185	5.8	4.21	5.64
戊二酸(胶酸)	99.0	63.9	4.34	5.41
己二酸(肥酸)	153.0	1.5	4.43	5.41
庚二酸(蒲桃酸)	106.0	溶	4.47	5.52
辛二酸(软木酸)	144.0	微溶	4.52	5.52
壬二酸(杜鹃花酸)	106.5	微溶	4.54	5.52
癸二酸(皮脂酸)	134.5	微溶	4.55	5.52
顺丁烯二酸(马来酸)	139.0	79	1.94	6.50
反丁烯二酸(延胡羧酸)	302.0	0.7	3.02	4.50
邻苯二甲酸(酞酸)	213	0.7	2.95	5.28
间苯二甲酸	348(升华)	0.01	3.62	4.60
对苯二甲酸	300(升华)	0.002	3.55	4.82
(+)-酒石酸	170	139	2.93	4.23
(−)-酒石酸	170	139	2.93	4.23
(±)-酒石酸	206	20.6	2.96	4.24
m-酒石酸	140	125	3.11	4.80

思考题 9-2　将下列化合物按沸点由高到低的顺序排列，并解释原因。

(1) 正丁烷　(2) 丙醛　(3) 乙酸　(4) 正丙醇　(5) 丙酸

9.1.3　羧基的结构与化学活性

羧基是羧酸的官能团，从形式上看羧基是由羰基和羟基组合而成的，但是羧基并不呈现羰基和羟基的典型性质，而具有自己特有的性质。在羧酸分子中，羧基碳原子是 sp^2 杂化的，其未参与杂化的 p 轨道与一个氧原子的 p 轨道形成 C═O 中的 π 键，而羧基中羟基氧原子上的未共用电子对与羧基中 C═O 形成 p-π 共轭体系（图 9-1）。从而使羟基氧原子上的电子向 C═O 转移，导致 C═O 和 C═O 键长趋于平均化。用 X 光衍射法测定甲酸分子中的 C═O 和 C—OH 键长表明，羧酸中 C═O（0.124 nm）比醛、酮分子中 C═O 的键长（0.122 nm）略长，而 C—OH 中 C—O 的键长（0.131 nm）比醇分子中的键长（0.143 nm）稍短。

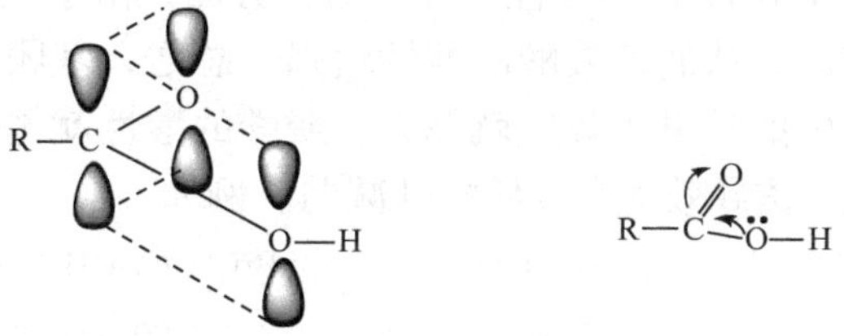

图 9-1　羧基中的 p-π共轭体系示意图

当羧酸离解为羧酸根负离子后，羧基中两个碳氧键的键长均为 0.127 nm，p-π 共轭作用更完全，羧酸根上的负电荷平均分配在两个氧原子上，证明羧基确实不存在典型的羰基和羟基，而是相互影响形成了一个整体，表现出羧基特有的性质。根据羧酸结构中键的断裂位置不同，主要反应如下：

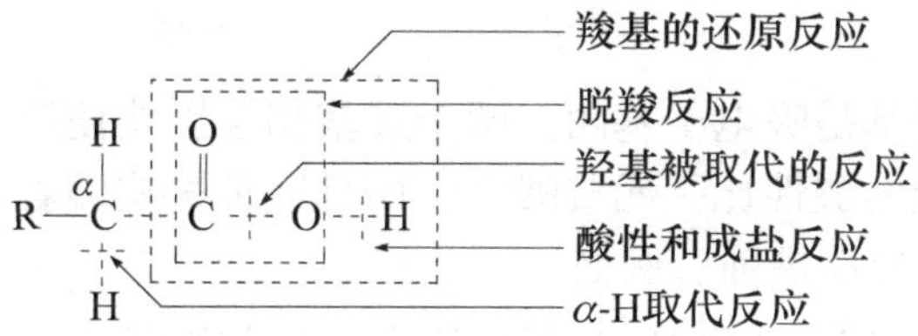

9.1.4　化学性质

1. 酸性

羧酸在水溶液中能电离出 H^+而具有酸性。

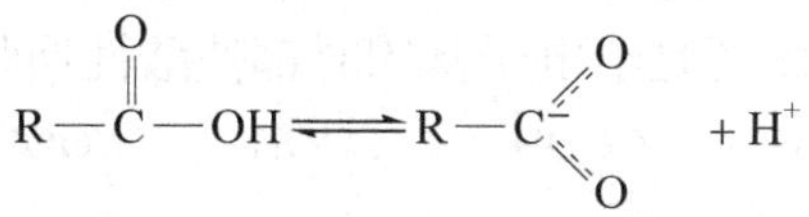

除甲酸外，大多数饱和一元羧酸都是弱酸，pK_a 都在 4～5，比碳酸（pK_a=6.35）和苯酚（pK_a=9.95）的酸性要强，因此羧酸能使石蕊变红，能与强碱作用，还能与碳酸盐（或碳酸氢盐）等强碱弱酸盐作用生成羧酸盐。

$$RCOOH + NaOH \longrightarrow RCOONa + H_2O$$

$$2RCOOH + Na_2CO_3 \longrightarrow 2RCOONa + CO_2\uparrow + H_2O$$

$$RCOOH + NaHCO_3 \longrightarrow RCOONa + CO_2\uparrow + H_2O$$

羧酸的碱金属盐和铵盐都可溶于水，它们遇强酸又析出原来的羧酸，利用这一性质可分离、提纯羧酸，也可以把不溶于水的羧酸转变为可溶性的盐，然后配成溶液直接使用。例如，从苯甲酸的乙醚溶液中分离出苯甲酸，就可用碳酸钠水溶液与苯甲酸的乙醚溶液一起振荡，则苯甲酸可转化为苯甲酸钠而进入水层，分去醚层，再将水层酸化，就可得到苯甲酸。由于羧酸的酸性比酚强，也可用碳酸氢钠将羧酸与酚分离。又如，生产中使用的植物生长调节剂 α-萘乙酸、2，4-二氯苯氧乙酸(2,4-D)均可先与氢氧化钠反应生成可溶性的盐，然后再配制成所需的浓度使用。

影响羧酸酸性的因素很多，其中最重要的是羧基上所连的烃基。当烃基上连有吸电子基团(如卤原子)时，由于吸电子诱导效应(–I)羧基中羟基氧原子上的电子云密度降低，O—H 键的极性增强，因而较易电离出 H^+，其酸性增强；另一方面，由于吸电子效应羧酸负离子的电荷更加分散，其稳定性增加，从而使羧酸的酸性增强。总之，基团的吸电子能力越强，数目越多，距离羧基越近，产生的吸电子效应就越大，羧酸的酸性就越强。相反，烃基上连有给电子基团(如烷基)，给电子诱导效应(+I)使酸性减弱。例如

	FCH_2COOH	$ClCH_2COOH$	$BrCH_2COOH$	ICH_2COOH
pK_a	2.66	2.86	2.90	3.13
	Cl_3CCOOH	$Cl_2CHCOOH$	$ClCH_2COOH$	CH_3COOH
pK_a	0.65	1.29	2.86	4.76
	$CH_3CH_2CHClCOOH$	$CH_3CHClCH_2COOH$	$CH_2ClCH_2CH_2COOH$	$CH_3CH_2CH_2COOH$
pK_a	2.86	4.06	4.52	4.82
	HCOOH	CH_3COOH	CH_3CH_2COOH	$(CH_3)_3CCOOH$
pK_a	3.77	4.76	4.88	5.02

二元羧酸中，由于羧基是吸电子基团，两个羧基相互影响使第一级电离常数比一元饱和羧酸大，故低级二元羧酸的酸性比一元羧酸强，而且这种影响随着两个羧基距离的增大而减弱。二元羧酸中，草酸的酸性最强。例如

	HOOC—COOH	$HOOCCH_2COOH$	$HOOCCH_2CH_2COOH$
pK_{a1}	1.46	2.80	4.17
pK_{a2}	4.40	5.85	5.64

芳香羧酸的酸性是由苯环所连基团的诱导效应和共轭效应共同影响的综合结果。一般来说，当芳香羧酸对位或间位上有吸电子基团时，酸性增强；有给电子基团时，酸性减弱；芳香羧酸邻位上不论有吸电子基团还是给电子基团时都使酸性增强(邻位效应)。例如

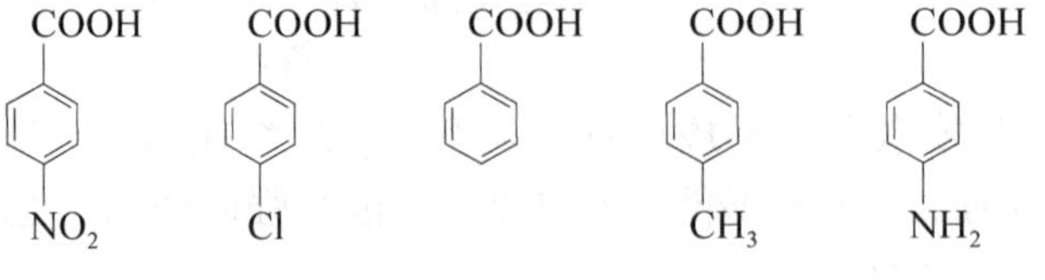

pK_a　3.42　3.97　4.19　4.39　4.92

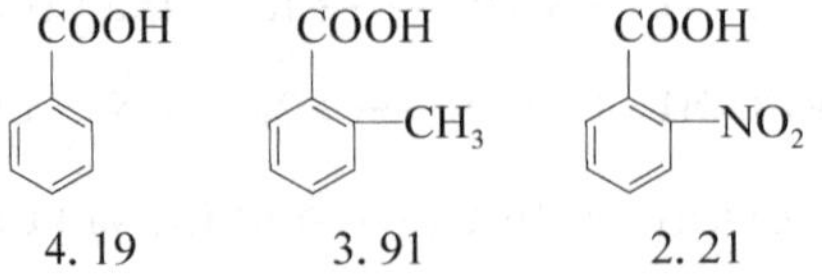

pK_a　4.19　3.91　2.21

醇酸含有羟基和羧基两种官能团，由于羟基具有吸电子诱导效应(–I)并能生成氢键，醇酸

的酸性较母体羧酸强，羟基离羧基越近，其酸性越强。例如

	$CH_3\underset{\large OH}{\underset{|}{C}}HCOOH$	$\underset{\large OH}{\underset{|}{CH_2}}CH_2COOH$	CH_3CH_2COOH
pK_a	3.87	4.51	4.88

酚酸的酸性与羟基在苯环上的位置有关。当羟基在羧基的对位时，羟基与苯环形成 p-π 共轭，羟基具有吸电子诱导效应(–I)和给电子共轭效应(+C)，但+C 相对强于–I，总的效应使羧基电子云密度增大，这不利于羧基中氢离子的电离，因此对位取代的酚酸的酸性弱于母体羧酸；当羟基在羧基的间位时，羟基与羧基不能形成共轭体系，只表现出吸电子诱导效应(–I)，因此间位取代的酚酸酸性强于母体羧酸；当羟基在羧基的邻位时，羟基和羧基负离子形成分子内氢键，增强了羧基负离子的稳定性，有利于羧酸的电离，使酸性明显增强。羟基在苯环上不同位置的酚酸酸性顺序为：邻位＞间位＞对位。

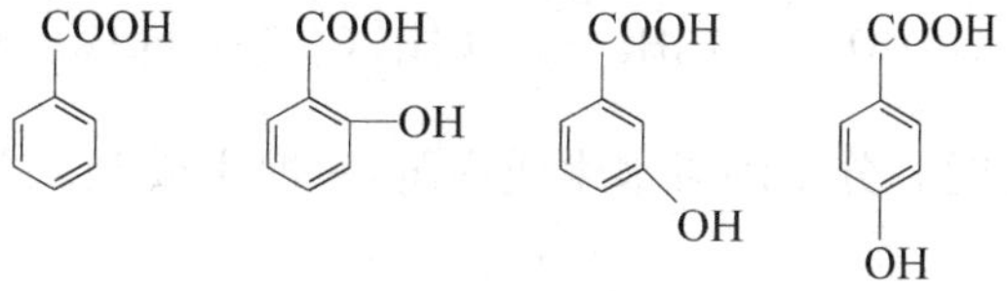

pK_a　4.19　2.98　4.08　4.57

思考题 9-3　比较下列化合物的酸性。

(1) $(CH_3)_3CCOOH$　$CH_3CH(CH_3)COOH$　CH_3CH_2COOH

(2) 丙酸、2-氟丙酸、2-甲基丙酸、2-羟基丙酸

(3) 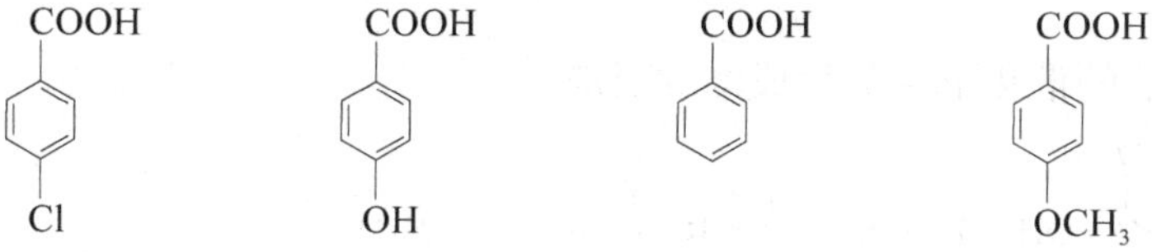

2. 羧酸衍生物的生成

羧基中碳氧键是极性键，在一定条件下，羟基被卤基(—X)、酰氧基(—OCOR)、烷氧基(—OR)、氨基(—NH_2)等取代，分别生成酰卤、酸酐、酯、酰胺等羧酸衍生物。

1)酰卤的生成

最常见的是酰氯。羧酸与三卤化磷、五卤化磷或亚硫酰氯等反应，羧基中的羟基可被卤素取代生成酰卤。

$$R-\overset{O}{\overset{\|}{C}}-OH + PCl_3 \xrightarrow{\triangle} R-\overset{O}{\overset{\|}{C}}-Cl + H_3PO_3$$

$$R-\overset{O}{\overset{\|}{C}}-OH + PCl_5 \xrightarrow{\triangle} R-\overset{O}{\overset{\|}{C}}-Cl + POCl_3 + HCl\uparrow$$

$$R-\overset{O}{\overset{\|}{C}}-OH + SOCl_2 \longrightarrow R-\overset{O}{\overset{\|}{C}}-Cl + SO_2\uparrow + HCl\uparrow$$

酰氯很活泼，易水解，不能用水洗法分离，通常将产物用蒸馏法分离。亚硫酰氯是最方便的酰化剂，副产物都是气体，容易提纯。

2)酸酐的生成

一元羧酸在脱水剂如五氧化二磷或乙酸酐作用下，两分子羧酸受热脱去一分子水生成酸酐。

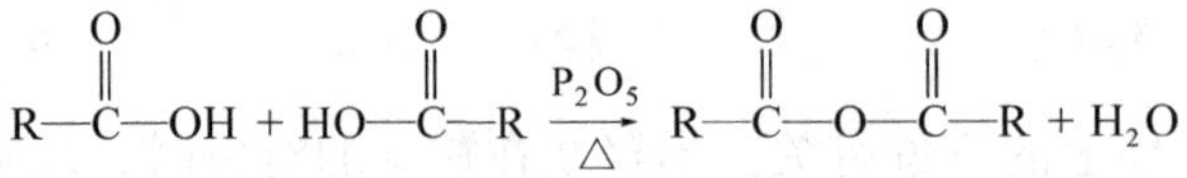

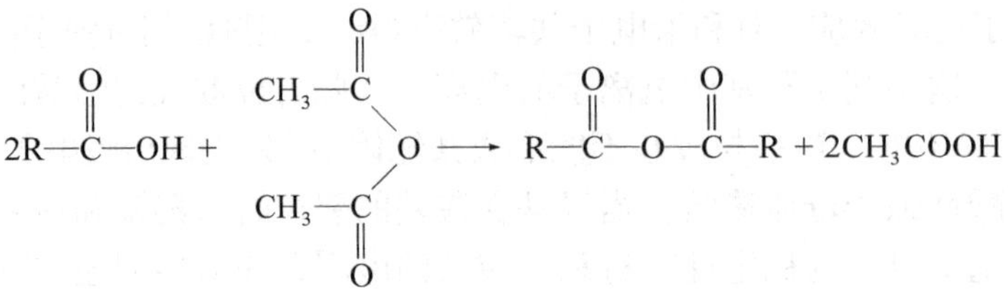

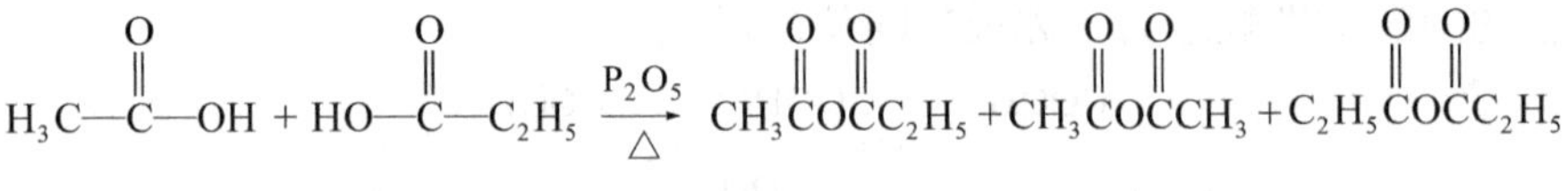

某些二元羧酸受热时，分子内脱水生成内酐(一般生成五、六元环)。例如

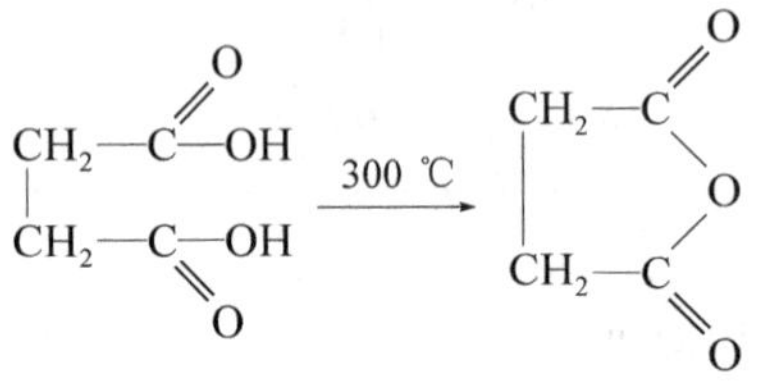

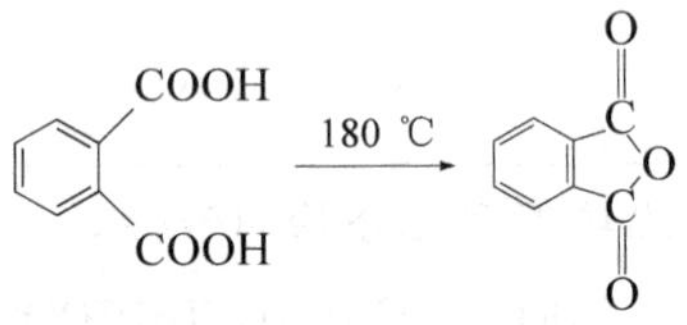

3)酯的生成

羧酸与醇在酸(如浓硫酸)的催化下共热生成酯的反应。

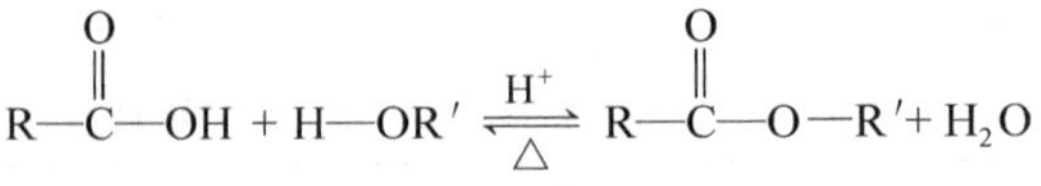

酯化反应是可逆的，欲提高产率，必须增大某一反应物的用量或降低生成物的浓度，使平衡向生成酯的方向移动。

如用同位素 ^{18}O 标记的醇，反应完成后，^{18}O 在酯分子中而不是在水分子中。这说明酯化反应生成的水，是醇羟基中的氢与羧基中的羟基结合而成的，即羧酸发生了酰氧键的断裂。例如

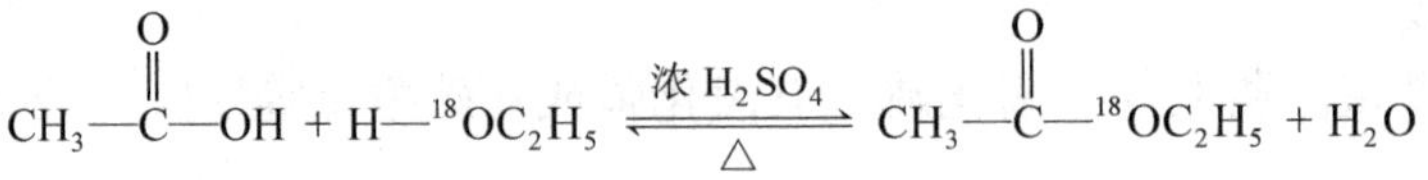

酸催化下的酯化反应按如下机理进行：

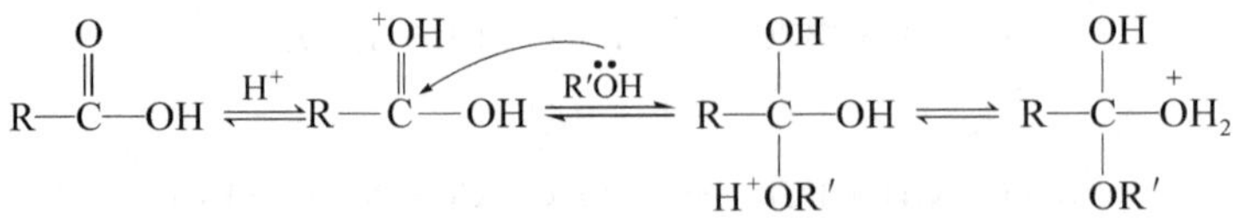

Ⅰ　Ⅱ　Ⅲ

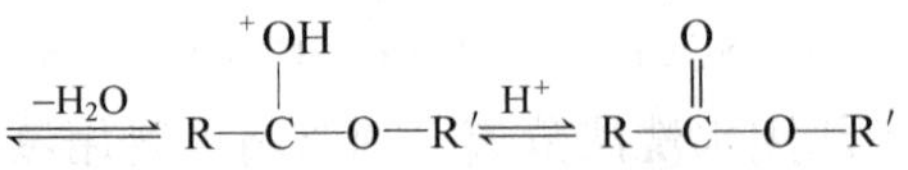

Ⅳ　Ⅴ

酸作催化剂，先把羧基中的羰基质子化（Ⅰ），使碳原子的正电性增强，从而有利于醇分子的进攻，形成一个四面体中间物（Ⅱ），然后质子转移（Ⅲ），消除水（Ⅳ），再消除质子，形成酯（Ⅴ）。这个反应过程是羰基发生亲核反应，再消除，是加成-消除反应过程。总的结果是羧基上的羟基被一个亲核试剂取代，是亲核取代反应。

羧酸和醇的结构对酯化反应的速度影响很大。一般 α-C 上连有较多烃基或所连基团越大的羧酸和醇，由于空间位阻的因素，酯化反应速度减慢。不同结构的羧酸和醇进行酯化反应的活性顺序为

$$RCH_2COOH > R_2CHCOOH > R_3CCOOH$$

$$CH_3OH > RCH_2OH > R_2CHOH > R_3COH$$

二元羧酸进行酯化反应时，可生成单酯或二酯。例如

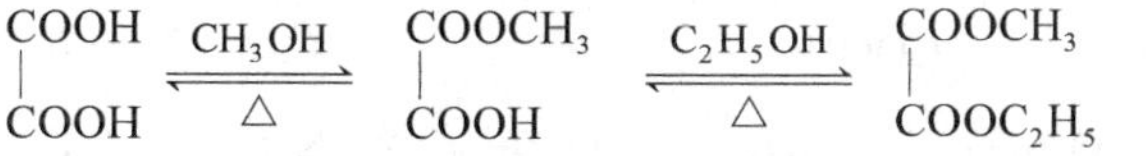

乙二酸单甲酯　　　乙二酸甲乙酯

4）酰胺的生成

羧酸与氨或碳酸铵反应，生成羧酸的铵盐。铵盐受强热或在脱水剂的作用下加热，可在分子内失去一分子水形成酰胺；二元羧酸与氨共热脱水可生成酰亚胺。例如

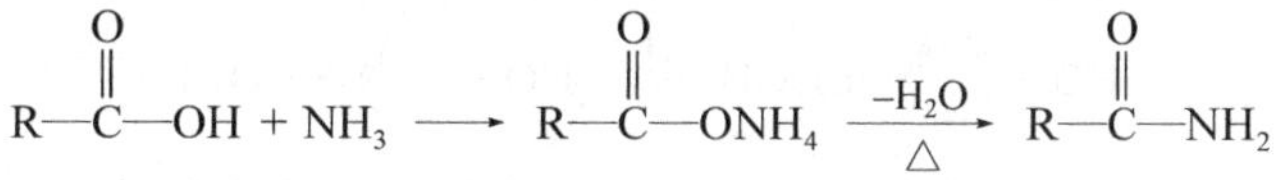

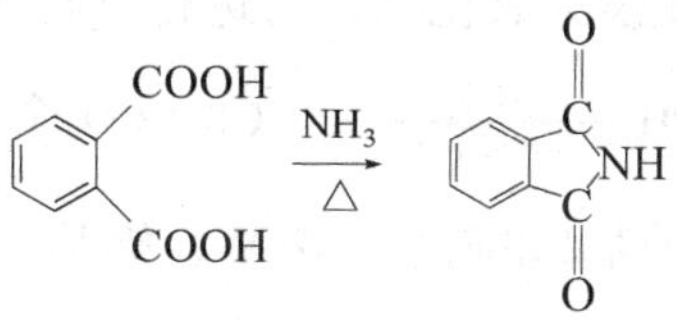

邻苯二甲酰亚胺

3. α-H 的卤代反应

羧基和羰基一样，能使 α-H 活化，但羧基的致活作用比羰基小得多。α-H 卤代要在碘、红磷或硫等催化剂存在下逐步取代，生成 α-卤代羧酸。例如

$$CH_3COOH \xrightarrow[P]{Cl_2} CH_2ClCOOH \xrightarrow[P]{Cl_2} CHCl_2COOH \xrightarrow[P]{Cl_2} CCl_3COOH$$

控制反应条件可使反应停留在一元取代阶段。卤代羧酸是合成多种农药和药物的重要原料，有些卤代羧酸如 α,α- 二氯丙酸或 α,α- 二氯丁酸还是有效的除草剂。一氯乙酸与 2,4-二氯苯酚钠在碱性条件下反应，可制得 2,4-二氯苯氧乙酸（简称 2,4-D），它是一种有效的植物生长调节剂，高浓度时可防治禾谷类作物田中的双子叶杂草；低浓度时，对某些植物有刺激早熟，提高产量，防止落花落果，产生无籽果实等多种作用。

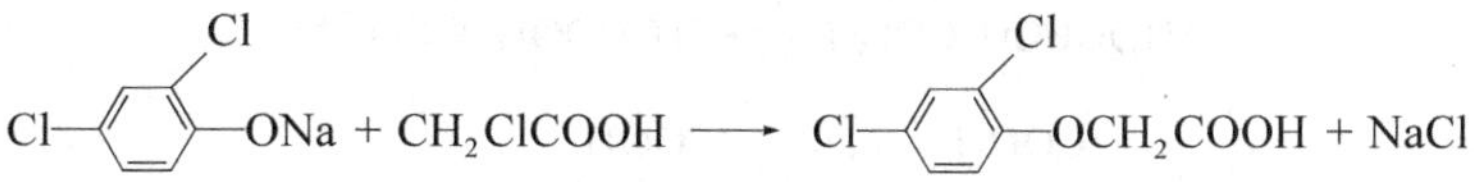

4. 脱羧反应

1）一元羧酸

通常情况下，羧酸中的羧基是比较稳定的，但在一些特殊条件下也可脱去羧基，放出二

氧化碳的反应，称为脱羧反应。一元饱和羧酸的钠盐、钙盐等与强碱共热，发生脱羧反应，生成比原来羧酸少一个碳原子的烃。例如，无水乙酸钠和碱石灰混合加热，发生脱羧反应生成甲烷。

$$CH_3COONa \xrightarrow[\triangle]{NaOH,CaO} CH_4 + CO_2\uparrow$$

但脂肪羧酸特别是长链的，往往要求高温而产率较低，在制备上没什么价值。芳香酸脱羧比脂肪酸容易，因为苯基是一个吸电子基团，有利于碳碳键的断裂，有时只需加热到熔点以上即可脱羧，若有碱存在，则脱羧更容易。

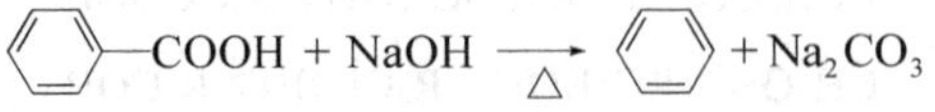

芳香羧酸的苯环上在邻、对位有吸电子基团时更容易脱羧。例如

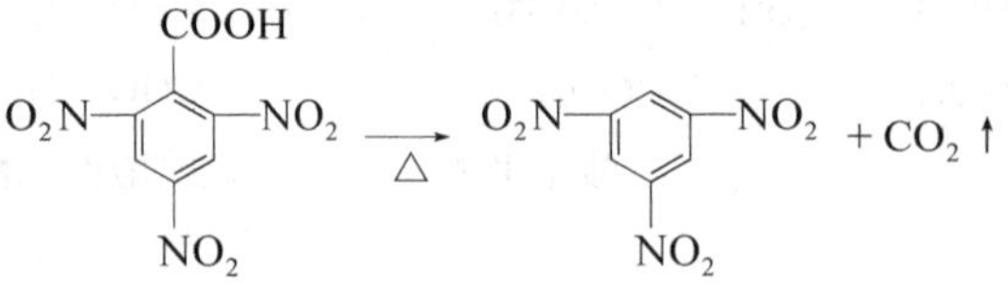

芳香羧酸的苯环上在邻、对位有给电子基团时，在强酸(如 H_2SO_4)作用下也能脱羧。例如

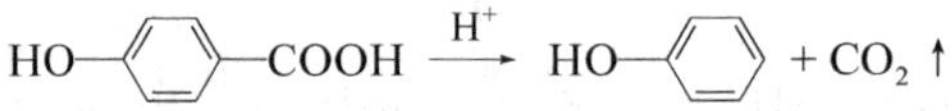

羧酸蒸气通过加热的钍、锰或镁等氧化物，可进行气相催化脱羧生成酮类。

$$2RCOOH \xrightarrow[400\sim500\ ℃]{ThO_2} RCOR + CO_2\uparrow + H_2O$$

当一元羧酸的 α-C 连有吸电子基(如硝基、卤基、酮基、氰基等)，由于–I 使羧基变得很不稳定，也容易脱羧。例如

$$Cl_3CCOOH \xrightarrow[\triangle]{} CHCl_3 + CO_2\uparrow$$

脱羧反应是生物体内很重要的生物化学反应，在脱羧酶作用下完成。例如

$$CH_3COOH \xrightarrow{\text{脱羧酶}} CH_4\uparrow + CO_2\uparrow$$

2) 二元羧酸

不同的二元羧酸，由于羧基之间的相对位置不同，常表现出不同的反应。乙二酸、丙二酸加热，脱去二氧化碳，生成比原来少一个碳原子的一元羧酸。丙二酸脱羧反应是所有在羧基的 β 位有羰基的化合物等共有的反应，如烷基丙二酸、β-酮酸。

$$\begin{array}{l} COOH \\ | \\ COOH \end{array} \xrightarrow[\triangle]{} HCOOH + CO_2\uparrow$$

$$HCOOH \longrightarrow CO\uparrow + H_2O$$

$$HOOCCH_2COOH \xrightarrow[\triangle]{} CH_3COOH + CO_2\uparrow$$

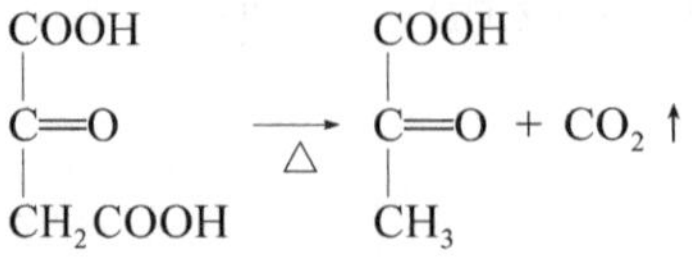

丁二酸及戊二酸加热至熔点以上不发生脱羧反应，而是分子内脱水生成稳定的内酐。

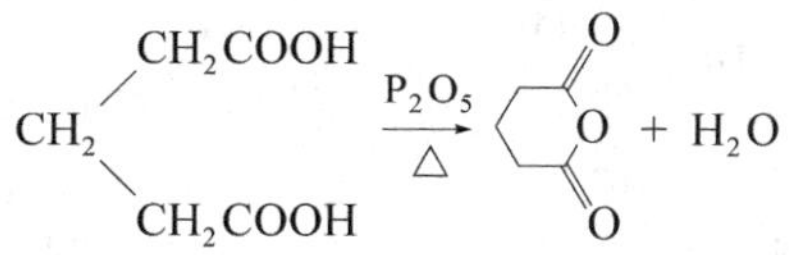

己二酸、庚二酸在氢氧化钡存在下加热，既脱羧又失水，生成环酮。

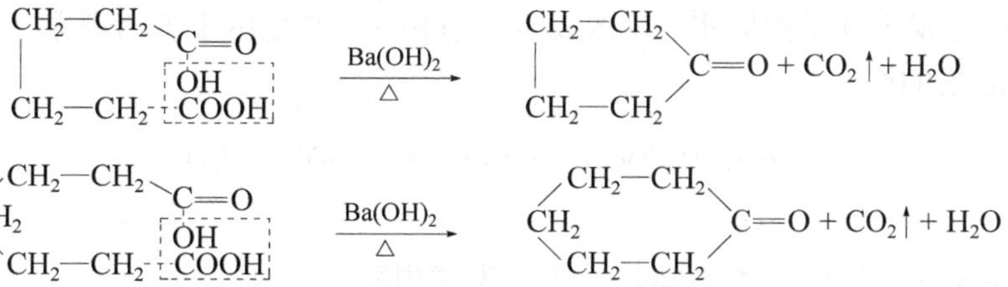

3) 酮酸

丙酮酸是最简单的酮酸，由于羰基与羧基直接相连，羰基与羧基碳原子间的电子云密度降低，此碳碳键容易断裂。α-酮酸与稀硫酸共热，发生脱羧反应生成醛和二氧化碳；而与浓硫酸共热，发生脱羧反应生成酸和二氧化碳。例如

$$CH_3-\overset{\overset{O}{\|}}{C}-COOH \xrightarrow[\triangle]{\text{稀}H_2SO_4} CH_3-\overset{\overset{O}{\|}}{C}-H + CO_2\uparrow$$

$$CH_3-\overset{\overset{O}{\|}}{C}-COOH \xrightarrow[\triangle]{\text{浓}H_2SO_4} CH_3-\overset{\overset{O}{\|}}{C}-OH + CO_2\uparrow$$

β-酮酸比 α-酮酸更易脱羧分解，它在室温下放置就能慢慢脱羧生成酮，稍加热更容易脱羧成酮。

$$CH_3-\overset{\overset{O}{\|}}{C}-CH_2COOH \longrightarrow CH_3-\overset{\overset{O}{\|}}{C}-CH_3 + CO_2\uparrow$$

4) α-醇酸

α-醇酸与稀硫酸或酸性高锰酸钾共热，羧基和 α-C 之间的键断裂；与稀硫酸共热分解脱羧生成醛或酮、甲酸等，与酸性高锰酸钾共热分解生成羧酸或酮、二氧化碳等。

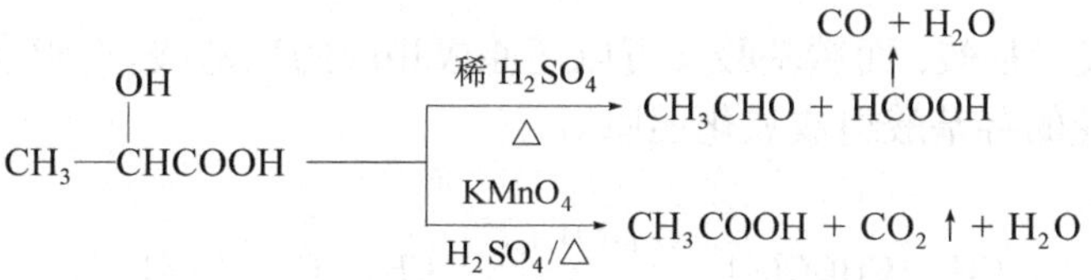

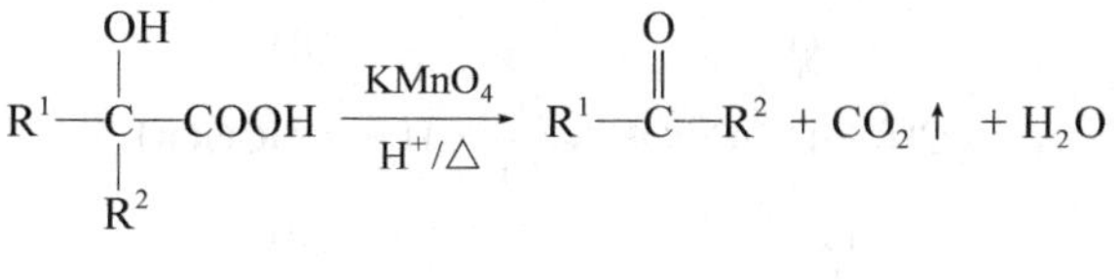

5. 醇酸的脱水反应

醇酸受热能发生脱水反应，因羟基的位置不同，得到的产物也不同。

α-醇酸受热一般发生分子间交叉脱水反应，生成交酯。

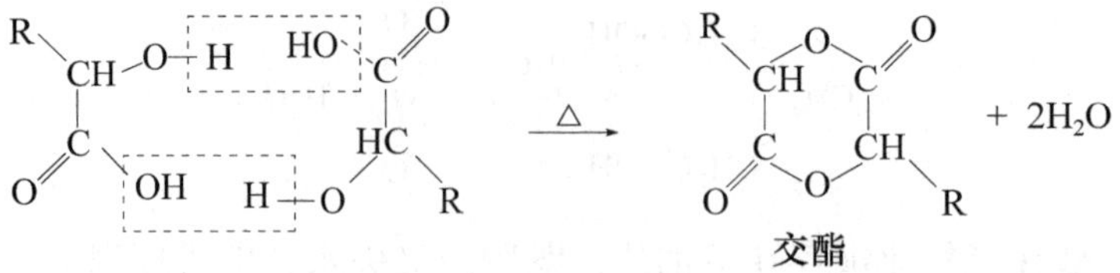

交酯

β-醇酸受热易发生分子内脱水，生成 *α*,*β*-不饱和酸。这是由于 *β*-羟基酸中的氢受羟基和羧基的影响比较活泼的原因。

$$R\underset{\underset{OH}{|}}{C}HCH_2COOH \xrightarrow{\triangle} RCH{=}CHCOOH + H_2O$$

γ-与 *δ*-醇酸受热易发生分子内酯化反应，生成内酯。

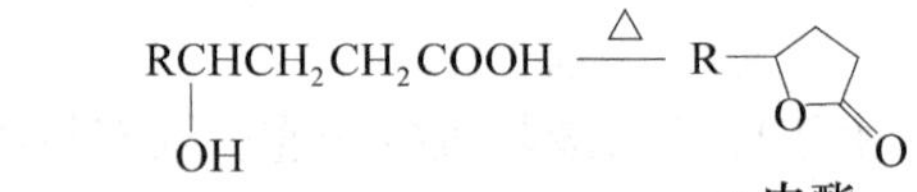

γ-内酯

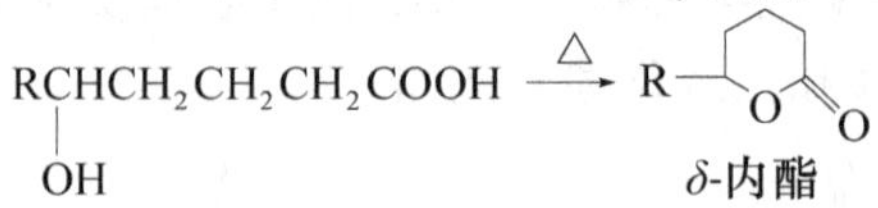

δ-内酯

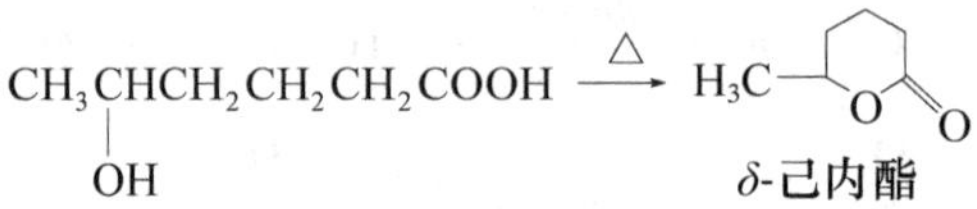

δ-己内酯

6. 氧化还原反应

1) 羧酸还原反应

羧酸很难用催化氢化法或金属加酸的方法直接还原，但用较强还原剂如氢化铝锂($LiAlH_4$)能顺利地将羧酸直接还原成伯醇。

$$RCOOH \xrightarrow{LiAlH_4} RCH_2OH$$

$$CH_2{=}CHCH_2COOH \xrightarrow{LiAlH_4} CH_2{=}CHCH_2CH_2OH$$

$LiAlH_4$ 能还原具有羰基结构的化合物，且产率较高，但不能还原碳碳双键。用 $LiAlH_4$ 还原时，常用的溶剂是无水乙醚、四氢呋喃等。

2) *α*-醇酸

α-醇酸能氧化成羰基酸，而羰基酸又可以还原成相应的羟基酸。生物体内有许多羰基酸在酶的催化下，与相应的羟基酸组成氧化还原对。

$$CH_3-\overset{\overset{OH}{|}}{C}HCOOH \xrightarrow{[Ag(NH_3)_2]^+} CH_3-\overset{\overset{O}{\|}}{C}-COOH$$

$$CH_3-\overset{\overset{O}{\|}}{C}-COOH \underset{-2H}{\overset{+2H}{\rightleftharpoons}} CH_3-\overset{\overset{OH}{|}}{C}HCOOH$$

$$\underset{\text{草酰乙酸}}{HOOC\overset{\overset{O}{\|}}{C}CH_2COOH} \underset{-2H}{\overset{+2H}{\rightleftharpoons}} \underset{\text{苹果酸}}{HOOC\overset{\overset{OH}{|}}{C}HCH_2COOH}$$

3) *α*-酮酸

酮和羧酸都不易被氧化，但 *α*-酮酸却极易氧化。强氧化剂甚至某些弱氧化剂(如费林试剂、二价铁与过氧化氢等)都能将其氧化成少一个碳原子的羧酸并放出 CO_2。

$$CH_3-\overset{\overset{O}{\|}}{C}-COOH \xrightarrow[Fe^{2+}+H_2O_2]{[O]} CH_3-\overset{\overset{O}{\|}}{C}-OH + CO_2\uparrow$$

4) 乙醛酸

乙醛酸是最简单的醛酸，存在于未成熟的水果和嫩叶中，具有醛和羧酸的性质，能还原土伦试剂，并能进行歧化反应。

$$\underset{COOH}{\overset{CHO}{|}} \xrightarrow{[Ag(NH_3)_2]^+} \underset{COOH}{\overset{COOH}{|}} + Ag\downarrow$$

$$\underset{COOH}{\overset{CHO}{|}} \xrightarrow[\triangle]{浓\ NaOH} \underset{COONa}{\overset{CH_2OH}{|}} + \underset{COONa}{\overset{COONa}{|}}$$

思考题 9-4　完成下列反应式。

(3) $C_2H_5-\underset{CH_2CH_2COOH}{\underset{|}{C}HCH_2COOH} \xrightarrow[\triangle]{Ba(OH)_2}$　　(4) $CH_3\underset{OH}{\underset{|}{C}H}CH_2COOH \xrightarrow{\triangle}$

9.1.5　重要的羧酸和取代酸

1. 重要的羧酸

1) 甲酸

甲酸俗称蚁酸，存在于蜂类、某些蚁类及毛虫的分泌物中，也存在于松叶及某些果实中。甲酸是一种无色、具有强烈的腐蚀性和刺激性的液体，能刺激皮肤起泡，应避免与皮肤直接接触，被蜂、蚁啄伤后皮肤便产生肿痛。甲酸易溶于水，也溶于乙醇、乙醚等有机溶剂。

甲酸的结构比较特殊，它的羧基与一个氢原子相连，既有羧基结构，又有醛基结构。甲酸除具有羧酸的特性外，还具有醛的某些性质，如还原性，能与银氨溶液、费林试剂发生反应；可被高锰酸钾氧化；与浓硫酸在 60～80℃条件下共热，可以分解为水和一氧化碳，实验室用此法制备纯净的一氧化碳。

$$HCOOH + 2[Ag(NH_3)_2]OH \longrightarrow 2Ag\downarrow + CO_2\uparrow + 4NH_3 + H_2O$$

$$HCOOH + 2Cu^{2+} \xrightarrow[\triangle]{OH^-} CO_2\uparrow + Cu_2O\downarrow$$

$$HCOOH \xrightarrow{KMnO_4} CO_2\uparrow + H_2O$$

$$HCOOH \xrightarrow{浓\ H_2SO_4} CO\uparrow + H_2O$$

甲酸可用于染料工业和橡胶工业，用作还原剂、橡胶的凝聚剂、缩合剂、消毒剂和防腐剂。

2) 乙酸

乙酸是食醋的主要成分，俗称醋酸，普通食醋中约含乙酸 4%～8%。纯乙酸为无色、有刺激性气味、有腐蚀性的液体，沸点 117.9℃，熔点 16.6℃。当室温低于 16℃时，易凝结成冰状固体，所以常把纯乙酸称为冰醋酸(含量在 98%以上)。

乙酸广泛存在于自然界中，常以盐或酯的形式存在于植物的果实和汁液内，并以乙酰辅酶 A 的形式参加糖和脂肪的代谢。某些有机体腐败时也可产生乙酸，如发酵食物的酸味，就是产生乙酸等有机酸的缘故。

乙酸是人类最早认识和使用的酸，当时人类就知道通过发酵方法来制取，至今依然为制备乙酸的一种重要方法。现代工业通常用乙醇、乙炔、乙烯为原料，制备乙醛，再氧化得到乙酸，这是目前我国生产乙酸的主要方法。

乙酸是染料、香料、制药、塑料工业中不可缺少的重要的化工原料。

3) 乙二酸

乙二酸常以盐的形式存在于许多植物的细胞壁中，俗称草酸。在室温下为无色柱状晶体，熔点 189℃(分解)，易溶于水和乙醇而不溶于乙醚等有机溶剂。乙二酸的酸性比甲酸和其他二元羧酸都强。

乙二酸的钾、钠、铵盐易溶于水，但钙盐溶解度极小，这一性质可用于 Ca^{2+}的分析和测定。乙二酸还可以和许多金属离子形成配合物，且形成的配合物溶于水，因此能除去铁锈及衣物上的蓝墨水痕迹。

$$Fe^{3+} + 3C_2O_4^{2-} \longrightarrow [Fe(C_2O_4)_3]^{3-}$$

乙二酸受热可发生脱羧反应，在浓硫酸存在下加热可同时发生脱羧、脱水反应。

乙二酸定量还原高锰酸钾并使之褪色，用作标定高锰酸钾的基准物质。乙二酸还用作媒染剂和麦草编织物的漂白剂。

$$5\begin{array}{c}COOH\\|\\COOH\end{array} + 2KMnO_4 + 3H_2SO_4 \longrightarrow K_2SO_4 + 2MnSO_4 + 10CO_2\uparrow + 8H_2O$$

4) 过氧乙酸

过氧乙酸又称过醋酸，结构式为$CH_3-\overset{\overset{\displaystyle O}{\|}}{C}-O-OH$。过氧乙酸为无色透明液体，有辛辣味，易挥发，有强氧化性、强刺激性和腐蚀性，能溶于水、醇、醚和硫酸，在中性、稀的水溶液中稳定。过氧乙酸是一种杀菌剂，具有使用浓度低、消毒时间短、无残留毒性和低温(–40～–20℃)下能杀菌等优点。主要用于香蕉、柑橘、樱桃以及其他果实、蔬菜等采收后处理和农产品的容器消毒，可防治真菌和细菌性腐烂。对室内空气进行杀菌、消毒具有良好的效果，而且价格便宜。我们在预防非典时的杀菌、消毒剂主要就是过氧乙酸。工业上用它作各种纤维的漂白剂、高分子聚合物的引发剂及制备环氧化合物的试剂。

5) 丁烯二酸

丁烯二酸有顺丁烯二酸和反丁烯二酸两种异构体，两者构型不同，物理性质和生理作用差异很大。

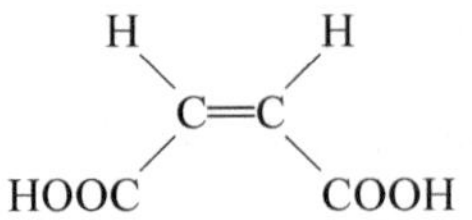

顺丁烯二酸(马来酸或失水苹果酸)

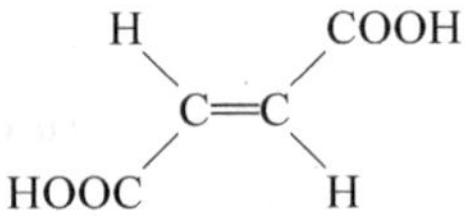

反丁烯二酸(延胡索酸或富马酸)

顺丁烯二酸不存在于自然界中，为无色晶体，易溶于水，酸性较强，受热易脱水成酸酐。顺丁烯二酸用于制取染色助剂以及油脂防腐剂，也可用于合成树脂及农药等，在生物体中不能转化为糖，有一定的毒性。

反丁烯二酸广泛分布于植物界，也分布于温血动物的肌肉中，为无色晶体，难溶于水，很难脱水成酸酐，当加热到 300 ℃以上时，反式先转变成顺式，才脱水成酸酐。

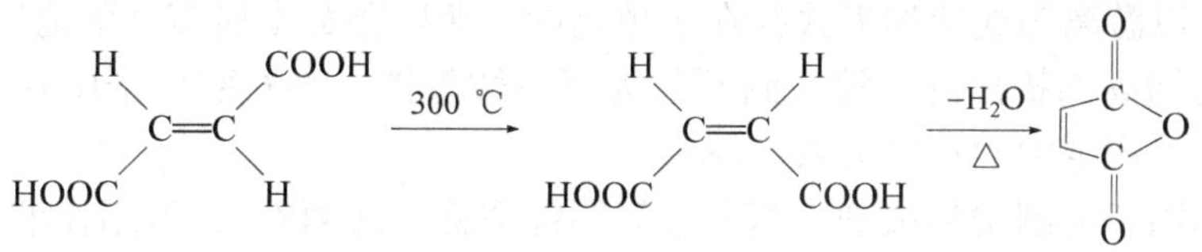

富马酸是糖代谢的重要中间产物，是国际上允许使用的食品添加剂，其二甲酯(富马酸二甲酯)是广谱杀菌剂，可广泛用于食品、饲料的防腐。

6)苯甲酸

苯甲酸俗名安息香酸，它与苯甲醇形成酯，存在于安息香树胶及其他一些树脂内而得名。工业上由甲苯催化氧化得到。

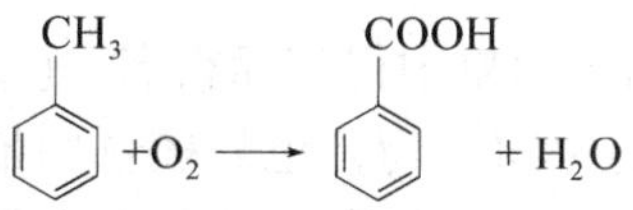

苯甲酸是白色晶体，难溶于冷水，易溶于热水、乙醇、氯仿、乙醚中，受热能升华。苯甲酸无味、毒性较低，具有抑菌防腐的作用，其钠盐常用作食品和某些药物的防腐剂。苯甲酸的某些衍生物是农业上常用的除草剂及植物生长调节剂。例如，2,3,5-三碘苯甲酸在始花期叶部施药，可使大豆和苹果增产，并能防止豆类倒伏。

7) *α*-萘乙酸

α-萘乙酸简称 NAA，白色晶体，熔点 133℃，难溶于水，易溶于乙醇、丙醇和丙酮。NAA 是一种常用的植物生长调节剂，低浓度时可以刺激植物生长，防止落花落果，并可广泛地用于大田作物的浸种处理；高浓度时则抑制植物生长，可用于除莠草和防止马铃薯储存期间的发芽。NAA 一般以钠盐或钾盐的形式使用。

8)丁二酸

丁二酸最初由蒸馏琥珀得到，故俗称琥珀酸，它广泛存在于多种植物中，如葡萄、甜菜和樱桃等。丁二酸是无色晶体，易溶于水，微溶于乙醇、乙醚、丙酮等有机溶剂，是生物代谢过程的一种重要中间体，是制备醇酸树脂的原料。在医药上对中枢神经有抑制作用，有抗痉挛、利尿的作用。

2. 重要的取代酸

1)乳酸

乳酸(*α*-羟基丙酸)最初是从酸牛奶中得到的，故称为乳酸。广泛存在于自然界，许多水果中都含有乳酸。存在于人的血液和肌肉中的乳酸，是葡萄糖经缺氧代谢得到的氧化产物。牛奶中的乳糖因受微生物的作用，发酵产生乳酸。乳酸分子中有一个手性碳原子，有一对对映体。蔗糖发酵得到的乳酸是左旋体；肌肉中得到的乳酸是右旋体，为白色固体；酸牛奶中的乳酸是外消旋体，为无色液体。

乳酸的吸湿性很强，通常为糖浆状液体，易溶于水、乙醇、乙醚和甘油中，但不溶于氯仿和油脂。乳酸的钙盐不溶于水，因此工业上常用乳酸作除钙剂，医药上用作防腐剂、补钙剂。

2）酒石酸

酒石酸（2,3-二羟基丁二酸）是无色透明结晶或粉末，无臭、味酸，易溶于水，难溶于有机溶剂。酒石酸常以游离态或盐的形式存在于植物中，尤以葡萄中居多。葡萄发酵制酒过程中，由于乙醇浓度的增高而析出的沉淀“酒石”为酒石酸氢钾。酒石酸分子中有一对对映体和一个内消旋体，天然产生的酒石酸为右旋体。

酒石酸钾钠用于配制费林试剂，酒石酸氧锑钾俗称“吐酒石”，可用作催吐剂和治疗血吸虫病的药物。

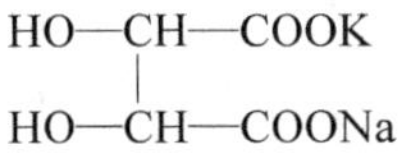

酒石酸钠钾

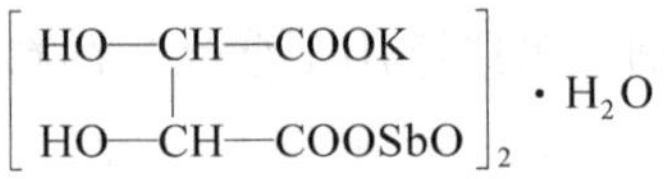

酒石酸氧锑钾

3）苹果酸

苹果酸（α-羟基丁二酸）因最初从苹果中得到而得名。它多存在于未成熟的果实中，也存在于一些植物的叶子中，是糖代谢的中间产物，也是植物中最重要的有机酸之一。苹果酸有两种旋光异构体，其中天然苹果酸是 S 型的左旋体，无色结晶，熔点 100℃，易溶于水和乙醇，工业上常用于制药和调味品。

4）柠檬酸

柠檬酸（3-羟基-3-羧基戊二酸）又称枸橼酸，无臭，无色晶体，常含一分子结晶水，熔点为 100℃，无水的熔点为 153℃。柠檬酸广泛存在于各种果实，以柠檬和柑橘类的果实中含量较多。例如，未成熟的柠檬中含量可达 6%。另外，烟草中也含有大量的柠檬酸，是提取柠檬酸的重要原料。柠檬酸易溶于水和乙醇，属于果酸的一种，有爽口的酸味，在食品工业中用做糖果及清凉饮料的调味品；在医药上有多种用处，如它的钠盐用作抗凝血剂，钾盐为利尿剂，镁盐用做缓泻剂，铁铵盐用做补血剂；在化妆品上也有许多用处，常用于美白、抗老化等。

在顺乌头酸酶的催化作用下，将柠檬酸加热到 150℃，可发生分子内脱水生成顺乌头酸，顺乌头酸加水又可生成柠檬酸和异柠檬酸两种异构体，此反应是生物体内糖、脂肪及蛋白代谢过程中的重要反应。

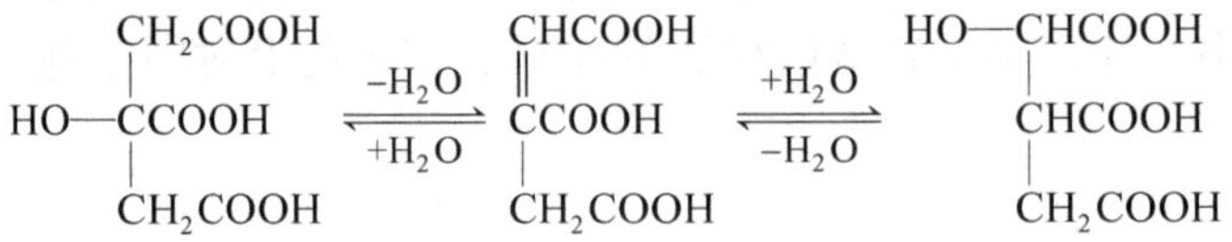

柠檬酸　　顺乌头酸　　异柠檬酸

5）水杨酸

水杨酸（邻羟基苯甲酸）因来自水杨柳而得名，又称柳酸。它是无色针状晶体，熔点 159℃，在 76℃时升华，微溶于冷水，易溶于沸水、乙醇、乙醚。水杨酸具有酚和羧酸的性质，它与醇或酚作用可生成相应的羧酸酯；与羧酸或酸酐作用可生成酚的酯。水杨酸溶液与三氯化铁溶液作用显紫色。将水杨酸加热到熔点以上，脱羧生成苯酚。

水杨酸是医药、香料、染料和橡胶助剂等精细化学品的重要原料。水杨酸用作消毒防腐药，用于治疗局部角质增生及皮肤真菌感染；其衍生物乙酰水杨酸（阿司匹林）用作解热镇痛、抗风湿、抗血小板聚集，治疗感冒、牙疼和脑血栓等药；PAS（对氨基水杨酸）的钠盐和钙盐用作抗结核药；水杨酸甲酯是冬青油的主要成分，有特殊的香味，用于工业中配制牙膏、糖果等的香精；具有防腐、抗风湿的作用；也可用作扭伤时的外敷药。

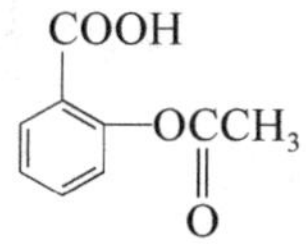

乙酰水杨酸(阿司匹林)

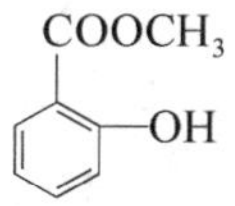

水杨酸甲酯(冬青油)

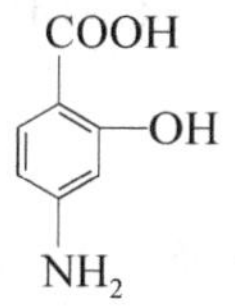

对氨基水杨酸(PAS)

6）没食子酸和单宁

没食子酸(3,4,5-三羟基苯甲酸)又名五倍子酸或棓酸，它是植物中分布最广的一种酚酸，常以游离态或结合成单宁存在于五倍子、茶叶和其他树皮中。

没食子酸能溶于热水、乙醇和乙醚中，但不溶于氯仿和苯，在空气中能迅速氧化成暗褐色，其水溶液具有酸涩味，与三氯化铁反应生成蓝黑色沉淀。没食子酸具有强还原性，当加热到 200℃以上时会脱羧生成焦性没食子酸，此产物可用做照相显影剂。没食子酸在工业上可作为抗氧化剂和制造蓝墨水的原料。

单宁又称鞣质或鞣酸，为一类有机酚类化合物的总称，广泛分布于石榴、咖啡、茶叶等许多天然植物中。由不同来源得到的单宁结构不同，但都是五倍子酸衍生物，具有一些相似的性质：一般都是无定形粉末，有涩味和收敛性，可溶于水和乙醇，其水溶液遇铁盐生成黑色或绿色沉淀，能沉淀生物碱和蛋白质，有还原性。单宁主要用途是作为鞣革之用，也可作为药用，是治疗火伤、烫伤的良好药物，有时也被用作生物碱及重金属中毒的化学解毒剂。

9.2　羧酸衍生物

羧酸衍生物主要有酰卤、酸酐、酯和酰胺。羧酸衍生物反应活性很高，可以转变成多种其他化合物，是十分重要的有机合成中间体，在有机化学理论和生产实际中都十分重要。

9.2.1　分类和命名

酰卤、酸酐、酯和酰胺等羧酸衍生物可用一个通式来代表。

$$R-\overset{\overset{\displaystyle O}{\|}}{C}-L \qquad L=-X、-O-\overset{\overset{\displaystyle O}{\|}}{C}-R、-OR'、-NH_2$$

酰卤根据酰基和卤原子来命名，称为“某酰卤”，其中最常见的是酰氯。例如

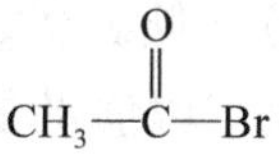

乙酰溴

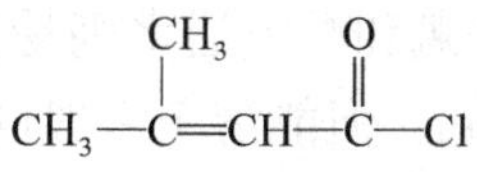

3-甲基-2-丁烯酰氯

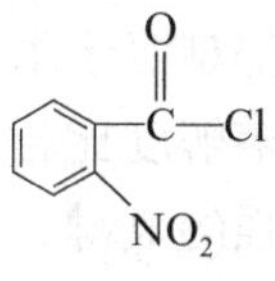

邻硝基苯甲酰氯

酸酐的命名是根据相应羧酸的名称命名。两个相同羧酸形成的酸酐为简单酸酐，称为“某酸酐”，简称“某酐”；两个不相同羧酸形成的酸酐为混合酸酐，称为“某酸某酸酐”，简称“某某酐”；二元羧酸分子内失去一分子水形成的酸酐为内酐，称为“某二酸酐”。例如

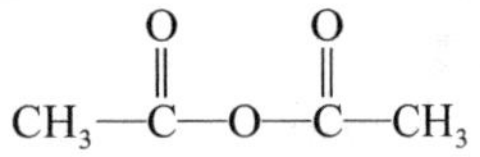　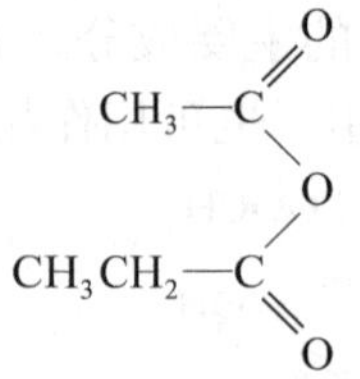　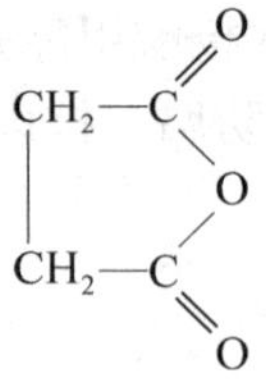　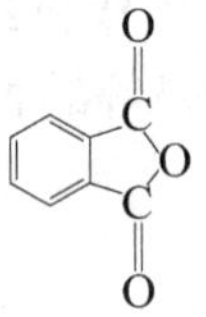

乙(酸)酐　　　　乙(酸)丙(酸)酐　　　　丁二酸酐　　　　邻苯二甲酸酐

酯的命名是根据相应的羧酸和醇的名称命名，称为“某酸某酯”。例如

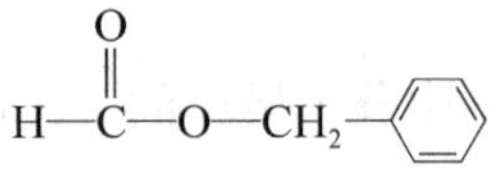　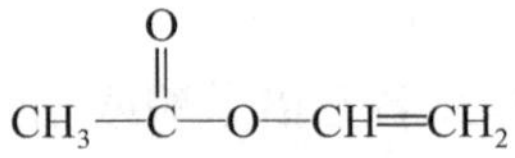　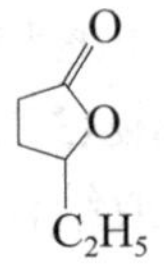

甲酸苄酯　　　　乙酸乙烯酯　　　　4-己内酯(γ-己内酯)

酰胺也可看做酰基和氨基结合而成的化合物，它的命名与酰卤相似，在胺字前面加上酰基的名称。例如，氨基上有取代基，则将取代基用“*N*”某表示。相同取代基，可用“*N*,*N*-几某基”表示。若一个氮原子上连有两个酰基，则为酰亚胺类。例如

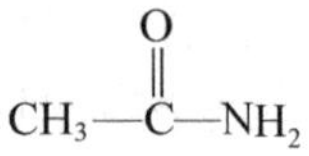　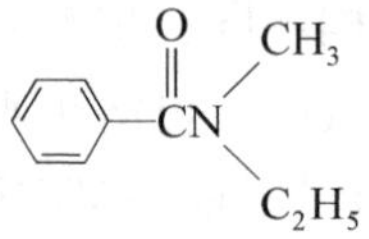　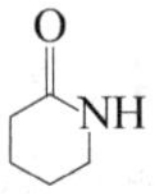　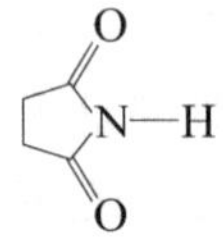

乙酰胺　　　　*N*-甲基-*N*-乙基苯甲酰胺　　　　戊内酰胺　　　　丁二酰亚胺

思考题 9-5　命名下列化合物或写出结构式。

(1) 苯甲酸乙酯　　　　(2) 水杨酰氯

(3) 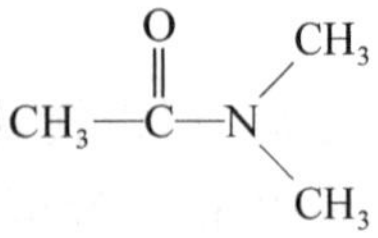　　　　(4) 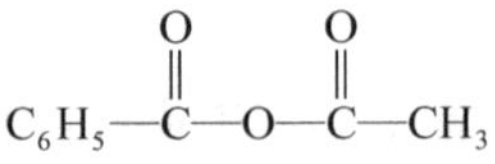

9.2.2　物理性质

室温下，低级酰氯和酸酐都是无色且对黏膜有刺激性的液体，高级的为白色固体，在空气中易水解。酰氯、酯和酸酐的沸点比相对分子质量相近的羧酸低，这是因为它们的分子间不能通过氢键缔合。室温下，大多数常见的酯都是液体，低级的酯具有花果香味。例如，乙酸异戊酯具有香蕉香味(俗称香蕉水)，正戊酸异戊酯有苹果香味，丁酸甲酯有菠萝香味等。

酰氯和酸酐都难溶于水(低级的酰氯和酸酐遇水则易分解为酸)。低级(C_3～C_5)酯微溶于水，酯在水中的溶解度比相应的羧酸低，但能溶于一般的有机溶剂。酰胺的氨基上的氢原子可在分子间形成强的氢键，所以酰胺的熔、沸点相当高。当氨基上的氢原子被烃基取代后，就不能发生氢键缔合而使沸点降低。除甲酰胺等少数酰胺是液体外，绝大多数酰胺都是结晶固体。低级(C_5～C_6)酰胺可溶于水，随着相对分子质量的增大而溶解度逐渐减小。

常见羧酸衍生物的物理常数见表 9-3。

表 9-3　常见羧酸衍生物的物理常数

名称	熔点/℃	沸点/℃	相对密度 d_4^{20}
乙酰氯	−112	50.9	1.1051
苯甲酰氯	−1	197.2	1.2120
乙酰溴	−96	76.7	1.52
乙酸酐	−73.1	139.6	1.0820
丙酸酐	− 45.0	168.4	1.0110
丁二酸酐	119.6	261.0	1.104
顺丁烯二酸酐	53	202	0.9340
邻苯二甲酸酐	131.6	284	1.527
甲酸乙酯	−80.5	54.5	0.9168
乙酸乙酯	−83.6	77.1	0.9003
苯甲酸乙酯	−34.6	213	1.0468
苯甲酸苄酯	21	324.0	1.1121
甲酰胺	2	192	1.139
乙酰胺	82	222	1.159
乙酰苯胺	114	305	1.219
苯甲酰胺	130	290	1.341

9.2.3　化学性质

羧酸衍生物由于结构相似，都含有酰基，因而能发生一些相似的化学反应。例如，都可以发生水解、醇解和氨解反应，只是在反应活性上有较大的差异。

1. 水解反应

酰氯、酸酐、酯都可水解生成相应的羧酸。低级的酰卤遇水迅速反应，高级的酰卤由于在水中溶解度较小，水解反应速率较慢；多数酸酐由于不溶于水，在冷水中缓慢水解，在热水中迅速反应；酯和酰胺的水解较慢，一般需要长时间加热回流，还要在酸或碱的催化下才能顺利进行。酰胺的水解是不可逆的。

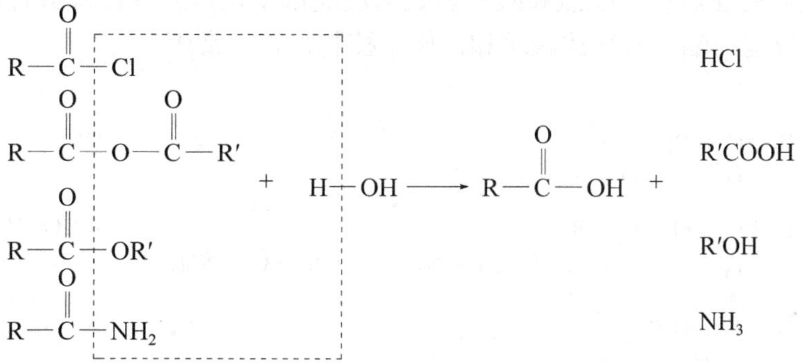

酯的水解在理论和生产上都有重要意义。酸催化下的水解是酯化反应的逆反应，水解不

能进行完全。碱催化下水解生成的羧酸可与碱生成盐而从平衡体系中除去，所以水解反应可以进行到底。酯的碱性水解反应也称为皂化反应。

$$R-\overset{O}{\overset{\|}{C}}-OR' + H_2O \xrightarrow{OH^-} RCOO^- + R'OH$$

$$R-\overset{O}{\overset{\|}{C}}-OR' + H_2O \underset{}{\overset{H^+}{\rightleftharpoons}} RCOOH + R'OH$$

2. 醇解反应

酰氯、酸酐、酯都能发生与醇的反应，生成酯，酰胺却难于醇解，它们进行醇解反应难易程度与水解相同。

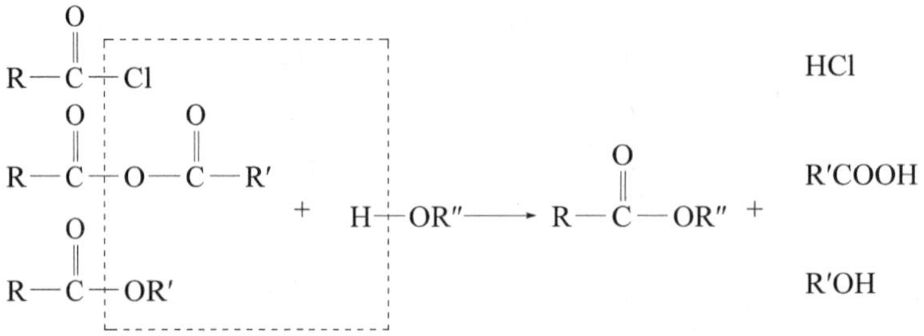

酯的醇解反应也称酯交换反应，即醇分子中的烷氧基取代了酯中的烷氧基。酯交换反应不但需要酸催化，而且反应是可逆的。酯交换在有机合成上很有用。当一个结构复杂的醇与某种羧酸很难进行直接酯化的情况下，一般先把羧酸制成甲酯或乙酯，然后再与复杂的醇进行酯交换反应。例如

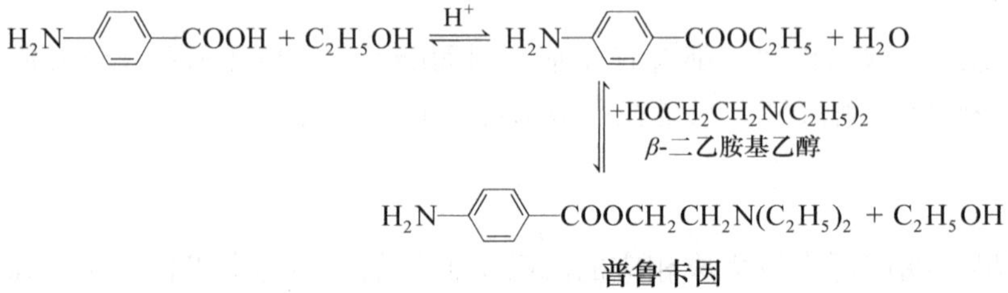

普鲁卡因

3. 氨解反应

酰氯、酸酐、酯都可以与氨或胺（RNH_2、R_2NH）作用生成酰胺。由于氨本身是碱，所以氨解反应比水解反应更易进行。酰氯和酸酐与氨的反应都很剧烈，在冷却或稀释的条件下缓慢混合就可以进行反应，酯的氨解比较缓和，便于控制，较为常用。

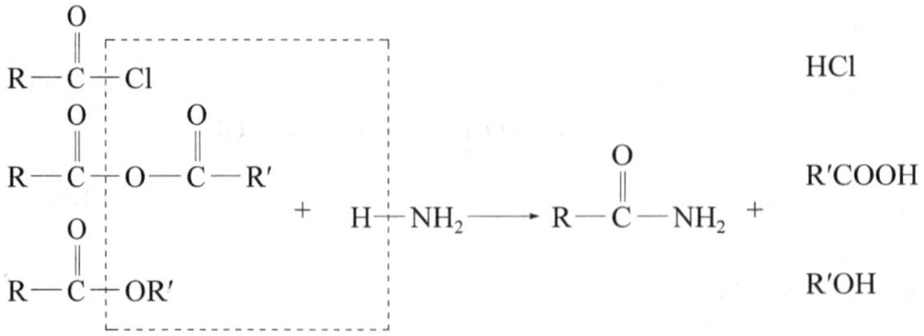

羧酸衍生物的水解、醇解、氨解都属于亲核取代反应机理，可用下列通式表示：

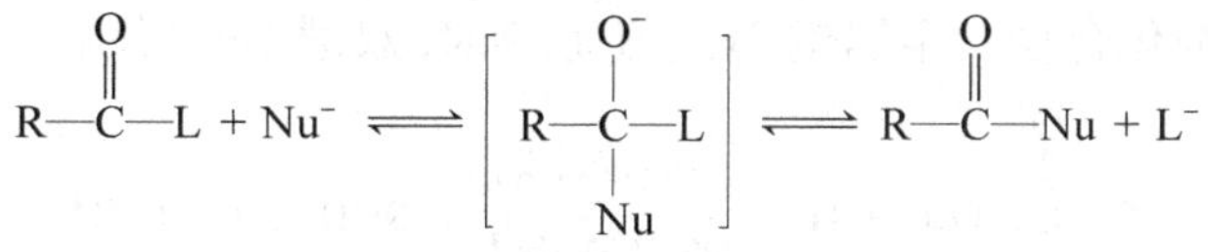

$$L = —X、—O—\overset{O}{\overset{\|}{C}}—R、—OR'、—NH_2$$

$$Nu^- = OH^-、H_2O、NH_3、ROH$$

反应实际上是通过先加成再消除完成的。第一步由亲核试剂 Nu^-进攻羰基碳原子，形成中间加成产物，碳原子由 sp^2 杂化变成 sp^3 杂化；第二步恢复碳氧双键，C—L 键断裂，脱去离去基团 L^-，碳原子重新恢复 sp^2 杂化，生成最终产物。

羰基碳原子的正电性越强，水、醇、氨等亲核试剂向羰基碳原子进攻越容易，反应越快。如果羧酸衍生物 R 相同，则 L 吸电子作用(−I)越强，羰基碳的正电性就越强，反应活性就越大。L 的未共用电子对可与羰基形成 p-π 共轭效应，p-π 共轭效应越弱，C—L 键越容易断键，离去基团 L 越容易失去。

−I诱导效应：$—Cl > —O—\overset{O}{\overset{\|}{C}}—R > —OR > —NH_2$

p-π共轭效应：$—Cl < —O—\overset{O}{\overset{\|}{C}}—R < —OR < —NH_2$

另一方面，反应的难易程度也与离去基团 L 的碱性有关，L 的碱性越弱越容易离去。离去基团的碱性强弱顺序为

$$NH_2^- > RO^- > RCOO^- > X^-$$

综上所述，羧酸衍生物的活性次序为：酰氯＞酸酐＞酯＞酰胺。

4. 还原反应

羧酸衍生物都比羧酸容易还原，可用多种方法还原，催化加氢、氢化铝锂和乙醇加钠还原等。

酰氯使用毒化的钯催化剂进行催化加氢可还原成醛，在钯催化剂中加入少量的硫-喹啉以降低它的活力，使产物醛不至于还原成醇，这个反应称为罗森孟(Rosenmund)还原法。若使用氢化铝锂则还原成醇。

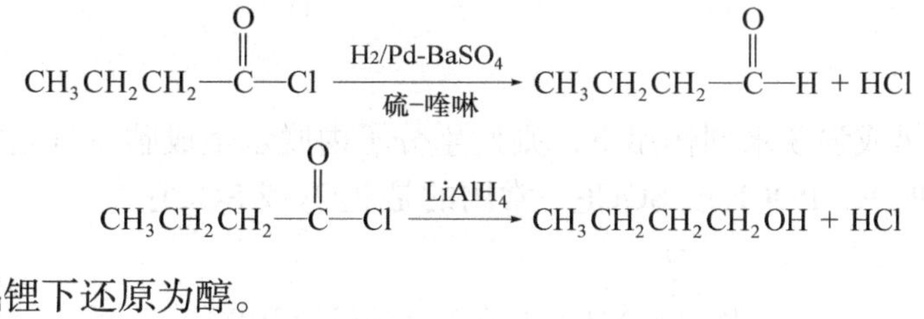

酸酐在氢化铝锂下还原为醇。

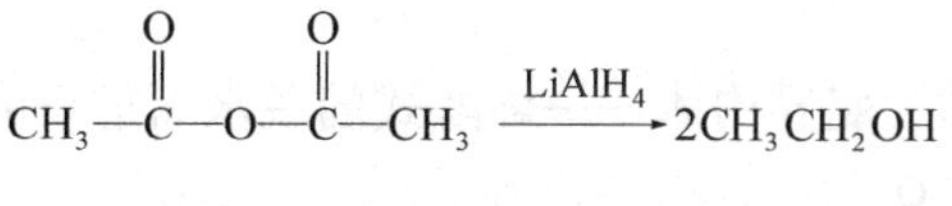

酯可用催化氢化、金属钠-醇或氢化铝锂还原。催化氢化中铜铬氧化物(CuO/CuCrO₄)是应用广泛的较好的催化剂。因碳碳双键可同时被还原，这个反应大量应用于催化氢解植物油和

脂肪，以制备长链醇类化合物。金属钠-醇为还原剂时，双键不受影响。

$$R-\overset{O}{\overset{\|}{C}}-OR' + H_2 \xrightarrow[200\sim300℃,压力]{CuO/CuCrO_4} RCH_2OH + R'OH$$

$$R-\overset{O}{\overset{\|}{C}}-OR' + Na \xrightarrow[\triangle]{C_2H_5OH} RCH_2OH + R'OH$$

$$R-\overset{O}{\overset{\|}{C}}-OR' \xrightarrow{LiAlH_4} RCH_2OH + R'OH$$

酰胺用氢化铝锂还原为胺，用催化氢化法还原，需在高温高压下进行。

$$CH_3(CH_2)_8CH_2CONH_2 + H_2 \xrightarrow[250℃,30MPa]{CuO/CuCrO_4} CH_3(CH_2)_8CH_2CH_2NH_2$$

5. 酰胺的化学性质

酰胺除了具有水解、醇解反应以外，还有以下化学性质。

1) 酸碱性

酰胺分子中，氨基 N 原子上的未共用电子对与羰基形成 p-π 共轭体系，一方面使氮原子上的电子云密度降低，减弱了氨基接受质子的能力，碱性减弱；另一方面造成 N—H 极性增强，释放质子能力增强。因此酰胺一般呈中性或近乎中性。从酸碱质子理论看，酰胺既是一个弱碱，又是一个弱酸。

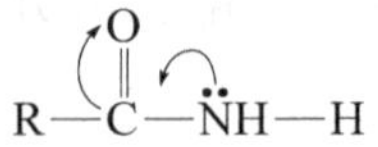

酰胺碱性很弱，与酸不能形成稳定的盐，遇水即分解。而在酰亚胺分子中，由于两个酰基的吸电子诱导效应，氮原子上氢原子的酸性明显增强，能与强碱生成盐。例如

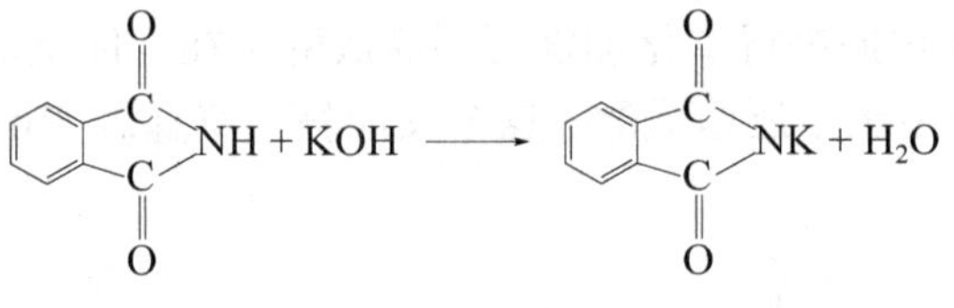

2) 脱水反应

酰胺在高温加热或强脱水剂作用下，则发生分子内脱水生成腈。这是实验室制备腈的一种方法，脱水剂有 P_2O_5、$POCl_3$ 或 $SOCl_2$，常用的是 P_2O_5 或 $SOCl_2$。

$$R-\overset{O}{\overset{\|}{C}}-NH_2 + P_2O_5 \xrightarrow[\triangle]{} RCN + 2HPO_3$$

反应可能是通过酰胺的互变异构体——烯醇式的脱水而进行的。例如

$$CH_3-\overset{O}{\overset{\|}{C}}-NH_2 \rightleftharpoons \left[CH_3-\overset{OH}{\overset{|}{C}}=NH \right] \xrightarrow{-H_2O} CH_3C\equiv N$$

酰胺与铵盐和腈的关系如下：

$$RCOOH \underset{HCl}{\overset{NH_3}{\rightleftharpoons}} RCOONH_4 \underset{+H_2O}{\overset{-H_2O}{\rightleftharpoons}} RCONH_2 \underset{+H_2O}{\overset{-H_2O}{\rightleftharpoons}} RCN$$

3) 与亚硝酸反应

酰胺能与亚硝酸反应，生成羧酸并放出氮气。

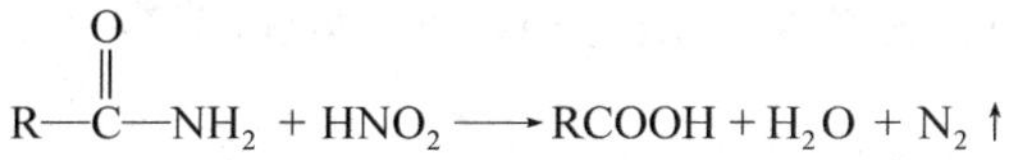

4) 霍夫曼降解反应

酰胺与次卤酸盐作用，生成比原来的酰胺少一个碳原子的伯胺，是制备伯胺的方法之一。该反应称为酰胺的霍夫曼(Hoffmann)降解反应。

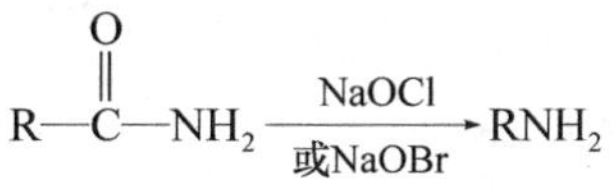

6. 酯缩合反应

酯分子中的 α-H 原子由于受到酯基的影响变得较活泼，用醇钠等强碱处理时，两分子的酯脱去一分子醇生成 β-酮酸酯(β-羰基酯、β-氧代酯)，这个反应称为克莱森(Claisen)酯缩合反应。例如

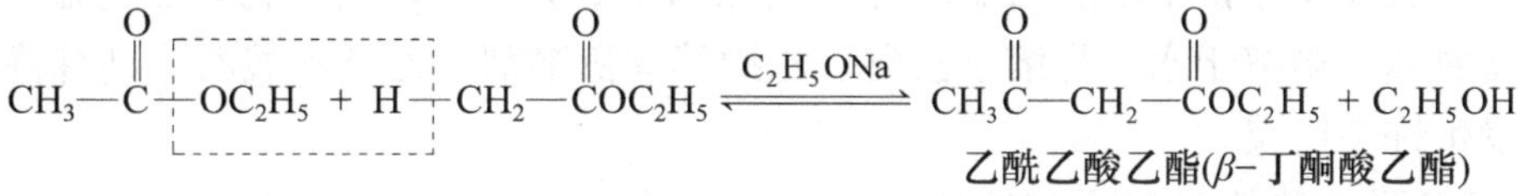

乙酰乙酸乙酯(β-丁酮酸乙酯)

酯缩合反应机理类似于羟醛缩合反应，反应机理如下：

(1) 酯在醇钠盐的作用下失去 α-H 形成 α-碳负离子。

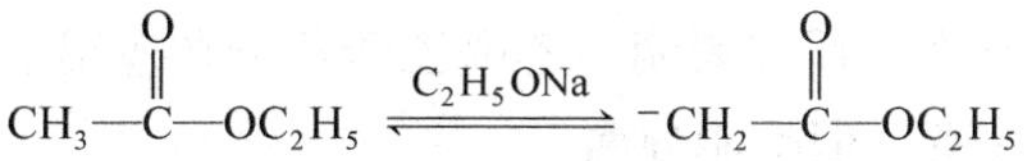

(2) α-碳负离子作为亲核试剂向另一分子酯的羰基碳进攻而形成氧负离子中间体。

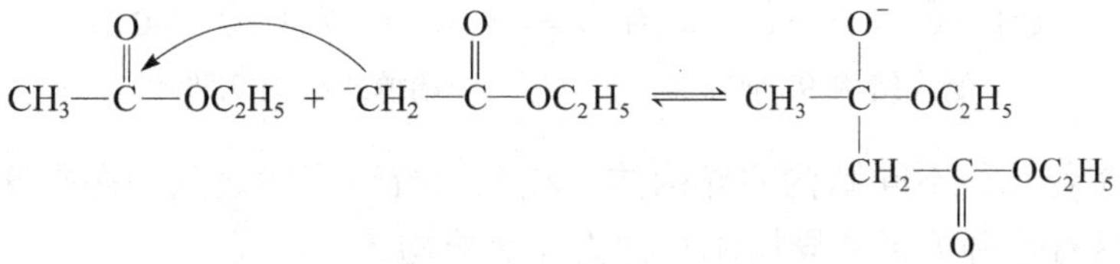

(3) 由氧负离子中间体消除烷氧基负离子，恢复碳氧双键，生成 β-酮酸酯。

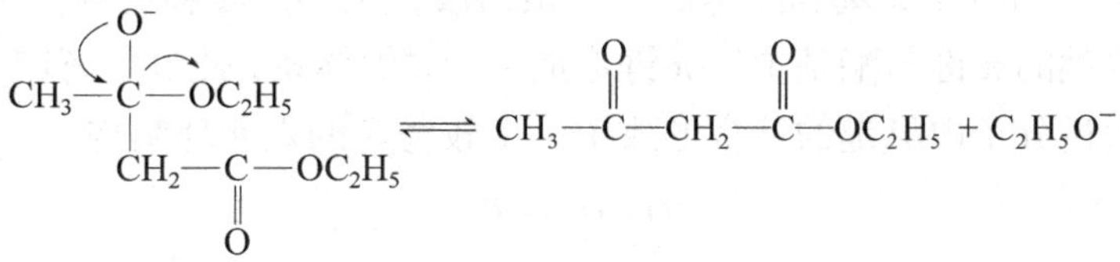

生物体中长链脂肪酸以及一些其他化合物的生成就是由乙酰辅酶 A 通过一系列复杂

的生化过形成的。从化学角度来说，是通过类似于酯交换、酯缩合等反应逐渐将碳链加长的。例如

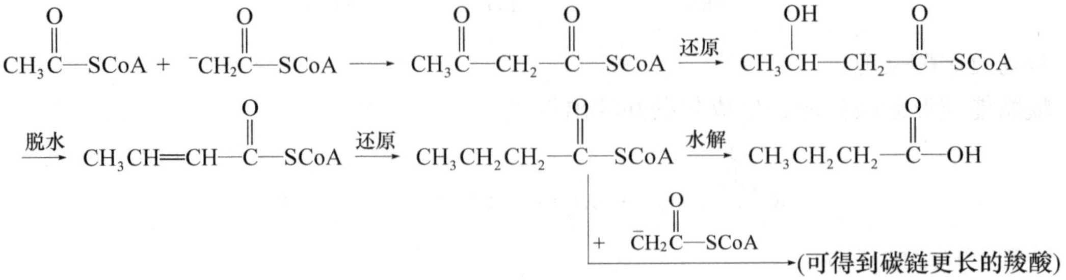

思考题 9-6　完成下列反应式。

(1) $(CH_3CO)_2O + CH_3OH \xrightarrow{\triangle}$

(2) 

(3) $C_6H_5-\overset{\overset{\displaystyle O}{\|}}{C}-OC_2H_5 + H_2 \xrightarrow[200\sim300\ ℃,压力]{CuO/CuCrO_4}$

7. 乙酰乙酸乙酯、丙二酸二乙酯的性质及在有机合成中的应用

1) 乙酰乙酸乙酯的性质

乙酰乙酸乙酯又称 β-丁酮酸乙酯，简称“三乙乙”，是稳定的化合物。在室温下为无色液体，有愉快香味，微溶于水，易溶于乙醚、乙醇等有机溶剂。乙酰乙酸乙酯具有特殊的化学性质，能发生许多反应。

(1) 乙酰乙酸乙酯的互变异构现象。

乙酰乙酸乙酯除具有酮和酯的典型反应外，还能发生一些特殊的反应。例如，能使溴水褪色，说明分子中含有不饱和键；能与金属钠反应放出氢气，并能和三氯化铁发生颜色反应，说明分子中有烯醇式结构存在。研究表明，乙酰乙酸乙酯在室温下能形成酮式和烯醇式的互变平衡体系，两者能迅速转变，但不能分离。

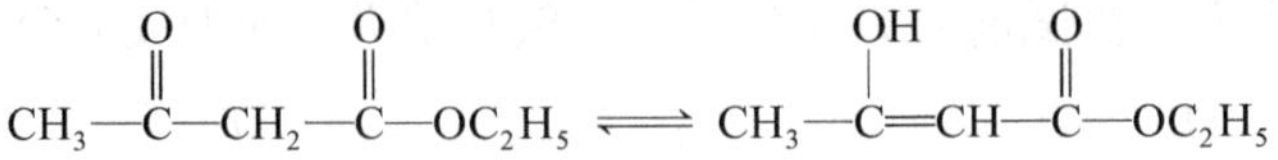

酮式结构(92.5%)　　烯醇式结构(7.5%)

当物质中存在着几种不同结构的异构体，相互自行转变而达到动态平衡状态的现象称为互变异构现象。具有这种关系的异构体互称为互变异构体。

一般烯醇式不稳定，而乙酰乙酸乙酯的烯醇式较稳定存在。其原因有三：一是由于酮式中亚甲基上的氢原子同时受羰基和酯基的影响很活泼，很容易转移到羰基氧上形成烯醇式；二是烯醇式中的双键的 π 键与酯基中的 π 键形成 π-π 共轭体系，使电子离域，降低了体系的能量；三是烯醇式通过分子内氢键的缔合形成了一个较稳定的六元环结构。

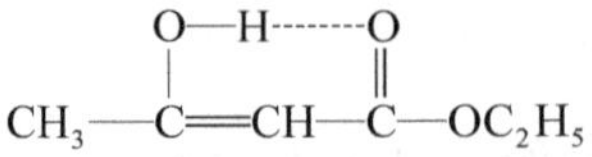

从理论上讲，凡是含有 α-H 的羰基化合物都具有互变异构现象，但一般醛、酮中的 α-H 只受到一个羰基影响，烯醇式结构体所占比例较小，故忽略不计。

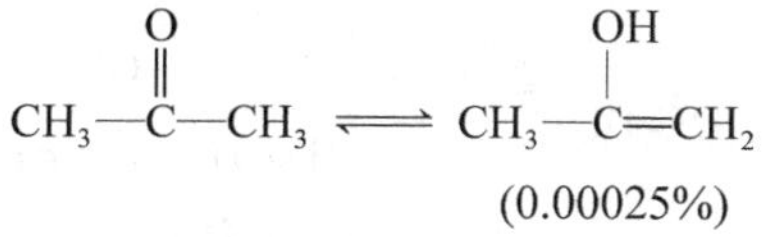

β-丁酮酸酯和 β-二酮都能产生互变异构现象，其中 β-二酮的烯醇式结构体所占比例较高。

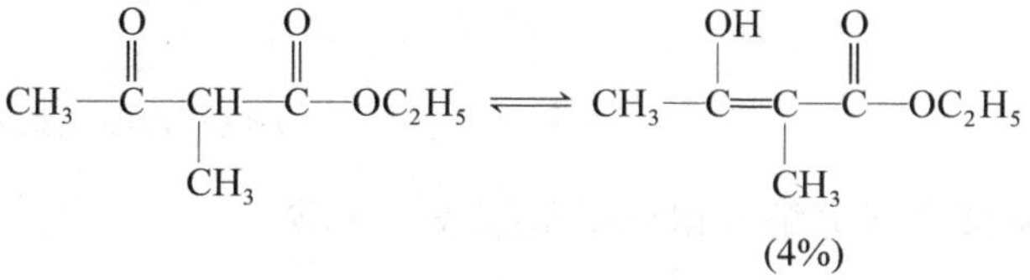

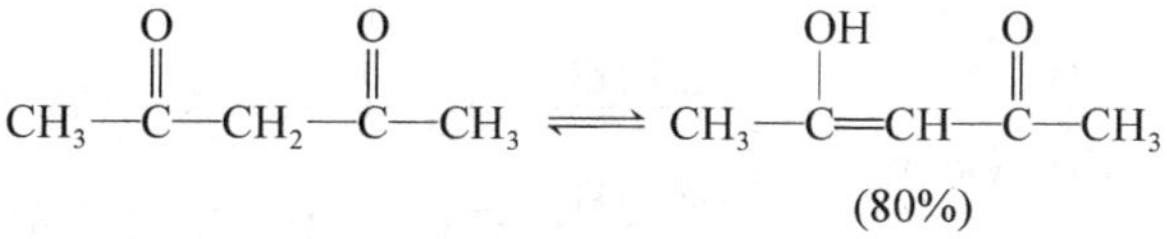

实际上，具有下列结构的有机化合物都可能产生互变异构现象。

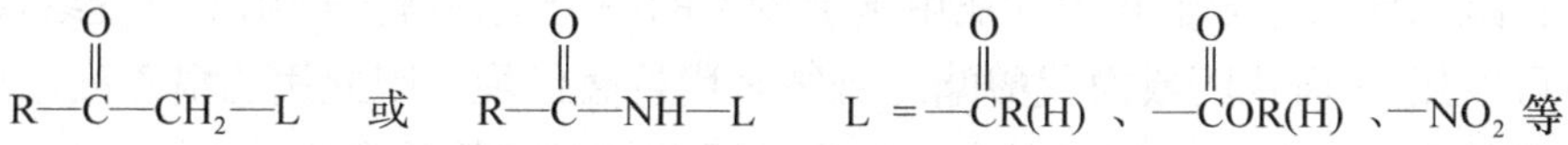

在生物体内物质的代谢过程中，酮式-烯醇式互变异构现象非常普遍。例如，酮式草酰乙酸在酶的作用下可以转化为烯醇式草酰乙酸。

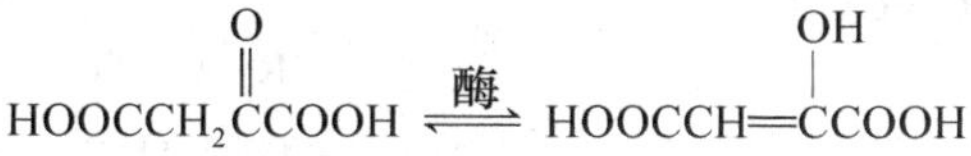

(2) 乙酰乙酸乙酯的成酮分解和成酸分解。

在乙酰乙酸乙酯分子中，由于受两个官能团的影响，亚甲基碳原子与相邻两个的碳碳键容易断裂，发生成酮分解和成酸分解。

乙酰乙酸乙酯在稀碱条件下发生酯的水解反应，酸化后生成乙酰乙酸，加热脱羧生成丙酮，这种过程称为成酮分解。

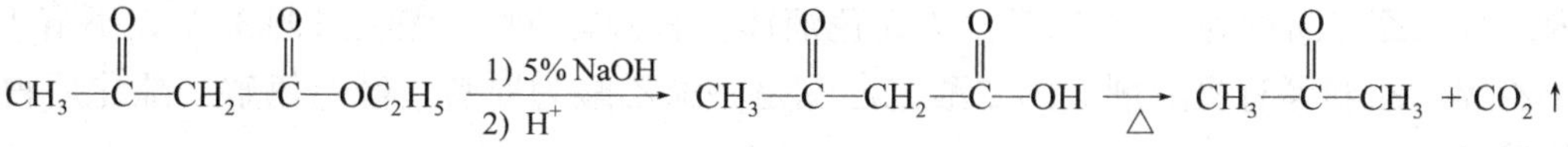

乙酰乙酸乙酯在浓碱条件下加热，α 和 β 碳原子之间的价键发生断裂生成羧酸盐，酸化后得到两分子羧酸，这个过程称为成酸分解。

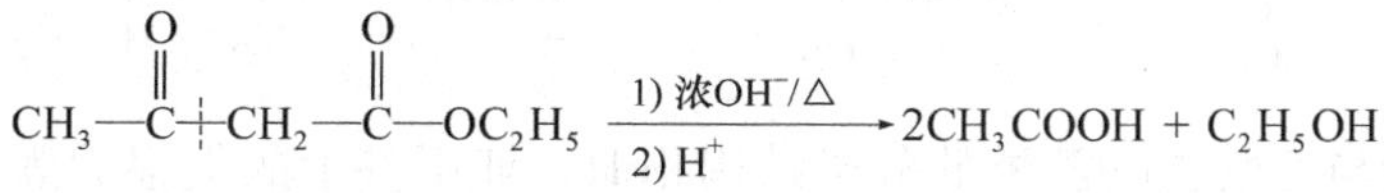

所有的 β-酮酸酯都可以进行以上两种分解反应。

(3) 乙酰乙酸乙酯在合成上的应用。

乙酰乙酸乙酯分子中 α-亚甲基上的氢原子较活泼，具有弱酸性，在醇钠作用下可以失去

α-H 形成碳负离子。该碳负离子与卤代烃反应，然后进行成酮或成酸分解，可以制备甲基酮或一元羧酸。

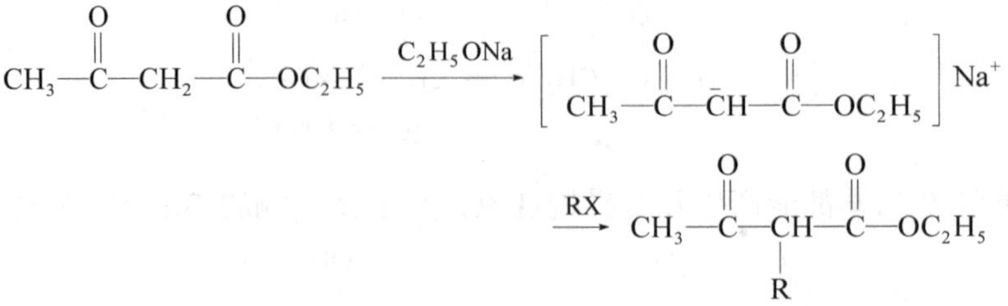

α-烷基乙酰乙酸乙酯

然后进行酮式分解或酸式分解而得到甲基酮或一元酸。

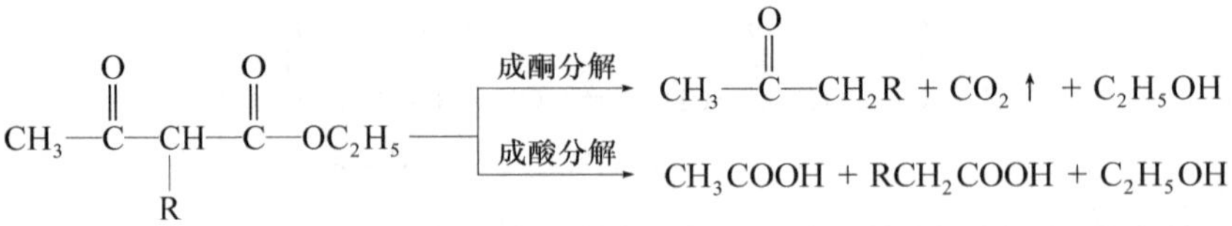

一烷基乙酰乙酸乙酯分子式中的亚甲基上剩下的一个氢在醇钠作用下可继续被 RX 的 R 所取代，也可以用 α-卤代酮或卤代酸酯或酰氯来代替卤代烃。因此用乙酰乙酸乙酯作原料不但可以合成甲基酮、一元酸，还可以合成二酮、酮酸和二酸等化合物。

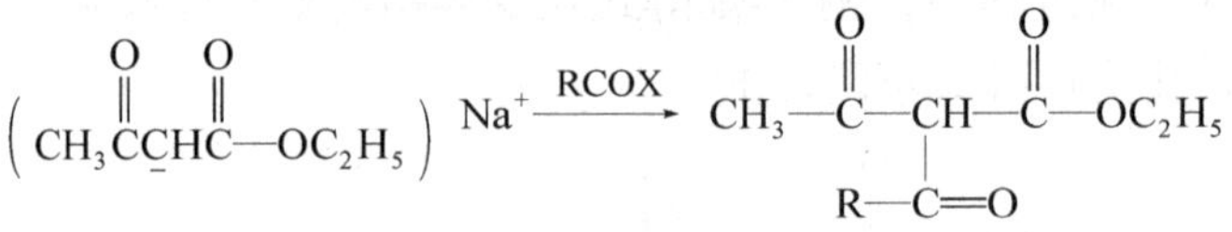

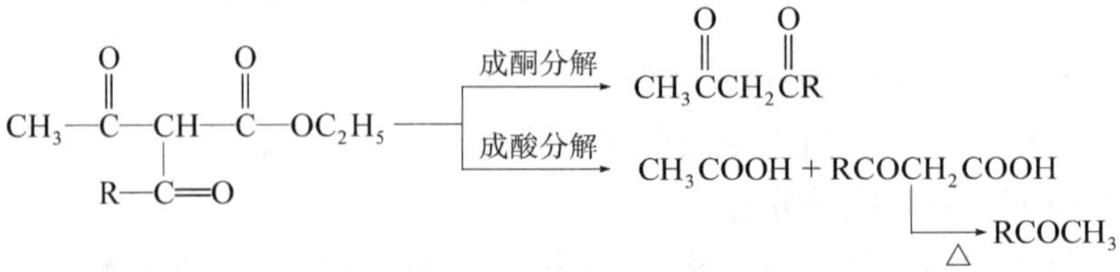

2) 丙二酸二乙酯在合成上的应用

丙二酸二乙酯简称为“丙二二”。为无色液体，有芳香气味，沸点 199.3 ℃，不溶于水，易溶于乙醇、乙醚等有机溶剂。丙二酸二乙酯是一氯乙酸为原料，经过氰解、酯化后得到的二元羧酸酯。

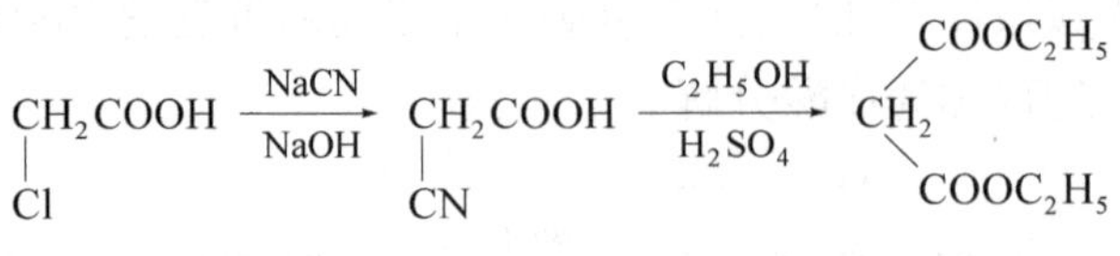

丙二酸二乙酯与乙酰乙酸乙酯的分子结构相似，亚甲基上的氢很活泼，在醇钠等强碱催化下，能产生一个碳负离子，它可以和卤代烃发生亲核取代反应，产物经水解和脱羧后生成羧酸。例如，RCH_2COOH 和 $RR'CHCOOH$ 型的羧酸，如用适当的二卤代烷作为烃化试剂，也可以合成二元羧酸或脂环族羧酸，因此有重要的应用意义。例如

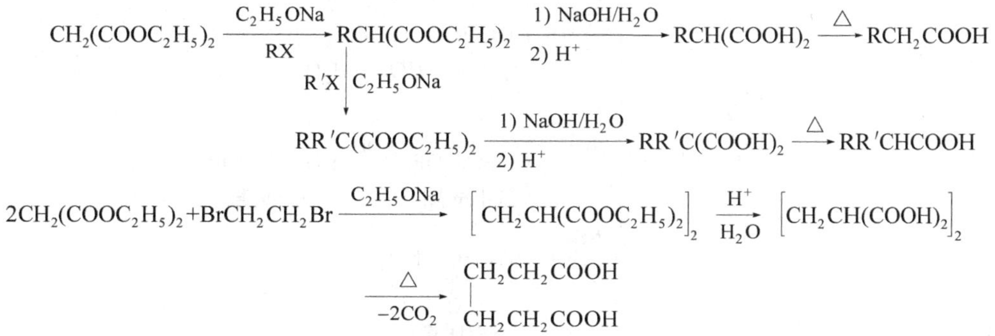

思考题 9-7　(1) 完成反应式。

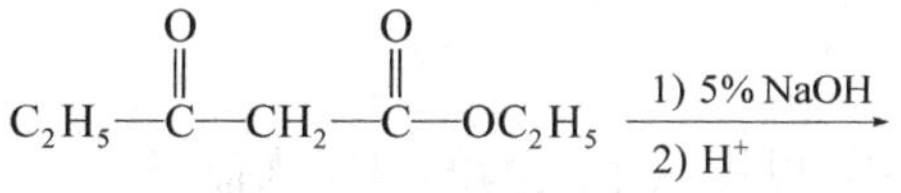

(2) 合成。

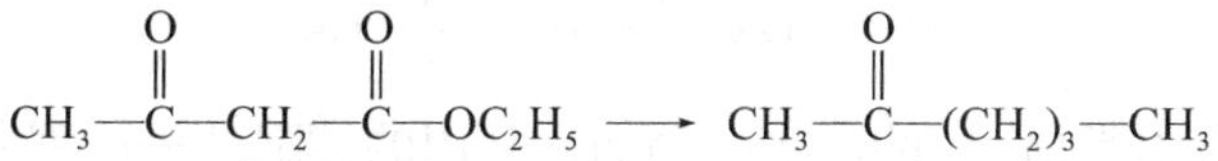

9.2.4　碳酸的衍生物和重要化合物

碳酸分子中有两个羟基连在同一个碳原子上，很不稳定，容易分解为 H_2O 和 CO_2，在动物体中很重要。血红蛋白和氧结合后酸性增加，释放出 H^+和血液中的 HCO_3^-结合成碳酸，迅速分解成 CO_2，向肺泡弥散而排出，同时维持人体血液的 pH 在 7.35～7.45。

碳酸分子中一个或两个羟基被其他基团取代后的产物称为碳酸衍生物。碳酸虽不稳定，但碳酸衍生物很稳定，也是比较重要的有机物。

1. 光气

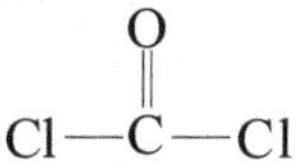 又名光气，是碳酸二酰氯，这是因为最初光气是由一氧化碳和氯气在日光照射下作用得到的。目前工业上是在活性炭催化下合成。

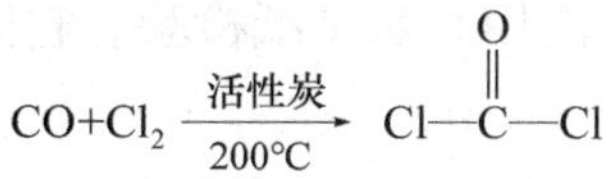

光气是一种毒性十倍于氯气的肺损害剂，微量吸入，有累积中毒作用。第一次世界大战时曾被用作军用毒气。光气是带甜味的无色气体，有腐草味，熔点-118℃，沸点 8.2℃。光气具有酰氯的典型性质，容易发生水解、醇解和氨解，是有机合成上的一种重要原料，可用来生产染料、安眠药、泡沫塑料等。

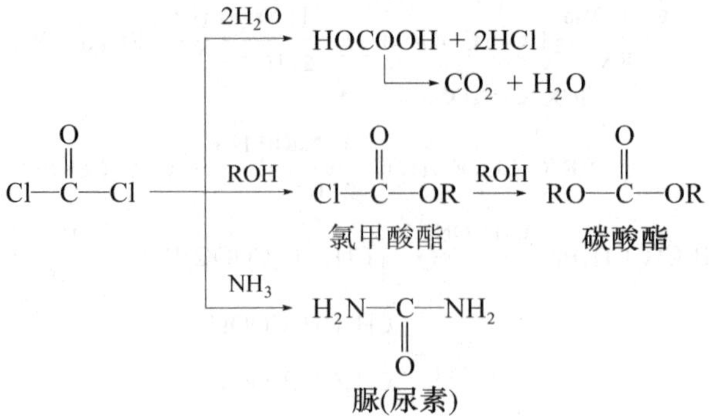

2. 氨基甲酸酯

氨基甲酸酯$\left(H_2N-\overset{\overset{\displaystyle O}{\|}}{C}-OR\right)$可用氯甲酸酯的氨解来制备。

$$Cl-\overset{\overset{\displaystyle O}{\|}}{C}-OR \xrightarrow{NH_3} H_2N-\overset{\overset{\displaystyle O}{\|}}{C}-OR$$

它是一类具有镇静和轻度催眠作用的药物。例如，常用的催眠药——眠尔通的结构如下：

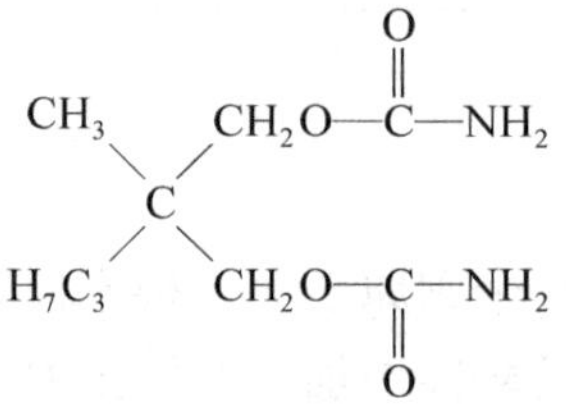

2-甲基-2-丙基-1,3-丙二醇-双-氨基甲酸酯

3. 尿素

尿素也称脲，最初是由尿中取得的，是哺乳动物体内蛋白质代谢的最终产物。成人每天可随尿排出 2～3g。尿素是白色结晶，熔点 135℃，易溶于水和乙醇，不溶于乙醚，强热时，分解成氨和二氧化碳。它是有机合成的重要原料，可用于合成药物、农药、塑料等，在农业上是重要的氮肥，含氮量高达 46.7%。

尿素的化学性质与酰胺相似，但又有一定的特殊性质。

1）碱性与成盐反应

尿素显碱性，但碱性很弱，不能用石蕊试纸检验。它能够与浓硝酸或草酸作用成盐，常利用此性质从尿中提取分离尿素。

$$CO(NH_2)_2 + HNO_3 \longrightarrow \underset{\text{硝酸脲(结晶,不易溶于水)}}{CO(NH_2)_2 \cdot HNO_3}$$

$$CO(NH_2)_2 + \begin{array}{c} COOH \\ | \\ COOH \end{array} \longrightarrow \underset{\text{草酸脲(结晶,不易溶于水)}}{\left[CO(NH_2)_2\right]_2 \cdot (COOH)_2}$$

2）水解反应

尿素在酸、碱或尿素酶的存在下，可水解生成氨（或铵盐），故用来作氮肥。

$$CO(NH_2)_2 \xrightarrow[\text{尿素酶}]{2H_2O} CO_2\uparrow + H_2O + NH_3\uparrow$$

$$CO(NH_2)_2 \xrightarrow{2NaOH,H_2O} 2NH_3\uparrow + Na_2CO_3$$

$$CO(NH_2)_2 \xrightarrow{2HCl,H_2O} CO_2\uparrow + NH_4Cl$$

施于土壤中的尿素就是被植物或许多微生物中含有的尿素酶水解而放出氨的。大豆中含有大量的尿素酶，是首次取得的结晶型酶，在生物化学发展上更为重要。尿素分解后放出的氨可用酸标定，也可以用奈斯勒(Nessler)试剂通过比色法测定，这是测定脲的一个很重要的方法。

3) 与亚硝酸反应

尿素与亚硝酸作用放出氮气，又称放氮反应。

$$CO(NH_2)_2 + 2HNO_2 \longrightarrow CO_2\uparrow + N_2\uparrow + 3H_2O$$

反应能定量进行，可用来测定尿素的含量，也可用于除去某些反应中残留的亚硝酸。

4) 二缩脲反应

将两分子的尿素加热至 150～160℃时，失去一分子的氨，生成二缩脲。

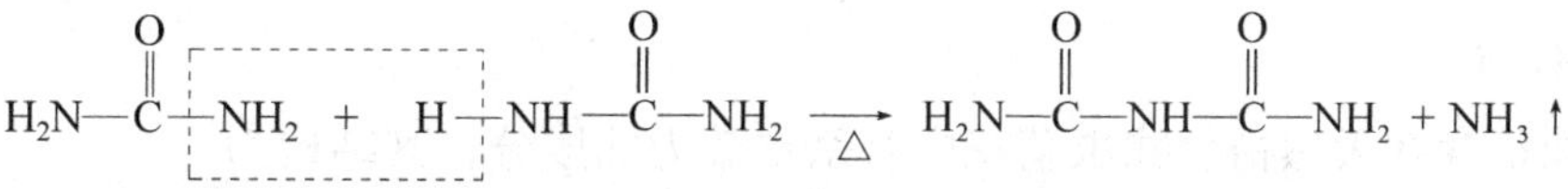

二缩脲在碱性溶液中与稀硫酸铜作用产生紫红色，这称为二缩脲反应。凡化合物含有两个以上的酰胺键均有此反应，因此可用它来鉴定多肽和蛋白质。

4. 硫脲

硫脲可看做脲分子中的氧原子被硫原子取代所生成的化合物，是一个重要的化工原料，可用来生产磺胺噻唑等药物。硫脲可由硫氰酸铵(NH_4SCN)加热制得，是白色菱形结晶，熔点 180 ℃，能溶于水，呈中性。

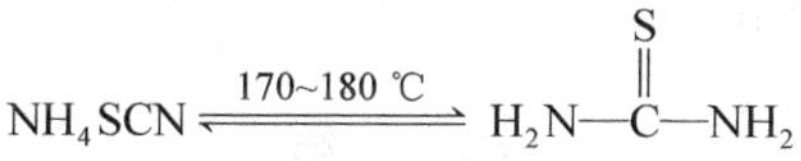

硫脲

硫脲性质与脲相似，在酸、碱下容易发生水解。

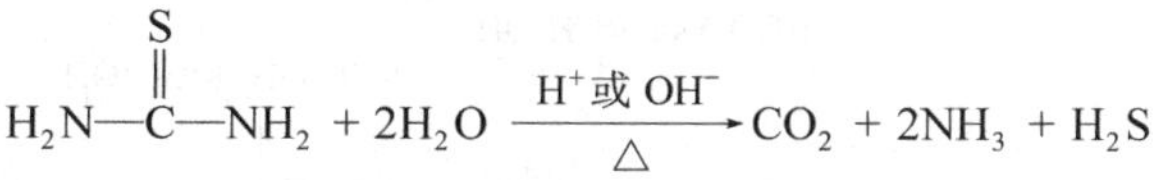

5. 胍

胍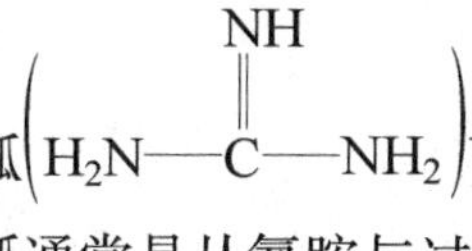可以看做是尿素中氧被亚氨基取代的衍生物，故又称亚氨基脲。

胍通常是从氰胺与过量氨或氯化铵在乙醇中共热得到的。

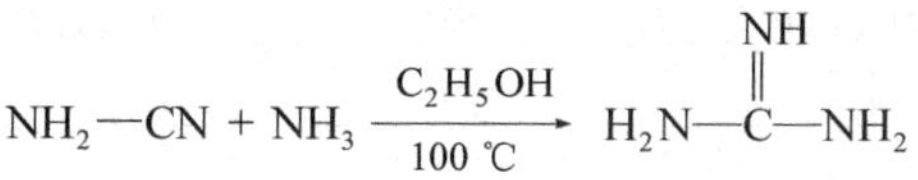

胍是一种有机强碱，碱性与氢氧化钾相当，在空气中能吸收二氧化碳和水，形成稳定的碳酸胍。

$$H_2N-\overset{\overset{\large NH}{\|}}{C}-NH_2 + H_2O + CO_2 \longrightarrow \left(H_2N-\overset{\overset{\large NH}{\|}}{C}-NH_2\right)_2 \cdot H_2CO_3$$

胍水解生成脲和氨：

$$H_2N-\overset{\overset{\large NH}{\|}}{C}-NH_2 \xrightarrow{H_2O} H_2N-\overset{\overset{\large O}{\|}}{C}-NH_2 + NH_3$$

胍的衍生物在生理上很重要。例如，链霉素、精氨酸、肌酸等分子中都含有胍基。胍也是合成药物的重要原料之一，苯乙双胍可治疗糖尿病，硫酸胍氯酚可降低血压。

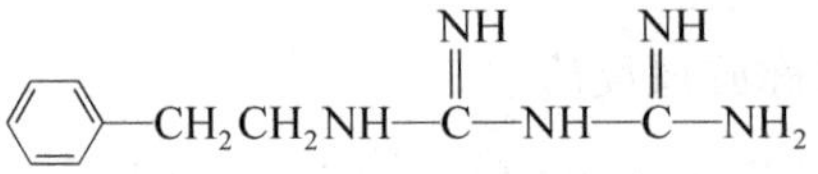
$\cdot$ HCl(苯乙双胍)

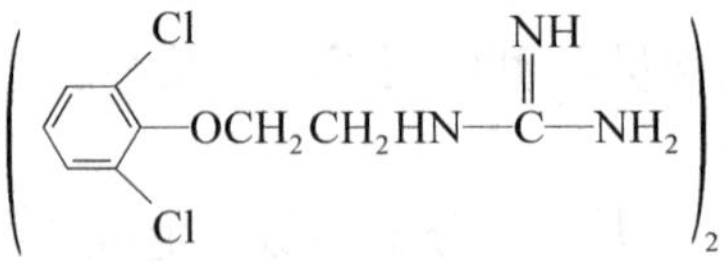
$\cdot$ H_2SO_4(硫酸胍氯酚)

6. 除虫菊酯

除虫菊酯是存在天然植物除虫菊花中有杀虫效力的成分，其结构为

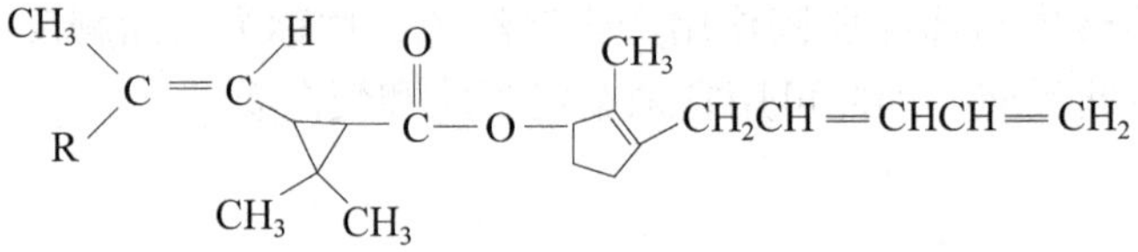

($R=CH_3$,除虫菊酯Ⅰ；$R=COOCH_3$,除虫菊酯Ⅱ)

除虫菊既有较高的经济价值又有观赏价值，用它作为室内驱除蚊、蝇的观赏盆景产业发展，不污染环境，不破坏生态平衡，无抗药性，对人畜家禽无毒害等优点，因此可以大力发展人工栽培除虫菊，具有广阔的前景。

小　　结

1. 羧酸及其衍生物的化学性质

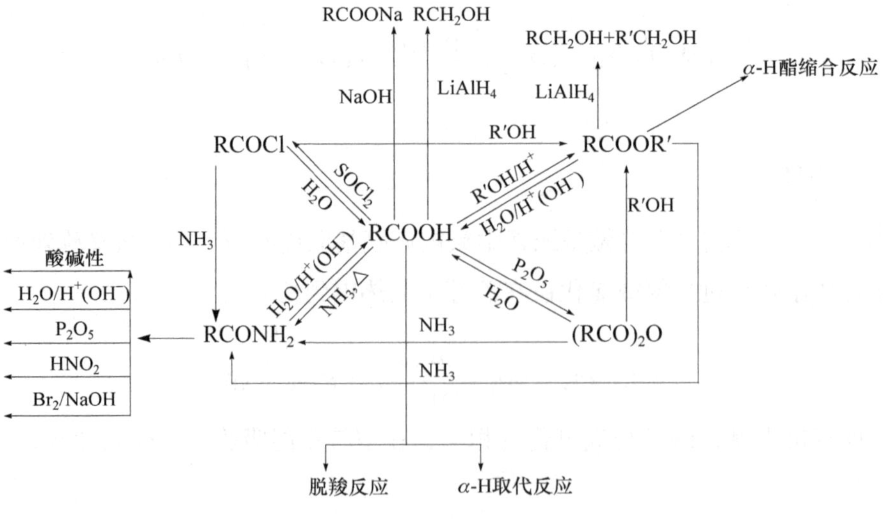

2. 取代酸的分类、化学性质

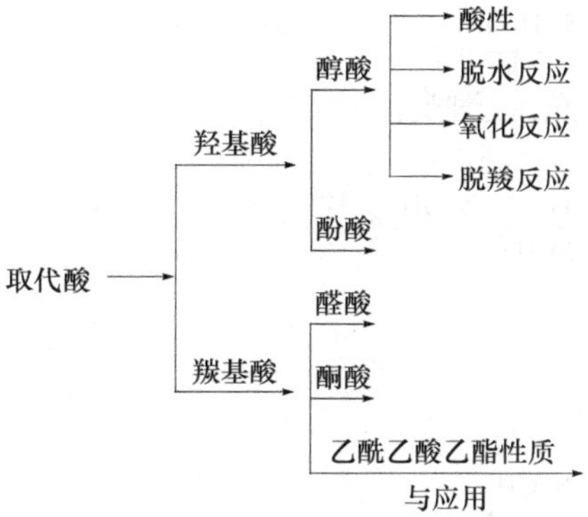

习　　题

1. 命名下列化合物。

(1) 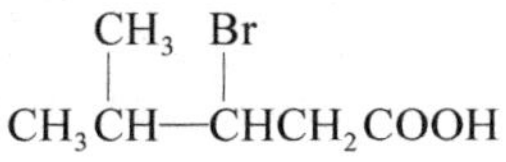

(2) 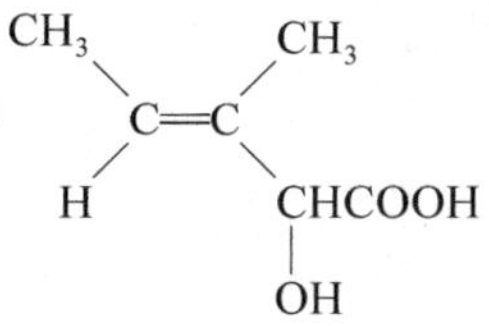

(3) 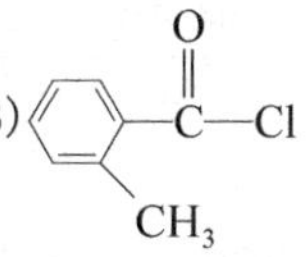

(4) 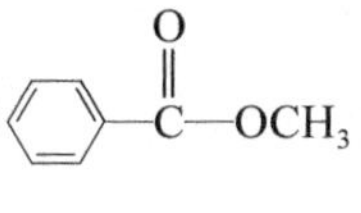

(5) 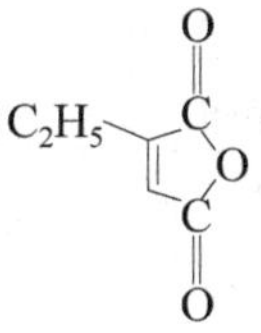

(6) 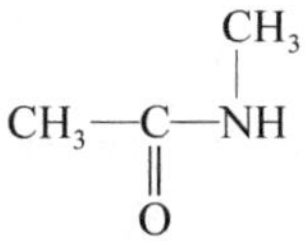

(7) 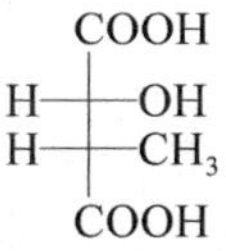

(8) 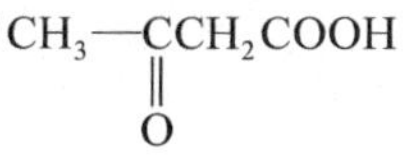

(9) 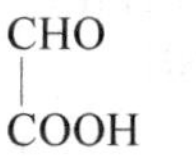

2. 写出下列化合物的结构式。

(1) 顺-2-丁烯酸　(2) 肉桂酸　(3) 戊内酰胺

(4) 丙醛酸　(5) 乙酰乙酸乙酯　(6) 水杨酰溴

(7) (*E*)-2-甲基-2-丁烯酸　(8) (*S*)-2-氨基-3-羟基丁酸　(9) α-萘乙酸

(10) 5-己内酯　(11) 邻苯二甲酸酐　(12) 丙酮酸

3. 用化学方法鉴别下列各组化合物。

(1) 甲酸、乙醛酸、乙二酸、丙酸

(2) 丙酮酸、丙酮、乙酰乙酸

(3) 水杨酸、苯甲酸、苯甲醛

4. 比较下列化合物的酸性。

(1) 乙酸、丙二酸、乙二酸、苯酚、甲酸、碳酸

(2) 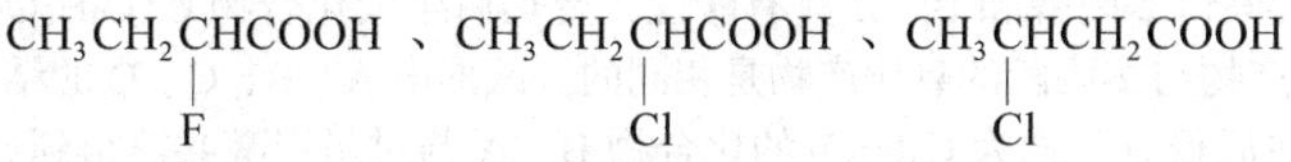

(3) 苯甲酸、间硝基苯甲酸、对甲基苯甲酸、3,5-二硝基苯甲酸、对氯苯甲酸

5. 完成下列反应式。

(1) 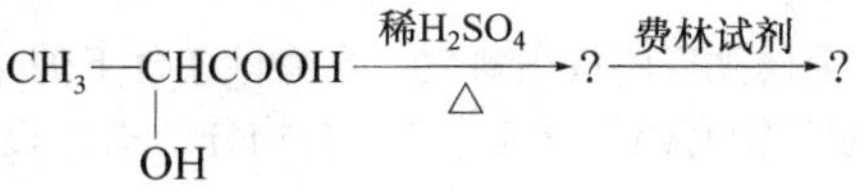

(2) 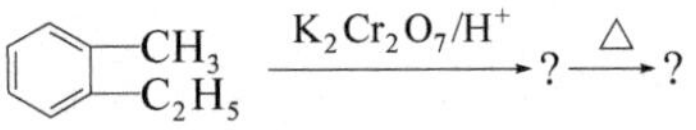

(3) $CH_3CH_2CN \xrightarrow{H_2O/H^+} ? \xrightarrow{PCl_3} ? \xrightarrow{C_2H_5OH} ?$

(4) $CH_3CH_2COOH \xrightarrow{(NH_4)_2CO_3} ? \xrightarrow{\triangle} ? \xrightarrow{NaOCl} ?$

(5) 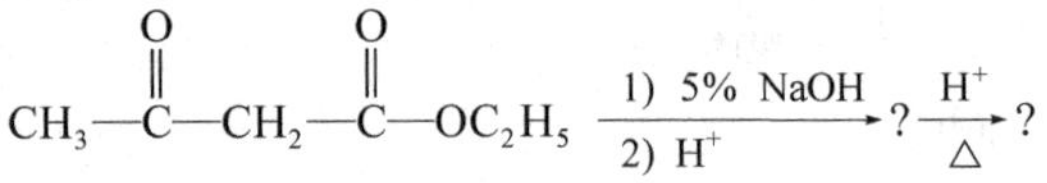

(6) 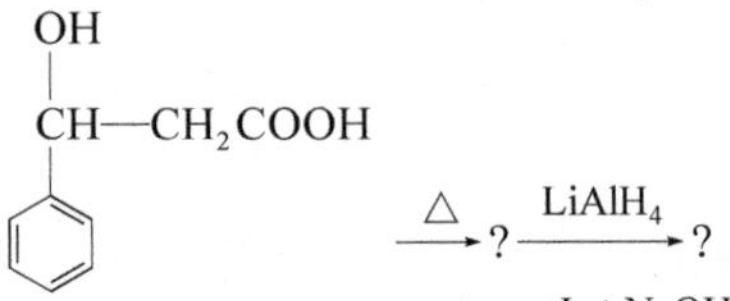

(7) 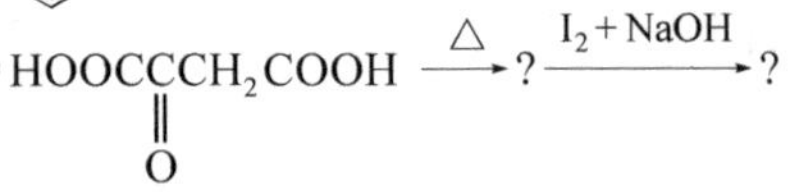

(8) 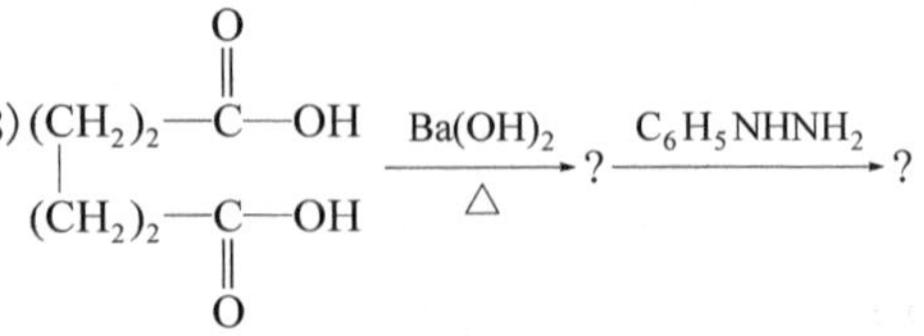

(9) 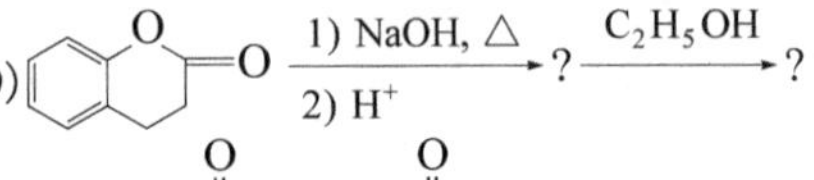

(10) 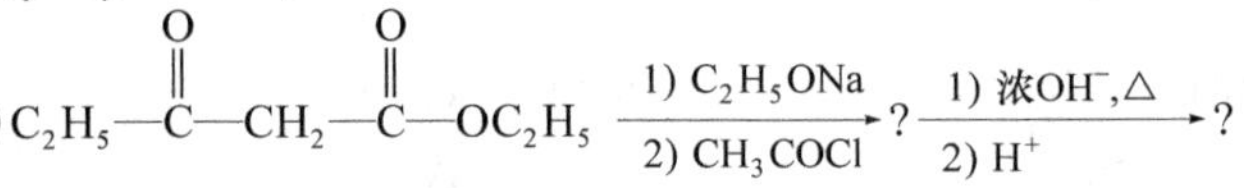

6. 完成下列转化。

(1) $C_2H_5OH \longrightarrow CH_3CH_2COO(CH_2)_3CH_3$

(2) $CH_3CH_2COOH \longrightarrow CH_3(CH_2)_2COOH$

(3) 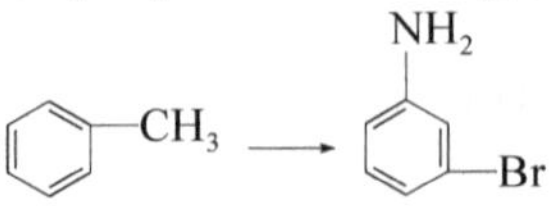

(4) 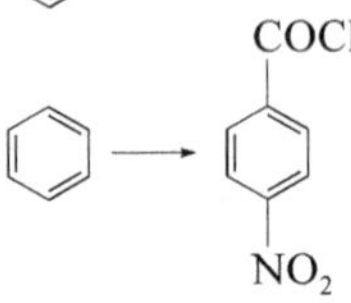

7. 用简便化学方法分离下列混合物。

苯甲酸、对甲基苯酚和苯甲醇

8. 推导结构式。

(1) 有 A、B、C 三个同分异构体，分子式为 $C_3H_6O_2$。A 与 Na_2CO_3 溶液作用放出 CO_2，B 和 C 无此反应，但 B 和 C 在 NaOH 水溶液中加热可以水解。B 的水解产物之一可以发生碘仿反应，而 C 的水解产物均不发生碘仿反应。试推出 A、B、C 的结构式。

(2) 某化合物 A 分子式 $C_7H_{14}O_3$，水解后得到 2-丙醇和 B，B 具有酸性，受热后生成化合物 C（$C_4H_6O_2$），B 氧化后生成 D，D 与稀硫酸共热后的产物与 2-丙醇的氧化产物是相同的。试推出 A、B、C、D 的结构式。

(3) 化合物 A 的分子式为 $C_4H_4O_4$ ，加热后得分子式为 $C_4H_2O_3$ 的化合物 B。A 与过量甲醇共热得到分子式为 $C_6H_8O_4$ 的化合物 C。B 与过量甲醇作用也得到 C。A 催化氢化得到分子式为 $C_4H_6O_4$ 的化合物 D。试推出 A、B、C、D 的结构式。

(4) 某化合物 A 的分子式为 $C_7H_{12}O_3$，能与 $FeCl_3$ 显色，能与金属钠反应放出氢气，在酸性条件下催化水解可得到 B 和 C，B 化合物分子式为 $C_4H_6O_3$，易脱羧，脱羧产物有碘仿反应，C 化合物分子式为 C_3H_8O，也能发生碘仿反应。试推出 A、B、C 的结构式。

第 10 章　含氮和含磷化合物

前面已经讨论了烃、卤代烃及烃的含氧衍生物等有机化合物。本章将要讨论含氮和含磷有机化合物。在含氮有机物中，主要讨论胺、重氮化合物、偶氮化合物和硝基化合物等（表 10-1）。在含磷有机化合物中，简介其分类、命名和含磷类代表化合物。

表 10-1　常见含氮有机物

类别	结构通式	含氮有机物对应的含氮无机物
胺	R—NH_2,　Ar—NH_2	氨（NH_3）
季铵碱	$R_4N^+OH^-$	氢氧化铵（NH_4OH）
季铵盐	$R_4N^+Cl^-$	铵盐（如 NH_4Cl）
肼	R—$HNNH_2$,　Ar—$HNNH_2$	联氨（肼）
偶氮化合物	Ar—N═N—Ar	—
重氮化合物	Ar—$N_2^+Cl^-$	—
硝基化合物	R—NO_2,　Ar—NO_2	硝酸（HO—NO_2）
亚硝基化合物	R—NO,　Ar—NO	亚硝酸（HO—NO）

10.1　胺

10.1.1　分类和命名

1. 分类

以氨（NH_3）为母体，当氨分子中的一个、两个或三个氢原子被烃基（R,Ar）取代，分别衍生出来的有机含氮化合物，称为一级胺（伯胺）、二级胺（仲胺）和三级胺（叔胺）。例如

RNH_2　　R_2NH　　R_3N

（1°胺，伯胺）　（2°胺，仲胺）　（3°胺，叔胺）

以铵盐（$NH_4^+X^-$）或氢氧化铵（NH_4OH）为母体，四个氢原子被四个烃基取代而衍生的化合物称为季铵盐或季铵碱。例如

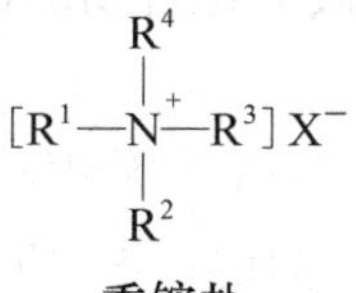

季铵盐

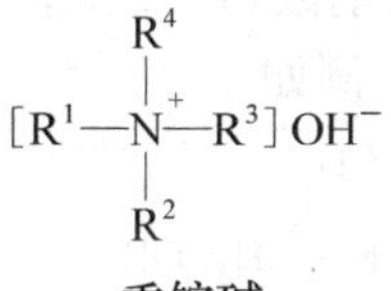

季铵碱

胺分子中氮原子与脂肪烃基相连的胺称为脂肪胺，与芳香烃基相连的胺称为芳胺。例如

$CH_3CH_2NH_2$

脂肪胺(乙胺)

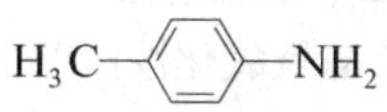

芳香胺(对甲基苯胺)

胺分子中含一个氨基(—NH_2)的胺称为一元胺，含有两个或两个以上氨基的胺，则根据氨基的数目，分别称为二元胺、三元胺、……。例如

$$H_2N—CH_2CH_2—NH_2$$

乙二胺

2. 命名

简单胺的命名是把“胺”作为母体，在“胺”字前加上与氮原子连接烃基的名称和数目。氮原子上连有两个或三个相同烃基时，需用汉字“二”或“三”表明烃基的数目。例如

CH_3NH_2 甲胺　　$C_2H_5NH_2$ 乙胺　　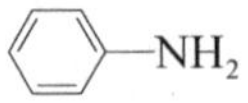 苯胺

CH_3NHCH_3 二甲胺　　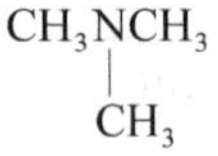 三甲胺　　$C_6H_5NHC_6H_5$ 二苯胺

氮原子上连有不同烃基时，按次序规则将较优基团列在后面。如将次序规则延伸，则有开链烃基→脂环烃基→芳香烃基的烃基排序。对芳香胺中的仲胺或叔胺，则以芳香胺为母体，在取代基名称前加上“*N*”字，以表示基团连在氮上，而非连在芳环上。

$CH_3NHC_2H_5$ 甲乙胺　　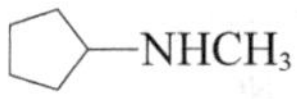 甲基环戊胺　　 异丙基环己胺

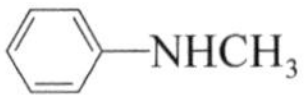 *N*-甲基苯胺　　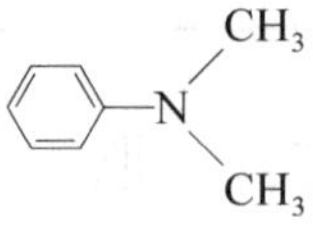 *N*,*N*-二甲基苯胺　　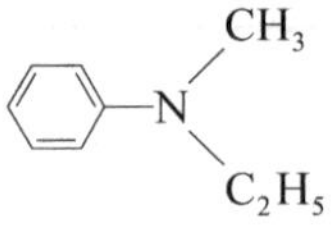 *N*-甲基-*N*-乙基苯胺

结构复杂的胺，则将氨基作取代基，以烃或其他官能团为母体。取代基按次序规则排列，将较优基团列在后面。例如

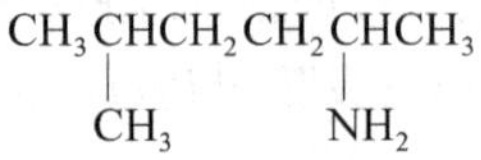 5-甲基-2-氨基己烷　　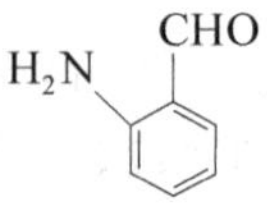 2-氨基苯甲醛　　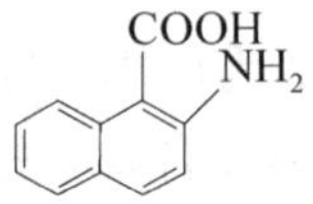 2-氨基-1-萘甲酸

季铵类化合物的命名则与氢氧化铵或铵盐的命名相似。例如，季铵碱的名称是：氢氧化[烃基数目→烃基名称]铵或[烃基数目→烃基名称]氢氧化铵；季铵盐的名称是：卤化[烃基数目→烃基名称]铵或某某酸[烃基数目→烃基名称]铵。在季铵类化合物的命名中，烃基的排序按次序规则，优先基团列后。例如

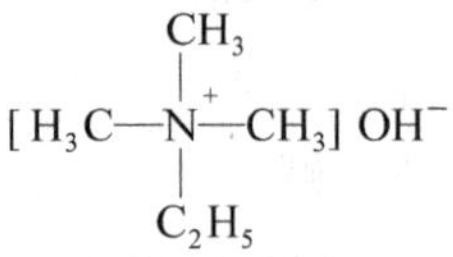

氢氧化三甲基乙基铵

(三甲基乙基氢氧化铵)

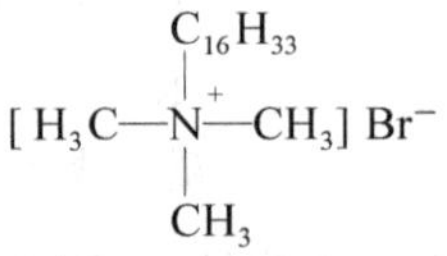

溴化三甲基十六烷基铵

(三甲基十六烷基溴化铵)

在命名含氮化合物时，要注意“氨”、“胺”和“铵”字的用法。把—NH_2 作为取代基时用“氨”字，作为胺类时，用“胺”字。在季铵盐或季铵碱中用“铵”字。

10.1.2　物理性质

低级脂肪胺如甲胺、二甲胺、三甲胺和乙胺，在常温下为气体，其他低级脂肪胺为液体。低相对分子质量的胺具有氨的气味，如三甲胺有鱼腥气味。动物肌肉腐烂时能释放出极臭又有剧毒的 1,4-丁二胺(腐胺)和 1,5-戊二胺(尸胺)等臭味物质。

胺与氨一样，为极性分子。除三级胺外，伯、仲胺分子间都能形成氢键，因此，它们的沸点比相对分子质量相近的非极性分子化合物要高。相同碳原子数的脂肪族胺，一级胺的沸点最高，二级胺次之，三级胺最低(表 10-2)。

表 10-2　相同碳原子数脂肪族胺的沸点差异

名称	结构式	沸点/℃	分子间形成氢键及形成氢键的数目
丙胺	$CH_3CH_2CH_2NH_2$	47.8	三个氢键
甲乙胺	$CH_3NHC_2H_5$	36～37	两个氢键
三甲胺	$N(CH_3)_3$	2.87	不能形成分子间氢键

由于伯胺、仲胺、叔胺均能与水形成氢键，因此它们都能溶于水，但其溶解性随着相对分子质量的增加，溶解度迅速降低。

芳胺一般是无色的高沸点液体或低熔点固体，具有特殊气味。毒性较大，应避免接触或吸入，否则，经吸收或吸入均可能引起严重的中毒或致癌作用(联苯胺、萘胺等是致癌物)。

一些常见胺的物理常数见表 10-3。

表 10-3　一些常见胺的物理常数*

名称	沸点/℃	熔点/℃	相对密度 d_4^{20}	折光率 n_D^{20}	pK_b
甲胺	−6.3	−93.5	$0.699^{-11℃/4℃}$	—	3.35
二甲胺	7.4	−92.2	$0.680^{0℃/4℃}$	1.350^{17}	3.27
三甲胺	2.9	−117.1	$0.6709^{0℃/4℃}$	$1.3631^{0℃}$	4.22
乙胺	16.6	−80.6	$0.689^{15℃/15℃}$	1.3663	3.29
二乙胺	55.5	−49	0.7074	1.3864	3.0
三乙胺	89.6	−114.7	0.7275	$1.3978^{25℃}$	3.25
正丙胺	$48^{99.99\ kPa}$	−83.0	0.7172	1.3872	3.29
异丙胺	33.0	−101.2	0.6875	1.3742	3.37(25 ℃,水)
二正丙胺	109.4	−39.6	0.7387	1.4050	3.00(25 ℃,水)
正丁胺	$77^{99.99\ kPa}$	−50.5	0.7392	1.4014	3.23
正戊胺	104	−55	0.7547	1.4118	3.37
乙二胺	117.26	11.3	$0.8995^{20℃/20℃}$	1.4568	4.0，7.0**
丙二胺	119.3	−37.2	$0.8732^{20℃/20℃}$	1.4460	6.93
丁二胺	158～159	27～28	0.877	1.4569	—

续表

名称	沸点/℃	熔点/℃	相对密度 d_4^{20}	折光率 n_D^{20}	pK_b
苯胺	184.7	−6	$1.022^{20℃/20℃}$	1.0586	9.40
N-甲基苯胺	196.1	−57	0.989	$1.5702^{21.2℃}$	9.16
N,N-二甲基苯胺	193	2.0	0.9555	1.5582	8.93

* 沸点、熔点、相对密度和折光率摘自文献：程能林. 溶剂手册. 4 版. 北京：化学工业出版社, 2008. 3

** 后一个数字为 pK_{b2}

10.1.3 胺的结构与化学活性

1. 胺的结构

氨基是胺类化合物的官能团，氨基中的氮原子为不等性 sp^3 杂化，其中一个杂化轨道上有一对未共用电子对，其他三个 sp^3 杂化轨道上各有一个电子。当 NH_3 分子中 H 原子被烃基取代生成胺后，形成三个 σ 键。胺分子的构型是三角锥形，与氨的构型相似，如图 10-1 所示。

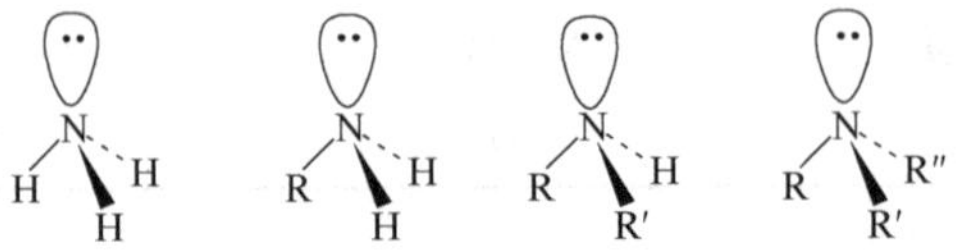

图 10-1　氨与三类胺的结构

当仲胺、叔胺分子中连有不相同的取代基时，仲胺与叔胺是手性分子，在理论上存在一对对映体，有旋光性。但事实上，由于对映体互变能垒较低，对映体间互变很快，因此，对映体尚未被分离出来。

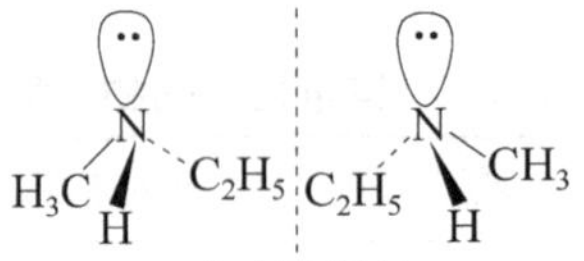

对映异构体

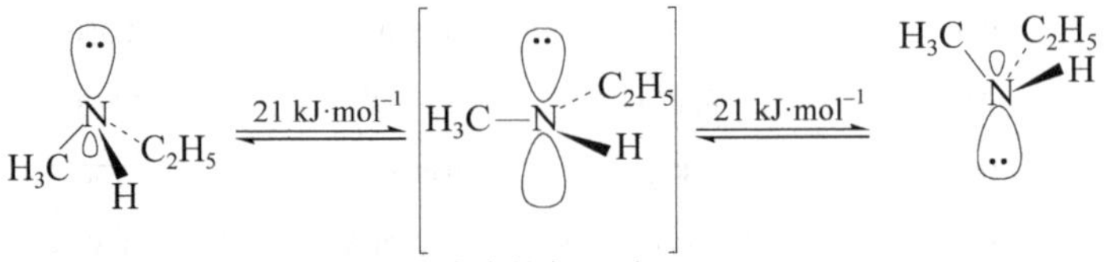

对映体间互变

对于季铵类化合物的手性分子，因四个不相同取代基的空间阻碍，对映体间相互转化的能垒较高，因此，其对映体是可以被拆分出来的。

2. 胺的化学活性

从胺的结构可见，胺的化学活性在很大程度上与氮原子上的未共用电子对和氢原子相关，如氮的碱性和亲核性，氢原子的质子化等。在芳香胺中，因 N 原子 sp^3 杂化轨道上的未共用电子对与苯环 π 键发生部分重叠，形成 p-π共轭体系，使 N 原子 sp^3 杂化轨道的未成键电子对的 p 轨道性质增加，N 原子由 sp^3 杂化趋向于 sp^2 杂化，导致芳香胺的碱性和亲核性都有明显的减弱。而芳香胺中芳环的电子云密度增大，增大了芳环的化学活性，因此芳香胺在芳环上容易发生亲电取代反应。

通过结构分析胺的化学活性，得到胺的主要化学性质，归纳如下：

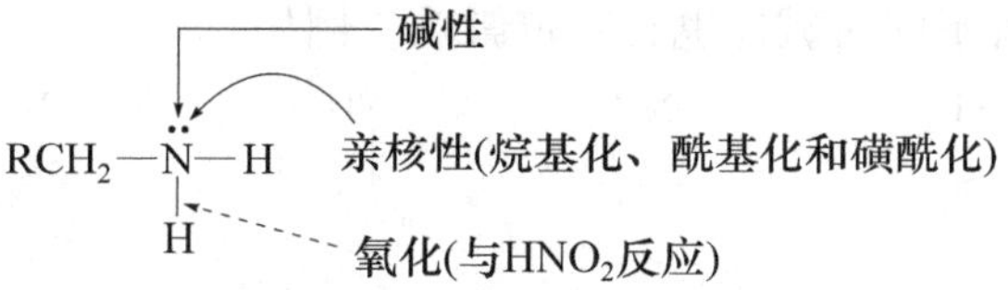

10.1.4　化学性质

1. 碱性

胺与氨相似，在水溶液中胺分子氮原子上有未共用电子对，能接受质子，改变水的电离平衡，释放出 OH^-，表现出碱性。在气相中，胺的碱性是氮原子上未共用电子对的给予而表现出碱性。

$$NH_3 + H—OH \rightleftharpoons [NH_4]^+ + OH^-$$

$$RNH_2 + H—OH \rightleftharpoons [RNH_3]^+ + OH^-$$

胺能与大多数酸作用生成盐，而这种盐又能与氢氧化钠或氢氧化钾溶液作用，释放出游离的胺。

$$RNH_2 + HCl \longrightarrow [RNH_3]^+Cl^-$$

$$[RNH_3]^+Cl^- + NaOH \longrightarrow RNH_2 + NaCl + H_2O$$

胺氮原子上连接烃基的数目、种类不同，将使胺的碱性强弱存在差异。若连有烷基，由于烷基的给电子作用，氮原子上的电子云密度增加，即它对质子的吸引力增加，所以脂肪胺的碱性比氨强。依此类推，可以得出结论：二级胺的碱性比一级胺的强，三级胺的碱性较二级胺更强。

实际上，该结论在气体状态是正确的，胺(氨)碱性强弱次序是

三级胺＞二级胺＞一级胺＞氨

在气相中，胺分子间的距离较远，空间因素的影响较小，仅是烃基电子效应的贡献。

如果在水溶液中，受到水的溶剂化效应和空间位阻效应的影响，情况变得复杂化。综合电子效应、溶剂化效应和空间位阻的影响，实验测得胺的碱性强弱次序是：二级胺＞一级胺＞三级胺＞氨。因此，胺在气相和溶液中，其碱性强弱的次序不同。

$$(CH_3)_3N > (CH_3)_2NH > CH_3NH_2 > NH_3 \quad (\text{气体状态})$$

$$(CH_3)_2NH > CH_3NH_2 > (CH_3)_3N > NH_3 \quad (\text{溶液状态})$$

如果胺的氮原子上连芳香烃基即芳胺类，芳胺的碱性比脂肪胺弱得多。主要是氮原子上的未共用电子对与芳环的大π键产生给电子的共轭效应(+C)，导致氮原子上的未共用电子对离域到芳环上，降低了氮原子的电子云密度，接受质子的能力也随之降低，碱性减弱。因此，不同结构芳胺的碱性强弱次序是：一级胺＞二级胺＞三级胺。即

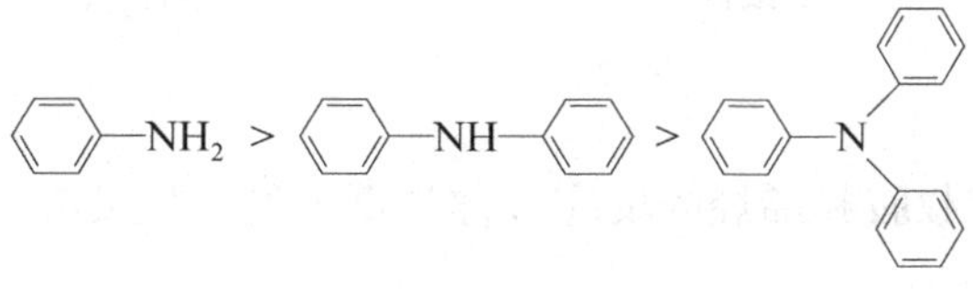

胺的碱性强弱用离解常数 K_b 或其负对数 pK_b 表示，K_b 越大或 pK_b 越小，碱性越强。

如果芳环上连有给电子基，芳胺碱性增强；如果芳环上连有吸电子基，则芳胺碱性减弱。芳胺环上连取代基的位置不同对碱性也有一定影响。例如

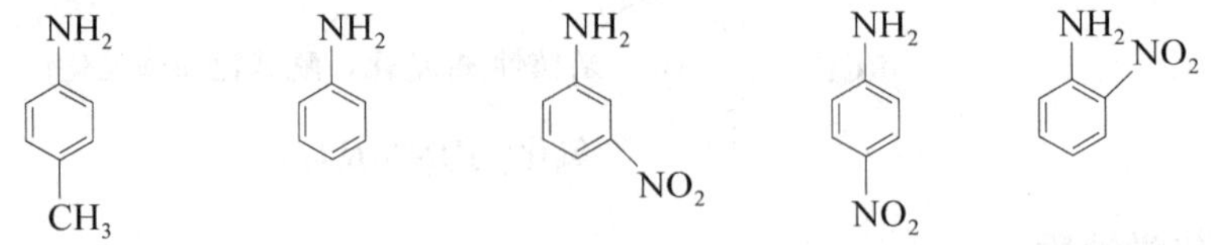

	对甲基苯胺	苯胺	间硝基苯胺	对硝基苯胺	邻硝基苯胺
pK_b(水溶液)	8.93	9.40	11.54	13.00	13.72

胺的碱性强弱除与烃基的诱导效应和共轭效应有关外，还受到水的溶剂化效应，空间位阻效应等因素的影响。胺分子中，氮上连接的氢越多，溶剂化程度越大，铵正离子就越稳定，胺的碱性也越强；氮上取代的烃基越多，空间位阻越大，使质子不易与氮原子接近，胺的碱性也就越弱。

综合以上各种效应的作用结果，胺类化合物的碱性强弱次序一般为

脂肪族仲胺＞脂肪族伯胺＞脂肪族叔胺＞氨＞芳香族伯胺＞芳香族仲胺＞芳香族叔胺

思考题 10-1 将下列各组化合物按碱性强弱从大到小排序。

(1) $C_6H_5NH_2$　$CH_3CH_2CH_2NH_2$　CH_3CONH_2　H_2NCONH_2　$H_2NCH_2CH_2NH_2$

(2) 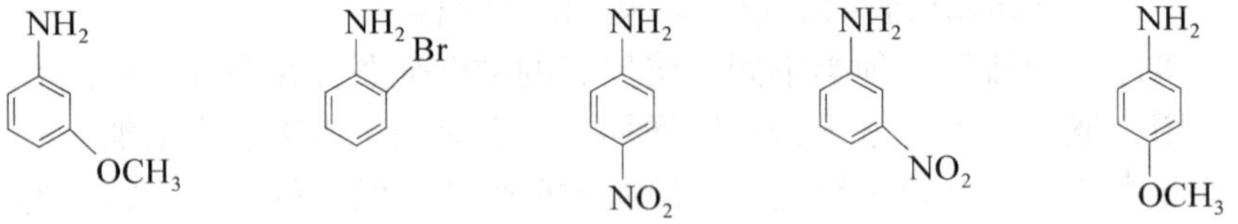

2. 烷基化反应

胺与氨均为亲核试剂，它们分子中氮原子上均有未共用电子对，都能与卤代烷发生亲核取代反应(S_N2)。氮原子上的氢原子被烷基取代，由此可以生成一系列的产物(伯胺、仲胺、叔胺、季铵)，这个反应称为氨或胺的烷基化反应。由于卤代烷与氨作用得到伯、仲、叔胺和季铵混合物，因此此法不是制备胺的好方法。

季铵盐在氢氧化银或湿润的 Ag_2O 的作用下，生成季铵碱和卤化银沉淀。例如

$$CH_3CH_2I + NH_3 \longrightarrow CH_3CH_2NH_3^+ I^- \xrightarrow{NaOH} \underset{\text{伯胺}}{CH_3CH_2NH_2} + NaI + H_2O$$

$$CH_3CH_2NH_2 \xrightarrow{CH_3CH_2I} \underset{\text{仲胺}}{(CH_3CH_2)_2NH} \xrightarrow{CH_3CH_2I} \underset{\text{叔胺}}{(CH_3CH_2)_3N} \xrightarrow{CH_3CH_2I} \underset{\text{季铵盐}}{[(CH_3CH_2)_4N]^+ I^-}$$

$$\underset{\text{季铵盐}}{[(CH_3CH_2)_4N]^+ I^-} + AgOH \longrightarrow \underset{\text{季铵碱}}{(CH_3CH_2)_4N^+ OH^-} + AgI\downarrow$$

3. 霍夫曼消除反应

季铵碱受热分解生成叔胺和烯烃的反应，称为霍夫曼消除反应。不含 β-H 的季铵碱受热分解为醇和叔胺。例如

$$(CH_3)_4N^+OH^- \xrightarrow{\triangle} (CH_3)_3N + CH_3OH$$

含 β-H 的季铵碱受热分解为烯烃和叔胺。季铵碱在受热分解为烯烃和叔胺的反应中，如果分子中含有不同类型的、可被消除的 β-H 时，主要是从含氢较多的 β-C 上除去 β-H，主要的烯烃产物是双键碳原子上连有较少取代基的烯烃，这一规则称为霍夫曼消除规则。这一规则与查依采夫正好相反。

在规则中，“较少取代基的烯烃”有两层含义，一是可以产生不同烯烃时(不同烃基均可消除产生烯烃时)，主要产物是取代基较少的烯烃；二是产生的烯烃是同分异构体时(同一烃基有不同 β-H 消除为烯烃时)，主要产物仍是同分异构体中取代基较少的烯烃。当季铵碱化合物中同时存在多个烃基可以进行消除时，β-H 从易到难消去的顺序是：—CH_3>RCH_2—>R_2CH—。

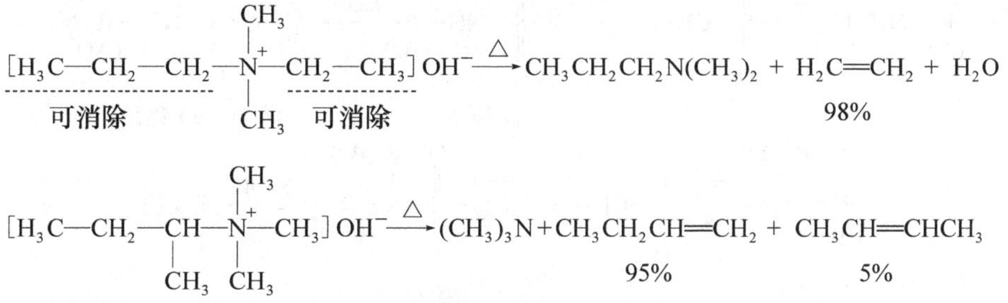

如果季铵碱的氮原子上烃基具有以下结构特征时：①β-C 有苯基；②β-C 有乙烯基；③β-C 有羰基等吸电子基团时，消除反应有悖霍夫曼消除规则，却遵守查依采夫规则，生成的主要产物是查依采夫产物。例如

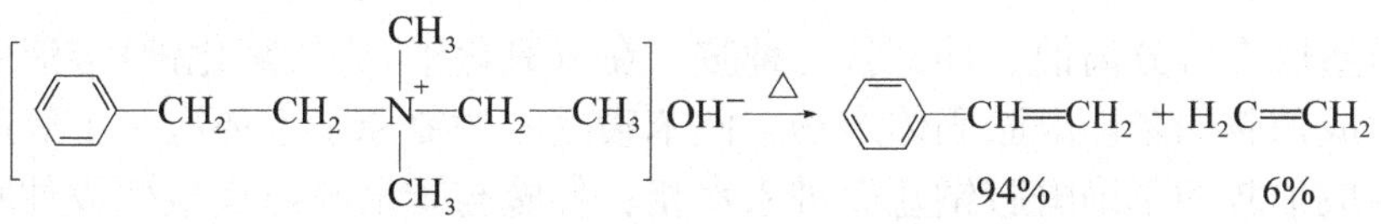

4. 酰基化和磺酰化反应

伯胺、仲胺与酰卤、酸酐、酯作用生成酰胺的反应，称为酰基化反应。由于叔胺氮原子上没有氢原子，所以不能生成酰胺。

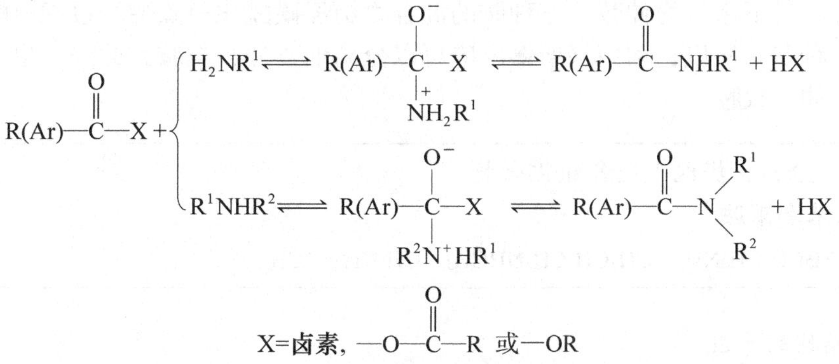

芳伯胺、芳仲胺与酰氯或酸酐(相对分子质量较低的脂肪酸酐)作用生成相应的酰胺，如苯胺与乙酸酐共热得到乙酰苯胺。酰胺在强酸或强碱水溶液中加热很容易水解生成原来的胺。由于酰胺基不易被氧化，氨基酰化后致氨基活性降低(降低了氨基氮原子上的电子云密度)，即能降低氨基对芳环的致活能力，因此，酰基化在有机合成中可应用来保护氨基。

在有机合成上，氨基保护的方法是：先把氨基变成酰胺，把氨基保护起来，再进行其他反应，然后使酰胺水解再变成胺。例如

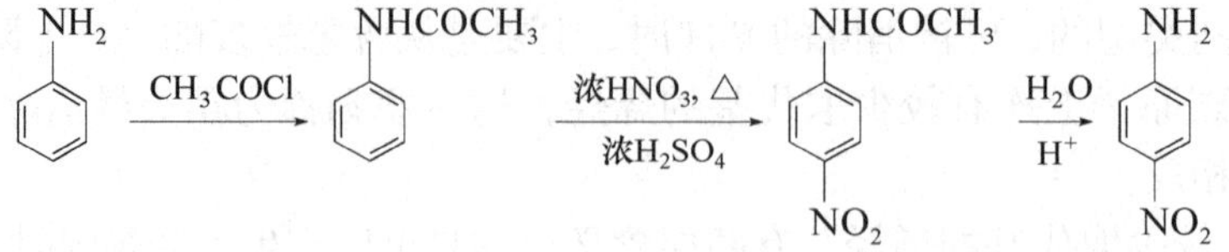

在稀碱存在下，伯胺和仲胺与芳磺酰氯(如苯磺酰氯)作用，生成芳磺酰胺的反应，称为磺酰化反应，也称为兴斯堡(Hinsberg)反应。

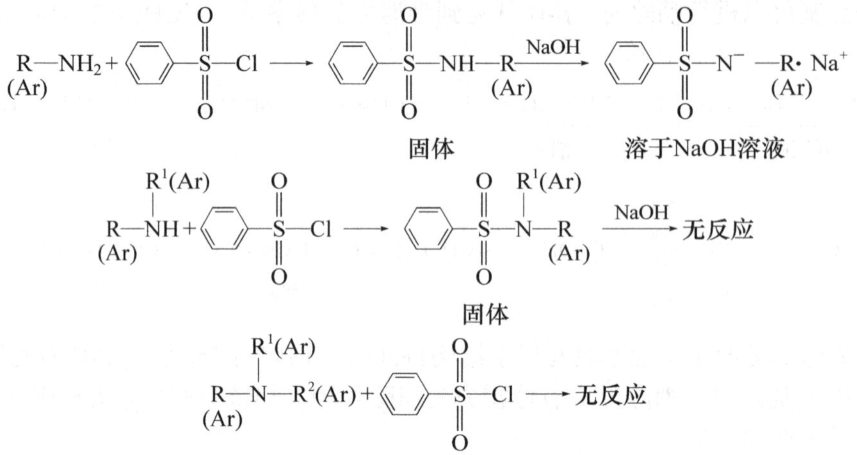

利用兴斯堡反应可分离伯、仲、叔三种胺。在氢氧化钠(或氢氧化钾)溶液中，伯胺与苯磺酰氯反应生成伯胺的苯磺酰胺固体产物，此苯磺酰胺的氮原子上还有一个氢原子，可进一步与碱反应生成伯胺的苯磺酰胺钠盐而进入水相；仲胺与苯磺酰氯反应生成仲胺的苯磺酰胺固体产物不溶于碱，为固相；叔胺与苯磺酰氯既不反应，也不溶于碱液。若对与苯磺酰氯反应后的混合液进行蒸馏，叔胺即可被蒸出；蒸馏后的残余物进行过滤，滤出的固体是仲胺的苯磺酰胺，伯胺的苯磺酰胺钠盐仍留于滤液中。将滤液酸化，可得伯胺的苯磺酰胺，再对此伯胺的苯磺酰胺与强酸共沸水解，即可还原为原来的伯胺。滤出的固体仲胺的苯磺酰胺，仍可在强酸共沸条件下水解为仲胺。三种胺的混合物历经磺酰化→蒸馏→过滤→酸解过程，可以得到纯的三种胺，所以，利用兴斯堡反应可以分离伯、仲、叔胺，此外，也可以利用该反应来鉴别伯、仲、叔胺。

> **思考题 10-2**　分离、提纯下列各组化合物。
>
> (1) 硝基苯和苯胺
>
> (2) $CH_3CH_2CH_2CH_2NH_2$、$CH_3CH_2CH_2NHCH_3$、$CH_3CH_2N(CH_3)_2$

5. 与亚硝酸的反应

与亚硝酸的反应，分亚硝酸与脂肪族胺的反应和亚硝酸与芳香族胺的反应两种情况来讨论。

1) 脂肪族胺与亚硝酸的反应

脂肪族伯胺与亚硝酸反应，历经重氮化反应，生成不稳定的脂肪族重氮盐。由于重氮

盐的不稳定性，低温下都能自动分解，释放出氮气而生成碳正离子。生成的碳正离子还可以发生各种不同反应，产生烯烃、醇和卤代烃，甚至还会发生碳正离子重排而引发取代和消除反应。

$$CH_3CH_2CH_2NH_2 + NaNO_2 + HX \longrightarrow CH_3CH_2CH_2{-}\overset{+}{N}{\equiv}N\colon X^- \xrightarrow{\triangle} CH_3CH_2\overset{+}{C}H_2 + X^- + N_2$$

$$CH_3CH_2\overset{+}{C}H_2 \xrightarrow{H_2O} CH_3CH_2CH_2OH$$
$$CH_3CH_2\overset{+}{C}H_2 \xrightarrow{X^-} CH_3CH_2CH_2X$$
$$CH_3CH_2\overset{+}{C}H_2 \xrightarrow{-H^+} CH_3CH{=}CH_2$$
$$CH_3CH_2\overset{+}{C}H_2 \xrightarrow{\text{重排}} CH_3\overset{+}{C}HCH_3$$

脂肪族仲胺与亚硝酸反应生成黄色油状物或固体的 *N*-亚硝基化合物。*N*-亚硝基化合物与稀酸共热，分解成原来的仲胺，因此，可利用此性质来精制仲胺。

$$R{-}\underset{}{\overset{R^1}{\overset{|}{N}}}H + HNO_2 \longrightarrow R{-}\overset{R^1}{\overset{|}{N}}{-}NO + H_2O$$

N-亚硝基化合物

脂肪族叔胺与亚硝酸不发生类似于伯胺和仲胺的反应，而是发生单纯的酸碱反应，生成亚硝酸铵盐。

$$R{-}\overset{R^1}{\overset{|}{N}}{-}R^2 + HNO_2 \longrightarrow [R{-}\underset{\underset{H}{|}}{\overset{\overset{R^1}{|}}{N^+}}{-}R^2]\,\bar{O}NO$$

根据脂肪族胺与亚硝酸反应的不同实验现象，可以区别伯胺、仲胺、叔胺。虽然脂肪族伯胺与亚硝酸反应生成复杂的混合物，在有机合成方面意义不大，但该反应能定量放出氮气，所以在分析上可根据放出氮气的量来定量地测定氨基。

2)芳香族胺与亚硝酸的反应

芳香族伯胺在强酸性溶液中与亚硝酸反应，生成重氮盐，此反应称为重氮化反应。分子中含有重氮正离子(—$N^+{\equiv}N$:)的盐，称为重氮盐。其通式为 R—$N^+{\equiv}N$:X^-，R 代表烃基，X 代表卤负离子或酸根。重氮盐的重要化学性质如放氮反应、还原反应和偶联反应等将在后面介绍。

$$Ar{-}NH_2 \xrightarrow[\text{低温}(0\sim5℃)]{NaNO_2,\ HCl} Ar{-}\overset{+}{N}{\equiv}N\colon Cl^-$$

重氮盐的制备有以下注意事项：①不能直接使用亚硝酸(HNO_2)，因其不稳定；②产生 HNO_2 常采用的体系是($NaNO_2$ + HCl)或($NaNO_2$ + H_2SO_4)；③酸应稍过量，否则产生的重氮盐会与未反应的芳胺发生偶合反应；④反应一般须在低温(0～5℃)，否则重氮盐易分解；⑤重氮盐的稳定性与芳环上连接的基团有关，吸电子基如硝基(—NO_2)或磺酸基(—SO_3H)等可以稳定重氮盐。

芳香族仲胺(如二苯胺或 *N*-甲基苯胺)与亚硝酸反应，生成 *N*-亚硝基胺。

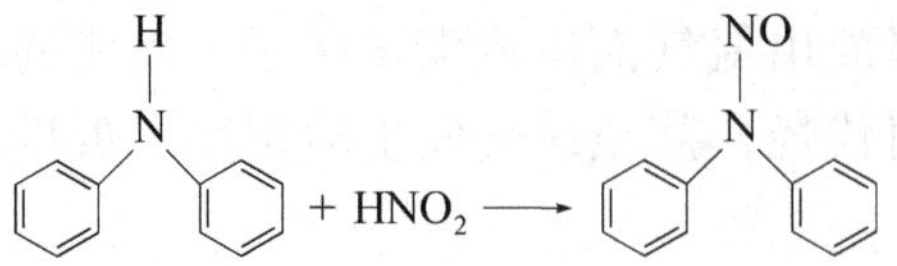
N-亚硝基二苯胺(黄色固体)

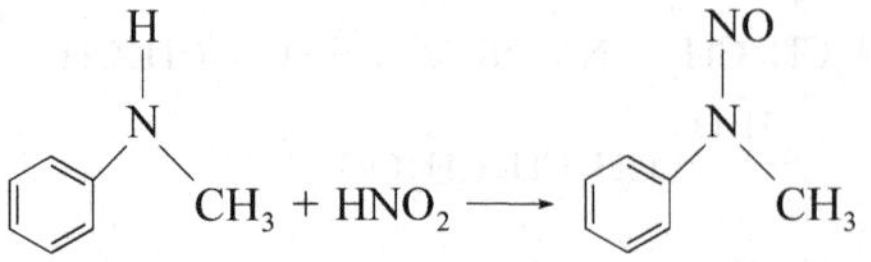
亚硝基苯甲胺(棕色油状)

芳香族叔胺与亚硝酸发生反应时，亚硝基不作用在氮原子上，而是作用在芳环上，发生芳环上的亲电取代反应，生成亚硝基芳香叔胺，遵守芳烃亲电取代反应的定位规则。假如芳环是苯环，若对位没有取代基，则生成对亚硝基取代物。

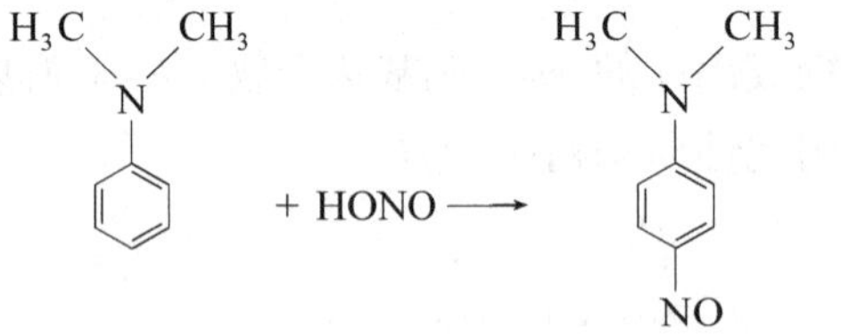
对亚硝基-N, N-二甲苯胺(绿色叶片状)

利用三类胺与亚硝酸作用生成的产物不同，可以区别芳香族一级、二级、三级胺。

思考题 10-3　完成下列反应。

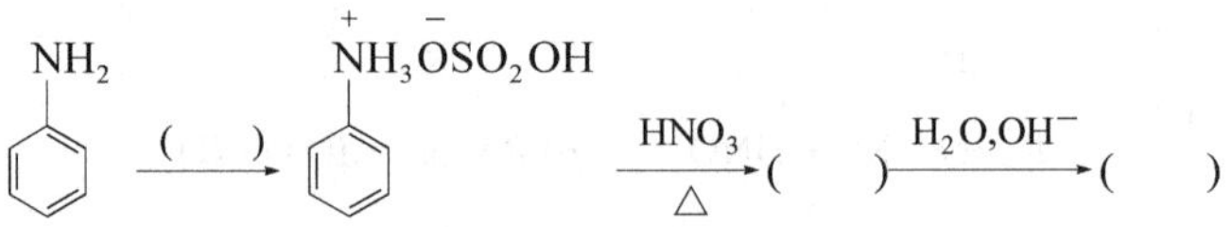

思考题 10-4　扑热息痛(paracetamol) 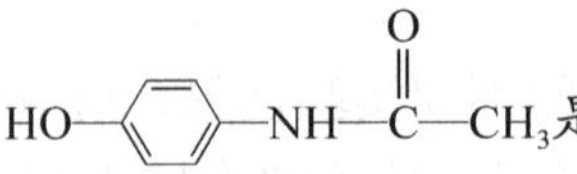 是临床上常用的一种镇痛解热药。试由 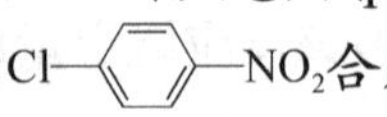 合成扑热息痛，其他试剂任选。

6. 芳香胺的取代反应

氨基是活化芳环的基团，所以芳胺很容易进行亲电取代反应，常见的有卤代反应、硝化反应和磺化反应等。

苯胺与溴水的反应，生成2,4,6-三溴苯胺的白色沉淀，可以用来鉴别苯胺。

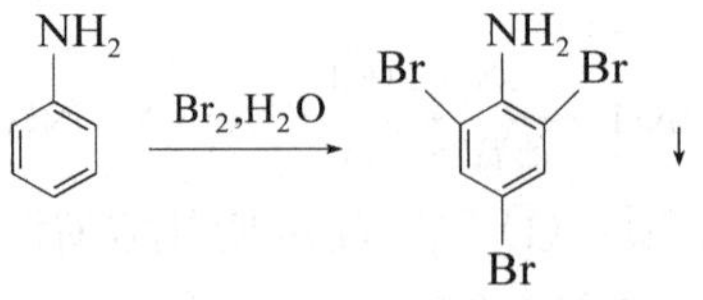
2,4,6–三溴苯胺
(白色沉淀)

如先进行酰基化以降低氨基的致活作用，再进行卤代反应可得到一卤代产物。例如

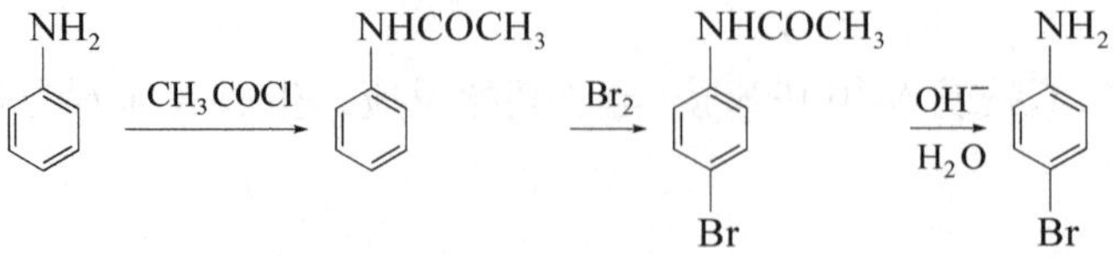

苯胺用浓硫酸磺化时，首先生成盐，在加热下失水并重排为对氨基苯磺酸。例如

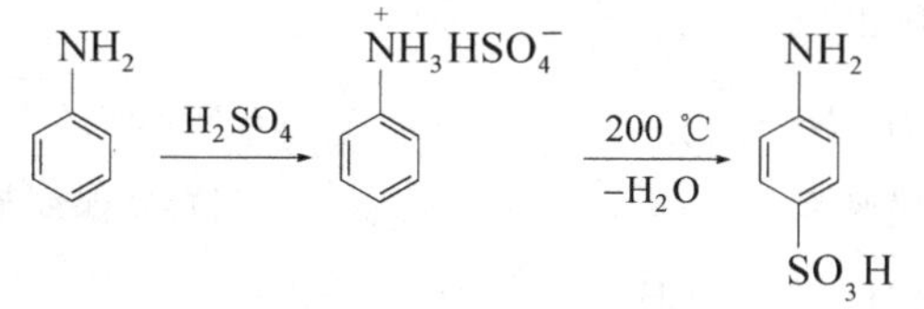

由于硝酸具有氧化性，苯胺发生硝化反应之前，先将氨基乙酰化，这样既可以保护氨基，又能降低氨基的活性。例如

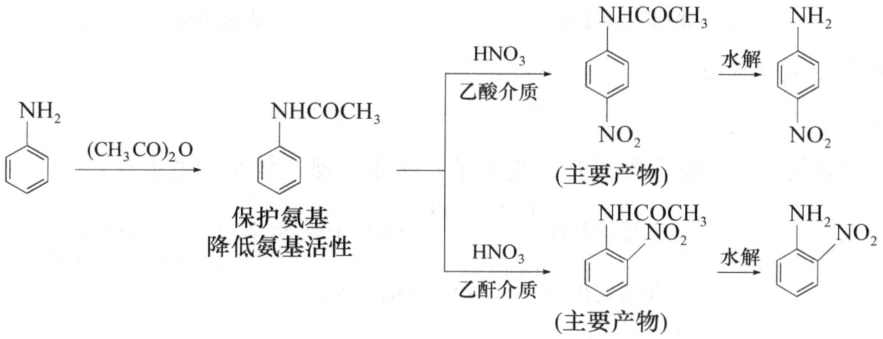

思考题 10-5　在括号内完善反应条件。

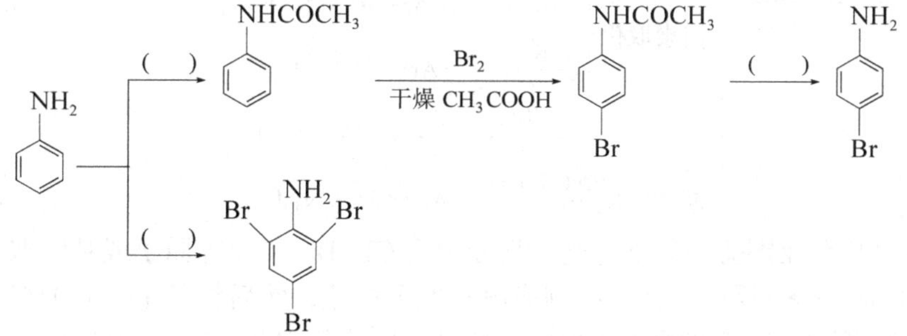

思考题 10-6　用化学方法鉴别下列化合物。

(1) 硝基苯，苯胺，*N*-甲基苯胺，*N*, *N*-二甲基苯胺

(2) 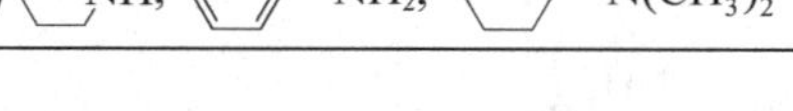

10.1.5　重氮化合物和偶氮化合物

重氮和偶氮化合物分子中均含有—N═N—官能团。官能团(—N═N—)一端与烃基相连，另一端与非碳原子(CN^-例外)或原子团相连的化合物，称为重氮化合物，通式为 Ar(R)—N═N—X。脂肪族重氮化合物多数符合 RCH═N≡N 的通式。例如

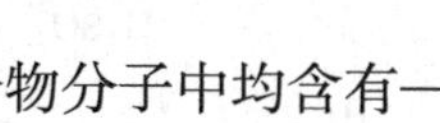

苯基重氮酸

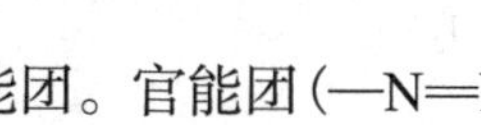

苯基重氮磺酸钠

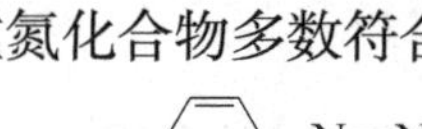

氰基重氮苯

氯化重氮苯

$H_2C═N_2$

重氮甲烷

分子中官能团(—N═N—)的两端均与烃基相连的化合物，称为偶氮化合物，通式为Ar(R)—N═N—Ar(R)。例如

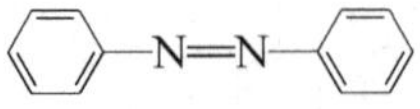

偶氮苯

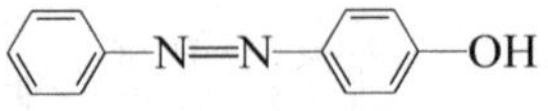

对羟基偶氮苯

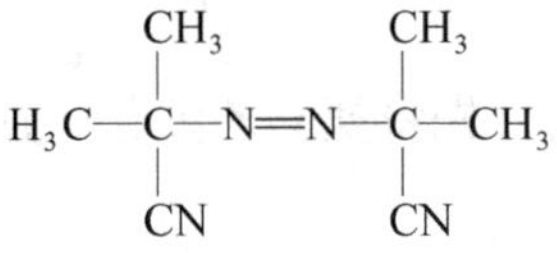

偶氮二异丁腈

$H_3C—N=N—CH_3$

偶氮甲烷

1. 芳香族重氮盐的性质

1) 取代反应

重氮基的取代反应主要有被羟基、氢原子、卤素、氰基等基团的取代。

$Ar—\overset{+}{N}\equiv N{:}X^-$

- 氢原子取代 $\xrightarrow{H_3PO_2 + HOH}$ $Ar—H + N_2\uparrow$　条件还有:(EtOH)或(NaOH+HCHO)
- 羟基取代 $\xrightarrow[\triangle]{H_2O/H^+}$ $Ar—OH + N_2\uparrow$
- 卤素取代
  - $\xrightarrow{CuCl + HCl}$ $Ar—Cl + N_2\uparrow$
  - $\xrightarrow{CuBr + HBr}$ $Ar—Br + N_2\uparrow$
  - $\xrightarrow{KI}\ \xrightarrow{\triangle}$ $Ar—I + N_2\uparrow$
  - $\xrightarrow{HBF_4}\ \xrightarrow{\triangle}$ $Ar—F + N_2\uparrow$
- 氰基取代 $\xrightarrow{CuCN + KCN}$ $Ar—CN + N_2\uparrow$

芳香族重氮盐在亚铜盐催化下，重氮基分别为Cl、Br、CN等原子或基团取代的反应，称为桑德迈尔(Sandmeyer)反应。将芳胺制成氟硼酸重氮盐，然后将其干燥后加热，使之分解，则重氮基被氟原子取代生成芳香族氟化物，这种反应称希门(Schiemann)反应。

重氮基在不同条件下可以被羟基、氢、卤素、氰基等原子或原子团取代，这些特性可以在芳环上温和地引入所需基团(—OH、—X、—CN)，这在有机合成上非常有用。例如，由苯合成1,3,5-三溴苯。

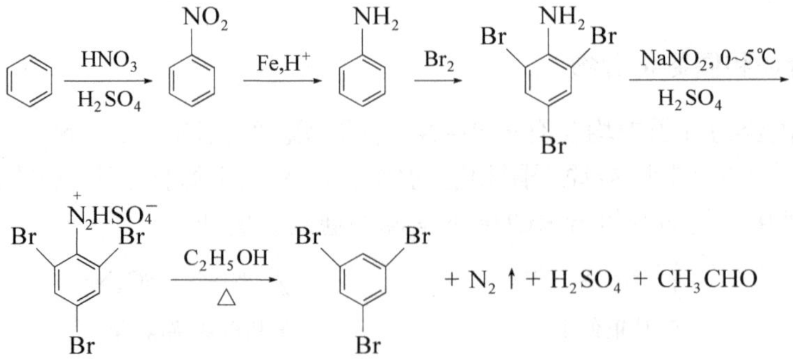

2) 还原反应

重氮盐可以被氯化亚锡($SnCl_2$)、亚硫酸钠(Na_2SO_3)、亚硫酸氢钠($NaHSO_3$)等还原为苯肼；被锡和盐酸(Sn-HCl)、锌和盐酸(Zn-HCl)还原为苯胺。例如

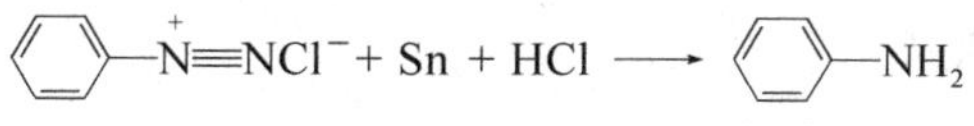

苯胺

3)偶联反应

重氮盐与酚类(在弱碱性条件下)或重氮盐与芳胺(在中性或弱酸性条件下)作用，芳环羟基(或氨基)对位上的氢能与重氮盐作用失去氯化氢，生成偶氮化合物，这类反应称为偶联反应。一般情况下，偶联反应作用在羟基或氨基的对位。如果羟基或氨基对位有其他取代基，偶联发生在邻位上。如果羟基或氨基的对位、邻位都被其他取代基占据，只剩下间位时，偶联反应不会发生。偶联反应通式为

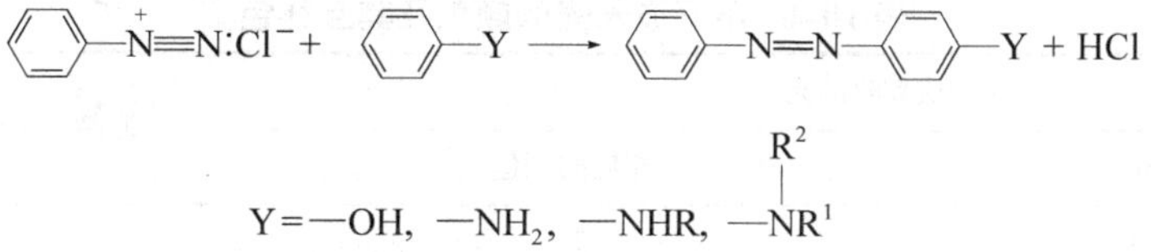

三级芳胺与重氮盐发生对位偶联反应。

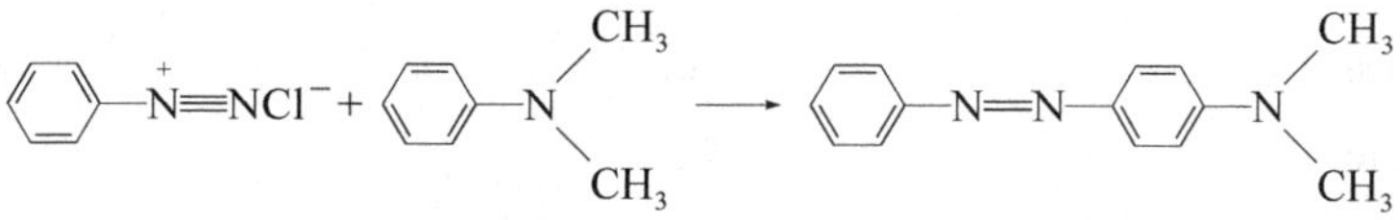

三级芳胺　　　　对二甲氨基偶氮苯

研究发现，在中性或弱酸性溶液中，重氮盐与一级芳胺、二级芳胺中氨基上的氮原子也能够作用，生成重氮氨基化合物。

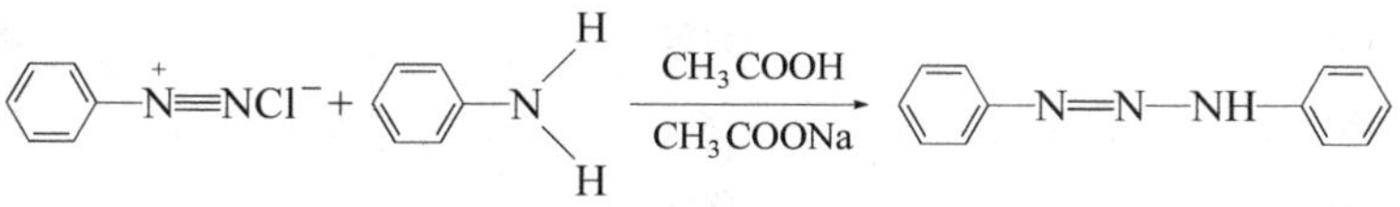

一级芳胺　　　　重氮氨基苯

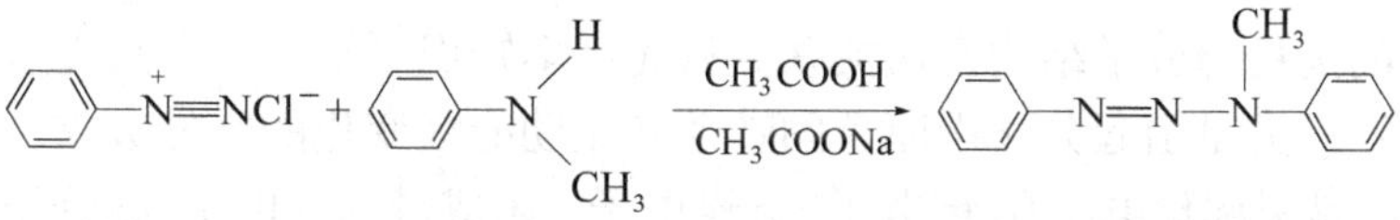

二级芳胺　　　　*N*-甲基重氮氨基苯

在弱碱性溶液中，酚变为酚盐，带负电荷的氧原子比中性的羟基对苯环的活化能力更强，更利于亲电试剂进攻苯环上电子云密度更大的反应中心，所以反应进行较快。

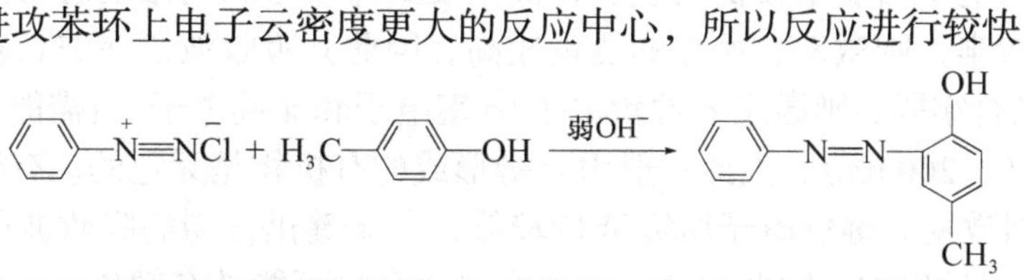

思考题 10-7　在括号内写出下列反应的主要产物。

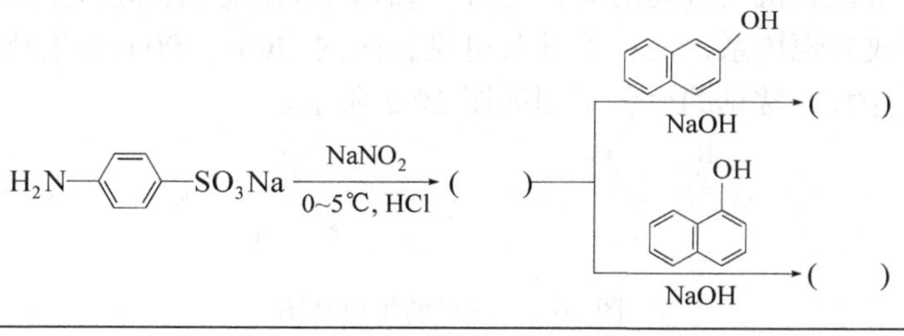

2. 物质结构与颜色的关系

自然光是由不同波长的射线组成，人眼能看见的是波长在 400～800 nm 的光，称为可见光。波长小于 400 nm 的属于紫外区域和 X 射线区域；波长大于 800 nm 的为红外区域。在可见光区域内，不同波长的光显示不同颜色，颜色没有明显分界线，是渐变的。

不同的物质可以吸收不同波长的光，如果物质吸收的是波长在可见光区域以外的光，那么这些物质是无色的；如果物质吸收的光波长在可见光的某区域内，那么这些物质是有色的，它所呈现的颜色是被吸收光的互补色(眼睛所看见的颜色)(表 10-4)。

表 10-4　不同波长光的颜色及其互补色

物质吸收的光		眼睛看见的颜色(互补色)
波长/nm	相应的颜色	
400～430	紫	黄绿
430～480	蓝	黄
480～490	蓝绿	橙黄
490～510	绿蓝	红
510～530	绿	深红
530～570	黄绿	紫
570～580	黄	蓝
580～600	橙黄	蓝绿
600～680	红	绿蓝
680～750	深红	绿

自然界物质的呈色与分子结构密切关联。从光谱学知识可知，当自然光照射到分子后，可以发生两类吸收：一类是引起分子中原子的转动和振动能级变化的红外吸收，产生的光谱称为红外光谱；另一类是引起价电子(σ 键电子、π 键电子、未成键的 n 电子)在分子内电子能级间跃迁(也含转动和振动)变化的紫外或可见光区域的吸收，产生的光谱称为紫外及可见光谱。

紫外光谱是价电子由能量较低的基态，被激发到能量较高的激发态而产生的。如果价电子在分子中结合较牢，则激发它所需的能量较高，因此其吸收波段在波长较短的远紫外区。有机物中，σ 键结合牢固，则激发 σ 键价电子(σ 键电子和 π 键电子)所需能量较高，其吸收波段在远紫外区(100～200 nm)，因此一般由 σ 键形成的有机物是无色的。有机物中的 π 键不如 σ 键结合牢固，则激发 π 键价电子所需能量较低，含 π 键化合物的吸收波段在近紫外(200～400 nm)或可见光区域以内，因此，含 π 键的有机化合物可能带有颜色。一般有色的物质多含有 π 键。实际上，带色有机化合物的呈色与分子结构中的生色基和助色基有直接关系。

官能团没有形成共轭体系，而在紫外及可见光区内(200～800 nm)有极大吸收的官能团，称为生色基(或发色团)。常见的生色基团如图 10-2 所示。

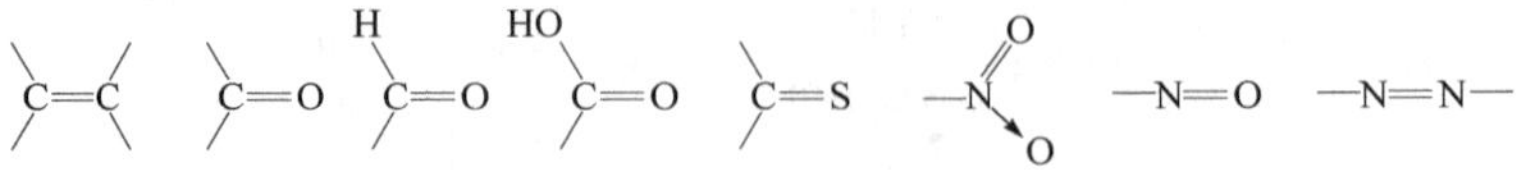

图 10-2　常见的生色基团

就有机物分子而言，如果含单一的生色基，由于它们的吸收波段在 200～400 nm，因此仍然是无色的。但是，如果在化合物中有两个或更多个生色基共轭时，则由于共轭体系中电子的离域作用，激发这些电子所需的能量比单独 π 键的要低，使这些化合物可以吸收较长波长的光。所以，当两个或两个以上的生色基共轭时，可以使分子对光的吸收朝长波方向移动。共轭体系越长，则该物质吸收峰所对应的波长越长。当物质吸收光的波长移至可见光区域时，该物质就有颜色了。

有些基团(如—OH、—OR、—NH_2、—NR_2、—SR、—Cl、—Br 等)本身吸收波长在远紫外区，但将这些基团接到共轭链或生色基上，可使共轭链或生色基的吸收波长移向长波方向，这类基团称为助色基。从这些助色基的结构看，它们多含有未共用电子对，可以通过 p-π 共轭(助色基提供填充未共用电子对的 p 轨道，生色基提供 π 键或 π-π 共轭链)的电子效应，提高了整个分子中 π 电子的流动性，从而降低了分子的激发能，促使化合物吸收向长波方向移动(称向红移)，导致颜色加深。

总之，一般有色有机物的结构中，主要包含生色基(含不饱和键的官能团)和助色基(多含未共用电子对的原子或原子团)两大部分。常见的偶氮染料就符合这一结构特征。

1) 偶氮染料

偶氮染料是以分子内具有一个或几个偶氮基(—N═N—)为特征的合成染料，与人类的生产、生活关系密切，是重要的偶氮化合物。它的颜色色光几乎覆及全部色谱，在所有已知的染料品种中，偶氮化合物要占半数以上。在纺织工业应用的染料类别方面，它们包括了碱性、酸性、直接、媒染和冰染染料等几大类，因此偶氮染料是染料中品种最多、应用最广的一类合成染料。

以冰染染料中凡拉明蓝的染色过程与反应原理为例，来说明对重氮化-偶联反应的理论和实际应用。其染色过程是，先将待染物放在纳夫妥 AS 的钠盐中浸润，然后再将浸有纳夫妥 AS 的钠盐之待染物通过色基(凡拉明蓝 B)，此时在待染物上同时完成重氮化-偶联反应，生成不溶于水的凡拉明蓝，附着在待染物上而染着蓝色。

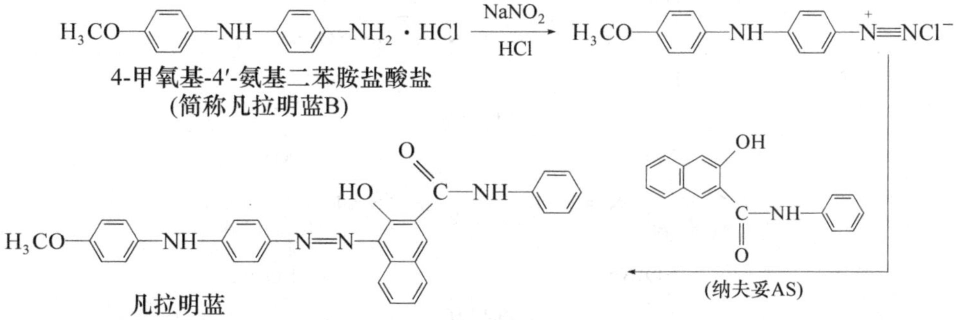

常见的偶氮染料，如立索尔大红、直接枣红 GB、打印机墨水色素等。立索尔大红，带黄光的红色粉末，用于油墨、印铁、皮革、塑料和水彩颜料等，属偶氮染料；直接枣红 GB，枣红色粉状物，用于棉、麻、蚕丝、羊毛和黏胶纤维等着色，属双偶氮染料中的直接染料；喷墨打印机墨水用色素如品红色、黄色、青色等均属双偶氮染料。

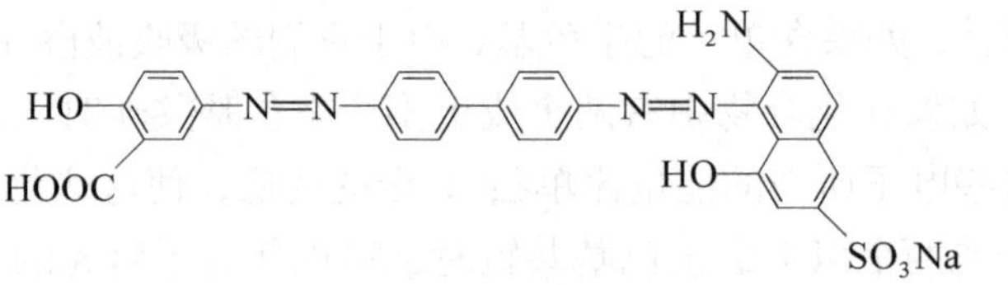

打印墨水(品红色)

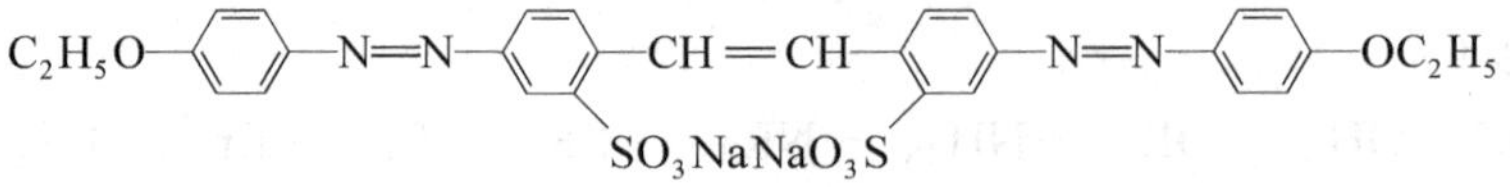

打印墨水(黄色)

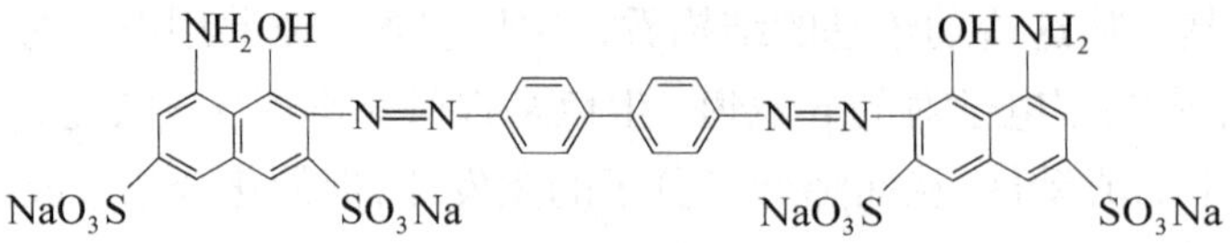

打印墨水(青色)

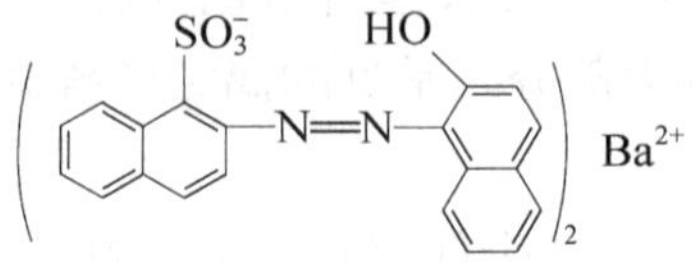

立索尔大红

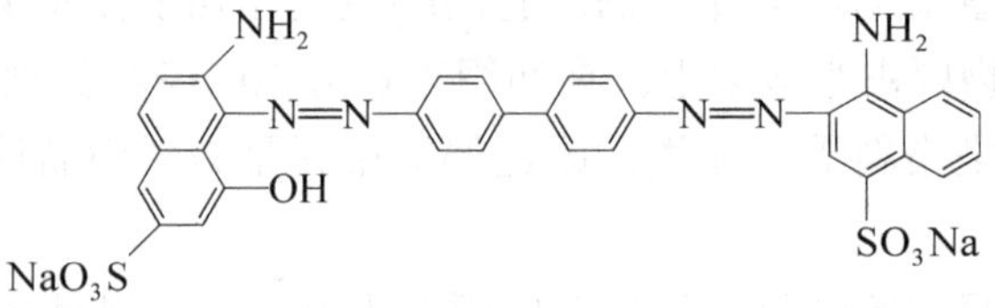

直接枣红GB

2)偶氮类指示剂

实验室中某些常用的指示剂如甲基橙和刚果红等也是偶氮化合物。

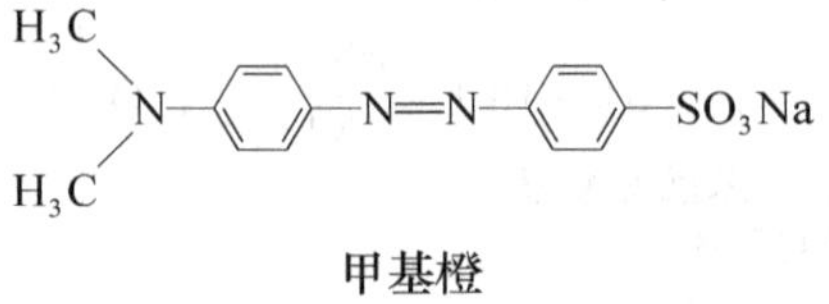

甲基橙

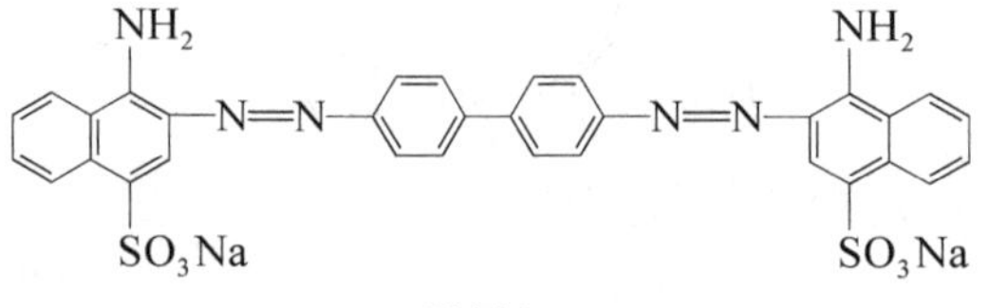

刚果红

10.1.6　重要的胺

1. 苯胺

苯胺存在于煤焦油中，是油状液体，沸点 184℃，微溶于水，易溶于有机溶剂，有毒。新蒸馏的苯胺无色，放置后能被氧化为黄色、红色或棕色。苯胺是重要的有机合成原料，用于制备染料、药物等。苯胺最早是以靛蓝与硫酸作用得到的，可用硝基苯还原制得。

2. 己二胺

己二胺是重要的二元胺，为片状结晶，熔点 42℃，沸点 204℃，易溶于水。己二胺与己二酸失水形成的长链酰胺，是合成的聚酰胺纤维之一，又名尼龙–66。

$$\mathrm{-\!\!\left[NH-(CH_2)_6-NH-\overset{\overset{\large O}{\|}}{C}-(CH_2)_4-\overset{\overset{\large O}{\|}}{C}\right]\!\!-_n}$$

尼龙-66

“66”的含义：前一个数表示二元胺碳原子数，后一个数表示二元酸的碳原子数。

3. 胆胺和胆碱

胆胺（$NH_2CH_2CH_2OH$）是一种羟胺，为无色黏稠液体，是脑磷脂水解产物之一，是以结合状态存在于动植物体内的胺类化合物。

胆碱$[(CH_3)_3N^+(CH_2CH_2OH)]OH^-$是一种季铵碱，广泛分布于动植物体内，在动物的卵和脑髓中含量较多，因为最初是从胆汁中发现的，所以称为胆碱。它是无色吸湿性很强的结晶，易溶于水和乙醇，而不溶于乙醚和氯仿等。胆碱是 B 族维生素之一，能调节肝中脂肪的代谢，有抗脂肪肝的作用。药用的是其盐——氯化胆碱$[(CH_3)_3N^+(CH_2CH_2OH)Cl^-]$。胆碱羟基中的氢被乙酰基取代生成的酯，称为乙酰胆碱$[(CH_3)_3\overset{+}{N}CH_2CH_2OCOCH_3]OH^-$，它是在相邻的神经细胞之间，通过神经节传导神经刺激的重要物质。

10.2　硝基化合物

10.2.1　分类和命名

由硝酸和亚硝酸为母体可以衍生出四类含氮的有机物，即硝酸酯、亚硝酸酯、硝基化合物和亚硝基化合物。对硝基化合物（或亚硝基化合物），若按烃基类型不同分类，可分为脂肪族硝基化合物（或脂肪族亚硝基化合物）和芳香族硝基化合物（或芳香族亚硝基化合物）。

$H-O-NO_2$	$R-O-NO_2$	$R-NO_2$
硝酸	硝酸酯	硝基化合物
$H-O-NO$	$R-O-NO$	$R-NO$
亚硝酸	亚硝酸酯	亚硝基化合物

硝酸（或亚硝酸）中的氢被烃基取代的衍生物，为硝酸酯（或亚硝酸酯）。硝酸（或亚硝酸）中的“HO—”被烃基取代后的衍生物，为硝基化合物（或亚硝基化合物）。

硝酸酯（或亚硝酸酯）的命名与有机酸酯的命名相同，格式化的名称为“某酸某酯”。硝基化合物（或亚硝基化合物）的命名，将硝基或（亚硝基）作取代基，与卤代烃的命名方法类似。例如

$CH_3—O—NO_2$　　$C_2H_5—O—NO$　　$(CH_3)_2CH—NO_2$　　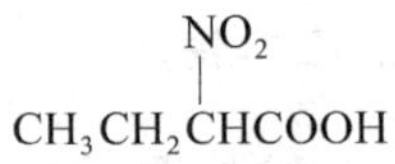

硝酸甲酯　　亚硝酸乙酯　　硝基异丙烷　　2-硝基丁酸

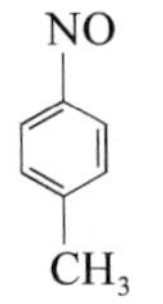

对亚硝基甲苯

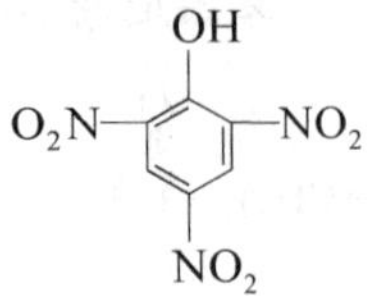

2,4,6-三硝基苯酚
(苦味酸)

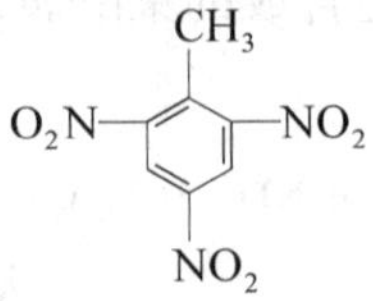

2,4,6-三硝基甲苯
(TNT)

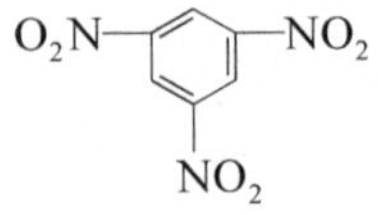

1,3,5-三硝基苯
(TNB)

10.2.2　物理性质

硝基化合物具有较高极性，分子间作用力大，其沸点比相应的卤代烃高。芳香族硝基化合物中，除了一硝基化合物为高沸点液体外，多硝基化合物一般为无色或黄色结晶固体，不溶于水，易溶于有机溶剂，相对密度大于 1。芳香族多硝基化合物都有极强的爆炸性，有的具有强烈的香味，如叔丁基苯的某些多硝基化合物有类似天然麝香的气味，可用作化妆品的定香剂。

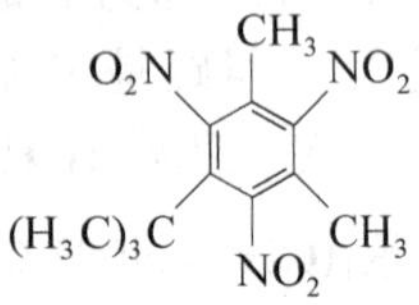

二甲苯麝香

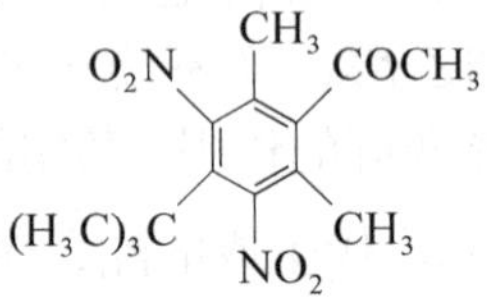

酮麝香

液体硝基化合物是大多数有机物的良好溶剂，又具有一定的化学稳定性，常用作一些有机反应的溶剂。但硝基化合物有毒，能使血红蛋白变性而引起中毒，此外，它的蒸气也能透过皮肤被机体吸收而中毒，故生产上尽可能不用它作溶剂。

10.2.3　化学性质

1. 还原反应

催化氢化(如 H_2/Ni)或酸性还原体系(如 Fe、Zn、Sn 和盐酸)可将硝基还原为一级胺。例如

$$R—NO_2 + H_2 \xrightarrow{Ni} R—NH_2 + 2H_2O$$

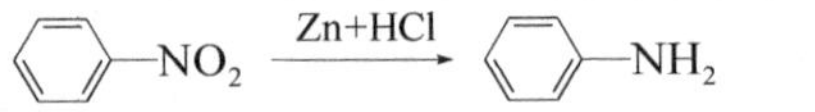

若采用碱性或中性的还原试剂，如 Zn/NaOH，Zn/NH_4Cl，Zn/H_2O，Fe/NaOH 等，则可以将硝基还原为氢化偶氮苯、亚硝基苯等不同含氮化合物。例如

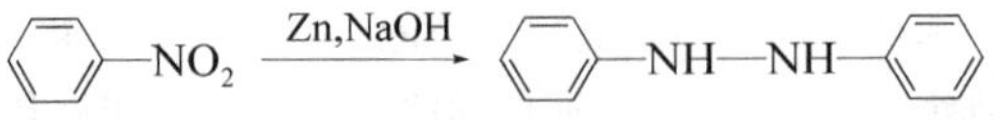

氢化偶氮苯

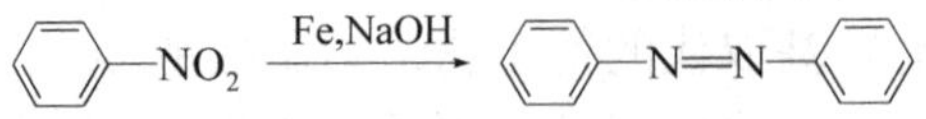

偶氮苯

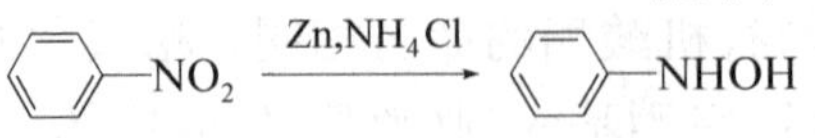

苯胲

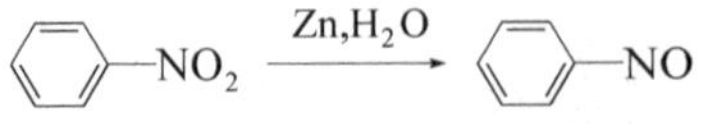

亚硝基苯

2. 酸性

在脂肪族硝基化合物中，由于硝基是强吸电子基团，因此硝基的 α-碳原子上有氢原子具有明显的酸性，能产生硝基式和酸式互变异构现象。

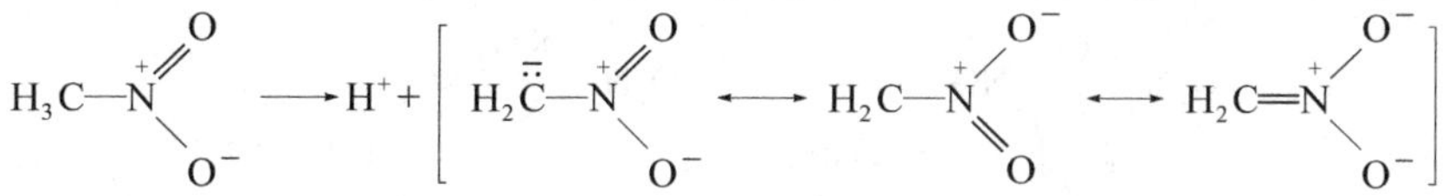

(Ⅰ)假酸式　　(Ⅱ)酸式

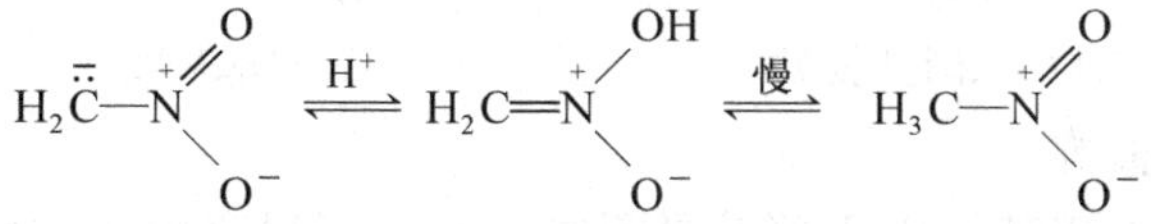

(Ⅱ)酸式　　硝基甲烷(硝基式)

不同烃基结构的脂肪族硝基化合物，其酸性强弱不同。例如，硝基甲烷、硝基乙烷和 2-硝基丙烷的 pK_a 值分别为 10.8、8.5 和 7.8。

此外，由于含有 α-H 的脂肪族硝基化合物有酸性，在碱催化下能与某些羰基化合物发生缩合反应。

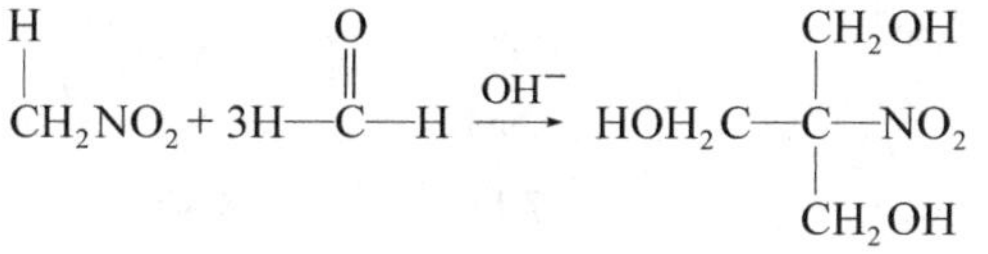

三羟甲基硝基甲烷

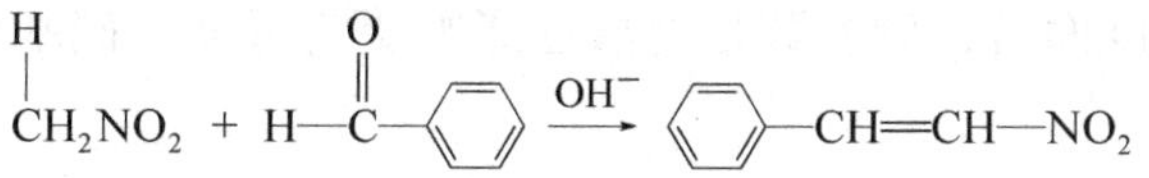

(与醛的羟醛缩合反应相似)

3. 硝基对苯环邻位、对位基团的影响

由于硝基是强吸电子基团，当在苯环上连硝基时，硝基钝化苯环，则使苯环的亲电取代反应活性降低。此外，硝基连在苯环上，对苯环上的其他取代基也产生极大的影响。

1) 硝基对邻位、对位上卤原子的影响

通常情况下，氯苯很难发生 S_N2 亲核取代反应。但是，如果在氯原子的邻位和对位上连有硝基时，硝基使碳氯(C—Cl)键中碳原子的电子云密度大大降低，有利于亲核试剂的进攻，从而容易发生双分子亲核取代反应，因此，在邻位或对位上连有硝基的氯苯的亲核取代反应可以发生。

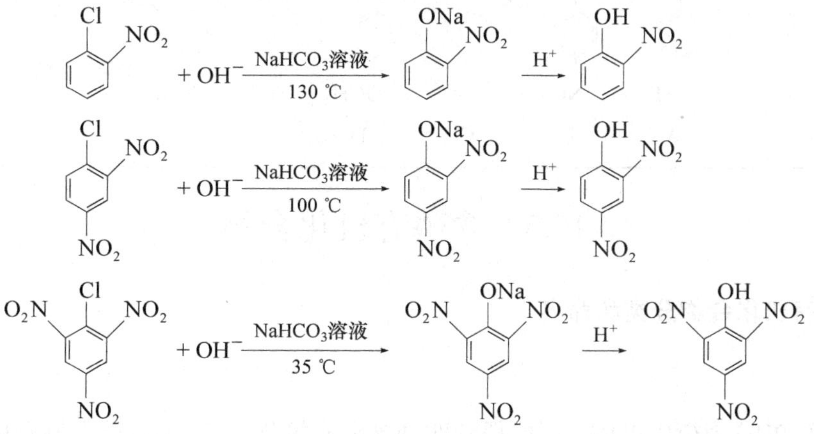

从上例可知，发生反应的温度随邻位和对位上硝基数目的增多而下降，说明了苯环上亲核取代反应的活性随硝基数目的增多而提高。

卤素直接连在苯环上是很难被氨基取代的，若卤素邻位和对位上连有硝基时，即使是没有催化剂存在的条件下，也能发生亲核取代反应。例如

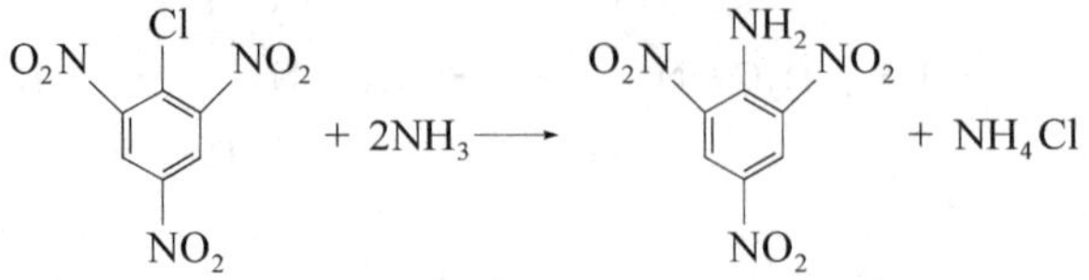

2,4,6-三硝基氯苯　　　　2,4,6-三硝基苯胺

2) 硝基对酚的酸性影响

在苯酚的苯环上引入硝基，由于硝基是吸电子基，通过吸电子共轭效应(–C)和吸电子诱导效应(–I)的传递，增强了酚羟基中氧氢键(O—H)的极性，氢原子的质子化能力增加，酚的酸性增强。影响硝基酚的酸性，主要因素有硝基与羟基间的相对位置、硝基的数目。例如，邻位和对位硝基对酚的酸性影响较大，间位对酸性影响较小。

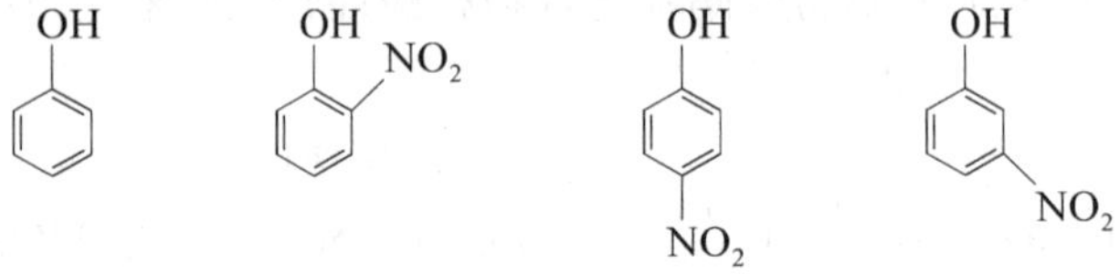

pK_a　9.95　7.23　7.15　8.40

相较硝基位置对酸性的影响程度而言，硝基数目对酸性影响更为显著，硝基数目的增加使酚的酸性有大幅度地增强。例如

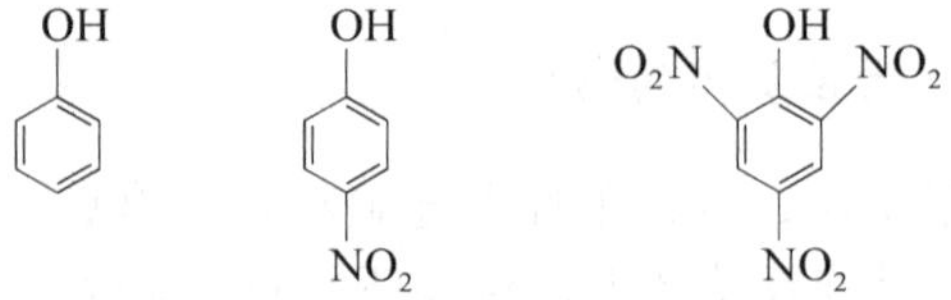

pK_a　9.95　7.15　0.71

思考题 10-8　用化学方法区别硝基苯和硝基乙烷。

思考题 10-9　按酸性强弱次序对下列化合物排序。

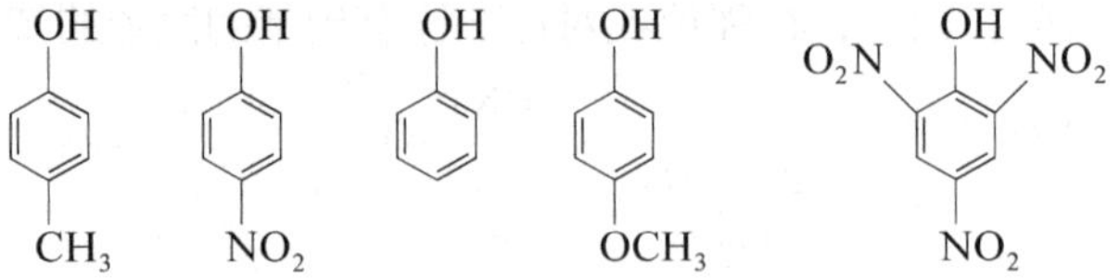

A　B　C　D　E

10.3　含磷有机化合物

10.3.1　含磷有机化合物分类和命名

1. 分类

以磷化氢(PH_3)为衍生母体，可以得到四种含磷有机化合物(类似于含氮有机化合物)：一

级膦(伯膦)、二级膦(仲膦)、三级膦(叔膦)、四级鏻(季鏻)。在“膦”和“鏻”的有机物中，均存在有 P—C 键，有别于“磷”字的内涵。注意“磷”、“膦”和“鏻”的差异与结构内涵。

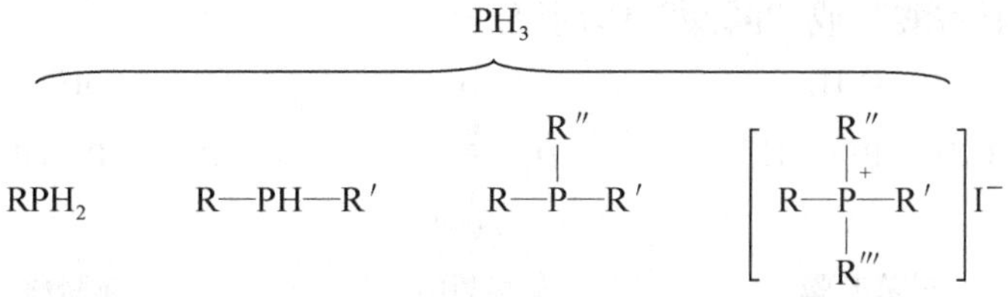

一级膦　二级膦　三级膦　四级鏻化合物

以磷酸为衍生母体，若磷酸中的氢原子被烃基取代，可以产生磷酸酯(磷酸烷基酯、磷酸二烷基酯、磷酸三烷基酯)。如果磷酸分子中的“—OH”被烃基取代，将会产生膦酸(烷基膦酸、二烷基膦酸、三烷基氧化膦或氧化三烷基膦)。例如

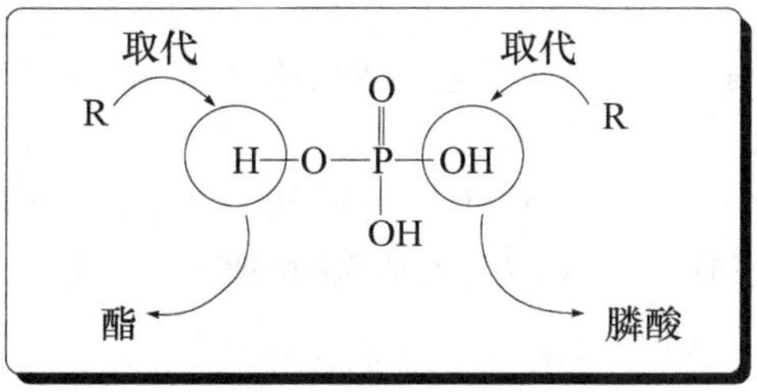

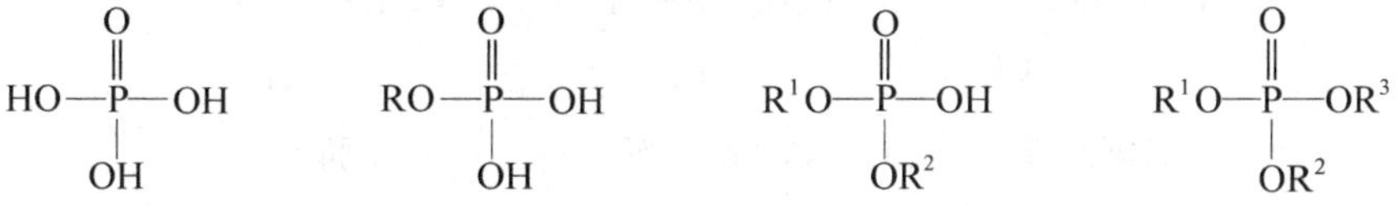

磷酸　磷酸烷基酯　磷酸二烷基酯　磷酸三烷基酯

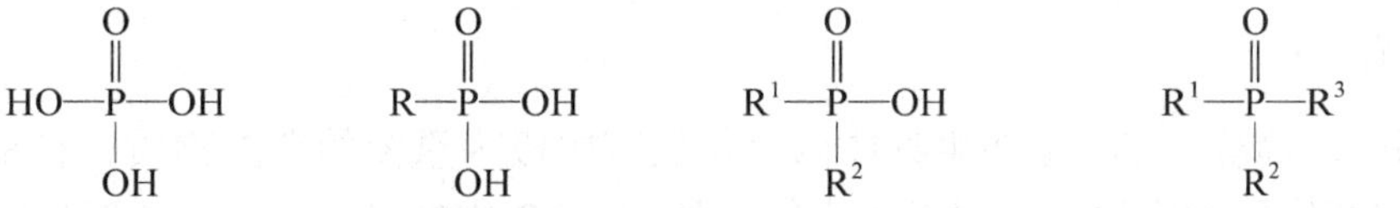

磷酸　烷基膦酸　二烷基膦酸　三烷基氧化膦(或氧化三烷基膦)

以亚磷酸为衍生物母体，可产生亚膦酸(亚膦酸的一个—OH 被一个烃基取代)、次亚膦酸(亚膦酸的两个—OH 被两个烃基取代)等含磷有机物，而亚磷酸中三个—OH 被三个烃基取代则有“膦”。亚磷酸、亚膦酸、次亚膦酸又可衍生出相应的酯等。

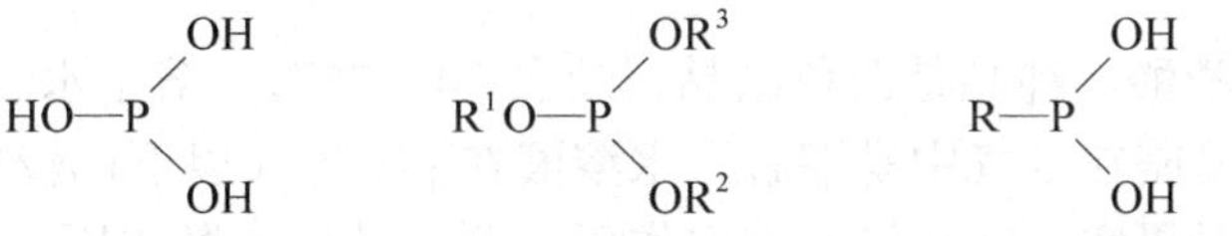

亚磷酸　亚磷酸酯　烃基亚膦酸

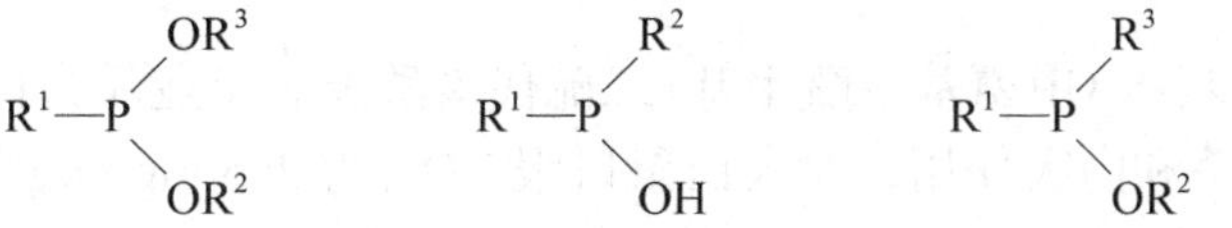

烃基亚膦酸酯　二烃基亚膦酸　二烃基亚膦酸酯

2. 命名

含磷有机化合物的命名至今尚缺乏简明的而又得到国际公认的命名方法。我国对含磷有

机化合物的命名，以名词特征作诠释。

膦、亚膦酸和膦酸的命名，在相应的“类名”前加上烃基的名称。名词特征均是烃基名称后缀“膦”或“亚膦酸”或“膦酸”作词尾。

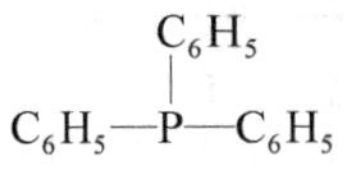

三苯基膦

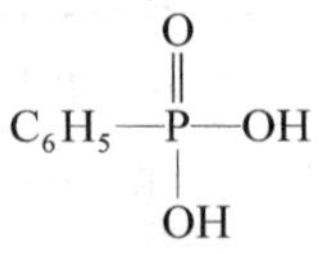

苯基膦酸

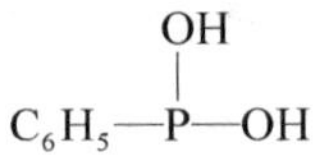

苯基亚膦酸

凡属含氧的酯基，都用前缀“O—烃基”表示；含 P—X 或 P—N 键的化合物，可以看做磷含氧酸的—OH 被—X，$—NH_2$($—NHR$，$—NR_2$)取代后形成的酰卤或酰胺。写出磷含氧酸名→将酸名中的“酸”改“酰”→后接“卤原子名”或“胺”，与羧酸衍生物中的酰氯、酰胺命名类似。例如

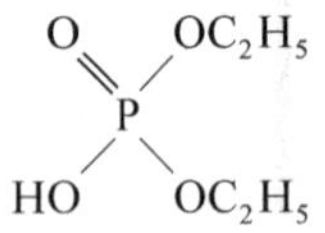

O,O-二乙基磷酸酯

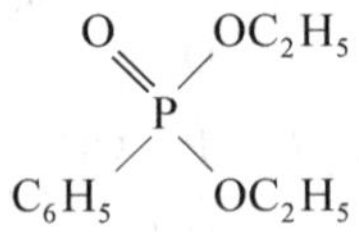

O,O-二乙基苯膦酸酯

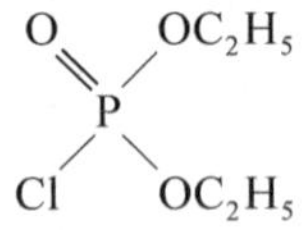

O,O-二乙基苯磷酰氯

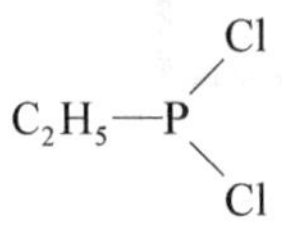

二氯乙膦

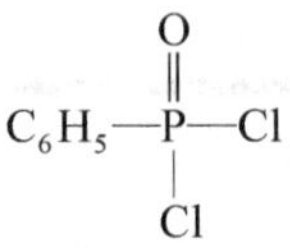

苯膦酰二氯

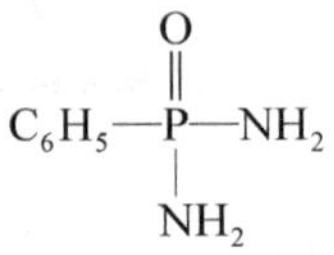

苯膦酰胺

10.3.2　含磷类代表化合物

1. 磷酸酯

三磷酸腺苷(简称 ATP)是在生物体内生化反应中极为重要的含能物质，它是一种三磷酸单酯，该酯在特定酶的作用下可以发生水解，致使 ATP 中的 P—O 键(称“高能键”)断裂而释放出 33～54 $kJ \cdot mol^{-1}$ 的较高能量(一般磷酸酯水解时释放的能量为 8～16 $kJ \cdot mol^{-1}$)，供许多生化过程(如光合作用、肌肉收缩、蛋白质的合成等)所需。

2. 有机磷农药

1) 乙烯利

学名为 α-氯乙基膦酸。纯品是白色结晶，熔点 74～75℃，溶于水、乙醇、苯、二氯乙烷等，不溶于石油醚，暴露在空气中易潮解，水溶液在 pH 为 3 以下比较稳定，pH 为 4 以上逐渐分解，放出乙烯，对果实、叶片等有催熟作用，并有其他刺激作用。

2) 乐果

学名为 *O,O*-二甲基-*S*-(甲氨基甲酰甲基)二硫代磷酸酯。工业品为白色结晶，熔点 52℃，有恶臭，对昆虫有触杀和内吸作用，对大白鼠口服 LD_{50} 为 205 $mg \cdot kg^{-1}$，残留期较短。

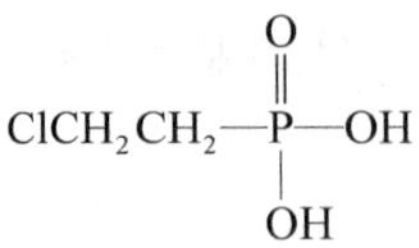

乙烯利

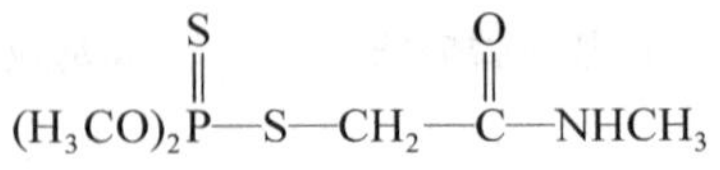

乐果

小　结

1. 思维导图(图 10-3)

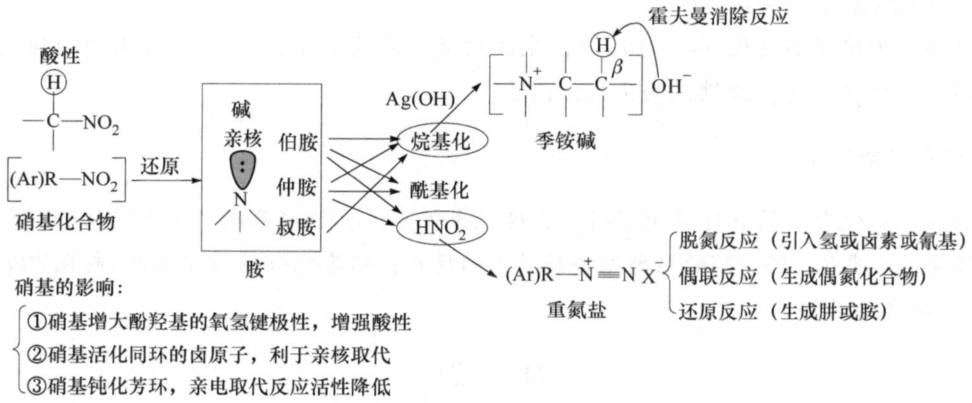

图 10-3　含氮有机化合物的主要化学性质

2. 胺的化学性质

1) 碱性

气相中碱性大小：$(CH_3)_3N > (CH_3)_2NH > CH_3NH_2 > NH_3$

溶液中碱性大小：$(CH_3)_2NH > CH_3NH_2 > (CH_3)_3N > NH_3$

2) 烃基化反应

氨与卤代烃反应形成伯、仲、叔胺和季铵。

3) 酰化反应

$$RNH_2 + C_6H_5COCl \longrightarrow C_6H_5CONHR$$

4) 磺酰化反应

$$RNH_2 + C_6H_5SO_2Cl \longrightarrow C_6H_5SO_2NHR \quad (\text{溶于 NaOH 水溶液})$$

$$R_2NH + C_6H_5SO_2Cl \longrightarrow C_6H_5SO_2NR_2 \quad (\text{不溶于 NaOH 水溶液})$$

$$R_3N + C_6H_5SO_2Cl \longrightarrow \text{无反应}$$

利用上述反应的差异，可以分离、区分三种胺。

5) 胺与亚硝酸反应及芳香族重氮盐的重要反应

$$RNH_2 + HNO_2 \xrightarrow{H_2O} ROH + N_2\uparrow$$

$$R_2NH + HNO_2 \longrightarrow R_2NH{-}N{=}O + H_2O$$

$$C_6H_5NH_2 + HNO_2 \xrightarrow{HX} C_6H_5N_2X$$

$$C_6H_5N_2X \xrightarrow{HX+CuX} C_6H_5X + N_2\uparrow \quad (X=Cl,Br)$$

$$C_6H_5N_2X \xrightarrow{KCN+CuCN} C_6H_5CN + N_2\uparrow$$

$$C_6H_5N_2X \xrightarrow{H_3PO_2} C_6H_6 + N_2\uparrow$$

$$C_6H_5N_2X \xrightarrow{KI} C_6H_5I + N_2\uparrow$$

$$C_6H_5N_2X \xrightarrow{H_2O} C_6H_5OH + N_2\uparrow$$

重氮盐可被还原剂(如 $SnCl_2$ 等)还原为苯肼。

6) 芳香胺的亲电取代反应

芳香胺的芳环易受亲电试剂的进攻，发生卤代、硝化和磺化反应。

7) 季铵碱的热分解反应

季铵碱在加热下易发生 β-消除反应，生成双键上连烷基最少的烯烃(霍夫曼消除反应)。当含有不止一个 β-H 时，酸性强的优先被消除。

3. 硝基化合物

脂肪族硝基化合物的 α-H 具有酸性；在碱性条件下，α-C(硝基碳负离子)可以作为亲核试剂，与醛能发生类似“醛、酮的羟醛缩合反应”的反应；硝基化合物催化加氢(或在“Fe+HCl”还原体系)被还原为胺。

习　　题

1. 用系统命名法命名下列化合物。

(1) 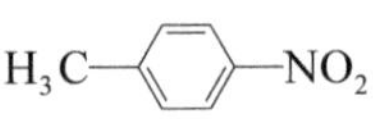
(2) 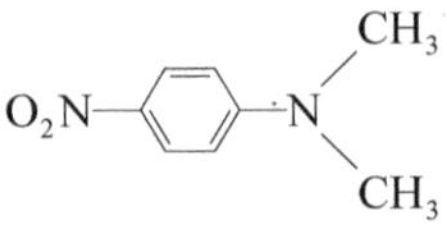
(3) 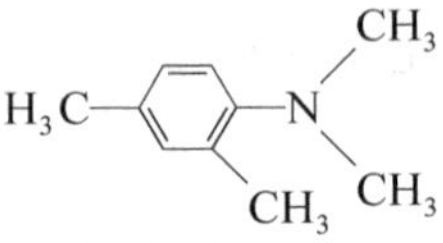

(4) 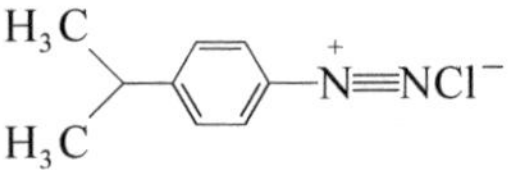
(5) 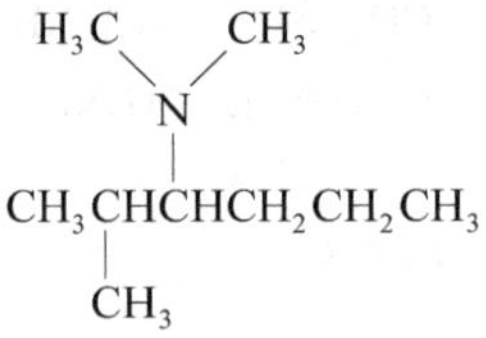
(6) 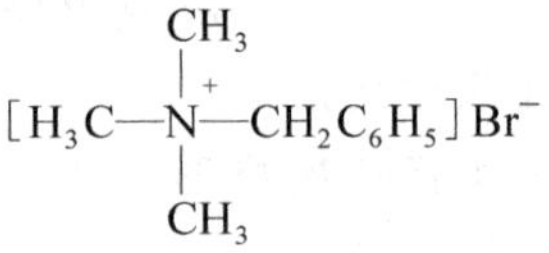

(7) 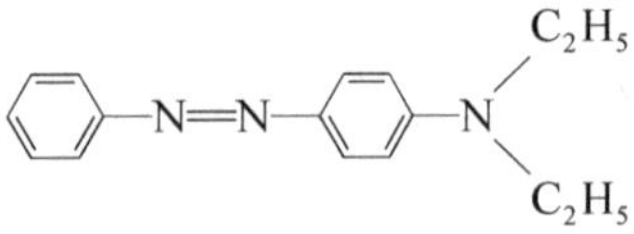
(8) 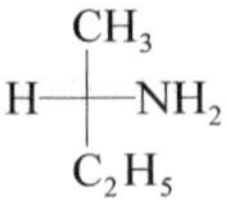
(9) 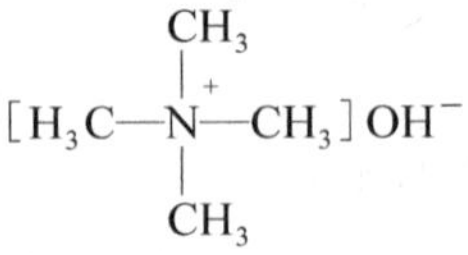

2. 写出下列化合物的结构式。

(1) 甲基乙基丙基胺　　(2) N-甲基-N-乙基对硝基苯胺

(3) 氢氧化四丁基铵　　(4) 对甲基溴化重氮苯

(5) 2-氨基-4-甲氧基戊醇　　(6) 氢氧化三甲基(2-羟乙基)铵(胆碱)

(7) 4′-二甲氨基偶氮苯-4-磺酸　　(8) N-甲基-2-萘胺

3. 用化学方法鉴定下列各组化合物。

(1) 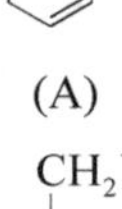 (A) 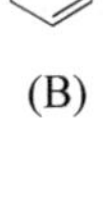 (B) 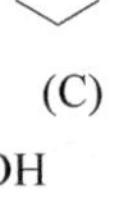 (C) 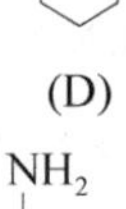 (D) 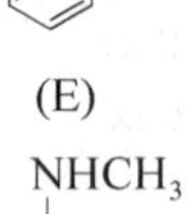 (E)

(2) 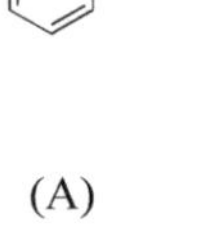 (A) 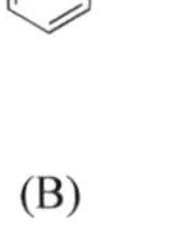 (B)  (C) 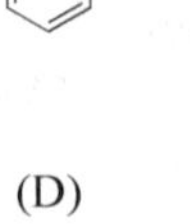 (D) 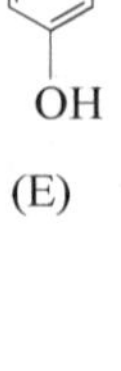 (E)

(3) 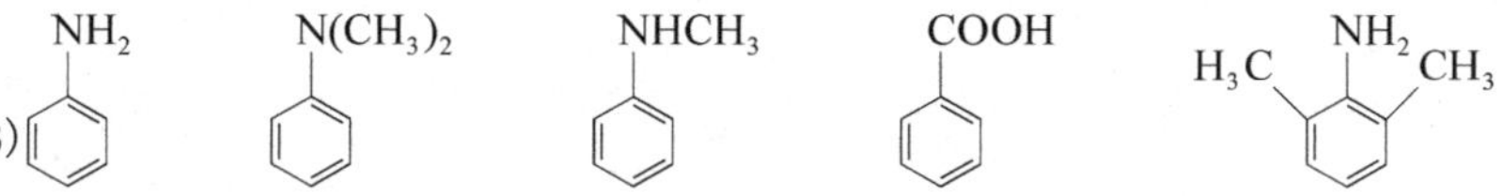

(A)　(B)　(C)　(D)　(E)

4. 将下列各组化合物(或离子)按碱性强弱次序排列。

(1) 氢氧化四甲基铵、对甲基苯胺、苯胺、乙酰苯胺、邻苯二甲酰亚胺

(2) 苯胺、对甲基苯胺、对硝基苯胺、间硝基苯胺、对甲氧基苯胺

(3) 氨基负离子(NH_2^-)、乙氧基负离子($C_2H_5O^-$)、乙酸根(CH_3COO^-)负离子、乙胺

5. 完成下列反应式。

(1) 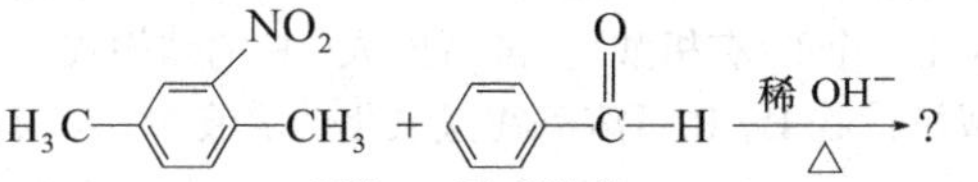 (提示：甲基上的氢具有酸性)

(2) 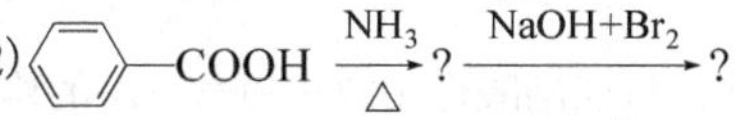 (提示：霍夫曼降级反应)

(3) 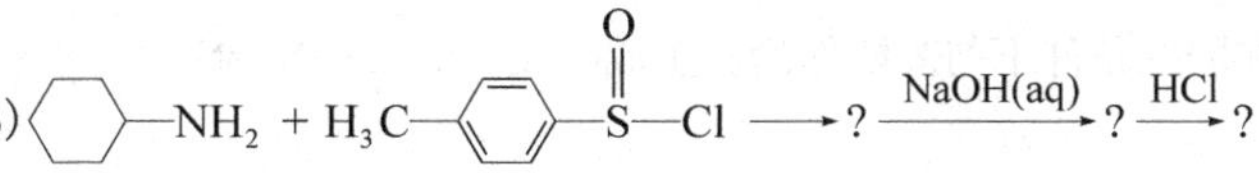

(4) 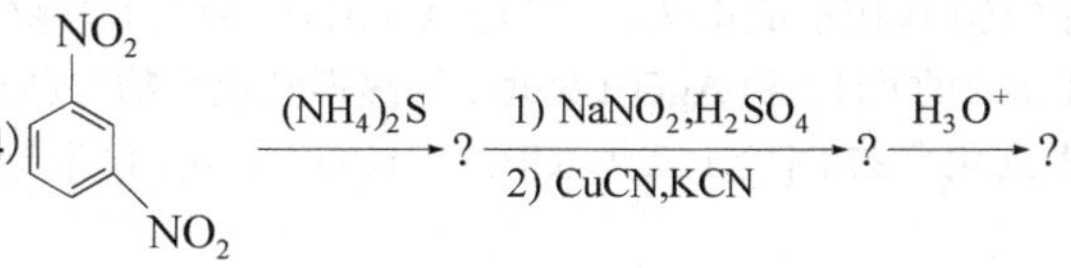 (提示：硫化铵只还原一个硝基)

(5) 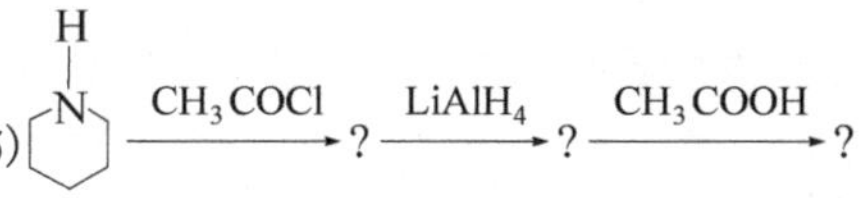 (提示：$LiAlH_4$还原酰胺为胺)

(6) 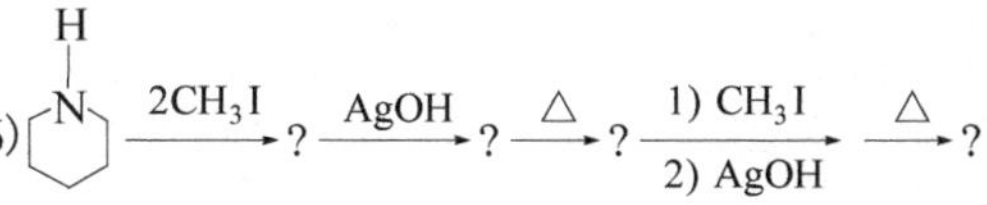

(7) 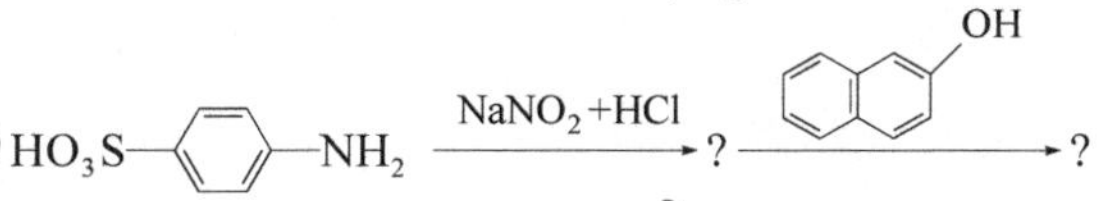

(8) 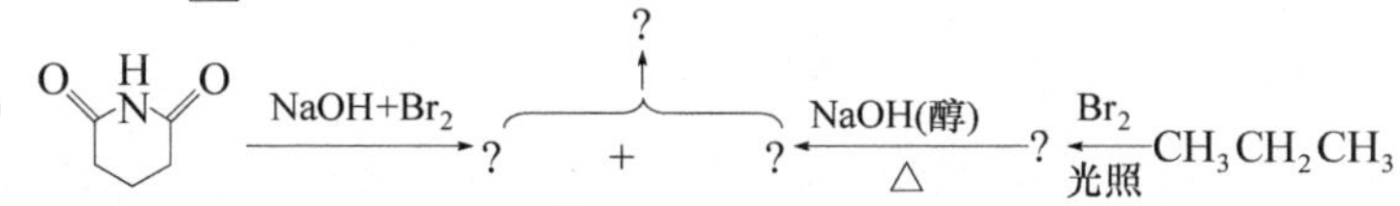

(9) 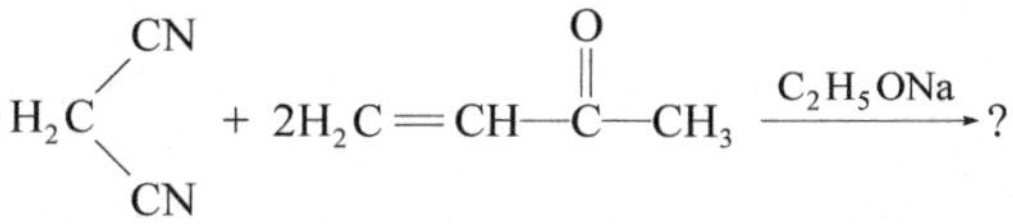

6. 分离提纯下列各组化合物。

(1) *N*-甲基苯胺、苯酚和苯胺

(2) 苄胺、苄醇和对甲苯酚

7. 由指定原料合成下列化合物(两个碳原子以下有机物和无机物任选)。

(1) 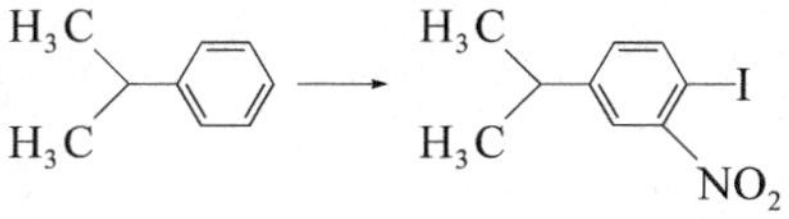

(2) 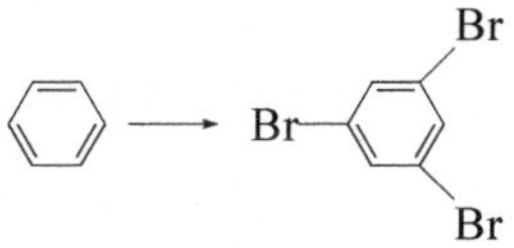

(3) 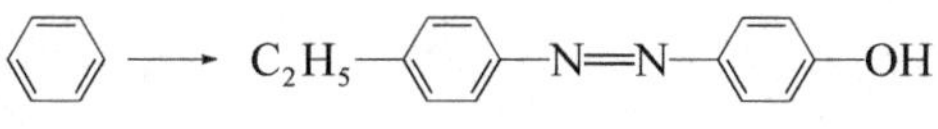

(4) 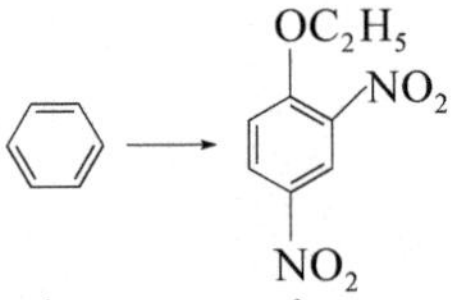

(5) 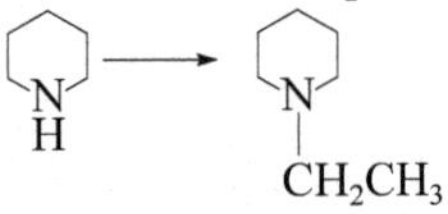　(提示：酰胺用$LiAlH_4$还原)

8. 推导题。

(1) 有一含氮有机化合物 A($C_5H_{13}N$)，用亚硝酸处理得到化合物 B($C_5H_{12}O$)。B 有碘仿反应；B 与浓硫酸共热生成 C(C_5H_{10})。C 与高锰酸钾作用，生成 D(酮)和一个 E(有机酸)。试写出 A～E 的结构式。

(2) 一个有机胺 A(C_7H_9N)，当用苯磺酰氯处理时，生成沉淀物 B，B 可溶解在氢氧化钠溶液中。A 与 HNO_2 反应有气体放出。试写出 A 和 B 的结构式。

(3) 化合物 A($C_8H_{11}N$)，具有旋光性，构型为 *S* 型。A 能溶于稀盐酸，与亚硝酸作用放出氮气。A 的构造异构体 B 在低温下与亚硝酸作用后，再在弱碱条件下与苯酚作用，生成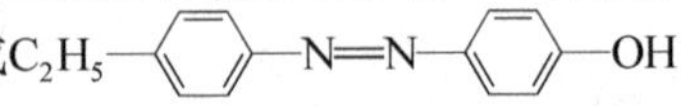。试推测 A 与 B 可能的结构式。

(4) 有一含氮有机化合物 A($C_7H_{15}N$)，能与 2 mol 的 CH_3I 作用形成季铵盐，后经 AgOH 处理后得到季铵碱，季铵碱加热得到 B(分子式为 $C_9H_{19}N$)；B 又经 1 mol 的 CH_3I 和 AgOH 处理，加热得到化合物 C(分子式为 C_7H_{12})和 $N(CH_3)_3$；C 用高锰酸钾氧化可以得到化合物 D[分子式为 $(CH_3)_2C(COOH)_2$]。试推导 A～C 的结构式。

第 11 章　杂环化合物和生物碱

在环状有机化合物中，组成环的原子除碳原子外，还有其他元素的原子，这类环状化合物就称为杂环化合物。一般把除碳原子以外的组成环的原子称为杂原子，常见的杂原子有 O、S 和 N。例如

呋喃 (furan)

噻吩 (thiophene)

吡咯 (pyrrole)

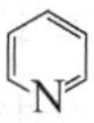

吡啶 (pyridine)

咪唑 (imidazole)

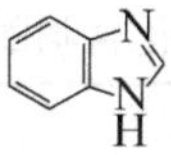

苯并咪唑 (benzoimidazole)

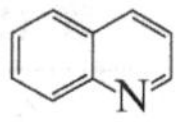

喹啉 (quinoline)

在杂环化合物中，根据组成环的杂原子种类和数量不同，杂环化合物可分为含一个、两个或多个杂原子的化合物。根据环的大小可分为三元杂环、四元杂环、五元杂环、六元杂环或更大的杂环，以及各种稠杂环化合物。由于组成杂环的杂原子的种类和数量不同，环的大小及稠合方式不同，导致杂环化合物种类繁多，数量庞大。近年来，在有机化学、药物化学领域，有关杂环化合物的研究工作占了相当大的比重。特别是杂环类化合物通过各种非共价键相互作用，以自加工、自组装、自组织等方式形成的超分子或多分子聚集体在超分子药物领域空前发展。

根据杂环化合物的定义，在前面章节学习的一些环状化合物如环氧化合物、内酯、内酰胺、*N*-溴代丁二酰亚胺(NBS)等化合物，也应属于杂环化合物。例如

环氧乙烷

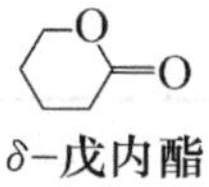

δ-戊内酯

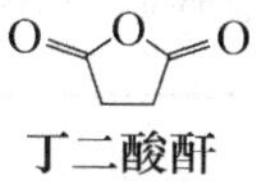

丁二酸酐

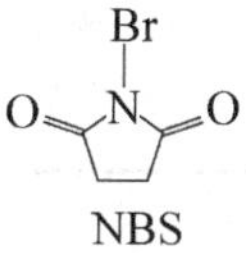

NBS

但这些化合物的性质与相应的脂肪族化合物比较接近，因此，通常不将这些化合物归为杂环化合物中讨论。本章主要讨论环系较稳定，且都具有不同程度的芳香性的杂环化合物(也称为芳杂化合物)。

杂环化合物广泛存在于自然界中。例如，植物中的叶绿素和动物细胞中的血红素都含有杂环结构，石油、煤焦油中有含硫、含氧、含氮的杂环化合物，部分维生素、抗生素和一些植物染料中都含有杂环，有些杂环是工业生产中重要的化工中间体和良好的溶剂。许多杂环化合物具有重要的生理活性，在人类疾病治疗中发挥重要作用。例如，抗高血压药氯沙坦含咪唑杂环；抗组胺药阿司咪唑、治疗胃溃疡药质子泵抑制剂奥美拉唑等含有苯并咪唑杂环；抗疟疾药磷酸伯胺喹含有喹啉杂环；抗结核药异烟肼含吡啶杂环；抗真菌药氟康唑含有三唑杂环。

杂环化合物无论在理论研究还是应用研究方面都显示出重要的作用，在有机化学、药物化学等领域，有关杂环化合物的研究备受关注，研究工作成绩斐然。本章对杂环化合物的结构、性质及应用等情况进行系统讲解。

11.1 杂环化合物

11.1.1 杂环化合物的分类和命名

1. 分类

杂环化合物大体可分为单杂环和稠杂环两大类。常见的单杂环为五元杂环和六元杂环，稠杂环是由苯环与单杂环稠合而成。还可根据杂环是否具有芳香性可分为芳香杂环和非芳香杂环。非芳香杂环化合物如四氢呋喃、四氢吡咯、六氢吡啶、内酯、内酰胺等，由于它们的性质与脂肪族非环状化合物相似，本章不再讨论。这里主要介绍具有芳香性的杂环化合物，现将常见的杂环化合物分类列于表 11-1。

表 11-1 杂环化合物的分类和结构式

分类	类别	含一个杂原子	含两个杂原子
五元杂环	单环	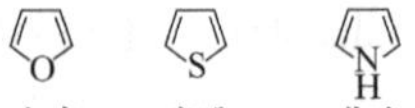 呋喃 (furan) 噻吩 (thiophene) 吡咯 (pyrrole)	 噁唑 (oxazole) 噻唑 (thiazole) 吡唑 (pyrazole) 咪唑 (imidazole)
	稠环	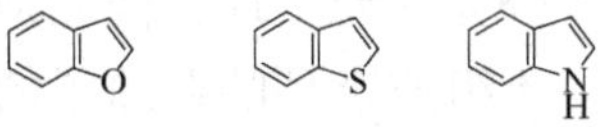 苯并呋喃 (benzofuran) 苯并噻吩 (benzothiophene) 吲哚 (indole)	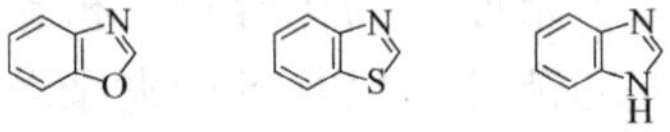 苯并噁唑 (benzooxazole) 苯并噻唑 (benzothiazole) 苯并咪唑 (benzoimidazole)
六元杂环	单环	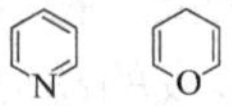 吡啶 (pyridine) 吡喃 (pyran)	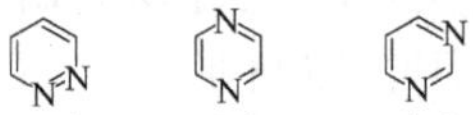 哒嗪 (pyridazine) 吡嗪 (pyrazine) 嘧啶 (pyrimidine)
	稠环	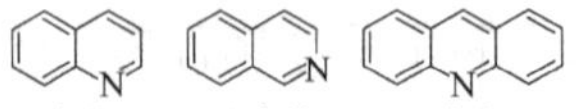 喹啉 (quinoline) 异喹啉 (isoquinoline) 吖啶 (acridine)	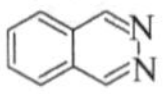 酞嗪 (phthalazine) 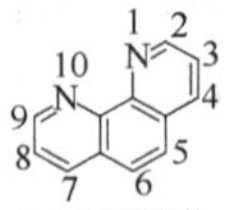 1,10-菲咯啉 (1,10-phenanthroline)

2. 命名

(1) 杂环化合物的命名较为复杂，多采用习惯命名法。我国目前一般采用音译法，即按杂环化合物的英文名称音译，选用同音汉字，并以“口”字旁表示为环状化合物。例如

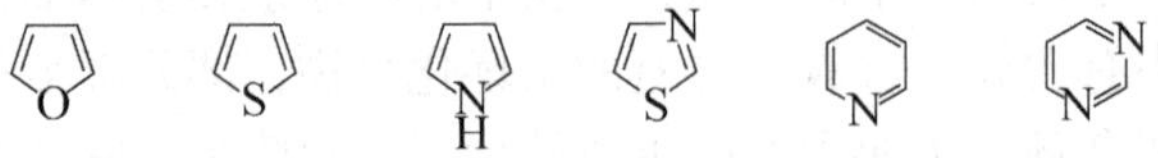

呋喃 (furan)　噻吩 (thiophene)　吡咯 (pyrrole)　噻唑 (thiazole)　吡啶 (pyridine)　嘧啶 (pyrimidine)

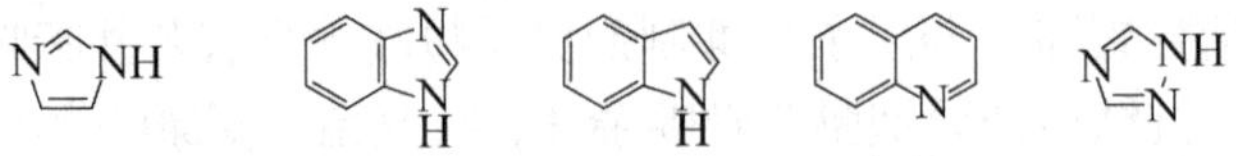

咪唑 (imidazole)　苯并咪唑 (benzoimidazole)　吲哚 (indole)　喹啉 (quinoline)　三唑 (triazole)

(2) 杂环上有取代基时，命名时以杂环为母体，将杂环上的原子编号。一般从杂原子开始，顺着环编号，依次用 1，2，3，4，5，…标记。例如

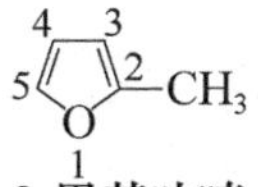

2-甲基呋喃
(2-methylfuran)

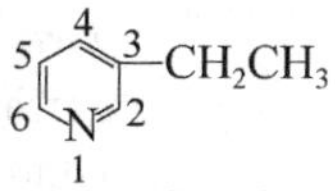

3-乙基吡啶
(3-ethylpyridine)

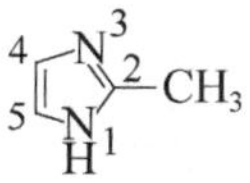

2-甲基咪唑
(2-methyl-1*H*-imidazole)

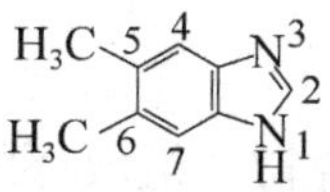

5,6-二甲基苯并咪唑
(5,6-dimethyl-1*H*-benzoimidazole)

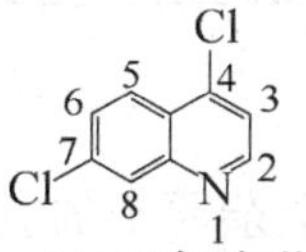

4,7-二氯喹啉
(4,7-dichloroquinoline)

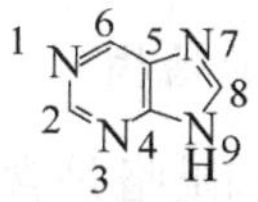

嘌呤
(purine)

(3) 环上含有不同杂原子时，按 O、S、N 顺序依次编号。编号时杂原子的位次应遵循最低系列原则。例如

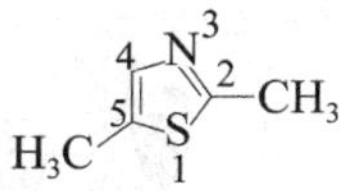

2,5-二甲基噻唑
(2,5-dimethylthiazole)

(4) 环上只有一个杂原子时，有时也用α，β，γ，…编号。例如

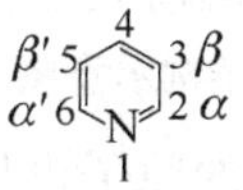

吡啶
(pyridine)

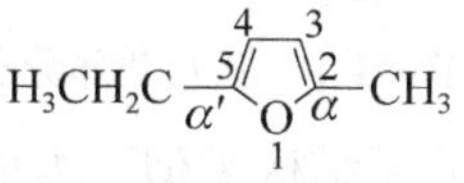

α-甲基-α'-乙基呋喃
(2-methyl-5-ethylfuran)

思考题 11-1　命名下列化合物。

(1) 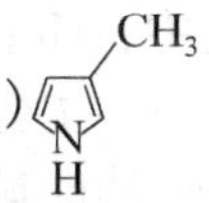　(2) 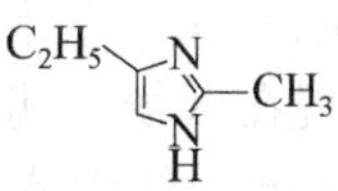　(3) 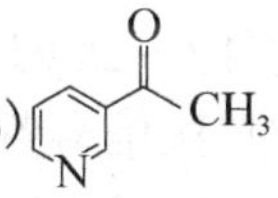　(4) 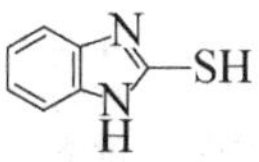

思考题 11-2　写出下列化合物的结构式。

(1) 5-甲基噻唑　(2) α-呋喃甲醛　(3) 2-苯基三唑　(4) 6-氨基-2-羟基嘌呤

11.1.2　五元杂环化合物

五元杂环化合物主要包括含一个杂原子的化合物，如呋喃、噻吩和吡咯；含两个杂原子的化合物，如噻唑、咪唑、吡唑、咔唑和噁唑；含三个杂原子的化合物，如三唑等。

1. 物理性质与结构

呋喃、噻吩和吡咯都是无色液体，难溶于水，易溶于有机溶剂。吡咯氮上的氢可与水形成氢键，呋喃环上的氧也可与水形成氢键，但相对较弱，而噻吩环上的硫不能与水形成氢键，因此，这三个化合物在水中的溶解度顺序为吡咯＞呋喃＞噻吩。部分五元杂环化合物的物理常数见表 11-2。

表 11-2　五元杂环化合物的物理常数

名称	沸点/℃	熔点/℃	相对密度 d_4^{20}	折光率 n_D^{20}
呋喃	31.4	−86	0.9336	1.4216
噻吩	84.2	−38	1.070	1.0649
吡咯	131	−24	0.9700	1.5080
咪唑	257	90～91	1.0303	1.4801
吡唑	187～188	70	—	1.4023
噻唑	117	—	1.998	1.5969

2. 五元杂环的结构

呋喃、噻吩和吡咯是含一个杂原子的五元杂环化合物，组成环的五个原子处于同一平面上，呈 sp^2 杂化状态，环上五个原子彼此以 σ 键相连，每个碳原子在 p 轨道上含有一个电子，杂原子未共用电子对也处于 p 轨道上，这五个 p 轨道都垂直于环平面，相互重叠，构成闭合共轭体系，π电子数为 6 个，其 p 电子数与苯环上的 p 电子数相同，符合休克尔 $4n+2$ 规则，具有芳香性，分子结构见图 11-1。

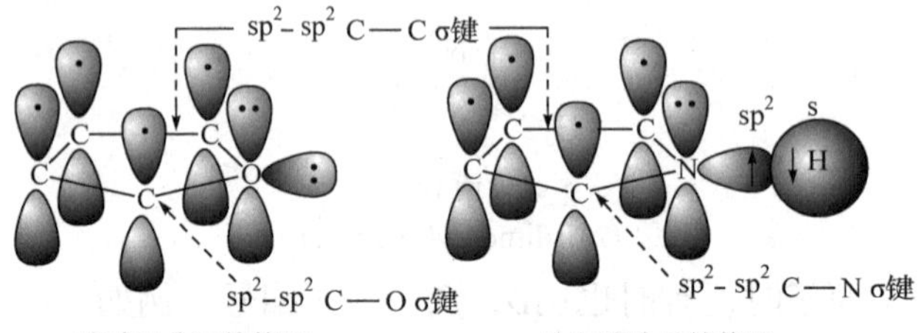

图 11-1　五元杂环分子的结构示意图

噻吩的分子结构与呋喃的分子结构类似，组成环的原子也呈 sp^2 杂化状态。呋喃、噻吩和吡咯分子的π电子云分布示意图见图 11-2。

呋喃、吡咯和噻吩的离域能分别为 67 kJ · mol^{-1}、88 kJ · mol^{-1} 和 117 kJ · mol^{-1}，比苯的离域能 150.5117 kJ · mol^{-1} 低，但比大多数共轭二烯的离域能（12～28 kJ · mol^{-1}）大。在核磁共振谱中，环上氢的核磁共振信号都出现在低场，其中 $\delta_{\alpha\text{-H}}$=6.68～7.42 ppm，$\delta_{\beta\text{-H}}$=6.22～7.10 ppm，位于芳香族化合物的区域内，这些也是它们具有芳香性的标志，许多实验结果表明，芳香性大小为：苯＞噻吩＞吡咯＞呋喃。

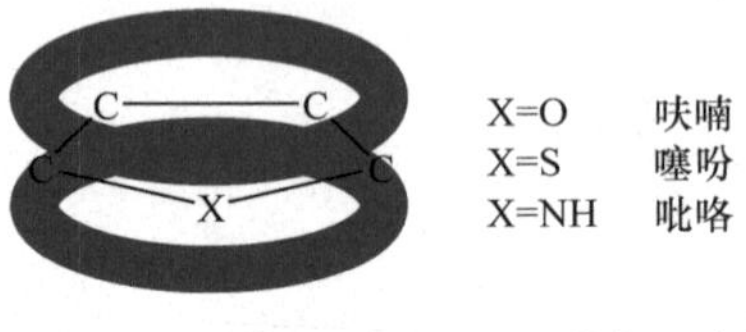

图 11-2　五元杂环的π电子云分布示意图

其他一些五元杂环如咪唑、噻唑、嘧啶等的电子结构与上述几个环类似，同样具有闭合共轭体系，π电子数也为 6，符合休克尔 $4n+2$ 规则，具有芳香性。

3. 化学性质

五元杂环由于五个原子共用 6 个π电子，因此π电子云密度较苯环高，发生亲电取代反应的速率也比苯快。吡咯和呋喃的亲电取代反应较为活泼，吡咯的活泼度与苯胺或苯酚相当，而噻吩弱于吡咯和呋喃，但仍比苯强。亲电取代反应活性大小：吡咯＞呋喃＞噻吩＞苯。另外，五元杂环的不饱和性，导致它们可以发生加成反应。呋喃、噻吩和吡咯都含有共轭二烯结构，可发生 Diels-Alder 反应。五元杂环的主要化学性质见图 11-3。

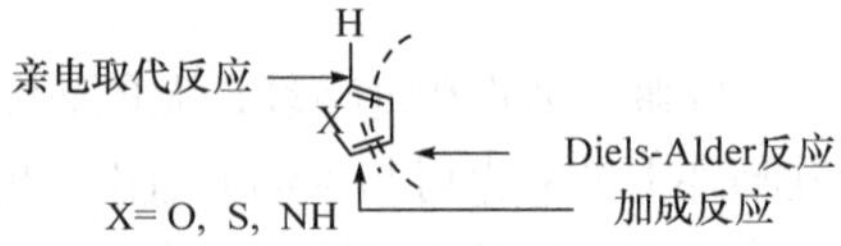

图 11-3　五元杂环的主要化学性质

1)亲电取代反应

(1)呋喃的亲电取代反应。

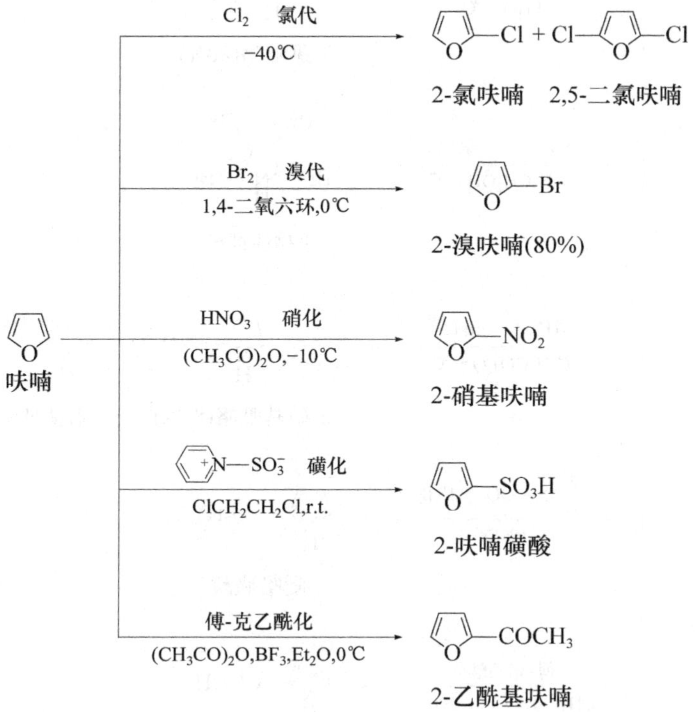

(2)噻吩的亲电取代反应。

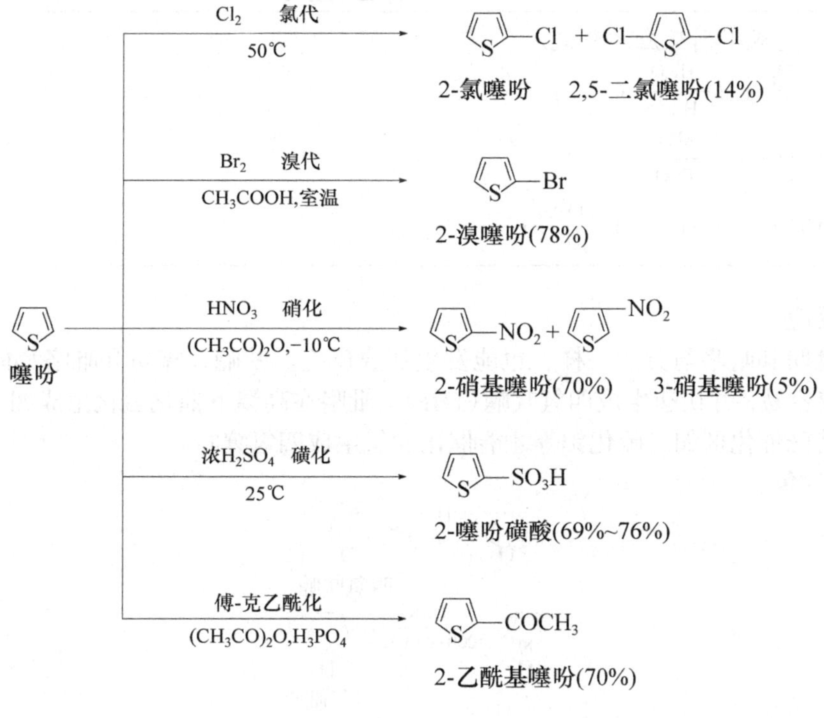

(3) 吡咯的亲电取代反应。

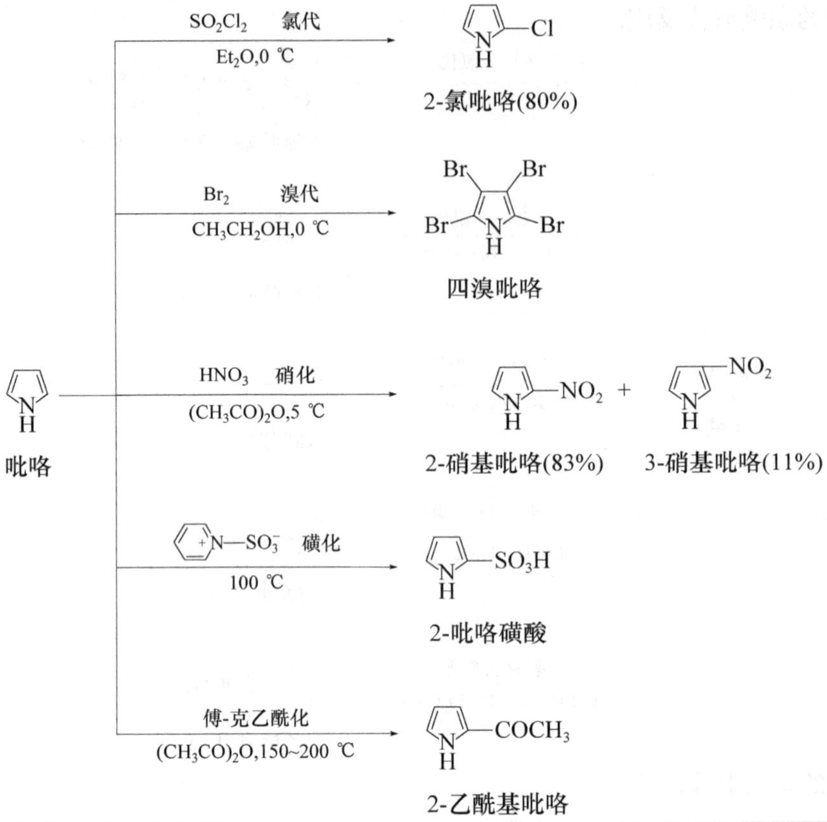

思考题 11-3　完成下列反应方程式。

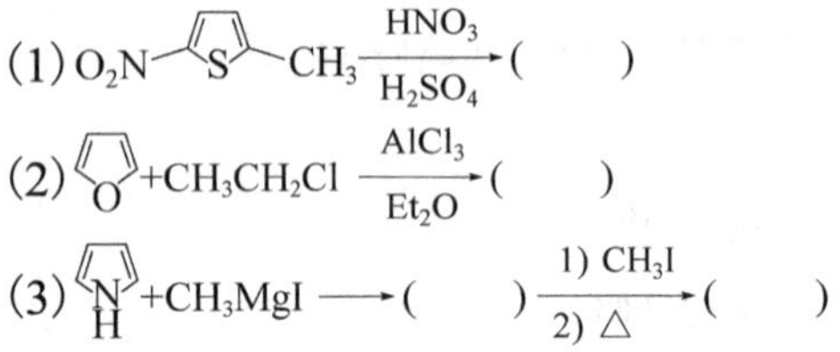

2) 加成反应

呋喃、噻吩和吡咯与芳烃一样，也能发生加成反应。呋喃、噻吩和吡咯都能发生催化加氢，但呋喃较容易，并快速生成四氢呋喃(THF)。吡咯在高温下催化氢化生成四氢吡咯，而噻吩则需某些特殊催化剂如二硫化钼等才能催化加氢生成四氢噻吩。

(1) 催化加氢。

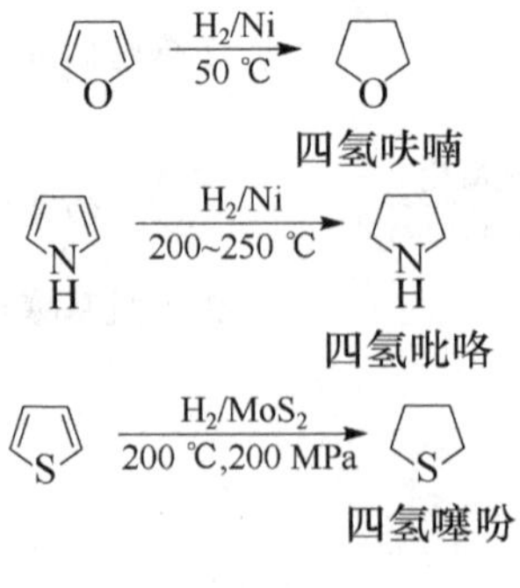

(2) Diels-Alder 反应。

呋喃、噻吩和吡咯都含有共轭二烯结构，都能发生 Diels-Alder 反应，但反应难易程度不同。例如，呋喃与顺丁烯二酸酐的加成很容易，主要生成内式异构体。噻吩与含炔键的亲双烯体加成研究较多，产物不稳定，通常脱硫而得苯的衍生物。吡咯与亲双烯体反应较难，条件苛刻。

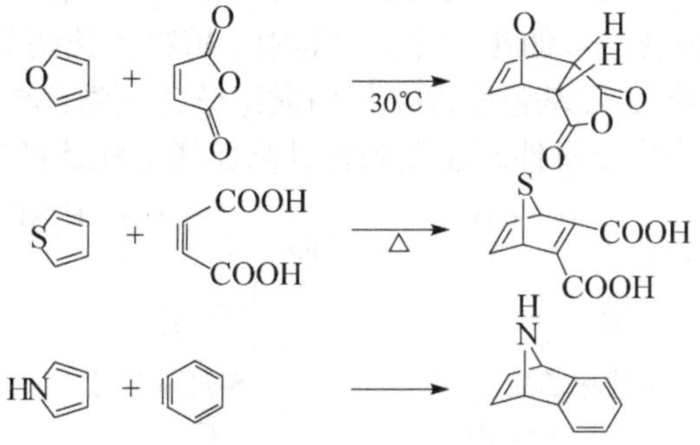

3) 吡咯的酸碱性

从结构看，吡咯是一个环状仲胺，但由于氮原子上未共用电子对参与环的共轭，降低了氮原子上的电子云密度，从而减弱了接受 H^+的能力，所以吡咯的碱性极弱，$K_b=2.5\times10^{-14}$，碱性比苯胺弱。另一方面，吡咯氮原子上的氢原子具有较弱的酸性，酸性比醇强，而弱于苯酚，故吡咯可以与固体氢氧化钾或氢氧化钠加热反应生成吡咯盐，吡咯盐是制备吡咯衍生物的重要中间体。

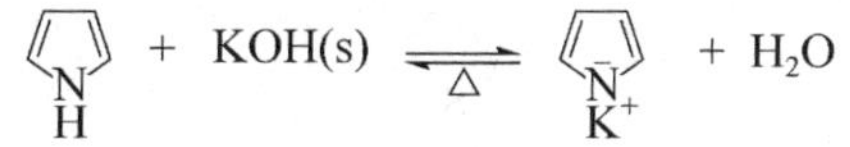

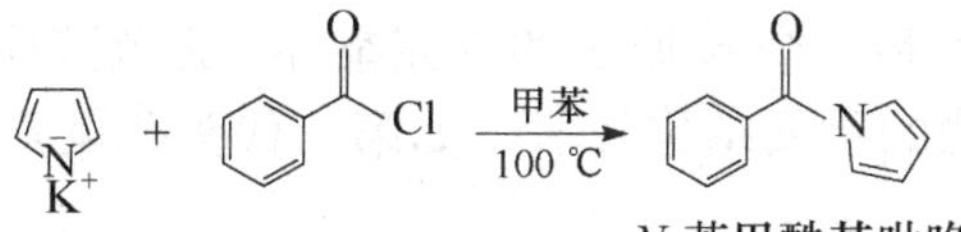

N-苯甲酰基吡咯

4. 重要的五元杂环化合物及其衍生物

1) 糠醛及其衍生物

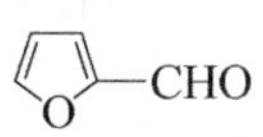

糠醛的化学名为α-呋喃甲醛，是呋喃的衍生物。因为最初是用米糠与稀酸共热得到的，所以称为糠醛。糠醛为无色透明液体，沸点 161.7℃，在空气中逐渐变为黄色至棕色。可溶于水，能溶于醇、醚等有机溶剂中。糠醛作为良好的溶剂常用做精炼石油、精制松香，是一种重要的化工、医药中间体。例如，由糠醛催化加氢制备糠醇树脂的单体糠醇；糠醛的硝化产物可以制备一系列抗菌药物，如治疗泌尿感染的药物呋喃坦丁，治疗痢疾的药物痢特灵等。

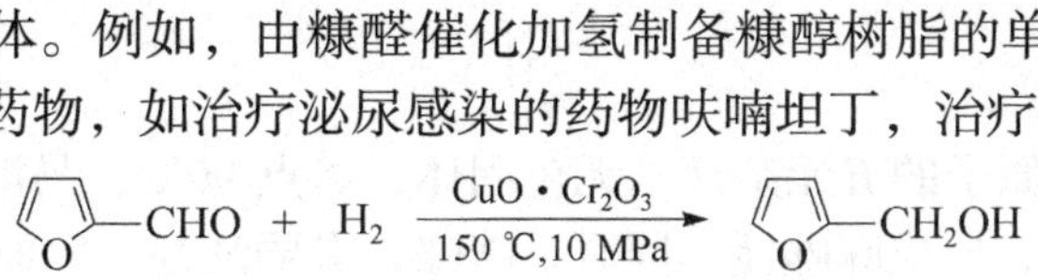

糠醇

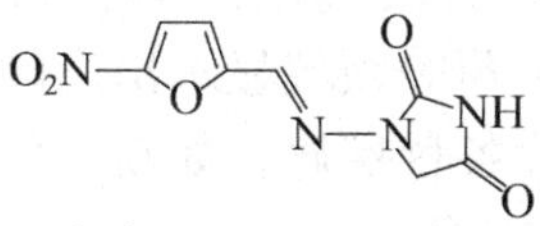

呋喃坦丁(furadantin)

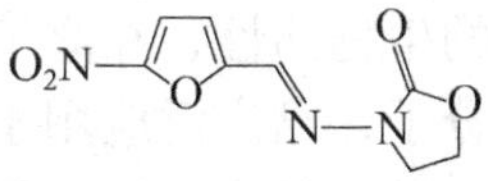

痢特灵(furazolidone)

2）吲哚及其衍生物

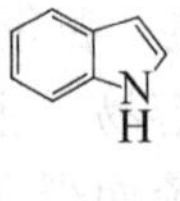

吲哚又称苯并吡咯，白色晶体，熔点 52.5℃，沸点 254℃。吲哚的化学性质与吡咯相似，碱性极弱，亲电取代发生在 3 位。吲哚及其同系物和衍生物广泛存在于自然界，主要存在于天然花油，如茉莉花、苦橙花、水仙花、香罗兰等中。植物生长调节剂β-吲哚乙酸，哺乳动物及人脑思维活动的重要物质 5-羟基色胺以及蛋白质组分色氨酸都含有吲哚环，吲哚也是众多药物的重要结构片段，如治疗原发性高血压和肾性高血压等疾病的吲哚拉明等。

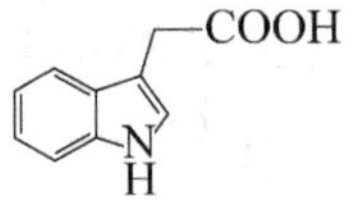

β-吲哚乙酸

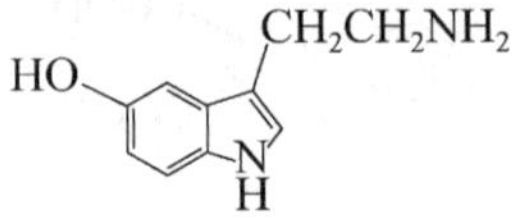

5-羟基色胺

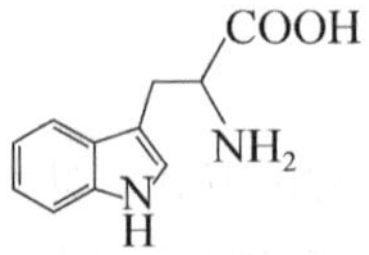

色氨酸

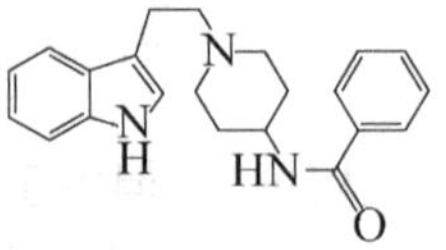

吲哚拉明(indoramin)

3）噻唑及其衍生物

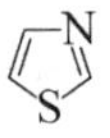

噻唑是含有一个 S 原子和一个 N 原子的五元杂环，无色液体，沸点 117℃，易溶于水，具有弱碱性。它是众多药物的重要结构片段，如第三代头孢菌素类药物头孢噻肟、头孢地嗪等。

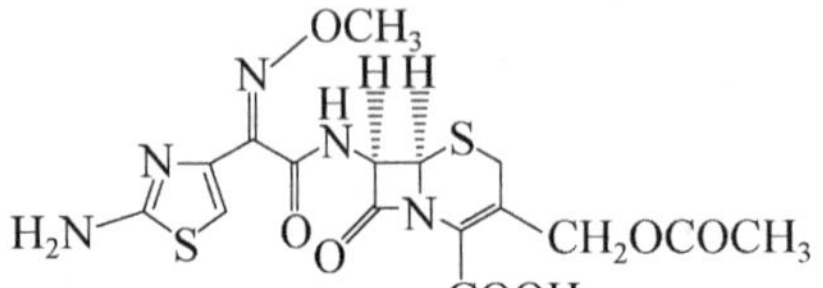

头孢噻肟(cefotaxime)

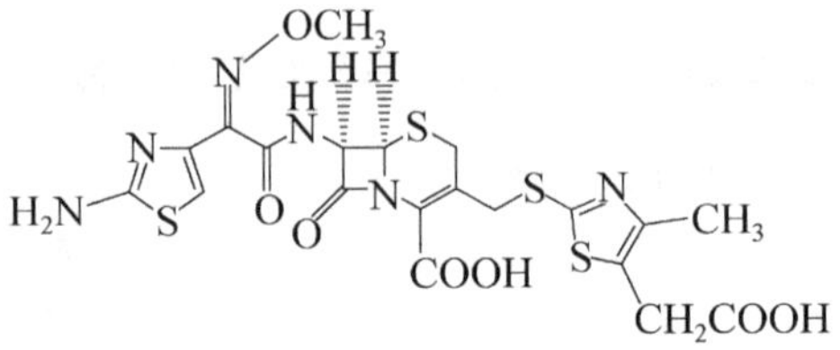

头孢地嗪(cefodizime)

4）咪唑及其衍生物

咪唑是含有两个 N 原子的五元杂环，无色固体，熔点 90℃，易溶于水，碱性较噻唑强，3 位 N 原子能与 H^+结合，形成咪唑鎓，同时，咪唑具有弱酸性，N 原子上的 H 原子可被碱金属置换成盐。咪唑能够发生五元杂环典型的反应如卤代、硝化、磺化和傅-克反应等。含咪唑环的化合物具有广泛的生物活性，在离子液体、医药等领域显示出广阔的应用前景，特别是以咪唑环构筑的药物分子，已广泛应用于临床治疗各种疾病，如新一代催眠药唑吡旦、抗溃疡药西咪替丁、抗高血压药氯沙坦和抗真菌药克霉唑等。

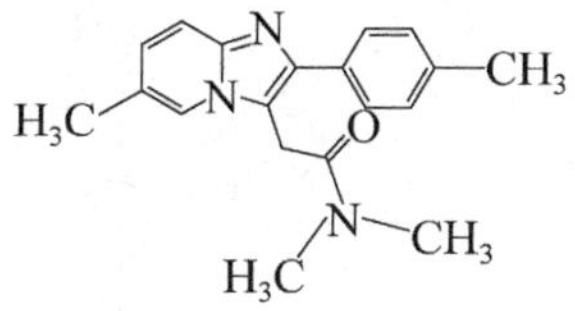

唑吡旦(zolpidem)

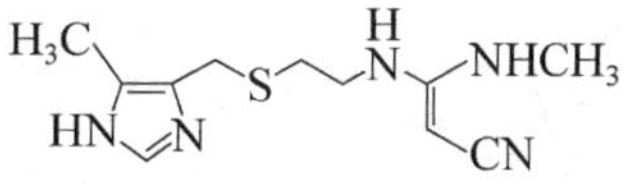

西咪替丁(cimetidine)

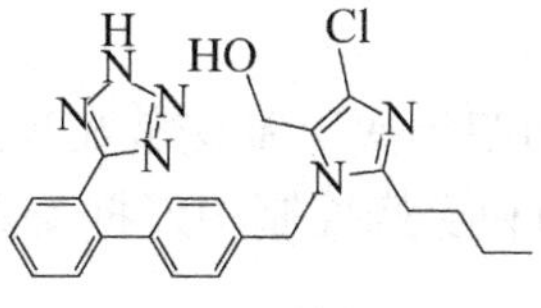

氯沙坦(losartan)

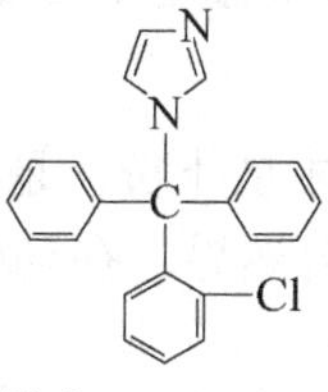

克霉唑(clotrimazole)

5）苯并咪唑及其衍生物

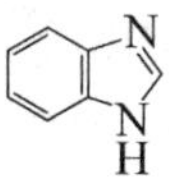

苯并咪唑是咪唑的衍生物，白色片状结晶，熔点 174℃，呈弱碱性，微溶于水，易溶于乙醇等有机溶剂，是一类具有广泛用途的含氮杂环化合物。近年来，无数研究致力于使用苯并咪唑环构筑各种各样的功能分子，如功能材料、农药、医药等。特别是在医药领域的研究与开发，取得了众多杰出成果。更为重要的是以苯并咪唑环构筑的药物分子，呈现出广泛的生物活性，如作为组胺受体拮抗剂、质子泵抑制剂、抗高血压、抗寄生虫、抗菌、抗真菌、抗病毒、抗癌、镇痛等。目前，已有众多的苯并咪唑类药物广泛用于临床治疗多种疾病，如治疗过敏性鼻炎等过敏性炎症的阿司咪唑、抗高血压药替米沙坦、治疗胃溃疡药奥美拉唑、抗寄生虫药阿苯达唑等。

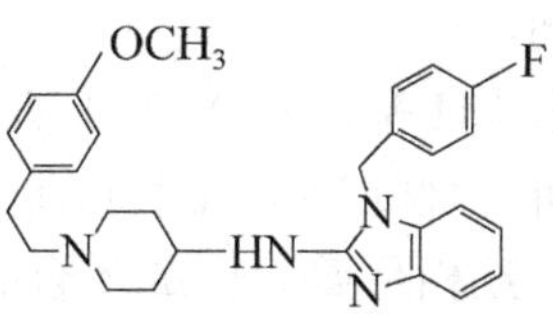

阿司咪唑(astemizole)

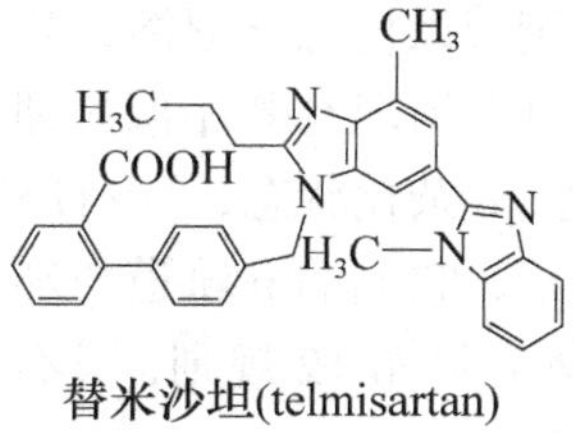

替米沙坦(telmisartan)

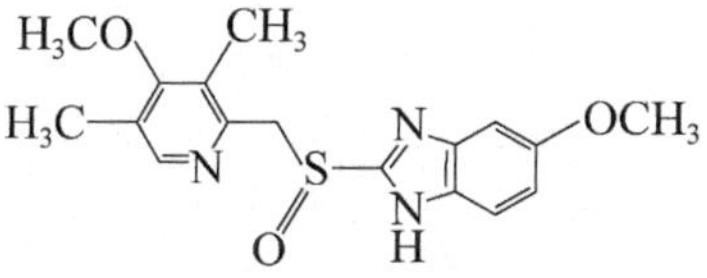

奥美拉唑(omeprazole)

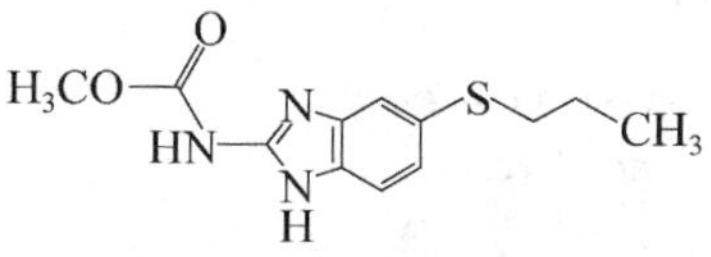

阿苯达唑(albendazole)

6）三唑及其衍生物

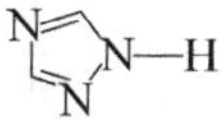

1,2,4-三唑

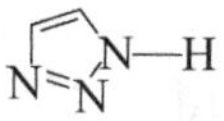

1,2,3-三唑

通常所说的三唑指的是 1,2,4-三唑，白色针状晶体，工业品为浅黄色或褐色针状晶体，吸水性强，是重要的农药、医药中间体，如抗真菌药特康唑和氟康唑等。近年来报道了利用点击化学（click chemistry）合成 1,2,3-三唑的方法，为 1,2,3-三唑的广泛应用提供了方便。

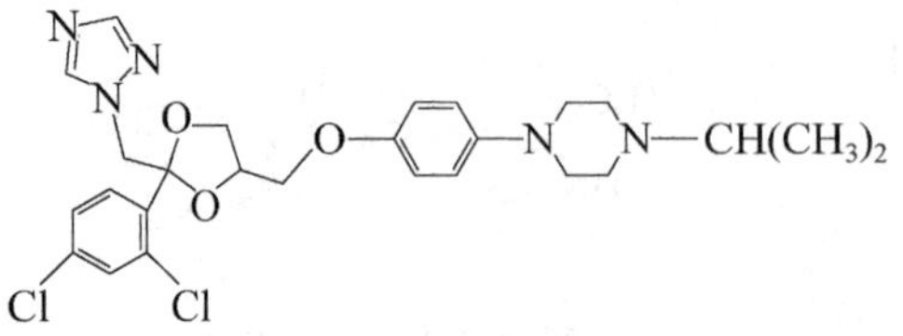
特康唑(terconazole)

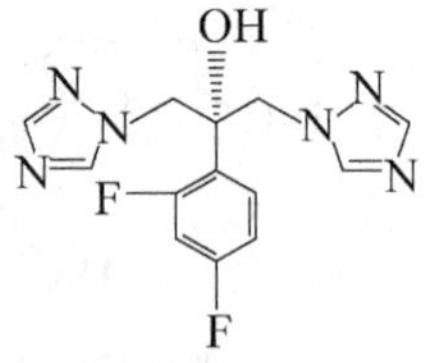
氟康唑(fluconazole)

7) 卟啉及其衍生物

卟啉类化合物的母体是卟吩，是由四个吡咯环和四个次甲基交替相连组成的共轭体系。卟啉化合物广泛分布于自然界，在动植物的生命活动和疾病控制中发挥着重要作用。

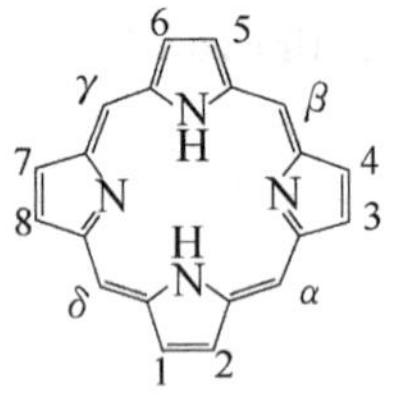
卟吩

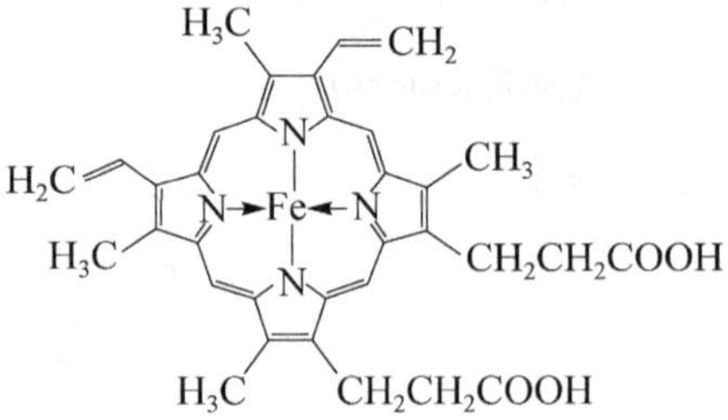
血红素

11.1.3　六元杂环化合物

六元杂环化合物最重要的是吡啶和喹啉，它们广泛存在于自然界，是重要的化工医药中间体，很多药物中含有吡啶环和喹啉环，本书以吡啶为例，介绍六元杂环化合物的主要性质。

1. 吡啶的物理性质和结构

吡啶是一种无色具有特殊臭味的液体，沸点 115.5℃，凝固点 42℃，相对密度 0.982，能与水、乙醇和乙醚等以任意比混溶，是一种良好的溶剂。

吡啶分子的键合情况与苯相似，即苯分子中的一个 CH 基团被 N 原子所取代。环上 C 原子和 N 原子都是 sp^2 杂化状态，所有原子共处同一平面。吡啶环上五个 C 原子与一个 N 原子各提供一个 p 电子，它们的 p 轨道与环平面相互垂直，互相重叠，构成闭合共轭体系，其π电子数为 6，符合休克尔 $4n+2$ 规则，具有芳香性。吡啶分子结构及分子轨道中的π电子云分布见图 11-4 和图 11-5。

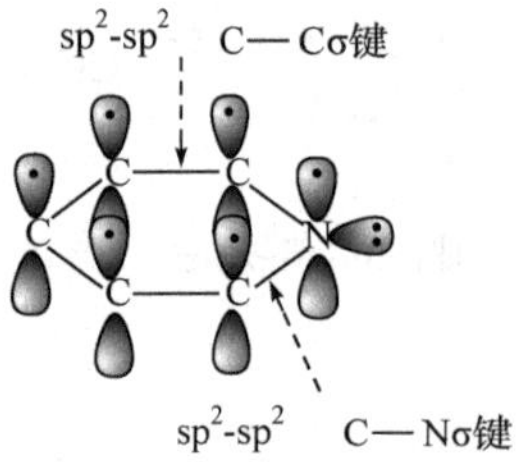

图 11-4　吡啶分子结构示意图

图 11-5　吡啶分子电子云示意图

2. 吡啶的化学性质

1) 吡啶的碱性

由于吡啶 N 原子的孤对电子未参与π电子共轭，可以接受 H^+，所以吡啶具有碱性。25℃

下，吡啶在水中的 $K_b=2.3\times10^{-9}$。环上吸电子基减弱其碱性，给电子基增强其碱性。吡啶可以与强酸生成盐，也可以与许多路易斯酸生成配合物。

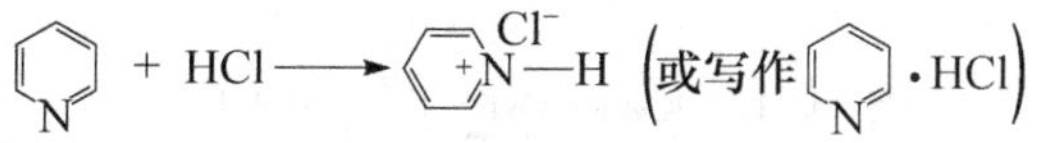

吡啶与酰氯作用生成盐，产物是具有良好用途的酰化剂。

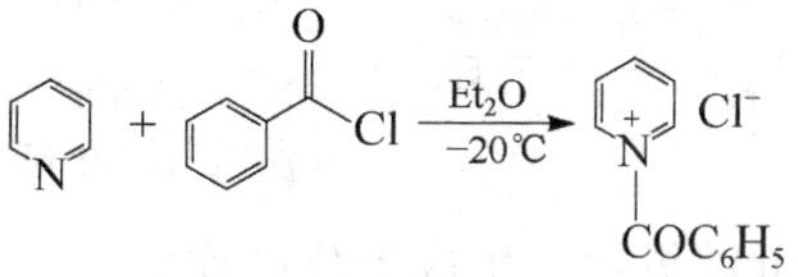

2) 亲电取代反应

由于吡啶 N 原子的电负性比 C 原子大，整个环的电子云密度分布不均，并且氮原子使得其邻、对位的电子云密度降低，所以吡啶的亲电取代反应较苯困难，主要发生在电子云密度较高的β-位上。若吡啶环上含有吸电子基，则一般不发生亲电取代反应，若吡啶环上含有烷氧基、氨基等给电子基，则有利于亲电取代反应。

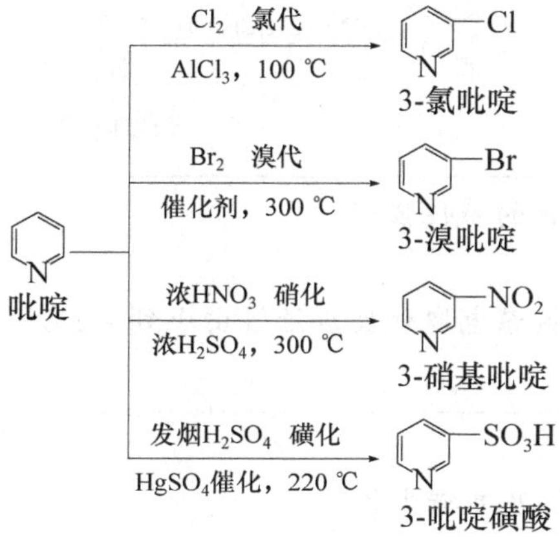

3) 亲核取代反应

吡啶环由于电子云分布较低，易发生亲核取代反应，反应部位一般发生在α-位。吡啶与氨基钠在 *N,N*-二甲基苯胺溶液中加热到 110℃，吡啶α-位上的氢负离子被亲核性极强的氨基负离子取代，产生氢气，该反应称为齐齐巴宾(Chichibabin)反应。

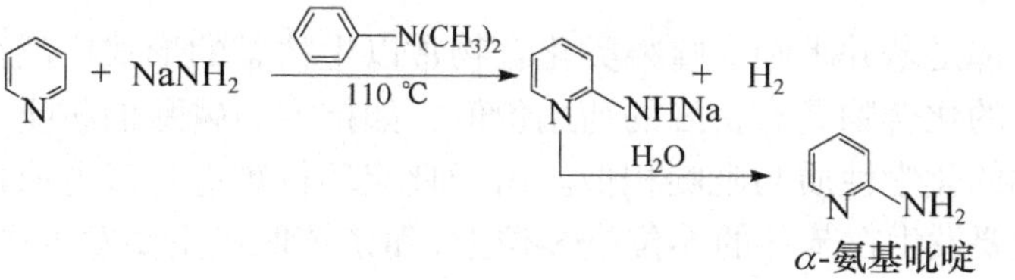

吡啶与有机锂试剂作用，生成 2-烃基吡啶。

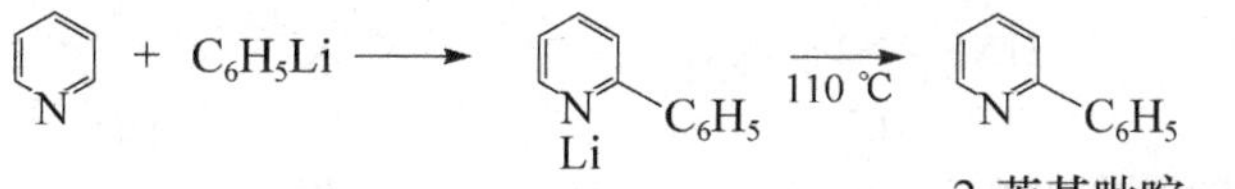

2-苯基吡啶

4) 氧化反应

吡啶环不易被氧化，在酸性氧化剂如浓硝酸、高锰酸钾条件下，吡啶比苯稳定。吡啶同系物氧化时，侧链优先氧化。

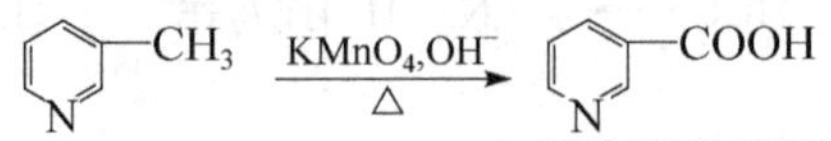

3-吡啶甲酸(烟酸)

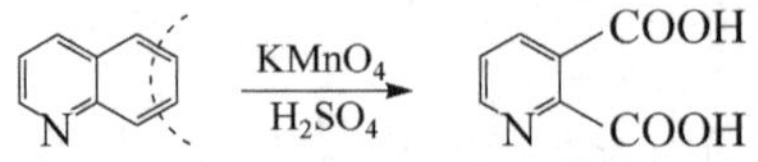

α,β-吡啶二甲酸

在过氧化物存在下，吡啶可被氧化，生成氧化产物。

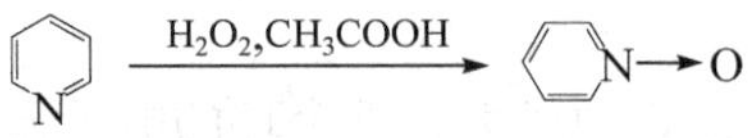

5) 还原反应

吡啶对还原剂比苯活泼，经催化氢化或醇钠还原为六氢吡啶，六氢吡啶也称为胡椒啶。六氢吡啶及其衍生物广泛存在于自然界中，很多生物碱含有六氢吡啶环。

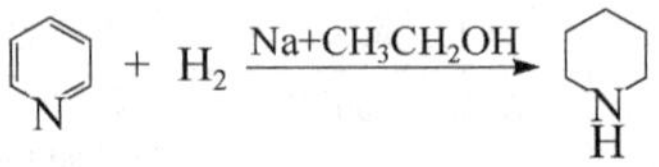

六氢吡啶

思考题 11-4　比较下列化合物的碱性强弱。

　　苯胺、吡咯、吡啶、氨

思考题 11-5　将下列化合物按亲电取代反应活性由小到大排序。

　　呋喃、噻吩、吡啶、苯

3. 重要的六元杂环化合物及其衍生物

1) 喹啉及其衍生物

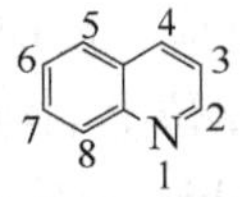

喹啉(quinoline)

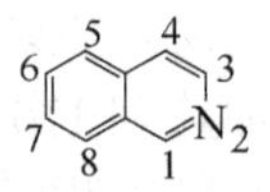

异喹啉(isoquinoline)

喹啉和异喹啉都是苯并吡啶。喹啉类化合物常以生物碱的形式广泛存在于自然界中，其中许多含有喹啉环的化合物具有良好的药用价值，如抗疟药磷酸伯胺喹、抗肿瘤药物喜树碱等。喹啉与异喹啉的化学性质与吡啶相似。由于吡啶环较难进行亲电取代反应，因此喹啉环的亲电取代反应主要发生在苯环的5-位或8-位上，而亲核取代主要发生在吡啶环2-位或4-位。

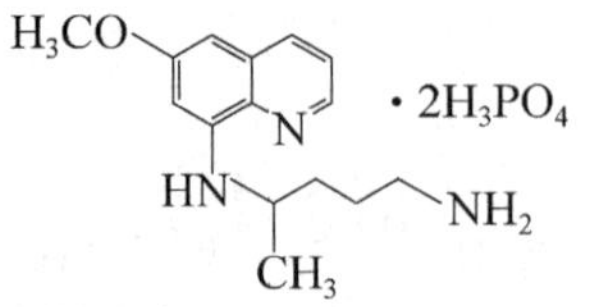

磷酸伯胺喹(primaquine phosphate)

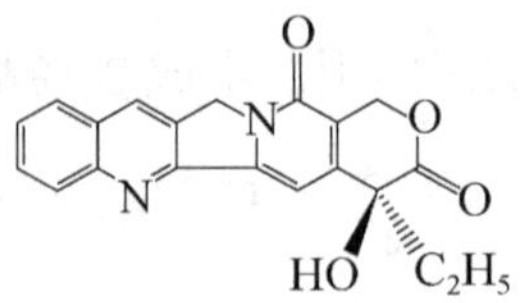

喜树碱(camptothecin)

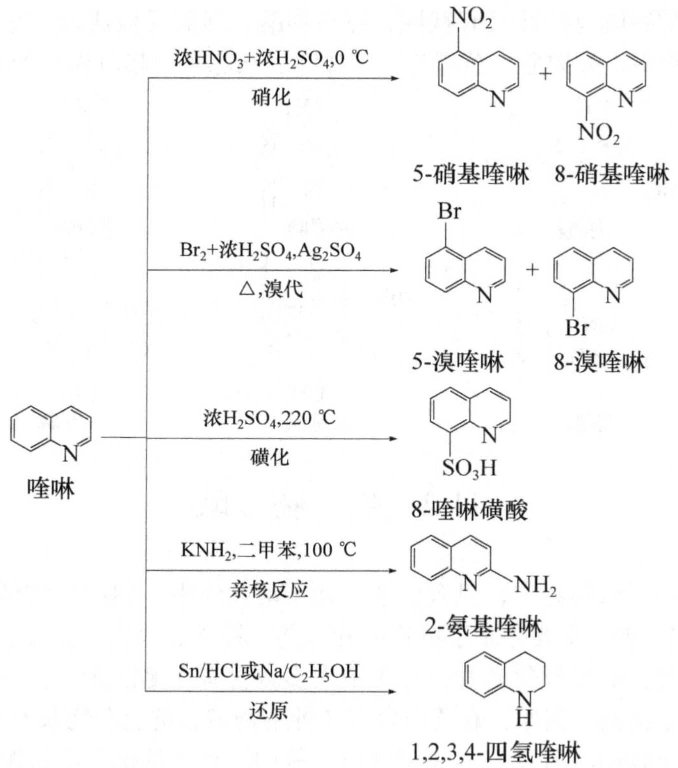

2) 嘧啶及其衍生物

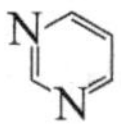

嘧啶是含有 2 个 N 原子的六元杂环，无色晶体，熔点 22℃，易溶于水。嘧啶的碱性比吡啶弱，亲电取代反应也较吡啶困难，而亲核取代则比吡啶容易。嘧啶及其衍生物广泛存在于自然界中，是一类重要的六元含氮杂环化合物。例如，核酸含氮碱基组分中的尿嘧啶、胞嘧啶和胸腺嘧啶，一些药物如抗菌药甲氧苄啶、催眠药等都含有嘧啶环。

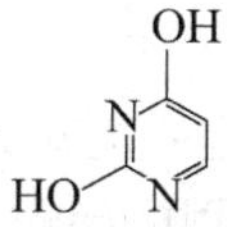

尿嘧啶

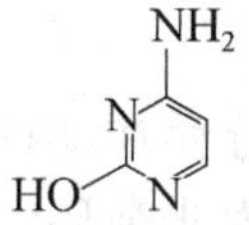

胞嘧啶

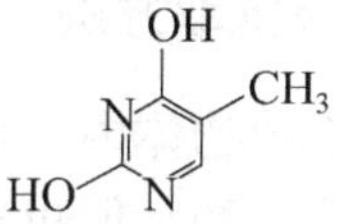

胸腺嘧啶

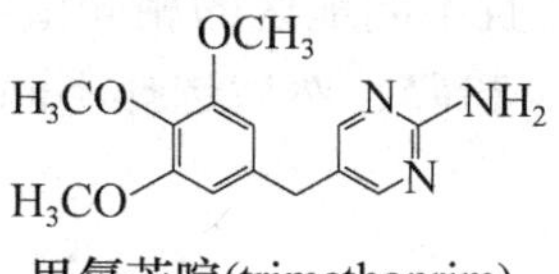

甲氧苄啶(trimethoprim)

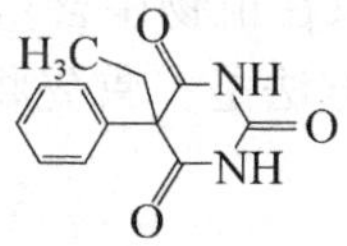

苯巴比妥(phenobarbital)

3) 嘌呤及其衍生物

嘌呤是由一个嘧啶环和一个咪唑环稠合而成，无色晶体，熔点 216～217℃，易溶于水，

其水溶液呈中性。嘌呤既有酸性又有碱性，可与强酸、强碱反应成盐。嘌呤的衍生物广泛存在于自然界的动植物中，如尿酸、黄嘌呤、腺嘌呤、鸟嘌呤、咖啡碱以及可可碱等。

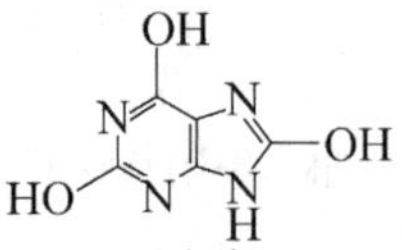
尿酸

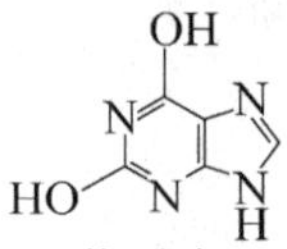
黄嘌呤

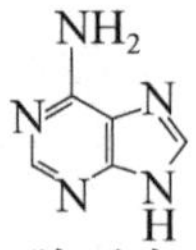
腺嘌呤

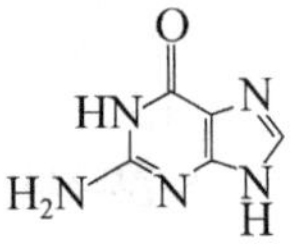
鸟嘌呤

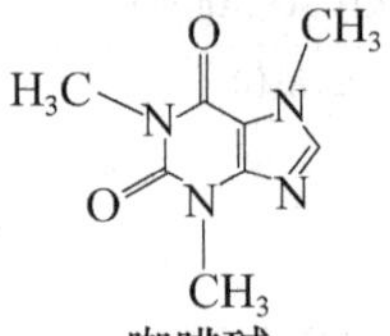
咖啡碱

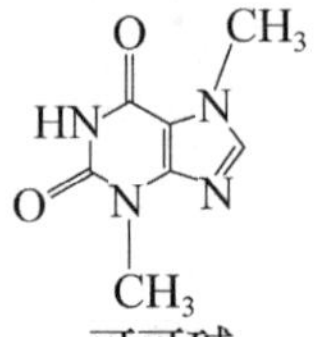
可可碱

11.2 生 物 碱

生物碱广泛分布于植物界中，只有少数存在于动物体中，因此生物碱也称为植物碱。生物碱于 19 世纪初被发现，主要存在于植物的叶、茎、种子、果实、树皮和花朵中。大多数生物碱都是结构比较复杂的多环化合物，分子中大多数含有含氮的杂环。一种植物往往同时含有几种甚至更多种生物碱。例如，麻黄中含有 7 种生物碱，抗癌药物长春花中已分离出 60 多种生物碱。大多数生物碱具有良好的药用价值。例如，秋水仙碱具有抗肿瘤作用，麻黄碱具有止咳平喘作用。

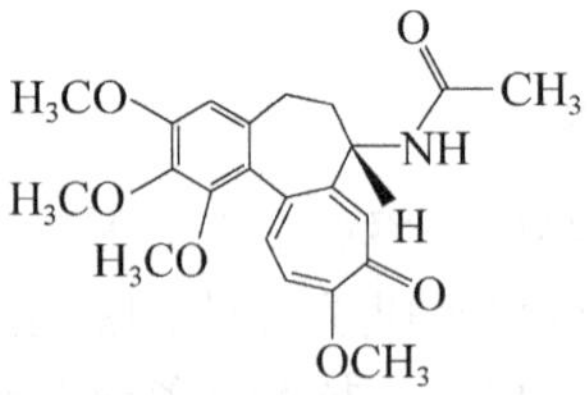
秋水仙碱(colchicine)

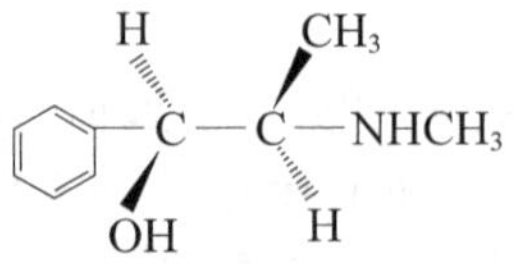
麻黄碱(ephedrine)

11.2.1 生物碱的存在及提取方法

生物碱大多存在于植物体内，也有部分存在动物体内，是一类对人、动物具有重要生理作用的含氮碱性有机化合物，但也有少数为非杂环生物碱。我国传统的中草药中主要有效成分大多是生物碱。生物碱在植物中含量一般较低，且不同地区的相同植物的含量有很大差异。

生物碱的提取一般方法是：首先将植物晾干、粉碎，然后选择不同的溶剂进行提取。主要的提取方法包括：

1) 水提法

以水作为溶剂，采用最佳的提取工艺来提取生物碱。这种方法操作简便，成本较低，但提取次数多，水用量大，提取率较低。

2) 有机溶剂提取法

乙醇作为溶剂在生物碱的提取中应用较为普遍，对于游离生物碱及其盐类一般采用乙醇提取法。其他有机溶剂法是根据相似相溶原理，对于不同性质的生物碱选取最佳的有机溶剂进行提取。可采用单一有机溶剂进行分步提取，用不同溶剂提取不同成分，也可采用混合溶剂进行提取。

3) 稀酸提取法

对于碱性较弱不能直接溶解于水的生物碱，就可以采用偏酸性的水溶液，使生物碱与酸作用生成盐而达到提取分离的目的。

4) 超临界 CO_2 流体萃取法

超临界流体萃取技术(supercritical fluid extraction，SFE)是近年来发展的一种新型分离技术，是利用超临界状态下的流体作为萃取剂，从植物中萃取有效成分并进行分离的方法。超临界 CO_2 流体萃取兼有精馏和液液萃取的特点，工艺简单、操作方便、能耗低、无污染、无残留溶剂。例如，青蒿素的超临界 CO_2 萃取的提取率比传统的溶剂法高 11%～59%。

11.2.2　生物碱的一般性质

生物碱一般是无色或白色固体结晶，少数具有颜色，如黄连素为黄色。液体生物碱较少，烟碱为液体。生物碱大多都有旋光性，自然界中存在的一般为左旋体。生物碱一般不易溶于水，易溶于氯仿、乙醇和乙醚等有机溶剂中。

生物碱能与许多试剂生成沉淀或发生颜色反应，通过沉淀反应和颜色反应来检查中草药中的生物碱。能够与生物碱反应生成沉淀的试剂主要有碘化汞钾、碘化铋钾($BiI_3 \cdot KI$)、碘-碘化钾、丹宁酸、苦味酸、硅钨酸($SiO_2 \cdot 12WO_3 \cdot 4H_2O$)和磷钼酸等。能够与生物碱发生颜色反应的试剂主要有 Mandelin 试剂(1%钒酸铵的浓硫酸溶液)、Macquis 试剂(少量甲醛的浓硫酸溶液)、浓硝酸、浓碘酸和氨水等。

11.2.3　常见的生物碱

1. 烟碱

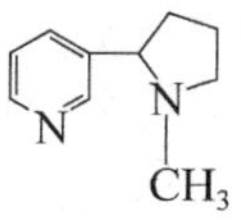

烟碱俗名尼古丁，是烟草中的最主要的生物碱。无色油状液体。沸点 246.1℃，能溶于水及大多数有机溶剂，在空气中能迅速被氧化变为褐色。烟碱剧毒，内服或吸入 40 mg 即可致死，用于农药杀虫剂。

2. 麻黄碱

麻黄碱俗名麻黄素，存在于中草药麻黄中。蜡状固体或结晶，熔点 38 ℃。麻黄碱可用于支气管哮喘、百日咳、枯草热及其他过敏性疾病，还能对抗脊椎麻醉引起的血压降低、扩大瞳孔，还可做中枢神经系统兴奋剂。

3. 茶碱

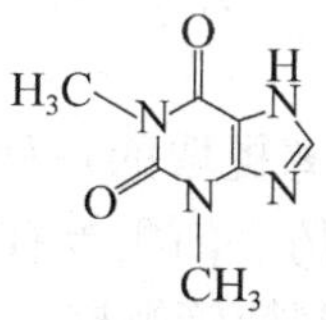

茶碱别名二氧二甲基嘌呤，白色结晶或结晶性粉末，熔点 271～273℃。常温下微溶于

水，易溶于乙醇。茶碱具有强心、利尿、扩张冠状动脉、松弛支气管平滑肌和兴奋中枢神经系统等作用。主要用于治疗支气管哮喘、肺气肿、支气管炎、心脏性呼吸困难。

4. 小檗碱

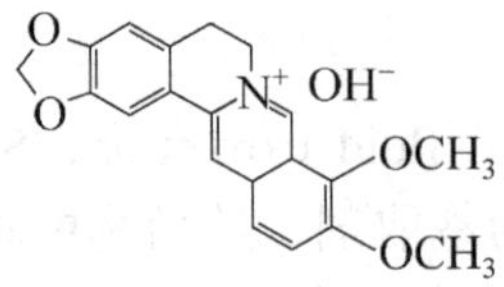

小檗碱又称为黄连素，是黄连的主要成分，存在于黄连、黄柏等小檗科植物中。分子中含有异喹啉结构，是黄色结晶，熔点 145℃，味苦，易溶于热水和热乙醇，不溶于乙醚。具有较强的抗菌作用，常用于治疗胃肠炎、细菌性痢疾等，对肺结核、猩红热、急性扁桃腺炎和呼吸道感染也有一定疗效。

5. 金鸡纳碱

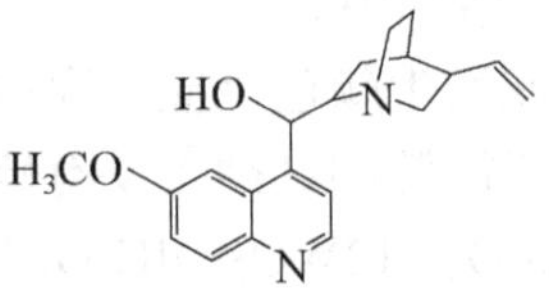

金鸡纳碱俗称奎宁，存在于金鸡纳树皮中的一种主要生物碱，无色结晶，熔点 173～177℃。微溶于水，易溶于乙醇、乙醚等有机溶剂。奎宁能够抑制分瓣疟原虫的繁殖，并有退热作用，早在 300 多年前人们就利用金鸡纳树皮医治疟疾感染。

6. 喜树碱

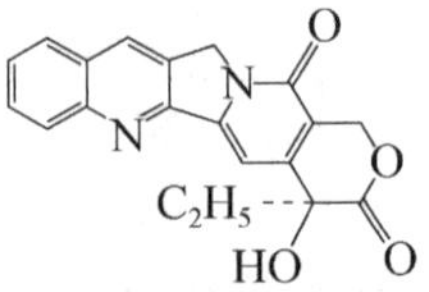

喜树碱是由我国的喜树中分离提取的含喹啉环的生物碱，黄色晶体，在紫外光下表现强烈的蓝色荧光，与酸不能生成稳定的盐。自然界存在的是右旋体，喜树碱具有良好的抗白血病及抗癌作用。

7. 紫杉醇

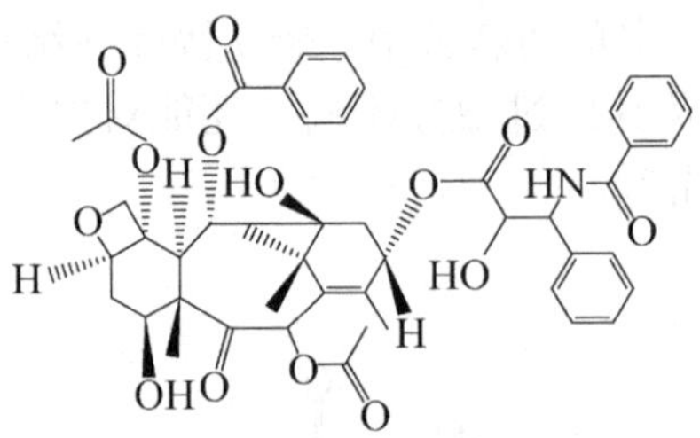

紫杉醇是由红豆杉属植物树皮中分离提取的一种具有抗癌活性的化合物，白色结晶体粉末。无臭，无味。不溶于水，易溶于氯仿、丙酮等有机溶剂。紫杉醇作用于微管/微管蛋白系统，可以促进微管蛋白装配成微管，抑制微管解聚，从而导致微管束排列异常，形成星状体，

使纺锤体失去正常功能，导致癌症细胞死亡，达到治疗癌症的作用。紫杉醇为广谱抗癌药物，对乳腺癌、卵巢癌、肺癌、黑素瘤和头颈部癌症具有显著的效果。

小　结

1. 杂环化合物的分类和命名

杂环化合物的分类
- 五元杂环
  - 含一个杂原子：呋喃、噻吩、吡咯
  - 含两个杂原子：噻唑、咪唑、吡唑
  - 含三个杂原子：三唑
- 六元杂环
  - 含一个杂原子：吡啶
  - 含两个杂原子：嘧啶、吡嗪、哒嗪

2. 杂环化合物的化学性质

杂环化合物的化学性质
- 亲电取代反应
  - 卤代反应
  - 硝化反应
  - 磺化反应
  - 傅–克反应
- 加成反应
  - 催化加氢
  - Diels-Alder反应
- 氧化反应

3. 吡咯、吡啶的酸碱性

碱性强弱顺序为吡啶＞喹啉＞吡咯。

4. 重要的杂环化合物及其应用

5. 生物碱的提取方法

生物碱的提取方法
- 水提法
- 有机溶剂提取法
- 稀酸提取法
- 超临界CO_2流体萃取法
- ……

6. 生物碱的一般性质

沉淀反应和颜色反应。

7. 常见的生物碱

习　题

1. 用系统命名方法命名下列化合物。

(1) 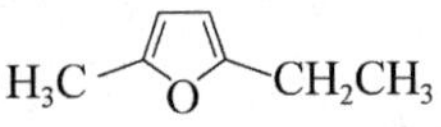　(2) 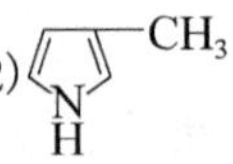　(3) 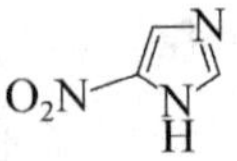

(4) 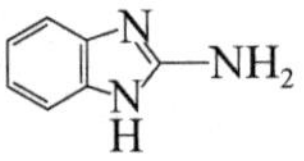　(5) 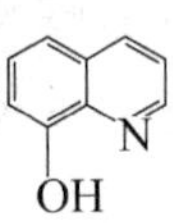　(6) 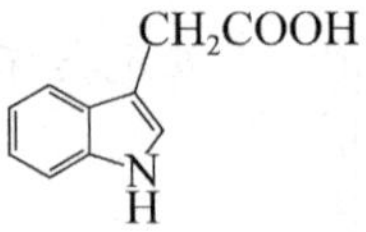

(7) 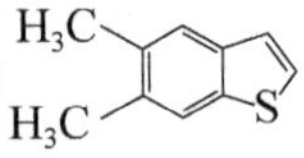　(8) 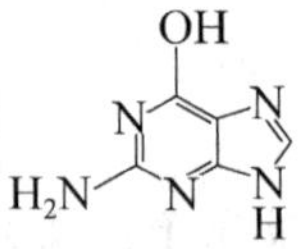　(9) 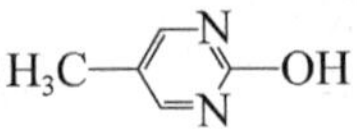

2. 写出下列化合物的结构式。

(1) 3-溴吡咯　(2) α-噻吩磺酸　(3) 糠醛

(4) 3-甲基-5-乙基三唑　(5) 四氢呋喃　(6) β-吲哚甲酸

(7) 苯并吡喃　(8) 5-硝基-2-呋喃甲醛　(9) 2-乙酰基吡啶

3. 判断化合物中哪些具有芳香性。

(1) 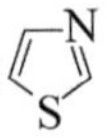　(2) 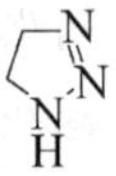　(3) 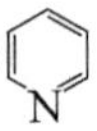

(4) 　(5) 　(6) 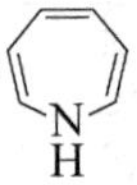

4. 比较下列化合物碱性的强弱。

(1) 苄胺　苯胺　吡咯　吡啶　胺

(2) 　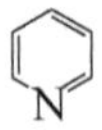　

(3) 甲胺　苯胺　吡咯　吡啶　喹啉　氨

5. 用化学方法鉴别下列各组化合物。

(1) 噻吩和苯　(2) 苯、噻吩和苯酚　(3) 吡咯和四氢吡咯

6. 完成下列反应方程式。

(1) 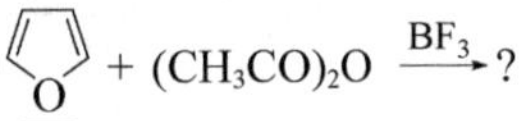

(2) 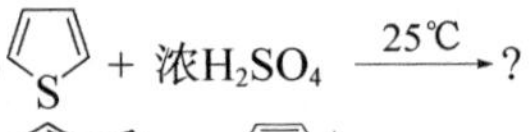

(3) 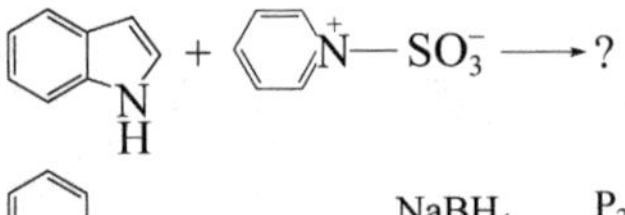

(4) 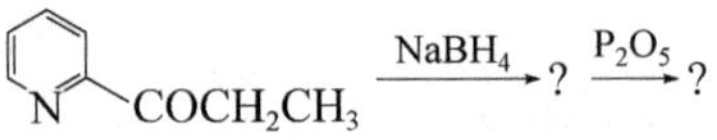

(5) 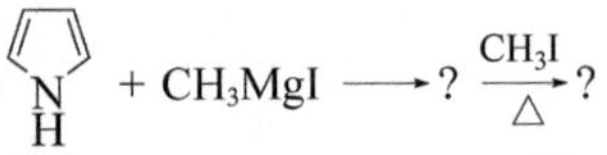

(6) 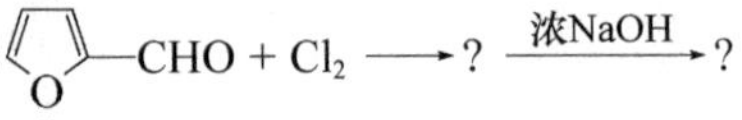

(7) 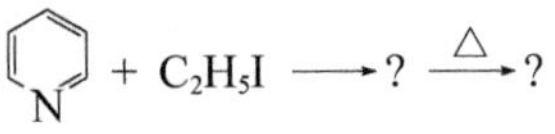

(8) 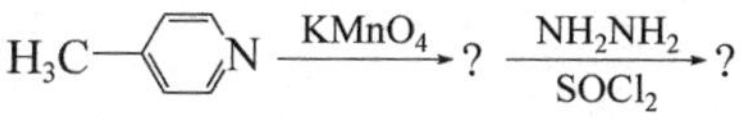

(9) 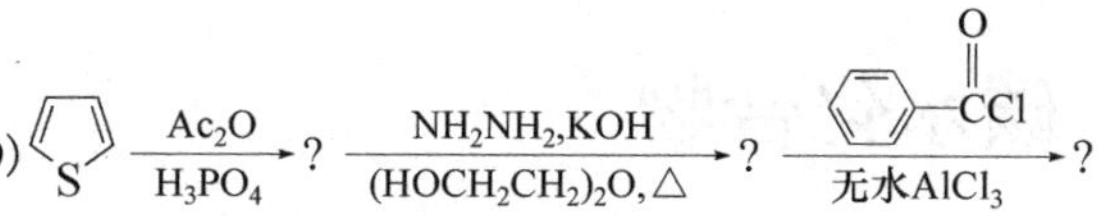

(10) 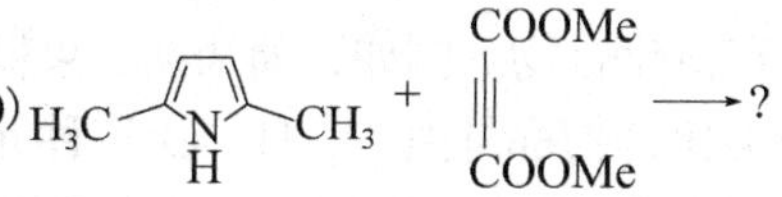

7. 合成题。

(1) 由呋喃合成 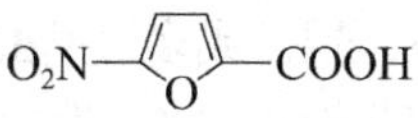

(2) 由呋喃合成 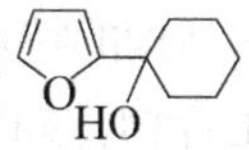

(3) 由吲哚合成 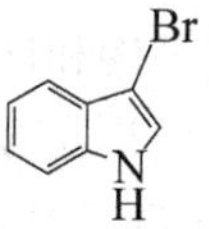

(4) 由2-甲基吡啶合成 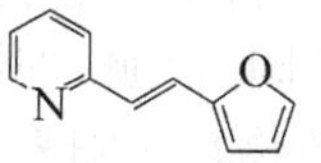

8. 结构推断题。

(1) 某杂环化合物 A 的分子式为 $C_5H_4O_2$，经氧化生成分子式为 $C_5H_4O_3$ 的羧酸。该羧酸的钠盐与碱石灰作用，生成化合物 C_4H_4O。生成物不与金属钠反应，也没有醛、酮的反应。请推断 A 的结构式，并写出反应方程式。

(2) 吡啶甲酸三个异构体的熔点分别为：A(137℃)，B(234～237℃)，C(317℃)。喹啉氧化时生成二元酸 D($C_7H_5O_4N$)，D 加热生成 B。异喹啉氧化时生成二元酸 E($C_7H_5O_4N$)，E 加热生成 B 和 C，试推断 A、B、C、D 和 E 的结构式，并写出相关反应方程式。

第 12 章　碳水化合物

碳水化合物又称糖类化合物，是自然界广泛存在的一类有机化合物。例如，葡萄糖、果糖、蔗糖、淀粉和纤维素都属于碳水化合物。由于最初发现的这一类化合物都是由 C、H、O 三种元素组成，而且分子中 H∶O=2∶1，它们都可以用 $C_m(H_2O)_n$ 通式来表示，所以便将这类化合物称为碳水化合物。从化学结构的特点来说，碳水化合物是一类多羟基的醛、酮，或多羟基醛、酮的缩合物。后来发现有些化合物，如鼠李糖($C_6H_{12}O_5$)，其结构和性质属于碳水化合物，但组成并不符合上述通式；而有些化合物，如乙酸($C_2H_4O_2$)，虽然分子式符合上述通式，但其结构和性质与碳水化合物截然不同。因此“碳水化合物”这一名词并不十分恰当，但因沿用已久，所以至今仍在使用。

植物在太阳光的作用下，通过叶绿素的催化作用，可以将空气中的二氧化碳和水转化为相对分子质量较大的碳水化合物，这就是植物的光合作用。植物通过光合作用将太阳能转化为键能储存于碳水化合物中，并放出氧气。

$$6CO_2 + 6H_2O \underset{\text{动物呼吸作用}}{\overset{\text{植物光合作用}}{\rightleftharpoons}} C_6H_{12}O_6 + 6O_2$$

碳水化合物是一切生命体维持生命活动所需能量的主要来源，但是动物不能直接由二氧化碳和水自行合成碳水化合物，而必须由食物中摄取。动物从空气中吸收了氧，将食物中的碳水化合物经过一系列生化反应逐步氧化为二氧化碳和水，并放出供机体生长及活动所需的能量。植物利用动物呼吸所释放的二氧化碳进行光合作用，动物和植物就是这样互相依赖、相互共存，共同维持了二氧化碳和氧的平衡。

碳水化合物除作为能量的来源外，还有许多其他的生理作用。例如，细胞间的识别和相互作用、癌症的发生和转移、构成植物的支撑组织、作为机体中其他有机物的合成原料等。

碳水化合物常根据它能否水解和水解后生成的物质分为以下三类：

(1) 单糖。不能水解成更小分子的多羟基醛、酮的碳水化合物称为单糖，如葡萄糖和果糖等。

(2) 低聚糖。低聚糖也称寡糖，是由 2～10 个分子单糖缩合而成。即能水解成两个、三个或几个分子单糖的碳水化合物称为低聚糖。能水解为两分子单糖的低聚糖称为双糖(或二糖)，水解产生三个或四个单糖的则称为三糖或四糖。在低聚糖中以双糖最常见，如蔗糖、麦芽糖和纤维二糖等。

(3) 多糖。水解后能够产生较多个单糖分子的碳水化合物称为多糖。一分子多糖水解后可产生几百以至数千个单糖，它们相当于由许多单糖形成的高聚物，所以也称为高聚糖，属于天然高分子化合物。

碳水化合物一般使用俗名，通常与其来源有关。例如，蔗糖来自于甘蔗，果糖来自于水果等。碳水化合物的基本结构单元是单糖，研究单糖的结构是研究碳水化合物的基础。因此，本章着重介绍单糖及其性质。

12.1　单　　糖

12.1.1　单糖的结构

1. 单糖的链状结构与构型

单糖根据所含羰基结构的不同分为醛糖和酮糖两类。自然界的单糖以含五个或六个碳原

子的最为普遍，根据所含碳原子的数目及羰基结构称为某醛糖或某酮糖。例如

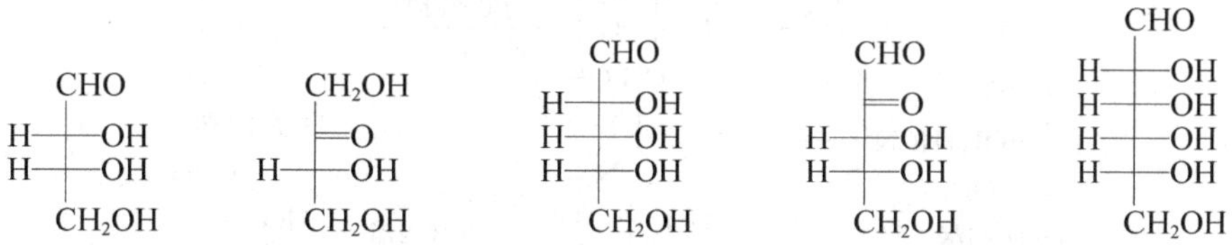

丁醛糖　丁酮糖　戊醛糖　戊酮糖　己醛糖

单糖构型通常采用 D、L 构型标记法标记。以甘油醛为标准，甘油醛中手性碳原子上的—OH 在碳链的右边，用符号 D 标记，称为 D 型，如(Ⅰ)式；手性碳原子上的—OH 在碳链的左边，称为 L 型，如(Ⅱ)式。D 和 L 分别表示构型，而+和—则表示旋光方向。

D-(+)-甘油醛 (Ⅰ)　L-(–)-甘油醛 (Ⅱ)

将其他旋光化合物的构型与甘油醛联系起来，与 D-甘油醛的构型一致，则该化合物的构型是 D-构型；与 L-甘油醛的构型一致，则是 L-构型。例如

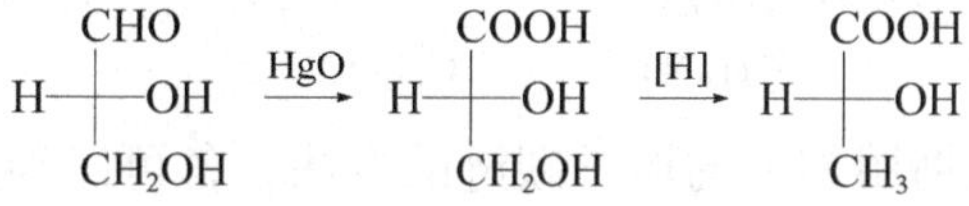

D-(+)-甘油醛　D-(–)-甘油酸　D-(–)-乳酸

将右旋甘油醛的醛基氧化为羧基，—CH_2OH 还原为甲基，得到乳酸。甘油酸的构型应该和 D-(+)-甘油醛相同，因为氧化产物甘油酸中的羧基是手性碳原子最优的基团，与醛基在甘油醛中的排序一致。所以与手性碳原子相连的基团的排列顺序不会改变。

这样得到的乳酸，经测定其旋光方向为左旋的，因此左旋乳酸是 D 型，而右旋乳酸即为 L 型。

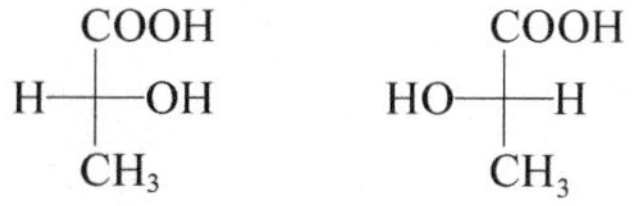

D-(–)-乳酸　L-(+)-乳酸

由于以 D 和 L 表示构型的方法只适用于含有一个手性碳原子的构型，对于含多个手性碳原子的化合物，用这种方法表示构型时，如果选择的手性碳原子不同，往往会得到相反的结果，因此近年来便采用了 *R*、*S* 标记法，可以逐个地表示每一个手性碳的构型。但是用 D、L 表示构型，对于碳水化合物及氨基酸是非常方便的，因此这两类化合物的构型仍用 D、L 表示。

单糖分子中都含有手性碳原子，所以都有旋光异构体。例如，丁醛糖分子中含两个不相同的手性碳原子，所以有 4 个旋光异构体，戊醛糖有 8 个旋光异构体，己醛糖则有 16 个旋光异构体。这些醛糖都可以由甘油醛增长碳链的方法推导出。凡由 D-(+)-甘油醛经过逐步增长碳链的反应转变而成的醛糖，其构型为 D-构型；由 L-(–)-甘油醛经过逐步增长碳链的反应转变成的醛糖，其构型为 L-构型。例如，D-甘油醛与 HCN 加成后即可增加一个碳原子，得到羟基腈，将氰基水解为羧酸，经转化为内酯后再还原成醛基即得丁醛糖。

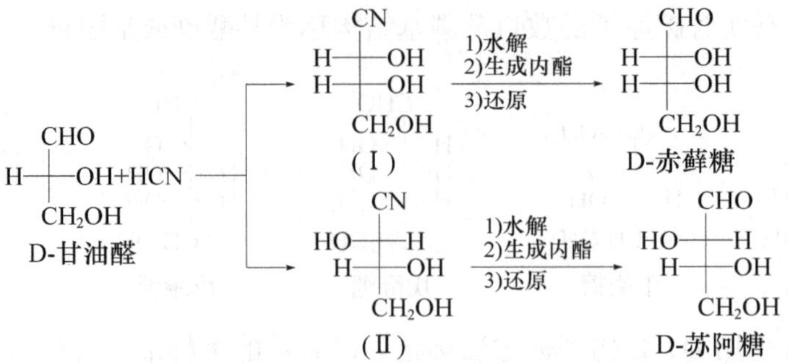

在HCN与羰基加成时，CN^-可以由羰基所处的平面两侧向羰基碳原子进攻，所以就形成（Ⅰ）与（Ⅱ）两种不同的产物。（Ⅰ）与（Ⅱ）的区别就在于新生成的手性碳原子的构型相反，而原来的手性碳原子的构型是相同的，所以经水解、酯化、还原的最终产物是两种丁醛糖。它们分别称为D-赤藓糖与D-苏阿糖，它们互为非对映异构体。大自然界中的糖类物质绝大部分是D系列。

在碳水化合物的讨论中为了简便明了起见，在构型式书写中常将手性碳原子上的H省略，以一短横线代表手性碳原子上的羟基，还可以用△表示醛基。例如，D-(+)-葡萄糖构型的书写为

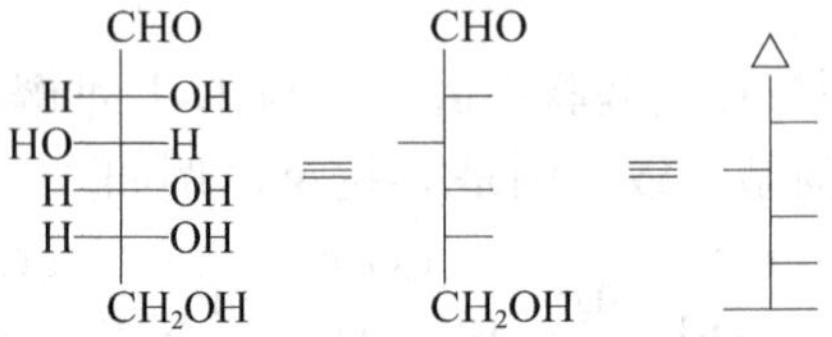

由D-赤藓糖或D-苏阿糖用如上的增长碳链的方法，各可以导出两个D-己醛糖（共4个非对映异构体）。然后由4个D-戊醛糖又可导出8个D-己醛糖。D-甘油醛导出的所有丁醛糖、戊醛糖及己醛糖如下：

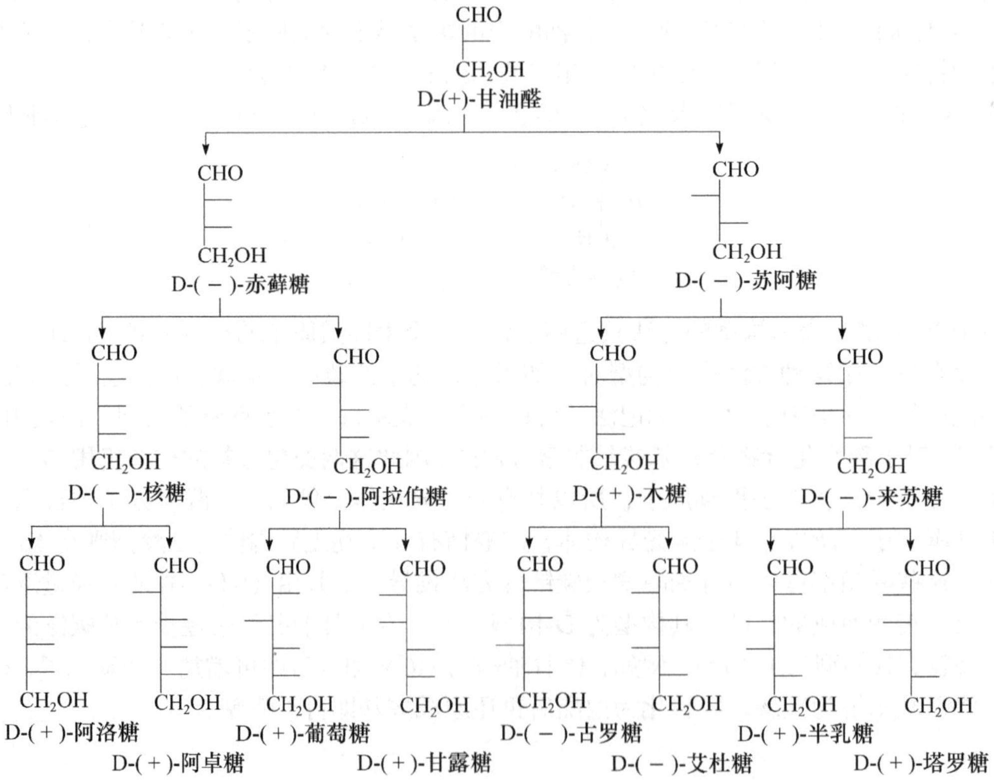

在一些复杂的糖类物质中仍然沿用 D、L 表示构型，这种方法只考虑与羰基相距最远的一个手性碳原子的构型。由于上述各糖都可由 D-甘油醛用增长碳链的方法导出，而在这些糖中，与醛基相距最远的一个手性碳原子就相当于 D-甘油醛中的手性碳原子，所以这些糖都属 D 型。对于酮糖也是按同样方法确定构型。例如，下面各结构式中括出的碳原子的构型是相同的，它们都是 D 型糖。

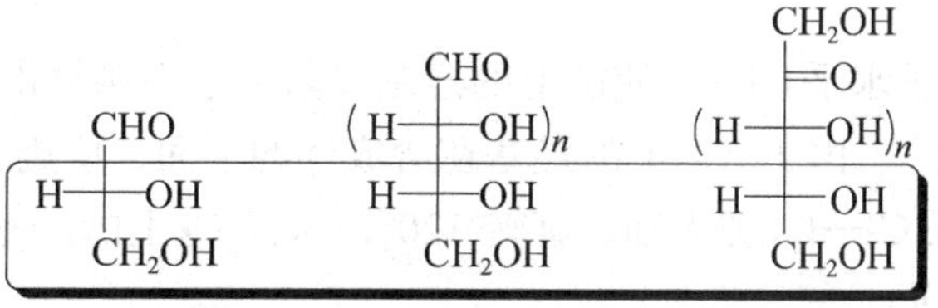

D-甘油醛　　D-醛糖　　D-酮糖

2. 单糖的环状结构与变旋光现象

1)环状结构与变旋光现象

通过前面的学习及许多化学反应证明，单糖为多羟基醛或酮，但在它们的红外光谱中却没有羰基的特征吸收峰。经过物理及化学方法证明，结晶状态的单糖并不是像前面结构式表示的链状多羟基醛酮，而是以半缩醛或半缩酮形式存在的。原因是单糖分子中同时存在羰基和羟基，因而在分子内便能生成半缩醛(或半缩酮)而形成环。一般情况下，糖类形成六元环，也就是第五个碳原子上的羟基与羰基形成半缩醛。例如，D-葡萄糖就可以形成下面两种环形半缩醛。

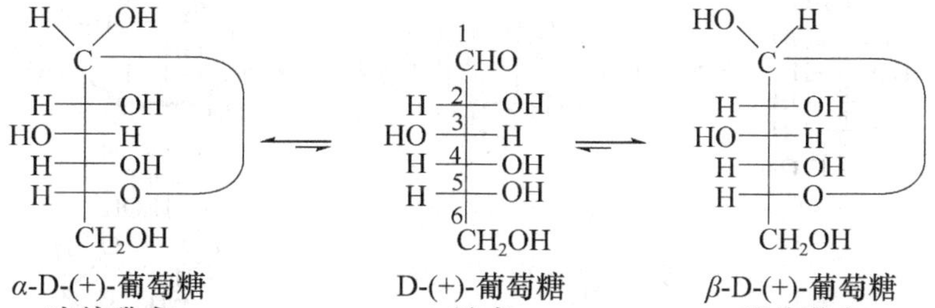

α-D-(+)-葡萄糖(半缩醛式)　　D-(+)-葡萄糖(链式)　　β-D-(+)-葡萄糖(半缩醛式)

D-葡萄糖由醛式转变为半缩醛式时，就相当于羰基与 HCN 的加成一样，C_1 由 sp^2 杂化状态转化为 sp^3 杂化状态，形成一个新的手性碳原子。因此对于 C_1 来说，就可以有两种构型，这就是上述α-D-葡萄糖与β-D-葡萄糖两种环形半缩醛。它们是非对映异构体，因为它们的区别只在于 C_1 的构型相反，而其他碳原子的构型相同。若 C_1 上手性碳原子的苷羟基(半缩醛羟基)与 C_5(决定糖的构型的碳原子)上羟基在碳链同侧的称为α式。若 C_1 上半缩醛羟基与 C_5 上的羟基在碳链的异侧称为β式。在乙醇溶液中结晶，可得到α-D-葡萄糖，其比旋光度为+112°；而在吡啶中结晶，则得β-D-葡萄糖，比旋光度为+18.7°。

新配成的单糖溶液在放置过程中因发生环状式与链式互变异构，其旋光度逐渐改变，直到几种互变异构体达成平衡后，旋光度就不再变化，这种现象称为变旋现象。例如，新配成的α-D-葡萄糖溶液的比旋光度是+112°，在放置过程中，比旋光度逐渐下降，但降至+52°以后不再改变；而新配成的β-D-葡萄糖的水溶液的比旋光度为+18.7°，经放置后，旋光度逐渐上升，同样至+52°后不再变化，这时说明溶液中三种异构体已达成平衡。

2）哈沃斯透视式

前面给出的糖的环形结构式，不能反映出原子和基团在空间的相对关系，通常采用哈沃斯（Haworth）透视式来表示单糖半缩醛环状结构。下面以 D-葡萄糖为例，说明哈沃斯透视式的书写步骤。

首先将碳链向右放成水平（Ⅰ），使链上的羟基或氢原子在碳链的上面或下面。然后将碳链水平弯成六边形状（Ⅱ）。由于 C_5 上的羟基在弯成环的下面，应旋转到水平位置才能与 C_1 构成环，也就是 C_5 要以 C_4—C_5 键为轴，旋转 120°，这样 C_5 上的羟基和羰基处于同一平面，而 C_6 处于环平面上方（Ⅲ）。

D-葡萄糖形成半缩醛式的环状结构后，原来醛基的第一个碳原子变成了手性碳原子，因此就有两种构型，即构型（Ⅳ）和构型（Ⅴ）。在构型（Ⅳ）式中，半缩醛碳原子上的羟基（C_1 的羟基）和 C_5 的羟甲基在六元环的异侧，即半缩醛碳原子上的羟基在六元环的下面，称为 α 型。半缩醛碳原子上的羟基（C_1 的羟基）和 C_5 的羟甲基在六元环的同侧，即半缩醛碳原子上的羟基在六元环的上面，称为 β 型。

前面的介绍中，我们知道碳水化合物具有变旋现象，因此，D-葡萄糖在溶液中可以形成环式和链式异构体的互变平衡体系。测定碳水化合物的 α 型和 β 型主要以酶为主。例如，麦芽糖酶能分解 α 型甲基葡萄糖苷，分解后得到甲醇和旋光度较高的α-D-葡萄糖；β 型的甲基葡萄糖苷能被苦杏仁酶水解，产生旋光度较小的β-D-葡萄糖。

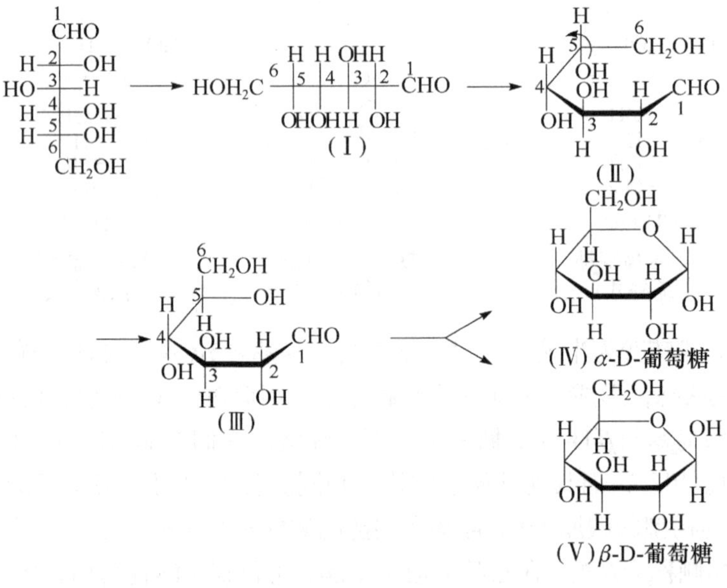

习惯上，半缩醛式糖类化合物形成环时，由五个碳原子和一个氧原子形成六元环，与杂环化合物中的吡喃环相像，因此把六元环形的糖称为吡喃糖，五元环形的糖称为呋喃糖。

D-果糖的吡喃型和呋喃型异构体的哈沃斯透视式为

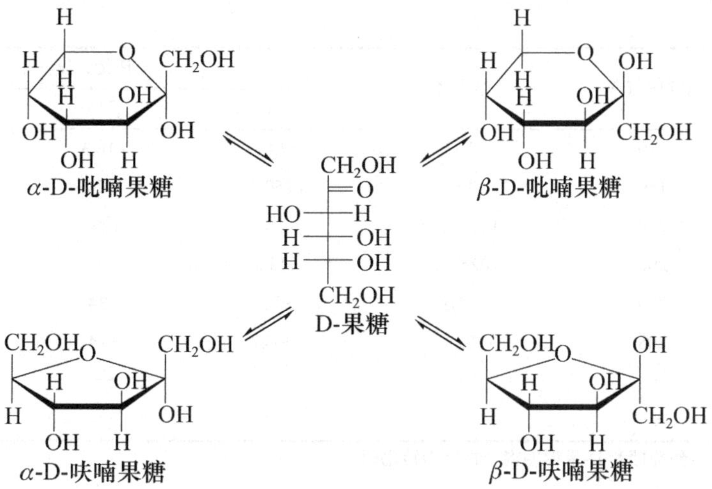

3) 单糖的构象

由于六元环不是平面型的，上述糖的哈沃斯透视式不能真实反映环状半缩醛的立体结构。以六元环形式存在的糖，分子中的成环碳原子和氧原子不在同一平面上，其构象类似于环己烷，具有椅式和船式构象，其中椅式构象占绝对优势。在椅式构象中，较大的基团处于 e 键时最稳定。例如，在β-D-(+)-葡萄糖分子中，所有的大基团如—CH_2OH 和—OH 都处于 e 键，而α-D-(+)-葡萄糖分子中，其苷羟基(半缩醛羟基)处于 a 键上，因此β-D-(+)-葡萄糖比α-D-(+)-葡萄糖稳定。

在葡萄糖水溶液中，α 型和β 型两种异构体通过开链结构逐渐达到动态平衡，发生变旋现象。由于 β 型是优势构象，因此达到平衡时 β 型异构体约占 64%，α 型异构体约占 36%，开链式含量极少。

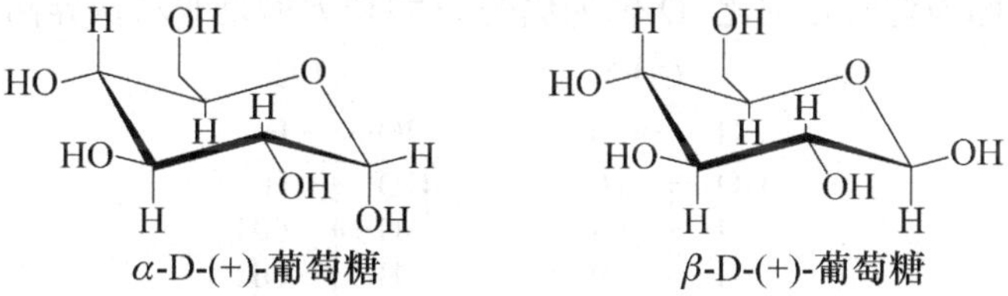

12.1.2 单糖的物理性质

单糖都是无色结晶，有甜味，易溶于水，常能形成过饱和溶液，简称糖浆，也溶于乙醇，但不溶于乙醚、丙酮和苯等溶剂。除丙酮糖外，所有的单糖都有旋光性，绝大多数单糖具有变旋现象。单糖和二糖的甜度不同，果糖是目前发现甜度最大的糖。

一些重要糖的环形半缩醛式异构体的比旋光度以及水溶液中平衡混合物的比旋光度见表 12-1。

表 12-1 一些糖的物理常数

名称	糖脎熔点/℃	熔点/℃	比旋光度$[\alpha]_D$		
			α 型	β 型	平衡混合物
D-阿拉伯糖	160	159～160	−55.4	−175	−103
D-核糖	160	87	—	—	−23.7
D-木糖	163	145	+93.6	−20	+18.8
D-葡萄糖	210	146	+112	+18.7	+52

续表

名称	糖脎熔点/℃	熔点/℃	比旋光度$[\alpha]_D$		
			α型	β型	平衡混合物
D-甘露糖	210	132	+29.9	−16.3	+14.5
D-半乳糖	186	167	+150.7	+52.8	+80.2
D-果糖	210	102～104	−21	−133.5	−92
麦芽糖	206	102～103	+46.8	+112	+136
乳糖	200	210	+ 85	+34	+55.4
纤维二糖	208	225	+72	+14	+35
蔗糖	—	—	—	—	+66.5
转化糖*	—	—	—	—	−19.8

*由蔗糖水解生成的D-葡萄糖和D-果糖的混合物称为转化糖

12.1.3　单糖的化学性质

单糖分子中含有多个醇羟基，具有醇的一般性质。例如，发生酯化、氧化和成醚等反应。单糖在水溶液中是以链式和环式平衡存在的，也具有链状醛(酮)的性质。

1. 差向异构化

将单糖溶于碱性溶液，经过一系列烯醇式与酮式互变以后，生成该单糖的异构体。例如，将D-葡萄糖用氢氧化钙溶液处理后放置几天，就会产生D-果糖和D-甘露糖。

比较D-葡萄糖和D-甘露糖的结构，我们发现二者只有第二个碳原子的构型不同，像这种只有一个碳原子构型不同，而其他手性碳原子的构型相同的非对映异构体称为差向异构体。差向异构体之间的相互转化称为差向异构化。D-葡萄糖的α型和β型是非对映异构体，也是差向异构体。

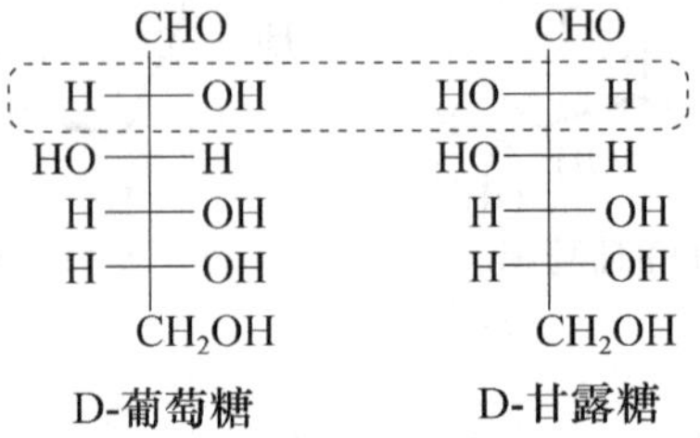

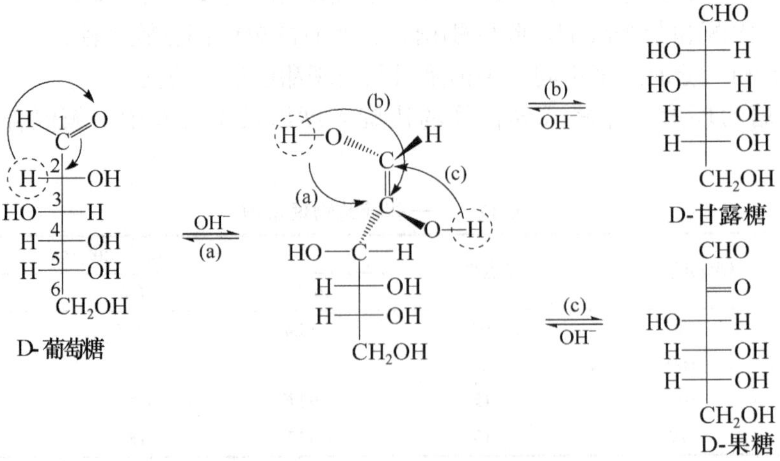

碱可以催化羰基烯醇化，用碱处理 D-葡萄糖则生成烯醇式中间体，使 C_2 转变为非手性 C 原子。由于烯醇式中间体与 D-葡萄糖之间发生互变，所以当 C_1 羟基上的 H 迁移至 C_2 时，如果从(a)方向迁移，则 C_2 上的羟基便在右面，得到 D-葡萄糖；当 C_1 羟基上的 H 按(b)方向迁移至 C_2 时，则 C_2 上的羟基便会转至左面，得到 D-甘露糖；当 C_2 上羟基的 H 迁移至 C_1 上，即(c)所指，便会得到 D-果糖。

2. 氧化反应

1）酸性介质中的氧化反应

(1)溴水氧化。

在溴水作用下，醛糖可被氧化生成相应的糖酸，而室温下酮糖不被氧化，由此可以区别醛糖和酮糖。例如

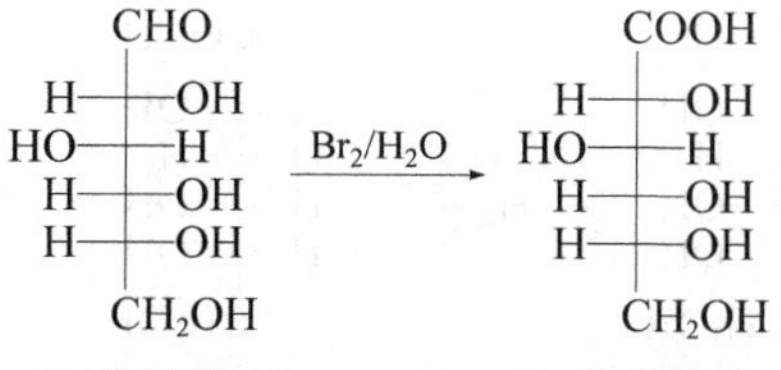

D-葡萄糖　　D-葡萄糖酸

(2)硝酸氧化。

稀硝酸的氧化性比溴水强，能将醛糖氧化成二元羧酸。例如，D-葡萄糖被氧化为 D-葡萄糖二酸。

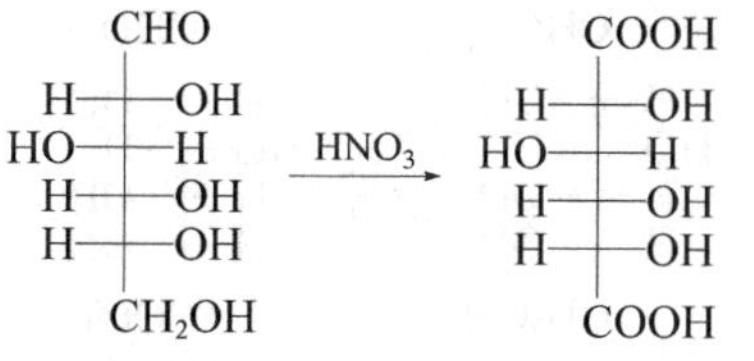

D-葡萄糖　　D-葡萄糖二酸

酮糖与强氧化剂作用，碳链断裂，生成小分子的羧酸混合物。

(3)高碘酸的氧化。

高碘酸可以氧化邻二醇，糖类化合物也能被高碘酸所氧化，使连有羟基的所有碳碳键都发生断裂，生成相应的羰基化合物。反应通常是定量的，每断裂一个碳碳键消耗 1 mol 高碘酸，因此这类反应是研究糖类结构的最常用的手段之一。

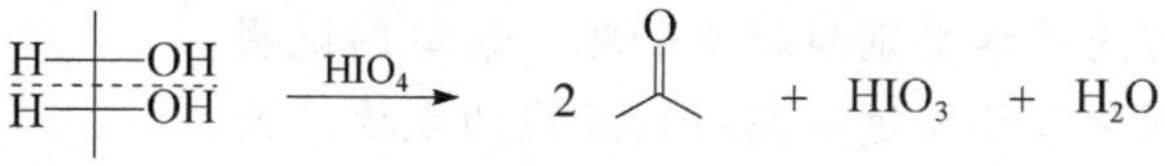

例如，D-甘油醛的氧化：

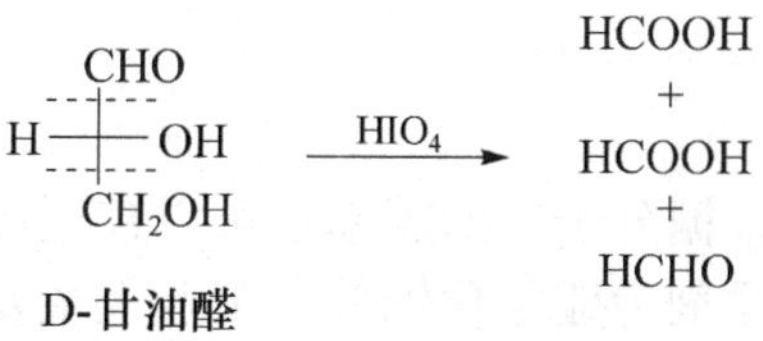

D-甘油醛

2）碱性介质中的氧化反应

通过前面的学习我们知道，醛与酮的主要区别在于后者不被土伦试剂氧化，但当酮的α-碳原子上连有羟基时，也能被土伦试剂氧化，所以酮糖与醛糖都能还原土伦试剂。此外，醛糖或酮糖被费林试剂和本尼迪特试剂氧化，生成砖红色的氧化亚铜（Cu_2O）沉淀。常将单糖的这种性质称为还原性。有还原性的糖称为还原糖。糖与本尼迪特试剂的反应可被用来测定血液和尿中葡萄糖的含量。糖与土伦试剂作用，可在玻璃制品上镀银。

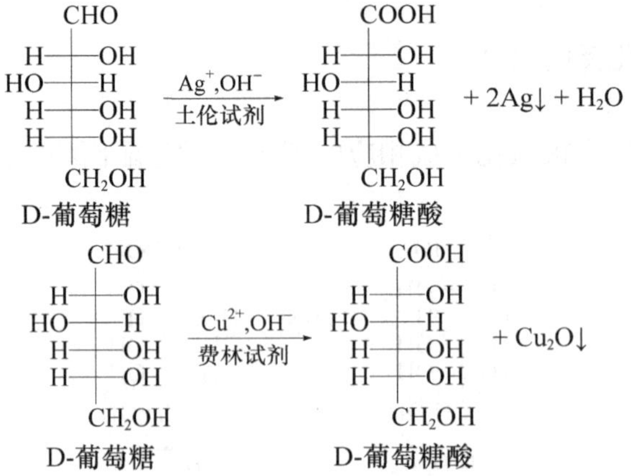

3）生物体内的氧化反应

在生物体内的代谢过程中，有些醛糖在酶作用下，C_6上的羟甲基（—CH_2OH）被氧化，生成糖醛酸。葡萄糖和半乳糖被氧化时，分别生成葡萄糖醛酸和半乳糖醛酸。例如

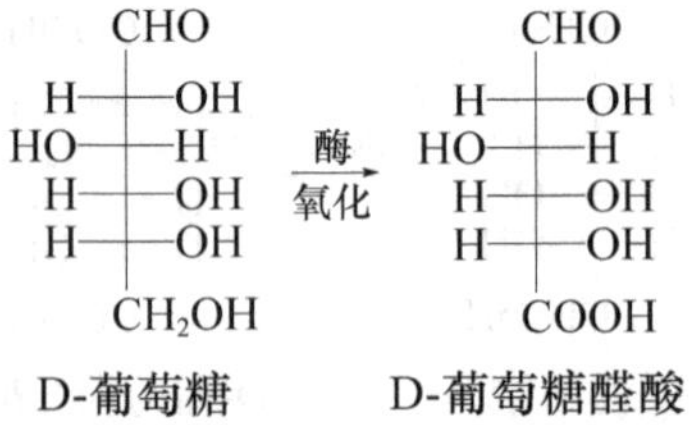

对于动物体来说，葡萄糖醛酸是很重要的，因为许多有毒物质是以葡萄糖醛酸苷的形式从尿中排泄出体外的，故有保肝和解毒作用。另外，糖醛酸是果胶质、半纤维素和黏多糖的重要组成成分，在土壤微生物的作用下，生成的多糖醛酸类物质是天然土壤结构的改良剂。

思考题 12-1　为什么可用溴水鉴别醛糖与酮糖？请举例说明。

思考题 12-2　写出下列化合物与过量高碘酸反应的主要产物。

（1）D-核糖　　（2）D-半乳糖　　（3）D-果糖　　（4）$HOCH_2CH(OH)CH(OCH_3)_2$

3. 还原反应

糖类化合物与醛和酮类似，糖分子中的羰基也可以被还原为羟基，产物称为糖醇，实际为多元醇。实验室中常用的还原剂为硼氢化钠等。工业上主要采用催化氢化，常用的催化剂有铂、Raney 镍等。例如

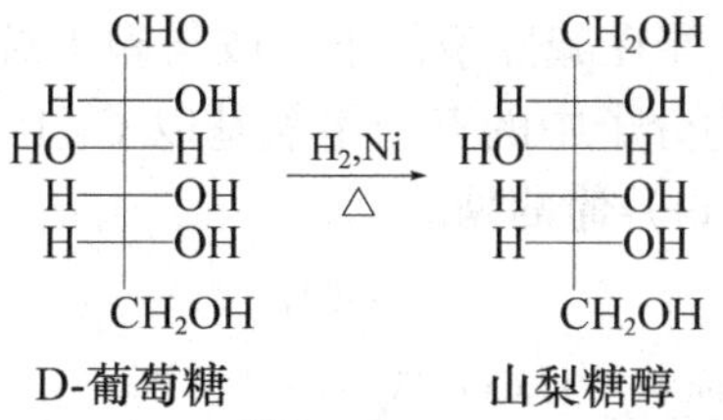

4. 成脎反应

单糖与苯肼反应，首先羰基与苯肼生成苯腙，在过量苯肼的存在下，α-羟基能继续与苯肼反应，产物称为脎。

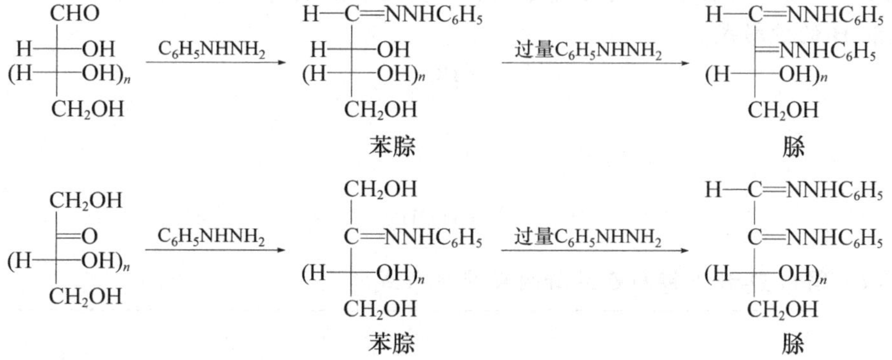

由上述反应可知，无论醛糖或酮糖，成脎反应都发生在 C_1 及 C_2 上，其他碳原子不参与反应。因此，含碳原子数目相同的单糖，如果只是第一、第二两个碳原子的羰基不同或构型不同，而其他碳原子的构型完全相同时，它们与苯肼反应都得到相同的脎。

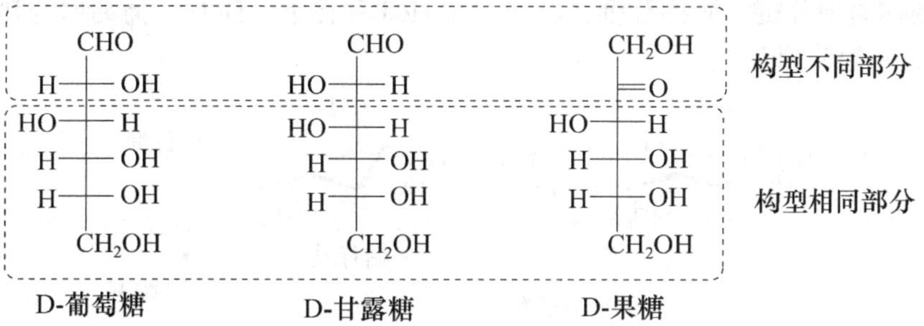

糖脎都是黄色结晶，不同的糖脎结晶形状不同，且成脎时间不同，并具有一定的熔点，所以可用成脎反应来定性鉴定糖类化合物。

5. 成酯和成醚反应

单糖的羟基除苷羟基外，都是醇羟基，与某些试剂如乙酸酐、硫酸二甲酯等作用，生成相应的酯和醚，称为糖的成酯和成醚反应。例如

β-D-(+)-葡萄糖与乙酸或乙酸酐作用，生成葡萄糖五乙酸酯。

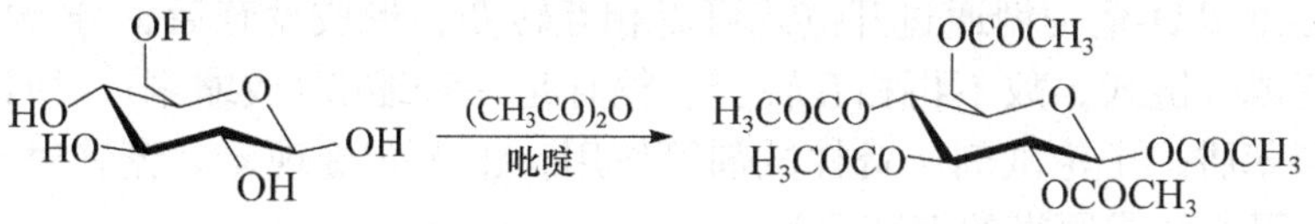

β-D-(+)-葡萄糖与硫酸二甲酯在碱性条件下，或与碘甲烷和氧化银作用，发生成醚反应，生成五甲氧基葡萄糖甲苷。产物分子中的五个甲氧基以 C_1 上的为最活泼，在稀酸中可发生水解，生成 2,3,4,6-四甲氧基-β-D-(+)-葡萄糖。

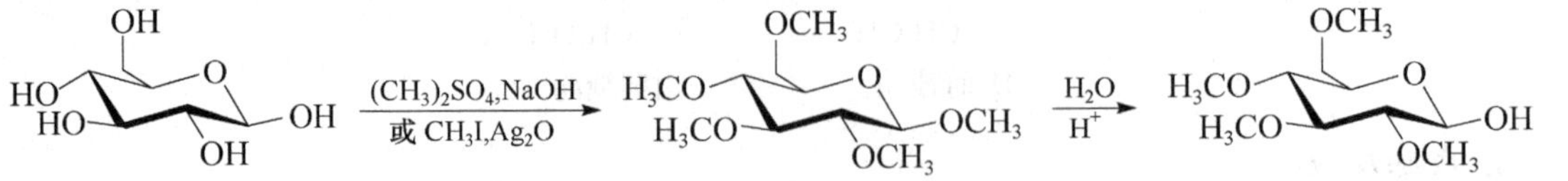

β-D-葡萄糖　　甲基-2,3,4,6-四甲氧基-β-D-葡萄糖苷　　2,3,4,6-四甲氧基-β-D-葡萄糖

思考题 12-3　单糖 A、B 和 C 与过量苯肼作用生成相同的脎，其中 C 的投影式如下，请写出 A 和 B 的投影式。

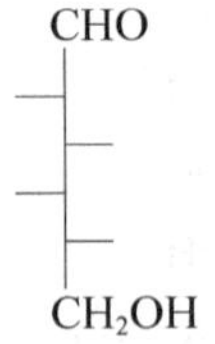

思考题 12-4　写出 D-甘露糖与乙酸酐的反应方程式。

6. 成苷反应

在单糖的环式结构中含有活泼的半缩醛羟基，它能与醇或酚等含羟基的化合物脱水形成缩醛型物质，称为糖苷，也称为配糖体。糖部分称为糖苷基，非糖部分称为配基，连接配基和糖苷基的键称为糖苷键，简称苷键。例如，在 HCl 存在下，D-(+)-葡萄糖与热的甲醇作用，生成甲基-D-(+)-葡萄糖苷。

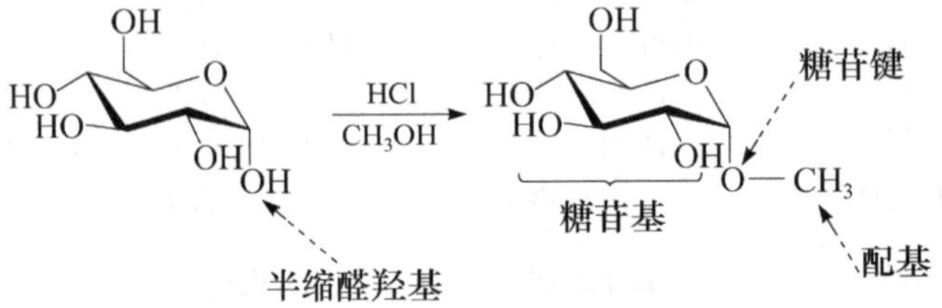

α-D-葡萄糖　　α-D-葡萄糖甲苷
或甲基-α-D-葡萄糖苷

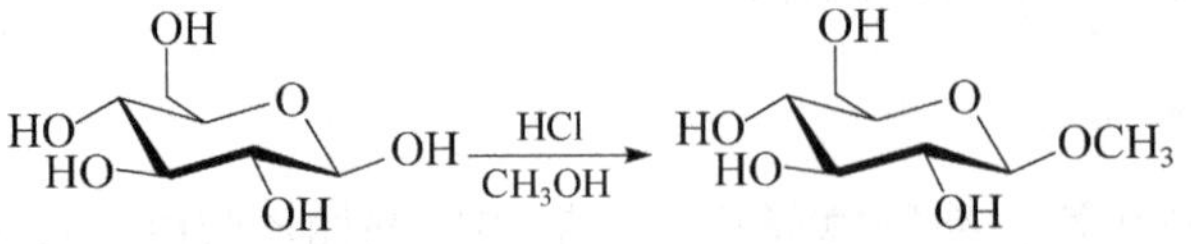

β-D-葡萄糖　　甲基-β-D-葡萄糖苷
或β-D-葡萄糖甲苷

α-D-葡萄糖和 β-D-葡萄糖通过开链式可以相互转变，形成糖苷后，分子中已无半缩醛羟基，不能再转变成开链式，故不再相互转变。糖苷是一种缩醛(或缩酮)，所以比较稳定，不易被氧化，不与苯肼、土伦试剂、费林试剂等作用，也无变旋现象。糖苷对碱稳定，但在稀酸或酶作用下，可水解成原来的糖和甲醇。

糖苷广泛存在于自然界，植物的根、茎、叶、花和种子中含量较多。低聚糖和多糖也都是糖苷存在的一种形式。

7. 脱水和显色反应

糖类化合物与无机酸一起加热，脱水生成糠醛或其他衍生物。例如

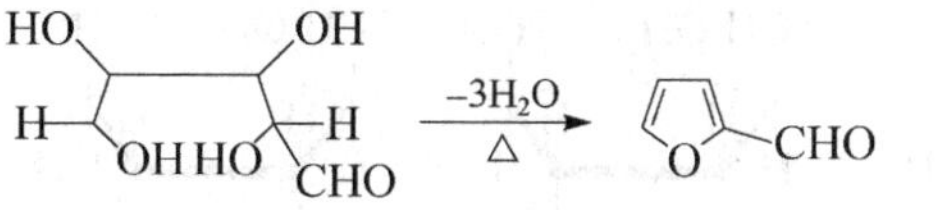

糠醛及其衍生物与酚类、蒽酮、芳胺等缩合生成不同的有色物质。由于反应灵敏，实验现象清楚，故常用于糖类化合物的鉴别。

(1) 莫力许(Molish)反应。在糖的水溶液中加入α-萘酚的乙醇溶液，然后沿试管壁缓慢注入浓硫酸，不要振动试管，则在两层液面之间形成一个紫色环。莫力许反应又称α-萘酚反应。所有糖(包括低聚糖和多糖)都有这种显色反应，因此是鉴别糖最常用的方法之一。

(2) 西列凡诺夫(Seliwanoff)反应　酮糖在浓 HCl 存在下与间苯二酚反应，很快生成红色物质。而醛糖在同样条件下两分钟内不显色，由此可以区别醛糖和酮糖。

(3) 皮阿耳(Bial)反应　戊糖在浓 HCl 存在下与 5-甲基-1,3-苯二酚反应，生成绿色的物质。该反应是用来区别戊糖和己糖的方法。

(4) 狄斯克(Discke)反应　脱氧核糖在乙酸和硫酸混合液中与二苯胺共热，可生成蓝色的物质。其他糖类在同样条件下不显蓝色。因此，该反应是用于鉴别脱氧戊糖的方法。

思考题 12-5　写出 D-半乳糖与甲醇在 HCl 存在下的反应方程式。
思考题 12-6　鉴别 D-葡萄糖、乙酸、丙二酸二乙酯、乙醇。

12.1.4 重要的单糖及其衍生物

1. D-葡萄糖

D-葡萄糖是自然界分布最广泛的己醛糖，存在于葡萄等水果、动物的血液、淋巴液和脊髓液等中。葡萄糖是无色晶体，熔点 146℃。有甜味，甜度约为蔗糖的 70%，易溶于水，微溶于乙醇，不溶于乙醚和烃类等弱极性有机物。自然界的葡萄糖是右旋的($[\alpha]_D^{20}$=+52.5°)，故又称为右旋糖。

葡萄糖以多糖或糖苷的形式存在于许多植物的种子、根和叶中。葡萄糖在医药上用作营养剂，具有强心、利尿和解毒等作用，在食品工业中用于制造糖浆和糖果等，可作为还原剂用于印染工业。

2. D-果糖

果糖是自然界中存在最多的己酮糖，广泛存在于水果和植物中，并能以游离态存在。天然的果糖是左旋的($[\alpha]_D^{20}$ = –92.3°)，故又称为左旋糖。果糖为无色晶体，熔点 102℃(分解)，易溶于水，可溶于乙醇和乙醚中。并能与氢氧化钙形成难溶于水的配合物 $C_6H_{12}O_6 \cdot Ca(OH)_2 \cdot H_2O$。果糖能和间苯二酚的浓盐酸溶液发生颜色反应，呈现红色，这也是酮糖共有的反应。

3. D-核糖和 D-2-脱氧核糖

它们都是生物细胞内极为重要的戊醛糖，常与磷酸和某些杂环化合物结合而存在于核蛋白中，是核糖核酸(RNA)和脱氧核糖核酸(DNA)的重要组成部分，通常以 β-式呋喃糖形式存在。它们的 α-式和 β-式差向异构体的哈沃斯式如下：

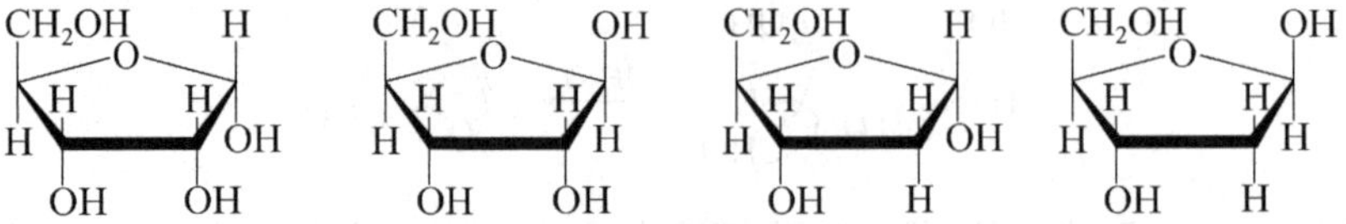

α-D-核糖　β-D-核糖　α-D-脱氧核糖　β-D-脱氧核糖

4. 维生素 C

维生素 C 广泛存在于新鲜的蔬菜和水果中，其中在柠檬、番茄和橘中含量最多。它不属于糖类，但可由 D–葡萄糖来制备，且在结构上可以堪称是不饱和的糖酸内酯，所以常将维生素 C 当作单糖的衍生物看待。维生素 C 为无色晶体，可溶于水，为 L 构型，比旋光度 $[\alpha]_D^{20}=+21°$。由于烯醇式羟基上的氢较易离解，所以呈弱酸性。维生素 C 极易被氧化为去氢抗坏血酸，所以它又是一种较强的还原剂，可用作食品的抗氧化剂。

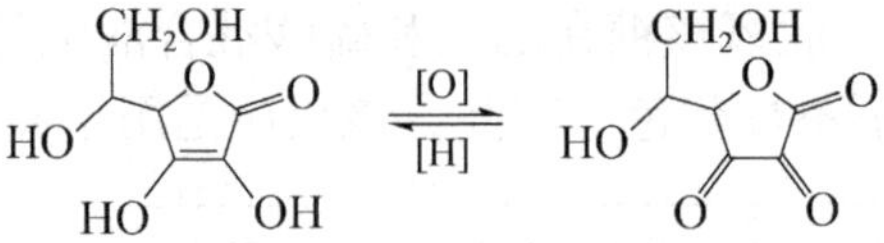

维生素 C　L-去氢抗坏血酸

缺乏维生素 C 会出现牙龈出血，伤口难以愈合等症状，即坏血病。医学上常把维生素 C 称为 L-抗坏血酸，用来加速血液凝固，增强抗感染能力。

5. 氨基糖

糖分子中除半缩醛羟基外其他羟基被氨基取代后的产物称为氨基糖。氨基糖广泛存在于自然界，具有重要的生理作用。例如，D-2-氨基葡萄糖和 D-2-氨基半乳糖就广泛地存在于甲壳质和糖蛋白中。自然界存在的氨基糖主要是氨基已糖。多数天然氨基糖是已糖分子中 C_2 上的羟基被氨基取代的产物。

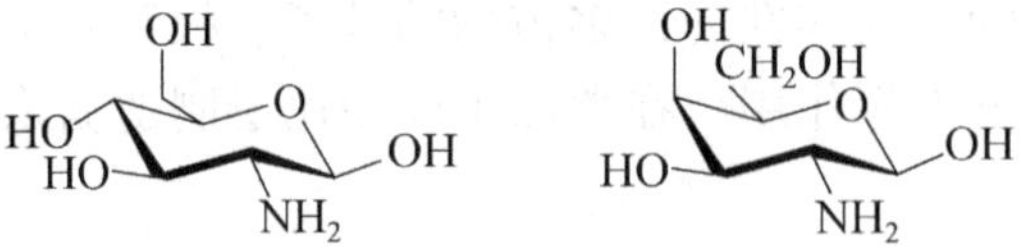

D-2-氨基葡萄糖　D-2-氨基半乳糖

6. 糖苷

糖苷在自然界中分布广泛，主要存在于植物的根、茎、叶、花和种子中，且多数是 β 型，很多中医药的有效成分是糖苷类化合物。例如，松针内的水杨苷是由 β-D-葡萄糖和水杨酸形成的，杨梅苷是由 β-D-葡萄糖和对苯二酚形成的。它们的结构式如下：

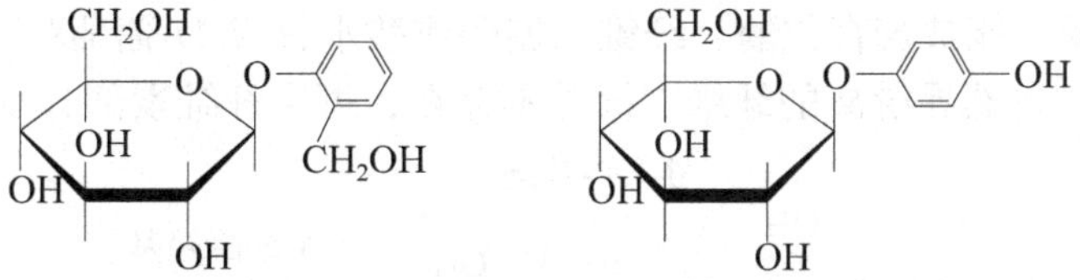

水杨苷　　　　杨梅苷

苦杏仁苷是由二分子 β-D-葡萄糖以 1,6-糖苷键结合形成龙胆二糖，再与苦杏仁腈形成糖苷。苦杏仁有毒，主要是苦杏仁苷在体内被酶水解后，放出氢氰酸的缘故。

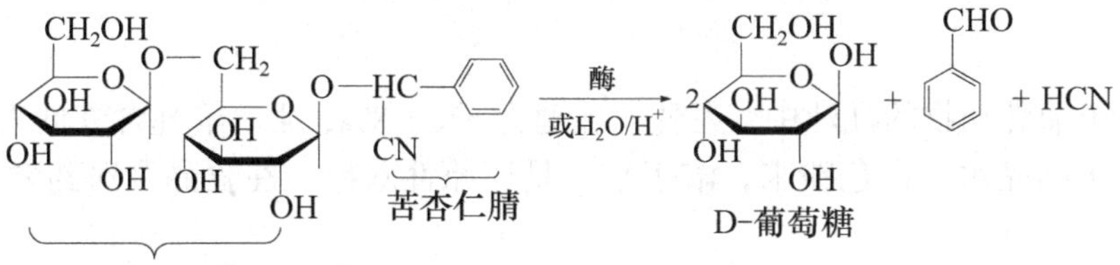

12.2 低 聚 糖

12.2.1 还原性低聚糖

在低聚糖分子中，一个分子单糖的半缩醛羟基用来形成 1,4′-糖苷键，另外一分子单糖的仍含有一个半缩醛羟基，在溶液中可以转变为醛基，具有变旋现象，能发生成脎反应，也能与土伦试剂或费林试剂反应，称为还原性低聚糖，如麦芽糖、纤维二糖和乳糖等。

1. 麦芽糖

麦芽糖是无色片状晶体，大量存在于发芽的谷粒、麦芽中，通常含有一分子水，水解后生成两分子 D-葡萄糖。麦芽糖是由一分子 D-葡萄糖的α-半缩醛羟基和另外一分子 D-葡萄糖 C_4 上的醇羟基脱水而形成α-1,4′-苷键的双糖，属于α-型糖苷。麦芽糖能生成糖脎，也能与土伦试剂和费林试剂反应，具有还原性。因此，称为还原性双糖。麦芽糖有α和β两种构型，其区别在于单糖基中的未成苷键的半缩醛羟基的构型。

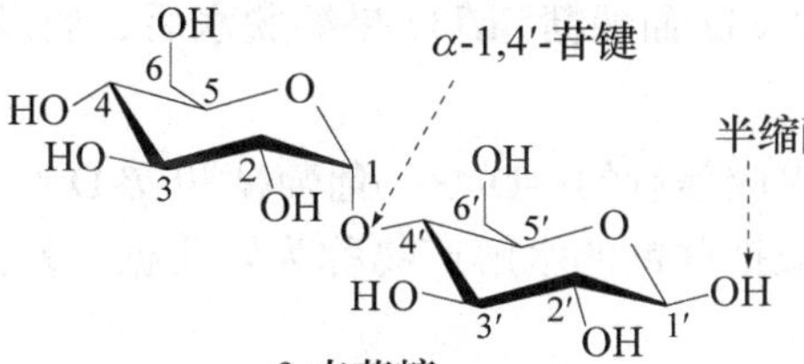

β-麦芽糖

麦芽糖能被麦芽糖酶或酸水解。它是组成淀粉的基本单元，在淀粉酶或唾液酶的作用下，淀粉水解得到麦芽糖，所以麦芽糖是生物体内淀粉水解的中间产物。麦芽糖继续水解产生 D-葡萄糖。

2. 纤维二糖

纤维二糖是纤维素的结构单元，白色晶体，熔点 225℃，可溶于水，具有右旋性。纤维二糖是一个还原性二糖，能被苦杏仁酶、纤维二糖酶或酸水解成 D-葡萄糖。它的苷键为 β-1,4′-苷键，属于 β-糖苷。自然界游离的纤维二糖并不存在，可由纤维素部分水解得到。

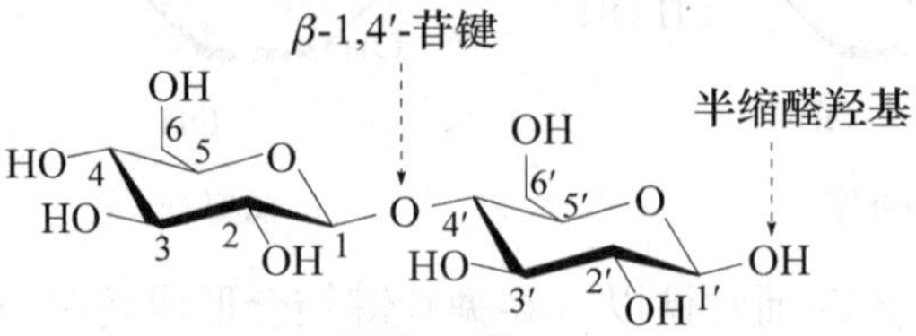

β-(+)-纤维二糖

3. 乳糖

乳糖存在于哺乳动物的乳汁中，人乳含乳糖为 5%～8%，牛、羊乳含乳糖为 4%～5%。晶体乳糖含一分子结晶水，白色粉末，溶于水，是还原性双糖，在食品及医药领域具有广泛的应用。

乳糖是由一分子 β-D-半乳糖的半缩醛羟基与另一分子 D-葡萄糖 C_4 上的醇羟基脱水，以 β-1,4′-苷键而形成，属于 β-糖苷。它能被酸、苦杏仁酶和乳糖酶水解。

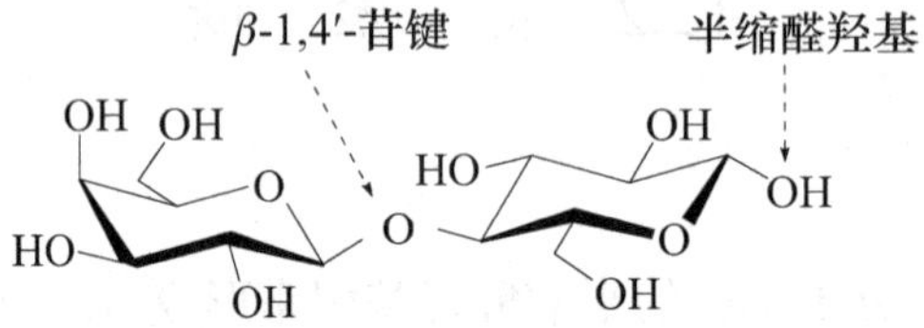

β-D-乳糖

12.2.2 非还原性低聚糖

通过两个或多个半缩醛羟基连接而成的低聚糖，分子中没有可以转变成醛基的半缩醛羟基，没有变旋现象，也不能发生成脎反应，称为非还原性低聚糖，如蔗糖和海藻糖。

1. 蔗糖

蔗糖是自然界分布最广的双糖，在甘蔗(19%～20%)和甜菜(12%～19%)中含量较多，故又称甜菜糖。蔗糖的甜味仅次于果糖，但比葡萄糖、麦芽糖和乳糖甜。蔗糖为无色晶体，熔点 180℃，易溶于水。蔗糖是由α-D-葡萄糖和β-D-果糖脱水后，通过 α-1-β-2-苷键连接而成的右旋双糖，$[\alpha]_D^{20}$=+66°。

蔗糖在酸或酶催化下水解生成等量的α-D-(+)-葡萄糖和 β-D-(–)-果糖的左旋混合物。水解使旋光方向发生改变，故一般把蔗糖的水解产物称为转化糖。蜂蜜的主要成分就是转化糖($[\alpha]_D^{20}$ = –19.8°)。

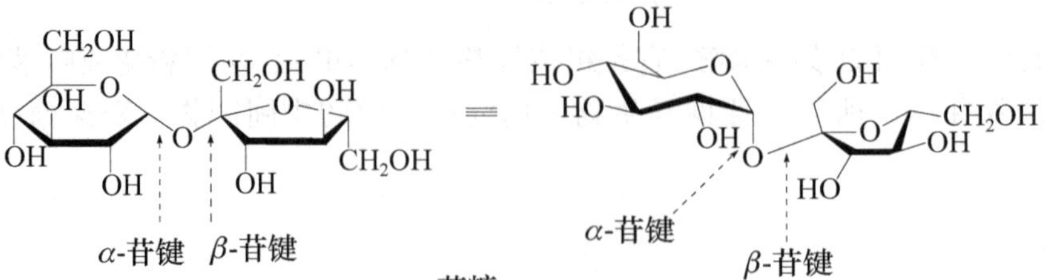

蔗糖

2. 海藻糖

海藻糖又称为酵母糖，它是由两分子α-D-葡萄糖的半缩醛羟基脱水后，通过α-1,1′-苷键连接而成的。比旋光度$[\alpha]_D^{20}$=+178°。海藻糖是海藻类、细菌、真菌、酵母及昆虫血液中的主要血糖。

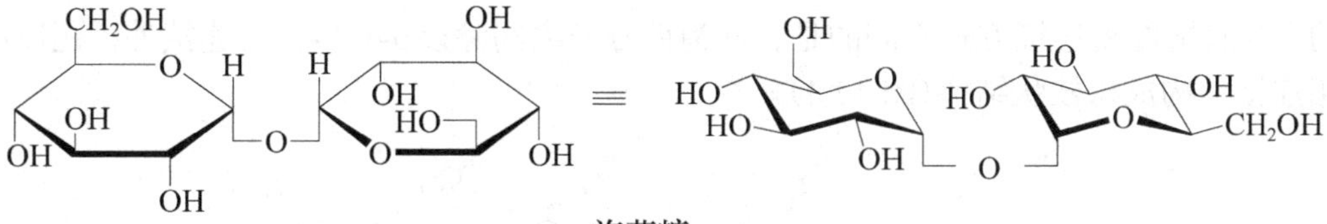

海藻糖

12.3　多　　糖

多糖是一类天然高分子化合物，是由数百以至上千个单糖以糖苷键相连形成的高聚体。自然界中存在的多糖组分大多比较简单。例如，淀粉和纤维素都是由葡萄糖组成的。多糖广泛存在于自然界，多糖不是一种单一的化学物质，而是聚合程度不同的物质的混合物。

12.3.1　淀粉、糖原和环糊精

1. 淀粉

淀粉是一种重要的多糖，是人类重要的食物，主要存在于种子或块茎中。用淀粉酶水解淀粉可以得到麦芽糖，麦芽糖再水解为葡萄糖，因此，我们可以将淀粉看做是麦芽糖的高聚体。

淀粉为白色无定形粉末，包括直链淀粉与支链淀粉。直链淀粉在淀粉中的含量为 10%～30%，相对分子质量比支链淀粉小，是由 200～980 个α-D-葡萄糖以α-1,4′-苷键聚合而成的链状化合物。

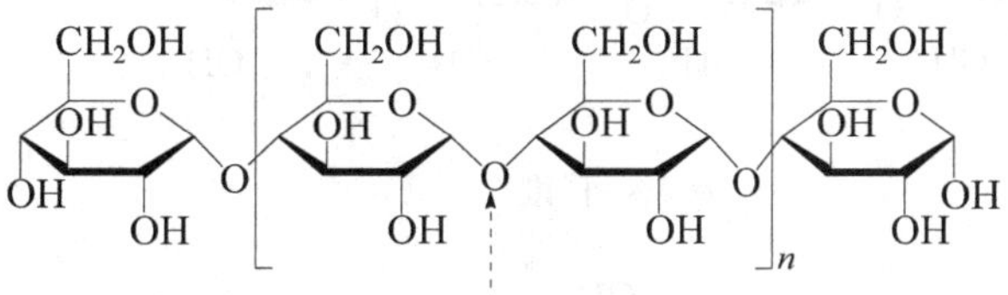

α-1,4′-苷键

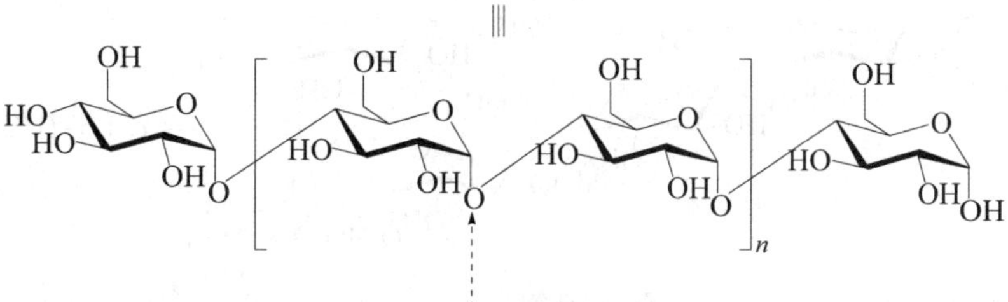

α-1,4′-苷键

直链淀粉结构式

直链淀粉并不是直线形，而是呈弯曲形状，并借助分子内氢键，卷曲成螺旋状。直链淀粉与碘显蓝色，不是因为淀粉与碘形成了化学键，而是因为碘分子钻入了淀粉的螺旋空隙中，碘分子与淀粉之间以范德华力作用，形成了一种呈蓝色的配合物。因此，常用于检验淀粉的存在。但加热时，分子运动加剧，致使氢键断裂，包结物解体，蓝色消失；冷却后又恢复包结物结构，深蓝色重新出现。

支链淀粉在淀粉中的含量为 70%～90%。支链淀粉是由含有 1000 个以上 α-D-葡萄糖单位组成的。与直链淀粉连接方式不同的是，葡萄糖分子之间除以 α-1,4′-苷键连接外，还以 α-1,6′-苷键相连接，构成树枝状结构(图 12-1)。

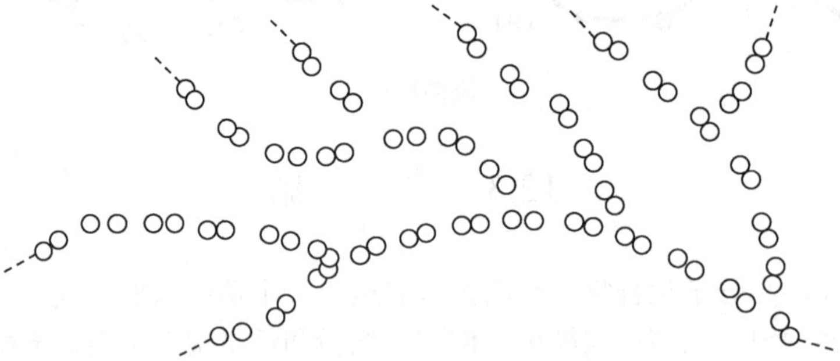

图 12-1　支链淀粉结构示意图(每一小圆点代表一个葡萄糖单位)

支链淀粉不溶于水，热水中则溶胀而成糊状。它在淀粉酶催化水解时，只有外围的支链可以水解为麦芽糖。由于分子中直链与支链间以 α-1,6′-苷键相连，所以在它的部分水解产物中还有异麦芽糖。支链淀粉与碘呈紫红色反应。

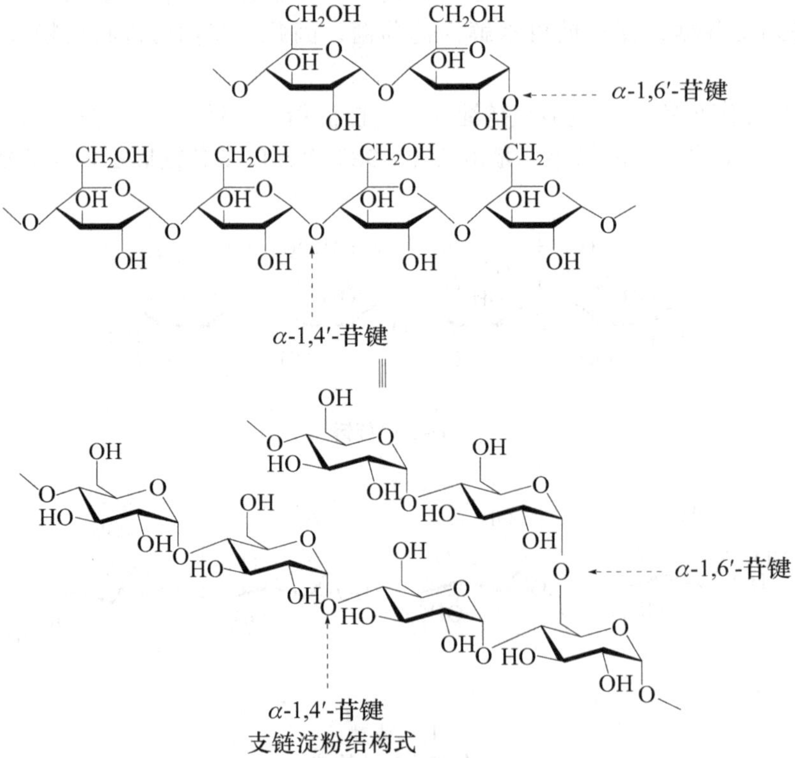

支链淀粉结构式

淀粉不具有还原性，不能成脎，无旋光性，也无变旋现象。

淀粉在淀粉酶的催化下水解淀粉分子内的α-1,4′-苷键。淀粉在口腔中就开始消化，但由于停留时间较短，所以淀粉消化的主要场所是小肠。在胰液的α-淀粉酶作用下，随机水解所有α-1,4′-苷键，生成麦芽糖、麦芽三糖和α-临界糊精。α-临界糊精继续水解α-1,4′-苷键和α-1,6′-苷键。淀粉的逐步水解，生成产物与碘呈现不同颜色的糊精、麦芽糖，最终水解成葡萄糖。

水解产物：	淀粉 ⟶	蓝糊精 ⟶	红糊精 ⟶	无色糊精 ⟶	麦芽糖 ⟶	葡萄糖
与碘显色：	蓝	蓝紫	红	碘色	碘色	碘色

2. 糖原

糖原是动物体内的储备糖，所以也称为动物淀粉，主要存在于肝脏和肌肉中，因此有肝糖原和肌糖原之分。糖原是白色无定形粉末，溶于水呈乳白色，不溶于乙醇及其他有机溶剂。遇碘显紫红到红褐色。糖原也可以被酸或酶水解。

糖原由葡萄糖组成，结构与支链淀粉相似，含有α-1,4′-苷键和α-1,6′-苷键。但其分支程度较支链淀粉高，即分支点之间的间隔比支链淀粉分支点键的间隔短。糖原是动物能量的主要来源，葡萄糖在动物血液中的含量较高时，就结合成糖原储存在动物肝脏中，当血液中含糖量降低时，糖原就分解为葡萄糖。

3. 环糊精

淀粉经热处理或在酸性条件下的水解产物称为糊精，不同方法得到不同的糊精，糊精的分子比淀粉小，但仍然是多糖。淀粉经某种特殊酶作用可形成环糊精，环糊精是由 6 个、7 个、8 个或更多个葡萄糖以α-1,4′-苷键形成的环状寡糖。6 个、7 个、8 个葡萄糖构成的环糊精分别称为α-、β-和γ-环糊精。

环糊精的形状与冠醚相似，在超分子识别中可作为主体，空腔可容纳某些客体分子。与冠醚有所不同，环糊精的外围是亲水的，而空腔内部却是亲油的。空腔具有疏水性，所以环糊精可以识别一定大小的非极性分子或某些分子的非极性部分。由于环糊精中间有个空穴，可以包含适当大小的有机物而溶于水中，正是由于这个性质，环糊精现已广泛应用于有机分离、药物合成、超分子识别等领域。

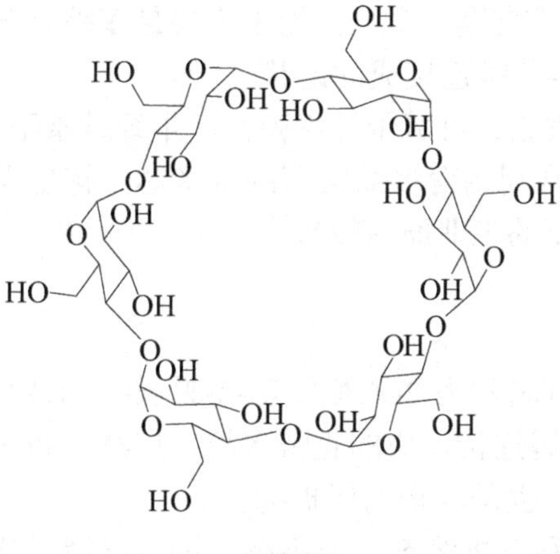

α-环糊精

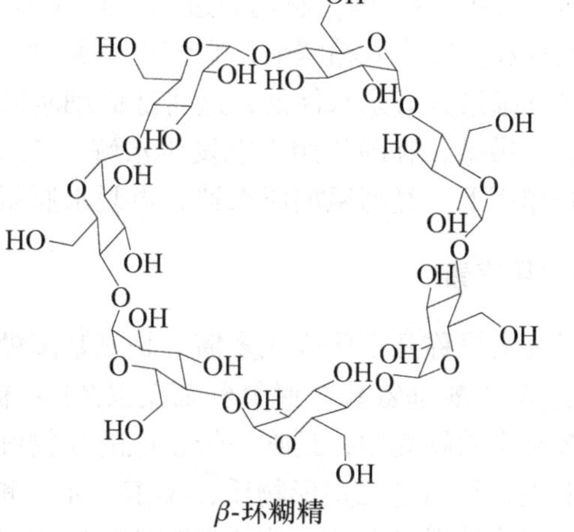

β-环糊精

思考题 12-7　试写出糖原的结构式。

思考题 12-8 查阅相关文献，了解环糊精在超分子识别中的应用。

12.3.2 纤维素和半纤维素

1. 纤维素

纤维素是植物细胞壁的主要组分，构成植物的支持组织，也是自然界分布最广的多糖。棉花中含纤维素最高，含量达 98%，其次是亚麻和木材。纤维素是白色纤维状固体，不具有还原性，不溶于水和有机溶剂，但能吸水膨胀，是纤维二糖的高聚体，彻底水解后得 D-葡萄糖。

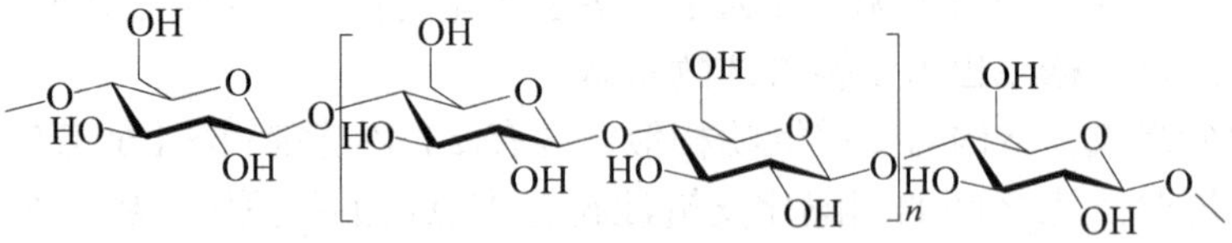

纤维素

纤维素和直链淀粉一样，没有分支，呈链状分子，连接葡萄糖单位的是 β-1,4′-苷键。由于淀粉酶只能水解 α-1,4′-苷键，而不能水解 β-1,4′-苷键，因此人类只能消化淀粉而不是纤维素，而食草动物如马、牛、羊等的消化道中存在一些微生物，这些微生物可以分泌出能水解 β-1,4′-苷键的酶，所以纤维素对于食草动物具有营养价值。

纤维素分子中的羟基能与硝酸反应生成酯，称为硝酸纤维素，俗称硝化纤维。纤维素与乙酸酐作用生成纤维素乙酸酯，俗称醋酸纤维。纤维素能溶于氢氧化铜的氨溶液、氯化锌的盐酸溶液、氢氧化钠和二硫化碳等溶液中，形成黏稠状溶液。利用其溶解性，可以用来制造各种纺织品和纸张，也能制造成人造丝、人造棉、玻璃纸、无烟火药以及电影胶卷等。

2. 半纤维素

半纤维素不是纤维素，而是与纤维素和木质素共存于植物细胞壁中的一大类多糖。根据其水解产物，一般认为半纤维素是多缩戊糖和多缩己糖的混合物。多缩戊糖中主要是多缩木糖和多缩 L-阿拉伯糖，它们通过 β-1,4′-苷键连接成直链。多缩己糖中主要是多缩甘露糖、多缩半乳糖和多缩半乳糖醛酸，它们也是通过 β-1,4′-苷键连接成的链状分子。

半纤维素具有亲水性能，这将造成细胞壁的润胀，可赋予纤维弹性。半纤维素不溶于水，但能溶于稀碱，在酸作用下能发生水解。工业上常利用含多缩戊糖的玉米芯、花生壳、谷糠等在酸作用下，经高温加压水解，再脱水制得重要的工业原料糠醛。

12.3.3 甲壳素

甲壳素也称几丁质或壳多糖，是氨基多糖。其名称为 2-乙酰氨基-2-脱氧-β-(1,4′)-D-葡萄糖，是 N-乙酰基氨基-2-脱氧葡萄糖以β-1,4′-糖苷键连接而成的直链多糖。广泛分布于虾、蟹及许多昆虫的硬壳中，是唯一带正电的动物纤维，也是动物的保护物质。

甲壳素是白色无定形物质，不溶于水、稀酸和有机溶剂，也不溶于铜氨溶液。化学性质稳定，但能被强碱破坏，浓的强酸能使甲壳素水解为 2-氨基葡萄糖和乙酸。甲壳素脱去乙酰基则变为壳聚糖，其溶解性较好，称为可溶性甲壳素。

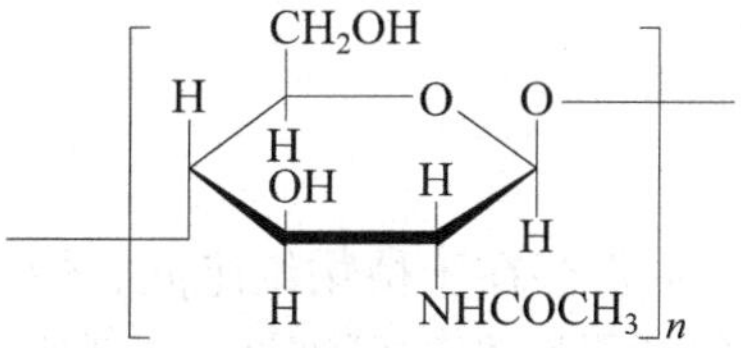

甲壳素

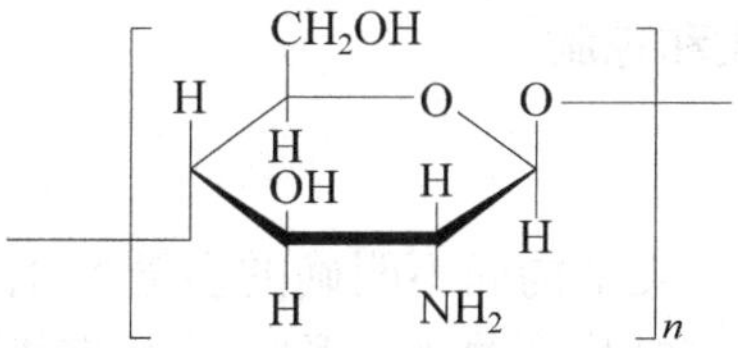

壳聚糖

甲壳素在工业上具有广泛的用途，如可作纺织品防霉杀菌除臭剂，用于制造内衣、袜子、家用特殊功能纺织品。由于壳聚糖是阳离子型天然聚合物，有良好的抑制微生物、细菌和真菌的作用，可以应用于食品保鲜、食品内包装等领域。在医药领域，甲壳素具有抗癌作用，能够提高人体免疫力及护肝解毒等作用。

12.3.4　黏多糖

黏多糖是存在于动物体内的含氮多糖，是构成细胞间结缔组织的主要成分，也广泛存在于哺乳动物各种细胞内。存在于肝脏、肌肉、血管壁等组织中的肝素也是一种黏多糖，具有抗凝血作用。黏多糖的种类较多，一般来说，黏多糖是由糖醛酸和酪氨基己糖交替连接而成，含硫键，也称为糖胺聚糖。其代表性物质有透明质酸、肝素和硫酸软骨质。

1. 透明质酸

透明质酸是一种常见的酸性黏多糖，又称为玻尿酸，是从牛眼玻璃体中分离所得到的。透明质酸以其独特的分子结构和理化性质在机体内显示出多种重要的生理功能，如调节血管壁的通透性、调节蛋白质、水电解质扩散及运转、促进创伤愈合等。更为重要的是，透明质酸具有特殊的保水作用，是目前发现的自然界中保湿性最好的物质，称为理想的天然保湿因子。

它是由 β-D-葡萄糖醛酸和 2-乙酰氨基-β-D-葡萄糖相互交错连接而成的链状分子，其中 β-D-葡萄糖醛酸和 2-乙酰氨基-β-D-葡萄糖先以 β-1,3-苷键连接成二糖单位，多个这样的二糖单位间又以 β-1,4-苷键相连接。

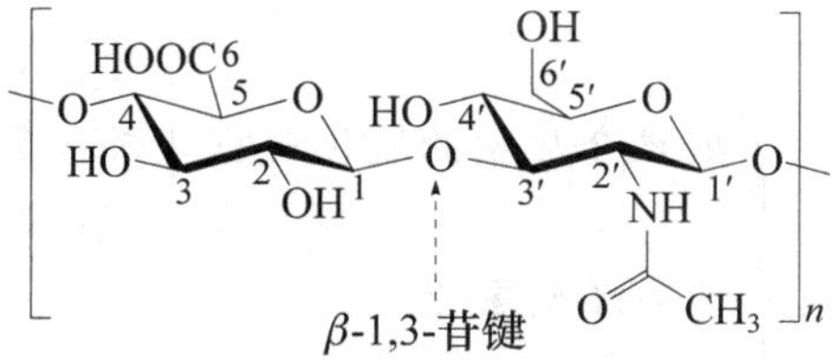

透明质酸

2. 肝素

肝素是一种高度硫酸酯化的杂多糖，相对分子质量为 10 000～15 000。肝素最早是从动物心脏和肝脏组织中提取的，又因肝内含量较多，故称为肝素，是由 L-艾杜糖酸与葡萄糖间通过 α-1,4′-苷键连接而成。肝素具有抗凝血作用，临床上用肝素钠盐预防或治疗血栓的形成。

3. 硫酸软骨素

硫酸软骨素主要存在于动物软骨中，从动物组织中提取制备的酸性黏多糖。硫酸软骨素由 D-葡萄糖醛酸和 *N*-乙酰氨基半乳糖以 β-1,4′-苷键连接而成的重复二糖单位组成的多糖，并在 *N*-乙酰氨基半乳糖的 C_4 位或 C_6 位羟基上发生硫酸酯化。硫酸软骨素主要分为硫酸软骨素钠盐和硫酸软骨素钙盐等，主要用于治疗关节炎、滴眼液等。

12.3.5 果胶质和琼脂

1. 果胶质

果胶质是一类结构尚不明确的多糖类化合物，主要存在于植物细胞间，使邻近细胞黏结。果胶质是一批多糖化合物的总称，这些多糖主要包括果胶酸、可溶性果胶和原果胶等。果胶酸由多个 D-半乳糖醛酸以α-1,4′-苷键连接，果胶酸的全甲酯属于可溶性果胶。可溶性果胶能溶于水而成溶胶或凝胶，可做成胶冻。

成熟的水果和一些蔬菜如胡萝卜、甜菜等中都含有较多的可溶性果胶，果汁的胶冻就是由于含有可溶性果胶而引起的。可溶性果胶与纤维素缩合，可得原果胶，原果胶不溶于水，存在于未成熟的水果当中。

2. 琼脂

琼脂是由海藻中提取的多糖体，是目前世界上用途最广泛的海藻胶之一，是无色、无定形固体，溶于热水，是细胞壁的组成成分，含有复杂的碳水化合物、钙与硫酸盐。在食品、医药工业中应用广泛。

小　　结

1. 单糖的结构

- 单糖的结构
  - 单糖的链状结构与构型——D、L构型
  - 单糖的环状结构与变旋光现象
    - 环状结构与变旋光现象
    - 哈沃斯透视式
    - 单糖的构象

2. 单糖的化学性质

- 单糖的化学性质
  - 氧化反应
    - 酸性介质中的氧化反应
      - 溴水氧化
      - 硝酸氧化
      - 高碘酸氧化
    - 生物酶的氧化
    - 碱性介质中的氧化反应
      - 土伦试剂氧化
      - 费林试剂氧化
      - 本尼迪特试剂氧化
  - 还原反应
  - 差向异构化
  - 成脎反应
  - 成酯和成醚反应
  - 成苷反应
  - 脱水和显色反应

3. 低聚糖

低聚糖
- 还原性低聚糖——麦芽糖、纤维二糖和乳糖
- 非还原性低聚糖——蔗糖和海藻糖

4. 多糖

淀粉和糖原、纤维素和半纤维素、甲壳素、黏多糖、果胶质和琼脂。

习　题

1. 指出下列糖的 D/L 构型。

(1) 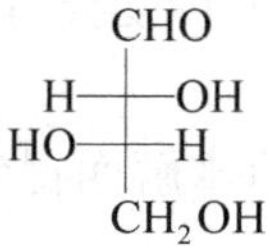

(2) 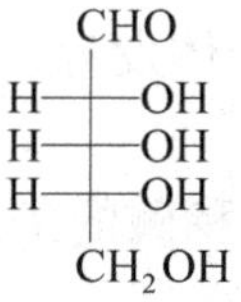

(3) 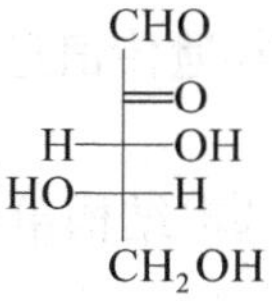

(4) 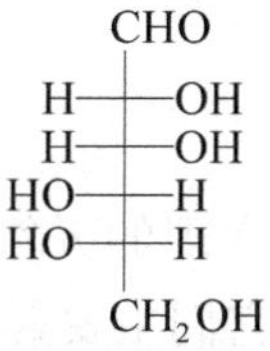

(5) 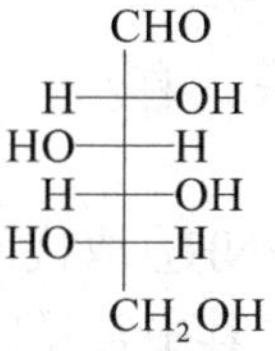

(6) 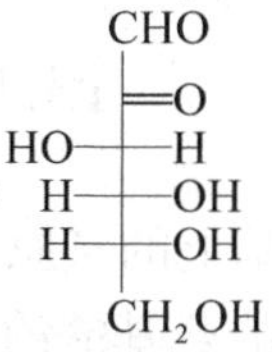

2. 写出下列化合物的哈沃斯式。

(1) α-D-吡喃葡萄糖　(2) β-D-吡喃果糖　(3) α-D-吡喃半乳糖

(4) β-D-吡喃半乳糖　(5) α-D-吡喃果糖　(6) β-D-甲基吡喃葡萄糖苷

3. 用化学方法区别下列各组化合物。

(1) 蔗糖与麦芽糖　(2) 纤维糖与淀粉　(3) 葡萄糖与果糖

(4) 甘油、麦芽糖与淀粉　(5) 乳糖与纤维二糖　(6) 核糖、脱氧核糖、果糖与葡萄糖

4. 写出下列化合物的立体投影式(开链式)。

(1) 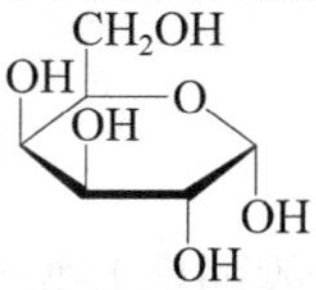

(2) 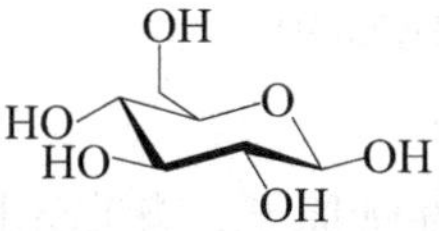

(3) 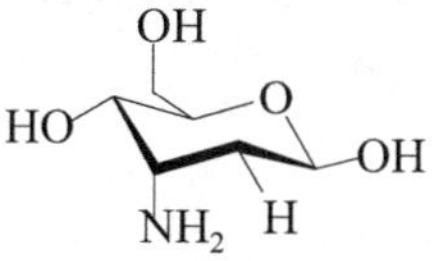

(4) 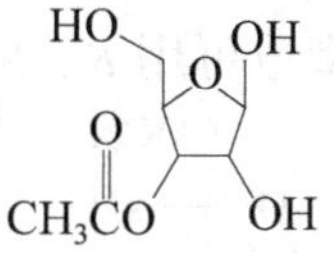

5. 写出 D-(+)-甘露糖与下列试剂反应的方程式。

(1) 过量苯肼　(2) 羟胺　(3) 溴水　(4) 硝酸

(5) 高碘酸　(6) CH_3OH/HCl　(7) H_2/Ni

6. 如果葡萄糖形成的环形半缩醛是五元环，则用甲基化法(成醚反应)及高碘酸法测定时，各得到什么产物？写出反应方程式。

7. 将葡萄糖还原只得到葡萄糖醇 A。如果将果糖还原，除得到 A 外，还得到另一糖醇 B，为什么？请写出 A 和 B 的结构式。

8. 有两个具有旋光性的丁醛糖 A 和 B，与苯肼作用后生成相同的脎。用硝酸氧化 A 和 B，都生成含有四个碳原子的二元酸，但前者有旋光性，后者没有旋光性。试推测 A 和 B 的结构式，并写出反应方程式。

9. 有三种 D 型已醛糖 A、B 和 C，其中 A 和 B 经催化氢化生成光学活性相同的醇；用苯肼处理，A 和 B 生成不同的脎，而 B 和 C 则生成相同的脎；但 B 和 C 经催化氢化生成不同的醇。试写出 A、B 和 C 的结构式。

10. 有两种化合物 A 和 B，分子式均为 $C_5H_{10}O_4$，与 Br_2 作用得到分子式相同的酸 $C_5H_{10}O_5$；与乙酸酐反应均生成三乙酸酯；用 HI 还原 A 和 B 都得到戊烷；与 HIO_4 作用都得到一分子 HCHO 和一分子 HCOOH；与苯肼作用，A 能生成脎，而 B 则不能生成脎，试写出 A 和 B 的结构式，并写出反应方程式。

第 13 章　氨基酸、蛋白质和核酸

生命现象中蛋白质是不可缺少的有机物质之一，它是生命活动的物质基础，并直接参与生物体内各种生物化学变化。蛋白质存在于一切细胞中。例如，肌肉、毛发、皮肤、指甲、血清、血红蛋白、神经、激素、酶等都是由不同蛋白质组成的。蛋白质在有机体中承担不同的生理功能，如供给肌体营养、输送氧气、防御疾病、控制代谢过程、传递遗传信息、负责机械运动等。核酸分子携带着遗传信息，在生物的个体发育、生长、繁殖和遗传变异等生命过程中有非常重要的作用。

氨基酸是组成蛋白质的基本结构单位。在稀酸、稀碱的条件下，由蛋白质水解而得到。

13.1　氨　基　酸

氨基酸是羧酸分子中烃基上的氢原子被氨基(—NH_2)取代的衍生物。目前发现的天然氨基酸约有 300 种，构成蛋白质的氨基酸约有 30 余种，其中常见的有 20 余种。它们主要是 α-氨基酸。人们把参与蛋白质组成的氨基酸称为蛋白氨基酸。其他不参与蛋白质组成的氨基酸称为非蛋白氨基酸。

13.1.1　*α*-氨基酸的构型、分类和命名

构成蛋白质的 20 余种常见氨基酸中除脯氨酸外，其余的都是 α-氨基酸，其结构可用通式表示：

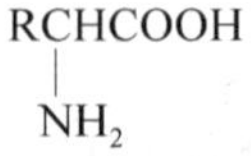

这些 α-氨基酸中除甘氨酸外，都含有手性碳原子，有旋光性。其构型一般都是 L-型(某些细菌代谢中产生极少量 D-氨基酸)。氨基酸的构型也可用 R、S 标记法表示。

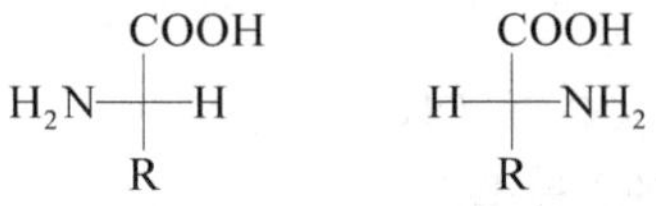

L-氨基酸　　　D-氨基酸

根据 α-氨基酸通式中 R—基团的碳架结构不同，α-氨基酸可分为脂肪族氨基酸、芳香族氨基酸和杂环族氨基酸；根据 R—基团的极性不同，α-氨基酸又可分为非极性氨基酸和极性氨基酸；根据 α-氨基酸分子中氨基(—NH_2)和羧基(—COOH)的数目不同，α-氨基酸还可分为中性氨基酸(羧基和氨基数目相等)、酸性氨基酸(羧基数目大于氨基数目)、碱性氨基酸(氨基的数目多于羧基数目)。

氨基酸的命名通常根据其来源或性质等采用俗名。例如，氨基乙酸因具有甜味称为甘氨酸，丝氨酸最早来源于蚕丝而得名。常用英文名称缩写符号(通常为前三个字母)或用中文代号表示。例如，甘氨酸可用 Gly 或 G 或“甘”字来表示其名称。氨基酸的系统命名法与其他取代羧酸的命名相同，即以羧酸为母体命名。常见氨基酸的分类、名称、缩写及结构式见表 13-1。

表 13-1 蛋白质中常见氨基酸

分类	氨基酸名称	缩写符号	中文代号	系统命名	结构式
	甘氨酸	Gly	甘	氨基乙酸	$\underset{NH_2}{\underset{\vert}{CH_2}}COOH$
	丙氨酸	Ala	丙	2-氨基丙酸	$CH_3\underset{NH_2}{\underset{\vert}{CH}}COOH$
	丝氨酸	Ser	丝	2-氨基-3-羟基丙酸	$HO—CH_2\underset{NH_2}{\underset{\vert}{CH}}COOH$
	半胱氨酸	Cys	半	2-氨基-3-巯基丙酸	$HS—CH_2\underset{NH_2}{\underset{\vert}{CH}}COOH$
	*缬氨酸	Val	缬	3-甲基-2-氨基丁酸	$(CH_3)_2CH\underset{NH_2}{\underset{\vert}{CH}}COOH$
	*苏氨酸	Thr	苏	2-氨基-3-羟基丁酸	$CH_3\underset{OH}{\underset{\vert}{CH}}—\underset{NH_2}{\underset{\vert}{CH}}COOH$
	*蛋氨酸	Met	蛋	2-氨基-4-甲硫基丁酸	$CH_3—S—CH_2CH_2\underset{NH_2}{\underset{\vert}{CH}}COOH$
	*亮氨酸	Leu	亮	2-氨基-4-甲基戊酸	$(CH_3)_2CHCH_2\underset{NH_2}{\underset{\vert}{CH}}COOH$
中性氨基	*异亮氨酸	Ile	异亮	2-氨基-3-甲基戊酸	$CH_3CH_2\underset{CH_3}{\underset{\vert}{CH}}—\underset{NH_2}{\underset{\vert}{CH}}COOH$
	胱氨酸	Cys-Cys	胱	双-3-硫代-2-氨基丙酸	$S—CH_2CH(NH_2)COOH$ | $S—CH_2CH(NH_2)COOH$
	*苯丙氨酸	Phe	苯丙	3-苯基-2-氨基丙酸	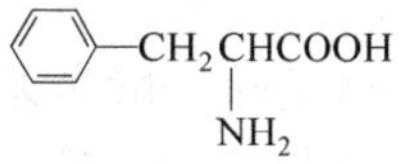
	酪氨酸	Tyr	酪	2-氨基-3-(对羟苯基)丙酸	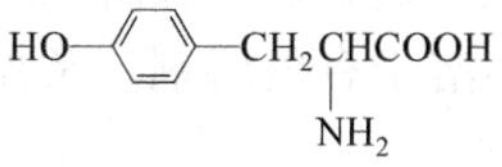
	脯氨酸	Pro	脯	吡咯啶-2-甲酸	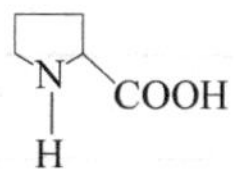
	羟脯氨酸	Hyp	羟脯	4-羟基吡咯啶-2-甲酸	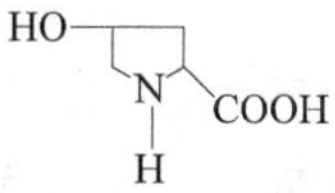
	*色氨酸	Try	色	2-氨基-3-(β-吲哚)丙酸	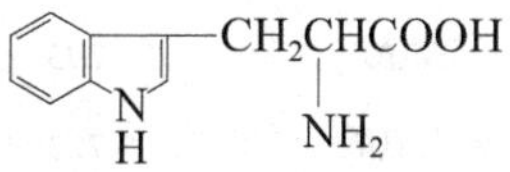
	天冬酰胺酸	Asn	天酰	2-氨基-3-(氨基甲酰基)丙酸	$NH_2—\underset{O}{\underset{\Vert}{C}}CH_2\underset{NH_2}{\underset{\vert}{CH}}COOH$
	谷氨酰胺	Gln	谷酰	2-氨基-4-(氨基甲酰基)丁酸	$NH_2\underset{O}{\underset{\Vert}{C}}CH_2CH_2\underset{NH_2}{\underset{\vert}{CH}}COOH$

续表

分类	氨基酸名称	缩写符号	中文代号	系统命名	结构式
酸性氨基酸	天冬氨酸	Asp	天冬	2-氨基丁二酸	$HOOCCH_2\underset{\mid \atop NH_2}{CH}COOH$
	谷氨酸	Glu	谷	2-氨基戊二酸	$HOOCCH_2CH_2\underset{\mid \atop NH_2}{CH}COOH$
碱性氨基酸	精氨酸	Arg	精	2-氨基-5-胍基戊酸	$H_2N\underset{\| \atop NH}{C}NH(CH_2)_3\underset{\mid \atop NH_2}{CH}COOH$
	*赖氨酸	Lys	赖	2，6-二氨基己酸	$H_2NCH_2(CH_2)_3\underset{\mid \atop NH_2}{CH}COOH$
	组氨酸	His	组	2-氨基-3-(5′-咪唑)丙酸	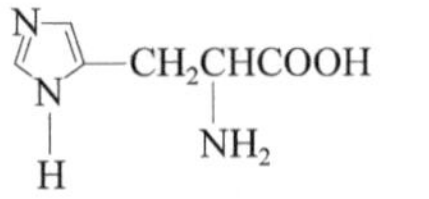

表中带星号“*”的八种氨基酸称为必需氨基酸，是动物自身不能合成，必须从食物中获取，缺乏时会引起疾病。因此，人们应该从不同的食物中获取全部的必需氨基酸，确保人的身体健康。

思考题 13-1　写出 L-半胱氨酸、L-苯丙氨酸、L-色氨酸的费歇尔投影式，并用 *R*、*S* 标出它们的构型。

13.1.2　*α*-氨基酸的物理性质

α-氨基酸一般为无色晶体，熔点比相应的羧酸或胺类要高，一般为 200～300℃(许多氨基酸在接近熔点时分解)。除甘氨酸外，其他的 *α*-氨基酸都有旋光性。大多数氨基酸易溶于水，而不溶于有机溶剂。常见氨基酸的物理常数见表 13-2。

表 13-2　常见氨基酸的物理常数及等电点

氨基酸	熔点(分解)/℃	溶解度/(g/100g 水)	比旋光度$[\alpha]_D^{25}$	等电点(pI)
甘氨酸	232～236	25	—	5.97
丙氨酸	297	16.7	+1. 8	6.02
缬氨酸	315(封管)	8.9	+5.6	5.97
亮氨酸	293～295	2.4	−10.8	5.98
异亮氨酸	283～284	4.1	+12.4	6.02
丝氨酸	228	33	−6.8	5.68
苏氨酸	255～257	20	−28.3	6.53
天冬氨酸	270～271	0.54	+5.0	2.97
谷氨酸	224～225	0.86	+12.0	3.22

续表

氨基酸	熔点(分解)/℃	溶解度/(g/100g 水)	比旋光度$[\alpha]_D^{25}$	等电点(pI)
精氨酸	238	3.5	+12.5	10.76
赖氨酸	224～225	易溶	+14.6	9.74
组氨酸	287～288	4.2	−39.7	7.59
半胱氨酸	240	溶	−16.5	5.02
胱氨酸	258～261	不溶	−223.4(1%在 1 mol · L^{-1} HCl)	5.06
蛋氨酸	283	3.4	−8.2	5.75
苯丙氨酸	275～283	3.1	−35.1	5.48
酪氨酸	342～344	0.045	−10.6(4%在 1 mol · L^{-1} HCl)	5.66
色氨酸	289	0.25	−31.5	5.89
脯氨酸	220～222	162.3	−85.0	6.30
羟脯氨酸	274	易溶	−75.2	5.83

13.1.3　*α*-氨基酸的化学性质

氨基酸分子中既含有氨基又含有羧基，因此它具有羧酸和胺类化合物的性质；同时，由于氨基与羧基之间相互影响及分子中 R—基团的某些特殊结构，又显示出一些特殊的性质。

1. 氨基酸的两性和等电点

氨基酸分子中同时含有羧基(—COOH)和氨基(—NH_2)，不仅能与强碱或强酸反应生成盐，而且还可在分子内形成内盐。

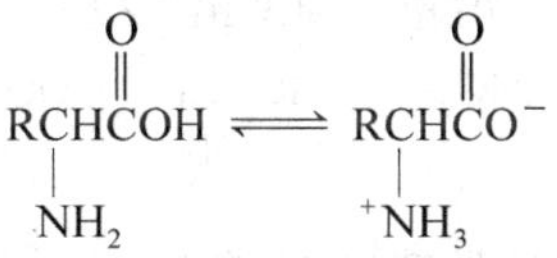

内盐(偶极离子)

氨基酸内盐分子是既带有正电荷又带有负电荷的离子，称为两性离子或偶极离子。固体氨基酸以偶极离子形式存在，静电引力大，具有很高的熔点，可溶于水而难溶于有机溶剂。

氨基酸分子是偶极离子，在酸性溶液中它的羧基负离子可接受质子，氨基酸带正电荷；而在碱性溶液中铵根正离子给出质子，氨基酸带负电荷。偶极离子加酸和加碱时引起的变化，可用下式表示：

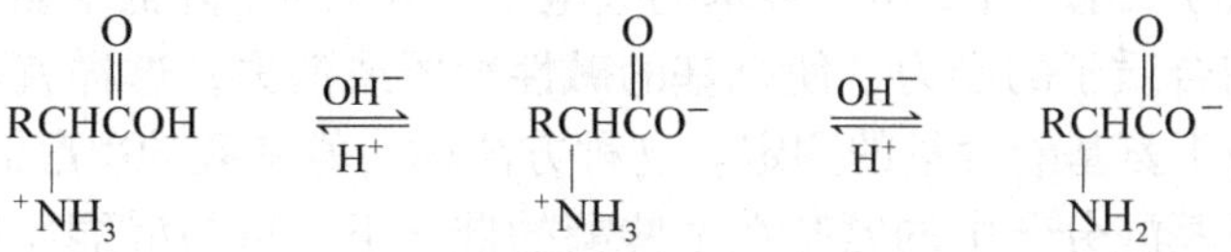

正离子　　偶极离子　　负离子

pH<pI　　pH＝pI　　pH>pI

因此，在不同的 pH 中，氨基酸能以正离子、负离子及偶极离子三种不同形式存在。如果把氨基酸溶液置于电场中，它的正离子会向阴极移动，负离子则会向阳极移动。当调节溶液的 pH，使氨基酸以偶极离子形式存在时，它在电场中既不向阴极移动，也不向阳极移动，此时溶液的 pH 称为该氨基酸的等电点，通常用符号 pI 表示。当调节溶液的 pH 大于某氨基酸的等电点时，该氨基酸主要以负离子形式存在，在电场中移向阳极；当调节溶液的 pH 小于某氨基酸的等电点时，该氨基酸主要以正离子形式存在，在电场中移向阴极。

应当指出，在等电点时，氨基酸的 pH 不等于 7。对于中性氨基酸，由于羧基电离度略大于氨基，因此需要加入适当的酸抑制羧基的电离，促使氨基电离，使氨基酸主要以偶极离子的形式存在。所以中性氨基酸的等电点都小于 7，一般在 5～7。酸性氨基酸的羧基多于氨基，必须加入较多的酸才能达到其等电点，因此酸性氨基酸的等电点一般在 2.8～3.3。要使碱性氨基酸达到其等电点，必须加入适量碱，因此碱性氨基酸的等电点都大于 7，一般在 7.6～10.8，见表 13-2。

氨基酸在等电点时溶解度最小，最容易沉淀，因此可以通过调节溶液 pH 达到等电点来分离氨基酸混合物；也可以利用在同一 pH 的溶液中，各种氨基酸所带净电荷不同，它们在电场中移动的状况不同和对离子交换剂的吸附作用不同的特点，通过电泳法或离子交换层析法从混合物中分离各种氨基酸。

思考题 13-2　想一想，酸性氨基酸的水溶液 pH＜7，那么中性氨基酸的水溶液 pH=7 吗？为什么？

思考题 13-3　丙氨酸在 pH=2, 6, 9 的水溶液中主要以何种形式存在？在电场中向哪一极移动？

2. 氨基酸中氨基和羧基的反应

1) 与亚硝酸反应

大多数氨基酸中含有伯氨基，可以定量与亚硝酸反应，生成 *α*-羟基酸,并放氮气。

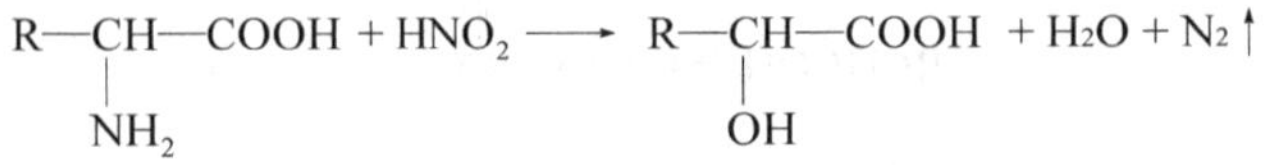

该反应定量进行，从释放出氮气的体积可计算分子中氨基的含量。这个方法称为范斯莱克 (Van Slyke) 氨基测定法，可用于氨基酸定量和蛋白质水解程度的测定。

2) 与甲醛反应

氨基酸分子中的氨基能作为亲核试剂进攻甲醛的羰基，生成 (*N*,*N*-二羟甲基) 氨基酸。

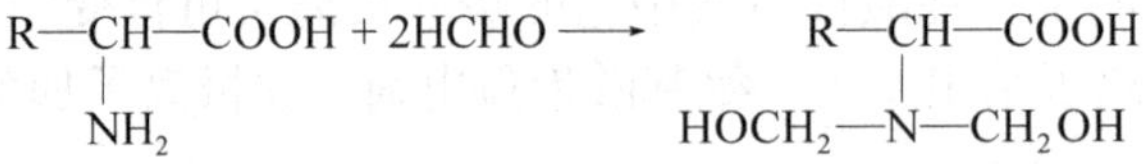

在 (*N*,*N*-二羟甲基) 氨基酸中，由于羟基的吸电子诱导效应，降低了氨基氮原子的电子云密度，削弱了氮原子结合质子的能力，使氨基的碱性削弱或消失，这样就可以用标准碱液来滴定氨基酸的羧基，用于氨基酸含量的测定。这种方法称为氨基酸的甲醛滴定法。

在生物体内，氨基酸分子中的氨基在某些酶的催化下，可与醛酮反应生成弱碱性的席夫碱 (Schiff base),它是植物体内合成生物碱及生物体内酶促转氨基反应的中间产物。

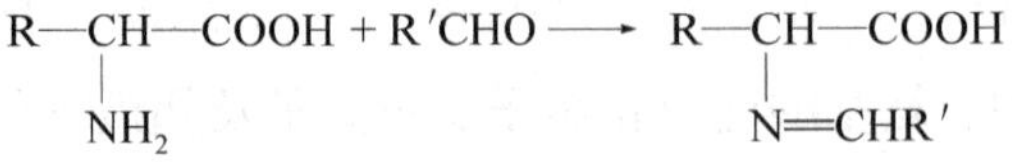

席夫碱

3) 与 2,4-二硝基氟苯反应

氨基酸能与 2,4-二硝基氟苯(DNFB)反应生成 *N*-(2,4-二硝基苯基)氨基酸，简称 *N*-DNP-氨基酸。这个化合物显黄色，可用于氨基酸的比色测定。英国科学家桑格尔(Sanger)首先用这个反应来标记多肽或蛋白质的 N 端氨基酸，再将肽链水解，经层析检测，就可识别多肽或蛋白质的 N 端氨基酸。

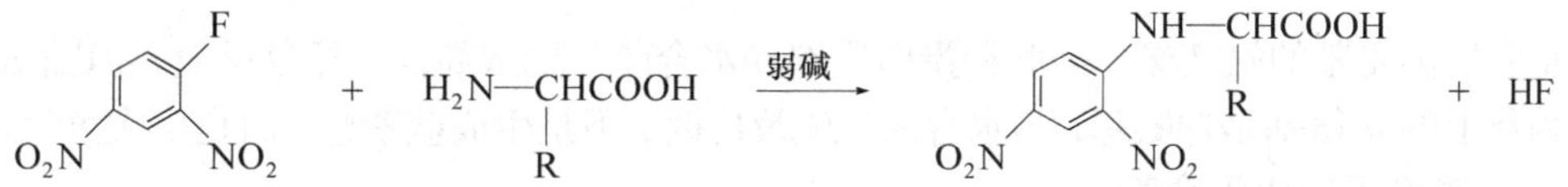

N-DNP-氨基酸(黄色)

4) 氧化脱氨反应

氨基酸分子的氨基可以被双氧水或高锰酸钾等氧化剂氧化，生成 α-亚氨基酸，然后进一步水解，脱去氨基生成 α-酮酸。

$$\underset{NH_2}{R-CH}-COOH \xrightarrow{[O]} \underset{\|\ NH}{R-C}-COOH \xrightarrow{H_2O} R-\overset{OH}{\underset{NH_2}{C}}-COOH \xrightarrow{-NH_3} R-\overset{O\ \|}{C}-COOH$$

α-亚氨基酸　　α-羟基-α-氨基酸

生物体内在酶催化下，氨基酸也可发生氧化脱氨反应，这是生物体内蛋白质分解代谢的重要反应之一。

5) 与醇反应

氨基酸在无水乙醇中通入干燥氯化氢，加热回流时生成氨基酸酯。α-氨基酸酯在醇溶液中又可与氨反应，生成氨基酸酰胺。

$$R-\underset{NH_2}{CH}-COOH + C_2H_2OH \xrightarrow{干\ HCl} R-\underset{NH_2}{CH}-COOC_2H_5 + H_2O$$

$$R-\underset{NH_2}{CH}-COOC_2H_5 + NH_3 \longrightarrow R-\underset{NH_2}{CH}-CONH_2 + C_2H_5OH$$

这是生物体内以谷氨酰胺和天冬酰胺形式储存氮素的一种主要方式。

6) 脱羧反应

将氨基酸缓缓加热或在高沸点溶剂中回流，可以发生脱羧反应生成胺。细菌或动植物体内的脱羧酶也能催化氨基酸的脱羧反应，这是蛋白质腐败发臭的主要原因。例如，赖氨酸脱羧生成 1,5-戊二胺(尸胺)。

$$NH_2-CH_2(CH_2)_3\underset{NH_2}{CH}-COOH \xrightarrow[\triangle]{} NH_2(CH_2)_5NH_2 + CO_2\uparrow$$

戊二胺(尸胺)

3. 氨基酸中氨基和羧基共同参与的反应

1) 与水合茚三酮的反应

α-氨基酸与水合茚三酮的弱酸性溶液共热，生成蓝紫色物质。这个反应非常灵敏，可用于 α-氨基酸的定性及定量测定。

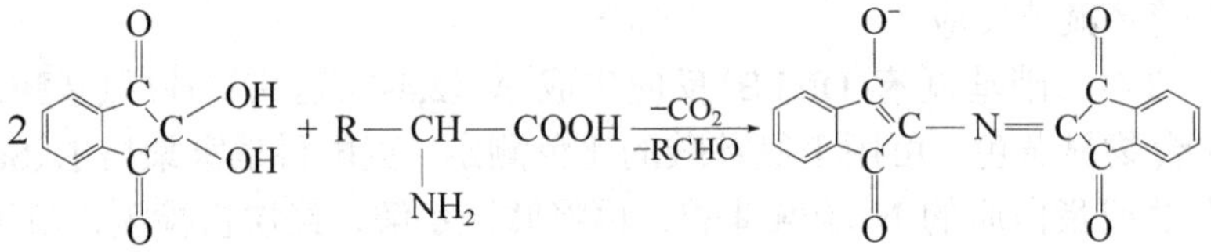

水合茚三酮　　　　蓝紫色

凡是有游离氨基的氨基酸、多肽和蛋白质都和水合茚三酮试剂发生显色反应。但脯氨酸和羟脯氨酸因环上的 α-氨基是仲氨基，与水合茚三酮反应时，不是生成蓝紫色，而是生成黄色化合物。

2) 与金属离子形成配合物

某些氨基酸中的羧基和金属离子可以成盐，同时氨基中的氮原子上的未共用电子，可以与金属离子形成配位键。因此，氨基酸与某些金属离子能形成结晶型配合物。例如，铜离子与两分子的氨基酸能形成深蓝紫色配合物结晶，可以用来分离或鉴定氨基酸。

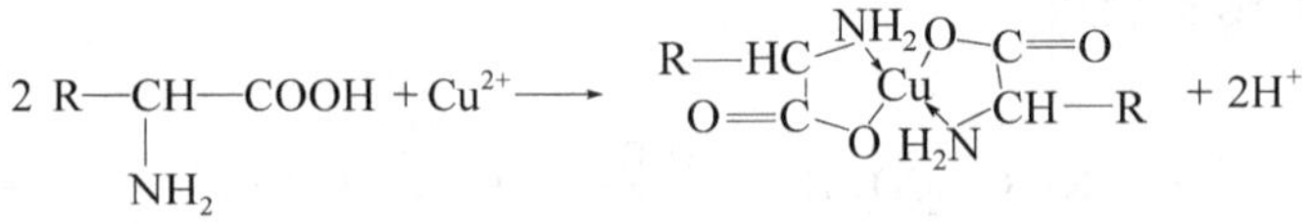

思考题 13-4	写出丙氨酸与亚硝酸、甲醛、甲醇的反应式。
思考题 13-5	用化学方法鉴别下列化合物：α-丙氨酸、丙胺。

3) 脱羧失氨作用

氨基酸在酶的作用下，同时脱去羧基和氨基得到醇。例如，亮氨酸通过酶的作用，得到异戊醇。工业上发酵制取乙醇时，杂醇就是这样产生的。

$$(CH_3)_2CHCH_2\underset{\underset{NH_2}{|}}{C}HCOOH \xrightarrow{\text{酶}} (CH_3)_2CHCH_2CH_2OH + NH_3\uparrow + CO_2\uparrow$$

此外，一些氨基酸侧链具有的官能基团，如羟基、酚基、吲哚基、胍基、巯基及非 α-氨基等，均可以发生相应的反应，这是进行蛋白质化学修饰的基础。α-氨基酸还可通过分子间的—NH_2 与—COOH 缩合脱水形成多肽，该反应是形成蛋白质一级结构的基础，将在蛋白质部分介绍。

4) 氨基酸的受热分解反应

α-氨基酸受热时发生分子间脱水生成交酰胺；β-氨基酸受热时不发生脱水反应，而是失氨生成不饱和酸；γ-或 δ-氨基酸受热时发生分子内脱水，生成内酰胺。

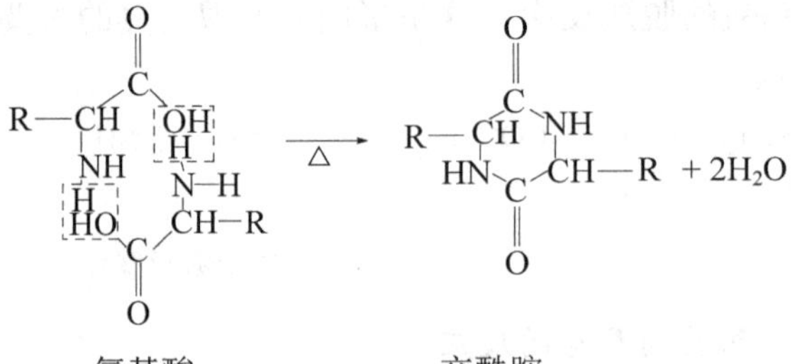

α-氨基酸　　　　交酰胺

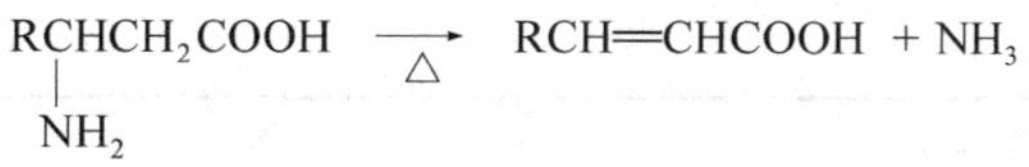

β-氨基酸　　*α*,*β*-不饱和酸

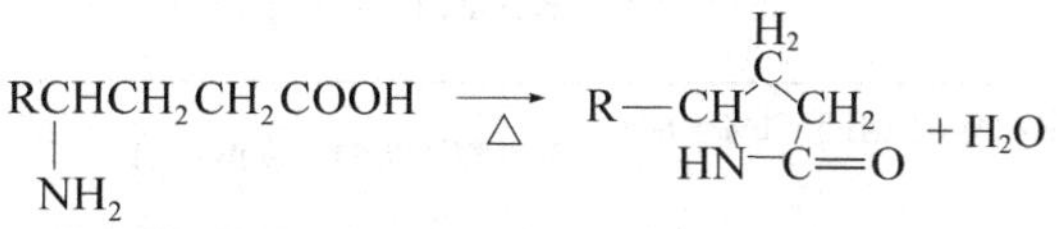

γ-氨基酸　　内酰胺

13.2　蛋　白　质

蛋白质是由多种 *α*-氨基酸组成的一类天然高分子化合物，相对分子质量一般可由 1 万到几百万，有的相对分子质量甚至可达几千万。但元素组成比较简单，主要含有碳、氢、氮、氧、硫，有些蛋白质还有磷、铁、镁、碘、铜、锌等，一般蛋白质的元素组成，见表 13-3。

表 13-3　蛋白质中各种元素的平均含量

元素	C	H	O	N	S	P	Fe
平均含量/% (按干物质计)	50～55	6.0～7.0	19～24	15～17	0.0～0.4	0.0～0.8	0.0～0.4

各种蛋白质的含氮量很接近，平均为 16%，即每克氮相当于 6.25 g 蛋白质，生物体中的氮元素，绝大部分都是以蛋白质形式存在，因此，常用定氮法先测出农副产品样品的含氮量($W_{氮}$)，然后计算成蛋白质的近似含量，称为粗蛋白含量($W_{粗蛋白}$)，见式(13-1)。

$$W_{粗蛋白} = W_{氮} \times 6.25 \qquad (13\text{-}1)$$

13.2.1　蛋白质的分类

蛋白质种类繁多，结构复杂，目前只能根据蛋白质的形状、溶解性及化学组成粗略分类。根据蛋白质的形状可分为球状蛋白质(如卵清蛋白)和纤维蛋白质(如角蛋白)。根据化学组成又可分简单蛋白质和结合蛋白质。

1. 简单蛋白质

仅由氨基酸组成的蛋白质称为简单蛋白质。简单蛋白质根据溶解性差异可分为七类(表 13-4)。

表 13-4　简单蛋白质的分类

分类	溶解性	举例	存在
清蛋白	溶于水和稀中性盐液，不溶于饱和硫酸铵溶液	血清蛋白、乳清蛋白、卵清蛋白、豆清蛋白、麦清蛋白	动植物体中
球蛋白	不溶于水，但溶于稀中性盐溶液，不溶于 50%饱和度硫酸铵溶液	血清球蛋白、植物种子球蛋白	动植物体中
组蛋白	溶于水及稀酸，不溶于稀氨水	小牛胸腺组蛋白	动物体中
精蛋白	溶于水及稀酸，不溶于稀氨水	鱼精蛋白	动物体中

续表

分类	溶解性	举例	存在
谷蛋白	不溶于水、中性盐及乙醇溶液，溶于稀酸及稀碱	米谷蛋白、麦谷蛋白	谷物种子
醇溶谷蛋白	不溶于水及无水乙醇，但溶于 70%～80%乙醇	玉米醇溶蛋白、麦溶蛋白	谷物种子
硬蛋白	不溶于水、盐、稀酸、稀碱	角蛋白、弹性蛋白、胶原	动物毛发、角、瓜等组织

2. 结合蛋白质

由简单蛋白质与非蛋白质成分(称为辅基)结合而成的复杂蛋白质，称为结合蛋白质。结合蛋白质又可根据辅基不同进行分类(表 13-5)。

表 13-5　结合蛋白质的分类

分类	辅基	举例	存在
核蛋白	核酸	脱氧核糖核酸蛋白，核糖体、烟草花叶病毒	构成细胞质、细胞核
糖蛋白	糖类	卵清蛋白、γ-球蛋白、血清黏蛋白	动物细胞
脂蛋白	脂肪及类脂	低密度脂蛋白、高密度脂蛋白	动植物细胞
磷蛋白	磷酸	酪蛋白、卵黄蛋白、胃蛋白酶	动植物细胞及体液
色蛋白	色素	血红蛋白、肌红蛋白、叶绿素蛋白	动植物细胞及体液
金属蛋白	金属离子	固氮酶、铁氧还蛋白、SOD	动植物细胞

13.2.2　蛋白质的结构

蛋白质分子是由 α-氨基酸经首尾相连形成的多肽链，肽链在三维空间具有特定复杂而精细的结构。这种结构不仅决定蛋白质的理化性质，而且是生物学功能的基础。蛋白质的结构通常分为一级结构、二级结构、三级结构和四级结构四种层次；蛋白质的二级、三级、四级结构又统称为蛋白质的空间结构或高级结构。

1. 蛋白质的一级结构——多肽链

天然蛋白质是由 α-氨基酸组成的。α-氨基酸分子间的氨基和羧基脱水，以酰胺键($-\overset{\overset{\large O}{\|}}{C}-NH-$或称肽键)相连而成的化合物称为肽。

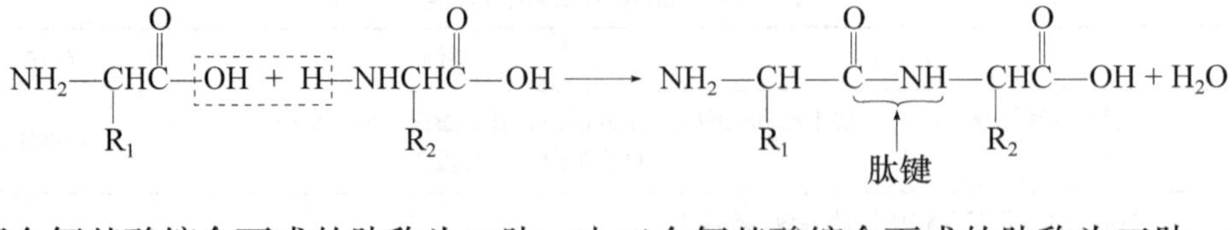

由两个氨基酸缩合而成的肽称为二肽；由三个氨基酸缩合而成的肽称为三肽；由多个氨基酸缩合成的肽称为多肽。肽链中每个氨基酸都失去了原有结构的完整性，因此肽链中的氨基酸通常称为氨基酸残基。肽链一端含有 α-氨基的氨基酸残基称为“N 端”；含有游离羧基的氨基酸残基称为“C 端”。例如

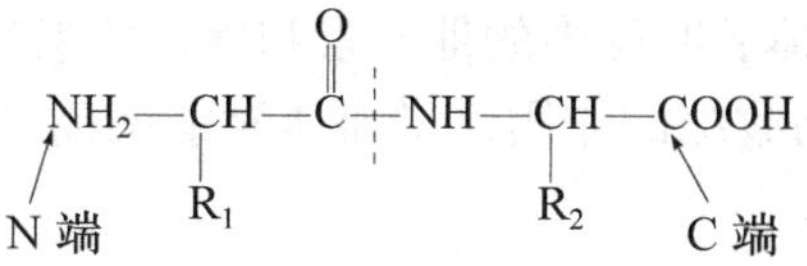

二肽

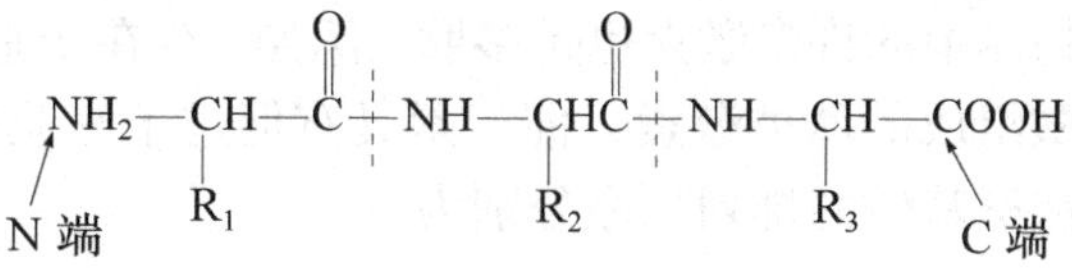

三肽

肽的命名是以 C 端氨基酸为母体，肽链中其他氨基酸名称中的“酸”字改为“酰”字，称为“某氨酰”，并从 N 端开始依次写在母体名称之前，两者之间通常用“-”连接。也可以用中、英文简称来命名，对于多肽在 C 端氨基酸简称后加“肽”字。例如

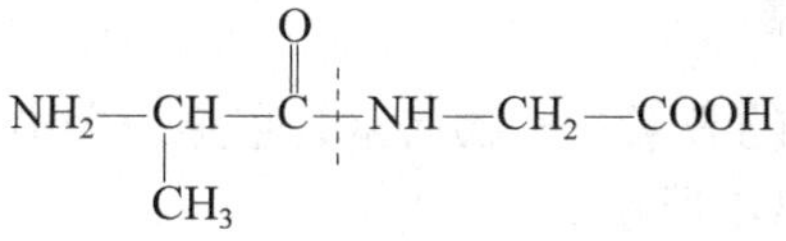

(Ⅰ)丙氨酰-甘氨酸，简写为丙-甘(Ala-Gly)

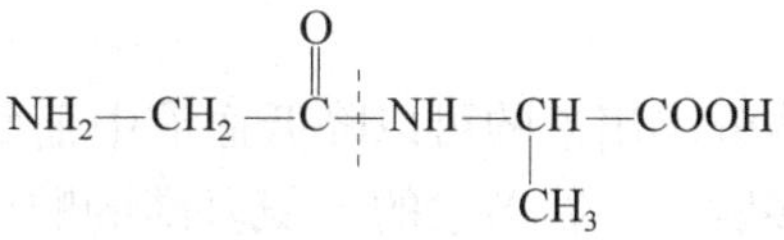

(Ⅱ)甘氨酰-丙氨酸,简写为甘-丙(Gly-Ala)

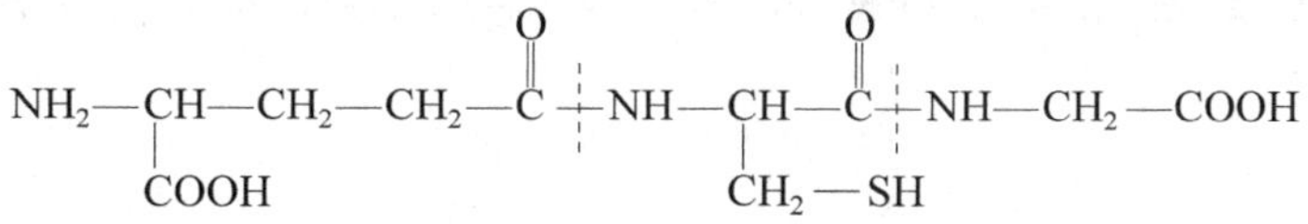

谷氨酰-半胱氨酰-甘氨酸，简写为谷-半胱-甘肽(Glu-Cys-Gly)

虽然(Ⅰ)式和(Ⅱ)式都是由丙氨酸和甘氨酸脱水得到的二肽。但它们的 C 端和 N 端的结构不同，在生物学的基因序列中代表不同的序列，因此是不同结构的二肽。

蛋白质的一级结构实际上是指许多 α-氨基酸按一定顺序用肽键连接的多肽链。蛋白质不同，多肽链中 α-氨基酸的种类、数目和多肽链的数目不同。蛋白质的一级结构决定蛋白质的二、三、四级结构，并对它的生理功能起着决定性的作用。例如，镰刀状细胞贫血病是最早被认识的一种分子病，是由于血红蛋白中多肽链上个别氨基酸异常引起的(多肽链 N 端的第 6 个氨基酸残基的谷氨酸被缬氨酸所代替)。

生物体内存在许多游离多肽，它们都具有特殊的生理功能。例如，谷-半胱-甘肽分子中含有一个易被氧化的巯基(—SH)，称为还原型谷-胱-甘肽(常用 GSH 表示)。两分子 GSH 间可通过巯基氧化成二硫键而连接，形成氧化型谷-胱-甘肽(常用 GS—SG 表示)。

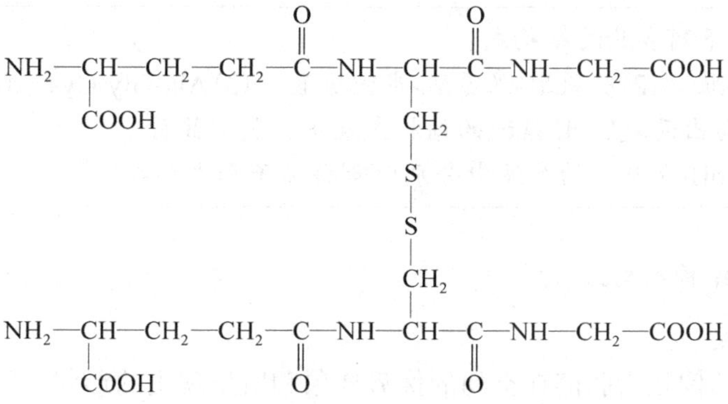

氧化型谷-半胱-甘肽(GS—SG)

在一定条件下，GS—SG 也可还原为 GSH。因此，谷-胱-甘肽在生物体内的氧化还原反应中起着重要作用。

生物体中的许多激素也是多肽。例如，存在于垂体后叶腺中的催产素和增血压素都是由 8 个氨基酸组成的肽类激素，催产素具有促进子宫肌肉收缩的作用，增血压素能增高血压。它们的肽链氨基酸的排列顺序分别为

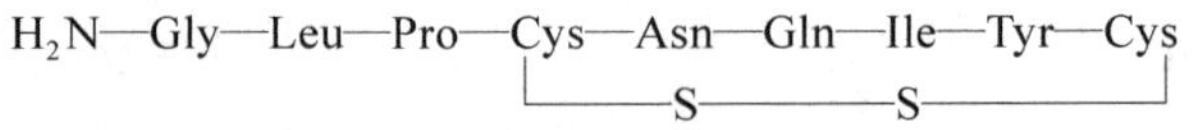

牛催产素

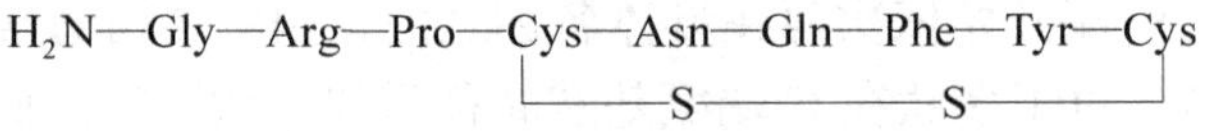

增血压素

由动物分泌出来的可以降低血液中葡萄糖浓度的激素——胰岛素，它是一个由 51 个氨基酸组成的多肽。牛胰岛素的 α-氨基酸的顺序如图 13-1 所示。

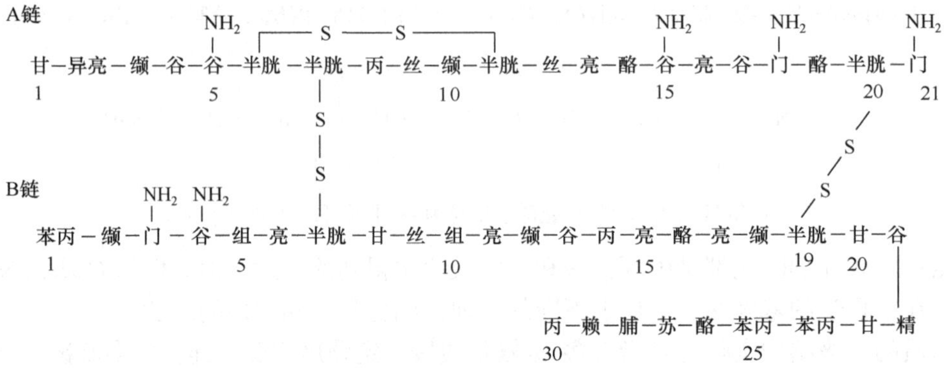

图 13-1　牛胰岛素的一级结构示意图

牛胰岛素是由 A 链(21 肽)和 B 链(30 肽)通过两个—S—S—键连接形成的，A 链中还有一个二硫键(图 13-1)。人胰岛素与牛胰岛素极相似，仅是 B 链 C 端氨基酸不同，人的为苏氨酸(Thr)，而牛的为丙氨酸(Ala)。

多肽链是蛋白质分子的基本结构，多肽与蛋白质的界限，普遍认为相对分子质量小于 1 万的为多肽，大于 1 万的为蛋白质。

思考题 13-6　写出下列多肽的结构式。

(1) 甘-苯丙-谷肽　(2) 亮氨酰-丝氨酰-半胱氨酸　(3) Ala-Gly-Cys　(4) 谷-亮-苯丙

思考题 13-7　(1) 写出丙氨酰-甘氨酸的结构式及中、英文简称。

(2) 丙-甘肽在 pH=2 及 7 的溶液中分别以哪种离子形式存在？

2. 蛋白质二级结构及构象

1) 蛋白质的构象

蛋白质的二级结构是指肽链在空间的优势构象和所呈现出的形状。一条肽链上的羰基和另一条肽链上的 N—H 之间形成的氢键是维持蛋白质二级结构稳定的主要作用力。肽链中肽键的羰基和氨基形成 p-π共轭体系，并处于同一个平面。与羰基和氨基相连的两个基团处于反式位置。这样导致肽键中 C—N 键的自由旋转受到阻碍，而与肽键中氮和碳原子相连接的两个基团能够自由旋转(相邻肽的平面可以旋转)，这样可以呈现出不同的构象，如图 13-2 所示。

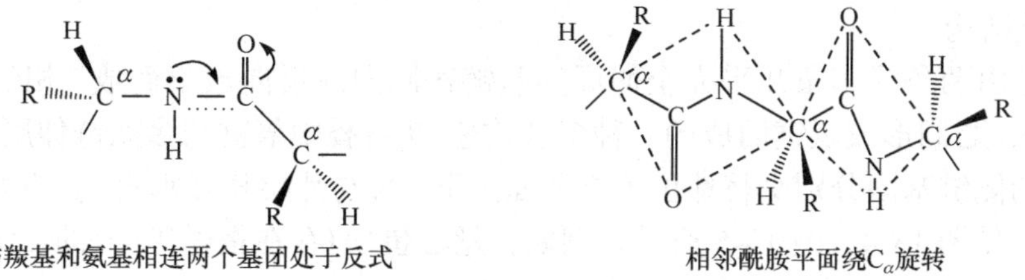

图 13-2　酰胺平面示意图

酶蛋白在不同介质或反应条件下，其空间构象随之发生改变，这种空间构象的改变直接影响酶的催化活性。例如，温度、pH、有机溶剂、非水介质中水活度等因素对蛋白酶的构象影响极大。乙烯对离体酶空间构象也有影响，它通过改变酶的空间构象来影响酶的催化活力。

蛋白质分子中多肽链借助分子内氢键在空间进行盘旋、折叠，形成特有的稳定空间构象，称为蛋白质的二级结构。它只关系蛋白质分子主链原子局部的排布，而不涉及侧链的构象及其他肽段的关系，主要有 α-螺旋、β-折叠、β-转角和无规卷曲等。

2) α-螺旋结构

蛋白质分子中的一条肽链，通过一个酰胺键中的酰基氧原子与相隔不远的另一个酰胺键中的氨基氢原子形成氢键而绕成螺旋状的空间构象，称为 α-螺旋。α-螺旋是蛋白质中最常见的二级结构，具有以下的特征：

多肽主链围绕同一中心轴以螺旋方式伸展，平均 3.6 个氨基酸残基构成一个螺旋圈（18 个氨基酸残基盘绕 5 圈），递升 0.54 nm，每个残基沿轴上升 0.15 nm。每个氨基酸残基的 N—H 与前面相隔三个氨基酸残基的 C═O 形成氢键，这些氢键的方向大致与螺旋轴平行。氢键是维持 α-螺旋稳定结构的作用力。天然蛋白质的 α-螺旋绝大多数是右手螺旋，如图 13-3 所示。

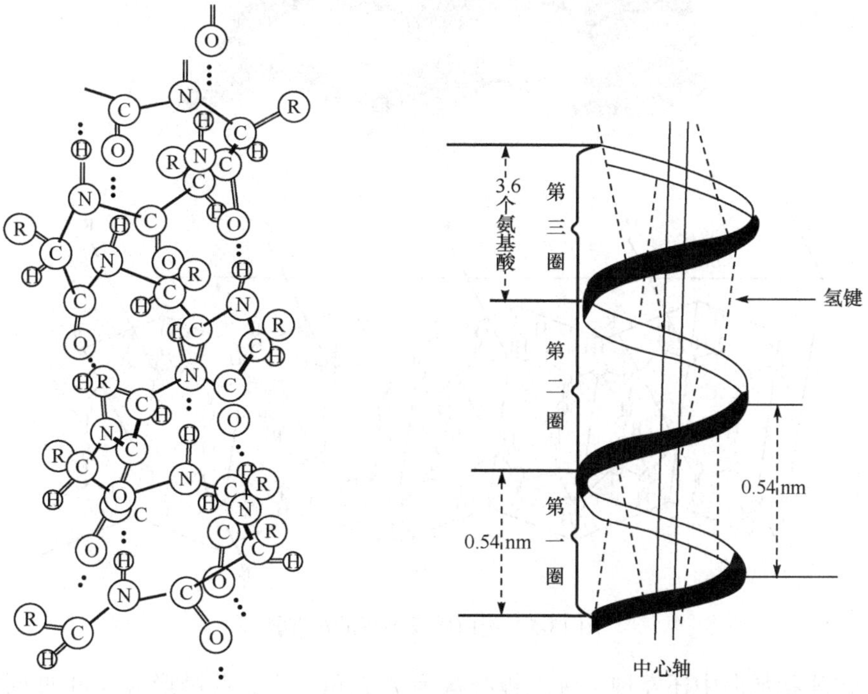

图 13-3　右手α-螺旋示意图

3) β-折叠结构

β-折叠是由两条或多条几乎完全伸展的肽链按同向或反向聚集而成，相邻多肽主链上的—NH 和 C═O 之间形成氢键而成的一种多肽构象。β-折叠中氢键与多肽链伸展方向接近垂直，氨基酸残基的侧链基团分别交替地位于折叠面上下，且与片层相互垂直。β-折叠中反平行的构象比较稳定，见图 13-4、图 13-5 所示。例如，丝心蛋白(存在蚕丝等中)的二级结构就是典型的 β-折叠。

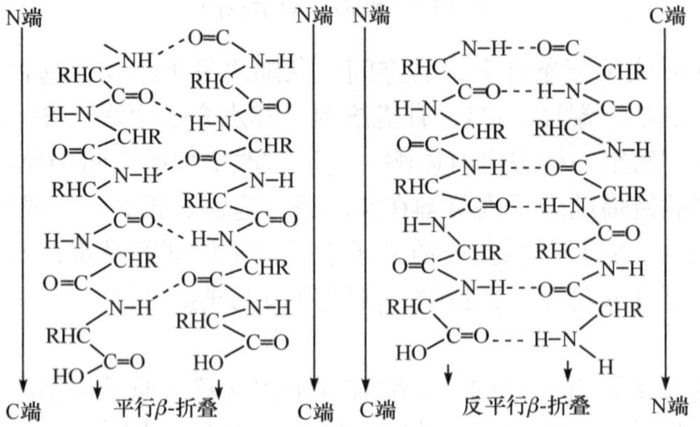

图 13-4　β-折叠结构示意图

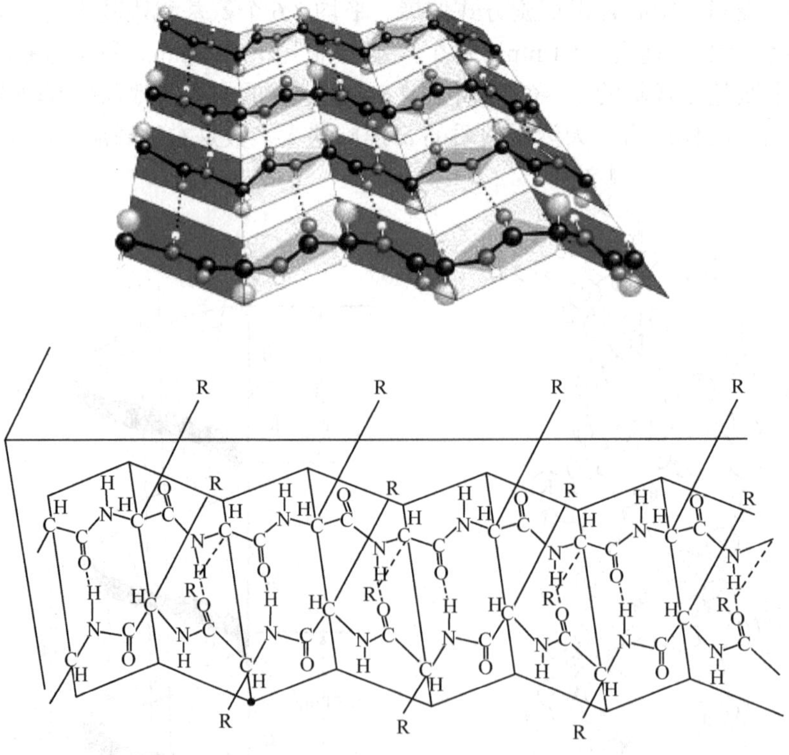

图 13-5　蛋白质反平行的β-折叠

另外，在球状蛋白中还发现一种二级结构为 β-转角。它是肽链形成 180 度回折，弯曲处的第一个氨基酸残基 C═O 与第四个氨基酸残基的 NH 之间形成 4-1 氢键的构象。

不规则卷曲：此种结构为多肽链中除以上几种比较规则的构象外，多肽链中其余规则性不强的一些区段的构象。

各种蛋白质依其一级结构特点在其多肽链的不同区段可形成不同的二级结构。例如，蜘蛛网丝蛋白中有很多 α-螺旋及 β-折叠层，也有 β-转角和不规则卷曲(图 13-6)。

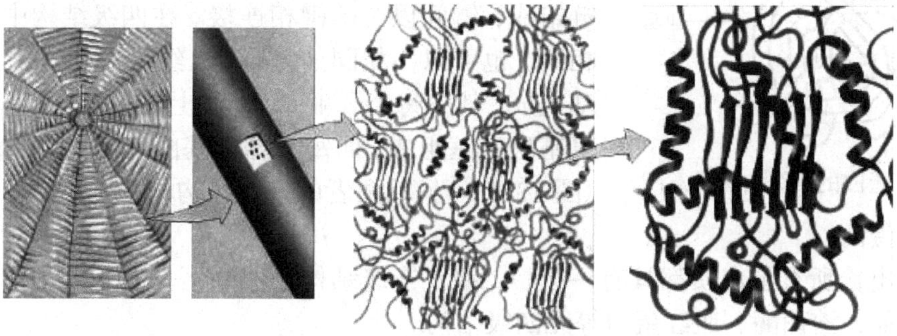

图 13-6　蜘蛛网丝蛋白

3. 蛋白质的三级结构和四级结构

蛋白质的三级结构是由具有二级结构的多肽链通过相隔较远的氨基酸以氢键、范德华力、疏水相互作用、盐键和二硫键等各种副键(或称次级键)(图 13-7)等分子内的相互作用形成盘旋折叠的最稳定的空间构象。因此，肽链氨基酸的顺序(一级结构)决定蛋白质的三级结构。例如，肌红蛋白是由一条由 153 个氨基酸残基组成，形成具有 α-螺旋二级结构的肽链，然后通过链内的作用力(副键)盘旋和折叠形成一个不对称的近似球状的结构(图 13-8)。

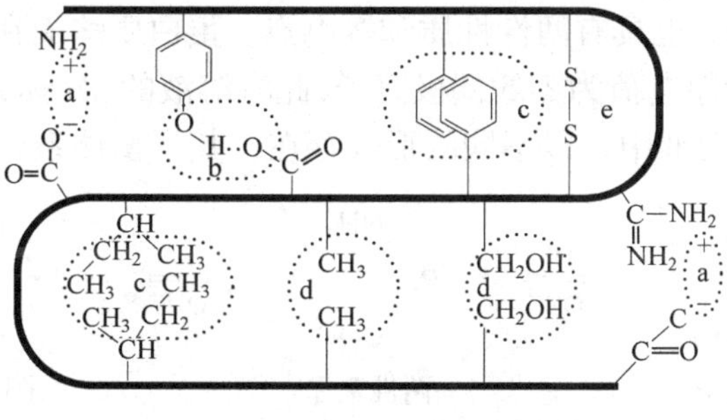

图 13-7　维持蛋白质三级结构的各种作用力

a. 盐键；b. 氢键；c. 疏水相互作用；d. 范德华力；e. 二硫键

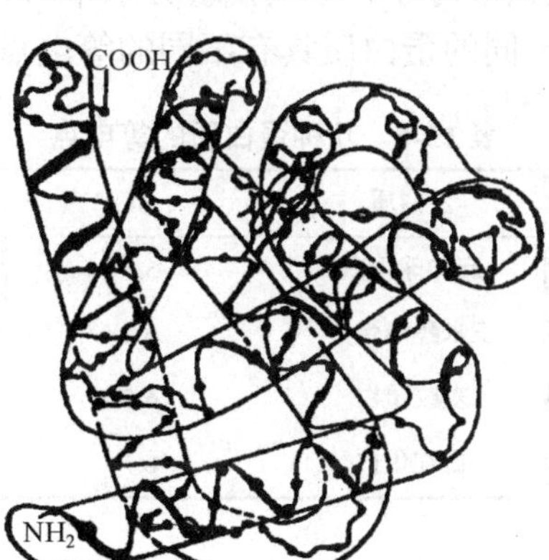

图 13-8　肌红蛋白的三级结构图

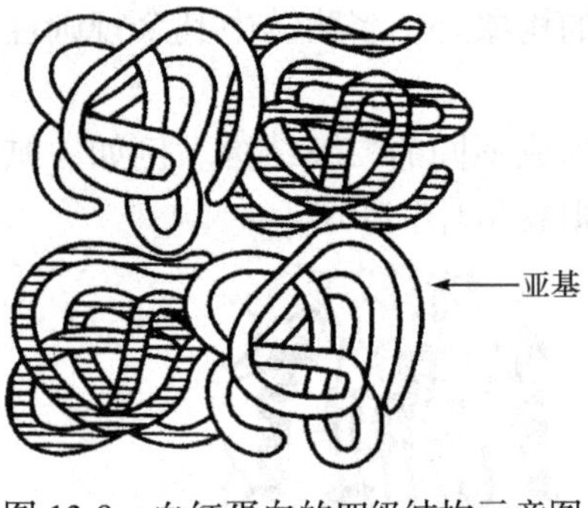

图 13-9　血红蛋白的四级结构示意图

很多蛋白质是以具有三级结构的亚基彼此通过非共价键缔合在一起，这样的聚集体称为蛋白质的四级结构。亚基是组成蛋白质分子的最小共价单位，一般只含有一条具有三级结构的多肽链，但有的亚基是由两条或多条多肽链组成，链间以二硫键相连接。在四级结构中，亚基可以相同，也可以不相同。例如，血红蛋白即是由 $\alpha_2\beta_2$ 四个亚基组成，其中每个 α 亚基(实质上是一条多肽链)由 141 个氨基酸残基组成，而每个 β 亚基由 146 个氨基酸残基组成(图 13-9)。虽然两者的一级结构相差较大，但三级结构均类似于肌红蛋白。

必须指出，所有蛋白质都具有一级、二级、三级结构，但并不是所有的蛋白质都具有四级结构。例如，溶菌酶、肌红蛋白等无四级结构。

思考题 13-8　为什么说蛋白质的一级结构决定它的高级结构？

13.2.3　蛋白质的理化性质

1. 蛋白质的两性、等电点及带电荷数的理论计算

1)蛋白质的两性和等电点

蛋白质多肽链的 N 端有氨基，C 端有羧基，其侧链上也常含有碱性基团和酸性基团。因此，蛋白质与氨基酸相似，也具有两性性质和等电点。蛋白质溶液在某一 pH 时，其分子所带的正、负电荷相等，即成为净电荷为零的偶极离子，此时溶液的 pH 称为该蛋白质的等电点(pI)。蛋白质溶液在不同的 pH 溶液中，以不同的形式存在，其平衡体系如下：

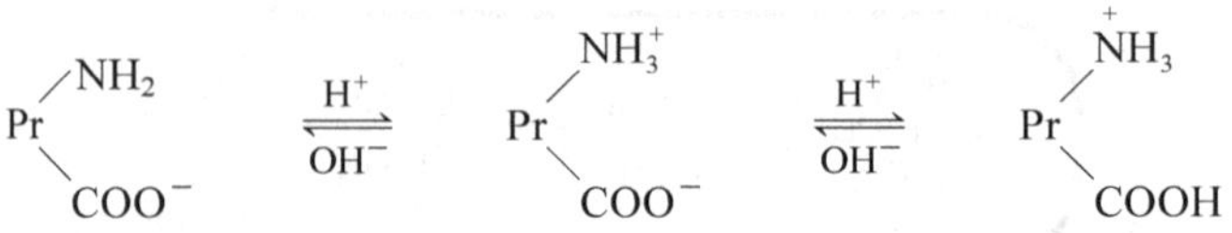

阴离子　　两性离子　　阳离子

pH>pI　　等电点(pI)　　pH<pI

其中，H_2N—Pr—COOH 表示蛋白质分子；羧基代表分子中所有的酸性基团，氨基代表所有的碱性基团，Pr 代表其他部分。不同的蛋白质具有不同的等电点(表 13-6)。

表 13-6　几种蛋白质的等电点

蛋白质	pI	蛋白质	pI	蛋白质	pI
胃蛋白酶	2.5	麻仁球蛋白	5.5	马肌红蛋白	7.0
乳酪蛋白	4.6	玉米醇溶蛋白	6.2	麦麸蛋白	7.1
鸡卵清蛋白	4.9	麦胶蛋白	6.5	核糖核酸酶	9.4
胰岛素	5.3	血红蛋白	6.7	细胞色素 C	10.8

2)蛋白质带电荷数的理论计算

蛋白质带有酸性氨基酸残基和碱性氨基酸残基，其正电荷数、负电荷数及净电荷数随其

环境 pH 的变化而变化。可蛋白质的带电荷数随 pH 的变化从实验中测定比较困难。张光先等已从理论上导出蛋白质带电荷数随 pH 的变化关系式，蛋白质的负电荷数用“X”表示，蛋白质的正电荷数用“Y”表示。具体计算公式如下：

$$X=\sum_{i=0}^{4}\frac{K_{ai}m_i}{[H^+]+K_{ai}}$$
$$Y=\sum_{i=0}^{3}\frac{[H^+]n_i}{[H^+]+K_{bi}} \tag{13-2}$$

式中，m_i，n_i 分别表示蛋白质的第 i 种酸性氨基酸残基数目和碱性氨基酸残基数目；i=0 表示蛋白质链两端的 2 个自由氨基酸；i=4 表示电离氢离子能够产生负电荷的 4 种氨基酸残基：半胱氨酸、酪氨酸、谷氨酸、天门冬氨酸；i=3 表示结合氢离子而产生正电荷的 3 种氨基酸残基：精氨酸、赖氨酸和组氨酸；K_{ai} 和 K_{bi} 分别表示第 i 种酸性氨基酸残基、碱性氨基酸残基的电离平衡常数；$[H^+]$为氢离子浓度。由式(13-2)可看出，蛋白质的带电荷数随 pH 的变化而变化。

蛋白质的净电荷数(H)：

$$H=Y-X \tag{13-3}$$

当蛋白质的净电荷数为 0 时，表明蛋白质的正、负电荷相等，此时的 pH 为等电点(pI)。因此以上公式在不同 pH 条件下既可以计算出各种蛋白质的等电点，又可以计算出它的正电荷数和负电荷数。

由于氨基酸残基在蛋白质中所处微环境条件不一样，电离平衡常数不一样，计算时应用文献中提供的电离平衡常数的中间值进行计算，具体采用的值列于表 13-7 中。

表 13-7　各种氨基酸残基的电离平衡常数

结合 H^+的氨基酸	电离平衡常数	电离 H^+的氨基酸	电离平衡常数
赖氨酸	2.12×10^{-10}	天门冬氨酸	5.10×10^{-4}
精氨酸	1.38×10^{-12}	谷氨酸	3.98×10^{-5}
组氨酸	1.31×10^{-6}	半胱氨酸	4.05×10^{-10}
—	—	酪氨酸	9.92×10^{-11}

以桑蚕丝蛋白为例，用式(13-2)和式(13-3)计算桑蚕丝蛋白带电荷数随 pH 变化规律(表 13-8)。桑蚕丝蛋白电离 H^+而产生负电荷的两个主要氨基酸——天门冬氨酸的 pK_a 在 3.29 附近，谷氨酸 pK_a 在 4.40 附近；两个电离所结合的 H^+而失去带正电荷性能的氨基酸——赖氨酸和精氨酸谷氨酸的 pK_b 分别在 9.67、11.86 附近。理论计算桑蚕丝素蛋白的净电荷数误差很小(表 13-8)。

表 13-8　桑蚕丝素蛋白在不同 pH 时的带电荷数

pH	正电荷数/($\times10^{19}$/g)	负电荷数/($\times10^{19}$/g)	净电荷数/($\times10^{19}$/g)	净电荷数误差/($\times10^{19}$/g)
1	6.02	−0.04	5.98	±0.03
2	6.02	−0.41	5.61	±0.34
3	6.02	−2.92	3.10	±1.68
4	6.02	−8.60	−2.60	±1.04
5	5.88	−13.4	−7.57	±0.25
6	5.34	−14.9	−9.52	±0.28

续表

pH	正电荷数/(×10^{19}/g)	负电荷数/(×10^{19}/g)	净电荷数/(×10^{19}/g)	净电荷数误差/(×10^{19}/g)
7	4.90	−15.1	−10.2	±0.10
8	4.79	−15.4	−10.7	±0.27
9	4.50	−18.6	−14.1	±2.18
10	3.55	−34.7	−31.1	±6.15
11	2.73	−50.8	−48.0	±2.28
12	1.27	−54.0	−52.7	±0.84
13	0.20	−54.3	−54.1	±0.18
14	0.02	−54.4	−54.3	±0.02

蛋白质在等电点时，溶解度也最小，导电性、黏度和渗透压等也最低。利用这些性质可以分离、纯化蛋白质。也可通过调节蛋白质溶液的 pH，使其颗粒带上某种净电荷，利用电泳分离或纯化蛋白质。

由于蛋白质具有两性，所以在生物组织中它们既对外来酸、碱具有一定的抵抗能力，又能对生物体内代谢所产生的酸、碱性物质起缓冲作用，使生物组织液维持在一定 pH 范围，这在生理上有着重要的意义。

思考题 13-9 胰岛素在 pH=2, 5, 9 的溶液中会以什么离子形式存在？

2. 蛋白质的胶体性质

蛋白质是大分子化合物，其分子粒径一般为 1～100 nm，在胶体粒子的直径范围内，所以蛋白质分散在水中，其水溶液具有胶体溶液的一般特性。例如，具有丁铎尔(Tyndall)现象，布朗(Brown)运动，不能透过半透膜以及较强的吸附作用等。

蛋白质能够形成稳定亲水胶体溶液，主要有两方面的原因：

(1)形成保护性水化膜。蛋白质分子表面有许多诸如羧基、氨基、亚氨基、羟基、羰基、巯基等极性的亲水基团，能与水分子形成氢键而发生水化作用，在蛋白质表面形成一层水化膜，使蛋白质粒子不易聚集而沉降。

(2)粒子带有同性电荷。蛋白质在非等电点 pH 的溶液中，粒子表面会带有同性电荷，相互产生排斥作用，使蛋白质粒子不易聚沉。

3. 蛋白质的沉淀

蛋白质溶液的稳定性是有条件的、相对的。如果改变这种相对稳定的条件，如除去蛋白质外层的水膜或者电荷，蛋白质分子就会凝集而沉淀。蛋白质的沉淀分为可逆沉淀和不可逆沉淀。

1)可逆沉淀

可逆沉淀是指蛋白质分子的内部结构仅发生了微小改变或基本保持不变，仍然保持原有的生理活性。只要消除了沉淀的因素，已沉淀的蛋白质又会重新溶解。

盐析就是一种可逆沉淀蛋白质的方法。在蛋白质溶液中，加入足量的硫酸铵、硫酸钠、氯化钠等中性盐类，从而使蛋白质发生沉淀的现象，称为蛋白质的盐析。中性盐的加入，盐电离产生的离子，其水化能力比蛋白质强，破坏了蛋白质表面的水化膜；另一方面，离子所带的电荷中和或削弱蛋白质粒子表面所带的电荷，两者均使蛋白质的胶体溶液稳定性降低，使蛋白质分子相互凝聚沉降。不同的蛋白质盐析，所需盐的浓度不同，因此可用控制盐浓度的方法分离溶液中不同的蛋白质，称为分段盐析。例如，鸡蛋清可用不同浓度的硫酸铵溶液分段沉淀析出球蛋白和卵蛋白。

盐析一般不会破坏蛋白质的结构，当加水或透析时，沉淀又能重新溶解。所以盐析作用是可逆沉淀。

2)不可逆沉淀

蛋白质在沉淀时，空间构象发生了很大的变化或被破坏，失去了原有的生物活性，即使消除了沉淀因素也不能重新溶解，称为不可逆沉淀。不可逆沉淀的方法有：

(1)水溶性有机溶剂沉淀法。向蛋白质加入适量的水溶性有机溶剂，如乙醇、丙酮等，由于它们对水的亲和力大于蛋白质，蛋白质粒子脱去水化膜而沉淀。这种作用在短时间和低温时，沉淀是可逆的，但若时间较长和温度较高时，则为不可逆沉淀。

(2)化学试剂沉淀法。重金属盐如 Hg^{2+}、Pb^{2+}、Cu^{2+}、Ag^{+}等重金属阳离子能与蛋白质阴离子结合产生不可逆沉淀。例如

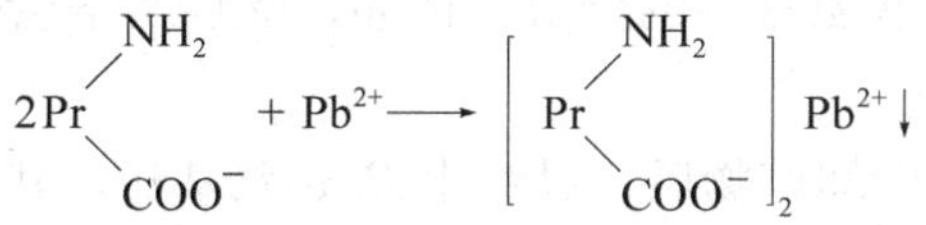

(3)生物碱试剂沉淀法。苦味酸、三氯乙酸、鞣酸、磷钨酸、磷钼酸等生物碱沉淀剂，能与蛋白质阳离子结合，使蛋白质产生不可逆沉淀。例如

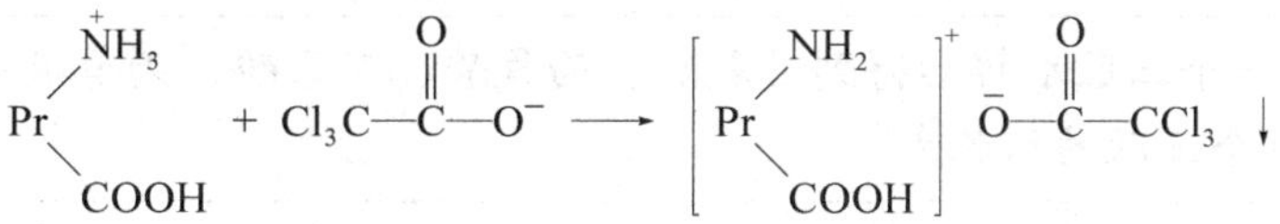

此外，强酸或强碱以及加热、紫外线、红外线、超声波、微波辐射、X 射线照射、机械搅拌等物理因素，都可导致蛋白质的某些副键被破坏，引起构象发生很大改变，使疏水基外露，引起蛋白质沉淀，从而失去生物活性。这类沉淀也是不可逆的。

4. 蛋白质的变性

由于物理或化学因素的影响，蛋白质分子的内部结构发生了变化，导致理化性质改变，生理活性丧失，称为蛋白质的变性。变性后的蛋白质称为变性蛋白质。

引起蛋白质变性的因素很多，物理因素有加热、高压、剧烈振荡、超声波、紫外线、红外线、微波辐射或 X 射线照射等；化学因素有强酸、强碱、重金属离子、生物碱试剂和有机溶剂等。物理因素的影响容易使维持具有复杂而精细空间结构蛋白质的副键被破坏，原有的空间结构被改变，疏水基外露；化学因素的影响则是使蛋白质分子中的某些活泼基团—NH_2、—COOH、—OH 等与化学试剂发生了反应。

蛋白质的变性分为可逆变性和不可逆变性，若仅改变了蛋白质的三级结构，可能只引起可逆变性；若破坏了二级结构，则会引起不可逆变性。但是，蛋白质的变性不会引起它的一级结构改变。蛋白质变性一般产生不可逆沉淀，但蛋白质的沉淀不一定变性(如蛋白质的盐析)；反之，变性也不一定沉淀。例如，有时蛋白质受强酸或强碱的作用变性后，常由于带同

性电荷而不会产生沉淀现象。然而不可逆沉淀一定会使蛋白质变性。

变性蛋白质与天然蛋白质有明显的差异，主要表现在以下几个方面：

(1) 物理性质的改变。蛋白质变性后，多肽链松散伸展，导致黏度增大；侧链疏水基外露，导致溶解度降低而沉淀等。

(2) 化学性质的改变。蛋白质变性后结构松散，生物化学性质改变，易被酶水解；侧链上的某些基团外露，易发生化学反应。

(3) 生理活性的丧失。蛋白质变性后失去了原有的生物活性。例如，酶变性后失去了催化功能；激素变性后失去了相应的生理调节功能；血红蛋白变性后失去了输送氧的功能等。

蛋白质的变性作用对工农业生产、科学研究都具有十分广泛的意义。例如，通常采用加热、紫外线照射，利用酒精、杀菌剂等杀菌消毒，其结果就是使细菌体内的蛋白质变性。菌种、生物制剂的失效，种子失去发芽能力等均与蛋白质的变性有关。

5. 水解反应

蛋白质在酸、碱或酶的作用下可以发生水解作用，水解的实质是肽键的断裂。但酸、碱催化的蛋白质水解会造成某些氨基酸的分解。例如，酸性水解会引起色氨酸等的分解，碱性水解会引起半胱氨酸等分解。

蛋白质水解经过一系列中间产物后，最终生成 α–氨基酸。其水解过程如下：

$$蛋白质 \rightarrow 蛋白脲 \rightarrow 蛋白胨 \rightarrow 多肽 \rightarrow 二肽 \rightarrow \alpha\text{-}氨基酸$$

蛋白质的水解反应，对研究蛋白质以及在生物体中的代谢都具有十分重要的意义。

思考题 13-10 有一个三肽水解后得到甘氨酸、丙氨酸、亮氨酸、丙氨酰亮氨酸、甘氨酰丙氨酸，写出这个三肽的结构式。

6. 蛋白质的颜色反应

氨基酸、肽、蛋白质可与许多化学试剂反应，显出一定的颜色，常用于它们的定性及定量分析。例如，茚三酮反应是检验 α-氨基酸、多肽、蛋白质最通用的反应之一。二缩脲反应中肽键越多，颜色越深。这两个反应可用于蛋白质的定性和定量测定，也可用于检测蛋白质的水解程度。蛋白质的多种显色反应，见表 13-9。

表 13-9 蛋白质的多种颜色反应

反应名称	试剂	现象	反应基团	使用范围
茚三酮反应	水合茚三酮	蓝紫	游离氨基	氨基酸，蛋白质，多肽
双缩脲反应	稀碱/稀硫酸铜溶液	粉红~蓝紫	两个以上肽键	多肽，蛋白质
黄蛋白反应	加热、浓硝酸/稀 NaOH	黄~橙黄	苯基	含苯基结构的多肽及蛋白质
米隆(Millon)反应	米隆试剂*、加热	白~肉红	酚基	含酚基的多肽及蛋白质
乙醛酸反应	乙醛酸/浓硫酸	紫色环	吲哚基	含吲哚基的多肽及蛋白质

*米隆试剂是硝酸汞、亚硝酸汞、硝酸、亚硝酸的混合溶液

思考题 13-11　用化学方法区别下列物质。
(1)蛋白质水溶液　(2)α-氨基酸　(3)淀粉

13.3　核 酸 简 介

核酸是储存、复制及表达生物遗传信息的生物高分子化合物，相对分子质量高(10^4～10^9)。存在于一切生命体中。核酸分为核糖核酸(RNA)和脱氧核糖核酸(DNA)两类。RNA 主要存在于细胞质中，控制生物体内蛋白质的合成；DNA 主要存在于细胞核中，决定生物体的繁殖、遗传及变异，是生物遗传的物质基础。我国于 1981 年全合成出了酵母丙氨酸 t-RNA，标志着我国在核酸研究上已达到世界先进水平。

13.3.1　核酸的化学组成

核酸仅由 C、H、O、N、P 五种元素组成，其中 P 的含量变化不大，平均含量为 9.5%，每克磷相当于 10.5 g 的核酸。因此，通过测定核酸的含磷量，即可计算出核酸的大约含量。

$$W_{粗核酸}(\%) = W_{\mathrm{p}} \times 10.5 \qquad (13\text{-}4)$$

式中，W_{p} 为测得的含磷重量(g)；10.5 为换算系数；W 为核酸含量。

核酸在酸、碱或酶的作用下，完全水解得到磷酸、戊糖和含氮碱化合物。其逐步水解过程如下：

核酸(多核苷酸) $\xrightarrow{水解}$ 核苷酸(单核苷酸) $\xrightarrow{水解}$ {核苷 $\xrightarrow{水解}$ {含氮碱类, 戊糖}, 磷酸}

核酸的基本结构单元是单核苷酸，不同核酸所含的戊糖和含氮碱类不同。DNA 和 RNA 在化学组成基本结构单元上存在明显的差异，如表 13-10 所示。

表 13-10　RNA 与 DNA 在化学组成上的异同

类别		RNA	DNA
戊糖		β-D-核糖	β-D-2-脱氧核糖
含氮碱	嘧啶碱	尿嘧啶、胞嘧啶	胸腺嘧啶、胞嘧啶
	嘌呤碱	腺嘌呤、鸟嘌呤	腺嘌呤、鸟嘌呤
磷酸		H_3PO_4	H_3PO_4

13.3.2　核苷和单核苷酸

核酸是由单核苷酸连接而成的高分子化合物，而单核苷酸又是由核苷和磷酸结合而成的磷酸酯。

1. 核苷

核苷是由 D-核糖或 D-2-脱氧核糖 C_1 位上的 β-羟基与嘧啶碱的 1 位氮上或嘌呤碱 9 位氮上的氢原子脱水而成的氮糖苷。为了区别碱基和糖中原子的位置，戊糖中碳原子编号用带撇的数码表示。它们的结构、名称与缩写，见表 13-11。

表 13-11　核苷的名称、缩写及结构

RNA 中的核糖核苷			DNA 中的脱氧核糖核苷		
名称	缩写	结构	名称	缩写	结构
腺嘌呤核苷	腺苷 (A)	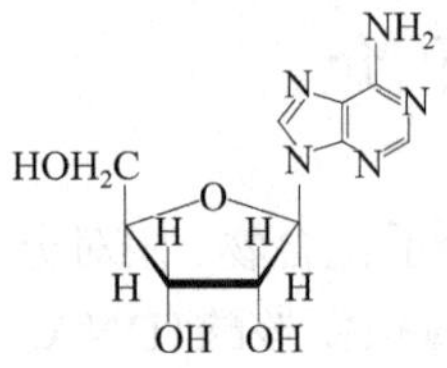	腺嘌呤脱氧核苷	脱氧腺苷 (dA)	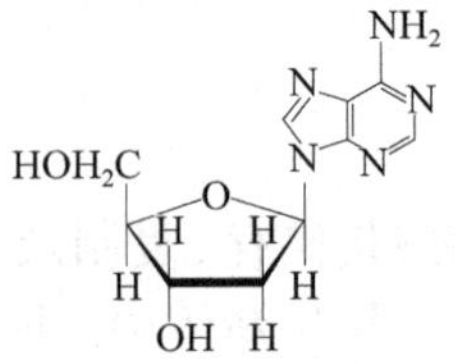
鸟嘌呤核苷	鸟苷 (G)	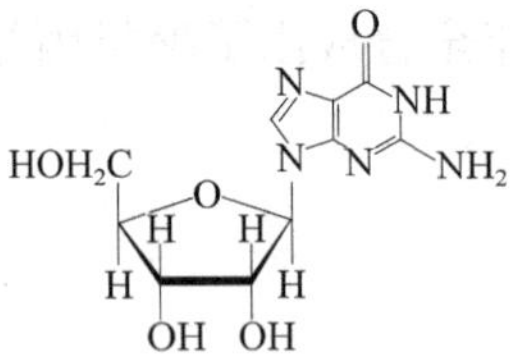	鸟嘌呤脱氧核苷	脱氧鸟苷 (dG)	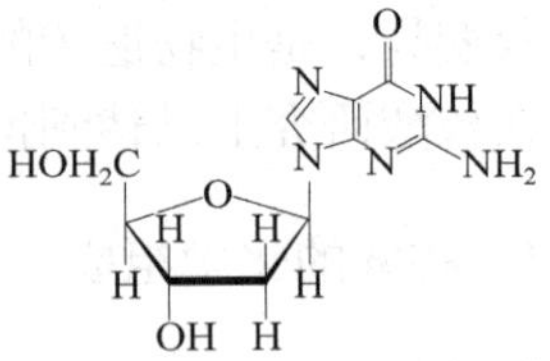
胞嘧啶核苷	胞苷 (C)	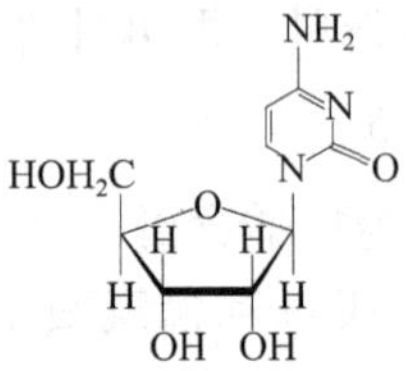	胞嘧啶脱氧核苷	脱氧胞苷 (dC)	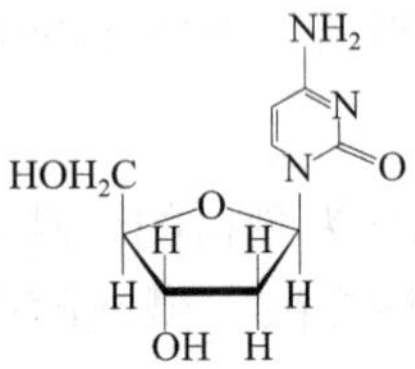
尿嘧啶核苷	尿苷 (U)	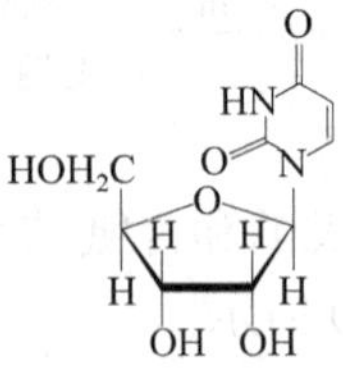	胸腺嘧啶脱氧核苷	脱氧胸苷 (dT)	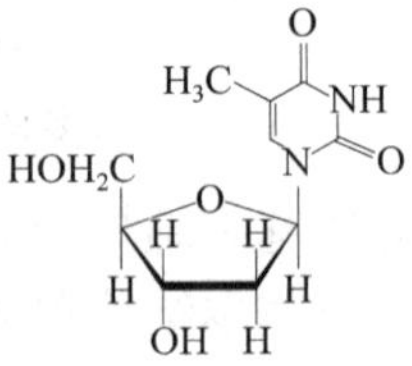

2. 单核苷酸

单核苷酸是核苷中戊糖上的 C_5'或 C_3'位上的羟基与磷酸缩合而成的酯。

单核苷酸的命名有两种方法：①作为酸来命名，即 5′-某核苷酸或 3′-某核苷酸。②作为核苷的磷酸酯，可命名为某苷-5′-磷酸或某苷-3′-磷酸。例如

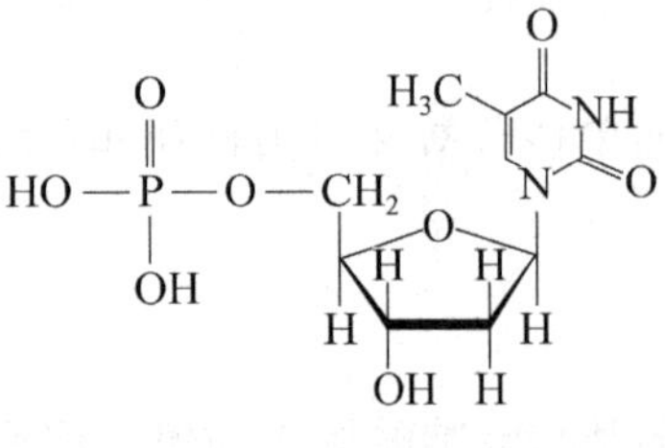

5′-脱氧胸苷酸或脱氧胸苷-5′-磷酸

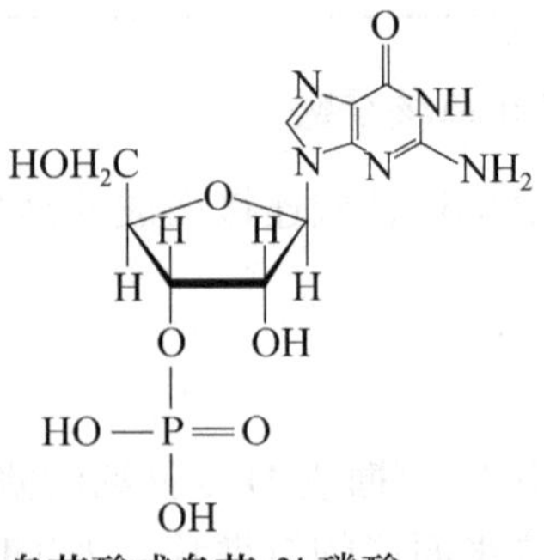

3′-鸟苷酸或鸟苷-3′-磷酸

RNA 和 DNA 中的 5′-单核苷酸的名称及其缩写见表 13-12。

表 13-12　RAN 和 DNA 中的 5′-单核苷酸的名称及缩写

RNA		DNA	
名称	缩写	名称	缩写
5′-腺苷酸 或 腺苷-5′-磷酸	5′-AMP	5′-脱氧腺苷酸 或 脱氧腺苷-5′-磷酸	5′-dAMP
5′-鸟苷酸 或 鸟苷-5′-磷酸	5′-GMP	5′-脱氧鸟苷酸 或 脱氧鸟苷-5′-磷酸	5′-dGMP
5′-胞苷酸 或 胞苷-5′-磷酸	5′-CMP	5′-脱氧胞苷酸 或 脱氧胞苷-5′-磷酸	5′-dCMP
5′-尿苷酸 或 尿苷-5′-磷酸	5′-UMP	5′-脱氧胸苷酸 或 脱氧胸苷-5′-磷酸	5′-dTMP

生物体内常含有游离的 5′-核苷磷酸，而且还存在 C_5'上形成的多磷酸核苷酸。例如，5′-腺苷磷酸(AMP)、5′-腺苷二磷酸(ADP)和 5′-腺苷三磷酸(ATP)。

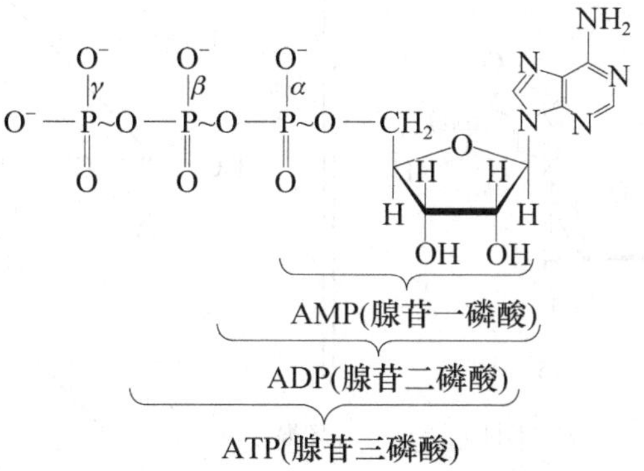

腺苷二磷酸和腺苷三磷酸是生物体内重要的高能磷酸化合物，磷酸与磷酸之间的酸酐键水解断裂时产生较大的能量(30.5 kJ · mol^{-1})，因此这个酸酐键称为“高能磷酸酐键”，常用“～”表示。ATP 和 ADP 可视为生物的储能仓库，当细胞中的糖氧化时，将释放出的能量储存在 ATP 的高能磷酸酐键中；ATP 水解时，又释放出能量为细胞进行生物化学变化提供能量。

思考题 13-12　写出下列物质的结构式：腺苷、5′-dCMP、3′-鸟苷酸。

13.3.3　核酸的结构

1. 核酸的一级结构

核酸是由许多单核苷酸所组成的多核苷酸大分子。核酸的一级结构是组成核酸的各种单核苷酸按照一定比例和一定的顺序，通过磷酸二酯键连接而成的核苷酸长链。无论是 RNA 还是 DNA，都是由一个单核苷酸中戊糖的 C_5'上的磷酸与另一个单核苷酸中戊糖的 C_3'上羟基之间，通过 3′，5′-磷酸二酯键连接而成的长链化合物。例如，大肠杆菌染色体 DNA 由 4×10^6 碱基对组成，长度为 1.4×10^6 nm。核酸中 RNA 主要由 AMP、GMP、CMP 和 UMP 四种单核苷酸结合而成。DNA 主要由 dAMP、dGMP、dCMP 和 dTMP 四种单核苷酸结合而成。RNA 和 DNA 的一级结构片段见图 13-10。

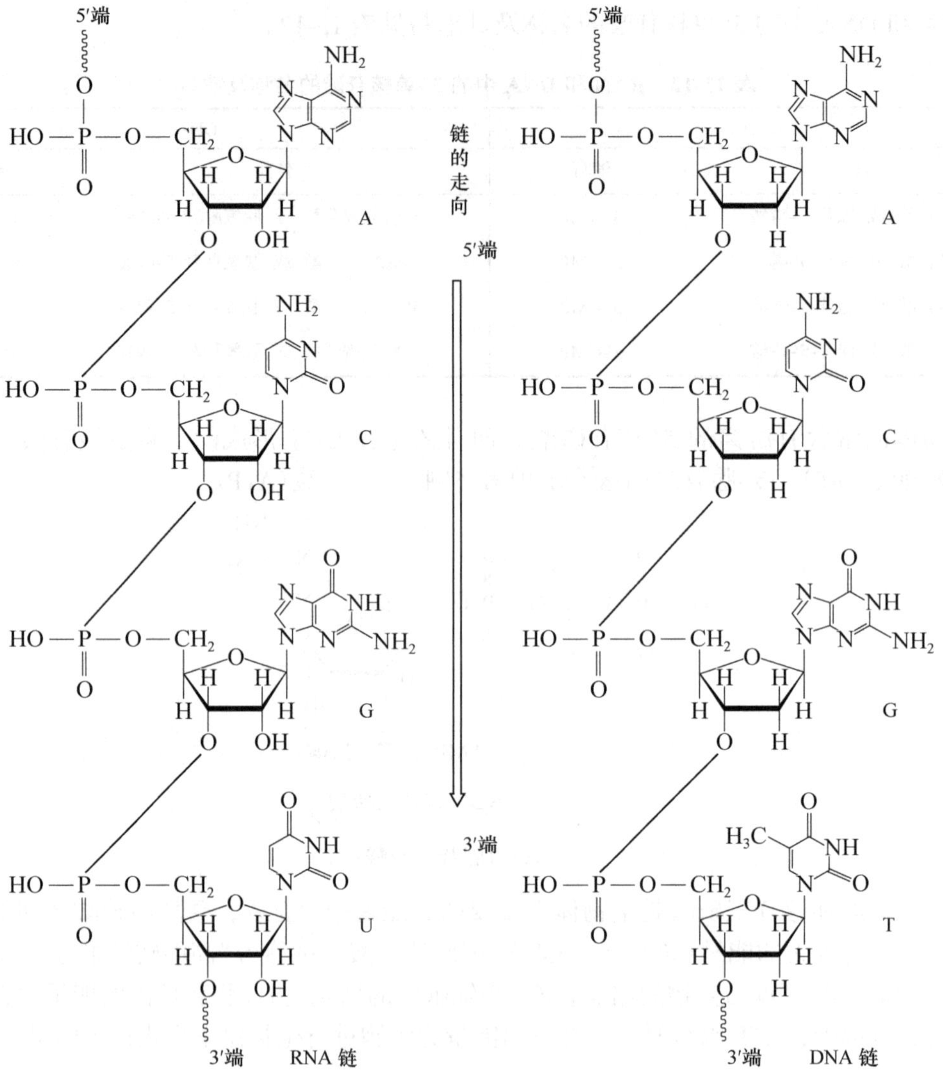

图 13-10　RNA 与 DNA 的一级结构片段

在使用中，多核苷酸的主链习惯用简式表示。用竖线表示戊糖，C′1 位与碱基(A、G、C、T、U 等表示)相连，竖线中下部斜线表示连接在戊糖 C′3 和 C′5 位之间的磷酸酯键，P 表示磷酸酯基。例如，RNA 和 DNA 的一级结构简式(图 13-11)。

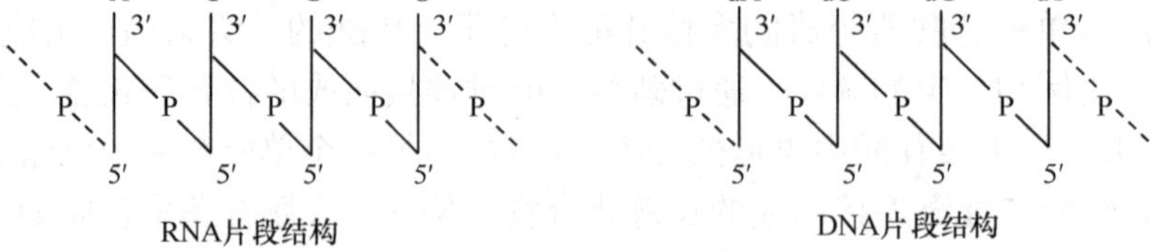

图 13-11　RNA 和 DNA 的一级结构简式片段

思考题 13-13　(1) 比较 DNA 和 RNA 组成的异同。

(2) DNA 彻底水解后可能含有下列哪些小分子？

D-核糖，D-2-脱氧核糖，腺嘌呤，鸟嘌呤，胞嘧啶，尿嘧啶，脱氧尿苷，脱氧胸腺苷，磷酸

2. DNA 的双螺旋结构

1953 年沃斯顿(Waston)和克里克(Crick)通过对 DNA 分子的 X 衍射的研究和碱基性质的分析，提出了 DNA 的二级结构为双螺旋结构，被认为是 20 世纪自然科学的重大突破之一。DNA 双螺旋结构的要点是：

(1)组成 DNA 分子的两条走向相反的多核苷酸链，绕同一中心轴相互平行盘旋形成双螺旋体结构。两条链均为右手螺旋，即 DNA 主链走向为右手双螺旋体，如图 13-12 所示。

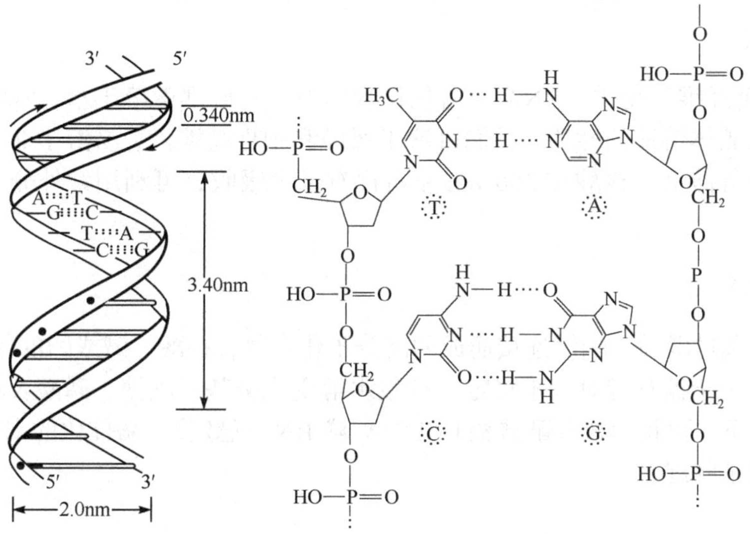

(a) DNA双螺旋结构　　(b) 碱基配对的氢键

图 13-12　DNA 分子双螺旋结构及碱基配对示意图

(2)碱基的环为平面结构，处于螺旋内侧，并与中心轴垂直。磷酸与 2-脱氧核糖处于螺旋外侧，彼此通过 3′或 5′-磷酸二酯键相连，糖环平面与中心轴平行。

(3)两个相邻碱基对之间的距离(碱基堆积距离)为 0.34 nm。螺旋每旋一圈包含 10 个单核苷酸，即每旋转一周的高度(螺距)为 3.4 nm。螺旋直径为 2 nm。

(4)两条核苷酸链之间的碱基以特定的方式配对并形成氢键连接在一起。配对的碱基处于同一平面上，与上下的碱基平面堆积在一起，成对碱基之间的纵向作用力称为碱基堆积力，它也是使两条核苷酸链结合并维持双螺旋空间结构的重要作用力。

3. DNA 两条链之间碱基配对的规则

一条链上的嘌呤碱基与另一条链上的嘧啶碱基配对。一方面，螺旋圈的直径恰好能容纳一个嘌呤碱和一个嘧啶碱配对；另一方面，若以 A—T、G—C 配对可形成五个氢键，而以 A—C、G—T 配对只能形成四个氢键。氢键的数目越多，越有利于双螺旋结构的稳定性，因此在 DNA 双螺旋结构中，只有 A 与 T 之间或 G 与 C 之间才能配对。在 DNA 双螺旋结构中，这种 A—T 或 C—G 配对，并以氢键相连接的规律，称为碱基配对规则或碱基互补规则(图 13-12)。

由于碱基配对的互补性，所以一条螺旋的单核苷酸的次序(碱基次序)决定了另一条链的单核苷酸的碱基次序。这决定了 DNA 复制的特殊规律及在遗传学中具有重要意义。

RNA 的空间结构与 DNA 不同，RNA 一般由一条回折的多核苷酸链构成，具有间隔着的双股螺旋与单股螺旋体结构部分，它是靠嘌呤碱与嘧啶碱之间的氢键保持相对稳定的结构，碱基互补规则是 A—U、C—G。

思考题 13-14 如果一条 DNA 双螺旋多核苷酸链某一片段中碱基的次序为 A—C—T—G，写出另一条对应的多核苷酸的碱基次序。

13.3.4 核酸的性质

1. 物理性质

DNA 为白色纤维状物质，RNA 为白色粉状物质。它们都微溶于水，水溶液显酸性，具有一定的黏度及胶体溶液的性质。它们可溶于稀碱和中性盐溶液，易溶于 2-甲氧基乙醇，难溶于乙醇、乙醚等溶剂。核酸在 260 nm 左右都有最大吸收，可利用紫外分光光度法进行定量测定。

2. 核酸的水解

核酸是核苷通过磷酸二酯键连接而成的高分子化合物，在酸、碱或酶的作用下都能水解。在酸性条件下，由于糖苷键对酸不稳定，核酸水解生成碱基、戊糖、磷酸及单核苷酸的混合物。在碱性条件下，可得单核苷酸或核苷(DNA 较 RNA 稳定)。酶催化的水解比较温和，可有选择性地断裂某些键。

3. 核酸的变性

在外来因素的影响下，核酸分子的空间结构被破坏，导致部分或全部生物活性丧失的现象，称为核酸的变性。变性过程中核苷酸之间的共价键(一级结构)不变，但碱基之间的氢键断裂。例如，DNA 的稀盐酸溶液加热到 80～100℃时，它的双螺旋结构解体，两条链分开，形成无规则的线团。核酸变性后理化性质随之改变：黏度降低，比旋光度下降，260 nm 区域紫外吸收值上升等。能够引起核酸变性的因素很多。例如，加热、加入酸或碱、加入乙醇或丙酮等有机溶剂以及加入尿素、酰胺等化学试剂都能引起核酸变性。

4. 颜色反应

核酸的颜色反应主要是由核酸中的磷酸及戊糖所致。

核酸在强酸中加热水解有磷酸生成，能与钼酸铵(在有还原剂如抗坏血酸等存在时)作用，生成蓝色的钼蓝，在 660 nm 处有最大吸收。这是分光光度法通过测定磷的含量，粗略推算核酸含量的依据。

RNA 与盐酸共热，水解生成的戊糖转变成糠醛，在三氯化铁催化下，与苔黑酚(5-甲基-1,3-苯二酚)反应生成绿色物质，产物在 670 nm 处有最大吸收。DNA 在酸性溶液中水解得到脱氧核糖并转变为ω-羟基-γ-酮戊酸，与二苯胺共热，生成蓝色化合物，在 595 nm 处有最大吸收。因此，可用分光光度法定量测定 RNA 和 DNA。

小　结

1. 氨基酸

天然氨基酸一般都是 α-氨基酸，其构型是 L-型。氨基酸是两性电解质，既可以与酸成盐，也可以与碱成盐。当调节溶液的 pH，使氨基酸主要以偶极离子形式存在，它在电场中既不向阴极移动，也不向阳极移动，此时溶液的 pH 称为该氨基酸的等电点(pI)。在 pH＜pI 时，氨基酸以正离子形式存在；在 pH＞pI 时，氨基酸以负离子形式存在；在 pH=pI 时，氨基酸以偶极离子形式存在。α-氨基酸都能与茚三酮发生颜色反应，可用于氨基酸的定性及定量分析。

氨基酸是含有氨基及羧基的双官能团化合物，一方面，表现出与氨基相关的性质。例如，与亚硝酸及甲醛反应，可用于氨基酸的定量分析。另一方面，氨基酸分子中含有羧基，既可脱羧生成胺类物质，又可与醇反应生成酯类物质。

2. 蛋白质

氨基酸分子间缩合脱水可形成多聚酰胺，称为多肽。多肽是蛋白质的结构基础。

蛋白质是由 α-氨基酸组成的高分子化合物，蛋白质水解后得到 α-氨基酸。因此，蛋白质与 α-氨基酸具有某些相似的性质。例如，不同的蛋白质其等电点不同；能与茚三酮发生颜色反应，后者可用于蛋白质的定性及定量分析。

蛋白质是具有一级结构、二级结构、三级结构、四级结构的高分子化合物。蛋白质具有胶体性质；能聚沉和变性。一旦蛋白质的高级结构被破坏，就会产生变性或不可逆沉淀，生理活性降低。蛋白质还具有与氨基酸不同的颜色反应，如缩二脲反应等。

3. 核酸

核酸也是高分子化合物，分为 RNA 和 DNA。核酸从化学组成上来说，是线形多聚核苷酸，其基本结构单位是核苷酸。核苷酸又由含氮碱基、戊糖及磷酸组成。RNA 与 DNA 的碱基中都含有胞嘧啶、腺嘌呤和鸟嘌呤，不同的是 RNA 中还含有尿嘧啶，DNA 则含有胸腺嘧啶。两者所含戊糖也不同，RNA 中含有核糖，而 DNA 中的则为 2-脱氧核糖。核酸也具有高级结构，DNA 的典型二级结构是右旋双螺旋结构。DNA 的双螺旋结构在自身复制及遗传变异中具有重要的意义。

习　题

1. 写出下列物质的结构式，并用 R、S 法标记氨基酸的构型。
(1) L-苯丙氨酸　(2) L-半胱氨酸　(3) L-赖氨酸　(4) 甘-丙肽
(5) 甘氨酰胱氨酸　(6) 鸟嘌呤脱氧核苷　(7) 5-羟甲基尿嘧啶　(8) Ala-Ser-Phe
2. 丙氨酸、谷氨酸、精氨酸、甘氨酸混合液的 pH 为 6.00，将此混合液置于电场中，试判断它们各自向电极移动的情况。
3. 赖氨酸是含两个氨基一个羧基的氨基酸，试写出其在强酸性和强碱性水溶液中存在的主要形式，并估计其等电点的 pH。
4. 有一个八肽，经末端分析知 N 端和 C 端均为亮氨酸，缓慢水解此八肽得到如下一系列二肽、三肽：精-苯丙-甘、脯-亮、苯丙-甘、丝-脯-亮、苯丙-甘-丝、亮-丙-精、甘-丝、精-苯丙。试推断此八肽中氨基酸残基的排列顺序。

5. 写出丙氨酸与下列试剂作用的反应式。

(1) NaOH (2) HCHO (3) $(CH_3CH_2CO)_2O$ (4) HCl (5) HNO_2 (6) CH_3OH

6. 用化学方法区别下列各组化合物。

(1) 丙氨酸、酪氨酸、三肽 (2) 亮氨酸、酪氨酸、谷胱甘肽、蛋白质

(3) 蛋白质、葡萄糖、脯氨酸 (4) 亮氨酸、淀粉、蛋白质

7. 以甘氨酸、丙氨酸、苯丙氨酸组成的三肽中，氨基酸有几种可能的排列形式？写出它们的简写名称。

8. 化合物 A 的分子式为 $C_5H_{11}O_2N$，具有旋光性，用稀碱处理发生水解后生成 B 和 C。B 也有旋光性，既溶于酸又溶于碱，并能与亚硝酸作用放出氮气；C 无旋光性，但能发生碘仿反应。试推断 A 的结构式。

9. 某化合物 A 的分子式为 $C_7H_{13}O_4N_3$，在甲醛存在下，1 mol A 能消耗 1 mol 氢氧化钠，A 与亚硝酸反应放出 1 mol 氮气并生成 B($C_7H_{12}O_5N_2$)；B 与氢氧化钠溶液煮沸后得到一分子乳酸钠和两分子的甘氨酸钠。试给出 A、B 可能的结构式。

第 14 章　油脂、萜类和甾体化合物

油脂、萜类和甾体化合物都属于类脂化合物，是生物体维持正常生命活动不可缺少的物质。人们习惯认为，类脂化合物是指不溶于水，而溶于弱极性和非极性有机溶剂，如乙醚、己烷和苯等的一类有机化合物。生物体内的类脂化合物具有不同的生物功能。例如，脂肪是储存能量的主要形式；磷脂、甾醇等是构成生物膜的重要物质；萜类和甾体化合物具有某些维生素或激素等的生物功能。

萜类和甾体化合物从结构上看完全不同，但这两类化合物在生物体内却由相同的原始物质——乙酸合成，而被称为醋源化合物。萜类和甾体化合物的立体化学、合成方法都比较复杂，而且用途广泛，近年来研究报道较多，现已发展成为两个专门的研究领域。

14.1　油　　脂

14.1.1　油脂的组成和结构

油脂是油和脂肪的总称，通常把常温下为液体的称为油，如花生油、大豆油、芝麻油等植物油；常温下为固体或半固体的称为脂肪，简称脂，如羊脂、牛脂和猪脂等。天然油脂因来源不同，其组成也不尽相同，但其主要成分为直链高级脂肪酸与甘油形成的酯。此外，还含有少量游离脂肪酸、高级醇、高级烃及色素等。

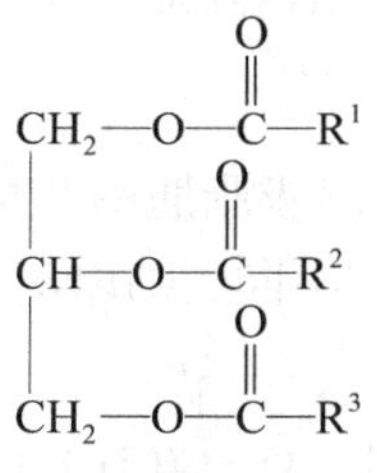

R^1,R^2,R^3为脂肪烃基

油脂的结构

组成甘油酯的脂肪酸大多数是含有偶数个碳原子的直链酸，个别带有支链或环等。组成甘油酯的脂肪酸包括饱和脂肪酸(C_4～C_{26})和不饱和脂肪酸(C_{10}～C_{24})。

组成油脂的各种饱和脂肪酸中，软脂酸(十六酸)分布最广，存在于绝大部分油脂中，其次是月桂酸、肉豆蔻酸和硬脂酸。硬脂酸主要存在于动物脂肪中。部分常见的饱和脂肪酸见表 14-1。

表 14-1　油脂中常见的饱和脂肪酸

俗名	结构式	系统命名	熔点/℃	在自然界中的分布
月桂酸	$CH_3(CH_2)_{10}COOH$	十二(烷)酸	44	月桂及其他植物油
肉豆蔻酸	$CH_3(CH_2)_{12}COOH$	十四(烷)酸	58	猪肝、木脂及其他植物油

续表

俗名	结构式	系统命名	熔点/℃	在自然界中的分布
软脂酸(棕榈酸)	$CH_3(CH_2)_{14}COOH$	十六(烷)酸	63	动植物油脂
硬脂酸	$CH_3(CH_2)_{16}COOH$	十八(烷)酸	69～70	动植物油脂
花生酸	$CH_3(CH_2)_{18}COOH$	二十(烷)酸	75.5	花生油

组成油脂的各种不饱和脂肪酸中，最常见的为烯酸，烯酸中以含 16 和 18 个碳原子的分布最广，这些不饱和酸的第一个双键位置大都在 C_9 和 C_{10} 之间，成顺式构型。部分常见不饱和脂肪酸见表 14-2。

表 14-2　油脂中常见的不饱和脂肪酸

俗名	结构式	系统命名*	熔点/℃	自然界中的分布
棕榈油酸	$CH_3(CH_2)_5CH{=}CH(CH_2)_7COOH$	(9*Z*)-十六碳烯酸	0.5	棕榈、鱼肝
油酸	$CH_3(CH_2)_7CH{=}CH(CH_2)_7COOH$	(9*Z*)-十八碳烯酸	4	各种油脂
亚油酸	$CH_3(CH_2)_4CH{=}CHCH_2CH{=}CH(CH_2)_7COOH$	(9*Z*, 12*Z*)-十八碳二烯酸	–12	各种油脂
亚麻酸	$CH_3CH_2CH{=}CHCH_2CH{=}CHCH_2CH{=}CH(CH_2)_7COOH$	(9*Z*, 12*Z*, 15*Z*)-十八碳三烯酸	–11.3	亚麻仁油
桐油酸	$CH_3(CH_2)_3(CH{=}CH)_3(CH_2)_7COOH$	(9*Z*, 11*E*, 13*E*)-十八碳三烯酸	49	桐油
蓖麻油酸	$CH_3(CH_2)_5CH(OH)CH_2CH{=}CH—(CH_2)_7COOH$	[*R*-(*Z*)]-12-羟基-9-十八碳烯酸	5.5	蓖麻油
花生四烯酸	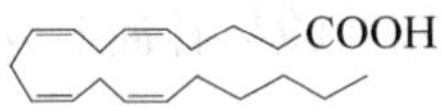	(5*Z*, 8*Z*, 11*Z*, 14*Z*)-二十碳四烯酸	–49.5	动物内脏、深海鱼油等

*过去命名高级烯酸时，常用“Δ”表示双键，将双键的位置写在“Δ”右上角。例如，亚油酸可表示为$\Delta^{9,12}$-十八碳二烯酸，“Δ”读作 delta

甘油酯的命名与酯相同，如果甘油酯中三个高级脂肪酸相同，称为简单甘油酯，反之称为混合甘油酯。若混合甘油酯中的 R^1、R^2 和 R^3 均不同，则以 α，β 和 α' 分别表示其位置。例如

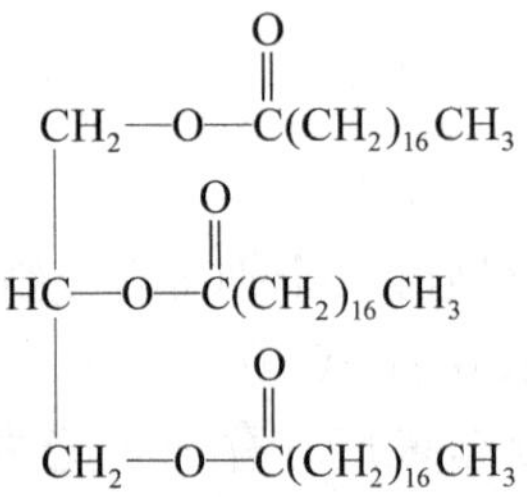

三硬脂酸甘油酯

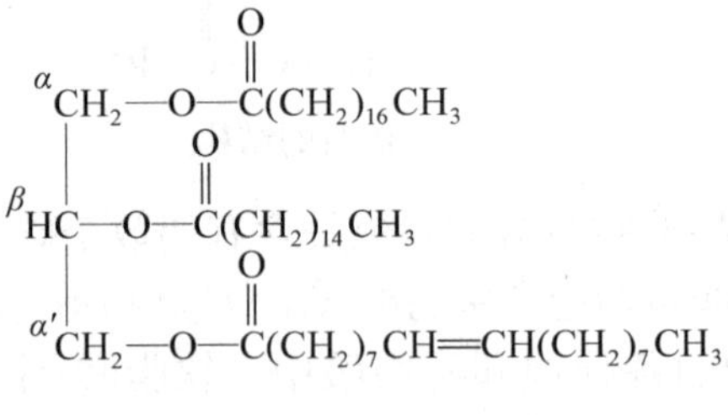

α-硬脂酸-*β*-软脂酸-*α'*-油酸甘油酯

14.1.2　油脂的性质

1. 物理性质

纯净的油脂是无色、无味的物质。含不饱和脂肪酸或含碳原子数较少的脂肪酸的甘油酯在室温下呈液体，称为油。例如，棉籽油中组成甘油酯的不饱和脂肪酸含量约为 75%。室温下呈固态或半固态的称为脂肪。例如，组成牛脂的甘油酯中，饱和脂肪酸含量为 60%～70%。

油脂的相对密度都小于 1，不溶于水，易溶于氯仿、丙酮、乙醚、苯和热乙醇中。

2. 化学性质

由于油脂是高级脂肪酸甘油酯，其结构中含有酯键和双键，因此，化学性质与酯键和碳碳双键的结构密切相关。

1) 水解

油脂与氢氧化钠水溶液反应，水解生成甘油和高级脂肪酸钠盐。高级脂肪酸钠就是肥皂，因此，把油脂的碱性水解称为皂化。

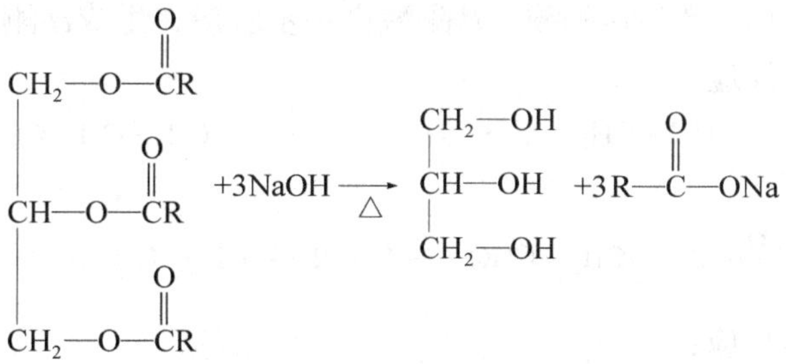

过去，肥皂都是由天然油脂，如猪脂等皂化制得，随着工业的发展，现在一般将高级烷烃在催化剂作用下，先氧化为高级脂肪酸，再皂化，制取肥皂。

油脂不仅在碱性条件下可水解，在酸或酶的作用下，也能发生水解反应。

工业上，能使 1 g 油脂完全皂化所需的氢氧化钾的质量(单位：mg)，称为皂化值。根据皂化值的大小，可以判断油脂中所含脂肪酸的平均相对分子质量。

$$\text{平均相对分子质量} = \frac{168\,000}{\text{皂化值}}$$

式中，168 000 为皂化 1 mol 油脂所需氢氧化钾的毫克数。从式中可以看出，皂化值越大，脂肪酸的平均相对分子质量越小。

2) 加成

(1) 加氢。含有不饱和脂肪酸的油脂，可以与氢和卤素进行加成反应。在催化剂作用下，不饱和脂肪酸加氢的结果是液态油转变为半固态的脂肪，因此，油脂的氢化也称为油脂的硬化。

(2) 加碘。油脂与碘的加成反应，可以判断所含脂肪酸的不饱和度。一般将 100 g 油脂所能吸收碘的质量(单位：g)，称为碘值。碘值越大，说明油脂的不饱和度越高。由于单质碘和碳碳双键的作用缓慢，所以测定时通常用氯化碘(ICl)或溴化碘(IBr)代替碘，其中氯原子和溴原子能使碘活化。

思考题 14-1　举例说明生活中的皂化反应。

3) 干性

某些油在空气中放置一段时间后，形成一层干燥而有韧性的薄膜，这种现象称为干化，具有这种性质的油称为干性油。干化作用的化学变化机理目前还没有定论，一般认为与氧化和聚合有关。油脂中含有共轭双键的数目越多，干化作用越强。例如，桐油分子中含 3 个共轭双键，干化迅速，而且薄膜坚韧、经久耐用，常作为保护涂料和油漆等的原料。

碘值是判断油脂不饱和度的重要手段，常根据碘值的大小，将油脂分成三类：碘值大于 130 的油脂称为干性油，如桐油；碘值在 100～130 的油脂称为半干性油，如棉籽油；碘值小于 100 的油脂称为非干性油，如花生油。非干性油不会干化。

4) 酸败

油脂在储存过程中，受热、水分和空气的作用逐渐变质，产生难闻的气味，这种变化称为酸败。引起酸败的变化比较复杂，主要原因有两种：一是空气中的氧使油脂氧化分解；二是微生物使油脂分解。油脂中不饱和酸受空气中氧的作用可以氧化断裂，产生较短的羧酸。饱和酸在同样的条件下虽不发生氧化断裂，但因为微生物的作用而发生β-氧化反应，即羧酸中的β-碳原子被氧化为羰基，产生β-酮酸，β-酮酸进一步脱羧，生成α-酮醛。

在空气中氧化分解反应：

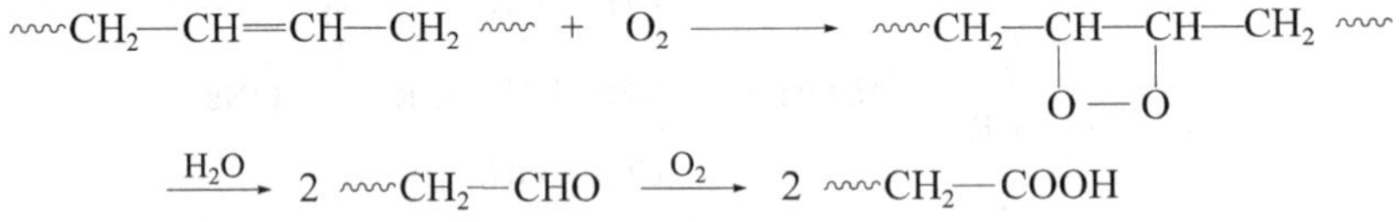

经微生物氧化分解反应：

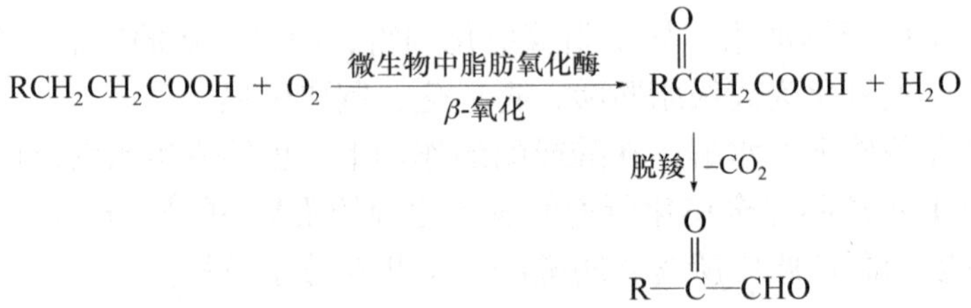

14.1.3　肥皂和表面活性剂

1. 肥皂的组成及乳化作用

肥皂的主要成分是高级脂肪酸钠。在肥皂中加入香精可制成香皂，在熔融状态吹入空气可制成漂浮于水面的肥皂。高级脂肪酸的钾盐不能凝固，通常称为软皂。软皂常用于医药上的乳化剂，如消毒用的煤酚皂溶液就是含 50%甲苯酚的软皂溶液。

肥皂之所以能去污，是由高级脂肪酸钠的结构决定的。高级脂肪酸钠分子的一端是—COONa，易溶于水，称为亲水基，该基团使肥皂具有亲水性；高级脂肪酸钠中的烷基部分不易溶解于水，属于疏水基或亲油基。像高级脂肪酸钠这样既含有亲水基又含有疏水基或亲油基的分子称为两亲分子。

肥皂分子在水中时，烃基链靠色散力绞在一起，形成一个球形，而—COONa 裸露在球面上，这样，就形成了一个外面被亲水基包裹着疏水基的球体，该球体称为胶束，分散在水中，见图 14-1(a)。如果在肥皂水溶液中加入不溶于水的油，搅动后油被分散成细小的颗粒，肥皂分子中的烃基部分插入在油分子中，而亲水的羧基部分裸露在油珠外面，这样，每一个油珠外面被肥皂的亲水基包裹，并悬浮于水中，这种现象称为乳化，见图 14-1(b)。具有这种作用的物质称为乳化剂，属于表面活性剂中的一类，人们生活中的肥皂去污作用就是乳化作用。

肥皂是弱酸的钠盐，遇强酸后能离解出高级脂肪酸而失去乳化能力，因而肥皂不能在酸性溶液中使用；同时，硬水中的 Ca^{2+}和 Mg^{2+}等，能使肥皂转化为不溶性的高级脂肪酸钙盐和镁盐，而失去乳化能力，所以，日常生活中应避免在硬水中使用肥皂。

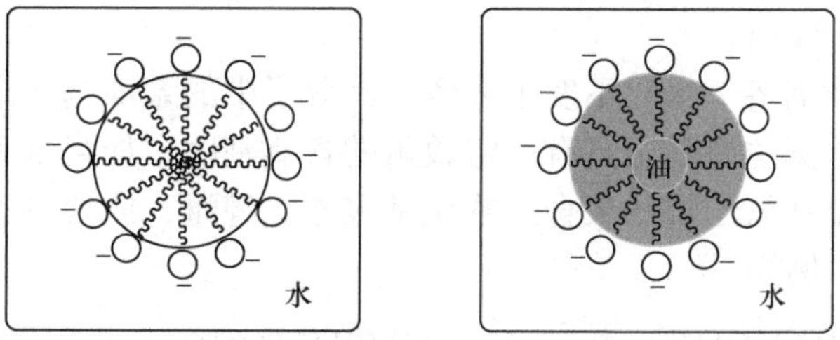

(a) 肥皂的胶束　　(b) 肥皂的乳化

图 14-1　肥皂乳化作用示意图

2. 合成表面活性剂简介

表面活性剂是能降低液体表面张力的物质，这种分子应含有亲水基和疏水基。近年来，根据肥皂分子结构的两亲特点，合成了许多具有表面活性作用的物质，即合成表面活性剂。根据结构特点，合成表面活性剂分为离子型表面活性剂和非离子型表面活性剂。离子型表面活性剂又分为阳离子型表面活性剂、阴离子型和阴阳离子型表面活性剂三类。

1) 阳离子型表面活性剂

阳离子型表面活性剂在水中生成带疏水基的阳离子，这类表面活性剂主要为季铵盐。例如

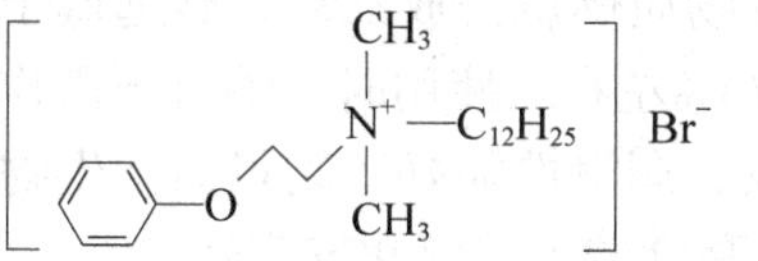

溴化二甲基苯氧乙基十二烷基铵(杜灭芬)

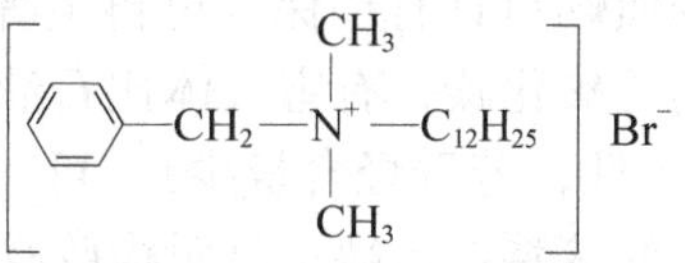

溴化二甲基苄基十二烷基铵(新洁尔灭)

杜灭芬和新洁尔灭可以使病原微生物细胞的表面张力降低，从而使细胞破裂或溶解而死亡，所以可作局部杀菌剂及消毒剂。新洁尔灭可用于外科手术时的皮肤及器械消毒；杜灭芬则为预防及治疗口腔炎、咽炎的药物。

2) 阴离子型表面活性剂

阴离子型表面活性剂在水中生成带有疏水的阴离子，如肥皂等。日常生活中使用的合成洗涤剂如烷基硫酸钠和烷基苯磺酸钠等都属于阴离子型表面活性剂。这类表面活性剂可用作起泡剂、湿润剂、洗涤剂等，如十二烷基硫酸钠是牙膏的起泡剂。

$CH_3(CH_2)_{10}CH_2OSO_3^-Na^+$

十二烷基硫酸钠

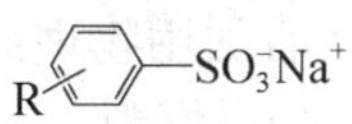

烷基苯磺酸钠

3) 阴阳离子型表面活性剂

阴阳离子型表面活性剂也称为两性离子表面活性剂，是指由阴离子和阳离子所组成的表面活性剂。阴阳离子型表面活性剂在碱性溶液中呈阴离子活性，在酸性溶液中呈阳离子活性，在中性溶液中呈两性活性。阴阳离子型表面活性剂主要包括氨基酸型阴阳离子型表面活性剂、甜菜碱型阴阳离子型表面活性剂和咪唑啉型阴阳离子型表面活性剂。

$C_{12}H_{25}NHCH_2CH_2COO^-Na^+$

N-十二烷基-*β*-氨基丙酸钠

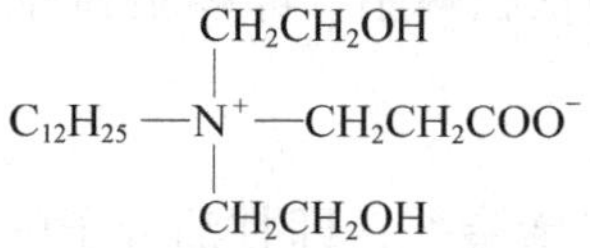

十二烷基二羟乙基丙酸内盐

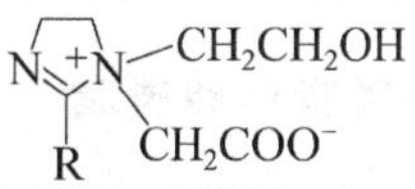

2-烷基-1-羟乙基-1-乙酸咪唑啉

4）非离子型表面活性剂

非离子型表面活性剂溶于水时不发生离解，其分子中的亲油基与离子型表面活性剂的亲油基基本相同，其亲水基主要是由具有一定数量的含氧基团，如羟基和聚氧乙烯链等构成。高级醇或烷基酚与多个环氧乙烷的聚合产物烷基聚乙二醇醚，或聚氧乙烯烷基酚醚，都属于非离子型表面活性剂。例如

$C_{12}H_{25}O(CH_2CH_2O)_nH$　　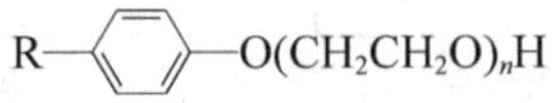　　(n=6~12, R=C_8~C_{10})

十二烷基聚乙二醇醚　　聚氧乙烯烷基酚醚

思考题 14-2　列举生活中常见的合成表面活性剂，并指出属于哪种类型的合成表面活性剂。

14.1.4　生物物质燃料简介

生物物质燃料是生物物质能源的一种。狭义的生物物质燃料是指以油料作物、野生油料植物和工程微藻等水生植物油脂以及动物油脂、餐饮垃圾油等为原料，通过酯交换工艺制作而成的可替代石油的可再生燃料，其主要成分是高级脂肪酸烃基酯的混合物。广义的生物物质燃料则指由天然油脂经过微乳化而形成的或与化石柴油以一定比例混合而成的生物物质。

生物物质燃料具有环保、可再生等优点。生物物质燃烧排放二氧化碳远低于植物生长过程中吸收的二氧化碳，有害气体比石油柴油减少 70%左右。使用时柴油机不需作改动、环保清洁（含硫量低，芳香烃含量少），可明显改善排放、润滑性能好、闪点高。生物物质燃料具有安全性能好等特点。缺点是对橡胶有破坏作用，黏度较大，氧化安定性差。

目前生物物质燃料的制备技术主要有物理法和化学法。物理法分为直接混合法和微乳液法两种。优点是操作简单，不足的是产品的物理性能（如黏度）和燃烧性能都不能满足柴油的燃料标准。化学法包括裂解法和酯交换法。裂解法能使产品黏度降低 2/3，但不能符合要求。酯交换法包括酸碱催化、酶催化和超临界催化法。酸和碱是生产生物柴油普遍使用的催化剂。酶催化条件温和、不需要昂贵设备、醇用量少、产品易于收集、无污染物，但存在酶成本高和产物难分离等问题。超临界催化很好地解决反应产物与催化剂难分离问题，它的最大特点是不用催化剂，在较短的反应时间内取得较高的反应转化率。微藻制生物柴油技术是未来生物物质燃料的发展方向。该技术利用微藻光合作用，将二氧化碳转化为固定碳元素，再通过诱导反应转化为油脂，然后利用物理或化学方法把微藻细胞内的油脂转化到细胞外，进行提炼加工，从而生产出生物物质燃料。

14.2　类脂化合物

14.2.1　磷脂

磷脂是一类含磷的类脂类化合物，是构成细胞膜的主要成分，广泛分布于动物的脑、肝、蛋黄、植物的种子以及微生物中，包括脑磷脂、卵磷脂和神经磷脂等。

1. 脑磷脂和卵磷脂

脑磷脂和卵磷脂的母体结构都是磷脂酸，即甘油分子的三个羟基中有两个与高级脂肪酸形成酯，另一个与磷酸形成酯。按磷酸与甘油羟基的结合位置，脑磷脂和卵磷脂可分为 α-型

和 β-型。当磷酸与甘油中的伯醇基相结合时，称为 α-脑磷脂或 α-卵磷脂；若与甘油中的仲醇基相结合时，称为 β-脑磷脂或 β-卵磷脂。脑磷脂和卵磷脂分子内含有手性碳原子，又有 D-型和 L-型之分。自然界中存在的脑磷脂和卵磷脂都是 L-α-型。

脑磷脂广泛存在于动植物器官中，尤其在高等动物的脑、肝、肾和心脏等器官中含量较高。脑磷脂为白色固体，有吸湿性，易被氧化，溶于乙醚和氯仿，不溶于水、丙酮和冷乙醇。

卵磷脂是白色蜡状固体，有吸湿性，在空气中易被氧化而变成黄色或棕褐色，存在于蛋黄、脑、大豆等中，尤其以蛋黄中含量较高。卵磷脂能溶于乙醇、乙醚和氯仿，不溶于丙酮和水，但在水中能溶胀。水解产物为甘油、脂肪酸、磷酸和胆碱。

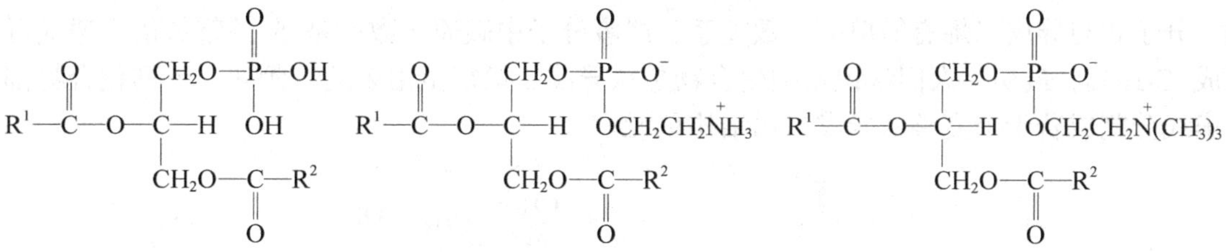

磷脂酸　　L-α-脑磷脂　　L-α-卵磷脂

磷脂分子中同时存在脂肪烃基疏水基和铵离子亲水基，是一种天然的乳化剂。在生物体中乳化有利于油脂的消化和吸收，同时在细胞膜中也起着重要的作用。

2. 神经磷脂

神经磷脂也称神经鞘磷脂、鞘磷脂，由鞘氨醇、脂肪酸和磷酸胆碱所组成，白色结晶性粉末，微显色，在空气中比较稳定。能溶于苯、氯仿、热乙醇和热乙酸乙酯，不溶于乙醚、丙酮和水。主要存在于动物的神经和脑中。

14.2.2　蜡

蜡广泛存在于动植物体内。蜡的组成相当复杂，主要成分是高级脂肪酸和高级饱和醇形成的酯类混合物。其酸和醇的碳原子数一般在 16 以上，都是偶数原子。

蜡按其来源可分为三类：植物蜡，如米糠蜡、巴西棕榈蜡等；动物蜡，如虫蜡、鲸蜡等；矿物蜡，如石蜡等。几种重要的蜡列于表 14-3。

表 14-3　几种重要的蜡

名称	熔程范围/℃	主要成分	来源
羊毛脂	38～42	羊毛脂肪酸高级醇酯	羊毛
鲸蜡	42～45	$C_{15}H_{31}COOC_{16}H_{33}$	鲸
蜂蜡	62～65	$C_{15}H_{31}COOC_{30}H_{61}$	蜜蜂腹部
白蜡	81.5～84	$C_{25}H_{51}COOC_{26}H_{53}$	白蜡虫
巴西棕榈蜡	83～86	$C_{25}H_{51}COOC_{30}H_{61}$	巴西棕榈叶

羊毛脂是羊毛上存在的油状物，由脂肪酸和羊毛甾醇形成的酯。因它容易吸收水分，且有乳化作用，因此，常用于化妆品中。白蜡又称虫蜡，是寄生在女贞树上白蜡虫的分泌物。白蜡是我国的特产，四川是白蜡的主要产地。

蜡在常温下呈固态，不溶于水而溶于乙醚、苯、氯仿等有机溶剂，化学性质比油脂稳定，不易水解和酸败。蜡在工业上用途广泛，主要用于制造蜡烛、蜡纸、香脂、软膏、化妆品和鞋油等。

14.3　萜类化合物

萜类化合物广泛存在于动植物界，如植物香精油中的某些组分，植物及动物中的某些色素等，这些物质在化学结构上的共同特点是：可以划分为若干异戊二烯结构单元的碳氢化合物，分子式与异戊二烯有简单的倍数关系，或者分子中碳原子数都是 5 的整数倍，通式可以写成$(C_5H_8)_n$。最初，人们认识萜类化合物是从异戊二烯衍生出来的。例如，下列化合物都可被虚线分割成若干个完整的异戊二烯结构单元。

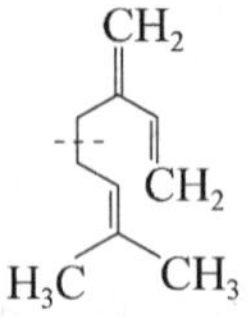

月桂烯(C_{10})

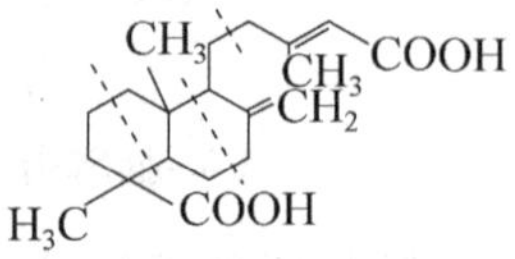

玛瑙酸(C_{20})

根据分子中所含异戊二烯单位的多少，即萜类化合物的异戊二烯规则，可将萜类分为单萜和多萜，见表 14-4。若干个异戊二烯单位可以相连成链，也可以成环。

表 14-4　萜类化合物的分类

类别	异戊二烯单位	碳原子数	类别	异戊二烯单位	碳原子数
单萜	2	10	三萜	6	30
倍半萜	3	15	四萜	8	40
二萜	4	20	—	—	—

14.3.1　单萜

单萜是由两个异戊二烯单位组成的化合物，是某些植物香精油的主要组分。香精油是由植物的叶、花或果实中提取的一些挥发性较高并具有香味的物质。松节油是自然界存在最多的一种香精油。

单萜根据其碳架分为开链单萜、单环单萜和双环单萜三类。

1. 开链单萜

开链单萜是由两个异戊二烯单位结合成的开链化合物，即由两个异戊二烯单位的“头部”和“尾部”连接而成，如月桂烯。该类化合物具有如下碳架结构：

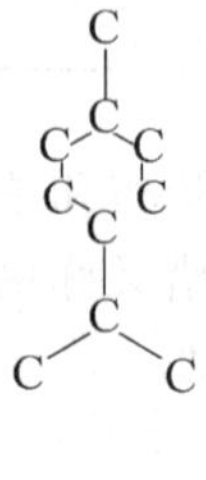

例如

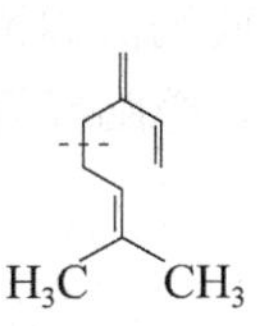 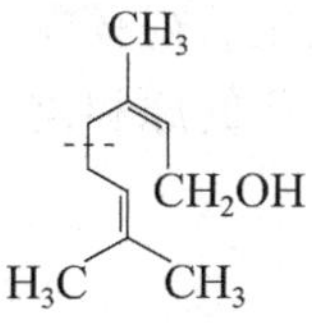 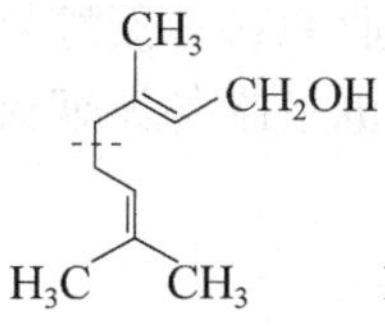 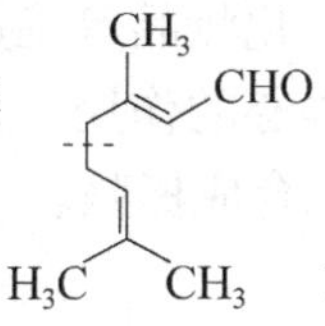 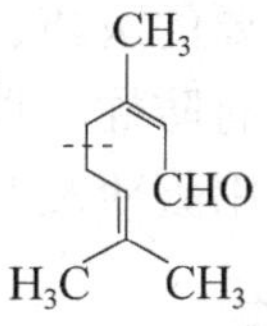

月桂烯(香叶烯) 橙花醇 香叶醇 α-柠檬醛 β-柠檬醛

这些化合物都是珍贵的香料。其中橙花醇和香叶醇互为几何异构体，橙花醇的香气比香叶醇柔和，这两种化合物主要存在于玫瑰油、橙花油和香茅油等中，是一种无色有玫瑰香味的液体，主要用于制作香精等。柠檬醛的两种几何异构体 α-柠檬醛和 β-柠檬醛主要存在于由新鲜柠檬果皮压榨而得的柠檬油中，具有较强的柠檬香气，用于配制柠檬香精或合成维生素 A。

2. 单环单萜

单环单萜分子结构中都含有一个六碳环，主要是具有 1-甲基-4-异丙基环己烷结构的薄荷醇及苧烯。

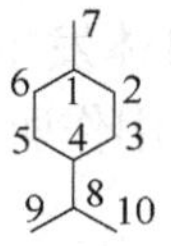 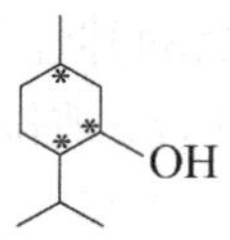 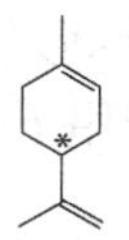

1-甲基-4-异丙基环己烷 薄荷醇 苧烯

苧烯又称柠檬烯，广泛存在于松节油、柠檬油、橘皮油等多种香精油中，在工业上，用于配制香料及用作溶剂和合成橡胶的原料。

薄荷醇俗称薄荷脑，是由薄荷的茎和叶所得的薄荷油的主要成分。它在薄荷油中的含量因薄荷的产地而异，最高可达 90%。薄荷醇有芳香清凉气味，又有杀菌功效，大量用于化妆品、香烟、牙膏、口香糖等中。在医药上，薄荷醇用作兴奋剂及防治皮肤病和鼻炎等的药物。

3. 双环单萜

双环单萜也称二环单萜，其分子骨架是由一个六元环分别与三元环、四元环或五元环共用两个或两个以上碳原子构成的，这类化合物属于桥环化合物，系统命名法与桥环化合物命名相同，本节不再重复。

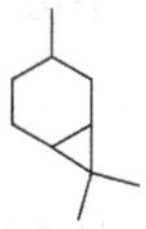 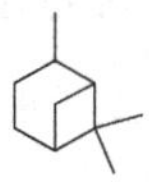 

蒈烷 蒎烷 菠烷

自然界存在较多也较重要的双环单萜是蒎烷和菠烷的衍生物。例如

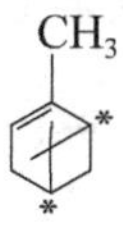 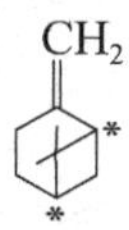 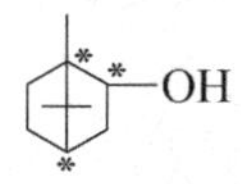 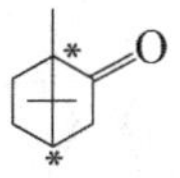

α-蒎烯 β-蒎烯 菠醇(2-莰醇) 樟脑(莰酮)

蒎烯有 α 和 β 两种异构体，共存于松节油中，是松节油的主要成分，其中α–蒎烯是合成冰片、樟脑及其他萜类化合物的重要原料。

菠醇又称冰片或龙脑，广泛存在于多种植物精油中，为无色片状结晶，有清凉气味，难溶于水，是主要的医药、化妆品等工业原料。菠醇氧化后得莰酮，莰酮俗称樟脑。樟脑存在于樟木中，具有防蛀、强心的作用，也是制备无烟火药的原料之一。樟脑经济价值高，樟木稀缺，现在都用蒎烯人工合成樟脑。

14.3.2 倍半萜

倍半萜由 3 个异戊二烯连接而成。例如，法尼醇和山道年等都属于倍半萜。

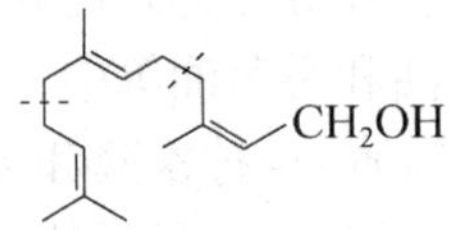

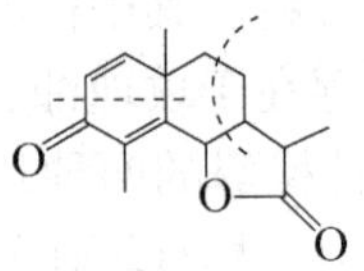

法尼醇　　山道年

法尼醇又称金合欢醇，为无色黏稠状液体，沸点 125℃/67 Pa，具有铃兰香味，主要存在于玫瑰油、茉莉油、橙花油和金合欢油中，是一种珍贵的香料，用于配制高档香精。

山道年是从蛔蒿(山道年蒿)的花中提取的无色晶体化合物，熔点为 170℃，易溶于有机溶剂，不溶于水。山道年能够兴奋蛔虫的神经节而使虫体发生痉挛性收缩，因而使其不能附着在肠壁之上，在泻药的作用下排出体外，临床上主要用作驱蛔虫和驱蛲虫剂。

14.3.3 二萜

二萜是由四个异戊二烯单位连接而成，广泛存在于动植物界。例如

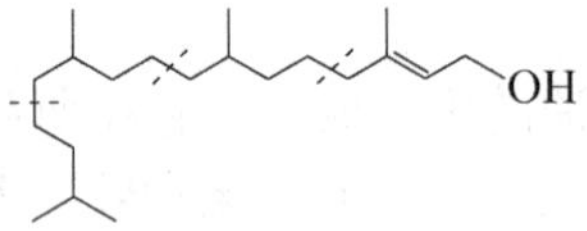

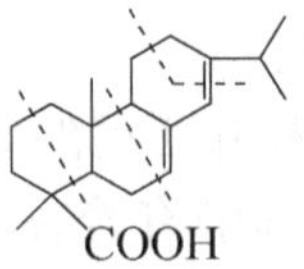

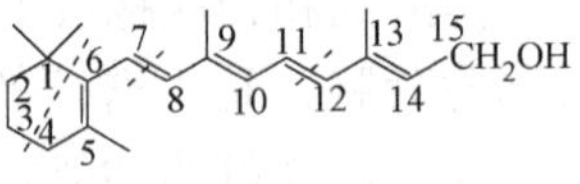

叶绿醇　　松香酸　　维生素A

叶绿醇是叶绿素的组成部分，又称植醇，是合成维生素 K_1 和维生素 E 的主要原料。

松香酸是松香的主要组分，为黄色晶体，易溶于乙醇、乙醚和丙酮等有机溶剂，不溶于水，可用于制漆和制药等领域。

维生素 A 主要存在于蛋黄和鱼肝油中，呈淡黄色结晶，易溶于有机溶剂，不溶于水，是动物生长发育所必需的营养物质。缺乏维生素 A 则会导致发育不健全，引起眼角膜硬化症和夜盲症。

14.3.4 三萜

三萜是含有六个异戊二烯结构单位的化合物，如角鲨烯等。角鲨烯是鲨鱼肝的主要成分，为不溶于水的油状液体。角鲨烯呈中心对称，分子中的两个异戊二烯单位以尾-尾相连，可以看作是由两分子法尼醇除去两个羟基后连接而成的，是生物合成羊毛甾醇的前身。

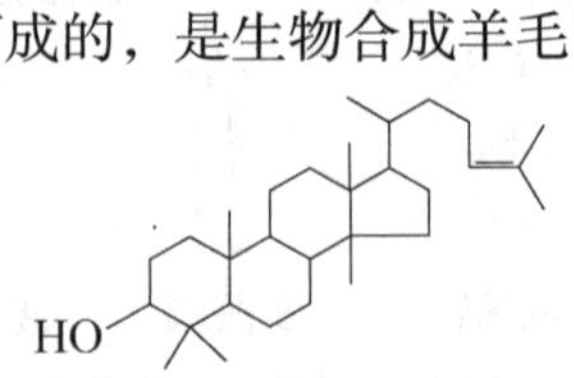

角鲨烯　　羊毛甾醇

羊毛甾醇是甾体化合物生物合成的前身，在生物体内，角鲨烯经氧化、脱氢和甲基重排而成，但分子的连接方式不完全符合经典的异戊二烯规则，因此一般不在萜类化合物中讨论。

14.3.5　四萜

四萜是由八个异戊二烯单位连接而成的，这类化合物通常含有一个较长的共轭链，最初从胡萝卜素中发现，因此也称为胡萝卜类色素，有时也称为多烯色素，广泛存在于植物的叶、茎和果实中。胡萝卜素有α-、β-、γ-三种异构体。

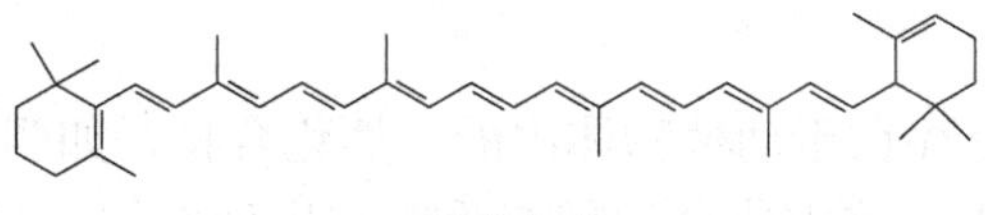

α-胡萝卜素

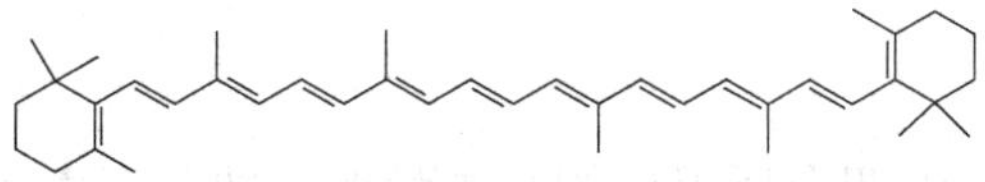

β-胡萝卜素

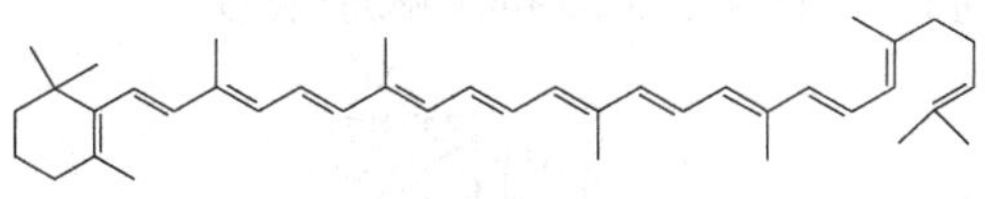

γ-胡萝卜素

叶黄素是植物体内的一种黄色色素，与叶绿素并存，秋天叶绿素破坏后树叶显黄色，结构与α-萝卜素相似。

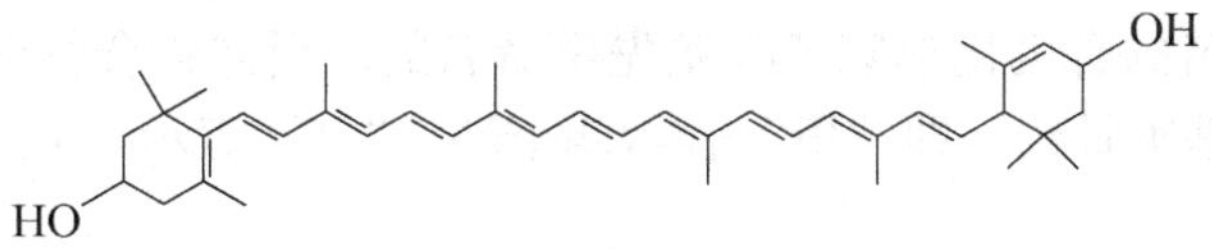

叶黄素

思考题 14-3　画出下列化合物的异戊二烯结构单元，并指出各属于哪一类萜。

(1) 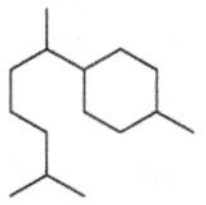

金合欢烷

(2) 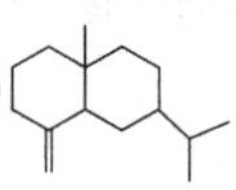

β-芹子烯

(3) 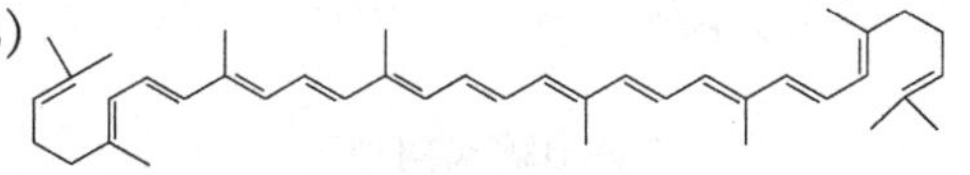

番茄红素

14.3.6　天然橡胶和合成橡胶简介

天然橡胶是从橡胶的白色液体中分离出来的，是由异戊二烯单位组成的萜烯化合物，分子中所有双键都为顺式构型，天然橡胶也称 1,4-聚异戊二烯。

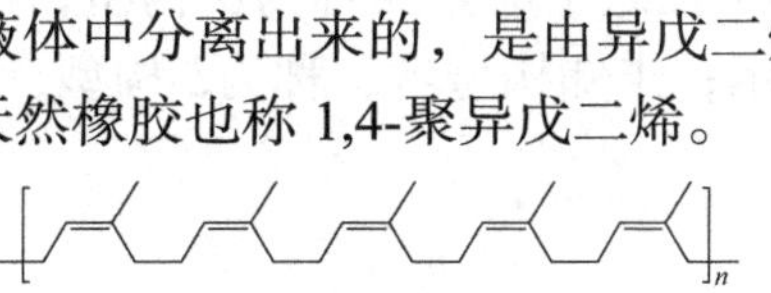

天然橡胶

合成橡胶由 1,3-丁二烯以 1,4-加成聚合而成，分子双键都处于顺式，与天然橡胶的性能相似，可以发生硫化作用。

合成橡胶

14.4 甾体化合物

甾体化合物是一类广泛存在于动植物体内的天然化合物，如胆甾醇、胆汁酸、维生素 D、肾上腺皮质激素和性激素等。这类化合物具有重要的生理作用，是医药领域中重要的一类化合物。

14.4.1 甾体化合物的结构

甾体化合物都含有一个由四个环组成的基本骨架，即三个六元环和一个五元环稠合而成的含 17 个碳原子的环戊烷并氢化菲，环戊烷并氢化菲是甾体化合物的母体。四个环分别用字母 A、B、C 和 D 表示，并将 17 个碳原子按特定顺序编号。

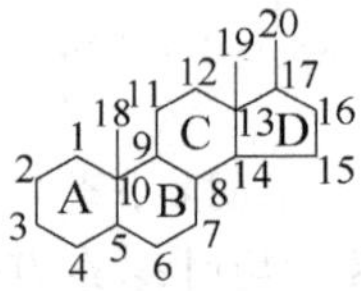

环戊烷并氢化菲(甾烷)

甾体是由我国著名的有机化学家黄鸣龙先生命名的。甾体化合物的“甾”字生动形象地表达了这类化合物的基本骨架，即“田”表示四个环，“巛”表示 C_{10}、C_{13} 及 C_{17} 上的三个取代基。

理论上，这些环之间存在顺反异构，但由于多环稠合，环之间相互制约，甾体化合物只有两种构型：B 和 C 环总是以反式构型稠合，C 和 D 环多以反式稠合，只有 A 和 B 环存在顺反两种构型。自然界中的甾体多以 A/B 反式构型为主。

A/B反式构型　　　　A/B顺式构型

从甾体的构型可以看出，甾体上的取代基，可以在甾体平面之上，也可以在甾体平面之下。一般将甾体结构中处于环平面之下的基团称为α-构型，用虚线表示；把处于环平面之上的基团称为β-构型，用实线表示；未知构型者，称为ξ-构型，用波浪线表示。

14.4.2 甾体化合物的命名

甾体化合物的命名常根据来源或生理作用而命名，即俗名，如胆固醇、麦角甾醇、胆酸等。

甾体的系统命名法较为复杂，一般先确定母核，母核前写出取代基的名称、数量、位次及构型。甾体母核主要有甾烷、雄甾烷、雌甾烷、孕甾烷和胆甾烷等。如果母核中含有双键，则应将“烷”改为“烯”。例如

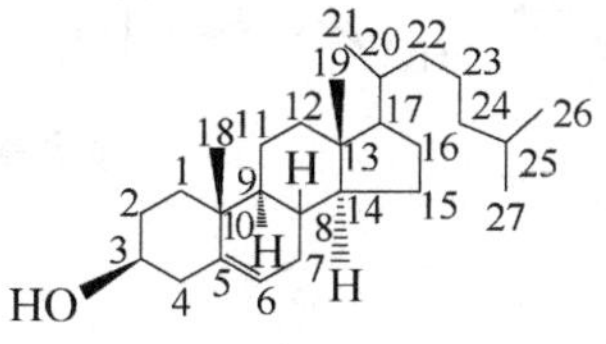

3β-羟基-胆甾-5-烯(胆甾醇)

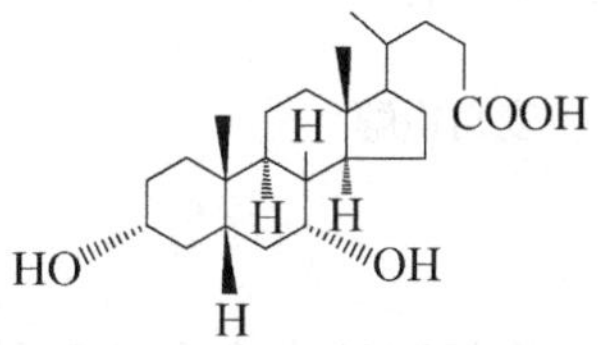

3α,7α-二羟基-5β-胆烷-24-酸(鹅去氧胆酸)

14.4.3　重要的甾体化合物

1. 胆固醇

胆固醇也称胆甾醇，属于动物甾醇，广泛存在于动物的各种组织内，尤其以脑和脊髓中含量最多，在肾、脾、皮肤、肝和胆汁中含量也高，是胆结石的主要组成成分，胆固醇的名称也是由此而来。胆固醇为无色或略带黄色的结晶，熔点为 148.5℃，微溶于水，易溶于乙醇、乙醚和氯仿等有机溶剂。胆固醇是动物组织细胞所不可缺少的重要物质，它不仅参与形成细胞膜，而且是合成胆汁酸，维生素 D 以及甾体激素的原料，是一种与生命现象息息相关的重要化合物。人体内胆固醇含量过高可引起动脉粥样硬化，导致心脏病发生。

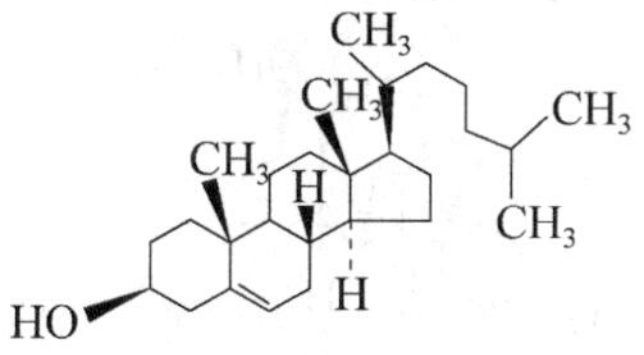

胆固醇

2. 7-脱氢胆固醇

7-脱氢胆固醇也是一种动物甾醇，主要存在于人体皮肤中，经紫外光照射，变成维生素 D_3。维生素 D_3 也称胆钙化甾醇。

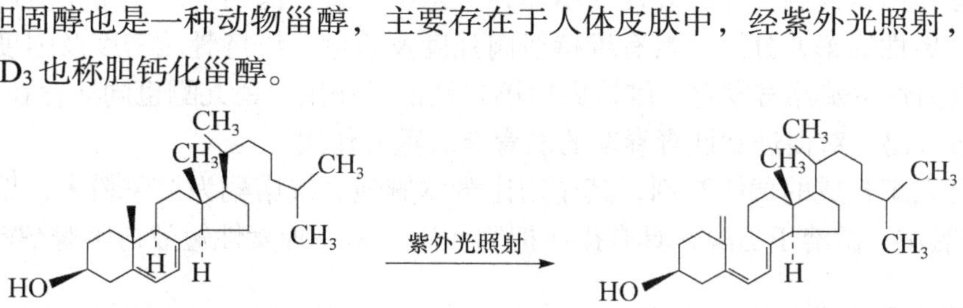

7-脱氢胆固醇　　　　维生素D_3

3. 麦角甾醇

麦角甾醇也称麦角固醇，主要存在于酵母及某些植物中，属于植物固醇，与 7-脱氢胆固醇相比，在 C_{17} 的侧链上多一个甲基和一个双键。麦角固醇经紫外光照射后，B 环开环形成维生素 D_2，所以维生素 D_2 也称为麦角钙化甾醇。

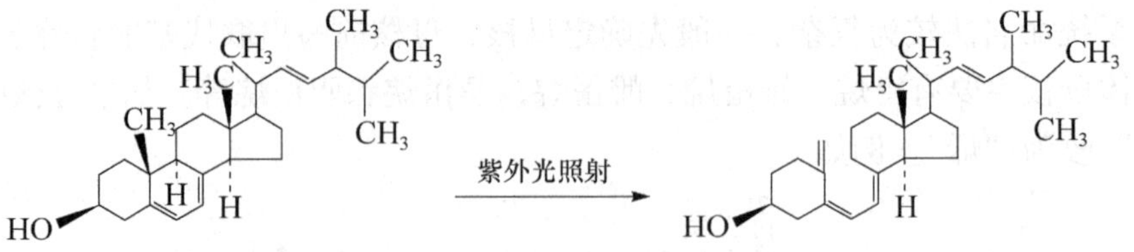

麦角甾醇　　　　维生素D_2

4. 胆酸

在大部分脊椎动物的胆汁中含有几种结构与胆固醇类似的酸，其中最重要的是胆酸。胆酸主要存在于动物的胆汁中。并且在胆汁中以甘氨酸或牛磺酸结合成甘胆酸或牛磺胆酸的形态存在。

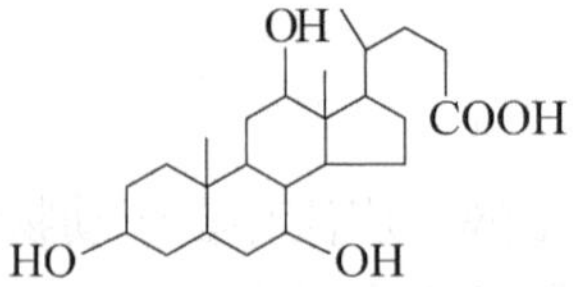

胆酸

5. 性激素

性激素分为雄性激素和雌性激素两类，它们是性腺(睾丸或卵巢)的分泌物。有促进动物发育及维持第二性征(如声音、体型等)的作用。

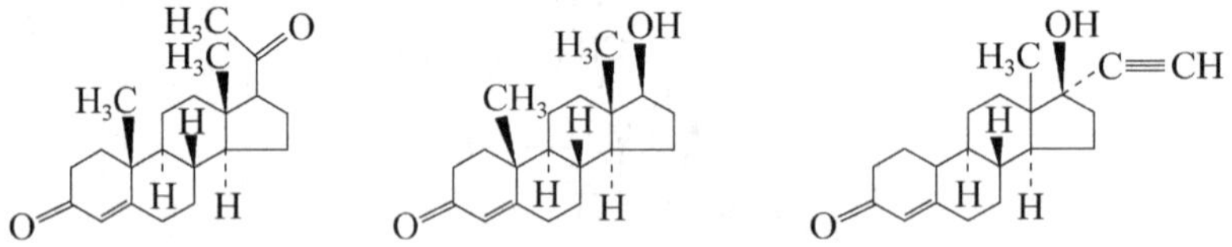

孕甾酮　　　　睾丸酮　　　　炔诺酮

孕甾酮及睾丸酮的结构相似，但生理作用截然不同。孕甾酮也称黄体酮，是雌性激素之一，它的生理作用是抑制排卵，并使受精卵在子宫中发育，医药上用于防止流产。睾丸酮，又称睾酮，由男性的睾丸分泌，具有维持肌肉强度及质量、维持骨质密度及强度、提神及提升体能、促进男性生殖器官发育、维持男性第二性征等作用。睾丸酮也同样存在于女性体内，由女性的卵巢分泌，对促进女性青春期的发育有着重要作用。

炔诺酮是人工合成的黄体制剂，其作用比黄体酮强。炔诺酮为白色粉末，熔点为 202～208℃，溶于氯仿，微溶于乙醇，具有排卵抑制作用，是一种女性短效口服避孕药。

6. 肾上腺皮质激素

肾上腺皮质激素是产生于肾上腺皮质部分的一类激素，已分离出的有 40 多种，如可的松、氢化可的松、皮质酮和 11-去氢皮质酮等。

肾上腺皮质激素有多种生理功能，其中最重要的是调节水和无机盐的代谢，维持体液中电解质的平衡，以及调节糖、脂肪及蛋白质的代谢。可的松具有抗炎及抗过敏的功效，在医药上用于治疗类风湿关节炎，气喘及皮肤炎症等。

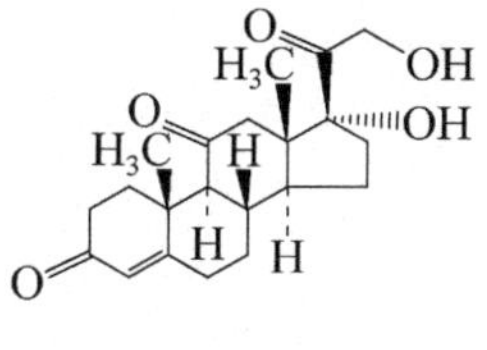

可的松

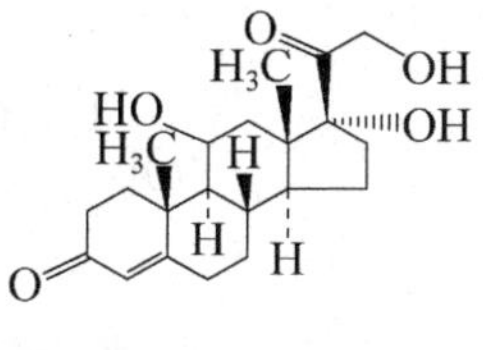

氢化可的松

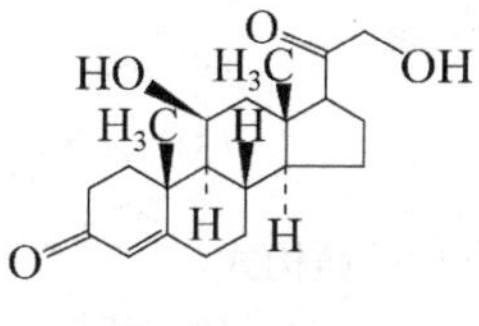

皮质酮

小　结

1. 油脂

- 油脂
  - 油脂的组成
    - 饱和脂肪酸
    - 不饱和脂肪酸
  - 油脂的化学性质
    - 水解
    - 加成
      - 加氢
      - 加碘碘值
    - 干性
    - 酸败
  - 肥皂和表面活性剂

2. 类脂化合物

- 类脂化合物
  - 磷脂
    - 脑磷脂
    - 卵磷脂
    - 神经磷脂
  - 蜡

3. 萜类化合物

单萜、倍半萜、二萜、三萜、四萜。

4. 甾体化合物

- 甾体化合物
  - 甾体化合物的结构
  - 甾体化合物的命名
  - 重要的甾体化合物

习　题

1. 指出下列化合物分别属于哪一类萜(单萜、倍半萜和二萜等)。

(1) 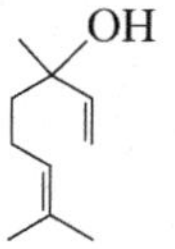

(2) 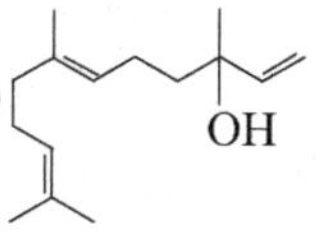

(3) 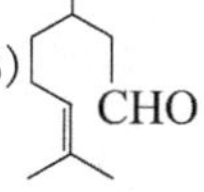

(4) 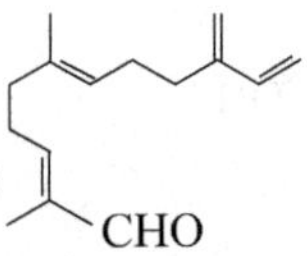

(5) 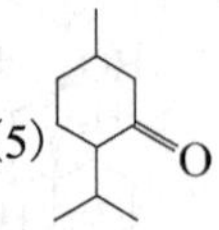

(6) 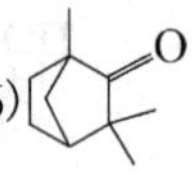

2. 写出下列化合物的结构式。

(1) α-蒎烯　　(2) 樟脑　　(3) 薄荷醇

(4) 法尼醇　　(5) 羊毛甾醇　　(6) 胆固醇

3. 用虚线标出下列化合物的异戊二烯结构单位。

(1) 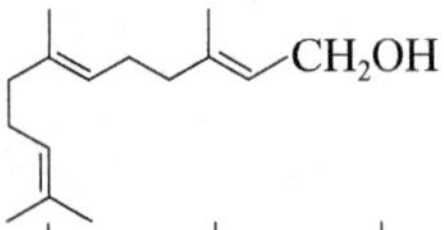

(2) 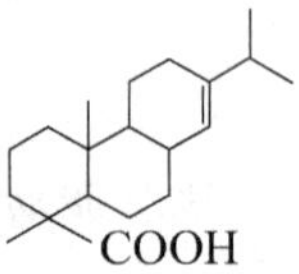

(3) 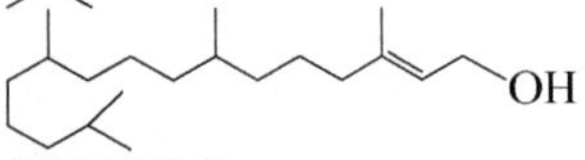

(4) 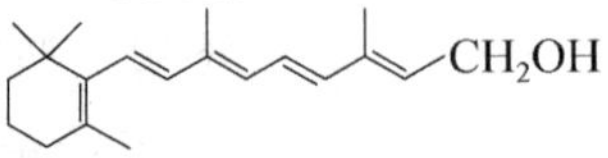

4. 完成下列反应。

(1) 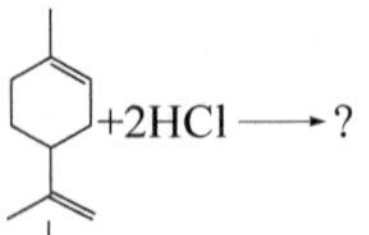

(2) 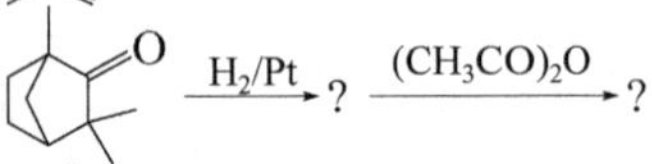

(3) 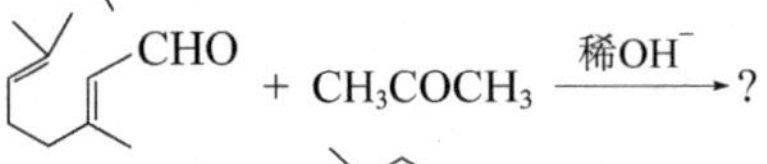

(4) 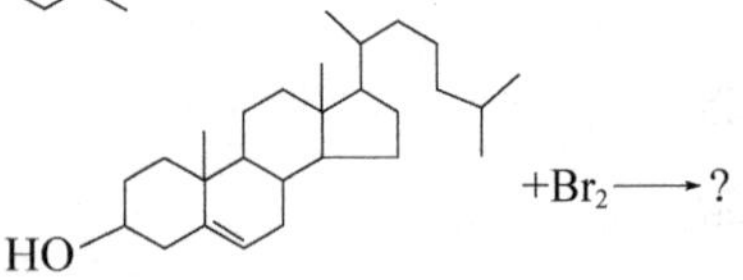

5. 写出甾体化合物的基本骨架结构，并标出碳原子的编号顺序。

6. 某单萜 A，分子式为 $C_{10}H_{18}$，催化氢化后得分子式为 $C_{10}H_{22}$。用高锰酸钾氧化 A，得到 $CH_3COCH_2CH_2COOH$、CH_3COOH 和 CH_3COCH_3。试推测 A 的结构。

7. 在巧克力和冰激凌等含许多高级脂肪酸的食物或化妆品中，常用卵磷脂来防止发生油和水分层现象，这是根据卵磷脂的什么特性？试说明。

第 15 章　现代波谱分析技术简介

化合物结构的测定是从分子水平认识物质的基本手段，对推动现代有机化学的发展至关重要。长期以来，确定有机化合物的结构主要依靠化学分析方法，这些方法往往需要多步化学反应，耗样量大、费时，而且可靠性较差。自 20 世纪 50 年代以来，光谱技术飞速发展，极大地推动了有机化合物结构测定手段的变革。目前，光谱分析是最重要的化合物结构分析手段，其中应用最为广泛的是紫外与可见光谱、红外光谱、核磁共振谱和质谱四大波谱分析法。它们从不同的方面揭示有机化合物的结构信息，利用这些信息，可以快速、准确地确定物质的组成及结构。同时波谱分析法还具有样品用量少的优点，突破了传统化学分析方法的缺陷，大大提高了化合物结构分析的效率。

本章将从基本原理、与有机化合物结构间的关系以及简单应用等方面分别对紫外-可见光谱、红外光谱、核磁共振谱和质谱作简要介绍。

15.1　紫外-可见吸收光谱

光是一种电磁波，具有一定的能量。当光波通过化合物时，它被吸收与否是由其频率和化合物的分子结构来确定的，只有当光子的能量恰好等于两个能级的能量差时才能被吸收，产生吸收光谱。根据量子理论，其能量差与辐射波长、频率符合下面的关系式：

$$\Delta E = E_{激发态} - E_{基态} = h\nu = hc/\lambda \tag{15-1}$$

式中，ΔE为能量差，单位是 eV(电子伏特)；h 是普朗克常量，为 4.136×10^{-15} eV · s；c 为光速，为 2.998×10^{8} m · s^{-1}；ν为频率，单位为 s^{-1}；λ为波长，单位是 m。

紫外吸收光谱是由紫外光照射样品溶液后产生的一种吸收光谱，简称紫外光谱(ultraviolet spectroscopy, UV)。紫外光波长为 100～400 nm，其中波长范围在 100～200 nm 的为远紫外区。它能被空气中的二氧化碳、氮气、氧气、水等吸收，因此远紫外吸收光谱须在真空条件下进行测定，操作困难，应用价值不大。波长为 200～400 nm 的区域为近紫外区，在有机化合物结构分析中较为常用，通常所说的紫外光谱就是指该区域的吸收光谱。波长为 400～800 nm 的可见光照射某些样品溶液后也能产生吸收光谱，简称可见光谱(visible spectroscopy，Vis)。常用的紫外-可见分光光度计的测量范围包括紫外和可见光区域，波长范围是 200～800 nm。

15.1.1　基本原理

1. *表示方法*

用一束频率连续变化的紫外-可见光照射一定浓度的试样溶液，样品分子对不同频率的紫外-可见光波产生吸收，使通过试样后的光波在一些波长范围内变弱，在另一些波长范围内不变，将化合物吸收紫外-可见光的情况用一条曲线记录下来，就得到试样的紫外-可见光谱图(图 15-1)。

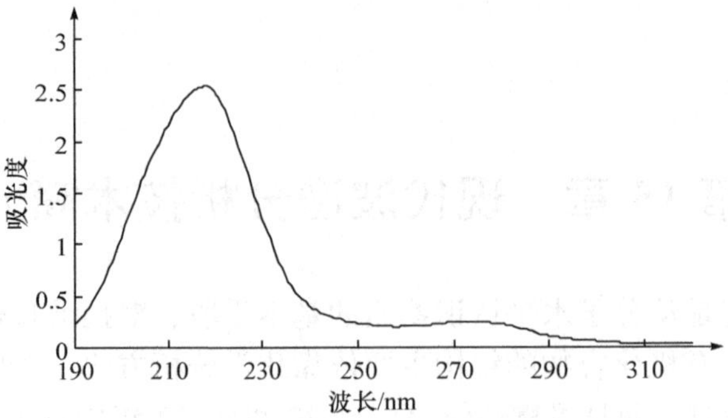

图 15-1　丝胶蛋白在水中的紫外光谱图

紫外-可见光谱图常以波长(λ)为横坐标，单位为纳米(nm)。以吸收强度(A)或摩尔吸光系数 ε(或 $\lg\varepsilon$)为纵坐标。

紫外-可见光谱属于电子光谱。当电子能级发生改变时，其振动能级和转动能级也会发生变化，因此紫外光谱图的吸收谱带较宽，且一般只有几个吸收带。吸收带中最高点为最大吸收峰，其相应的波长为最大吸收波长，用 λ_{max} 表示。最大吸收峰的强度称为最大吸光系数，用 ε (或 $\lg\varepsilon$) 表示。吸收光谱的吸收强度用朗伯-比尔(Lambert-Beer)定律来进行描述，用公式(15-2)来表示：

$$A = \lg\frac{I_0}{I} = \lg\frac{1}{T} = \varepsilon c l \qquad (15\text{-}2)$$

式中，A 为吸光度；I_0 为入射光的强度；I 为透过光的强度；T 为透光率或透过率，用百分数表示(%)；c 为样品溶液的浓度($mol \cdot L^{-1}$)；l 为吸收池厚度(cm)；ε 为摩尔吸收系数(表示指定波长的光透过厚度为 1 cm，浓度为 1 $mol \cdot L^{-1}$ 溶液的吸光度)。一般情况下，不同的有机物具有不同的最大吸收峰位置和吸收强度，这正是将其作为定性鉴别化合物的依据。

2. 电子跃迁的类型

紫外-可见吸收光谱是分子中的价电子吸收一定能量的光子后跃迁产生的。有机化合物的价电子有三种：形成单键的 σ 成键电子(σ 电子)、形成双键的 π 成键电子(π 电子)和未成键的孤对电子(n 电子)。仅从能量上考虑，它们处于较低能态，吸收合适的能量后，都可跃迁到任意较高能态的反键轨道上，形成六种跃迁类型。然而允许的跃迁不但要符合动量守恒，还要考虑跃迁概率。在有机分子中，常见的跃迁类型有四种：σ 成键电子向 σ^*反键轨道跃迁($\sigma \rightarrow \sigma^*$)；π 成键电子向 π^*反键轨道跃迁($\pi \rightarrow \pi^*$)；n 电子向 π^*反键轨道跃迁($n \rightarrow \pi^*$)；n 电子向 σ^*反键轨道跃迁($n \rightarrow \sigma^*$)。它们跃迁的能量变化如图 15-2 所示。可以看出，不同跃迁类型吸收能量大小不同，所需能量由大到小顺序为 $\sigma \rightarrow \sigma^* > n \rightarrow \sigma^* > \pi \rightarrow \pi^* > n \rightarrow \pi^*$。σ 电子跃迁所需能量大，需要吸收远紫外区的光波才能激发，这是因为 σ 成键电子分布在两个成键原子核中间，受到原子核的束缚力强，因此需要波长较短，能量较大

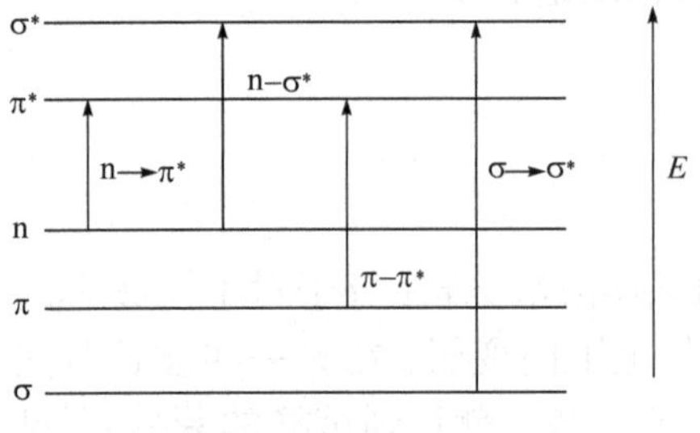

图 15-2　电子跃迁能量图

的光波才能激发。相比而言，π 电子和 n 电子受到原子核的束缚力较小，容易激发，可选择吸收 200～800 nm 的光波发生跃迁。所以，紫外–可见光谱主要是用来研究分子中 n 电子和 π 电子的跃迁。

3. 紫外光谱与分子结构的关系

不同化合物分子的价电子分布和结合情况不同，经紫外-可见光激发可引起不同类型的价电子跃迁，得到不同的紫外吸收光谱图。因此可以根据分子结构来推测可能的电子跃迁类型。反之，也可以根据紫外吸收带的波长及电子跃迁的类型来判断化合物分子中可能存在的吸收基团。

1)饱和有机物的电子跃迁

饱和烃分子中只有 C—C 和 C—H σ 单键，只能发生 $\sigma \rightarrow \sigma^*$ 跃迁。跃迁能量大，不易激发，须在波长较短的光波照射下才能发生，吸收带出现在远紫外区，吸收波长一般在 150 nm 以下，如乙烷的吸收峰在 135 nm 等。

如果饱和烃分子中的氢原子被杂原子取代，如氧、氮、硫、卤素等，这些杂原子具有未共用电子对(n 电子)，可发生 $n \rightarrow \sigma^*$ 跃迁，激发需要的能量变小，最大吸收波长向长波方向移动。当杂原子的电负性较大时，其 $n \rightarrow \sigma^*$ 跃迁的最大吸收波长小于 200 nm，在远紫外区。例如，乙醇、乙醚、氯甲烷的最大吸收波长分别为 183 nm、185 nm 和 172 nm；如果杂原子的电负性较小，则其 $n \rightarrow \sigma^*$ 跃迁的最大吸收波长大于 200 nm，在近紫外区。例如，溴甲烷、甲胺、碘甲烷的最大吸收波长分别为 204 nm、215 nm、258 nm。这些化合物在吸收光谱上的差别，主要是由于杂原子的电负性不同。当其电负性大，对 n 电子的束缚就越强，发生 $n \rightarrow \sigma^*$ 跃迁需要的能量就大，吸收紫外光波的波长就越短，吸收带出现在远紫外区；反之，当其电负性较小时，对 n 电子的束缚就小，发生 $n \rightarrow \sigma^*$ 跃迁需要的能量相对较小，吸收带出现在近紫外区。

由于饱和烃、醇、醚等在近紫外区不产生吸收，一般的紫外光谱仪不能检出这些化合物，因此可将它们用作紫外光谱测定的溶剂，常用的有正己烷、甲醇、乙醇等。

2)非共轭不饱和化合物的电子跃迁

烯烃分子中含有 π 键，能发生 $\pi \rightarrow \pi^*$ 跃迁。与 σ 键电子相比，π 电子受到原子核的束缚作用小，跃迁所需能量低。但对于孤立烯烃而言，其 $\pi \rightarrow \pi^*$ 跃迁出现在 170～200 nm，仍属远紫外区，如乙烯的 $\pi \rightarrow \pi^*$ 跃迁吸收峰在 165 nm。同样，孤立碳碳三键、碳氮三键等的 $\pi \rightarrow \pi^*$ 跃迁吸收也都小于 200 nm，在近紫外区不能被检出。

如果带有 n 电子的杂原子参与了 π 键的形成(如羰基、硝基、偶氮基等)，这些基团除了可以进行 $\pi \rightarrow \pi^*$ 跃迁外，还可以进行 $n \rightarrow \pi^*$ 跃迁。这种跃迁所需能量更小，吸收谱带在近紫外区。例如，在乙醛分子中，羰基的 $n \rightarrow \pi^*$ 跃迁的最大吸收峰为 290 nm，出现在近紫外区，但吸收强度较弱。

有机分子中能进行 $\pi \rightarrow \pi^*$ 跃迁或同时还能发生 $n \rightarrow \sigma^*$ 跃迁，并在近紫外区有吸收的原子或基团统称为发色团，也称生色团。例如，C═C、C═O、N═N 等。常见发色团的特征吸收峰见表 15-1。

表 15-1　常见发色团的紫外特征吸收

生色团	实例	跃迁类型	λ_{max}/nm	ε_{max}	溶剂
烯	$C_6H_{13}CH{=}CH_2$	$\pi\to\pi^*$	177	13000	正庚烷
炔	$C_5H_{11}C{\equiv}C{-}CH_3$	$\pi\to\pi^*$	178	10000	庚烷
		—	196	2000	
		—	225	160	
羧基	CH_3COOH	$n\to\pi^*$	204	41	乙醇
酰胺基	CH_3CONH_2	$n\to\pi^*$	214	60	水
羰基	CH_3COCH_3	$n\to\sigma^*$	186	1000	正己烷
		$n\to\pi^*$	280	16	
	CH_3CHO	$n\to\sigma^*$	180	大	正己烷
		$n\to\pi^*$	293	12	
偶氮基	$CH_3N{=}NCH_3$	$n\to\pi^*$	339	5	乙醇
硝基	CH_3NO_2	$n\to\pi^*$	280	22	异辛烷

3)共轭化合物的电子跃迁

乙烯分子的$\pi\to\pi^*$跃迁吸收峰(λ_{max})为 185 nm，而 1,3-丁二烯的$\pi\to\pi^*$跃迁吸收峰(λ_{max})为 217 nm，主要是由于 1,3-丁二烯分子中两个双键形成了共轭体系，电子处在离域的分子轨道。与孤立双键相比，共轭体系中最高能级的成键轨道与最低能级的反键轨道间的能级差减小，使$\pi\to\pi^*$跃迁所需能量降低。因此，吸收波长向长波方向移动，近紫外移到可见光区，吸收强度也随之增大，导致化合物出现各种颜色。例如，共轭多烯(取代乙烯)的紫外吸收情况如表 15-2 所示。

表 15-2　乙烯及一些共轭体系的λ_{max}和ε_{max}

化合物	双键数	λ_{max}/ nm	ε_{max}	颜色
乙烯	1	165	10000	无
丁二烯	2	217	21000	无
己三烯	3	258	35000	无
二甲基辛四烯	4	296	52000	淡黄色
癸五烯	5	335	118000	淡黄色
二氢 δ -胡萝卜素	8	415	210000	橙黄色
番茄红素	11	470	185000	红 色

上述使最大吸收波长向长波方向移动的现象称为红移现象。反之，使最大吸收波长向短波方向移动的现象称为蓝移现象。除了 π-π 共轭体系可引起化合物的 λ_{max} 红移外，p-π 共轭体系也可引起化合物的 λ_{max} 发生红移。例如，$CH_3{-}O{-}CH{=}CH_2$ 的最大吸收峰在 195 nm，比乙烯的最大吸收峰(λ_{max}=165 nm)红移了 30 nm。这主要是由于带有未共用电子对(n 电子)的氧原子连在双键体系上，形成 p-π 共轭体系，使电子离域程度增大，导致能量较低的$n\to\pi^*$跃

迁，吸收向长波方向移动。这种含有未共用电子对的基团称为助色团，如—OH、—OR、—NH_2、—X 等。

芳香族化合物具有环状的共轭体系，一般都有三个吸收带。例如，苯的吸收带Ⅰλ_{max}=184nm(ε_{max}=47000)，在远紫外区；吸收带Ⅱ λ_{max}=204 nm(ε_{max}=7900)；吸收带Ⅲ λ_{max}=255nm (ε_{max}=230)。当苯环上连有取代基时，吸收带Ⅱ、带Ⅲ均在近紫外区。如与其他环构成稠环体系，则带Ⅰ也在近紫外区。因此无论是生色基还是助色基与苯环相连，都能使其吸收带发生红移。

另外溶剂也会引起化合物的吸收波长发生位移。例如，极性溶剂使 $\pi\rightarrow\pi^*$ 跃迁吸收发生红移；质子溶剂能使 $n\rightarrow\pi^*$ 跃迁吸收发生蓝移。

15.1.2　紫外光谱在有机化合物结构鉴定中的应用

1. 测定物质的结构

化合物的紫外光谱的吸收峰很宽(吸收带)，因此紫外光谱图不一定能提供化合物结构变化的信息，但它可以揭示分子中的离域体系和发色基团的特征吸收。根据紫外吸收光谱图中吸收峰的位置、强度可粗略判断化合物可能含有哪些官能团。例如，化合物在 220～700 nm 范围不出现吸收谱带，则可确定被测化合物可能是脂肪烃、脂环烃或它们的简单衍生物，也可能是非共轭的烯烃；在 210～250 nm 区域出现强吸收带，表明分子中可能存在两个双键形成的共轭体系(共轭二烯或 α，β-不饱和醛酮)；在 260～350 nm 区域出现强吸收带，则可能存在 3～5 个双键形成的共轭体系；260～300 nm 区域出现弱吸收，表明分子中可能含有 n 电子的生色基团；在 250～300 nm 区域出现中等强度吸收带，说明分子中可能含有芳香环。紫外-可见光谱在研究化合物结构中的主要作用是推测结构中的共轭体系以及共轭体系中取代基的数目等。因此，在未知化合物的结构鉴定中紫外-可见光谱起辅助作用。如要进一步阐明化合物的结构，必须与红外光谱、核磁共振谱、质谱及其他方法配合，才能得出可靠的结论。

例如，请分析 3-甲基-3-戊烯-2-酮的紫外吸收光谱，并指出吸收峰的跃迁类型(图 15-3)。

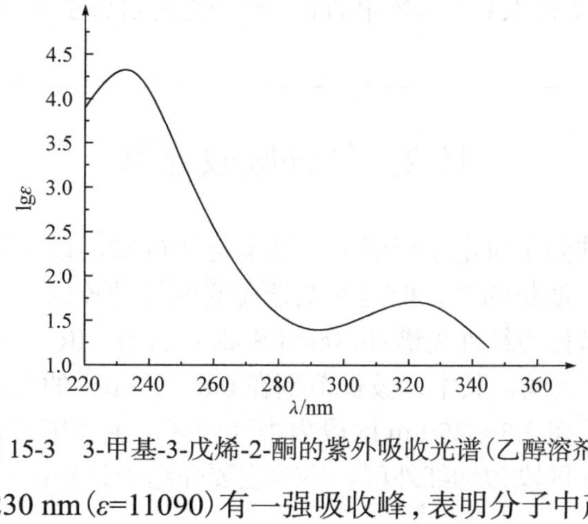

图 15-3　3-甲基-3-戊烯-2-酮的紫外吸收光谱(乙醇溶剂)

光谱解析：在 λ_{max}=230 nm(ε=11090)有一强吸收峰，表明分子中产生了 $\pi\rightarrow\pi^*$ 电子跃迁，有π-π共轭结构存在。同时在 λ_{max}=325 nm(ε=42)也有一较弱的吸收峰，说明有 $n\rightarrow\pi^*$ 跃迁，进一步表明羰基和碳碳双键形成 α，β-共轭体系。这两种跃迁 ε 值相差很大，因此容易区分。根据吸收峰的位置，可以推测羰基的存在。3-甲基-3-戊烯-2-酮分子具有 C═C—C═O 的共轭结构。

2. 判断可能存在的物质

虽然紫外光谱不能反映整个分子的特性，但它仍能提供两个重要的数据：吸收峰的位置(最大吸收波长)以及吸收强度(摩尔吸光系数)，这为确定物质是否存在提供了有用信息。如果未知化合物与标准化合物在相同条件(相同溶剂、相同浓度)下测得的图谱一致(具有相同的最大吸收波长、吸收强度和峰形)，则一般可认为是同一化合物，反之则是不同的化合物。也可以将未知试样图谱与萨特勒(Sadtler)等紫外标准图谱比较，若吸收特征完全相同，那么未知试样与标准样品可能是同一物质。但是，有机化合物在紫外区的吸收峰较少，有时会出现具有相同生色基团的不同化合物，它们的最大吸收波长相同，然而其摩尔吸光系数是有差别的，遇此情况需利用最大吸收波长和摩尔吸收系数作进一步比较。

3. 鉴定物质的纯度

紫外光谱的灵敏度很高，容易检出化合物中具有紫外吸收的杂质。如果待测化合物对紫外-可见光没有明显的吸收，而其含有的杂质在紫外-可见光区有较强的吸收时，利用紫外-可见吸收光谱就可检出所含的杂质。例如，纯的乙醇在波长 256 nm 处没有吸收，若其中含有少量苯，则会在 256 nm 处出现吸收带。如果待测化合物在紫外-可见光区有吸收，则可根据吸收系数检测其纯度。另外也可通过比较相同浓度、相同溶剂条件下纯品和样品的吸收光谱(差示光谱)来判断化合物的纯度。紫外光谱方法非常灵敏，当 $E>2000$ 时，检出的灵敏度可达 0.005%。因而，它在化合物纯度鉴定领域应用较多。

思考题 15-1　列举四种可用作紫外光谱的溶剂，并说明它们为什么能用作测定紫外光谱的溶剂。

思考题 15-2　当体系的共轭双键增多时，紫外光谱会发生什么变化？为什么？

思考题 15-3　若分别在乙烷或水中测定三氯乙醛的紫外吸收光谱，这两张紫外光谱的 n 轨道向 π^* 轨道跃迁会有什么区别？

思考题 15-4　用氯逐个替代 1,3-丁二烯中的氢，紫外光谱图将发生什么变化？为什么？氯在这里起什么作用？

15.2　红外吸收光谱

有机分子的运动方式除了价电子跃迁外，还有分子的转动以及化学键的振动。这些运动方式的激发也要吸收一定波长的光，但这些跃迁需要的能量较低，吸收光波的波长较长，落在红外区，这种吸收光谱称为红外光谱(Infrared Spectroscopy, IR)，它属于振动光谱。红外光是波长为 0.8～500 μm 的光波，其中，波长范围在 0.8～2.5 μm 的为近红外区，主要用于研究化学键的振动倍频；波长在 2.5～25 μm 区段为中红外区，主要用于研究有机化合物的振动基频；波长在 25～1000 μm 区段为远红外区。本节主要介绍中红外区的吸收光谱。

15.2.1　分子振动与红外吸收光谱

1. 分子振动类型

有机分子的键长与键角不是固定不变的，整个分子以一定的频率不停地振动和转动。分子的振动有两种类型：伸缩振动（ν）和弯曲振动（δ）。伸缩振动改变化学键的键长，根据化学键的伸缩方向不同，又分为对称伸缩振动（ν_s）和不对称伸缩振动（ν_{as}）；弯曲振动引起键角变化，又称变角振动。它包括面内弯曲振动和面外弯曲振动。例如，亚甲基碳上的两个氢原子的典型振动如图 15-4 所示。

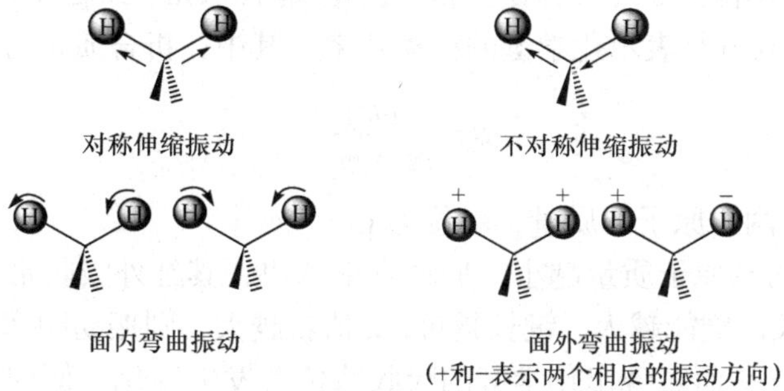

图 15-4　亚甲基中氢原子的基本振动形式

理论上，分子中的每个原子都可在三维空间振动，每一种振动都可在红外光谱区产生一个吸收峰，这样的红外图谱十分复杂。实际上，红外吸收峰的数目要少很多，这是因为：①只有发生瞬时偶极变化的振动才能产生红外吸收，且瞬时偶极越大，吸收峰越强，因此结构对称的分子，在振动过程中偶极矩始终为零，不产生红外吸收；②频率相同的振动会发生简并；③吸收强度大，峰形较宽的峰往往要覆盖频率相近的弱吸收峰等。

2. 红外光谱的表示方法

图 15-5 是苯胺的红外光谱图，它以波数（σ）（波长的倒数）为横坐标，表示吸收峰的位置；以透光率（T）或吸光度（A）为纵坐标，表示吸收强度。吸收强度越大，吸光度就越大（透过率就越小）。吸收强度还可以用 vs（很强）、s（强）、m（中）等符号来定性表示。

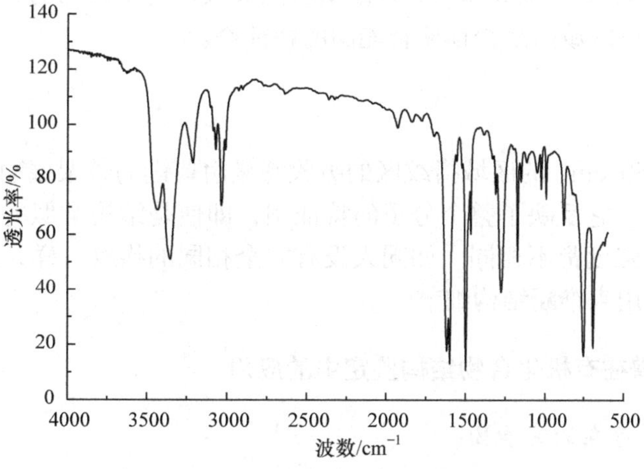

图 15-5　苯胺的红外光谱图

15.2.2　红外吸收光谱与分子结构的关系

有机官能团的吸收峰在什么位置，或者说一个化学键到底吸收多大频率的红外光，主要取决于两个键合原子的质量以及键的强度（键的力常数）。根据胡克（Hooke）定律，吸收红外光

的频率(化学键的振动频率)为

$$\nu = \frac{1}{2\pi}\sqrt{\frac{k}{\mu}} \tag{15-3}$$

式中，ν为光的频率，单位为 s^{-1}；k 为键力常数,单位是 $N \cdot cm^{-1}$ 或 $g \cdot s^{-2}$；μ 为折合质量，单位为 g。也可用波数σ (cm^{-1})表示化学键的振动频率。其中，折合质量可用式(15-4)来计算。

$$\mu = \frac{m_1 m_2}{m_1 + m_2} \tag{15-4}$$

式中，m_1与 m_2分别为两个原子的质量，单位为 g。

从公式可知，键两端原子质量越小，振动频率越快，其红外吸收带出现在高波区。键力常数与键能、键长有关。键能越大，键长越短，k 值就越大，则振动频率就高。电子效应对化学键的力常数有影响，从而表现出化学键的吸收峰位置发生变化。例如，酰氯中羰基的吸收峰在 1800 cm^{-1}左右，而酰胺的吸收峰在 1650～1690 cm^{-1}，这主要是由于酰氯中氯原子的诱导效应，羰基的键力常数增大，吸收峰向高波数方向移动。另外，氢键的形成会削弱化学键的键力常数，导致吸收峰向低波数方向移动。

一般将红外光谱分为以下两个区域:

1. 特征区

波数为 4000～1350 cm^{-1} 的区域为特征区，是多数官能团伸缩振动产生的吸收带，出峰位置受分子其他部分的影响较小，具有极强的特征性，因此又称为官能团区。在 3800～2500 cm^{-1} 区域内，主要是 C—H，O—H，N—H 等官能团的伸缩振动吸收；在 2500～1900 cm^{-1} 波数区域的吸收主要是键力常数较大的三键、累积双键，如—C═C═O 等的伸缩振动吸收；1900～1500 cm^{-1} 区域主要是含 π 键官能团的伸缩振动和芳环的骨架振动吸收峰，其中最重要的是羰基的吸收峰，一般在 1850～1650 cm^{-1}。官能团区的吸收带对于基团的鉴定十分有用，在解析图谱时应首先查看这一区域内是否预期官能团的特征峰。

2. 指纹区

波数为 1350～650 cm^{-1} 的区域指纹区的吸收峰是由单键的骨架振动、键力常数较小化学键的弯曲振动产生的。它反映了整个分子的特征型，即使是结构类似的化合物，其在指纹区的出峰位置、形状和强度都不相同。如同人没有完全相同的指纹一样，所以该区域称为指纹区。因此，指纹区可用来推断结构细节。

15.2.3　红外吸收光谱在有机化合物结构鉴定中的应用

1. 确定化合物中存在的官能团

有机分子中不同的官能团是由不同的化学键和原子组成的。它们对红外光的吸收频率必然不同，都具有各自的特征。但官能团区的红外吸收受整个分子结构的影响较小，导致不同分子中的相同官能团的红外吸收频率基本上相同，因此可利用红外光谱确定化合物的官能团种类(表 15-3)。

表 15-3　主要基团的吸收频率及强度

基团	振动形式	吸收频率/cm^{-1}	强度
$-CH_3$	ν_{as}(C—H)	2960 ± 10	s
	ν_s(C—H)	2872 ± 10	s
	δ_{as}(C—H)	1450 ± 10	m
	δ_s(C—H)	1370～1380	s
$-\overset{|}{C}H_2$	ν_{as}(C—H)	2926 ± 10	s
	ν_s(C—H)	2853 ± 10	s
	δ(C—H)	1426 ± 20	m
$-\underset{|}{\overset{|}{C}}H$	ν(C—H)	2890 ± 10	w
	δ(C—H)	1340	w
$CH_2{=}CH-$	ν_{as}(C—H)	3075～3095	m
	ν_s(C—H)	3010～3040	m
	ν(C=C)	1640～1645	m
$CH_2{=}C\langle$	ν_{as}(C—H)	3075～3095	m
	ν(C=C)	1648～1658	m
$-CH{=}C\langle$	ν(C—H)	3010～3040	m～w
	ν(C=C)	1665～1675	m～w
$HC\equiv CH$	ν(C—H)	～3300	m
	ν(C≡C)	2100～2260	m
	ν(C—H)	～3300	m
	ν(C=C)	1660～2000	m
		1450～1650	m
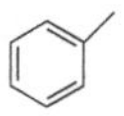	γ(C—H)	730～795	s
	δ环	665～710	s
—OH	ν(OH)	3500～3650	s(游离)
	ν(OH)	3200～3550	s(缔合)
$-CH_2-O-CH_2-$	ν(C—O—C)	1060～1150	s
$-\overset{O}{\overset{\|}{C}}-$	ν(C=O)	1720～1740	s(饱和脂肪族醛)
		1660～1705	s(不饱和脂肪族醛)
		1695～1715	s(芳香族醛)
		1700～1725	s(饱和脂肪酸)
		1735～1750	s(饱和酯类)
		1770～1815	s(酰卤类)
$R-NH_2$	ν_{as}(N—H)	3300～3550	m
	ν_s(N—H)	3250～3450	m
$-C\equiv N$	ν(C≡N)	2140～2270	s
$R-NO_2$	$\nu_{as}(NO_2)$	1500～1570	s
C—X	ν(C—X)	1000～1400	s(C—F)
		600～800	s(C—Cl)
		500～600	s(C—Br)

注：s 代表强，m 代表中等，w 代表弱

解析红外光谱图时，没有严格的规则，但要注意以下几点：

(1)根据分子式计算化合物的不饱和度，确定是否存在不饱和键。

(2)对红外图谱进行分区解析。由于基团的特征吸收都落在官能团区，所以要先查看这一区域有没有预期官能团的特征吸收。指纹区的特异性较强，利用这一区域的出峰情况来解析结构的正确度较高。所以要按照“先特征区后指纹区，先强峰后弱峰”的原则进行。

(3)如果没有某官能团的吸收峰，则可肯定没有某官能团，即“先否定后肯定”。

思考题 15-5　查阅相关文献，找出顺-4-辛烯和反-4-辛烯的红外谱图，找出这两张图的主要吸收峰的归属及这两张图谱的区别。

思考题 15-6　推测 1-辛烯的红外光谱图中应该出现哪几个主要红外吸收峰，并指出这些峰的归属。

思考题 15-7　游离羧酸 C═O 的吸收频率为 1760 cm^{-1} 左右，而羧酸二聚体的 C═O 吸收频率为 1700 cm^{-1} 左右，试阐明理由。

例如，某一化合物的分子式为 $C_9H_{10}O_2$，根据其红外光谱图推测它的可能结构，红外光谱如图 15-6 所示。

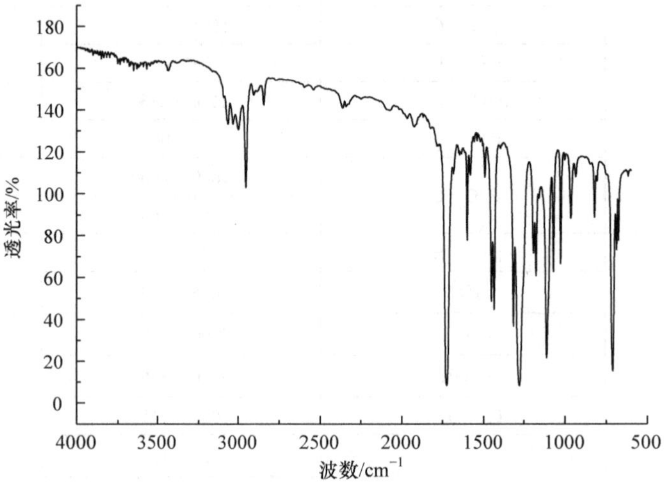

图 15-6　$C_9H_{10}O_2$ 的红外光谱图

图谱解析：先计算其不饱和度为 5，可能含有苯环；3000～2850 cm^{-1} 为—CH_3、—CH_2—的伸缩振动；1430～1360 cm^{-1} 为 C—H 弯曲振动；3050 cm^{-1} 左右为苯环上 C—H 伸缩振动峰；1720 cm^{-1} 为羰基的伸缩振动(由于羰基与苯环共轭，使羰基的伸缩振动从 1750 cm^{-1} 移至 1720 cm^{-1})；1600 cm^{-1} 左右为苯环骨架的伸缩振动；1280 cm^{-1}、1100 cm^{-1} 左右为 C—O—C 的伸缩振动吸收峰。因此该化合物为苯甲酸乙酯。

2. 用标准图谱鉴定有机化合物的结构

红外光谱图的指纹区反映了分子的整个特性，即使是结构类似的化合物(如立体异构体)，其在指纹区的出峰位置、形状和强度都有差别。因此在一般情况下，只要两个化合物的红外光谱(尤其是指纹区)完全相同，则可判断为同一化合物。如样品为已知物，只需将样品的红外光谱与标准谱图(如萨特勒标准红外图谱等)对照，即可确认化合物的结构。如样品为未知物，则可与类似物的标准图谱比较，对照并作出初步解析。

15.3　核磁共振谱

15.3.1　基本原理

核磁共振谱(nuclear magnetic spectroscopy, NMR)，它是由原子核自旋引起的。原子核不同，其自旋运动也不同，可用核自旋量子数 I 来描述。原子核带正电荷，自旋时有循环电流，产生相应的核磁矩。没有外磁场作用时，核磁矩的取向是任意的，不同自旋核都处于同一能级。但是在外磁场作用下，核磁矩的取向是量子化的，有 $(2I+1)$ 种不同取向，每一种取向都代表了自旋核在该磁场中的一种能量状态。例如，自旋量子数 I 为 1/2 的核在外磁场中有两种取向，一种取向与外磁场方向相同，能级较低；另一种取向与外磁场方向相反，能级较高。如果用一定频率的电磁波辐射外磁场中的自旋核，处于低能级的自旋核会吸收特定频率的电磁波跃迁到高能态，这种由于吸收电磁辐射能而引起的核自旋能级跃迁称为核磁共振。

如果原子核的自旋量子数 I 为 0，则核磁矩取向为 1，也就是说这种核在外磁场中只有一种能量状态，不存在能级差，对电磁辐射没有吸收，不产生核磁共振信号。理论上，只要原子核的自旋量子数不是 0，就会有核磁共振现象。但是当自旋量子数大于或等于 1 时，核电荷分布不均匀，吸收信号是很宽的谱带，不能用于化合物的结构鉴定。因此，核磁共振主要研究的是自旋量子数为 1/2 的核，例如 ^{1}H，^{13}C，^{31}P 等。其中氢核磁共振谱应用最广，故本章只对氢核磁共振谱作简要介绍。

氢核的自旋量子数为 1/2，在外磁场中，核自旋能态分裂成两种，二者的能量差可用式(15-5)表示。

$$\Delta E = \gamma \frac{h}{2\pi} H_0 = h\nu \tag{15-5}$$

式中，h 为普朗克(Planck)常量，4.136×10^{-15} eV · s；H_0 为外加磁场强度，T；γ 为磁旋比，它只与原子核种类有关，是一个常数；ν 为电磁波的频率，s^{-1}。从式(15-5)中可以看出，自旋核的两种能级的能量差与外磁场强度有关。要使 ^{1}H 发生核磁共振，可以在外磁场强度不变的情况下，逐渐改变电磁波的辐射频率，当辐射能量与能级差匹配时，发生核磁共振，这种方法称为扫频。同样，固定辐射电磁波的频率，逐渐改变外磁场强度，也可发生核磁共振，这种方法称为扫场。实际操作中一般采用后者。

15.3.2　^{1}H NMR 的化学位移

1. 屏蔽效应

质子的磁旋比是一个常数，从式(15-5)来看，似乎所有的质子都将在同一磁场强度或同一频率下发生核磁共振，得到的核磁图谱就只有一个峰，它对化合物结构鉴定毫无用处。质子的共振频率不仅与外磁场强度有关，还与质子所处的化学环境有关。化合物中的质子是被电子包围着的。在外磁场作用下，这些电子要产生感应磁场，方向与外磁场方向相反，抵消了部分外加磁场，使质子受到外加磁场的真实强度略微减小，因此需要增加一点外磁场强度才能使质子发生共振。这种现象称为屏蔽效应或抗磁屏蔽效应。核外的电子密度越大，氢核受到的屏蔽效应就越强，需在高磁场强度下才能发生共振。它使质子的共振吸收移向高场。但是在某些区域感应磁场也可能与外磁场的方向一致，使得处于这些区域的质子受到的磁场强度增大了，因而只需稍小的磁场强度就可使氢核发生共振。这种效应称为去屏蔽效应，也称为顺磁去屏蔽效应，它使质子的共振吸收移向低场。

2. 化学位移表示方法

化学环境不同的质子，其核外的电子密度不同，所受到的屏蔽效应大小也不同，因而它们发生核磁共振所需的外磁场强度也不相同，即核磁共振吸收信号在谱图中出现的位置不同，这种现象称为化学位移，用 δ 表示。

化学位移的绝对值很小，很难精确测定。在实际操作中，常用相对位移来表示，即选取一个参比物质，以它的质子化学位移作为基点，其他质子吸收峰的位置与基点的相对距离即为该质子的化学位移。最常用的参比物质是四甲基硅烷 $(CH_3)_4Si$ (tetramethylsilane, TMS)。主要是因为它的核磁共振吸收只有一个尖锐的单峰，并且其质子周围的电子密度比一般有机物的高，有很强的屏蔽效应，不容易与样品的吸收峰重叠。为了统一标准，现规定 TMS 的化学位移 (δ) 为零。其表达式用式(15-6)来表示。

$$\delta = \frac{\nu_{样品} - \nu_{TMS}}{\nu_0} \times 10^6 \qquad (15\text{-}6)$$

式中，$\nu_{样品}$、ν_{TMS} 分别为样品和标准化合物的共振频率；ν_0 为操作仪器的工作频率，单位为 ppm。δ 值的大小与磁场强度的关系，从图 15-7 中可以看出。如果 δ 值较大，表明质子吸收峰出现在低场，受到的屏蔽效应较小，它周围的电子密度低；如果 δ 值较小，表明吸收峰出现在高场，质子周围的电子密度高，所受到的屏蔽效应大。

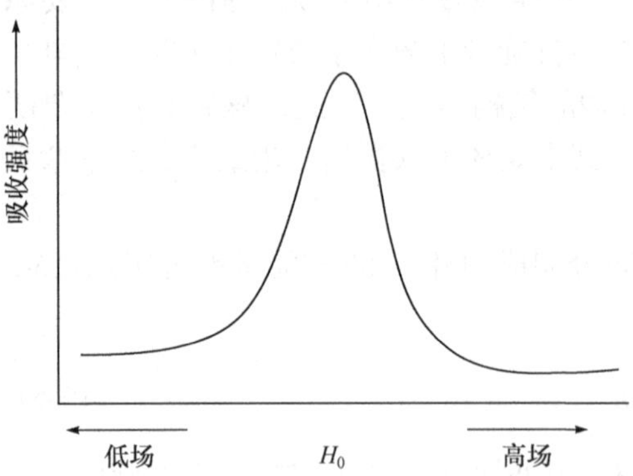

图 15-7　核磁共振谱(NMR)谱图

一般有机物的 δ 值都大于零。常见质子的化学位移见表 15-4。

表 15-4　常见各种质子的化学位移

质子类型	化学位移 δ/ppm	质子类型	化学位移 δ/ppm
TMS	0.0	I—C—H	3.2～4.0
RCH_3 (伯氢)	0.9	HOC—H (醇 α—H)	3.4～4.0
R_2CH_2 (仲氢)	1.3	RO—C—H (醚)	3.3～4.0
R_3CH (叔氢)	1.5	C═C—O—H	15.0～19.0
C—C—H	4.6～5.9	RO—C(═O)—C—H (酯)	2.0～2.2
C═C—C—H	1.6～1.9	R—C(═O)—O—C—H (酯)	3.7～4.1
C≡C—H	1.7～3.5	R—C(═O)—C—H (酮)	2.0～2.7

续表

质子类型	化学位移δ/ppm	质子类型	化学位移δ/ppm
Ar—H	6.0～8.5	R—C(=O)—H (醛)	9.0～10.0
Ar—CH_3	2.2～3.0	R—O—H (醇羟基)	1.0～5.5
C═C—CH_3	1.6～1.9	Ar—O—H (酚羟基)	4.0～7.7
F—C—H	4.0～4.5	HOOC—C—H(羧酸α—H)	2.0～2.6
Cl—C—H	3.0～4.0	RCOO—H(羧基)	10.5～12.0
Br—C—H	3.5～4.0	RNH_2	1.0～5.0

3. 影响化学位移的因素

影响化学位移的因素很多，其中最主要的有以下两个。

1) 电负性的影响

如果质子与电负性大的原子相连，电负性大的原子的吸电子诱导效应导致质子周围的电子密度降低，受到的屏蔽作用小，质子的吸收峰出现在低场。电负性越大，相应质子的吸收峰的化学位移就越大。相反，如果质子与给电子基团相连，其周围的电子密度会增加，质子受到的屏蔽效应就会增大，其共振信号出现在高场（δ 值变小）。例如，从氯乙烷的核磁图谱（图 15-8）中可以看出，由于氯的吸电子诱导效应，导致与氯原子相连碳原子上质子的吸收峰出现在相对低场，δ 值较大；CH_3—基团上的质子受到的吸电子效应较小，电子密度较高，质子受到的屏蔽效应大，对应的吸收峰出现在高场。如果某些基团的电子云排布是非球形的，则它对质子的作用与空间位置有关。在一些空间位置核会受到屏蔽，在另一些空间位置使核去屏蔽，这种效应称为各向异性效应。要弄清各向异性效应对质子化学位移的影响，就必须知道核究竟处于屏蔽区还是去屏蔽区。

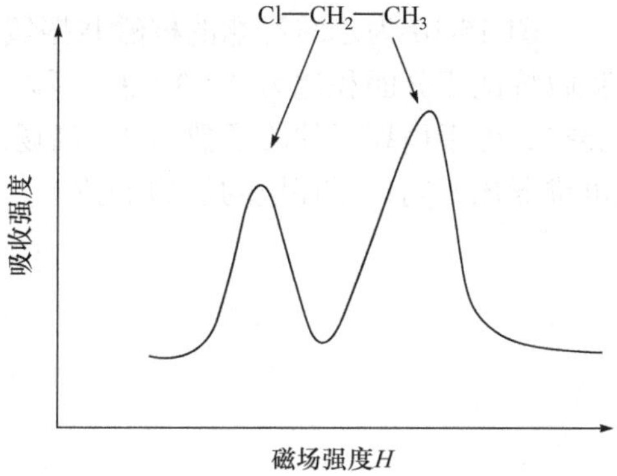

图 15-8　氯乙烷的核磁共振（NMR）谱图

2) 各向异性效应的影响

在有机化学中，最典型的例子就是不饱和键的环电流引起的各向异性效应，如图 15-9 所示。

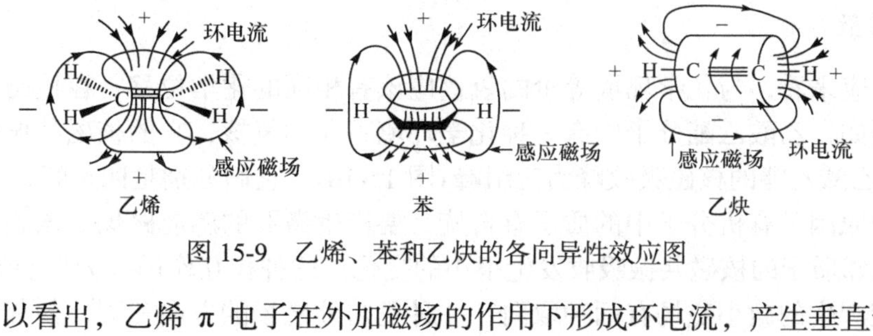

图 15-9　乙烯、苯和乙炔的各向异性效应图

从图中可以看出，乙烯 π 电子在外加磁场的作用下形成环电流，产生垂直于双键平面的感应磁场，在双键平面的上下方形成屏蔽区，用“+”号表示；而在双键的侧面形成去屏蔽区，

用“−”号表示。与双键相连的氢核刚好处于去屏蔽区，因而在较低磁场强度下发生共振，其化学位移值较烷烃中 CH_2 的质子大。同样，苯环 π 电子环电流也产生屏蔽区和去屏蔽区，而苯环的氢原子都位于去屏蔽区，其核磁共振信号出现在低场，δ 值一般在 7 左右。与之相似，羰基化合物也有各向异性效应，例如，醛基氢的位移值在 10 左右。乙炔的 π 电子环电流为圆筒形，其键轴方向为屏蔽区。而与三键相连的氢核刚好处于该区域，其核磁共振信号出现在高场，约为 2.8。

除了电负性和各向异性等影响因素外，氢键、溶剂效应等也对氢核的化学位移有影响。因此，氢核的化学位移是各个因素综合作用的结果，需要多方面考虑。

15.3.3　自旋偶合和自旋裂分

1. 峰面积与质子的数量

核磁共振谱中，峰面积一般用从低场到高场的连续阶梯积分曲线表示。由于阶梯的高度与对应质子数成正比，而峰面积又与相应阶梯曲线的高度成正比，因此，峰面积就与相应的质子数目成正比，换句话说，峰面积比就是两种质子的数目比。如果知道样品的分子式，则可根据峰面积的比例计算出各种质子的数目。

图 15-10 为乙酸乙酯的核磁共振氢谱。乙酸乙酯的分子式为 $C_4H_8O_2$，图中三组核磁共振吸收峰的积分面积比为 2∶3∶3，所以处于低场(δ 为 4.13 左右)的质子数为 2(8 × 2/8)；以此类推，处于稍高场的质子数为 3，高场的也为 3。因而，利用积分曲线的相对强度(峰面积比)可推导出不同化学环境的氢的个数。

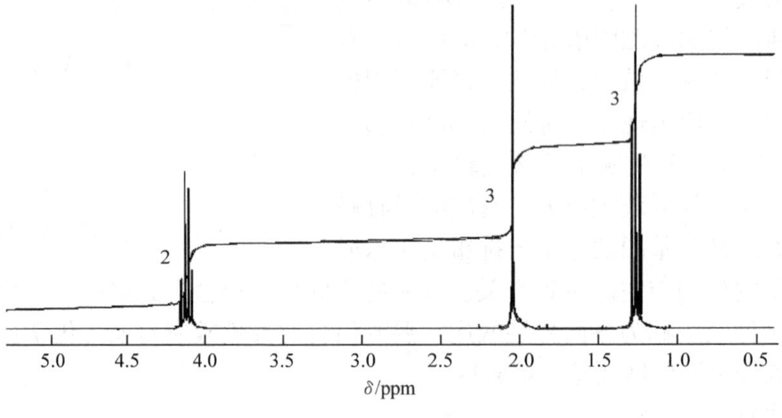

图 15-10　乙酸乙酯的 ^{1}H NMR 图

2. 偶合常数

从屏蔽效应来看，与化学环境等价的氢核应该有相同的化学位移，在核磁共振图谱上为一个单峰。例如，乙酸乙酯分子中有三种化学环境不同的氢核，它的核磁共振图谱为三个单峰，事实上，乙酸乙酯的核磁吸收峰为三组峰(图 15-10)，它们分别是四重峰、单峰、三重峰。产生多重峰的原因是有机分子中的质子有自旋，要产生微弱的感应磁场。该磁场会作用于邻近质子，使相邻质子的核磁共振吸收发生很小的变化。这种相互作用称为自旋偶合。

氢核自旋产生的微小磁场有两种取向，一种是与外磁场的方向相同，使邻近核受到的真实磁场强度略微增加，可在略低的磁场强度下发生共振；另一种是核自旋磁场与外磁场强度方向相反，核自旋磁场削弱了外磁场的强度，使相邻氢核受到的真实磁场强度减小，发生共振时，需要稍大的磁场强度。这样一个氢核的共振吸收信号就分裂成了两个，这种因自旋偶合而引起的吸收谱线增多的现象称为自旋裂分。

自旋偶合作用的强弱称为偶合常数，用 J 表示。它表示图谱上两个裂分峰之间的距离。由于偶合作用是通过成键电子传递，其大小与两个氢核间相隔的共价键数目有关。但一般只有相隔三个共价键以内的不等价质子才有自旋偶合现象。

3. 自旋裂分的一般规律

假如在外磁场 H_0 作用下，一个质子自旋产生的磁场为 H'，其磁场方向可能与外磁场方向相同，也可能相反。当二者方向相同时，作用在氢核上的真实磁场强度为 H_0+H'，其吸收峰移向低场(向左移动)；若二者方向相反，则作用在氢核上的真实磁场强度为 H_0-H'，其吸收峰移向高场(向右移动)。这样氢核就形成了两个峰。由于质子自旋产生的两种取向概率相等，因此这两个峰的强度相同，为 1∶1。若氢核邻近有两个等价质子，且这两个质子的自旋磁场都与外磁场方向相同。此时邻近氢核会受到这两个核自旋磁场的作用，导致氢核受到的真实磁场强度增大，为 H_0+2H'，其吸收峰向低场移动 $2H'$；如两个质子的自旋磁场都与外磁场方向相反，则邻近氢核受到的真实磁场强度减小，为 H_0-2H'，其吸收峰向高场移动 $2H'$。还有一种情况是，一个质子的自旋磁场方向与外磁场相同，而另一个的与之相反，则它们对邻近原子核的作用相互抵消，导致氢核受到的真实磁场强度仍为 H_0。这样氢核就在邻近两个质子的作用下裂分成了三个峰。由于此种情况出现的概率要多一倍，因此，裂分成的三个峰的强度比为 1∶2∶1。以此类推，可得 3 个等价质子可使邻近质子裂分成四重峰，其强度比为 1:3:3:1。

一般情况下，氢谱自旋裂分峰的个数是由它邻近质子的数目决定的。当一个氢核与 n 个等价质子相邻时，则该氢核的共振峰裂分成 $n+1$ 个峰，且裂分峰的高度比与二项式 $(a+b)^n$ 的展开式的各项系数比一致，这个规律称为 $n+1$ 规律。符合该规律的图谱称为一级图谱。如图 15-10，$CH_3COOCH_2CH_3$ 分子中有三种环境的氢，其中一个甲基(—CH_3)与羰基碳相连，与其相邻的氢原子个数是 0，则该甲基上的三个质子峰不发生裂分，为单峰；与—CH_2—相邻的等价质子数为 3，这两个质子在三个相邻质子作用下，裂分成 3+1 重峰，即四重峰；与—CH_2—基团相邻的甲基上的三个质子则裂分成 2+1 重峰，即三重峰。

15.3.4 核磁共振谱在有机化合物结构鉴定中的应用

氢核磁图谱能够提供很多关于化合物结构的信息，如吸收峰的数目、强度、化学位移以及偶合裂分等。其中，化学位移反映了与氢核相连的官能团的类型；吸收峰的数目提供了氢原子种类；自旋裂分则提供了邻近氢的数目信息；根据峰面积可以知道每种类型的氢原子的相对数目。因此，有机化学中常利用这些信息，来推导化合物的结构。

例如，图 15-11 所示为 3,3-二甲基-1-丁炔的核磁共振谱，指出该化合物中有几组峰。请按化学位移值由大到小的次序排列，并阐明理由。

谱图解析：该化合物的核磁共振谱中有两个吸收峰，炔基氢在 $\delta=2$ 左右，9 个甲基上的氢在 $\delta=1$ 左右。这是因为三键对炔基氢和甲基氢的化学位移都有影响，但影响大小不同。炔基氢直接连在三键碳上，影响较大。离炔基较远的甲基氢影响较小。

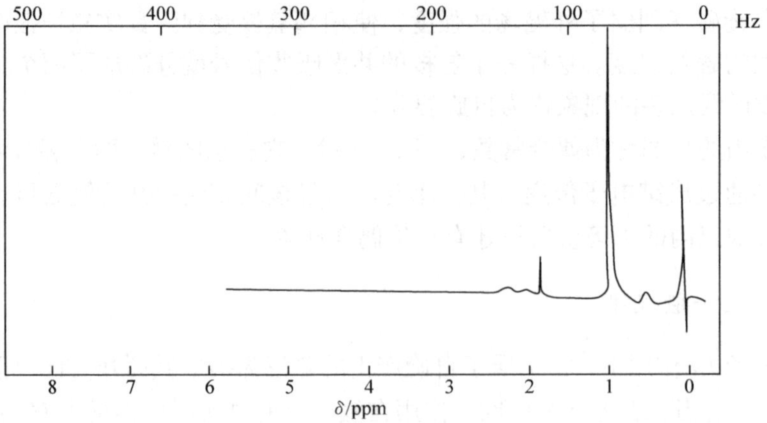

图 15-11　3, 3-二甲基-1-丁炔的 ^{1}H NMR 图

思考题 15-8　醛基上质子的化学位移处于高场还是低场？用羰基的碳各向异性效应解释原因。

思考题 15-9　查阅和分析 3,3-二甲基-1-丁烯的核磁共振氢谱，指出该化合物中有几组峰。请按化学位移值由大到小的次序排列，并阐明理由。

思考题 15-10　查阅 1-氯丙烷和 2-氯丙烷的核磁共振谱，判别图谱中各组峰的归属并找出两张图谱的区别。

15.4　质　　谱

测定化合物的相对分子质量对推导其结构至关重要。质谱分析就是一种用来确定相对分子质量的方法。该方法灵敏度高、分析速度快、需样量少，因此在有机物结构确定中应用极广。

15.4.1　基本原理及表示方法

1. 基本原理

质谱与红外光谱、紫外光谱、核磁共振谱不同，它不属于吸收谱，其原理较为简单，下面以电子电离源(electron lonization，EI)为例进行说明：气态试样分子(固体试样、液体试样需气化)经高能电子撞击后，失去一个电子变成带正电的分子离子，这些分子离子具有较高的热力学能，会进一步按化合物自身特有的碎裂规律分裂，生成一系列碎片离子(包括带不同电荷的离子、中性分子、游离基)，将所有正离子按质荷比(m/z)记录下来，就得到质谱图(mass spectroscopy，MS)。质谱的测定是由质谱仪来完成的。常用质谱仪的工作原理如图 15-12 所示。

当进行质谱测定时，试样先在离子化室被气化并受到高能电子轰击，变成各种离子。将这些离子聚焦后，经电场加速并进入一个可变磁场，带正电离子在磁场作用下运动方向发生改变，运行轨道变成弯曲的弧形，其行进轨道的曲率半径与离子的质荷比有关，相互关系可用式(15-7)来描述。

$$\frac{m}{z}=\frac{H^2r^2}{2V} \tag{15-7}$$

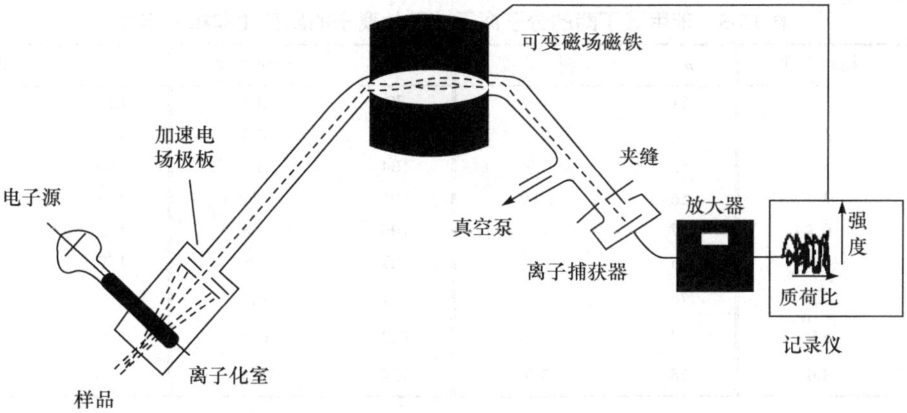

图 15-12 质谱仪的工作原理示意图

式中，m/z 为质荷比；r 为离子运动的曲率半径；H 为磁场强度；V 为加速电压。从式(15-7)可以看出，在一定加速电压下，离子的质荷比越大，其运动半径就越大。具有相同质荷比的离子的运动半径相同(运动轨迹相同)，它们汇集形成离子流。离子流到达收集器前要经过一个直径很小的狭缝，在一定磁场强度下，该狭缝只能让一种质荷比的离子流通过。如果连续改变磁场强度，就可使各种离子按质荷比大小顺序依次通过狭缝到达收集器，信号经放大后被记录仪自动记录下来，得到试样的质谱。

2. 质谱的表示方法

质谱常用两种方法来表示：质谱图和质谱表。

1) 质谱图

质谱图常用棒图表示，如图 15-13 横坐标为离子质荷比(m/z)，一般情况下就是离子质量，图中每根线条代表一种质荷比的离子，称为离子峰，其中试样分子给出的峰称为分子离子峰；最高的峰称为基峰。纵坐标为离子的相对丰度，它是将基峰的高度人为规定为 100，用其他离子峰的高度与其高度相比所得的百分数来表示，因此也称为相对强度。

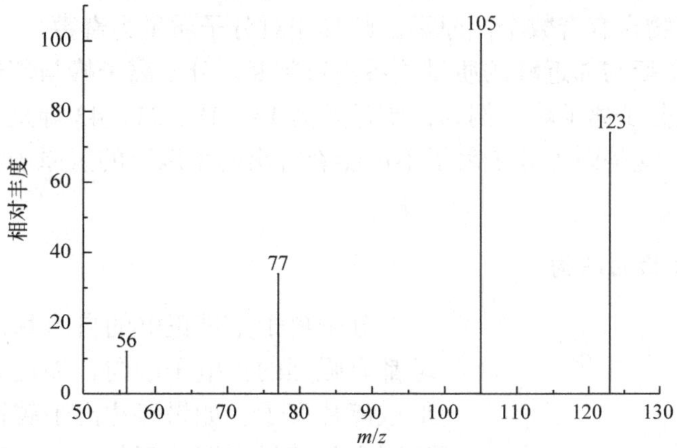

图 15-13 苯甲酸丁酯的二级质谱图

2) 质谱表

正离子的质荷比(m/z)、相对丰度可以表格的形式列出来，这种表就称为质谱表，如表 15-5 所示。

表 15-5　苯甲酸丁酯的分子离子、碎片离子的质荷比和相对丰度

m/z	相对丰度	m/z	相对丰度	m/z	相对丰度	m/z	相对丰度
27	3.6	51	1.1	79	5.1	125	0.5
28	2.5	52	0.8	80	0.3	135	13.0
29	5.1	55	2.7	104	0.7	149	0.3
39	2.4	56	19.0	105	100.0	163	0.3
40	0.3	57	1.5	106	7.8	178	2.0
41	6.0	65	0.4	107	0.5	179	0.3
42	0.3	76	2.0	121	0.3	—	—
43	5.9	77	37.0	122	17.0	—	—
50	3.0	78	3.0	124	5.3	—	—

15.4.2　质谱图解析

质谱在有机物结构确定中主要提供化合物的相对分子质量和一级结构方面的信息。

1. 分子离子峰的确定

由于质谱峰大多是带一个单位正电荷的离子峰，所以在数值上，质荷比就等于各种离子本身的质量，因而分子离子峰的质荷比就是样品的相对分子质量。质谱图中出现的离子峰有多种：分子离子峰、同位素离子峰，重排离子峰以及大量的碎片离子峰等，这给判断分子离子峰带来了困难。可以说，测定试样的相对分子质量就是如何判断样品的分子离子峰。

分子离子峰具有较高的能量，会进一步碎裂，引起分子离子碎片丰度较低甚至消失，故质谱图中的基峰往往不是分子离子峰。碎片离子还可能耦合成质荷比更大的离子，因而质荷比最大的峰也不一定是分子离子峰。此外由于很多原子含有同位素，且比一般原子重，其离子峰出现在相应分子离子峰的右侧，引起比分子离子多几个质量单位的峰，这些峰称为同位素峰，它们也不是分子离子峰。

我们还可以借助以下两个规则来判断是否为分子离子峰：

(1) 利用氮规则进行判断。若有机物不含氮原子或含有的氮原子个数为偶数，其相对分子质量为偶数；若有机物含有奇数个氮原子，则其相对分子质量为奇数。

(2) 利用分子离子峰与邻近峰的质量关系进行判断。分子离子峰与邻近峰的质量差应该是合理的，否则就不是分子离子峰。例如，质量差为 15、18、31、43 等是合理的，而质量差为 3～14 等是不合理的。这是因为分子离子不可能裂解出两个以上的氢原子和小于一个甲基的质量单位。

2. 推测有机化合物的结构

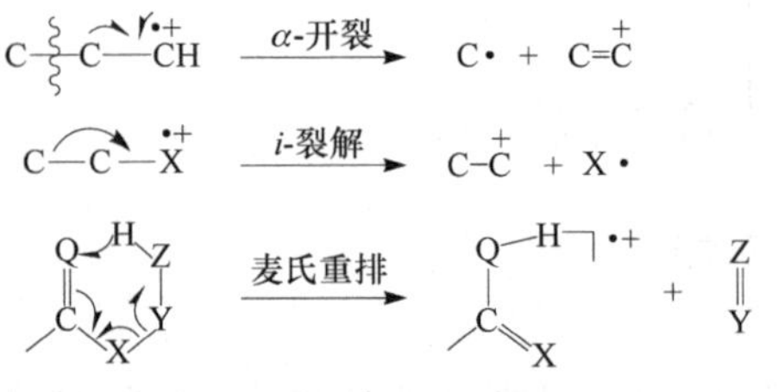

图 15-14　分子离子的裂解类型

分子离子是带正电的自由基，由于正电荷和自由基都有强烈的得电子倾向，邻近原子的化学键断裂，形成碎片离子。如果碎片离子越稳定，丰度就越高，说明它是容易裂解的部分。分子离子裂解时，到底哪些基团最先裂解，需要考虑的影响的因素较多。常见的断裂方式如图 15-14 所示，包括游离基配对引发的 α-裂解；正电荷吸引一对电子引起的 i-裂解以及麦氏重排开裂等。总的来说，有利于稳定碳正离子、有利于芳香共轭体系的生成、有利于六元环状过渡态的裂解容易发生。

例如，化合物的分子式为 $C_6H_{12}O$，其质谱图如图 15-15 所示，推导其结构。

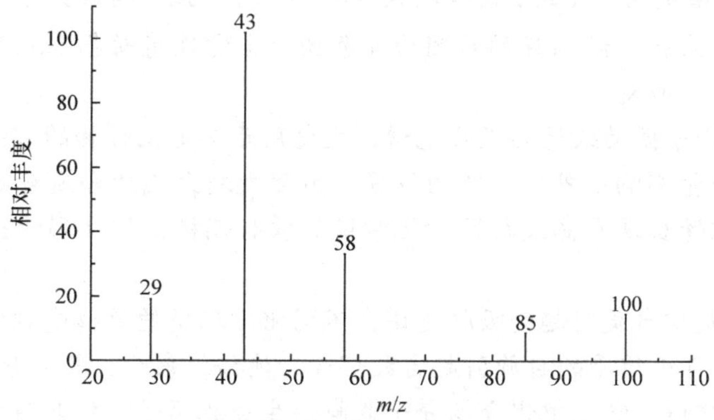

图 15-15　化合物 $C_6H_{12}O$ 的质谱图

解　(1)判断分子离子峰。图中质荷比(*m/z*)最大的峰为 100，它可能为分子离子峰。通过样品的分子式计算其相对分子质量为 100，说明 *m/z*=100 的峰为分子离子峰。其不饱和度为 1，可能含有双键的不饱和化合物或环状化合物。

(2)分析碎片离子峰。*m/z*=85 的碎片离子峰为 M-15，说明有甲基。而 *m/z*=43 为基峰，说明可能是 $CH_3—C≡O^+$或 $CH_3CH_2\overset{+}{C}H_2$，前者比后者稳定，所以该化合物应有甲基酮的结构，排除环状化合物的可能性。初步断定化合物为甲基丁基酮。它的裂解方式为

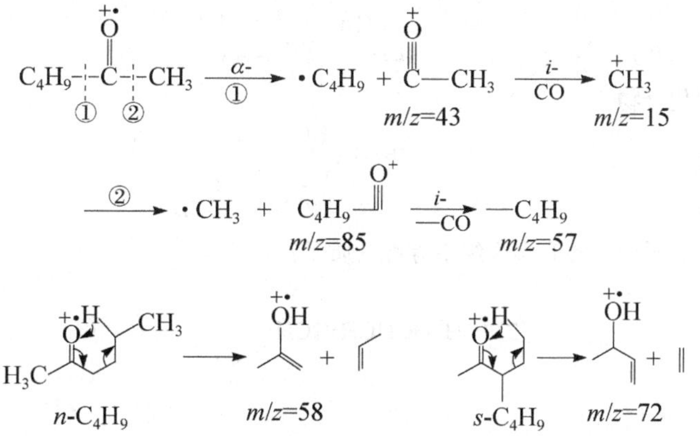

以上结构中 C_4H_9—可以是伯、仲、叔丁基？由 *m/z*=58 的峰可推出该峰是经麦氏重排后得到的碎片，只有 C_4H_9—为伯丁基才能得到 *m/z*=58 的碎片。仲丁基时虽可进行麦氏重排，但不能得到 58 的碎片，若为叔丁基，则不能进行麦氏重排。因此可得该化合物为 2-己酮。

思考题 15-11　写出环戊二烯、2-丁酮、萘、己烷分子离子峰的结构式。

思考题 15-12　写出 CH_3CH_2Cl 分子离子峰及与之对应的同位素离子峰。

思考题 15-13　某羰基化合物的相对分子质量为 44，质谱图上给出了两个强峰，*m/z* 分别为 29 和 43，推测此化合物的结构。

小　　结

(1) 紫外-可见光谱是电子光谱，化合物吸收峰的位置、强度与其分子中电子的跃迁类型有关。有机分子中能产生$\pi \rightarrow \pi^*$跃迁的基团为发色团，当它连有助色基或共轭体系增大时，发生红移，摩尔吸收系数增大。

(2) 红外光谱是分子振动跃迁的吸收光谱，主要用于鉴定化合物的官能团。化学键力常数和键合原子的约合质量影响红外吸收峰的位置。力常数越大或约合质量越小的官能团的振动频率高，相应的吸收峰出现在高波数区。化学键的瞬时偶极变化要影响出峰强度，偶极变化越大，其峰强度越大。

(3) 核磁共振谱是核自旋引起的吸收光谱，不同化学环境的氢核受到的屏蔽效应不同，表现出化学位移不同；邻近质子的自旋引起自旋偶合，使谱线裂分，其裂分数目符合 n+1 规律。

(4) 质谱不是吸收谱，它是把化合物分子裂解后生成正离子，按其质量大小排列而成。通过判断分子离子峰可以得到有机物的精确相对分子质量，利用断裂规律可以进一步推导化合物的结构信息。

习　　题

1. 指出下列哪些化合物的紫外吸收波长最长，并按顺序排列。

(1) $H_2C{=}CHCH_2CH{=}CH_2$　　$H_2C{=}CHCH{=}CHOCH_3$　　$CH_3CH_2CH_2CH_2CH_2OCH_3$

(2) (a) 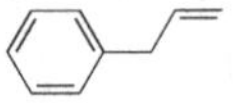　(b) 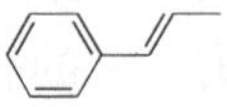　(c) 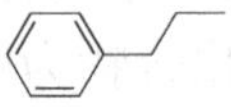

(3) (a) 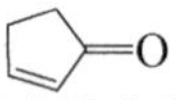　(b) 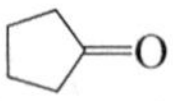　(c) 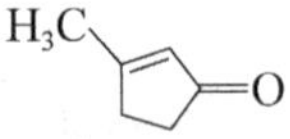

2. 用紫外光谱鉴别下列化合物。

(a) 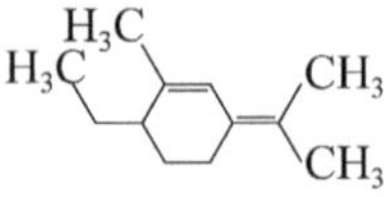　(b) 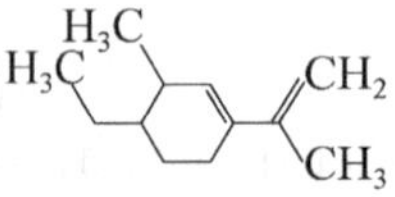

3. 在下列每个化合物的分子中，各有多少组不等性的质子?

(1) $(CH_3CH_2)_2NH$　(2) $(CH_3)_2CHCH_2OCH_3$　(3) 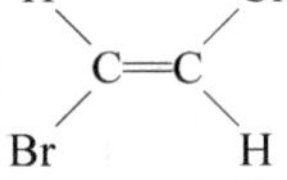

(4) $(CH_3)_3CCH_2CH_2C1$　(5) $C_6H_5CH(OH)CH_2CH_3$　(6) 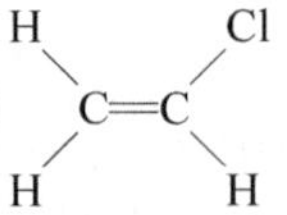

4. 苯间位氢的偶合常数约为 2.5 Hz，在三卤代苯或四卤代苯中，找出两个偶合常数约为 2.5 Hz 的化合物。

5. 讨论下面两个化合物的核磁共振谱有什么不同。

(1) 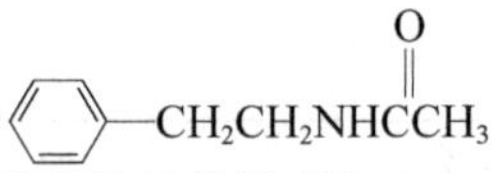　(2) 

6. 某化合物的分子式为$C_{10}H_{12}O$。该化合物的红外图谱在 1700 cm^{-1} 附近有一个很强的吸收峰，但在 2720 cm^{-1} 附近没有吸收峰。该化合物的 ^1H NMR 有 4 组峰，这些峰所含质子数比为 5∶2∶2∶3，其中有一组峰的化学位移在 δ=7 附近。该化合物的质谱表明：在 m/z 148，133，120，105，77，51 和 39 处有碎片离子峰。

(1) 写出该化合物的结构式。

(2) 写出该化合物产生碎片离子的断裂过程。

参 考 文 献

白雪, 周成合, 米佳丽. 2007. 三唑类化合物研究与应用. 化学研究与应用, 19 (7): 721-729.

蔡佳利, 等. 2009. 咪唑类抗癌药物研究进展. 中国新药杂志, 18 (7): 598-608.

常娟娟, 等. 2011. 三唑类超分子化学与药物研究新进展. 高等学校化学学报, 32 (9): 1970-1985.

陈长水. 2004. 有机化学. 北京: 科学出版社.

陈洪超. 2004. 有机化学. 北京: 高等教育出版社.

崔胜峰, 等. 2012. 噻唑类化合物应用研究新进展. 中国科学 B 辑: 化学, 42 (8): 1105-1131.

戴子浠. 2004. 有机物国际命名. 北京: 中国石化出版社.

傅建熙. 2005. 有机化学. 2 版. 北京: 高等教育出版社.

高鸿宾. 2005. 有机化学. 4 版. 北京: 高等教育出版社.

谷文祥. 2007. 有机化学. 2 版. 北京: 科学出版社.

郭书好, 李毅群. 2007. 有机化学. 北京: 清华大学出版社.

李贵深, 李宗澧. 2008. 有机化学. 2 版. 北京: 中国农业出版社.

孟江平, 等. 2009. 苯并咪唑类药物研究进展. 中国新药杂志, 18 (16): 1505-1514.

倪沛洲. 2007. 有机化学. 5 版. 北京: 人民卫生出版社.

汪小兰. 2005. 有机化学. 4 版. 北京: 高等教育出版社.

王静岩. 2002. 生物化学(上册). 北京: 高等教育出版社.

王宪龙, 等. 2011. 二苯基哌嗪磺胺化合物的合成及其抗微生物活性. 中国科学 B 辑: 化学, 41 (3): 451-460.

魏俊杰, 刘晓冬. 2010. 有机化学. 2 版. 北京: 高等教育出版社.

吴毓林, 姚祝军. 2001. 现代有机合成化学——选择性有机合成反应和复杂有机分子合成设计. 北京: 科学出版社.

伍越寰, 李伟昶, 沈晓明. 2002. 有机化学. 2 版. 合肥: 中国科学技术大学出版社.

夏百根, 黄乾明. 2008. 有机化学. 2 版. 北京: 中国农业出版社.

邢其毅, 等. 2005. 有机化学. 3 版. 北京: 高等教育出版社.

徐伟亮. 2008. 有机化学. 2 版. 北京: 科学出版社.

杨红. 2006. 有机化学. 2 版. 北京: 中国农业出版社.

叶孟兆. 2000. 有机化学. 北京: 中国农业出版社.

于克贵, 周成合, 李东红. 2007. 卟啉类抗癌药物研究新进展. 化学研究与应用, 19 (12): 1397-1302.

曾昭琼, 李景宁. 2004. 有机化学. 4 版. 北京: 高等教育出版社.

张飞飞, 周成合, 颜建平. 2010. 咔唑类化合物研究新进展. 有机化学, 30 (6): 783-796.

张凤秀, 张光先, 魏世强. 2008. 乙烯对脂肪酶活力的直接作用及其机理初探. 化学学报, 66(6): 639-646.

张光先, 等. 1998. 酶、多肽电荷数的理论计算及误差研究. 中国生物化学与分子生物学报, 14(6): 704-709.

张光先, 李学刚. 2000. 核酸、蛋白质的电荷数随 pH 的变化规律. 有机化学, 20(3): 401-406.

张光先, 鲁成. 2009. 蚕丝蛋白带电荷数的研究. 蚕业科学, 35(1): 99-105.

赵建庄, 田孟魁. 2003. 有机化学. 北京: 中国农业出版社.

Biehl E R.2011. Five-membered ring systems: thiophenes and Se/Te derivatives. Prog. Heterocycl. Chem., 22: 109-141.

Fang B, Zhou C H, Rao X C. 2010. Synthesis and biological activities of novel amine-derived bis-azoles as potential antibacterial and antifungal agents. Eur. J. Med. Chem., 45 (9): 4388-4398.

Gan L L, Fang B, Zhou C H. 2010. Synthesis of azole-containing piperazine derivatives and evaluation of their antibacterial, antifungal and cytotoxic activities. Bull Korean Chem. Soc., 31 (12): 3684-3692.

Horton D A, Bourne G T, Smythe M L. 2003. The combinatorial synthesis of bicyclic privileged structures or privileged substructures. Chem. Rev., 103(3): 893-930.

Morrison R T, Boyd R N. 1980. 有机化学. 3rd ed. 复旦大学化学系有机化学教研组译. 北京: 科学出版社.

Wang X L, Wan K, Zhou C H. 2010. Synthesis of novel sulfanilamide-derived 1, 2, 3-triazoles and their evaluation for antibacterial and antifungal activities. Eur. J. Med. Chem., 45 (10): 4631-4639.

Wang Y, et al. 2012. Design synthesis and evaluation of clinafloxacin triazole hybrids as a new type of antibacterial and antifungal agents. Bioorg. Med. Chem. Lett., 22 (17): 5363-5366.

Wei J J, et al. 2011. Synthesis of novel D-glucose-derived benzyl and alkyl 1, 2, 3-triazoles as potential antifungal and antibacterial agents. Bull Korean Chem. Soc., 32(1): 229-238.

Zhang F X,Zhang G X. 2011. Microwave-promoted synthesis of polyol esters for lubrication oil using a composite catalyst in a solvent-free procedure.Green Chemistry, 13(1): 178-184.

Zhang Y Y, Mi J L, Zhou C H. 2011. Synthesis of novel fluconazoliums and their evaluation for antibacterial and antifungal activities. Eur. J. Med. Chem., 46(9): 4391-4402.

Zhou C H, Wang Y. 2012. Recent researches in triazole compounds as medicinal drugs. Curr. Med. Chem., 19 (2): 239-280.